海口市琼山区志

（2002—2010）

海口市琼山区志编纂委员会　编

方志出版社
Publishing House of Local Records

图书在版编目（CIP）数据

海口市琼山区志：2002—2010 / 海口市琼山区志编纂委员会编. -- 北京：方志出版社，2020.9
ISBN 978-7-5144-4335-6

Ⅰ. ①海… Ⅱ. ①海… Ⅲ. ①区（城市）—地方史—海口—2002-2010 Ⅳ. ①K296.64

中国版本图书馆CIP数据核字（2020）第2142222号

海口市琼山区志（2002—2010）

编　　者：海口市琼山区志编纂委员会
责任编辑：王 俊

出 版 者：方志出版社
地址　北京市朝阳区潘家园东里 9 号（国家方志馆 4 层）
邮编　100021
网址　http://www.zgfzcb.cn
发　　行：方志出版社图书经销中心
电话（010）67110500
经　　销：各地新华书店
印　　刷：海口新明印刷有限公司

开　　本：889×1194　　1/16
印　　张：42.5
字　　数：915 千字
版　　次：2020 年 9 月第 1 版　　2020 年 9 月第 1 次印刷
印　　数：000~1000 册

ISBN 978-7-5144-4335-6　　**定价：**360.00 元

《海口市琼山区志（2002—2010）》编纂委员会

顾　　问：陈昊旻
主　　任：王和娇
副 主 任：王明夫　段福生　秦立双
曾任编委会领导：徐学健　韩云秋　陈　力　符　勇　陈嘉奋
　　黄　蛟
委　　员：（按姓氏笔画为序）
王　江　王小燕　王　武　王业权　王　雄　王绥臻
冯所勇　甘　平　龙竞潮　朱焕珍　吴　敏　李茂顺
杨传锋　苏运会　陈育胜　陈克江　陈晓娉　林文志
林春雨　林维东　符志明　黄　丹　黄史清　蒋先理

《海口市琼山区志（2002—2010）》编纂委员会办公室

主　　任：秦立双（兼）
副 主 任：甘　平　黄　丹　林文志（兼）
工作人员：何明堂　陈光祥　符智臣　陈正敏　李启燕

《海口市琼山区志（2002—2010）》编辑部

主　　编：林文志
副 主 编：王科慧　何明堂　陈光祥
总　　纂：陈正敏
特约编辑：邢维雄　陈　泽　黄培平
打　　字：苏美燕

《海口市琼山区志（2002—2010）》承编单位

区委办公室　区纪检监察局　区委组织部　区委宣传部　区委统战部　区政法委　区直机关工委　市委老干局琼山分局　区人大办公室　区编委办　区法院　区检察院　区人武部　市公安局琼山分局　区政府办　区发改委　区科工信局　区财政局　区人社局　区教育局　区文体局　区卫生局　区司法局　区民政局　区农林局　区水务局　区住建局　区城管局　区商务局　区审计局　区计生委　区统计局　区安监局　区食品药品监督管理局　区信访局　区环卫局　区档案局　区机关事务管理局　区园林局　区旅游局　区政府政务中心　区环境保护局　区市场建设服务中心　府城镇　云龙镇　旧州镇　红旗镇　三门坡镇　龙塘镇　甲子镇　大坡镇　国兴街道办事处　民进琼山区委　民建琼山区总支　农工党琼山区总支　九三学社琼山区总支　民革琼山区总支　民盟琼山区总支　致公党琼山区总支　台盟琼山区总支　区总工会　共青团琼山区委　区妇女联合会　区工商联　区归国华侨联合会　区科协　区文联　区残联　区红十字会　区国税局　区地税局 区工商局　琼山人民医院　府城医院　区妇幼保健院　区中医院　琼山皮防所　国营红明农场　国营东昌农场　海口中税场　琼山城投公司　海南红塔卷烟公司　人行琼山支行　工商行琼山支行　中行琼山支行　建行琼山支行　农行琼山支行　海口信用联社(农商行)

《海口市琼山区志（2002—2010）》撰稿人员名单

王　任　王　伟　王　武　王　凌　王　彬　王子健　王日和　王丽娟　王学满
王钰涛　邓　涛　韦长茂　冯　帅　冯　养　冯文清　龙仕栋　刘济诚　朱晓平
汤　俊　吴　旺　吴　明　吴　强　吴崇德　吴清壮　李　想　李腾华　杜春香
杨卓霖　肖圣金　陈宝军　陈晓娉　陈继平　陈继雄　陈善一　陈鹄超　周国辉
周道雄　林树文　林涛录　欧大畅　郑　强　柯秉春　钟前虎　唐南灼　唐海雄
翁文惠　袁慧鹰　郭贻诚　梁其才　梁昌盛　梁崇华　符　伟　符文清　黄　剑
黄芬茄　黄家裕　黄培平　曾向东　谢光顺　谢明三　韩　苗　蒙传远　廖丽霞
蔡　伟　蔡　铁　潘德勇

《海口市琼山区志（2002—2010）》初审机构及人员

机　　构：《海口市琼山区志（2002—2010）》编纂委员会办公室
主　　任：秦立双（兼）
副 主 任：甘　平　黄　丹　林文志（兼）
成　　员：王科慧　何明堂　梁其海　陈光祥　陈正敏　李启燕

《海口市琼山区志（2002—2010）》专家评议机构及人员

机　　构：《海口市琼山区志（2002—2010）》专家评审小组
成　　员：陈家传　郭绍明　朱兴明　黄培平

《海口市琼山区志（2002—2010）》复审机构及人员

机　　构：《海口市琼山区志（2002—2010）》编纂委员会
主　　任：王和娇
副 主 任：王明夫　段福生　秦立双
委　　员：（按姓氏笔画为序）
王　江　王小燕　王　武　王业权　王　雄　王绥臻
冯所勇　甘　平　龙竞潮　朱焕珍　吴　敏　李茂顺
杨传锋　苏运会　陈育胜　陈克江　陈晓娉　林文志
林春雨　林维东　符志明　黄　丹　黄史清　蒋先理
特邀专家：符思权　邢维雄　黄培平　梁统兴　王康毓

《海口市琼山区志（2002—2010）》市级审核机构及人员

机　　构：海口市地方史志办公室
主　　任：欧少珍
副 主 任：吕书萍
成　　员：吴坤涛　杜惠珍　吴钟宝　张纯龙　王美芳　王海云　陈　发
法律审核专家：陈松松（海口市地方史志办公室法律顾问）
特邀专家：邢维雄

《海口市琼山区志（2002—2010）》终审验收单位与审稿人员

终审单位：海南省地方志办公室
审稿人员：秦武军　陈家传　符思权

琼山区地图（2010年）

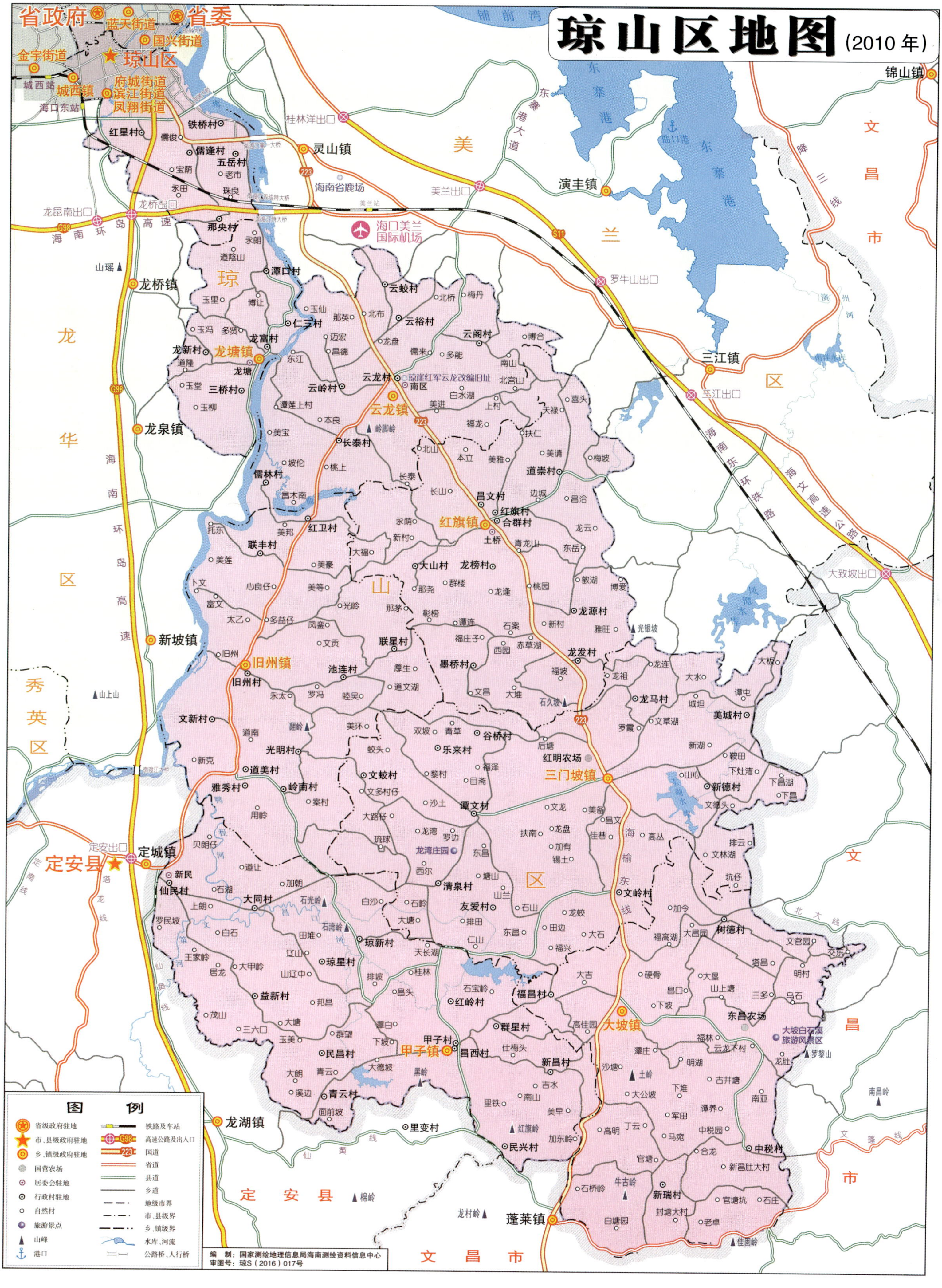

省政府
省委
蓝天街道
国兴街道
金宇街道
琼山区
城西站
城西镇
府城街道
滨江街道
凤翔街道
海口东站
铺前湾
锦山镇
东寨港
曲口港
东寨港大道
桂林洋出口
灵山镇
美兰
海南省鹿场
美兰出口
演丰镇
海口美兰国际机场
龙昆南出口
龙桥出口
海南环岛高速
罗牛山出口
三江镇
三江出口
大致坡出口
海文高速公路
海南东环铁路
降三线
文昌市
龙华区
龙桥镇
龙塘镇
龙泉镇
新坡镇
旧州镇
云龙镇
红旗镇
三门坡镇
大坡镇
甲子镇
定城镇
定安县
龙湖镇
蓬莱镇
秀英区
美兰区
琼山区
东线
琼崖红军云龙改编旧址
红明农场
东昌农场
龙湾庄园
大坡白石溪旅游风景区
罗黎山
牛岭
山瑶
山上山
红旗岭
棉岭
龙村岭
佳园岭
岭脚岭
石久岭
文定农场
定安出口
塔岭线
北大线
文蓬线
仙黄线
图例
省级政府驻地
市、县级政府驻地
乡、镇级政府驻地
国营农场
居委会驻地
行政村驻地
自然村
旅游景点
山峰
港口
铁路及车站
高速公路及出入口
国道
省道
县道
乡道
地级市界
市、县级界
乡、镇级界
水库、河流
公路桥、人行桥
编　制：国家测绘地理信息局海南测绘资料信息中心
审图号：琼S（2016）017号

琼山区城区平面图（2010年）

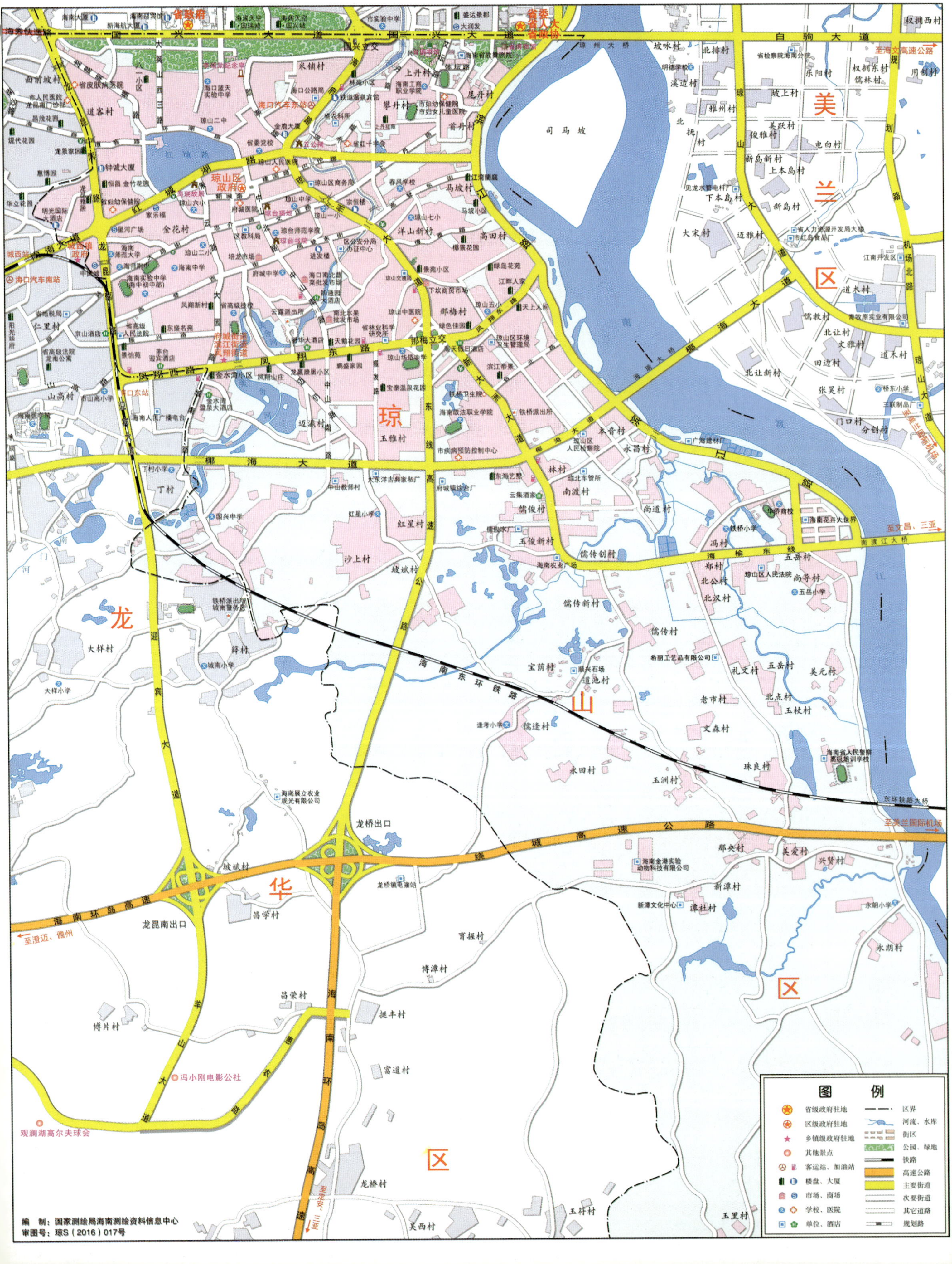

编 制：国家测绘局海南测绘资料信息中心
审图号：琼S（2016）017号

◇重要会议

2002年12月18日，中共海口市琼山区第十次代表大会召开　　（林芳善　摄）

2005年3月12日，中共海口市琼山区第十届委员会第五次全会召开　（林芳善　摄）

2007年4月23日，琼山区第十三届人民代表大会第二次会议召开　　（林芳善　摄）

2009年2月14日，中共海口市琼山区委十一届五次全会召开　　（林芳善　摄）

◇揭牌仪式

2003年1月1日，琼山区举行成立挂牌仪式　　（林芳善　摄）

2003 年 1 月 1 日，中共海口市琼山区委书记钟万荣（左二）为琼山区委成立挂牌　　（林芳善　摄）

2003 年 1 月 1 日，海口市琼山区人大常委会主任吴淑兴（右二）为琼山区人大常委会成立挂牌　　（林芳善　摄）

2003 年 1 月 1 日，中共海口市琼山区委副书记、区长林道本（右二）为琼山区人民政府成立挂牌　　（林芳善　摄）

2003 年 1 月 1 日，中共海口市琼山区常委、区纪委书记陈笑波（左二）为琼山区纪委成立挂牌　　（林芳善　摄）

◇城市建设

2007 年 7 月 18 日，琼山区重点招商项目启动仪式暨琼山区新农村体育休闲中心动工剪采典礼　　　　（龙泉　摄）

海府路金鹿灯饰广场　　　　（2008 年 11 月 3 日林芳善　摄）

2009年11月6日，琼山区云龙产业园招商推介会在云龙镇举行　　（龙泉　摄）

2009年11月6日，琼山肉类加工产业园有限公司入园签约仪式　　（龙泉　摄）

朱云路改造前旧貌 （2008年10月30日林芳善　摄）

朱云路改造后新貌 （2010年2月15日林芳善　摄）

高登东街改造后新貌　　（2010年2月1日林芳善　摄）

高登西街改造前旧貌　　（2010年1月18日林芳善　摄）

高登西街新貌　　（2010年10月17日林芳善　摄）

中山南路南北蔬菜批发市场　　（2010年6月6日林芳善　摄）

2010年9月21日，琼山区红城湖路家乐福开业

（林芳善　摄）

中山南路南北水果市场外貌　　　　　　　　　　　　（2010年12月3日林芳善　摄）

南北水果市场　　　　　　　　　　　　（2010年12月3日林芳善　摄）

◇抗洪救灾

2010年10月初，受台风影响，龙塘镇遭受了百年一遇的洪涝灾害，灾情严重

（龙塘镇政府　供稿）

2010年10月10日，区武装部带领预备役官兵在龙塘镇转移受灾群众

（龙塘镇政府　供稿）

2010年10月16日，广大党员干部帮助群众转移生产生活物资　（龙塘镇政府　供稿）

2010年10月19日，龙塘镇党员干部青年民兵用橡皮舟转移受灾群众

（龙塘镇政府　供稿）

◇爱心捐助

2003年3月5日，青年志愿者在府城三角公园活动场面　　（林芳善　摄）

2008年5月15日，琼山区机关为四川汶川地震献爱心赈灾募捐活动　（龙泉　摄）

◇城乡风貌

红城湖路　　（2003年2月12日林芳善　摄）

鹭鸟天堂大坡镇田心村　　（2007年8月27日宋国强　摄）

大坡镇田心村一隅　　（2007年11月13日林芳善　摄）

府城中学　　（2008年10月28日林芳善　摄）

位于国兴大道的海南省体育训练场
（2009年9月18日林芳善　摄）

位于南海大道的明光国际大厦
（2009年12月17日林芳善　摄）

海口市琼山区特色农产品淮山大比拼（打造品牌农业，促进农民增收）

（2009年12月20日海口市科技局　供稿）

区委区人大区政府办公楼　　（2010年3月1日林芳善　摄）

海口市琼山第三小学　　（2010年4月3日林芳善　摄）

海口市博物馆　　（2010年4月5日林芳善　摄）

海口市琼山第二中学　　　　（2010年4月16日林芳善　摄）

海口市琼山第二小学　　　　（2010年4月16日林芳善　摄）

大坡镇胡椒种植基地　　（2010年5月5日林芳善　摄）

红城湖路景　　（2010年5月12日林芳善　摄）

滨江新城区（2010年5月18日林芳善　摄）

大坡牧榕鸡养殖基地　（2010年6月7日林芳善　摄）

府城三角公园琼剧演出（2010年7月18日林芳善　摄）

红旗镇依必朗高尔夫球场　　（2010年8月17日林芳善　摄）

大坡红肉蜜柚科技示范基地　　（2010年9月16日大坡镇　供稿）

旧州镇堆插村世外桃源
（2010年9月17日林芳善　摄）

三门坡镇龙鳞村　　（2010年10月1日林芳善　摄）

位于国兴大道的海南省图书馆　　（2010年11月7日林芳善　摄）

位于国兴大道的海南省博物馆（2010年12月5日林芳善　摄）

忠介路步行街　（2010年12月6日林芳善　摄）

◇府城元宵“换花节”

关帝巷元宵节之夜

（2009年2月9日林芳善　摄）

绣衣坊街灯　　（2010年2月27日林芳善　摄）

换花传情　　（2010年2月28日林芳善　摄）

2010年，40万民众府城街头大闹元宵　　（区委宣传部　供稿）

◇名人故里

丘浚故居　　　　（2004年4月17日林芳善　摄）

海瑞故居　　　　（2004年4月17日林芳善　摄）

关帝巷南口　　（2010年10月17日林芳善　摄）

序一

琼山是海口历史文化名城核心区，有深厚的历史文化底蕴和丰富多彩的人文景观。西汉的珠崖郡的瞫都县、玳瑁县，隋代的珠崖郡、颜庐县，唐代的崖州都督府、崖州和舍城县，这些古郡州县都先后在琼山境内设过治所。

从宋开宝五年（972）开始至民国初年，琼山县治府城镇一直是琼州州治、府治所在地。迄于清末民初，琼山一直是海南岛政治、经济、文化中心。历史悠久的琼山大地，孕育出一代又一代的英才俊杰。在古代的科举考试中，中举人和进士的人数居全岛之冠，其中不乏具有全国影响的杰出人物，如丘濬、海瑞等。他们的名字彪炳史册，他们的业绩光彩照人，他们留下的印记，成为后世观瞻的胜迹。

琼山不但古代历史灿烂，而且有可歌可泣的现代革命斗争史。从20世纪20年代开始，琼山成为海南革命的策源地。在中国共产党的领导下，琼山人民进行不屈不挠的革命斗争。在民主革命时期和抗日战争时期，为国捐躯的烈士人数居全岛第一，谱写了可歌可泣的壮丽篇章。在长期艰苦卓越的革命斗争中，涌现出被周恩来总理誉为“琼崖人民的一面旗帜”的冯白驹将军等一批革命先辈。他们的功绩载入史册，激励后人。琼山人民的革命斗争史凝重且壮烈，不可磨灭，永入史册。

海南解放后，在中国共产党的领导下，琼山人民以马克思列宁主义、毛泽东思想、邓小平理论、“三个代表”重要思想、科学发展观、习近平新时代中国特色社会主义思想为指导，坚持辩证唯物主义和历史唯物主义的立场、观点和方法，高举改革开放旗帜，为建设文明富裕和谐新琼山而凝心聚力抓发展，取得了令人瞩目的新成就。特别是海口行政区划调整以来，在中共海口市委、市政府的领导下，琼山进入发展新时期，经济社会发展快速，城乡面貌明显改变，群众得到最多实惠，人民安居乐业，琼山大地发生了前所未有的变化。

琼山具有优越的区位优势和丰富的土地资源、良好的生态环境，从“南控”到“南优”的蜕变，印证着一代人探索琼山绿色崛起之路。建区8年间，新农村建设，诞生了497个文明生态村，催生了红旗花卉风情小镇和大坡“绿野仙踪”绿色慢行道；云龙产业园建设，拓宽了琼山工业发展规模；滨江新城和凤翔新城建设，再造了一个府城；朱云片区旧改，墨客村旧改、夏瑶村旧改，让府城这座千年古城华丽转身，融入现代化大都市中。海口新地标海口塔将崛起，使琼山的总部经济蓄势待发。中共琼山区委、琼山区人民政府精心谋划一批重点建设项目，目的只有一个——把群众的利益放在第一位，竭尽全力为琼山人民造福。

盛世修志。琼山历史上曾七度修志：清康熙初年由代知县潘廷候主修了第一部《琼山县志》12卷；康熙二十六年（1687），知县佟世南主持续修，后散佚；康熙四十三年（1704），在知县王贽主持下第三次编修县志，至四十七年（1708）修成10卷，并复印，今藏于国家图书馆；乾隆十二年（1747）、咸丰五年（1855）、宣统三年（1911），又先后三次重修县志，至今仍在琼山区档案馆和图书馆收藏保存。最近一次修志是原琼山市地方志编纂委员会于1985年启动，1999年完成编纂的《琼山县志》。这次《海口市琼山区志（2002—2010）》编修，全面、真实、客观地记述2002—2010年琼山区自然、经济、政治和社会的发展变化，具有时代特点和地方特色，为国内外有关人士认识琼山、研究琼山、建设琼山提供了真实丰富的资料。

《海口市琼山区志（2002—2010）》是琼山区一项重大的文化建设工程，也是一项功在当代惠及千秋的民生工程。在中共琼山区区委、区政府的领导支持下，编纂人员经过七载的艰苦耕耘，数易其稿，今天终于成书付梓，这是一件是值得庆贺的文化盛事。借此机会，我谨代表中共琼山区委、琼山区政府向所有参加支持编修《海口市琼山区志（2002—2010）》工作的单位和编纂人员、专家学者以及社会各界人士深表感谢！让我们不忘初心，砥砺前行，开启琼台复兴的新征程。

中共海口市琼山区委书记：

二〇一九年十二月二十八日

序二

在海口市志编纂委员会的指导和大力支持下，《海口市琼山区志（2002—2010）》即将付梓出版，这是琼山区人民政治、文化生活中的一件大事，是全区精神文明建设和文化建设的重大成果，可喜可贺。

琼山位于海南省的北部，海口市的南部，地理位置十分重要，自然环境得天独厚，历史文化源远流长。自2002年10月16日海口行政区划调整以来，在中共海口市委、海口市人民政府的领导下，琼山区人民发扬光荣的革命传统，在先辈们历尽沧桑，千辛万苦开拓过、拼搏过的这块古老而富有活力的土地上，续写新的传奇。发展现代农业，走在全市前列，出现了一批农民人年均收入的万元村；加快城镇化进程，城乡面貌焕然一新；创建云龙产业园区，新兴工业集聚效应正在放大；建设滨江新城，展现千年古城科学发展之路；打造百里文明生态村长廊，实现绿色崛起。一幅活力琼山、实力琼山、文化琼山、魅力琼山、和谐琼山的新画卷，呈现在广大读者面前。

《海口市琼山区志（2002—2010）》是区域文化百花苑中的一朵。它全面真实地记述和反映琼山区的自然地理、经济、政治、军事、文化和社会风情的发展状况，是一个综合性的信息资料宝库。全书史料丰富，结构严密，内容翔实，言简意赅，工程浩繁，具有鲜明的时代特点和地方特色。区志具有存史、资治、教化、兴利的功能。希望区志出版后，全区干部群众能读志用志，以史志为鉴，践行党的群众路线，齐心协力建设新琼山。

展望未来，琼山人民将一如既往坚持以马克思列宁主义、毛泽东思想、邓小平理论、“三个代表”重要思想、科学发展观、习近平新时代中国特色社会主义思想为指导，紧紧抓住海南自由贸易试验区和中国特色自由贸易港建设的发展契机，围绕海口市加快建设“宜居、宜业、宜学、宜游”的战略目标，立足琼山自身优势，整合资源，明确定位，突出“古色、红色、绿色”特点，上项目扩投资，促进产业结构调整和经济结构转型升级，提质增效的发展思路，大力推进新型城镇化统筹城乡发展，开创城乡互助互惠，社会和谐发展的琼山绿色崛起之路，把琼山打造为海南自由贸易试验区和中国特色自由贸易港历史文化客厅、安享海南宜居福地、琼北乡村风情体验区、省城新兴商贸圈，再谱“琼台复兴”新篇章。

海口市琼山区人民政府区长：

二〇一九年十二月二十日

凡　例

一、本志以马克思列宁主义、毛泽东思想、邓小平理论、“三个代表”重要思想、科学发展观、习近平新时代中国特色社会主义思想为指导，坚持辩证唯物主义和历史唯物主义的立场、观点和方法，全面客观、真实地记载琼山区的历史和现状，力求思想性、科学性和资料性统一，反映时代特点和地方特色。

二、时间上限为 2002 年 10 月 16 日，下限至 2010 年，有些章节，为了记述的连续性，适当追溯至上限之前。

三、记述范围以 2010 年琼山区行政区域为界限，以区属事物为主，对驻区的事物给予适度记述。

四、体裁有述、记、志、传、图、表、录和索引，图片集中排在书首，文字、标点、数字、计量单位等用法，均按国家有关部门所定的规范。按照以事分类，横排竖写，纵横结合方法记述，力求简明扼要。全书共设 20 编 79 章 354 节，部分节下根据内容需要设目，节和目均为基本记述单位，志末设附录。

五、历史纪年，清代以前（含清代）一律用朝代纪年，民国后(含民国)用公元纪年。解放前后指海南岛 1950 年 5 月 1 日前后，建区前后为 2002 年 10 月 16 日前后。

六、人物分人物传、人物表，收录范围为琼山区界内本籍人士，兼收客籍人士。传为已故人物；建省前已故人物为正厅级或正高职称以上者；建省后为正厅（不含非领导职务）、正高职称以上。表，主要为烈士表，先进人物（英模）表，副高以上职称人名表。

七、资料主要由区各部门和驻琼山单位提供，历史资料来自 1999 年新编出版的《琼山县志》，各种数据以区统计部门公布的为主。

目 录

第三编　国土资源管理　环境保护

第四编　人口　习俗　宗教

第五编 体制改革

第六编　城镇建设

第七编　交通　邮政

第八编 经济综合

第九编 农 业

第十编 工业 商贸 旅游业

第十一编 财税 金融

第十二编　中共海口市琼山区委员会

第十三编 海口市琼山区人民代表大会

第十四编 海口市琼山区人民政府

第十五编　民主党派　社会团体

第十六编 军事 政法

第十七编　人事　劳动　民政　安全生产

第十八编 科教文卫体

第十九编　社会主义精神文明建设

第二十编 人 物

附 录

概　述

一

琼山区历史悠久，与琼山县、琼山市一脉相承。汉武帝元封元年（前 110）始在此设珠崖郡。珠崖郡所领的玳瑁县和瞫都县在琼山境内。初元三年（前 46），琼山地属合浦郡朱庐县，东汉建武十九年（43）四月改朱庐县为珠崖县，三国东吴赤乌二年（239）复称朱庐。隋大业三年（607）属颜庐县和武德县，大业六年（610）改武德为舍城县，地属不变，唐贞观元年（627）析舍城县置琼山县，因县境内白石都有一座山名琼山，便以山名取县名，琼山县名自此始。自明代琼州升格为府后至民国初期，琼山府城镇一直是海南岛政治、经济、文化中心。中华人民共和国成立后，琼山县于 1958 年 12 月并入海口市，1959 年 10 月复设。1994 年 1 月，经国务院批准撤县设市。2002 年 10 月 16 日，国务院正式批复，海口市行政区划调整，撤销琼山市和海口市秀英区、新华区、振东区，以原琼山市和海口市原秀英区、新华区、振东区的行政区域设立海口市秀英区、龙华区、琼山区、美兰区。琼山区政府驻地府城镇，是海口市国家历史文化名城核心区，素有“琼台福地”之美称。

琼山区位于海口市南部，地跨南渡江下游东西两岸，介于北纬 19° 32′ ～20° 05′ ，东经 110° 11′ ～110° 35′ 之间。东、北部与美兰区毗邻，南连文昌市和定安县，西与龙华区接壤，总面积 939.9 平方千米。2010 年末，全区常驻人口 48.24 万人，户籍总户数 115901 个，户籍总人口 385165 人，其中非农业人口 199397 人，农业人口 185768 人。辖国兴街道办事处和府城、龙塘、云龙、旧州、红旗、三门坡、大坡、甲子 8 个镇，有 94 个村（居）民委员会。辖区内有国营红明、东昌农场，长昌煤矿和区属新民林场、中税热带作物场、海南岭脚热带作物场等。

境内地势平缓，南渡江截区域为东西两部分，东部自南向北略有倾斜，西部自北向南倾斜，西北部和东南高，中部南渡江沿岸低平，东和东北部为小平原。境内有百米以上山丘山岭 25 座，其中最高的是旧州岭，海拔 199.9 米。琼山属于热带海洋气候，春季温暖少雨多旱，夏季高温多雨，秋季台风暴雨频繁，冬季干冷转湿冷。年平均气温 23.8℃，最高月（7 月）28.3℃，最低月（1 月）12.1℃，最高气温 38.9℃，最低气温 2.8℃，平均日照量 2000 小时以上，年均降水量 1676.4 毫米，雨季一般集中在 8—10 月。琼山资源丰富，有煤、锰、高岭土等矿产资源；海南岛最长的河流——南渡江流经境内，另有集雨面积 50 平方千米以上的河流 6 条，有中型水库 4 座。龙塘水源厂和儒俊供水厂担负着海府地区的供水功能。

琼山人杰地灵，古代有被誉为“海南双璧”的礼部尚书兼文渊阁大学士丘浚和“海青天”海瑞。现代有被周恩来总理赞誉为“琼崖人民的一面旗帜”的冯白驹将军。琼山自古文化繁荣，教育发达，是海南文化传播最早的县份之一。早在宋庆历四年（1044年）就创办海南岛最早的儒学机构——琼州府学，有书院、义学48间。琼台书院因粤剧、琼剧《搜书院》的流传而名闻天下。现辖区内荟集海南师范大学、海口经济技术学院、琼台师范高等专科学校、海南中学、琼山中学、海南高级技工学校等院校。琼山旅游资源独具特色，有五公祠、琼台书院、丘浚故居、海瑞故居、鼓楼、冯白驹将军故居、琼崖工农红军云龙改编旧址等人文景观；有民俗气氛浓郁的元宵换花节、文明生态农家游等地方特色的旅游活动。

琼山区是海南革命的策源地。在民主革命时期，琼山人民与各种反动势力进行艰苦卓越，不屈不挠的斗争，写下了许多可歌可泣的篇章。革命先驱陈继虞组织“民军”，讨伐军阀龙济光；被誉为“琼崖人民一面旗帜”的冯白驹领导海南人民与国民党军队和日本侵略军血战，23年红旗不倒。中共琼山县委是海南建立最早的县委；“云龙改编”是琼崖国共两党第二次合作的开始，揭开了琼崖抗战的序幕。革命战争年代，琼山人民经受了血与火的洗礼，有3646名儿女为革命牺牲成为烈士，有1174个村庄为革命做出了贡献，中华人民共和国成立后被评为革命老区，这在海南是绝无仅有的。

二

琼山区是海南开发最早的县份之一。自秦汉开始，大陆的生产工艺、技术文化通过移民传入，先民筚路蓝缕，打开了蒙昧落后的局面，开创了文明时代。历史上琼山是州治府治所在地，民国时期成为海南唯一的一等县。然而，1949年全县财政收入仅48.5万元。海南解放后，琼山经济社会发展一直处于全省领先地位，尤其是1988年海南建省办大特区，琼山县以其地缘优势、人文优势招商引资，全面开发，取得了瞩目成就。1989年全县工农业总产值45859万元，居全省各县之首。1990年，财政年收入由上年3956万元增至6810万元，成为全省第一个财政自给县。1994年撤县设市，财政收入突破亿元大关，率先在全省实现财政收入亿元目标。2003年，琼山区地区生产总值21.81亿元，全社会固定资产投资完成3.78亿元，社会消费品零售总额完成10.27亿元，财政收入实现3.44亿元，城镇居民可支配收入6673元，农民人均纯收入2777元。2010年，地区生产总值53.65亿元，全社会固定资产投资完成34.21亿元，社会消费品零售总额完成27.87亿元，财政收入实现13.95亿元，城镇居民可支配收入13224元，农民人均纯收入5735元，是琼山区历史上发展最好最快时期。

琼山区是海口市农业大区。筑堤凿渠灌溉兴农在历史上处于海南领先地位。北宋开宝八年（975），开创海南修渠工程，引水灌溉农田300余顷。淳熙八年（1181），琼州郡守韩壁将耕耨灌溉方法传授琼山百姓。元至元年间（1280—1294），南渡江下游琼山境内筑堤，建成各种水利工程18宗；围垦河滩，改成水田千余顷。1917—1918年，琼崖实业局在琼山设农艺、畜牧试验场，从事水稻、甘蔗、禽畜等新品种试验推广，同时在琼山五公祠附近建立苗圃，培育树苗，在当时尚属新鲜事，这些措施对琼山区农业发展曾经起历史作用。2003年，琼山区完成农业总产值9.36亿元；全区香蕉年末面积1893.3公顷，荔枝1580公顷，菠萝1306.6公顷，蔬菜5600公顷，橡胶6466.6公顷，胡椒1520公顷。2010年，琼山农业已取得跨越式发展，“六型”（基地型、循环型、加工型、都市型、专业合作型、设施型）农业和热带高效农业形成新格局。全区橡胶年末面积8893.20公顷，胡椒2200公顷，菠萝1666.7公顷，香蕉3400公顷，荔枝2133公顷，瓜菜8082公顷，淡水养殖面积1762公顷，水稻种植面积约12666.6公顷，花卉1333.3公顷，形成了橡胶、胡椒、瓜菜、花卉、香蕉、荔枝、龙眼、淮山等8大农业品牌，全年农业总产值19.9亿元。

琼山区工业历史悠久。在漫长的历史长河中，从发达的手工业蜕变为现代新型工业。制陶、酿酒、编织等汉代早已出现，首创甘蔗榨汁制糖技术，棉织品广幅布亦闻名大陆。唐代出产的金银器皿、五色藤、合子书囊、纺织品、各款坐席在广州等地享有盛誉。到了明代，出现官办手工业，计有炼铁、石、漆、泥、木、皮、篾、雕、画、染、窑等行业，大量手工业产品投放市场，满足居民生活所需。龙塘陶瓷从古至今一直驰名全岛。府城镇自明初成为全岛政治中心以后，不仅是官商士农工和各地移民集中之地，而且拥有纺织、造船、酿酒、小五金、编席、雕刻等手工业。民国年间，手工业行业规模扩大，从业人数增加。到了20世纪40年代，出现近代工业，日本人在府城镇创办小型纺织厂、火柴厂、日产3吨的造纸厂等。日本侵略者投降后，工厂倒闭。至解放前夕，府城仅有1家简陋的发电厂，全厂4名工人，其余仍为手工业工场。海南解放后，琼山区域工业进入发展新时代。1955年，在龙塘镇建起全岛第一家日榨500吨甘蔗的机制糖厂，在当时的广东省属于一流规模。1960年建起全岛装机容量最大的潭口电厂，并相继建起红旗糖厂、甲子糖厂、美安糖厂、琼山氮肥厂、琼山纺织厂、琼山铸管厂、琼山轧延厂、琼山制钉厂、琼山造纸厂、琼山电镀厂、琼山日用品厂、琼山卷烟厂等一批新型工业。2003年，琼山区工业企业750家，其中法人工业企业77家，规模以上工业32家，从业人员1.31万人，实现工业总产值14.82亿元。建区后在市政府的大力支持下，建起云龙产业园区、海南红塔卷烟异地技改项目、海南共享钢结构有限公司的钢结构等项目，全区有卷烟、机械制造、食品、包装、饲料、造矿、制糖等。2010年，全区工业企业1081家，其中法人工业企业114家，规模以上工业15家，实现工业总产值29.02亿元。

琼山区交通便利，1919年建起府城至海口公路，这是海南历史第一条公路。解放后至2010年，区域内公路四通八达。区政府驻地府城镇距美兰国际机场15千米，距秀英港18千米，东环高铁海口站设在龙昆南路，东线高速出入口设在凤翔路那梅桥，国道海榆东线贯穿全境，市区设有40条公交线路，乡镇客运全部实现公交化滚动发班车。

历史上府城是商贸古城。从明代开始，府城城区扩大，逐渐成为岭南一大郡城，“弦涌声繁物庶，宦游都道小苏杭”是当时的写照。城外海口港，“帆樯之众，森如立竹”。到了清代雍正时，“商贾络绎，烟火稠密”。中华人民共和国成立后，商贸有所发展，但步履艰难。中共十一届三中全会后，改革开放，搞活市场，经商人数增加，出现了市场繁荣、购销两旺大好形势。建区后，琼山区建设物流中心和购物中心，构建海府商贸圈，建设南北水果批发市场、南北蔬菜批发市场、海南农业广场、塔光陶瓷城、金鹿灯饰大世界、永安家俱大世界等一批专业市场，引进了家乐福、春潮、天茂百货等一批大型超市、大型商场，促进了现代服务业的发展。个体工商户服务网点遍布城乡，2003年，琼山区个体工商户达5509户，从业人员11052人，全区社会消费品零售总额10.27亿元。至2010年，全区个体工商户达12820户，注册资金41803.94万元，从业人员20609人，全区社会消费品零售总额达27.87亿元，成为琼山经济发展新亮点和财政收入增长点。

三

教育文化源远流长。宋庆历四年（1044），海南最早最高的学府——琼州府学就设在琼山。明清时期，教育文化有了较大的发展，官办和民办学校增多，明代国子监典簿赵谦（浙江余姚人），于洪武二十五年（1392）被贬任琼山县学教谕，造就了一代文风。清代有琼台书院、雁峰书院、海门书院、乐古书院、苏泉书院等。民国年间全岛第一所由书院改制的琼山县中学诞生，培育了许多优秀人才，桃李满天下。现代，海南师范大学、海口经济学院、琼台师范高等专科学校、海南中学、琼山中学等一批优质学校荟集琼山，推动了琼山教育事业的发展。2003年，琼山区有公办小学127所，教学点70所，在校学生45979人；公办完全中学1所，初级中学10所。初中在校学生9876人，高中在校学生517人。幼儿园73所，在园幼儿达7552人。至2010年，全区共有公办学校77所小学，教学点25个，在校学生35085人；公办学校完全中学1所，初级中学10所。初中在校学生13640人；高中在校学生614人；幼儿园107所，在园幼儿达18334人。民办学校15所，在校学生9052人。学校危房改造和校安工程建设，学校面貌发生了巨大变化，办学条件明显改善，教师待遇显著提高。文化、科技、卫生、体育等社会各项事业蓬勃发展。文化方面，2010年全区文化设施较齐全，有图书馆、影剧院，电影院；乡镇设有文化站和文化广场；全区每个村（居）委会有图书室和灯光球场；广播电视实现“村村通”，丰富了群众文体生活。科技方面，2004 年杂交稻博Ⅱ优 15 引种，2005 年优质杂交稻Ⅱ优 128 引种，2006 年优质常规稻新特粘占 25 引种，试验、示范与推广分别获得海南省科技成果转化奖的一等奖、二等奖、一等奖。2004 年，海南岛香蕉两新病害调查及病原菌鉴定获得海南省科技进步三等奖。卫生方面，2010 年全区共有医疗机构 70 家，其中个体诊所 52 家，农村新型合作医疗和城镇医保参合率达到 98%以上。墟镇有中心卫生院，行政村有医疗室，社区有卫生服务站；防疫疾控工作实现有效防控，2003—2010 年，全区没有发生重大病疫情。

琼山区域民风淳朴，尊师重教；学子勤奋好学，人才辈出。凡经世代桑沧，重视礼仪，讲究美德，尊儒重教，崇好诗书的风尚，相沿至今；行善积德，扶危济困，助人为乐，办公益事，多成风气。重视教育，捐资办学，兴文之风，古今盛行。节日活动，丰富多彩，热闹非凡，充满吉祥、如意、平安、祝福的氛围，民俗文化延绵不断。

四

2002 年 10 月 16 日，海口行政区划调整后，在短短的 8 年间，琼山区城乡面貌发生了巨大变化。

建设社会主义新农村成效明显。琼山区每年用财政收入 60%以上改善民生，实施农村安全饮水工程，全区 778 个村庄饮上安全水，实现全区农村人畜饮水工程全覆盖。实施农村公路畅通工程，建设农村硬板化公路 107 条 386.3 千米。除险加固水库 27 宗，修建防渗渠道 14 条 42.6 千米，综合整治田洋 22 个，修建防洪楼 9 栋，完成农村改厕 6918 个，共建文明生态村 497 个，占全区自然村总数的 65%。既改善了农村生产条件，又改善了群众生活，通过推行新型农村合作医疗和农村养老保险制度及低保制度，农村低保和城镇低保做到应保尽保，为弱势群体提供了生活保障，让改革开放成果惠及百姓。

城区建设日新月异。积极开发滨江新城，规划用地面积 814.69 公顷，依靠南渡江的自然资源优势，打造集观光、旅游、度假休闲、文体娱乐为一体的滨江休闲产业带，着重发展休闲商务、文化创意、SOHO 公寓等具有现代服务特征的建设项目。起步区用地面积 46 公顷，已全部完成起步区签订房屋拆迁，安置小区项目建设，琼山第二行政办公区建设，5 条市政道路等项目建设已全部启动，滨江帝景、江畔人家地产项目已开发运营。城区主要路网建设成果丰硕。自 2003 年之后，在海口市政府的支持下，琼山区为了扩大城区，改善交通和人居环境，着力抓好城区主要道路建设。至 2010 年底，新建了椰海大道、滨江西路、高登东街、文坛路、美舍河观光路，扩建了朱云路、建国一横路，同时对海府路、琼州大道、龙昆南路、红城湖路、中山路、建国路、文庄路、高登街等城区主要道路进行改造，不断完善城区主要路网建设，促进城区面貌明显改善。

府城是海口历史文化名城核心区，在保护的基础上，科学规划进行旧城改造。2008年启动朱云路扩建工程和朱云片区旧城改造，通过攻坚克难，朱云路扩建工程竣工，全部完成朱云片区旧城改造涉及1112户房屋征地任务，拆除房屋建筑面积74788平方米，附属物12793平方米，并在府城中山南路兴建安置房共586套，总建筑面积5.5万平方米；在府城朱云路和高登西路交叉口处兴建安置房，共304套7294平方米，使朱云片区旧城改造被拆迁的群众得到妥善安置。道客村旧改、墨客村旧改、夏瑶村旧改也取得了重大进展。8年间，共投入4770.4万元，对城区主要道路进行街景立面改造，改造面积26.23万平方米，改造城区小街小巷287条，全部实现道路硬化、亮化、美化，让旧城换新颜。

绿水青山就是金山银山。琼山人民对生态环境保护一直摆上优先位置，2005—2010年，对位于城区的海南铸管厂、海南制钉厂、琼山印刷厂、琼山电线电缆厂、红塔卷烟等国有企业进行改制或异地技致，全部关停生产线，结束企业优民、污染城区环境的历史。坚持不懈对美舍河环境污染进行综合整治。针对美舍河水体黑臭、遇雨必涝的现状，琼山市于1999年12月28日动工，对美舍河进行综合整治。在十年期间里，由于受资金制约，整治工程断断续续，一段一段地推进，先后共征用土地面积26.7公顷，拆除建筑物面积4.05万平方米，搬迁居民户166户，设置拦河水闸10座、修筑桥梁、涵洞10座，全程砌筑挡土墙、双向大理石护栏，配套污水管网8.2千米，整治河道6.5千千米，投资总金额19732.44万元，于2010年4月全部竣工交付使用，使琼山辖区的美舍河段变成带状公园，成为市民和游客游览休闲之地。实施龙塘饮用水源地保护工程。2005年投入3500万元开展龙塘镇环境综合整治；2006年投资2359万元完成龙塘镇排水管网环保二期工程，修建5600米污水管网和6500米雨水管网；2007年投资3850万元，建设日处理污水5000吨的龙塘污水处理厂，对龙塘饮用水源地实施有效保护，确保省会城市海口饮水安全。

五

改革开放风起云涌。琼山人民具有敢为人先、敢于担当的改革开放精神。在改革开放30多年间，在海南大特区改革开放的氛围中，一直站立潮头，敢为人先，以改革开放促进琼山大开发、大建设。1994年，琼山市率先推出“三制”（直接办理制、窗口服务制、服务承诺制），不断优化投资环境。全市14个行业，78个示范窗口单位，推出“三制”

服务制度362项，以文明服务、微笑服务、快捷服务赢得投资者的赞誉，盘活了“三步棋”：（1）1994年，琼山市提出建设“三桥八路”（三桥即：兴建新埠大桥、琼州大桥、海瑞大桥，八路即：建设琼州大道、货运大道、红城湖路、中山南路、琼山大道、谭仙大道、椰海大道、新大洲大道）战略框架，1995年10月1日，琼州大道、中山南路、红城湖路正式通车。1996年完成琼山大道（江东大道）、货运大道建设，海瑞大桥（江东大桥）动工建设。（2）工业向园区集中。从1991年开始，琼山相继创办了狮子岭工业开发区、桂林洋经济开发区和江东新市区。其中，1996年新大洲摩托车厂生产摩托车达30万辆，比上年增加15万辆。在红牛饮料、奥克碑酒、海南卷烟，万达包装。新技术项目川崎发动机、亚洲制药“快克”品牌、恩威制药、金牛膜料等支柱产业和新兴产业的带动下，上世纪90年代末，琼山市工业总产值突破43亿元。（3）招商引资捷报频转。1991—1995年，琼山市共计有来自15个国家和地区，28个省市客商兴办企业664家，其中，外投资企业286家，内资企业398家。若按行业分，工业379家，占53.8%；农业70家，占10.5%；商贸旅游服务业237家，占35.7%；已实际投入资金总额38.55亿元。1996年底止，已在琼山投产、营业、动工的外引内联企业有402家，占历年累计批准创办企业总数664家的60.3%。其中，外资企业146家，内联企业254家。1997年在上海举办招商会，签订投资协议22.8亿元；1998年北京招商会，签订投资协议30.2亿元；1999年广州联谊会，签订投资协议16.8亿元；2000年哈尔滨招商会，签订投资协议14.8亿元。

改革开放方兴未艾。2002年10月16日，海口行政区划调整后，面对百舸争流，千帆竞发的新一轮高质量发展态势，琼山人民紧抓千载难遇的历史机遇，进一步解放思想，大力弘扬“敢闯、敢试、敢为人先、埋头苦干”的特区精神，以“时不我待，只争朝夕”的紧迫感，加快改革开放步代。在中共海口市委强区扩权，下放权力的背景下，琼山区乘势推出38项责任清单和48项负面清单，通过“极简审批”的方式吸引投资者。2002—2003年，由海南钟龙实业有限公司投资人1.6亿元在府城中山南路兴建海口南北水果批发市场，占地面积10公顷，每天销售批发各类水果800多吨，年交易额达10.9亿元，成为海南省规模最大，果类最齐全的水果集散地。2004年1月，投资总额9000万元，在府城镇中山北路兴建的海口天茂百货商场竣工营业，经营面积9850平方米，结束了琼山没有大型百货商场的历史。2010年9月21日，红城湖家乐福大型超市开业，标志世界500强企业之一首次落户琼山。2003—2010年，海南佳元地产、南国·威尼斯地产、滨江帝景地产、滨江新城、云龙产业园、海南红塔卷烟异地拨款项目、海航明光大酒店等一批大型项目相继竣工和投产，优化了产业结构，做优了第一产业、做强了第二产业、做活了第三产业，拉动了全社会固定资产投资132.94亿元，创了历史新高。

建区8年间，琼山区经济社会发展取得重大成就。但也存在不足之处，主要是发展速度不够快，经济总量偏小；社会各项事业发展受财力限制，发展相对滞后；缺少大企业、高新技术产业支撑，工业短板；农业现代化进程缓慢，城镇化水平低等。然而琼山有深厚的历史文化底蕴，有丰富的土地资源，有省会城市中心城区的区位优势，又具有光荣的革命传统，只要全区人民团结一致，凝心聚力谋发展，一个繁荣昌盛、文明富强、社会和谐的经济文化大区将出现在琼北大地，续写科学发展新篇章。

大事记

2002年

10月16日 国务院批准调整海口市行政区划，撤销琼山市，设立琼山区，行政隶属海口市人民政府，琼山区人民政府驻地府城镇建国路**1**号。

11月1日 经省人民政府研究并报国务院批准，同意撤销琼山市和海口市秀英区、新华区、振东区，以原琼山市和海口市原秀英区、新华区、振东区的行政区域设立海口市秀英区，龙华区、琼山区、美兰区。其中，琼山区辖原琼山市府城镇（薛村、大祥村除外），龙塘镇、云龙镇、旧州镇、三门坡镇、甲子镇、大坡镇和海口市原振东区的国兴街道以及蓝天街道的米铺居委会、道客居委会，区人民政府驻区建国路。

11月5日 省城市爱国卫生检查团深入府城大街小巷庭院社区、旅店餐馆、市场车站，对市容环境卫生、公共场所、窗口单位、食品卫生、健康教育、单位居民区卫生等项目进行检查。

11月6日 省政协主席陈玉益到冯白驹将军故居长泰村和云龙红军改编旧址，调研老区建设情况。

同日 海南军区司令员李少兴少将到琼山检查文明生态村创建、基层人民武装部建设和冬季征兵工作。

11月8日 中共海口市委印发《关于成立海口市行政区划调整实施工作机构的通知》在全市贯彻执行。

11月13日 副省长江泽林到琼山红旗镇大山村委会20公顷圣女果基地和甲子镇正在进行加固配套工程建设的狗尾水库，检查双冬（冬修水利和冬种瓜菜）工作。

同日 中共琼山市委成立海口市行政区划调整琼山实施工作领导小组，裴成敏任组长。领导小组下设办公室，钟万荣任办公室主任。办公室下设综合组、组织人事组、机构编制组、财经组、区划组、宣传组、监察组、信访组，具体负责办公室日常工作。

同日 中共琼山市委办公室印发关于《海口市行政区划调整工作琼山实施方案》的通知。琼山区按实施方案执行。

11月14日 海口市（包括龙华区、秀英区、琼山区、美兰区）在海口万绿园隆重举行欢庆中共十六次代表大会胜利闭幕大型广场文艺庆祝活动，琼山万名干部群众参加。

11月15日 琼山整治龙昆南路道路红线以内的违章建筑和临时建筑，全部将其拆除。

同日 琼山召开贯彻海口行政区划调整工作动员会。会议在府城镇会议厅召开，海口市委常委裴成敏和琼山四套班子成员出席大会，会议由琼山市人大常委会主任张永金主持。海口市委常委裴成敏在大会上作动员报告，琼山副局以上干部近千人参加会议。

12月3日 琼山市第十一届人民代表大会第六次会议在省党校召开。大会实到代表225人，选举产生17名出席海南省第三届人民代表大会的代表。

同日 琼山掀起冬季农田整治高潮。琼山机关和大坡、三门坡两镇干部群众、学校师生以及驻地部队近万人在三门坡镇福兴田洋，掀起冬修水利建设农田整治高潮。整治田洋面积 286.7 公顷。

同日 琼山组织中共十六大宣讲团下乡宣讲，贯彻落实中共十六大精神。

12 月 5 日 省委副书记、省长汪啸风、副省长江泽林检查冬季农产品交易会海口 2 馆琼山展馆的布展情况。

12 月 18—20 日 中国共产党海口市琼山区第十次代表大会在府城召开，参加会议的代表 228 名，列席代表 60 名。

12 月 18 日 海口市琼山区第十二届人民代表大会第一次会议在府城召开，出席大会代表 181 名。

2003 年

1 月 1 日 海口市秀英、龙华、琼山、美兰 4 个区举行挂牌成立仪式。

3 月 琼山区开展向全省见义勇为基金会募捐活动，共义捐金额 4.3 万元。

5 月 琼州大桥正式通车。琼州大桥东连白驹大道，西接国兴大道，长 1396.98 米，宽 23 米。

上半年 琼山区全力防治非典型肺炎（非典）疫情工作，实施“最大限度确保琼山无疫区，最大限度确保无交叉感染”的防治总目标，共投入“非典”防治资金 166 万元，其中政府投入经费 50 万元，各镇（街道）和各部门自筹资金 116 万元。全区没有发现一例非典病例和疑似病例。

下半年 红城湖公园工程因海口市政府规定不再执行原琼山市以土地补偿工程欠款而停工。该工程由红城湖公园管理有限公司中标施工，于 2001 年 11 月正式动工，计划分三期完成。

10 月 琼山市工商局改称琼山区工商局，完成体制改革。

是年 琼山区调整产业结构，发展优势产业，以卷烟（红塔）、包装（万达）、饲料（兴牧）和食品加工业为重点。

是年 海口市政府批准划定龙塘饮用水源地保护区。

2004 年

2 月 琼山区遭遇 50 年一遇严重旱灾，农业生产受严重影响。

4 月 琼山区安全生产监督管理局成立，负责安全生产综合监督管理工作。

6 月 红旗、云龙镇推行新型农村合作医疗制度试点工作，农民参合率 70%以上，被评为海口市先进单位。

12月 琼山区被民政部命名“双拥模范区”。

同月 省、市支持修建铁桥至龙塘公路动工。

同月 琼山区参加“海口市无疫区农业发展论坛暨招商会”“珠洽会”和“海洽会”招商活动，全年签约项目28个，签约总额10.1亿元。其中，投资8000万元的红塔卷烟新型生产线、投资2000万元的海南灵长类实验动物中心已建成并投入运营。

同月 全区适龄儿童和少年入学率分别达99.8%和96.9%。

是年 大坡镇全年无刑事案件记录，实现“无毒镇”创建目标。

是年 琼山区对驻地府城城区进行环境综合治理，开始对人力三轮车、二轮板车、机动三轮车（简称“三车”）非法营运进行查处，查扣“三车”1200多辆，同时拆除违章建筑4万多平方米，拆除不规范广告牌678块。

是年 海南红塔卷烟产值5.17亿元，创税2.41亿元，创历史新高水平。

是年 琼山区阻击禽流感，实现“无疫区”目标。

是年 琼山区农业生产推行“五统一分”（统一规划、统一开发、统一品种、统一技术、统一销售、分户管理）经营模式。

是年 府城天茂百货、崴阁广场和鸿禧大酒店开张营业，从此结束府城镇无大型商场的历史。

是年 南北蔬菜批发市场投入运营。

是年 琼山区配合市建部门，改造扩建龙昆南路、凤翔路和红城湖路，加快国兴大道西段建设，启动海瑞大桥重建工程。改造府城建国路、中山北路的人行道与硬化金花市场路。美舍河整治第三期工程基本完成，正式着手建设美舍河带状公园。

2005年

6月2日 琼山区委办、区政府办联合发布《关于进一步加强城区“门前三包”工作的通知》，决定对城区“门前三包”（包卫生、包容貌、包监督）工作加强管理。

8月24日 琼山区人民政府印发《海口市琼山区新型农村合作医疗管理办法（暂行）》通知。

9月15日 琼山区政府决定从即日起启动突发公共卫生事件Ⅲ级响应和做好急性肠道传染病防治，开展疫情预防与控制。成立突发公共卫生事件应急处置指挥部，由区政府代区长林甫肄任总指挥长。

9月26日 18号强台风袭击琼山区，风力达12级以上。台风造成全区直接经济损失3.75亿元，民房被掀瓦5500间、倒塌490间。全区防御第18号强台风，转移16966人，未发生人员伤亡事故。

9月28日 区政府办公室颁发执行《琼山区村账镇监管制度改革方案》。“村（居委会）财镇（街道）管” 试点工作于2004年启动，按照“村民所有，自主分配，分户核算，统一监督，定期公开”的原则，对村集体经济组织的财务实行统一管理，建立“村账（财）镇监管”制度。

2006年

1月1日 市人力资源和社会保障局组织琼山区事业单位有关人员参照公务员管理过渡考试。

5月 三门坡镇新德村委会新湖村的大型冷藏库竣工。该工程由海南南荔王科技发展有限公司投资兴建，库容2000吨。

5月 全区贯彻落实海口市委、市人民政府《关于推进社会主义新农村建设的实施意见》。

6月23日 琼山区召开文明生态村建设工作推动会，在大坡镇与红旗镇召开。与会人员124人，参观下水、下堆、风雅、南林、桃林、美雅等6个文明生态村。

11月22—24日 中国共产党海口市琼山区第十一次代表大会在府城召开，参加会议的代表216名，列席代表66名。

12月5日 海口市琼山区第十三届人民代表大会第一次会议在府城召开，出席大会代表181名。

是年 省政府组织对全省第一批12个市、县（区）政府的教育工作进行督导评估，琼山区政府等6个市、县（区）政府被评为优秀等次。

是年 琼山区人民法院被评为“全国法院司法行政工作先进集体”“全国法院系统优秀法院”。

2007年

1月1日 在全区范围分步实施由国库集中支付的财政管理改革，提高财政资金的运行和使用效益。

1月19日 中共琼山区委、区政府召开全区文明生态村2006年创建工作总结表彰暨2007年创建工作部署大会。

1月26日 琼山区政府被省政府授予“海南省教育先进县（市、区）”荣誉称号。

3月 中共琼山区委成立创建现代文明机关领导小组，由区委副书记谭忠庭任组长，进行创建现代文明机关工作部署，努力建设四型（学习型、创新型、服务型、和谐型）机关。

4月1日 龙塘镇新民村委会卜南山发生火灾，造成过火面积30多亩，其中林地8亩，其他为荒坡杂草地。扑救及时，无人畜伤亡。

4月16日 中共琼山区委办公室、琼山区人民政府办公室印发《琼山区启动重点项目建设工作方案》的通知，6月份启动一批项目建设，其中15个重点项目在同一时间举行开工或开业仪式。

4月20日 举办全区文明生态村建设工作骨干培训班。参加人员有各镇（街道）党委书记、宣传委员和2007年计划内创建村庄（75个）、计划外创建村庄（14个）村长等108人。

4月26日 琼山区人大常委会主任吴淑兴率领干部40多人到大坡镇田心村参加创建文明生态村劳动、捐赠钱物。

5月 海口经济技术学院师生200人参加红旗镇本立村文明生态村共建活动，与村民举行排球友谊赛、文艺联欢晚会。

5月 海南大学艺术学院与云龙镇北桥村联手共建文明生态村。

6月6日 中共琼山区委办公室、琼山区人民政府办公室印发《海口市琼山区重点招商项目启动仪式筹备工作方案》的通知，决定对具备开工或开业的重点招商项目（15个）在同一时间举行启动仪式。并成立筹备工作领导小组。

6月28—29日 琼山区十三届人大代表30人，组团开展“科技兴农”专题视察活动，活动以听取汇报、实地视察、召开座谈会、集中评议等形式进行。实地视察甲子镇山口门村、大坡镇福佳村和红旗镇昌洽村。

7月9日 琼山区同时启动15个重点招商项目开业或开工仪式。

同日 开始动工兴建新农村体育休闲公园。该园位于绕城高速公路北侧、响水桥南侧，面积约3平方千米，是新农村建设示范区，计划投资总额5亿元。

8月29日 琼山区召开东环城际铁路征地拆迁动员大会。

同日 市政府办公厅确认城镇居民基本医疗保险定点医疗机构。确认的医院中有琼山人民医院、琼山中医院、琼山府城医院，确认的琼山区社区卫生服务机构有云龙镇、红旗镇、大坡镇、府城镇府城、府城镇铁桥、龙塘镇、三门坡镇、旧州镇、甲子镇等9个社区卫生服务中心和大园、高登、绿色佳园、北官米铺等4个社区卫生服务站。

8月31日 全区参加新型农村合作医疗153900人，参合率98.8%（应参合155752人），覆盖率100%。筹集资金1261.98万元，其中农民个人筹集资金230.85万元。

9月1日 开始东环城际铁路琼山段的红线测量定点放线工作，至9月16日全部完成。

9月2日 区委、区政府与开发单位在海口隆重举行“海南花卉世界项目推介会”，邀请全省花卉园艺行业人士及省内外新闻媒体记者共360多人参加。16家新闻媒体均进行详细报道。

9月9日 国兴街道办举行街道办成立6周年暨办公楼落成揭牌典礼。区三套班子领导、联系点单位领导以及区各委办局和镇的领导、驻区单位代表、街居干部群众200多人参加典礼。

9月　府城中山路、高登街、忠介路、文庄路、建国路、新城路等6条街道实施路网改造，全新铺设地下污水管道和沥青路面。改造街道总长5.6千米，投资约6000万元，其中管网工程4000万元，路面工程2000万元。月底完成雨污管网工程85%。

9月20日　区政府印发《海口市琼山区开展综合治理出生人口性别比偏高工作方案》，严厉打击非法胎儿性别鉴定和选择性终止妊娠行为。

9月　红旗镇800吨冷藏库、三门坡镇2000吨冷藏库和大坡镇5000吨橡胶加工厂项目建成投产。

10月18日　区重点招商项目——海南花卉大世界项目举行开工典礼。琼山区三套班子领导及省、市有关部门领导参加。

10月26日　琼山区三套班子领导、区机关各单位及各镇、街道正科级领导100多人，在三门坡镇加乐湖村举行“欢乐海口·农家乐”联欢活动。

10月27日　建设海府立交琼山区辖拆迁任务全部完成。拆迁塔光陶瓷城房屋、铺面60多间近1万平方米，民居32家8918.54平方米。

10月　经中国科协组织检查评比，琼山区成为海南省唯一的“全国科普示范县（市、区）”。

11月24—26日　海口市委理论研讨会在三门坡镇加乐湖村召开。

12月4日　来自全国各省、市、区文明办的代表，到琼山区三门坡镇加乐湖村考察海南新农村建设经验。

12月10日　琼山区政府成立府城医院新住院部项目建设管理领导小组，组长韩云秋（琼山区区长）。领导小组下设办公室。

12月24日　琼山区府办发文，规定全区凡是运用行政事业单位国有资产（包括土地、房屋等）进行出租、出借的，从2008年1月1日起，统一由区国资委办管理，所得收入全部上缴区财政，任何单位不得截留挪用。

2008年

1月9日　中共琼山区委、区人民政府授予加乐湖村等20个“新农村建设示范村”（三门坡镇：加乐湖、龙鳞、下田下；府城镇：冯村、玉巷；红旗镇：本立、丰平；云龙镇：岭脚墟、北历、北桥；大坡镇：田心、土炉埇、亭竹；甲子镇：土岭、福昌；旧州镇：勋德、罗由、雅蔡；龙塘镇：富礼、儒昌）荣誉称号。

3月11日　琼山区完成滨江西路国兴段拆迁任务，拆迁工作涉及首丹、中丹、尾丹3个村，拆迁166户。

3月中旬　琼山区按照市委关于建省办经济特区20周年暨博鳌亚洲论坛服务保障方案要求，负责实施境内国兴大道南侧、新大洲大道街景立面改造整治工程。两大道路立面改造工程总长 11.83 千米，改造建筑物 329 栋 140304 平方米。

4 月 1 日　琼山区重点建设项目滨江新城控规研究方案专家评选会在府城凤翔路丽华大酒店召开。省城乡规划委员会专家委员徐经国等 7 名专家组成评审组。副市长丁竹对参评单位作点评，区委书记徐学健就滨江新城构思的指导思想作介绍。市、区有关单位负责人参加。副区长龙舒华主持会议。

同日　琼山区“法律进学校”工程启动仪式在琼山二中校园内举行。省司法厅、市司法局和区有关领导出席启动仪式，区各镇（街道）和区直有关单位领导、各司法所所长、区属各中小学校师生等共 1200 余人参加启动仪式。

4 月 2 日　琼山区事业单位人事制度改革工作启动。是日，在区委五楼会议室召开全区实施事业单位人员聘用和岗位设置管理工作大会。

4 月 17—19 日　琼山区防御“浣熊”台风，启动Ⅱ级响应预案。全区转移危房户 927 户 2578 人。台风造成农林受灾面积 1533.3 公顷，其中香蕉 480 公顷、橡胶 11 公顷、胡椒 172 公顷、瓜菜 73.3 公顷、林木 3.9 公顷，三门坡、红旗、大坡等镇受损较大。全区直接经济损失 3203 万元。

4 月 23 日　琼山区城管执法大队特勤机动中队在府城镇城东市场依法检查“三车”。遭遇三轮车司机梁某持军用手榴弹威胁。下午梁某到文庄派出所投案自首，次日带民警到其家中上缴军用手榴弹 2 枚。

5 月 13 日　全区干部群众踊跃向四川省汶川地震灾区捐款，截至 5 月 18 日，全区募捐救灾款 82 万元，其中区委区政府捐助 20 万元，单位捐助 1.73 万元，个人捐助 60.38 万元。5 月 20 日，琼山区再次在区机关办公楼前庭举行献爱心捐款活动，至 5 月 24 日，捐款累计 591.5 万元。与此同时，全区有 45 个单位党组织 1360 名党员在原有捐款基础上，又以交纳“特殊党费”形式向灾区献爱心。总计交纳“特殊党费”24.36 万元，其中每人交纳 1000 元以上的党员有 105 名。

5 月 14—15 日　琼山区分别在龙塘镇和府城镇召开公开宣判和公开逮捕大会。公开宣判 8 名犯罪分子，公开逮捕 17 名犯罪嫌疑人。犯罪分子因犯贩卖毒品、盗窃等罪行分别被判处一年半至 6 年有期徒刑。犯罪嫌疑人中有 16 名为犯罪团伙成员，在南北水果市场等地大肆进行敲诈勒索、强买强卖、聚众扰乱社会秩序等违法犯罪活动。参加大会的干部群众有 8000 多人。

5 月 23 日　副市长韩美到琼山区大坡、三门坡、云龙等镇检查手足口病防控工作。

5 月 24 日　日本驻华大使馆经济参赞日崎贤之到红旗镇本立村考察循环生态经济。本立村“猪—沼气—作物”生态经济模式于 2006 年 9 月建成投产，即在猪舍中饲养生猪，猪粪等排泄物入沼气池产生沼气作燃气使用，沼液则作有机肥料用于农作物。

5 月 27—29 日　滨江西路（府城段）拆迁。琼山区组织拆迁队伍 685 人次，每天出动 3 辆推土机、2 辆挖掘机、4 辆炮机完成 4 个村庄 30 户 6611.39 平方米拆迁任务。

5月27日　琼山区出动警力200多人，依法对府城镇石塔村9位村民非法侵占集体土地建的三层楼房实施强制执行拆除。

5月　东环铁路琼山段征地拆迁点，府城镇珠良村和城区内中国城机房楼的征地拆迁全部完成。

6月5日　全面完成滨江西路琼山段的拆迁工作，比原计划（用7天时间）提前两天。琼山段全长8.5千米，有府城镇、国兴街道15个自然村（府城镇12个村、国兴街道3个村）468个应拆迁户，其中府城镇高田村、下赵村整体搬迁，北冲村、上赵村和国兴街道首丹、中丹、尾丹等7个村庄大部分搬迁。

6月7日　中央文明办专职副主任王世明，省委常委、宣传部部长周文彰，省文明办主任陈修演，市委常委、宣传部部长陈军等一行就文明生态村建设情况到琼山区三门坡镇加乐湖村、龙鳞村和红旗镇本立村实地考察。

6月17日　区委区政府召开专题工作会议，对5项重点工作（中心镇建设、小街小巷建设、乡村道路建设、解决府城地区学位紧张问题、旧城区改造等）实行办结时间承诺制。

6月20日　三门坡镇被省政法委、省综治委授予“全省农村治安突出问题整治行动先进集体”荣誉称号，并在表彰会上作经验介绍。

6月21日　琼山区“中央财政转移支付地方乳腺癌、子宫颈癌筛查项目启动会暨培训会”在区机关办公大楼五楼会议室举行。此为国家确定的全省唯一的筛查点。

6月26日　琼山区在全区设立禁毒宣传点22个，发放宣传资料10万份，开展“我为禁毒捐一元”活动。

7月5日　海南红塔卷烟有限公司厂房发生火灾造成较大损失，11日，海口市政府主持召开现场办公会议，琼山区政府及市规划、建设、卫生、公安、消防等部门负责人参加会议，协调解决灾后恢复生产面临的困难。

7月8日　在海口参加全国部分省（区）文明办主任文明生态村调研座谈会的代表先后参观红旗镇本立村和三门坡镇龙鳞村。

7月22日　大坡镇政府新办公大楼落成使用。

7月23日　中央信访工作督导组尹希波、杜爱平、李益新等一行7人到琼山区检查指导工作，督导琼山区贯彻落实中央信访联席办“6·28”电视电话会议精神和组织开展书记大接访工作情况。

7月　琼山区纪委（监察局）被中央纪委办公厅、中央纪委信访室评为全国纪检监察信访举报工作先进单位。

7月31日　海口市乡镇关心下一代工作经验交流会在红旗镇本立村召开。

8月14日　海口市城管行政执法工作试点路段管理现场会在琼山中学召开。市城市政管理局（支队）、市工商行政管理局、市环境卫生管理卫局和4个区有关领导和代表等

60多人出席，并参观府城的文庄路（试点管理路段）。

8月15日 琼山区签订爱心助学捐赠暨发放助学金仪式，为100名贫困生圆大学梦。首笔助学金50万元分别发放给每名贫困生5000元。

8月18—19日 海口市国土环境资源法律知识宣教培训班在琼山区举办。海口市区、镇、村三级干部约350人参加，由国家土地督察广州局副专员邱耿华和省国土环境资源厅、市国土环境资源局的领导进行课题主讲。

8月20日 省关工委主任、省政协原主席陈玉益一行20人，到琼山检查指导基层关心下一代工作，参观红旗农业生产合作社旧址，并为本立村创建海口市第一个“农村青少年教育基地”揭牌。

8月28日 府城镇“职工书屋”作为全国总工会首批示范点举行揭牌仪式，正式启动。府城镇“职工书屋”藏书3000册、报刊20种、电子音像制品80种，图书内容涵盖社科、小说、专业书籍等领域。

8月29日 省政协主席钟文率城乡土地管理调研组到琼山区进行专题调研。

9月4日 琼山区国兴街道米铺社区金鹿花园住宅小区计划生育协会成立，是海口市第一个设立物业小区计划生育协会。

9月19日 琼山区与省机械工程学会、美兰区科协、海南金鹿农机发展股份有限公司在海口金鹿大厦合办“节能减排与我们的生活”科普讲座，省、市、区有关单位约1000人参加。

9月23日 琼山区人民政府转发区档案局、区民政局、区农林局制定的《关于加强社会主义新农村建设档案工作实施方案》，在全区各镇（街道）、村（社区），开展新农村建设档案工作。首期工作试点17个村（社区），计划至2011年，全区各镇全部完成此项建档工作。

9月 琼山区区委常委、宣传部部长符勇，团区委书记梁崇忠代表海南省参加在山东召开的全国农村未成年人活动场所建设座谈会，符勇在会上介绍琼山经验。

10月24日 省委宣传部、省文明办、省林业局主办的“创建绿色家园、推进生态文明示范省建设”植树活动暨“绿色家园示范村”揭牌仪式在琼山区云龙镇上村举行。省林业局赠送5000株花梨、黄皮、菠萝蜜树苗，约400人在该村植树。

10月30日 朱云路扩建改造房屋拆除工作正式开始。朱云路拆迁改造是市、区重点建设项目，该道路宽40米，长961米，是海口市总体规划中的次干道，府城南北交通的主要道路。

11月15日 航天英雄翟志刚、刘伯明、景海鹏和有关航天功臣一行莅临琼山区，参观本立和南畴湖等文明生态村。省委宣传部、省文明办、市委宣传部、琼山区委领导陪同参观。

同日 人力资源和社会保障部人力资源社会保障基本情况调查督导组对琼山区人力资

源和社会保障情况进行调查和督导。先后到大园、文庄社区和天茂百货等单位，对劳动保障平台建设、城镇居民就业现状、社会保障参加情况以及农民工就业环境、工资待遇和带薪年休假等方面情况进行调查督导。

11 月 琼山区统计局被省人事劳动保障厅和省统计局评为省统计先进单位，为海口市区级统计局获得的唯一殊荣。

12 月 6 日 省、市、区三级侨联单位在红旗镇本立村举行“创建文明和谐侨乡”启动活动。省侨联主席何云霞、海口市副市长韩美等出席并发表讲话。侨界医疗专家和法律专家为当地农民提供义诊、法律咨询等服务，省侨联文工团和村民一起联欢。

12 月 9 日 琼山区青少年农业科技体验教育基地在红旗镇开馆。

12 月 17 日 海口市处级后备女干部一行 25 人到红旗镇本立村参观考察并与村民举行联欢活动。

12 月 25 日 海口市科技和信息产业局主办“第二届琼山区云龙淮山大比拼”在云龙镇举行。村民潘甫胜种植的淮山以长度 148 厘米、三围 38 厘米、重 8.5 千克获得单株单条总分第一名，成为此次大比拼的“淮山王”，种植户梁居民种植的淮山以重量 37.7 千克获得单株多条第一。由省农科院、市区农林局、农业技术推广中心的专家评定，以示公正。8.5 千克重的“淮山王”被客户以 1000 元买下。是年，云龙镇种植淮山面积 2000 公顷，全区种植有 346.7 公顷。

12 月 省、市人大代表一行 20 人到琼山区视察农村低保工作。

是年 琼山区妇联会被全国妇联授予“全国抗震救灾先进妇联组织”。

是年 琼山区橡胶林出现多年罕见虫害（黄蜘蛛、小蠹、介壳虫等），危及云龙、红旗、甲子、三门坡、大坡、旧州等 6 个镇，虫害面积近万亩，直接经济损失约 1000 万元。

是年 琼山区民政局被评为本年度“省民政系统信息工作先进单位”。

2009 年

1 月 开始实行工资网络统一发放。

2 月 20 日 红城湖公园综合治理暨墨客村改造指挥部挂牌。

4 月 19 日 国务院总理温家宝在省委书记卫留成陪同下到琼山区红旗镇本立村视察。

6 月 23 日 琼山区开展整洁、清洁、规泊、安静、打违等“五大工程”专项整治活动。

是年 琼山区确定南畴湖、龙鳞、田心、本立、加乐湖、多谷屯等 6 个村庄作为首批经营文明生态村“农家游”村庄，打造琼山文明生态村“一日游”。

是年 琼山区被市委市政府评为“2009 年全市综合工作先进区”。

是年 琼山区被省委、省政府、省军区授予第八届海南省“双拥模范区”荣誉称号。

是年 琼山区被授予“全国法治县（市、区）创建活动先进单位”称号。

2010年

1月23日 中共琼山区委十一届六次全会在府城镇召开，结合国际旅游岛建设开局之年的契机全力推进“三区、一城、一长廊、一中心”发展战略。即：创建生态循环现代农业示范区、绿色低碳先行区、历史文化名城核心区；打造一座宜居宜业宜乐宜游滨水新城、一条百里新农村生态旅游长廊、一个龙湾国际旅游休闲中心。

1月 省人力资源和社会保障厅在文昌市召开全省公共就业服务体系建设和农村劳动工转移就业工作会议，总结推广琼山区府城镇大园社区创建公共就业服务平台经验。会议期间，省人力资源开发局副局长崔可夫带领全省各市县与会代表参观琼山区大园社区公共就业服务体系建设情况。

同月 国家体育总局表彰2005—2009年度全国群众体育工作先进单位和个人。琼山区府城镇大园社区获“全国群众体育先进单位”，琼山区文体局局长周启轩、琼山区龙塘镇副镇长李平武获“全国群众体育先进个人”奖励。

2月21—23日 琼山区举办领导干部理论培训班，以适应国际旅游岛建设及新时期工作需要。区3套班子成员、法院院长、检察院检察长、琼山公安分局局长，各镇（街道）、区直机关单位领导班子成员、副科级事业单位主要负责人参加培训。由中国（海南）改革发展研究院海南发展研究所所长夏锋、省委党校教育长包亚宁教授等主讲。

3月3日 琼山区重点项目朱云片区改造开始拆迁，参拆人员200多人。

3月 琼山区对刘秋菊纪念园的庭前环境进行改造。工程总投资26万元，重点改造围墙、路灯和新修屏墙。

3月26日 琼山区在省军区旧州地炮团会议室召开乡镇环境综合整治现场会。参加会议的有市领导和区3套班子领导，应邀出席会议的有省军区地炮团、省军区卫生集训队、市整治办、市环保局、市环卫局、市交警支队、市工商局和龙华、美兰、秀英等3个区分管领导共200多人。

4月13日 琼山区召开2010年村级组织换届选举工作会议，传达贯彻市关于村级组织换届选举工作会议精神，部署全区农村（社区）党支部和村（居）民委员会换届选举工作。

4月15日 海口市镇容镇貌整治推动会在琼山区云龙镇召开，由市人大常委会副主任邢建良主持。会议强调，从5月1日开始，将镇容镇貌纳入市“五大工程”考评范围，镇建立日检查、周通报制度；区建立周检查、月通报制度；市建立抽检制度。

4月 琼山开展对农村摩托车无牌无证专项整治行动。

4 月 全国林改现场会在琼山区召开，推广琼山区林改工作经验。琼山区集体林权发证的林地计 41 万亩。

5 月 10 日—6 月 3 日 琼山交警大队对区内 102 所中小学及幼儿园周边开展交通安全秩序整治，查处各类交通违法行为 400 余起。

7 月 12—14 日 全区打击违法违章建筑。拆除违法违章建筑 14 宗面积 5600 多平方米。其中振兴、振发路 9 宗面积 3700 多平方米，河口路 2 宗 860 平方米，道客新村、上丹村 3 宗 1100 平方米。

7 月 24 日 琼山区委区政府在区委机关办公大楼会议室召开椰海大道迈仍段违法建筑拆除动员大会。决定对全市规模最大、数量最多、面积最大的椰海大道连片违法建筑进行拆除。

7 月 25 日和 28 日 海口市政府组织两次大规模拆除违法建筑行动，在椰海大道迈仍村两侧，拆除违建 74 宗面积 8.5 万平方米。

8 月 4 日 琼山区在府城召开全区人口和计划生育工作推进会。

8 月中旬 琼山区在区机关办公大楼五楼会议室召开朱云片区旧城改造工作推动会。

8 月 29 日 琼山区城管执法局（大队）70 余人，拆除马鞍街 40 号、椰海大道、博雅路等路段 3 处违法建筑，总面积 1605 平方米。

同日 省民政厅厅长苗建中到琼山区云龙镇宏大村、北坡村慰问在抗日战争期间入伍的在乡复员军人。

9 月 19 日 拆迁公司正式进入高登东街改造现场进行拆除，它标志着府城高登东街改造建设项目暨水网工程进入拆迁安置阶段。

10 月 1—8 日 全区遭受 49 年一遇强降雨。截至 11 日，全区 8 个镇平均降水量在 1000 毫米以上，受浸村庄 103 个，受损房屋 489 间、倒塌 127 间，农作物受灾面积 12533.3 公顷，成灾面积 8533.3 公顷，绝收 3993.3 公顷，全区受灾总损失 3.39 亿元。

10 月 15 日 最高人民法院印发《关于确定司法公开示范法院决定》的通知，确定海口市琼山区人民法院为“全国司法公开示范法院”。

12 月 14 日 琼山区政府印发《海口市琼山区政府信息公开暂行规定》《海口市琼山区 12345 政府服务热线监督和考核管理办法》的通知。

是年 琼山区农村劳动力转移就业工作荣获“全国示范区”称号，府城镇大园社区被授予“首批国家级充分就业示范社区”。

是年 云龙科技 110 服务站荣获“全国科技服务金桥奖”。

第一编　政区

第一章　建置　区划

第一节　建　置

一、地理位置

琼山区位于北纬 19°32′~20°05′，东经 110°11′~110°35′之间，地处海口市南部。东部、北部与美兰区毗邻，南连文昌市和定安县，西与西北和龙华区接壤，总面积 939.9 平方千米。区政府驻地府城镇建国路 1 号。2010 年常住人口 48.24 万人，户籍总户数 115901 户。琼山区户籍总人口 385165 人，户籍总户数 106350 户，其中非农业人口 199397 人、农业人口 185768 人。

二、建置沿革

琼山区为原琼山市大部分区域，琼山市境域前身为唐武德五年（622）设置舍城县和唐贞观元年（627）设置的琼山县。1926 年 12 月 9 日，析琼山县海口所设置海口市政厅，1929 年底改市政局。1931 年 2 月，撤销海口市政局，地域归属琼山县。1950 年 4 月，析琼山县 6 乡镇设海口市。1958 年 12 月，琼山县并入海口市。1959 年 10 月复琼山县。1994 年 1 月 24 日，经国务院批准撤琼山县设琼山市（县级）。2002 年 10 月 16 日，经国务院批准，调整海口市行政区划，撤销琼山市，设立琼山区，区政府驻地府城镇。2003 年 1 月 1 日，琼山区正式挂牌宣告成立。海口市设立 4 个区，其中琼山区占原琼山市域面积最大。

第二节　区　划

2003 年 1 月，琼山区辖国兴街道办事处和府城、龙塘、云龙、旧州、红旗、三门坡、甲子、大坡 8 个镇，有 94 个村（居）民委员会，764 个自然村。辖区内有国营红明农场、东昌农场、长昌煤矿和区属新民林场、中税热带作物场、海南岭脚热带作物场等。

根据人随事走的原则，在区划调整中进行人员分流，将原琼山市管辖的石山、永兴、东山 3 个镇分流秀英区，遵谭、龙桥、龙泉、新坡 4 个镇分流龙华区，灵山、美兰、三江、大致坡 4 个镇分流美兰区。原琼山市辖下事业单位 475 个整体分别划归龙华、美兰、秀英 3 区。分流人员总数 5576 名，其中行政编制人员 438 名、事业编制人员 5138 名（含教师及工勤人员）。具体划分情况：划给龙华区行政编制人员 120 名，行政单位事业（含工勤人员）编制人员 14 名，事业单位 161 个，人员编制 1404 名；划给美兰区行政编制 193 名，行政单位事业（工勤人员）编制 18 名，事业单位 162 个，人员编制 2029 名；划给秀英区行政编制 125 名，行政单位事业（工勤人员）12 名，事业单位 152 个，人员编制 1661 名。

第二章　镇　街道

第一节　府城镇

琼山区区治府城镇，地处北纬 19°32′，东经 110°35′，位于省会城市海口市南部，东临南渡江西岸，西连龙华区城西镇，南至龙塘镇、龙华区龙桥镇交界，北至国兴街道办事处，毗邻海南省人民政府行政办公区，是琼山区政治、经济、文化与交通中心。从宋至清，府城均为海南岛的最高权力机关所在地。明代府城为琼州府驻地，故名府城。民国以后至 2002 年年底，府城仍是琼山县、琼山市政府驻地。

府城属羊山丘陵地区，土质为火山黏土，土壤肥沃。东部和北部地势比较平坦，农业灌溉条件较好；西南部属丘陵地带，灌溉条件差，坡园地多，水田少且多为看天田。儒逢、红星火山岩矿较为丰富，盛产建筑碎石。淡水资源丰富，东边有海南第一大江——南渡江。南有白水塘、珠良潭、新潭塘。北有红城湖，塘面水面积达 31.3 公顷。那央溪、那城溪纵贯南北，美舍河斜穿城区，相互形成丰富水系。

府城镇总面积 43.2 平方千米，其中城区面积 12 平方千米。耕地面积 667.9 公顷，坡园地 265.6 公顷。2010 年总人口 240040 人，其中户籍人口 45039 户 143496 人，流动人口 96544 人。下辖石塔、儒蓬、五岳、那央、红星 5 个村委会，15 个社区、95 个居民小组、41 个自然村，35 个村民小组。境里有省、市、区级机关事业单位 343 个，住宅小区 77 个，其中大中专院校 8 所、高级中学 5 所、初级中学 3 所、医院 6 所。城区主要道路有文庄路、高登街、朱云路、建国路、新城路、大园路、忠介路、中山北路、中山南路、凤翔路、龙昆南路、红城湖路、琼州大道等 13 条。其中，中山南路、中山北路、文庄路、建国路、忠介路、高登街是琼山区商贸中心街。居民区小街巷有 168 条，总长 42524 米，面积 16055 平方米。

府城历史悠久，明代至清代称府城，民国称琼城，1955 年改称府城，1968 年改称红城，1979 年复称府城，沿用至今。

府城是海口市主要交通中枢，也是海南省交通要地。宋至清末，通往岛内和大陆陆路多由府城通过。水道则以南渡江水系为内河运输干线，海口自沙门港距府城 8 千米，是古代琼州府重要进出港口。民国 8 年（1919），开始修筑海南岛第一条公路府城至海口，全长 3.5 千米。府城是省内东线交通的咽喉，城区公路交通形成网络，四通八达。府城城南那梅立交桥是海南东线高速公路起点。由海口通往美兰国际机场的主要线路，经过府城，府城北侧座落有海口汽车东站，西部临近海口汽车南站，距 2 千米。东环铁路海口东站隔路相望。城乡交通形成一体化，公共交通来往繁忙，极为方便。

东门街东口 （林芳善 摄于 2008 年 6 月 12 日）

府城是海口历史文化名城核心地带，历史文化源远流长。宋庆历四年（1044），海南最早最高的学府——琼州府学就设在府城。明代教育家、国子监典簿赵谦（浙江余姚人）被贬到海南，任琼山县学教谕（1392 年），造就一代文风，有海南孔夫子之誉，卒后葬于府城，海瑞曾重修其墓。清代有著名的琼台书院，有《四库全书》编纂、琼台书院主讲吴典，至今尚存吴典出资兴办的珠崖义学遗址和“珠崖义学”大门石牌匾。民国产生全岛第一所由书院改制的中学。

红城湖路景 （林芳善 摄于 2007 年 7 月 14 日）

远眺滨江新城区（林芳善 摄于 2010 年 3 月 4日）

府城“人杰地灵”，素有“琼台福地”美誉，它是明代思想家、经济学家（礼部尚书兼文渊阁大学士）丘浚，政治家、南包公、“海青天”海瑞和直言敢谏的给事中官许子伟的故乡，有“一里出三贤”之美称。又是当代被周恩来总理誉为“琼崖人民的一面旗帜”的冯白驹将军中学时期读书和从事革命活动之地。

府城名胜古迹有：琼台书院、丘浚故居、鼓楼、海瑞故居、毋忘九一八国耻纪念碑、五公祠、琼台福地牌坊、达士巷古道、琼山城墙、琼山学宫等 27 处国家、省、市级文物保护单位。保留有古建筑构成的旧城区的“七井八巷十三街”的交通网络。

府城镇机构有：镇党政办公室、计划生育办公室、综合治理办公室、劳动服务和社会保障管理所、民政办公室、科教文办公室、农业办公室、文化广播中心、农业服务中心。

2010年，全镇农林牧渔总产值完成4631万元，比2006年增长14%。乡镇工业总产值3466万元。社会消费品零售总额14.3亿元，比2006年增长43%。城镇居民人均可支配收入13224元，比2006年增长8.1%。农民年人均纯收入4580元，比2006年增长24%。是年，养殖、加工和第三产业发展迅速。全镇家禽饲养量24.8万只，出栏22.3万只，生猪饲养量10632头，出栏量9606头，畜牧业产值达1352万元。粮食播种面积556.3公顷，无公害瓜菜播种面积573.1公顷，产值2956万元。农村工业、运输业和第三产业，产值4139万元。

全镇共创建梧大村、珠良村等14个文明生态村，共投入资金520多万元，修建硬板化乡村道路6条全长16千米及配套一批休闲点及文化娱乐设施，改善了人居环境。41个自然村全部通水通电通邮通电话。4个村委会接入城市自来水网用上自来水。2008年11月至2009年2月，实施朱云路拆迁改造。朱云路规划宽度40米（原宽度9米），全长961米，拆迁263户（单位10户），房屋417间，建筑物总面积33668平方米，征用补偿土地面积38935平方米。拆迁范围：北起朱云路与新城路交汇处，沿朱吉里路、云露路、甘蔗园街与大园路交汇处带状区域。

府城镇教育发达，辖区内设有海南师范大学、琼台师范高等专科学校、海南高级技工学校、海南华侨商业学校、海南中学、琼山中学、琼山华侨中学、琼山二中、府城中学、琼山一小、琼山二小、琼山三小、琼山四小、琼山五小、琼山六小、琼山七小、红星小学、五岳小学、那央小学等。医疗方面，设有海口市琼山人民医院、海口市府城医院、琼山中医院、海南干部疗养院及16个社区医疗机构。

新潭村

新潭村辖属府城镇那央村委会，位于市区南部，村前有约13.3公顷的潭塘，四周草木葱茂，风景优美，村庄被水环抱，是典型的火山岩地村寨，鱼米之乡。

村庄由永昌、潭谢等5个群落组成，全村96户420多人，由周、张、王、吴四姓聚居，约有600年历史。其中周姓是宋代琼州府首任知府周仁浚的后裔，张姓是宋代琼山县令张有文的后裔，王姓是南宋被贬至琼的兵部侍郎、文华阁大学士兼枢密使王居正的后裔。四姓和睦相处，民风淳朴。

革命老区的新潭村解放后以农业生产为主，兼淡水养殖，大量种植蔬菜向城市供应。2000年起创建文明生态村，多渠道集资，从环境整治入手，农户庭前院后都种上果树，实现了村庄硬化、绿化和美化，新建了村宣传文化室，灯光篮排球场、戏台、文化广场、安装有线电视等文化设施。2002年6月村图书室被中央文明办、国家新闻出版总署评为“全国万家书屋示范点”。2003年被省、市、区评为“文明生态村建设示范村”。

新潭村有周氏宗祠、境主庙、龙华庵、兵部侍郎王居正墓、古井、古石碑等文化遗存。

第二节 龙塘镇

龙塘镇地处北纬19°25′，东经110°25′，位于琼山区中部偏北，南渡江下游西岸，属东部羊山小丘陵区，海拔30~100米，境内地势西高东低，南渡江沿岸低平。东与云龙镇相望，西接龙华区龙泉镇、龙桥镇，南连龙华区龙泉镇，北与府城镇接壤，总面积38.93平方千米。镇政府驻龙塘墟，距府城20千米。下辖龙塘1个社区，龙富、仁三、潭口、龙光、新民、龙新、文道、仁庄、三联、三桥10个村委会，61个经济合作社，67个自然村。全镇耕地面积1140公顷，其中水旱田378.67公顷，坡地面积761.33公顷。2010年全镇有7646户33885人，其中男17408人，女16477人，农业人口24872人，非农业人口2629人。总劳力14609人，占农业人口的58.7%。

相传西晋（265—316）初期，龙塘已成集市，街道弯曲如龙身，南渡江堆状积沙似龙头，低洼地带常积水成塘状，龙塘名称由此来。1933年，龙塘镇属琼山县第三区。1939—1950年4月，属第一区龙塘乡。1951年属第七区。1958年9月，成立龙塘人民公社。同年11月，改称五一公社。1959年7月，撤销五一公社分别成立龙塘、永兴人民公社。1983年，龙塘人民公社改称龙塘区公所。1987年3月，改设龙塘镇。

龙塘镇地处北回归线以南低纬度区，属热带海洋气候，年平均温度23.86℃。1月份最冷，最低气温为7℃。7月份最热，最高气温34℃。年降雨量1750毫米，冬春少雨，雨季一般集中在8—10月。南渡江流经三桥、龙塘、龙富、仁三、潭口5个村（居）委会，水源充足。境内有公路5条，总里程38千米。东通云龙镇，西连龙泉镇、龙桥镇，南下龙泉、新坡镇。北上省城道路全部实现柏油路。龙塘墟与各村委会交通道路实现水泥硬化，全镇67个自然村，村村通公路、通照明电、通电话。

境内土壤多属火山喷出物玄武岩构成的石砾土。盛产甘蔗、黑豆、芝麻、番薯、木薯等作物。

珠崖古井　　（林芳善　摄于2008年6月18日）

农田灌溉有南渡江水轮泵站和三桥栏洪坝水渠，新旧沟水库引水渠，水电灌站12宗，总灌溉面积达293.33公顷。禽畜种类主要有牛、猪、羊、鸡、鹅、鸭等，有养蹇羊的习惯。热带作物主要有胡椒、咖啡、椰子等。经济作物主要以甘蔗、花生、芝麻和各种外贸瓜菜及豆类为主。企业有制糖、建筑、服装、陶瓷、石、木雕刻、家具制作等行业，生产的品种有100

龙塘镇服装加工产业（林芳善摄于 2010 年 5 月 18 日）

龙塘制陶工艺（林芳善　摄于 2008 年 5 月 18 日）

龙塘雕刻工艺（石雕）（林芳善摄于 2008 年 6 月 11 日）

多种，尤以传统木雕、石雕的工艺闻名。

服装产业为支柱产业。全镇 11 个村（居）委会均有缝纫专业户，从事服装加工人员约 4160 人。2010 年全镇服装厂 136 家，其中上规模的有 8 家，年创产值约 2.54 亿元。产品销往全国各地，海口市博爱路、文明东路有六七十个批发摊位。石、木雕刻，字体美观、图案逼真、雕工精湛、形象生动。1959 年，石、木雕刻工匠范光辉曾在北京人民大会堂献技。1984 年，周铭鉴等人在海南黎族苗族自治州民族博物馆雕刻高 5 米的大石龙柱造型别致，刻工精细，栩栩如生，龙塘雕刻艺术被列为海口市非物质文化遗产名录。1995 年被文化部授予“中国民间艺术（民间石雕）之乡”。陶瓷业历史悠久，早在宋朝已建窑制作，素有“盆钵之乡”美称，产品远销中国香港和德国、新加坡等地。1977 年和 1980 年，巴西、新西兰等国家曾到龙塘考察，将龙塘陶瓷厂的招牌拍成照片，在国外展览。北京博物馆现有龙塘陶瓷陈列。境内有海南龙塘水文站、水源厂、海南渾口电厂、龙塘糖厂、建材总厂和南渡江水轮泵站等，是琼山区主要工业基地之一。2010 年，受洪涝灾害影响，全镇农业产值 4614 万元，同比减少 6%，其中种植业产值 782 万元，同比减少 30%；林业产值 637 万元，同比增长 4%；畜牧业产值 2989 万元，同比增长 0.1%；渔业产值 205 万元，同比增长 4%。工业产值 202 万元，同比增长 4.4%。农民人均收入 4328 元，同比增长 0.03%。

全镇有中学 1 所（初中），小学 18 所（其中完全小学 11 所，教学点 7 个），公办幼儿园 1 所，私立幼儿园 2 所，有公办卫生院 1 所，私人诊所 18 间。

龙塘镇有优良革命传统。创建于1926年7月的中共支部（原名冯公坊党支部），是由琼山革命先驱胡伯虎（龙塘镇玉胡村人）创建。1939年2月10日，侵略琼崖日军“台湾混成旅团”以飞机掩护，向南渡江畔潭口（今龙塘境内）地区进犯。冯白驹将军率领“广东民众抗日自卫团第十四区独立队”，在对岸阻击，打响海南抗日的第一枪。

博抚村

博抚村是龙塘镇潭口村委会辖属的一个自然村，毗邻铁（桥）龙（塘）路，位于南渡江西岸，珠崖神岭下，距海口市区约16千米，村庄占地面积4公顷，耕地面积约14.4公顷。村民主要收入来源依靠农业种植和外出务工，部分村民从事传统的石雕业和服装加工业。全村有126户613人，以范、黄、林姓为主，已有500多年建村历史。古老的村舍是典型的火山石构筑，部分是钢筋水泥结构，民房围墙用自然火山岩干垒而成，巷道铺设石板和水泥便板化，建有戏台、排球场、休闲点，绿树成荫，构成了琼北火山岩地特色的文明生态村。

博抚村历史文化悠久，20世纪90年代中期，在村北的珠崖岭上发现建于汉代的珠崖岭城址，平面呈正方形，边长155~160米，占地面积约25万平方米，现存城墙线约高1.5~2米。珠崖岭城址始建于汉代，延至唐代，历时近千年，是海南现存极少、保存较为完整的古代城址，与明正德年间唐胄纂著《琼台志》记载的汉珠崖郡治遗址基本一致。该城址的发现对研究汉唐王朝在南疆的行政、军事设置有着重要的历史、科学价值，是全国重点文物保护单位。岭下还有凿于宋代、纪念汉伏波将军的珠崖泉井，印证珠崖古城历史的清代建筑的城隍庙和古渡口遗址等。

第三节　云龙镇

云龙镇地处北纬19°87′，东经110°57′。位于琼山区中部，东靠美兰区演丰镇，西隔南渡江与龙塘镇相望，南连红旗镇，北接美兰区灵山镇。镇人民政府驻云龙墟，距府城26千米。下辖云龙、云阁、云裕、云蛟、云岭、长泰、儒林7个村委会和1个南区社区居委会，有自然村82个，村民小组100个。2010年全镇共有4478户16549人，其中非农业人口4462人。土地总面积81.26平方千米，墟镇城区面积150公顷，墟镇常住人口4871人。境内西部有南渡江以及三十六曲河系，流经长泰、儒林2个村委会大部分村庄；东南部有演州东河，南部有中型水库云龙水库，其集雨面积6.91平方千米。总库容1036万立方米，灌溉面积159.3公顷。

云龙原名云龙赢市。1933年，属琼山县第七区。1938年，琼崖工农红军在此改编时，改为云龙墟。1939年—1950年4月，属第二区；1951年，属第一区云龙乡；1957年属云龙乡、大山乡；1958年9月成立太阳升公社（含云龙、土桥、岭脚乡），社址设在土桥

云龙淮山种植基地（林芳善　摄于2010年5月19日）

南国威尼斯（林芳善　摄于2009年7月13日）

墟，12月改称云龙人民公社；1961年分设云龙、土桥、岭脚3个公社；1964年岭脚公社并入云龙人民公社；1983年改称云龙区公所；1987年3月改设云龙镇。

云龙镇土壤属红壤土，低丘陵地约占总面积80%。最高峰岭脚岭，海拔100.3米。耕地面积共2180公顷（其中水旱田579.5公顷，坡地1601.3公顷），全镇以农业为主。主要作物有水稻、花卉、反季节瓜菜、水果，传统种植作物有甘蔗、玉兰笋、薯类。随着经济发展，种植结构新兴为淮山、水果、花卉等。云龙淮山色白、粗纤维少、质地细腻、口感好，尤其是产量大、效益高、销路广。全镇种植面积533.3公顷，亩产2000公斤。全镇淮山年纯收入最高为4200万元（2009年）。水果主要种植黑金刚莲雾。2001年10月，由台湾商家投资300多万元建莲雾生产基地49.3公顷，种植黑金刚莲雾2万珠。花卉种植面积110.4公顷，年总收入1670万元（2009年），占全镇农业生产总产值11%。2004年，被农业部评为“农业科技服务推广工作一等奖”，北庄洋整治被省水利厅评为“专项检查评比一等奖”，同年，被省农业厅评为“海南省推广优质米工作一等奖”。2005年，角布村被省卫生厅评为“海南卫生村”。2009年，上村被评为“海南省绿色家园示范村”。2010年，全镇种植粮食作物面积872公顷，其中水稻813公顷，油料作物59公顷；花卉794公顷；水果1249公顷，瓜菜1245公顷；热带作物675公顷，其中橡胶484公顷。全镇2010年生产总值（农业、工业、乡镇企业）3.05亿元，同比增长9.79%，其中：农业总产值2.53亿元，同比增长9%，工业总产值2039.3万元，同比增长20%，乡镇企业总产值3255.2万元，同比增长10.2%。农民人均年纯收入5228元，同比增长8%。

云龙镇大力推进文明生态村建设，至2010年底，全镇已创建重点示范村24个，其中省级文明生态示范村3个。全镇有卫生院1所，医疗网点9个，在编职工39名。至2010年，设中学1所，教师46名，设初中部3个年级共11个班，学生671名。小学7所，教学点8个，教师137名，学生2327名。

云龙镇是革命老区，有老区村庄52个，革命烈士305名。1927年，中共支部在道让村建立，交通站在玉仙潭口渡口码头成立。1938年12月5日，琼崖工农红军在云龙改编为“广东民众抗日自卫团第十四区独立队”。辖区里有琼崖红军云龙改编旧址、抗日战争潭口第一枪旧址、冯白驹将军故居等。

冯白驹故居（林芳善 摄于2010年5月19日）

长泰村

以“长久安定、国泰民安”之义取名的长泰村，隶属云龙镇长泰村委会，位于云龙镇西部，毗邻海南岭脚热作农场，是“琼崖人民的一面旗帜”冯白驹将军的故乡。

长泰村是个只有20余户、约120人的小村，村场平坦，背依小山岳，面俯阔绿野，村舍座北向南，以石木结构为主。由于受日本侵略军和国民党反动派的摧残，原有民房在战争年代基本被烧光，1953年后才由琼山县人民政府拨款帮助重建。

解放后，村民以种植水稻、瓜菜、甘蔗等作物为主，后来大力发展热带橡胶、槟榔、胡椒、花卉等特色农业，加快发展以农产品加工、观光农业和乡村旅游为重点的农村二、三产业，剩余劳力外出务工，人均年收入逐年提高，开始迈上小康富裕之路。

2001年6月，长泰村积极开展创建文明生态村活动，在市、区、镇政府的帮助下，彻底整治村容村貌，修建了环村路，硬板化村内巷通、家家户户建有卫生间、铺设石板化庭院，建起了文化室、灯光球场、安装有线电视，种植一批果木等。长泰村已成为省、市、区文明生态样板村。

冯白驹故居是著名的革命纪念地和红色旅游景点，是海南省重点文物保护单位和爱国主义教育基地。

第四节 红旗镇

红旗镇地处北纬19°46′，东经110°28′，位于琼山区中南部，东邻大致坡镇，西靠旧州镇，南交三门坡镇，北接云龙镇，土地总面积112.41平方千米。镇人民政府驻土桥墟，距府城31千米，下辖昌文、红旗、大山、龙榜、合群、道崇、苏寻三、龙源、龙发、墨桥10个村委会，1个社区居委会，1个热作场，自然村137个，村民小组153个。2010年，全镇总户数5704户，人口21706人。

1933年，土桥墟属琼山县第七区；1961年，从云龙公社分设土桥人民公社；1968年改称红旗公社，“红旗”名称来自1954年农业合作化运动，是指本立、大万、本礼湖等

本立村(毛泽东批示碑)(林芳善摄于2008年3月17日)

红旗镇师霖养殖基地(林芳善摄于2009年1月5日)

小社联合成立大型合作社，取名红旗农业合作社，成绩卓著，毛泽东主席在《中国农村社会主义高潮》一书中推荐表扬，因而取名为红旗公社；1983年改称红旗区公所；1987年3月，更名红旗镇。

红旗镇是革命老区。全镇有老区村庄95个，老区人口占总人口71%，有革命烈士413名，著名革命烈士王伯伦（原琼崖特委代书记）是下云村人。1954年，本立、大万、本礼湖等小社联合成立大型的红旗农业生产合作社，1955年10月，毛泽东主席在为《中国农村的社会高潮》一书选编的海南岛红旗合作的经验文章中亲笔批示：“重要的是做出榜样给农民看”。红旗农业生产合作社一举成为全国农业生产合作化运动的一面旗帜。苏联、阿尔巴尼亚等大批友好国家考察团到此考察，广东省在本立村设立广东省农科站，李立三、陶铸等领导到该站蹲点指导工作。1971年，周恩来总理到广东视察工作，特别问及红旗镇生产生活情况，当他听说红旗镇因为经济困难尚未通电时，指出：“红旗没钱、国家有嘛”。红旗镇在全广东省率先实现全镇通电。

2010年，全镇地区生产总值4.7亿元，其中农业总产值4.1亿元、工业总产值0.25亿元、乡镇企业总产值0.35亿元，农民人均纯收入5738元。全镇种植香蕉面积1000公顷，橡胶370.4公顷，瓜菜533.3公顷，水果521.7公顷，有规划林地4773.3公顷。围绕“生产发展、生活宽裕、乡风文明、村容整洁、管理民主”的目标，制订统一规划，打造集文明、旅游、观光、休闲、度假为一体的社会主义新农村。是年，创建文明生态村90个，创建率66%。2009年4月19日，温家宝总理到本立村视察，对文明生态村建设高度评价。根据海口市范围纳入绿色慢行系统总体规划，该镇依托社会主义新农村建设成果，以邻机场近市区地理优势，打造红色文化精品村庄慢行区和山岭水库田园风光慢行区两大生态乡野慢行区。沿红旗水库周边建设绿色长廊慢行系统长10千米。

红旗镇设有红旗中学、红旗中心小学、墨桥小学、龙榜小学、道崇小学、龙发小学，全面普及九年义务教育。设有红旗卫生院，负责全镇防病治病工作。墟镇设有文化广场，为群众提供文化娱乐活动场所。

本立村

本立村位于国道海榆东线左侧，距红旗墟 3 千米，全村人口 317 人，耕地面积 146.7 公顷，种植橡胶 66.7 公顷，2010 年人均纯收入 7800 元。该区是革命老区村庄，也是海口市首届十大旅游名村之一，被国家文明委授予“全国文明村”称号。1954 年该村与周边的大万村、本礼湖村等村组建了红旗农业生产合作社，被毛主席批示“重要的是做出榜样给农民看”，树立为全国农业合作社的典型。红旗高级合作社、毛泽东主席批示的石碑、180 年见血封喉树都见证了该村的悠久历史。2009 年 4 月，时任总理温家宝曾到该村视察，并给予了高度评价。

第五节 三门坡镇

三门坡镇地处北纬 19°71′，东经 110°56′，位于琼山区中南部，距海口市区 47 千米，离海口美兰国际机场 35 千米，土地总面积 138.08 平方千米。海榆东线（国道 223 线）穿越境内 13 千米，谭仙大道连接镇内三门坡墟和谭文墟。2010 年全镇有文岭、美城、新德、龙马、文蛟、乐来、青泉、谭文、友爱、谷桥 10 个村委会，1 个居委会，2 个墟，111 个自然村，164 个经济社，总户数 5805 户，总人口 21828 人，其中农业人口 19661 人。

三门坡镇 1951 年属琼山县二区；1957 年属新德乡；1958 年 9 月同大坡、甲子、谭文 3 个大乡（含原东山、国营红明农场）联合成立东风人民公社，12 月改称三门坡公社；1959 年 4 月析三门坡、谭文、大坡 3 个公社；1983年 9 月改称区公所；1987 年 3 月改称三门坡镇。

九龙戏水片区文明生态村(林芳善 摄于 2010 年 5 月 2 日)

三门坡镇荔枝基地 （林芳善摄于 2010 年 5 月 2 日）

原谭文镇1951年属琼山县二区；1957年改为谭文乡；1958年9月属东风人民公社，1959年7月分出成立谭文公社，1983年改称区公所，1987年3月改称谭文镇，2002年并入三门坡镇。

境内地势属缓坡丘陵区。土质有红壤土、沙土、黏土三类。红壤土分布范围广，除文蛟、清泉两村委会部分地区外，其他的地区均为红土壤，土层厚、土质肥沃，利于种植各种经济作物。境内有中型水库1座（铁炉水库1360万立方米）。小（一）型水库3座：昌白水库（库容197万立方米）、荔枝琅水库（库容325万立方米）、长坡水库（260万立方米）。小（二）型水库7座，山塘7座。

全镇种植橡胶面积234.67公顷、荔枝1000公顷、胡椒266.7公顷、槟榔320公顷、香蕉405.37公顷、瓜菜733.3公顷。境内作物主要分布是东部热带经济作物，中部热带水果，西部冬季瓜菜。其中橡胶、胡椒、热带水果和瓜菜四项年收入突破2亿元，为全镇四大支柱产业。2010年，全镇地区生产总值6.3亿元，其中农业产值3.43亿元，比上年增长10%；乡镇企业产值达6160万元，比上年增长8%，工业产值2102万元，比上年增长5%；农民人均纯收入5679元，比上年增长9%。

全镇有150个家庭小庄园，养殖、沼气、经济作物互相循环利用。农业逐渐形成规模化，农村发展成“一村一品”。清泉琉球畜牧养殖1000多头猪。昌文村以槟榔富村，龙鳞村以橡胶、胡椒、荔枝富村。

全镇有1个农业科技“110”（电子农务）标准服务站（谭文服务站），有1所敬老院，2间卫生院（三门坡镇卫生院和谭文分院），2所中学（三门坡中学、谭文中学），3所重点小学（三门坡中心小学、谭文小学、北岸小学），2个农贸市场（三门坡农贸市场、谭文农贸市场）。创建有59个文明生态村，占全镇村庄53.2%。2010年，全镇农村沼气户用型60户、联户型2户，镇级和村级沼气便民服务网点（窗口）各1个，农村厕所改造250户；投资48万元建设、配套水塔3座。先后获全国文明乡镇、海南省农村治安突出问题整治行动先进乡镇、海南省“无毒社区”称号。

龙鳞村　　（林芳善摄于2009年6月4日）

龙鳞村

龙鳞村位于三门坡镇龙马村委会东侧，距海榆东线约3千米，是革命老区村庄。2010年，全村48户，221人。村庄依山傍湖，土地面积4公顷，水旱田面积10.9公顷，坡地面积103.3公顷，经济收入主要以橡胶、胡椒、香蕉、荔枝、槟榔、菠萝和养蛙等种养业为主。养蛙业尤为突出，远近闻名。村里成立养蛙经济合作社、淡水养殖合作社、妇女养鸡经济合作社。2010 年，农民人均纯收入 1 万元。

2006 年底至 2007 年初，群众创建文明生态村，建设社会主义新农村。全村共投入资金 100 多万元，其中政府投入 60 多万元，群众自筹 40 万元。投工投劳 1.7 万人次，硬化环村路 70 米，巷道 840 米，铺草皮面积 1400 平方米，村容村貌发生翻天覆地变化。独特民居环境和淳朴民风吸引全国各地老人冬季来度假，省内各机关单位、各市县乡村和一些社会人士相继前来参观、游览，“吃农家饭、住农家屋、学农家活、享农家乐”成为旅游时尚。

龙鳞村基础设施配备文化室、食堂、客房、篮排球场、电视机、音响、会议室、烧烤器具、环湖路等。全村先后筹资 10 万多元，成立农家乐旅游合作社，购置脚踩游船、双人自行车、台球等娱乐设施，开发龙湖泛青、球台竞技等娱乐项目。2009 年国庆节假日 9 天，日均接待游客 200 多名、实现盈利 1 万多元。截至 2010 年，接待游客 10 万多人次，实现盈利 70 万元。

第六节　大坡镇

大坡镇地处北纬 19°62′，东经 110°57′，位于琼山区最南边，东、南与文昌市的南阳、蓬莱镇交界，西连甲子镇，北接三门坡镇，总面积 58.6 平方千米。镇人民政府驻大坡墟，距府城镇 58 千米。大坡墟有旧墟、新墟。镇人民政府下辖大坡、福昌、中税、新瑞、树德 5 个村委会，76 个自然村（其中老区村庄 38 个），91 个村民小组。2010 年全镇总户数 2668 户，总人口 10044 人。大坡墟因地处大坡岭而得名。新墟于 1983 年兴建。新、旧墟相距 1.5 千米。1927 年称大坡乡，属第八区和第九区。1939 年属第四区（树德乡）和第五区三英乡。1958 年 9 月属三门坡人民公社（后称东风公社）。1959 年 7 月成立大坡人民公社。1983 年 9 月改称大坡区公所。1987 年 3 月改设大坡镇。

2010 年，全镇有中学 1 所、小学 14 所，适龄儿童入学率 98%，有中心卫生院、财政所、供销社、派出所、供电所、林业站、食品站、工商所、国税所、地税所、粮所、信用社、敬老院、文化站、农技站、农机站、水利站。海榆东线从大坡镇经过，从大坡可通往文昌市和定安县城。

大坡镇属红壤土小丘陵地区，全镇土地总面积 5666.7 公顷，其中水旱田 733.3 公顷、坡园地 3466.7 公顷，境内有农垦东昌农场和区属中税农场，主要种植胡椒、橡胶、香蕉、竹林等经济作物。境内水源主要有门板水库、高明水库、土其塘水库、溢统水库、大吉水库，苦塘水库等 6 处，有福昌洋、塘口洋、丁云洋、道宋洋四大田洋。

2010 年，胡椒种植面积 780.3 公顷、橡胶 1020.72 公顷、香蕉 160.1 公顷、瓜菜 328.3 公顷、菠萝 234.7 公顷、石榴 122.8 公顷、槟榔 166.5 公顷、竹林 425.3 公顷等；养鸡年出栏 69.6 万只、养猪年出栏 3.16 万头；加工干胶 6832 吨。全镇生产总值 1.77 亿元，其中，

田心村民居一角　　（林芳善摄于2009年8月17日）

农业总产值达1.5亿元，同比增长8.3%；工业总产值129万元，增长率12.7%；农民人均纯收入6122元，增长9%；社会消费品零售总额2651万元，增长23.6%。是年，文明生态村创建3个重点村和4个整治村，此7个村庄共投工投劳2.33万个，投入资金79.1万元，其中群众自筹49.1万元。大吉、塘口、塔昌3个重点村硬化村巷道19条长2680米，整治庭院129户面积5910平方米，修建挡土墙64条长2690米，建设休闲景点7个面积1340平方米、排球场3个、文化室1间、沼气池20个、家庭厕所23座，绿化美化面积1470平方米。

大坡镇是琼山的革命老区之一，有老区村庄28个。抗日战争时间，树德乡一带是琼文根据地的主要地点，琼崖特委几次重要会议曾在这里召开。全镇有108名革命烈士，中共琼定县委成立旧址、中共琼文印刷局旧址、琼崖华侨回乡抗日服务总团旧址、中共琼崖特委第四届第九次执委扩大会议旧址等就设在树德村委会塔昌村。

田心村

田心村位于大坡镇西部，距镇政府约2千米，辖属福昌村委会，因村庄处于万亩大田洋的中心而得名。环村稻田飘香，绿树掩映，白鹭翱翔，村外百亩水塘，荷花飘逸。鸟语花香、环境优美的田心村，是琼山区文明生态示范村。

建村已有340多历史的田心村，2010年有60户270多人。20世纪20年代后期，这里已有共产党组织、农会和赤卫队，开展革命活动，一直坚持至海南解放，是革命老区村庄。田心村土地肥沃，水利条件较好，是典型的农业农庄，水稻、番薯、豆类、橡胶、胡椒、槟榔、林木等均有大面积种植，农民人均年收入8000元。富裕起来的群众集资投劳，大力开展建设文明生态村活动，大力整治村容村貌，营造优美的人居环境。并与公司联营合作开发“农家游”项目，村里建起别墅15栋、综合大楼（三层）1座、挖百亩荷塘1个，集垂钓、餐饮、住宿、会务为一体的乡村休闲度假中心，全面打造集休闲、旅游、观光为一体的生态文明村庄。

良好的生态环境，吸引了许多鸟类到此筑巢过冬，其中白鹭最多。从1979年开始，每年上万只鹭鸟从4月飞来，9月离去，其间都在村庄周围觅食、栖息、产卵、养仔，30多年不断，田心村已成为它们的家园，村民爱鸟护鸟已成风气，人与自然和谐共处，田心村成为海南省指定的鹭鸟科研观测站，“鹭鸟天堂”名不虚传。

第七节　甲子镇

甲子镇地处北纬19°60′，东经110°49′，位于琼山区南部，2002年由原琼山市甲子镇和新民乡合并而成。东邻大坡镇，西连定安县仙沟墟，南与文昌市蓬莱镇、定安县永丰墟交界，北接三门坡、旧州镇。总面积151.78平方千米。境内有海南长昌煤矿、新民林场。清乾隆九年（1744），甲子墟开集市，这一年为农历甲子年，故取名甲子墟。镇人民政府驻甲子墟，距海口市中心70千米。辖甲子、群星、新昌、民兴、红岭、昌西、青云、民昌、琼新、琼星、益新、益民、大同、仙民14个村民委员会，154个自然村。2010年全镇总户数6738户，人口22273人，其中非农业人口960人。甲子镇是革命老区之一，有老区村庄49个。全镇耕地面积4692.8公顷，其中水旱田1980.9公顷、坡地2711.9公顷，林地面积4200公顷。

甲子镇1951年属琼山县第二区（包括甲子、长昌、文昌、新昌乡）；1958年9月归属东风人民公社管辖；1959年4月属谭文公社管辖；1961年3月从谭文公社分出成立甲子公社；1983年9月改称区公所；1987年3月改设甲子镇。原新民乡是1975年8月由甲子公社益新大队、旧州公社益民大队、谭文公社大同大队划出组成新民公社；1983年改称区公所，1987年改称乡，2002年并入甲子镇。

木兑村牌坊　　（甲子镇政府　供稿）

境内地势南高北低，海拔30~157米，较高的岭有黑岭（138米）、红旗岭（157米）、日晒岭（171米）。地质属玄武岩，是沙土地区，土壤由新老沉积物或变质岩发育而成，少部分是玄武岩风化而成的红壤土。处于少雨多旱地区，年均降雨量1100毫米，冷热温差较大，最热的7月份平均温度37°C，最冷2月份平均温度9°C~11°C。境内有大小溪沟10多条，多从东向西流，有风圯水库、高黄水库等75宗山塘水库，水域面积320公顷。

山口村养鸭场　　（甲子镇　供稿）

全镇农业以热带经济作物、反季节瓜菜、淡水养殖为主。有橡胶面积 1237.5 公顷，胡椒 344.2 公顷，荔枝 270 公顷，龙眼 130 公顷，菠萝 570 公顷，瓜菜 958.1 公顷。2010 年全年生猪出栏 4.5 万头，禽类出栏量 43.5 万只，其中鸭出栏量 35 万只，罗非鱼产量 250 吨。工业以海南迪爱生微藻有限公司、双龙鑫工贸有限责任公司和甲子糖厂为龙头。2010 年，全镇生产总值 2.76 亿元。其中，工业总产值 1322.5 万元、农业生产总值 2.03 亿元，农民人均纯收入 3922 元。开展文明生态村创建，共投入资金 68.7 万元，投工投劳近1.9 万个，创建青云、凤圯两个文明生态示范村。硬化环村路长 600 米，硬化村巷道 5100 米，修筑挡土墙约 1050 米，建设排球场 2 个，文化舞台 1 个，休闲景点 4 处，种植风景树、果树、槟榔等 1000 多株，铺植草皮 1600 多平方米。同时，修建饮水井 1 口，供水塔 1 座。

全镇有卫生院 2 所，合作医疗所 8 所，医生 24 人，病床 35 张。有初级中学 1 所，完全小学 18 所，幼儿园 4 所，教师 264 人，学生 4152 名。

龙塘村

龙塘村隶属甲子镇益新村委会，是个革命老区村庄，位于镇西，距新民墟 11 千米，全村共 35 户、189 人。土地总面积 103.3 公顷，其中耕地面积 28 公顷，内有水田 1.3 公顷、坡地 10.7 公顷。村内主要发展种植和养殖业，经济作物以橡胶、胡椒、甘蔗为主，畜牧业以饲养牛、猪为主。2010 年农民年人均收入已达 4500 元。

该村自然环境优美，村前有 2.1 公顷的“月亮塘”环绕，民舍依水而建，四周树木丛生，绿叶成荫，生态良好。2008 年，龙塘村开始创建甲子镇首批重点文明生态村，对全村的水、厨、厕、猪圈、路况进行综合治理，大力发展生态农业、硬化了 850 米长的环村路，1500 米的村内巷道，建起了文化室、排球场及 2 个休闲景点。全村普遍用上了清洁的沼气能源，建起了新型自动排渣沼气池及冲水式厕所，村容村貌已焕然一新。同时，村里还积极推进高效养殖业、林果业和无公害蔬菜建设；开展各种健康有益的文体活动，丰富了村民的业余生活，提高了村民的文明素质。

第八节　旧州镇

旧州镇地处北纬 19°46′，东经 110°24′，位于琼山区西南部、南渡江东畔。距海南东线高速公路定安出口 17 千米，距海口市中心 39 千米，距海口美兰国际机场 26 千米。东邻红旗镇、三门坡镇，西部隔南渡江与龙华区新坡镇、龙泉镇相望，南靠甲子镇，并与定安县交界，北临云龙镇，总面积 126.2 平方千米。镇辖旧州、联丰、红卫、联星、池连、光明、岭南、道美、雅秀、文新 10 个村委会。有自然村 98 个，村民小组 107 个。2010 年全镇有 6254 户，23243 人；耕地面积 3827.3 公顷，其中水旱田 1711.3 公顷，坡地 2115.7 公顷。

旧州镇 1951 年属琼山县第一区，1957 年由旧州、陈秀、岭东、新秀 4 个小乡合并为旧州大乡；1958年9月属太阳升人民公社（后改称云龙公社）；1959年4月从云龙公社分出成立旧州公社；1983年改称旧州区公所；1987年3月改设旧州镇。

旧州镇候家大院（林芳善 摄于2008年6月7日）

自然气候适宜，常年平均气温23.3~23.8°C，年均降雨1663.8毫米，平均日照时间2000小时以上。全镇森林覆盖率为38%，境内东北部和南部地势较高，西部与西北部靠近南渡江地势较低。地形分三种类型：东南和南部旧州岭四周的小丘陵区，海拔30~200米；东北部和北部缓冲坡区，海拔30~100米；河流沉积小平原区，海拔2.5~30米。其中低丘陵区占总面积75%，小丘陵区约占总面积21%，小平原区占总面积4%。土壤分三种类型：即红土片区、沙土片区与石砾土片区，适合种植多种作物。

水系分布广，水资源丰富。有南渡江两大支流鸭程溪和三十六曲溪流经镇境内。全镇有小一型水库3座，小二型水库4座，天然山塘、人工塘38个，水域面积273.3公顷，总库容1136.6万立方米。

2010年全镇生产总值2.49亿元，其中第一产业2.3亿元、第二产业198.7万元、第三产业1671万元。农民人均纯收入4890元。该镇设有旧州中学、旧州中心小学等8所学校，全面普及九年义务教育；设有旧州卫生院和农村医疗所9所，旧州卫生院通过和海口市琼山人民医院联合办医，提高了防病治病水平；设立文化广场和开挖1宗人工湖，为群众提供了休闲、文化娱乐活动场所。

堆插村

堆插村隶属于旧州镇联丰村委会，位于旧州镇与红旗镇交界处，距旧州墟约8千米。

旧州镇堆插村世外桃源 （林芳善 摄于2008年6月7日）

全村 26 户、155 人，林地面积 88.7 公顷。村民主要以种植橡胶、槟榔等经济作物为主。

堆插村又名“敦插村”，是旧州镇有名的“教师村”，全村每 10 人中就有 1 人是教师。相传 300 多年前一位来自福建的教师到此地，发现这里山青水秀、土地肥沃，便落籍定居，耕耘劳作，教书育人，被人尊称为田龙先生。久而久之，人口增多，村庄兴旺，村名便叫田龙村，也就是今天的堆插村。田龙公去世后就地安葬，子孙为了纪念他，围绕墓地建房居住，逐步形成了极为罕见的祖坟在村中央布局的村庄。

该村依山傍水，绿村成荫，空气清新，风景宜人，出行便捷，民风淳朴。2010 年该村与企业合作，完成了山塘综合改造、水利灌溉、养殖区及沼气工程，村庄及整个园区道路硬化工程、村民饮水工程，休闲果园等配套工程。一个集养生度假、生态美食、健康疗养、大型会议等诸多功能于一体的“海南世外桃源”休闲养生度假村已正式开业，21 栋“湖畔别墅”，80 间五星级标准配套的亲水套房等一批基独设施齐全，是海南省首家“五椰级乡村旅游点”。

第九节　国兴街道办事处

国兴街道办事处东临南渡江，西至龙昆南路，南与府城镇接壤，北至国兴大道，面积约 5 平方千米。辖攀丹、巴伦、米铺、道客 4 个社区居民委员会，有首丹、中丹、尾丹、夏瑶新村、上丹、巴伦、米铺、墨客、道客 9 个自然村。2010 年，总人口 62099 人（常住人口 43491 人），总户数 18859 户。辖区经济以第三产业为主，商贸业发达。境内有海南省委党校、海南省农科院、海南省博物馆、海南省图书馆、海南省高级体育运动技术学校、海南经贸技术学院、海口市消防指挥中心、海口市妇幼保健院、海口经济职业技术学院等单位、院校，有海南金鹿实业有限公司、南方航空公司、海口汽车东站等知名企业及省内规模最大的金鹿灯饰大世界、塔光陶瓷城等流通市场。美舍河带状公园逶迤通过境内。海府路、龙昆南路、国兴大道、滨江西路等交通干道从辖区穿过。

2010 年，进行旧城区改造，实行“先安置，后拆迁”，对墨客村、夏瑶村、道客村 3 个旧城改造项目建设，完成墨客村征地拆迁工作，征地面积 5.02 万平方米，拆迁补偿安置 179 户。项目安置楼建设前期准备工作正在落实中。龙昆南路道客村地段旧城区改造建设项目，第一期第一阶段已完成补偿安置协议签订 63 宗共 115 户，占拆迁任务 97.5%，协议补偿总额近 7000 万元。夏瑶新村旧城改造项目成效显著，群众自愿签订协议达 100%，精装修安置房已经落成 360 户，总建筑面积 4.07 万平方米，投资额 1.16 亿元。

第十节　村委会（社区）、自然村、村（居）民小组

琼山区辖村委会 71 个、社区 23 个、自然村 764 个、村民小组 939 个、居民小组 139 个。

2010 年琼山区村委会（社区）、自然村、村（居）民小组一览表

表 1–2–1

乡镇（街道办）名称	村委会（社区）名称	自然村、村（居）民小组名称
府城镇	**一、村委会（5 个）**	**一、自然村、村民小组（自然村 27 个，村民小组 35 个）**
	1. 石塔村（辖 1 个自然村、5 个村民小组）	石塔一小组、石塔二小组、石塔三小组、石塔四小组、石塔五小组。
	2. 儒逢村（辖 3 个自然村、4 个村民小组）	1. 儒传村：儒传村小组；2. 逢考村：逢考村一小组、逢考村二小组；3. 宝荫村：宝荫村小组
	3. 五岳村（辖 6 个自然村、6 个村民小组）	1. 尚道村：尚道村小组；2. 礼文村：礼文村小组；3. 北点村：北点村小组；4. 玉杖村：玉杖村小组；5. 老市村：老市村小组；6. 美元村：美元村小组
	4. 那央村（辖 8 个自然村、8 个村民小组）	1. 珠良村：珠良村小组；2. 兴贤村：兴民村小组；3. 美爱村：美太村小组；4. 梧大村：梧大村小组；5. 新谭村：新谭村小组；6. 玉洲村：玉洲村小组；7. 文森村：文森村小组；8. 永田村：永田村小组
	5. 红星村（辖 8 个自然村、8 个村民小组）	1. 沙上村：沙上村小组；2. 玉李村：玉李村小组；3. 公务村：公务村小组；4. 玉苍村：玉苍村小组；5、玉雅村：玉雅村小组；6. 玉成村：玉成村小组；7. 大路村：大路村小组；8. 玉吴村：玉吴村小组
	二、社区（15 个）	**二、居民小组（自然村 14 个、居民小组 95 个）**
	1. 桂林社区（辖 5 个居民小组）	1. 桂林上小组；2. 桂林下小组；3. 南桥小组；4. 高登小组；5. 凤翔小组
	2. 城东社区（辖 8 个居民小组）	1. 马一小组；2. 马二小组；3. 雅泰小组；4. 河口小组；5. 大河口小组；6. 洋上小组；7. 南桥小组；8. 立新小组
	3. 下坎社区（辖 5 个居民小组）	1. 那梅小组；2. 下坎小组；3. 博雅上小组；4. 博雅下小组；5. 高田小组
	4. 文庄社区（辖 3 个居民小组）	1. 新华小组；2. 鼓楼小组；3. 福地后小组
	5. 府城社区（辖 8 个居民小组）	1. 金花一小组；2. 金花二小组；3. 金花三小组；4. 金花四小组；5. 金花五小组；6. 金花六小组；7. 朱吉里小组；8. 立新小组
	6. 云露社区（辖 8 个居民小组）	1. 塘圮小组；2. 达士巷小组；3. 培龙市场小组；4. 马鞍小组；5. 马鞍横小组；6. 少史巷小组；7. 万寿亭小组；8. 草芽巷小组
	7. 忠介社区（辖 10 个居民小组）	1. 忠介东小组；2. 忠介西小组；3. 绣衣坊小组；4. 绣衣坊后街小组；5. 大井巷小组；6. 大井横小组；7. 宗伯里小组；8. 新城路小组；9. 北胜一小组；10. 北胜二小组
	8. 高登社区（辖 3 个居民小组）	1. 高登东一小组；2. 高登东二小组；高登东三小组
	9. 大园社区（辖 4 个居民小组）	1. 大园里小组；2. 振兴里小组；3. 向阳里小组；4. 振兴横小组
	10. 北官社区（辖 12 个居民小组）	1. 北街小组；2. 东街小组；3. 司林小组；4. 市校小组；5. 北官小组；6. 中库小组；7. 西楼小组；8. 公园小组；9. 北街东街小组；10. 中华小组；11. 西福小组；12. 西建小组

续表 1–2–1

乡镇（街道办）名称	村委会（社区）名称	自然村、村（居）民小组名称
府城镇	11. 铁桥社区（辖 14 个自然村、14 个居民小组）	1. 奇荟村：奇荟小组；2. 北冲村：北冲小组；3. 排潭村：排谭小组；4. 下赵村：下赵村小组；5. 赵村：赵村小组；6. 本音村：本音小组；7. 永昌村：永昌村小组；8. 林村：林村小组；9. 南渡村：南渡小组；10. 冯村：冯村小组；11. 郑村：郑村小组；12. 北拱村：北拱小组；13. 北汉村：北汉小组；14. 玉俊村：玉俊小组
	12. 三峰社区（辖 6 个居民小组）	1. 高登西一小组；2. 高登西二小组；3. 三峰一小组；4. 三峰二小组；5. 大园路小组；6. 洗马桥小组
	13. 甘蔗园社区（辖 7 个居民小组）	1. 大路街小组；2. 外巷小组；3. 内巷小组；4. 后巷小组；5. 甘一小组；6. 甘二小组；7. 甘蔗园小组
	14. 东门社区（辖 2 个居民小组）	1. 东门小组；2. 北街小组
	15. 凤翔社区（辖 4 个居民小组）	1. 迈仍村一小组；2. 迈仍村二小组；3. 迈仍村三小组；4. 迈仍村四小组
龙塘镇	**一、村委会（10 个）**	**一、自然村、村民小组（自然村 67 个、村民小组 70 个）**
	1. 龙富村（辖 4 个自然村、4 个村民小组）	1. 玉胡村：玉胡村小组；2. 玉成村：玉成村小组；3. 大力村：大力村小组；4. 富礼村：富礼村小组
	2. 仁三村（辖 5 个自然村、7 个村民小组）	1. 美入村：美入村小组；2. 卜阴村：卜阴村小组；3. 道本村：道本村小组；4. 博抚村：博抚村小组；5. 玉仙村：玉仙村七小组；玉仙村八小组、玉仙村九小组
	3. 潭口村（辖 5 个自然村、5 个村民小组）	1. 永昌村：永昌村小组；2. 博让村：博让村小组；3. 新潭村：新潭村小组；4. 大宾村：大宾村小组；5. 永朗村：永朗村小组
	4. 龙光村（辖 5 个自然村、5 个村民小组）	1. 玉璜村：玉璜村小组；2. 富道村：富道村小组；3. 多贤村：多贤村小组；4. 美味村：美味村小组；5. 永罗村：永罗村小组
	5. 新民村（辖 13 个自然村、13 个村民小组）	1. 榜良村：榜良村小组；2. 美世村：美世村小组；3. 美坦村：美坦村小组；4. 洋脑村：洋脑村小组；5. 罗经村：罗经村小组；6. 宣德下村：宣德下村小组；7. 宣德上村：宣德上村小组；8. 卜喜村：卜喜村小组；9. 儒贡村：儒贡村小组；10. 美苗村：美苗村小组；11. 玉里村：玉里村小组；12. 昌郡村：昌郡村小组；13. 美贤村：美贤村小组
	6. 龙新村（辖 11 个自然村、11 个村民小组）	1. 玉冯村：玉冯村小组；2. 心雅村：心雅村小组；3. 富道村：富道村小组；4. 美儒村：美儒村小组；5. 美南村：文南村小组；6. 美本村：美本村小组；7. 美南村：美南村小组；8、永榜村：文榜村小组；9. 美焕村：美焕村小组；10. 玉林村：玉林村小组；11. 亭子村：亭子村小组
	7. 文道村（辖 5 个自然村、5 个村民小组）	1. 文礼村：文礼村小组；2. 玉熙村：玉熙村小组；3. 洋滨村：洋滨村小组；4. 道隆村：道隆村小组；5. 洋溶村：洋溶村小组
	8. 仁庄村（辖 7 个自然村、7 个村民小组）	1. 儒昌村：儒昌村小组；2. 昌森村：昌森村小组；3. 玉甘村：玉甘村小组；4. 道群村：道群村小组；5. 美隆村：美隆村小组；6. 仁何村：仁何村小组；7. 玉柳村：玉柳村小组

续表 1-2-1

乡镇（街道办）名称	村委会（社区）名称	自然村、村（居）民小组名称
龙塘镇	9. 三联村（辖3个自然村、3个村民小组）	1. 美有村：美有村小组；2. 国仓村：国仓村小组；3. 昌茂村：昌茂村小组
	10. 三桥村（辖8个自然村、9个村民小组）	1. 搏喜村：搏喜村小组；2. 搏南村：搏南村小组；3. 玉祖村：玉祖村小组；4. 玉场村：玉场村小组；5. 道本村：本村小组；6. 博陆（白六）村：博陆村小组；7. 玉王村：玉王村小组；8. 玉李村：玉李村上村小组、玉李村下村小组
	二、社区（1个）	**二、居民小组（3个）**
	1. 龙塘社区（辖3个居民小组）	1. 龙塘墟小组；2. 永巩村小组；3. 文彩村小组
云龙镇	**一、村委会（7个）**	**一、自然村、村民小组（自然村81个、村民小组99个）**
	1. 云龙村（辖15个自然村、20个村民小组）	1. 北坡村：北坡村小组；2. 道让村：道让村小组；3. 儒传村：儒传村小组；4. 儒来村：儒村村小组；5. 多能村：多能村小组；6. 东田村：东田村小组；7. 坡洞村：坡洞村小组、坡洞三村小组；8. 白水湖：白水湖小组；9. 东尔村：东尔村小组；10. 西尔村：西尔村小组；11. 湖圮村：湖圮村小组；12. 太乙村：太乙村一小组、太乙村二小组；13. 上村：上村一小组、上村二小组、上村三小组、上村四小组；14. 坡上村：坡上村小组；15. 伯侯村：伯侯村小组
	2. 云阁村（辖10个自然村、14个村民小组）	1. 南山村：南山村一小组、南山村二小组；2. 博洽村：博洽村一小组、博洽村二小组；3. 岐上村：岐上村小组；4. 坡导村：坡导村小组；5. 丰宁村：丰宁村小组；6. 槟榔村：槟榔村小组；7. 办内村：办内村一小组、办内村二小组、办内村下村小组；8. 高园村：高园村小组；9. 美丹村：美丹村小组；10. 龙进村：龙进村小组
	3. 云裕村（辖11个自然村、12个村民小组）	1. 龙盘村：龙盘村小组；2. 迈向村：迈向村小组；3. 儒云村：儒云村小组；4. 仙洞村：仙洞村小组；5. 北桥村：北桥村小组；6. 北戏村：北戏村小组；7. 东林村：东林村小组；8. 逢内村：逢内村小组；9. 逢外村：逢外村小组；10. 士阁内村：士阁内村小组；11. 士阁村：士阁村一小组、士阁村二小组
	4. 云蛟村（辖12个自然村、16个村民小组）	1. 北庄村：北庄村小组；2. 角布村：角布村小组；3. 迈凤村：迈凤村小组；4. 迈操村：迈操村小组；5. 北布村：北布村小组；6. 龙云村：龙云村小组；7. 那英村：那英村小组；8、坡伊外村：坡伊外村小组；9. 北历村：北历村小组；10. 多加村：多加村小组；11. 坡伊内村：坡伊内村小组；12. 玉仙村：玉仙村一小组、玉仙村二小组、玉仙村三小组、玉仙村四小组、玉仙村六小组
	5. 云岭村（辖10个自然村、11个村民小组）	1. 东江村：东江村小组；2. 道友村：道友村小组；3. 迈宏村：迈宏村小组；4. 卜禄村：卜禄村小组；5. 昌德村：昌德村小组；6. 老村：老村一小组、老村二小组；7. 卜典村：卜典村小组；8. 宏大村：宏大村小组；9. 昌城村：昌城村小组；10. 本良村：本良村小组

续表 1–2–1

乡镇（街道办）名称	村委会（社区）名称	自然村、村（居）民小组名称
云龙镇	6. 长泰村（辖 14 个自然村、17 个村民小组）	1. 岭脚村：岭脚村小组；2. 桃上村：桃上村小组；3. 桃下村：桃下村小组；4. 大后坡村：大后坡村小组；5. 小后坡村：小后坡村小组；6. 三岭村：三岭村小组；7. 木南村：木南村小组；8. 木西村：木西村小组；9. 永创村：永创村小组；10. 坡仑村：坡仑村小组；11. 潭连村：潭连村一小组、潭连村二小组、潭连村三小组、潭连村四小组；12. 长泰村：长泰村小组；13. 国昆村：潭连村五小组；14. 美在村：潭连村六小组
	7. 儒林村（辖 8 个自然村、8 个村民小组）	1. 儒林村：儒林村小组；2. 向北村：向北村小组；3. 美下村：美下村小组；4. 美上村：美上村小组；5. 新学村：新学村小组；6. 永云村：永云村小组；7. 美坦村：美坦村小组；8. 福禄村：福禄村小组
	二、社区（1 个）	二、居民小组（2 个）
	1. 南区社区（辖 2 个居民小组）	1. 市南小组；2. 市北小组
红旗镇	一、村委会（10 个）	一、自然村、村民小组（自然村 133 个、村民小组 157 个）
	1. 大山村（辖 13 个自然村、13 个村民小组）	1. 美涯村：美涯村小组；2. 群楼村：群楼村小组；3. 叨桥村：叨桥村小组；4. 大保村：大保村小组；5. 谭永村：谭永村小组；6. 官桥村：官桥村小组；7. 那尧村：那尧村小组；8. 仁让村：仁让村小组；9. 多福村：多福村小组；10. 那佑村：那佑村小组；11. 永荫村：永荫村小组；12. 文斗村：文斗村小组；13. 新村：新村小组
	2. 龙榜村（辖 9 个自然村、9 个村民小组）	1. 丰平村：丰平村小组；2. 福宏村：福宏村小组；3. 龙前村：龙前村小组；4. 龙蓬村：龙蓬村小组；5. 大森村：大森村小组；6. 福地村：福地村小组；7. 龙榜村：龙榜村小组；8. 龙湖村：龙湖村小组；9. 美止村：美止村小组
	3. 龙发村（辖 8 个自然村、9 个村民小组）	1. 岭门村：岭门村小组；2. 岭新村：岭新村小组；3. 岭后村：岭后村小组；4. 承食村：承食村小组；5. 龙发村：龙发村小组；6. 岭南村：岭南村小组；7. 石门村：石门村小组；8. 大堆村：大堆村一小组、大堆村二小组
	4. 龙源村（辖 21 个自然村、26 个村民小组）	1. 美管村：美管村一小组、美管村二小组、美管村三小组、美管村四小组；2. 青云村：青云村一小组、青云村二小组、青云村三小组；3. 石玉村：石玉村小组；4. 雅望村：雅望村小组；5. 后硬村：后埂村小组；6. 美山村：美山村小组；7. 博爱村：博爱村小组；8. 美福村：美福村小组；9. 福丛湖村：福丛湖村小组；10. 南丑村：南丑村小组；11. 南丑子村：南丑子村小组；12. 后冲尾村：后冲尾村小组；13. 墩湖村：墩湖村小组；14. 龙额村：龙额村小组；15. 东银园村：东银园村小组；16. 云山村：云山村小组；17. 桃园村：桃园村小组；18. 丛上园村：丛上园村小组；19. 坤太村：坤太村小组；20. 新村：新村小组；21. 桃林村：桃林村小组

续表 1-2-1

乡镇（街道办）名称	村委会（社区）名称	自然村、村（居）民小组名称
红旗镇	5. 道崇村（辖 12 个自然村、17 个村民小组）	1. 谭月坡村：谭月坡村小组；2. 尔裕村：尔裕村一小组、尔裕村二小组；3. 梅坡村：梅坡村小组；4. 边洋村：边洋村陈小组、连洋村李小组；5. 连塘村：连塘村小组；6. 荫生村：荫生村小组；7. 美请村：美请村小组；8. 道崇村：道崇村小组；9. 昌洽村：晶洽村一小组、昌洽村二小组、昌洽村三小组、昌洽村四小组；10. 边城村：边城村小组；11. 谭养村：谭养村小组；12. 群壁村：群壁村小组
	6. 昌文村（辖 12 个自然、12 个村民小组）	1. 多吉园村：多吉园村小组；2. 新村：新村小组；3. 谭匹村：谭匹村小组；4. 昌尾村：昌尾村小组；5. 昆上村：昆上村小组；6. 美雅村：美雅村小组；7. 北山村：北山村小组；8. 长山村：长山村小组；9. 昌福村：昌福村小组；10. 文多村：文多村小组；11. 李宅园村：李宅园村小组；12. 谭墨村：谭墨村小组
	7. 红旗村（辖 10 个自然村、10 个村民小组）	1. 本立村：本立村小组；2. 东傲村：东傲村小组；3. 美雅村：美雅村小组；4. 桃林村：桃林村小组；5. 南林村：南林村小组；6. 凤雅村：凤雅村小组；7. 大万村：大万村小组；8. 红海村：红海村小组；9. 红卫村：红卫村小组；10. 扶仁村：扶仁村小组
	8. 苏寻三村（辖 5 个自然村、5 个村民小组）	1. 后坡村：后坡村小组；2. 岛南村：岛南村小组；3. 泮边村：泮边村小组；4. 大凑村：大凑村小组；5. 福云村：福云村小组
	9. 墨桥村（辖 25 个自然村、31 个村民小组）	1. 赤草湖村：赤草湖村小组；2. 龙坡村：龙坡村小组；3. 石案村：石案村南村小组、石案村北村小组；4. 西园村：西园村小组；5. 山口园村：山口园村小组；6. 南山村：南山村一小组、南山村二小组；7. 新宅湖村：新宅湖村小组；8. 福庄村：福庄村小组；9. 吴田村：吴田村小组；10. 吴东村：吴东村小组；11. 平塘村：平塘村小组；12. 七水村：七水村一小组、七水村二小组、七水村三小组；13. 华山村：华山村小组；14. 回龙村：回龙村一小组、回龙村二小组、回龙村三小组；15. 琉璃村：琉璃村小组；16. 文昌村：文昌村小组；17. 伯候村：伯候村小组；18. 龙合村：龙合村小组；19. 美玉村：美玉村小组；20. 东湖村：东湖村小组；21. 西湖村：西湖村小组；22. 福本村：福本村小组；23. 木寨村：木寨村小组；24. 谭边村：谭边村小组；25. 彰榜村：彰榜村小组
	10. 合群村（辖 18 个自然村、25 个村民小组）	1. 青龙山村：青龙山村小组；2. 大点村：大点村小组；3. 白玉村：白玉村小组；4. 后村：后村小组；5. 宅吉村：宅吉村小组；6. 罗亿村：罗亿村小组；7. 下村：下村小组；8. 龙扶村：龙扶村小组；9. 保胆村：保胆村小组；10. 芬兰村：芬兰村小组；11. 定东村：定东村小组；12. 罗茅村：罗茅村小组；13. 美荣坡村：美荣坡村小组；14. 三福村：三福村小组；15. 本务村：本务村一小组、本务村二小组、本务村三小组；16. 东岳村：东岳村一小组、东岳村二小组；17. 下云村：下云村一小组、下云村二小组、下云村三小组；18. 云雁村：云雁村一小组、云雁村二小组、云雁村三小组
	二、社区（1 个）	**二、居民小组（7 个）**
	1. 土桥社区（辖 7 个居民小组）	1. 土桥小组；2. 新建路小组；3. 道崇路小组；4. 文明东、西路小组；5. 新市小组；6. 红旗大道小组；7. 白玉街小组

续表 1–2–1

乡镇（街道办）名称	村委会（社区）名称	自然村、村（居）民小组名称
三门坡镇	一、村委会（10 个）	一、自然、村民小组（自然村 113 个、村民小组 65 个）
	1. 文岭村（辖 18 个自然村、23 个村民小组）	1. 高株村：高株村小组；2. 昌文村：昌文村小组；3. 儒湖村：儒湖村小组；4. 三加村：三加村小组；5. 瓦灶村：瓦灶村小组；6. 大稔村：大稔村小组；7. 南面村：南面村小组；8. 锡土村：锡土村小组；9. 美里村：美里村小组；10. 黄竹头村：黄竹头村小组；11. 大石村：大石村小组；12. 田边村：田边村小组；13. 塘头村：塘头村小组；14. 东昌村：东昌村小组；15. 桃村：桃村一小组、桃村二小组；16. 龙蛟村：龙蛟村一小组、龙蛟村二小组；17. 兑水园村：兑水园村一小组、兑水园二小组、兑水园三小组；18. 福兴村：福兴村一小组、福兴村二小组
	2. 美城村（辖 12 个自然村、16 个村民小组）	1. 咸吉村：咸吉村小组；2. 城坦村：城坦村小组；3. 谭屯村：谭屯村小组；4. 东边坡村：东边坡村小组；5. 东架村：东架村小组；6. 黄金榜村：黄金榜村小组；7. 美南村：美南村小组；8. 下水村：下水村小组；9. 美东村：美东村小组；10. 大水村：大水村一小组、大水村二小组；11. 白水塘村：白水塘村一小组、白水塘村二小组、白水塘村三小组；12. 高阶村：高阶村一小组、高阶村二小组
	3. 新德村（辖 10 个自然村、14 个村民小组）	1. 下田上村：下田上村小组；2. 下田下村：下田下村小组；3. 南昌村：南昌村小组；4. 谭田村：谭田村小组；5. 新湖村：东湖村小组；6. 大村：大村小组；7. 鞍田村：鞍田村小组；8. 草洞村：草洞村小组；9. 文德头村：文德头村一小组、文德头村二小组、文德头村三小组；10. 下昌村：下昌村一小组、下昌村二小组、下昌村三小组
	4. 龙马村（辖 7 个自然村、8 个村民小组）	1. 龙凤村：龙凤村小组；2. 龙茂山村：龙茂山村小组；3. 龙祖村：龙祖村小组；4. 龙马村：龙马村小组；5. 文草湖村：文草湖村小组；6. 高山村：高山村小组；7. 龙鳞村：龙鳞村一小组、龙鳞村二小组
	5. 文蛟村（辖 2 个自然村、19 个村民小组）	1. 文多村：文多村一小组、文多村二小组、文多村三小组、文多村四小组、文多村五小组、文多村六小组、文多村七小组、文多村八小组、文多村九小组、文多村十小组、文多村十一小组、文多村十二小组、文多村十三小组、文多村十四小组、文多村十五小组；2. 蛟头村：蛟头村一小组、蛟头村二小组、蛟头村三小组、蛟头村四小组
	6. 乐来村（辖 11 个自然村、14 个村民小组）	1. 双坡村：双坡村小组；2. 文南村：文南村小组；3. 文西村：文西村小组；4. 文湖村：文湖村小组；5. 大湖村：大湖村小组；6. 田心村：田心村小组；7. 沙土村：沙土村小组；8. 礼村：礼村小组；9. 文东村：文东村一小组、文东村二小组；10. 加乐村：加乐村一小组、加乐村二小组；11. 程村：程村一小组、程村二小组

续表 1-2-1

乡镇（街道办）名称	村委会（社区）名称	自然村、村（居）民小组名称
三门坡镇	7. 清泉村（辖 18 个自然村、23 个村民小组）	1. 石井村：石井村小组；2. 石正村：石正村小组；3. 排田村：排田村小组；4. 父母村：父母村小组；5. 石岭村：石岭村小组；6. 红坡村：红坡村小组；7. 美宗村：美宗村小组；8. 人塘村：人塘村小组；9. 人路村：人路村小组；10. 中村：中村小组；11. 黄岭村：黄岭村小组；12. 谭昌村：谭昌村小组；13. 木丰村：木丰村小组；14. 文曲村：文曲村小组；15. 长山村：长山村小组；16. 岭梅村：岭梅村一小组、岭梅村二小组；17. 西尔村：西尔村一小组、西尔村二小组；18. 琉球村：琉球村一小组、琉球村二小组、琉球村三小组、琉球村四小组
	8. 谭文村（辖 12 个自然村、15 个村民小组）	1. 罗边村：罗边村小组；2. 田头村：田头村小组；3. 加平村：加平村小组；4. 谭文坡村：谭文坡村小组；5. 昌礼村：昌礼村小组；6. 东昌村：东昌村小组；7. 佳山村：佳山村小组；8. 龙湾村：龙湾村小组；9. 竹园村：竹园村小组；10. 边田村：边田村小组；11. 谭文墟村：谭文墟村一小组、谭文墟村二小组、谭文墟村三小组；12. 新坡村：新坡村一小组、新坡村二小组
	9. 友爱村（辖 13 个自然村、17 个村民小组）	1. 沙土坡村：沙土坡小组；2. 加木根村：加木根村小组；3. 蒙塘村：蒙塘村小组；4. 昌文坡村：昌文坡村小组；5. 昌文园村：昌文园村小组；6. 仁山村：仁山村小组；7. 花连园村：花连园村小组；8. 山兰村：山兰村小组；9. 山口村：山口村小组；10. 石山村：石山村小组；11. 礼村：礼村小组；12. 虎头村：虎头村一小组、虎头村二小组；13. 鸭塘村：鸭塘村一小组、鸭塘村二小组、鸭塘村三小组、鸭塘村四小组
	10. 谷桥村（辖 10 个自然村、16 个村民小组）	1. 下坡村：下坡村小组；2. 卜世村：卜世村小组；3. 礼云村：礼云村小组；4. 地水村：地水村小组；5. 新云村：新云村小组；6. 林昌村：林昌村小组；7. 昌汉村：昌汉村一小组、昌汉村二小组；8. 目斋村：目斋村一小组、目斋村二小组、目斋村三小组、目斋村四小组；9. 美端村：美端村一小组、美端村二小组；10. 青草村：青草村一小组、青草村二小组
	二、社区（1 个）	**二、居民小组（9 个）**
	1. 庆丰社区（辖 9 个居民小组）	1. 三门街小组；2. 庆丰街小组；3. 龙马街小组；4. 文明街小组；5. 康乐街小组；6. 东乐街小组；7. 美德街小组；8. 文化街小组；9. 乾坤小区小组
大坡镇	**一、村委会（5 个）**	**一、自然村、村民小组（自然村 77 个、村民小组 93 个）**
	1. 大坡村（辖 18 个自然村、24 个村民小组）	1. 象塘上村：象塘上村一小组、象塘上村二小组；2. 象塘中村：象塘中村小组；3. 象塘下村：象塘下村一小组、象塘下村二小组；4. 贵官村：贵官村小组；5. 石桥村：石桥村一小组、石桥村二小组；6. 下坡村：下坡村小组；7. 大般村：大般村小组；8. 陈平村：陈平村小组；9. 咸壮村：咸壮村小组：10. 塘口村：塘口村小组；11. 明湖村：明湖村小组；12. 下水村：下水村小组；13. 沙塘村：沙塘村一小组、沙塘村二小组、沙塘村三小组；14. 沙塘仔村：沙塘仔村小组；15. 土岭村：土岭村一小组、土岭村二小组；16. 沙村：沙村小组；17. 大公坡村：大公坡村小组；18. 山岭园村：山岭园村小组

续表 1–2–1

乡镇（街道办）名称	村委会（社区）名称	自然村、村（居）民小组名称
大坡镇	2. 福昌村（辖 20 个自然村、24 个村民小组）	1. 亭竹村：亭竹村小组；2. 多谷屯村：多谷屯村小组；3. 土炉村：土炉村小组；4. 田心村：田心村小组；5. 大吉村：大吉村小组；6. 龙村：龙村一小组、龙村二小组、龙村三小组、龙村四小组；7. 后村：后村小组；8. 象村：象村一小组、象村二小组；9. 高山岭村：高山岭村小组；10. 昌尾园村：昌尾园村小组；11. 高佳园村：高佳园村小组；12. 龙保村：龙保村小组；13. 芝兰香村：芝兰香村小组；14. 文胜村：文胜村小组；15. 文莱坡村：文莱坡村小组；16. 石塘村：石塘村小组；17. 下山村：下山村小组；18. 龙兴村：龙兴村小组；19. 文池村：文池村小组；20. 李村园村：李村园村小组
	3. 新瑞村（辖 17 个自然村、20 个村民小组）	1. 墨格村：墨格村一小组、墨格村二小组、墨格村三小组、墨格村四小组；2. 墨格仔村：墨格仔村小组；3. 湴右村：湴右村小组；4. 官塘上村：官塘上村小组；5. 官塘下村：官塘下村小组；6. 白水塘村：白水塘村小组；7. 青桥村：青桥村小组；8. 大坡仔村：大坡仔村小组；9. 文头村：文头村小组；10. 五车上村：五车上村小组；11. 五车下村：五车下村小组；12. 马苑大村：马苑大村小组；13. 马苑仔村：马苑仔村小组；14. 勿格山村：勿格山村小组；15. 丁云一村：丁云一村小组；16. 丁云二村：丁云二村小组；17. 苦塘村：苦塘村小组
	4. 中税村（辖 17 个自然村、19 个村民小组）	1. 道宋村：道宋村东村小组、道宋村中村小组、道宋村西村小组；2. 中税墟村：中税墟村小组；3. 新昌月土村：新昌月土村小组；4. 合龙大村：合龙大村小组；5. 黄宅墓村：黄宅墓村小组；6. 福田村：福田村小组；7. 福佳村：福佳村小组；8. 广洋上村：广洋上村小组；9. 广洋下村：广洋下村小组；10. 下堆村：下堆村小组；11. 坡田仔村：坡田仔村小组；12. 北昌村：北昌村小组；13. 马六村：马六村小组；14. 边水村：边水村小组；15. 石花一村：石花一村小组；16. 石花二村：石花二村小组；17. 石壮村：石壮村小组
	5. 树德村（辖 5 个自然村、6 个村民小组）	1. 坡头村：坡头村小组；2. 赞统村：赞统村小组；3. 塔昌村：塔昌村小组；4. 永昌村：永昌村一小组、永昌村二小组；5. 树德墟村：树德墟村小组
甲子镇	**一、村委会（14 个）**	**一、自然村、村民小组（自然村 154 个、村民小组 217 个）**
	1. 甲子村（辖 14 个自然村、19 个村民小组）	1. 梅子村：梅子村小组；2. 土卜岭村：土卜岭村小组；3. 新村：新村小组；4. 龙朝村：龙朝村上村小组、龙朝村下村小组；5. 甲子墟村：甲子墟村一小组、甲子墟村二小组、甲子墟村三小组；6. 蛟龙村：蛟龙村小组；7. 北门村：北门村小组；8. 金山村：金山村小组；9. 庆云村：庆云村小组；10. 新塘村：新塘村小组；11. 美兆村：美兆村小组；12. 旺贵村：旺贵村一小组、旺贵村二小组；13. 美茶村：美茶村小组；14. 福山村：福山村上村小组、福山村下村小组
	2. 群星村（辖 17 个自然、18 个村民小组）	1. 下坡山村：下坡山村小组；2. 典竹坡村：典竹坡村小组；3. 福安村：福安村小组；4. 岭头村：岭头村小组；5. 文甲岭村：文甲岭村小组；6. 云山村：云山村小组；7. 下田村：下田村小组；8. 石宝岭村：石宝岭村一小组、石宝岭村二小组；9. 美冲村：美冲村小组；10. 新村园村：新村园村小组；11. 典竹岭村：典竹岭村小组；12. 文昌溪村：文昌溪村小组；13. 文坡村：文坡村小组；14. 土良村：土良村小组；15. 大宝冲村：大宝冲村小组；16. 珍珠冲村：珍珠冲村小组；17. 召马村：召马村小组

续表 1–2–1

乡镇（街道办）名称	村委会（社区）名称	自然村、村（居）民小组名称
甲子镇	3. 新昌村（辖 22 个自然、27 个村民小组）	1. 美早村：美早村小组；2. 昌文村：昌文村一小组、昌文村二小组；3. 石帅村：石帅村一小组、石帅村二小组；4. 友梅村：友梅村小组；5. 赤军村：赤军村小组；6. 弄上村：弄上村小组；7. 弄下村：弄下村小组；8. 六坡村：六坡村一小组、六坡村二小组；9. 松村：松村一小组、松村二小组；10. 仕梅头村：仕梅头村小组；11. 桃村：桃村一小组、桃村二小组；12. 荔枝园村：荔枝园村小组；13. 后坡村：后坡村小组；14. 南山村：南山村小组；15. 草村：草村小组；16. 高岭村：高岭村小组；17. 龙寒村：龙寒村小组；18. 吉水村：吉水村小组；19. 罗卜村：罗卜村小组；20. 老桐村：老桐村小组；21. 美伦村：美伦村小组；22. 占牛岭村：占牛岭村小组
	4. 民兴村（辖 7 个自然村、8 个村民小组）	1. 香水村：香水村上村小组、香水村下村小组；2. 土地村：土地村小组；3. 里铁村：里铁村小组；4. 石安村：石安村小组；5. 长水村：长水村小组；6. 军田村：军田村小组；7. 里美村：里美村小组
	5. 红岭村（辖 11 个自然村、14 个村民小组）	1. 风杷村：风杷村小组；2. 吉树村：吉树村小组；3. 下牛坡村：下牛坡村小组；4. 土地山村：土地山村小组；5. 竹堆村：竹堆村一小组、竹堆村二小组、竹堆村三小组；6. 文宿村：文宿村一小组、文宿村二小组；7. 合村：合村小组；8. 坝上村：坝上村小组；9. 福昌村：福昌村小组；10. 深坑村：深坑村小组；11. 桂林村：桂林村小组
	6. 昌西村（辖 11 个自然村、19 个村民小组）	1. 乌岭村：乌岭村一小组、乌岭村二小组；2. 西山村：西山村一小组、西山村二小组；3. 大昌村：大昌村一小组、大昌村二小组、大昌村三小组；4. 谭白村：谭白村小组；5. 长尾埇村：长尾埇村小组；6. 上昌村：上昌村一小组、上昌村三小组、上昌村五小组、上昌村七小组、上昌村八小组；7. 下坡村：下坡村小组；8. 新村塘村：新村塘村小组；9. 大德坡村：大德坡村小组；10. 洋头村：洋头村小组；11. 黄土村：黄土村小组
	7. 青云村（辖 16 个自然村、22 个村民小组）	1. 青云村：青云村一小组、青云村二小组、青云村三小组；2. 冯家村：冯家村上村小组、冯家村下村小组；3. 天堂村：天堂村小组；4. 先觉上村：先觉上村一小组、先觉上村二小组、先觉上村三小组；5. 先觉下村：先觉下村小组；6. 面前坡村：面前坡村小组；7. 溪边村：溪边村小组；8. 山尾村：山尾村小组；9. 六子村：六子村小组；10. 大朗村：大朗村小组；11. 文头村：文头村上村小组、文头村下村小组；12. 大文头坡村：大文头坡村小组；13. 深水村：深水村小组；14. 排蛟要村：排蛟要村小组；15. 村内村：村内村小组；16. 辽后山村：辽后山村小组
	8. 民益村（辖 6 个自然村、12 个村民小组）	1. 常头村：常头村上村小组、常头村下村小组；2. 坡毛村：坡毛村一小组、坡毛村二小组、坡毛村三小组、坡毛村四小组、坡毛村五小组；3. 坡毛仔村：坡毛仔村小组；4. 玉美村：玉美村小组；5. 美界村：美界村小组；6. 木兑村：木兑村一小组、木兑村二小组
	9. 琼新村（辖 7 个自然村、10 个村民小组）	1. 白沙村：白沙村小组；2. 梁兴村：梁兴村小组；3. 卜世昌村：卜世昌村小组；4. 绿塘村：绿塘村一小组、绿塘村二小组；5. 土岭村：土岭村一小组、土岭村二小组；6. 官村：官村小组；7. 中堂村：中堂村一小组、中堂村二小组

续表 1–2–1

乡镇（街道办）名称	村委会（社区）名称	自然村、村（居）民小组名称
甲子镇	10. 琼星村（辖 7 个自然村、12 个村民小组）	1. 山辽村：山辽村一小组、山辽村二小组、山辽村三小组；2. 公岭村：公岭村小组；3. 龙殿村：龙殿村一小组、龙殿村二小组；4. 沙田村：沙田村小组；5. 辽山村：辽山村小组；6. 罗边村：罗边村一小组、罗边村二小组、罗边村三小组；7. 田堆村：田堆村小组
	11. 益新村（辖 14 个自然村、19 个村民小组）	1. 东村岭村：东村岭村小组；2. 儒上村：儒上村一小组、儒上村二小组；3. 坡拥村：坡拥村小组；4. 大甲岭村：大甲岭村小组；5. 土地坡村：土地坡村小组；6. 会茂山村：会茂山村小组；7. 水口村：水口村一小组、水口村二小组、水口村三小组、水口村四小组；8. 黄竹仔上村：黄竹仔上村小组；9. 黄竹仔下村：黄竹仔下村小组；10. 龙塘村：龙塘村小组；11. 成锦坡村：成锦坡村小组；12. 三六口村：三六口村一小组、三六口村二小组；13. 杨梅村：杨梅村小组；14. 大塘村：大塘村小组
	12. 益民村（辖 5 个自然村、11 个村民小组）	1. 龙井村：龙井村一小组、龙井村二小组、龙井村三小组、龙井村四小组、龙井村五小组、龙井村六小组、龙井村七小组；2. 仙沟坡村：仙沟坡村小组；3. 石湖村：石湖村小组；4. 仙苑村：仙苑村小组；5. 美赤坡村：美赤坡村小组
	13. 大同村（辖 6 个自然村、13 个村民小组）	1. 田塘村：田塘村一小组、田塘村二小组、田塘村四小组、田塘村五小组、田塘村六小组；2. 常使村：常使村小组；3. 山口村：山口村小组；4. 加朝村：加朝村一小组、加朝村二小组、加朝村三小组、加朝村四小组；5. 道让村：道让村小组；6. 多历村：多历村小组
	14. 仙民村（辖 11 个自然村、13 个村民小组）	1. 上朗村：上朗村小组；2. 仙沟岭村：仙沟岭村一小组、仙沟岭村二小组；3. 罗民坡村：罗民坡村小组；4. 白石村：白石村小组；5. 居龙村：居龙村小组；6. 美源村：美源村小组；7. 山口门村：山口门村一小组、山口门村二小组；8、会文策村：会文策村小组；9. 美仍村：美仍村小组；10. 王家岭村：王家岭村小组；11. 罗蒙村：罗蒙村小组
旧州镇	**一、村委会（10 个）**	**一、自然村、村民小组（自然村 98、村民小组 107 年）**
	1、池连村（辖 14 个自然村、15 个村民小组）	1. 龙井村：龙井村一小组、龙井村二小组；2. 美环村：美环村小组；3. 西山村：西山村小组；4. 高书村：高书村小组；5. 风銮村：风銮村小组；6. 文才村：文才村小组；7. 文贡村：文贡村小组 8. 罗由村：罗由村小组；9. 后追村：后追村小组；10. 池连村：池连村小组；11. 陆吴村：陆吴村小组；12. 罗冯村：罗冯村小组；13. 美元村：美元村小组；14. 永太村：永太村小组
	2、光明村（辖 5 个自然村、9 个村民小组）	1. 福多村：福多村一小组、福多村二小组；2. 道群村：道群村小组；3. 禄马村：禄马村一小组、禄马村二小组；4. 仁让村：仁让村一小组、仁让村二小组、仁让村三小组；5. 万年村：万年村小组
	3、红卫村（辖 9 个自然村、9 个村民小组）	1. 美顶村：美顶村小组；2. 凤目村：凤目村小组；3. 儒云村：儒云村小组；4. 美傲村：美傲村小组；5. 老村：老村小组；6. 云高村：云高村小组；7. 美邦村：美邦村小组；8. 雅诗村：雅诗村小组；9. 石榴园村：石榴园村小组

续表 1–2–1

乡镇（街道办）名称	村委会（社区）名称	自然村、村（居）民小组名称
旧州镇	4. 联星村（辖 17 个自然村、17 个村民小组）	1. 卜球村：卜球村小组；2. 知州村：知州村小组；3. 洪烈村：洪烈村小组；4. 白毛村：白毛村小组；5. 后生村：后生村小组；6. 后生仔村：后生仔村小组；7. 美银村：美银村小组；8. 日富村：日富村小组；9. 香秀村：香秀村小组；10. 湖村：湖村小组；11. 南渡村：南渡村小组；12. 龙送村：龙送村小组；13. 叨桥村：叨桥村小组；14. 道文村：道文村小组；15. 儒平村：儒平村小组；16. 那茅村：那茅村小组；17. 谭范村：谭范村小组
	5. 旧州村（辖 11 个自然村、14 个村民小组）	1. 勋德村、勋德村小组；2. 坡头村：坡头村小组；3. 太烈村：太烈村小组；4. 富文村：富文村一小组、富文村二小组、富文村三小组、富文村四小组；5. 叨池村：叨池村小组；6. 卜仁湖村：卜仁湖村小组；7. 高伦村：高伦村小组；8. 多益仔村：多益仔村小组；9. 太乙村：太乙村小组；10. 旧州墟村：旧州墟村小组；11. 旧州村：旧州村小组
	6. 联丰村（辖 15 个自然村、15 个村民小组）	1. 心良仔村：心良仔村小组；2. 凤门村：凤门村小组；3. 心良村：心良村小组；4. 光岭村：光岭村小组；5. 堆插村：堆插村小组；6. 美永村：美永村小组；7. 大仁村：大仁村小组；8. 美毛村：美毛村小组；9. 美联村：美联村小组；10. 麻钗村：麻钗村小组；11. 托东村：托东村小组；12. 卜创坡村：卜创坡村小组；13. 龙楼村：龙楼村小组；14. 西田村：西田村小组；15. 美等村：美等村小组
	7. 岭南村（辖 10 个自然村、10 个村民小组）	1. 美本村：美本村小组；2. 美仁村：美仁村小组；3. 扬丰村：扬丰村小组；4. 黄群村：黄群村小组；5. 包道村：包道村小组；6. 美傲村：美傲村小组；7. 美备村：美备村小组；8. 美片村：美片村小组；9. 南柳村：南柳村小组；10. 卜案村：卜案村小组
	8. 道美村（辖 7 个自然村、8 个村民小组）	1. 美楠村：美楠村小组；2. 美俗村：美俗村一小组、美俗村二小组；3. 美添村：美添村小组；4. 雅黄村：雅黄村小组；5. 道南村、道南村小组；6. 扬先村：扬先村小组；7. 美岭村：美岭村小组
	9. 雅秀村（辖 5 个自然村、5 个村民小组）	1. 坡秀村：坡秀村小组；2. 若干村：若干村小组；3. 雅龙上村：雅龙上村小组；4. 雅龙下村：雅龙下村小组；5. 雅蔡村：雅蔡村小组
	10. 文新村（辖 5 个自然村、5 个村民小组）	1. 龙头村：龙头村小组；2. 文泰村：文泰村小组；3. 美崖村：美崖村小组；4. 新克村：新克村小组腊月、福美村：福美村小组
国兴街道办事处	二、社区（4 个）	二、居民小组（19 个）
	1、攀丹社区（辖 4 个居民小组）	1. 首丹小组；2. 中丹小组；3. 尾丹小组；4. 夏瑶小组
	2、巴伦社区（辖 2 个居民小组）	1. 上丹小组；2. 巴伦小组
	3、米铺社区（辖 1 个居民小组）	1. 米铺小组
	4、道客社区（辖 12 个居民小组）	1. 道客一小组；2. 道客二小组；3. 道客三小组；4. 道客四小组；5. 道客五小组；6. 道客六小组；7. 道客七小组；8. 道客八小组；9. 道客九小组；10. 道客十小组；11. 道客十一小组；12. 道客十二小组

第二编　自然环境

第一章　地质地貌

第一节　地　质

琼山区位于琼北新生代断陷盆地中，其包含的次级构造是福山地堑的东南伸出部分和云龙地垒。王五—文教深大断裂从琼山南部通过，褶皱构造不发育，仅在长昌盆地出现小规模的褶皱，断裂构造发育。有近东西向、南北向、北西向和北东向 4 组，但主要隐伏分布于第四系和火山岩藏层中。

第二节　地　貌

琼山区地势平缓，南渡江从中部穿过，沿江两岸地势低平，旧州镇境内的旧州岭（海拔 199.9 米）为至高点，甲子镇境内的日晒岭海拔 171 米。全区地形有两种类型：西北部的府城、龙塘、旧州镇等为羊山小丘陵地区，土地由火山喷出的玄武岩构成；东部和南部则由红土壤构成的缓坡丘陵区。

第二章　气　候

琼山区位于北回归线以南热带区内，属热带气候成因。东北部临近琼州海峡，夏季有热带海洋天气系统影响，秋季常受南海、太平洋台风袭击，冬季有北方大陆冷空气入侵。辖区范围温度相差较小，每年相差平均 0.5 摄氏度。受地势影响，下半年海洋暖湿气流沿南渡江流入，到中部积集抬升，形成强烈对流，多降水，产生水热失调，热量过剩，时有旱、涝出现。春季温暖少雨多旱，夏季高温多雨，秋季台风暴雨频繁、湿凉，冬季干冷转湿冷，主要受冷空气控制，有寒害出现，常有低温阴雨，对早造农作物不利。

第一节　日　照

全区各地年均日照量在2000小时以上，占可照时数的50%。季节日照量以夏季最多，占年份日照量的31.9%；春季次之，占25.7%；秋季再次之，占25.1%；冬季最少，占17.3%。月份日照最多是7月份，年均为250~260小时；最少是2月，年均在120小时以下。

第二节　气　温

琼山区各地累年平均气温23.3℃~23.8℃。较热月为5—8月，其中7月平均气温28.4℃，为最热月，6月次之；1月平均气温17.1℃，为最冷月份，2月，12月次之。每年气温变化有规律地从2月份起逐月上升，到7月份为最高值，又从8月起逐月下降，到1月份为最低值。

第三节　降　水

琼山区年降雨量在1500—2000毫米的机率为44.4%；年降雨量小于1000毫米的机率为2.8%，有67%的年降雨量可保证不少于1500毫米。雨季平均始期为5月上旬，终期为10月下旬。降水日数平均有150天（日降水量大于或等于0.1毫米）以上雨日。2010年10月发生强降水，降水量达到1200毫米，为50年未遇记录。

第四节　风

风向的季节转换，冬半年（10月至次年2月），由于北方冷空气入侵频繁，劲吹偏北季风，风向以东北风为主；夏半年（4—8月），受低纬度暖气流影响，盛行偏南季风，风向以东南风为主。3—9月是东北风和东南风转换时期，风向不稳定，全年风向以东北风为最多，西风和南南风为最少。风速一般分常风和强风，常风年平均风速3.4米/秒；月均风速冬半年大于夏半年，历年平均风速：2—4月和11月为全年最大，3.8米/秒；8月最小，2.7米/秒，强风出现在雷雨和台风天气，最大风速（瞬间）大于或等于40米/秒。2002—2010年，每年都受到3次以上强台风影响。

第三章　水　系

第一节　地表水和地下水

地表水变化　地表水的变化主要集中在羊山地区的龙塘镇及府城镇那央、红星、迈仍村（居）委会区域。羊山地区位于海口市西北部，由火山喷出熔岩风化形成地形地貌，以马鞍岭为中部，地势高程 222.2 米，四周低，高程在 70~80 米。东南面向南渡江倾斜，西边与澄迈县接壤，地势稍高。

区域大部分地貌为熔岩山地，属火山岩和松散至半固结岩类物质，石山土少，土层薄，渗漏大，俗称天然“天窗”，降水难以形成径流。这种特殊的地理构造使该地区藏不了水，容易干旱，雨量大并时间长情况下成涝，难于排泄。2010 年 10 月上、中旬强降水造成龙塘镇内涝成灾，40 多个村庄受浸。主要原因一是由于长时间降水，排放不畅，土层含水量饱和，涝灾生成。二是基础设施等项目建设的排水设计论证欠科学性。如：东线高速公路龙桥段的过水涵洞过小，无法及时排泄 20 个以上流量的水，造成涝灾来时大量洪水滞留。绕城公路路基垒高形成“人工堤坝，”改变了羊山地区排水的自然流向，加上排水涵洞口径偏小，高程偏高，布置不够合理，影响了洪水的排泄。另外，大面积的回填黄粘土整理工地，也阻碍了雨水迅速往下流，加大了地表水的径流量，形成径流成灾。

地下水开采　琼山区地表水栏蓄利用程度不高，地表径流不能充分利用，大部分流入江河入海，至 2010 年，全区地表水栏蓄工程主要有水库 67 座，总库容量 14798 亿立方米，控制集雨面积 197.878 平方千米。自 2002 年以后，按照海口市关于城市建成区严禁开采地下水的相关规定，琼山城市建成区已实现全部封井，着力保护地下水资源。在国债资金的支持下，通过省、市、区的资金配套，琼山区于 2008 年前通过打深井、建水塔等途径，解决了全区农村人畜饮水难问题。2010 年，全区农村基本实现自来水化。

淡水资源利用　在位于龙塘镇的南渡江大坝上游建立淡水资源保护区，通过管道输送至儒俊自来水厂，负责海口市城区自来水供应。

第二节　河　流

南渡江　海南三大河流之一，发源于白沙黎族自治县南峰山，经龙华区龙泉镇，流经琼山区境内旧州、云龙、龙塘、府城 4 镇和国兴街道办事处，从美兰区出海。南渡江水系有鸭程溪、三十六曲溪、铁炉溪 3 条支流流经境内。

鸭程溪 也称巡崖河，总长42千米，流域面积429平方千米，琼山境内244平方千米，总落差179.6米，河床平均比降0.00127，发源于定安县黄竹墟，经甲子镇新民水口村附近流向旧州镇新客村入南渡江，主要支流有永丰水和昌头水。20世纪50年代，在境内流域已建有中小型水库共18座，控制面积77.46平方千米，库容4139万立方米。在干支流上共建水轮泵站11宗。流域地形多属田坑田组成，只有雄心洋和福兴洋较大。20世纪70年代，整治风圮溪支流雄心洋出口段和建设下游的福兴洋标准排水隧洞，已治理受渍面积236.67公顷，灌溉面积2546.67公顷。

三十六曲溪 长32千米，流域面积101平方千米，河床平均比降0.00176，总落差64.03米，发源于三门坡镇美银桥一带，流经三门坡、红旗、旧州、云龙等镇，于旧州镇昌目肚流入南渡江。流域内建有小型水库16宗，总库容1980万立方米。其中干流建有龙惠、龙逢、石堀、日富等小（一）型水库及三曲溪电站1座。流域内有200公顷以上的田洋七水洋、北林洋和福地洋，因地形低洼，河道弯曲，排泄不畅，洪水泛滥成灾。经20世纪50年代和70年代初的整治，治洪初见成效，基本消除洪浸。流域里耕地面积2129.33公顷，灌溉面积838公顷。

铁炉溪 长28.7千米，流域面积105平方千米，河床平均比降0.00203，总落差102米，耕地地面标高20~60米，发源于三门坡文岭墟，流经三门坡、旧州等镇，于旧州镇美颖村入南渡江。海南解放后，在流域内建有中小型水库20座，控制面积66.1平方千米，库容3289万方立米。建有小型水电站1座，装机容量250千瓦。流域内较大的田洋有文多洋面积286.27公顷，大荒洋233.33公顷，三加洋666.67公顷。干流的文多洋地势低洼，特别是无益肚233.33公顷，常受内涝灾害。1975年采取截弯取直，加宽疏深从通门桥至雅黄村5.5千米河道，基本解决内涝灾害。2010年，灌溉面积1751.33公顷。

白石溪 长18.13千米，在琼山境内流域面积75.6平方千米，落差137.5米，河床平均比降0.00186，发源于文昌市蓬莱墟东部，和钻统溪支流在桥头村汇合，经文昌市境出海。流域上游多属低丘陵地区，由小田坑组成，村庄较少，水利条件差。在三门坡镇、大坡镇境内已建门板、树德、高明水库（属于小（二）型水库）及蒙彩水电站（装机容量750千瓦）。流域内有2.49万人口（包括东昌农场），耕地面积2786.67公顷，灌溉面积396.27公顷。

美舍河 长31.4千米，流域面积80.87平方千米，总落差130.8米，河床平均比降0.0019，发源于秀英区永兴镇，流经沙坡、高坡、丁村、凤翔、攀丹、瓦灶、群上、美舍村等海口主城区内，于三亚尾流入海甸溪出海，流域内建有沙坡水库1座，灌溉面积540公顷。1999年开始动工整治后，从丁村至三亚尾流经海甸溪处，流往琼山区域7千米，全程成为海口市的带状公园。

演丰东河 长31.5千米，流域面积76.7平方千米，总落差53.4米，河床平均比降0.001，发源于云龙镇岭脚，流经对耳村边至罗牛山，由演丰墟北流入东寨港，流域内耕地面积30402公顷，其中水旱田1886.67公顷，较大的田洋有昆上洋、北迈肚洋，已建有中型水库云龙水库，小（二）型水库红旗、道崇、吴仲田水库共3座，支流有河林溪、咸宜溪、坡背溪等。演丰东河属平原河道，落差不大，河流断面狭小，弯曲阻水，田洋西岸低洼，常受洪水淹浸。1976年整治演丰东河工程，按原河道加宽挖深，截弯取直，拆除沿河阻水排水不畅的建筑如人行桥、中东桥涵，拦路坝等12座，设计标准10年一遇24小时暴雨排干，对昌尾至伯候段开挖河道宽为8米，整治河道长25千米，比原河道短3.6千米，建人行桥6座，公路桥1座，节制闸1座。另外，河道下游重新改建防潮闸、节制闸为钢筋混凝土人字闸门，自动开关，闸孔12个，总净宽为24米。

演丰西河　长20.3千米，流域面积53.9平方千米，总落差51.6米，河床平均比降0.00106，发源于云龙镇龙盘坡。流经美丹桥、登高肚、罗牛山农场，在演丰墟南边流入东寨港。该河流域范围小，地形成狭岱状，属平原河流，高程多在40米以下。已建有小（一）型龙窝水库，小（一）型官路水库和坡头引水灌溉工程，较大的田洋有登高肚。

演洲河　干流长50千米，流域面积253平方千米，海口境内236平方千米，河床平均比降0.0018，总落差148.3米，发源于三门坡镇加岭村，流经三门坡、咸来、大致坡等镇在东寨港出海。主要支流：美扬溪与干流汇合于官桥村，美谭河与干流汇合于桃园村，南洋河与干流汇合于端仍村，耕地地面标高10~50米。中华人民共和国成立后在流域内建中、小型水库共15座，控制面积73.75平方千米，总库容4919万立方米，其中有中型水库凤潭水库、小（二）型水库岭后水库等。河流下游有南洋水坝引水工程，20世纪70年代重点整治美桐洋出口河段，开挖河道，洪灾初步得到治理，初步治理涝渍面积221.33公顷，流域内耕地面积6104.67公顷，灌溉面积2840公顷。

第四章　山　岭

第一节　旧州岭

旧州岭（林芳善　摄于2008年7月16日）

旧州岭又称琼崖神岭、美亭岭、东石山岭、饭勺岭、交椅岭。位于旧州镇岭南、道美、雅秀、光明4个村委会中间处，是距今2.7万年前诸火山喷发而成的一座死火山，海拔199.9米，总面积53.33公顷，是琼山区最高山峰。该岭奇特之处在于平地起峰，岭的四周有梯形的台阶地，中间有高2米、深200米的山洞，洞中石笋姿态奇异，形态万千。

第二节　其他山岭

除旧州岭外，琼山区境内海拔 100 米以上山岭还有 23 座。其中，甲子镇境内有 9 座：日晒岭，海拔 171 米；红旗岭，海拔 157 米；黑岭，海拔 138.2 米；打石西岭，海拔 134 米；打石岭，海拔 122.4 米；公在岭，海拔 122.1 米；黑湾岭，海拔 119 米；铜鼓岭，海拔 106.1 米；石船岭，海拔 105.4 米。大坡镇境内有 12 座：加东岭，海拔 151 米；高明岭，海拔 147 米；牛车尾岭，海拔 145 米；牛牯岭，海拔 134 米；土岭，海拔 126.5 米；七星岭，海拔 119 米；多谷屯岭，海拔 112.6 米；大坡岭，海拔 108 米；中税岭，海拔 107.74 米；龙保岭，海拔 105.1 米；大公坡岭，海拔 104 米；高山岭，海拔 101 米。三门坡镇文岭，海拔 134.8 米。红旗镇龙发岭，海拔 130.5 米。

第五章　自然资源

第一节　矿　藏

琼山区的金属矿藏有钴土矿、铝土矿，分布于大坡镇；褐铁矿分布于红旗镇、大坡镇的白石溪一带；非金属矿产有高岭土、耐火粘土、砖瓦粘土，分布于甲子镇的长昌地区；天然矿泉水、冷泉，分布于府城镇、龙塘镇一带；建筑用材河沙分布于南渡江沿岸的龙塘镇；能源矿产有褐煤、低热值油页岩（油灰质页岩），分布于甲子镇境内长昌矿区，泥岩分布谭文鸿禧白水塘。

长昌高岭土矿属非金属矿产，位于甲子镇长昌一带，1988—1992 年发现，探明 C＋D 级陶洗精矿储量 265.61 万吨，为中型高岭土矿床。矿体产于下第三系始新统瓦窑组中粗粒长石、石英砂岩风化带内的，有 4 个含矿层、23 个矿体。矿石为砂质高岭土，原矿以石英为主，含粘土矿物 6%~25%。陶洗精矿含高岭石 50%~68%。其他矿石成分为石英、长石、伊利石、蒙脱石，有微量褐铁矿、金红石。岭石品级有选纸涂布用Ⅰ级品和橡胶填料用的Ⅱ级品，其中Ⅰ级品占 33%。通过选矿可获得造纸涂布级产品，同时获得石英矿产品和瓷土产品。矿床成因为风化残积型砂质高岭土矿床。

长昌煤矿属能源矿产，位于甲子镇长昌一带。矿区面积 34 平方千米，累计探明 B+C+D 级褐煤储量 984.6 万吨，属小型矿床。该煤矿早在 20 世纪 30 年代曾有上海五国公司进行开采，1945 年日本人也做过调查。海南解放后，海南行署地质局等部门进行过多次普查和勘探，1955 年建矿，1985—1990 年扩建。1979—1980 年，对矿区低热值燃料“石煤”（发热量在 3.349 千焦耳 / 克以上；10.467 千焦耳 / 克以下的煤矸石和碳质页岩）进行普查，探明“石煤”储量 5760 万吨。

第二节　土　壤

琼山区可利用土地约 2 万公顷，划分四个土类：红土、水稻土、石质土和沙质土。红土是发育于热带雨林景观的季风气候条件下形成的土壤类型，在琼山区域内分布最广，主要分布在云龙、红旗、三门坡、大坡、甲子、旧州等镇，面积约 8000 公顷。水稻土，俗称水田土、田土，发育于自然土，受自然土性质以及所处的地形条件影响，经人工种植的作物（以水稻为主）后所形成的土壤，主要分布在南渡江流域和各乡镇，面积 8666.6 公顷。石质土（又称石烁土），为火山岩石质土属的 1 个土种，主要分布在龙塘镇、府城镇和旧州镇部分地区，面积 2133.3 公顷。沙质土，由滨江沉积物母质发育而成，含沙成分较多，主要分布在龙塘镇、旧州镇和甲子镇，面积 1000 公顷。

第三节　动植物

一、植物

琼山区植物资源种类繁多，2006 年普查，境内有野生植物 1980 种，其中海南特有的 40 多种，被列为国家一级保护的 3 种、国家二级保护的 3 种；乔灌木 180 多种，其中 80 多种属经济较高的用材林种；药用植物 120 多种，植物资源多样性，林木覆盖率 38%左右，主要有花梨、麻楝、苦楝、桉树、海棠、油茶、木麻黄、竹子等。药物资源主要有砂仁、沉香、槟榔、五加皮、防风等。城乡以种榕树、樟树、相思树、棕榈、野菠萝、印度紫檀和菠萝蜜、荔枝、杨桃、黄皮等水果类树木为主。有些珍贵植物、动物，被乱砍滥猎，濒于灭绝。从 20 世纪 80 年代开始，各级政府采取保护措施，情况有所好转。

粮油类：水稻、坡稻、高粱、玉米、粟、番薯、马铃薯、大薯、芋头、南椰等；扁豆、绿豆、大豆（黄豆、黑豆）、四季豆、豆角、椰豆、鹊豆、花生、芝麻、油茶等。

瓜菜类：冬瓜、南瓜、西瓜、黄瓜、节瓜、毛瓜、丝瓜、苦瓜、甜瓜、木瓜、葫芦瓜、瓢瓜、雪梨瓜、韭瓜、芥瓜、苋菜、白菜、青菜、蕹菜、菠菜、包心菜、椰子菜、油菜、生菜、芹菜、大葱、大蒜、洋葱、萝卜、胡萝卜、西红柿、茄子、生姜、莴苣、芜青、辣椒、灯笼椒、玉兰笋、芦笋、香菇、草菇、莲藕等。

水果类：荔枝、龙眼、菠萝、柑橘、香蕉、芭蕉、杨桃、黄皮、石榴、番石榴、菠萝蜜、芒果、柠檬、乌榄、人心果、鸡蛋果、油梨、山竹子、橙等。

经济作物类：橡胶、咖啡、胡椒、槟榔、椰子、茶叶、油棕、甘蔗等。

棉麻类：木棉、红麻、黄麻等。

竹类：麻竹、黄竹、石竹、金竹、毛竹、刺竹、青皮竹、斑竹、南竹等。

林木类：木麻黄、桉树、台湾相思、海棠、榕树、苦楝、山苦楝、荔枝、龙眼、菠萝蜜、青线棵、重阳木、五叶牡荆、毛丹、母生、花梨、麻楝、乌墨、乌榄、樟树、江斧、胭脂、狗棕、山萝、油棕、水仙柯、厚皮等。

草木、灌木类：白茅、竹节草、蜈蚣草、鸭咀草、硬骨草、米碎草、艾草、岗松、刺葵、班兰、牛筋果、飞机草、水草、仙人掌、露兜、纤毛鸭咀草、雀稗、画眉草、青香茅、牛毛草、小叶、小叶绿豆、飘拂草、野牡丹、展毛野牡丹、芝基、芦基、地毯草、桃金娘、苦藤、东风桔、九节木、大青草、马樱丹、九里香、福建茶、雀梅、落地生根等。

观赏花草类：茉莉、菊花、牡丹、大丽、米兰、含笑、鸡冠、赛金蓉、锦绣球、大红、金竹桃、四季海棠、满天星、老来红、奇罗兰、月季、玫瑰、泮紫荆、色草、仙人球、君子兰、清明兰、文竹等。

水生类：马尾藻、水浮莲、红萍等。

中草药类：土花椒、黄牛茶、穿破石、了哥王、见血封喉、救必应、两面针、葫芦茶、金银花、海南砂仁、鸭胆子、紫珠叶、黑面神、旱莲草、百部、白茅根、半莲、田茎王、谷精草、白花蛇舌草、鹅不食草、车前草、苍耳子、磨盘草、鬼真草、蓖麻、望江南、土毕拔、洋金花、海桐皮、防风草、露儿根、咸虾草、五月艾、无崽子、榕树须、白木香、剑花、马鞭草、益母草、金钱草、地胆头、金牛草、山芝麻、香付子、猪屎豆、大青叶、声色草、海南巴豆、沉香、花梨、萝芙木、鸭脚木、山柱、五指柑、山药、穿心莲、青蒿、鸭胆子木、使君子、独脚金、宽筋藤、牛大力、毛叶软环藤、火炭母、石蚕干、大星王、王不留、蔓荆子、天门冬、射干、香附、大枫子、玉桂、山枝子、益智、巴载、砂姜等。

二、动物

2006年普查，有野生陆栖脊椎动物199种，其中两栖类22种；爬行类36种，鸟类140种、兽类24种。野生动物类中，有5种为海南特有种类，列入国家一、二类重点保护名录的13种，省级保护的70种。20世纪60年代前，乡镇丘陵坡地，野生鸟类、兽类、蛇类时有所见。80年代以后，野生动物多遭捕杀，种类数量有所减少。21世纪初，居民环境保护意识加强，野生动物，尤其鸟类有所增加。

家畜禽类：水牛、黄牛、猪、羊、狗、猫、兔、鸡、鸭、鹅、火鸡、鸽等。

鸟类：有麻雀、大山雀、白目框、八哥、鹊鸽、棕背伯劳、黑卷尾、红十字鸟、家燕、戴胜、山斑鸠、银鸥、普通夜鹰、猫头鹰、褐翅鸦鹃、鹧鸪、原鸡、白胸若恶鸟、大雁、绿翅鸭、老鹰、大白鹭、小天鹅、鱼鹰、苍鹭、草鹭、池鹭、牛背鹭、白鹭、大麻开鸟、黄鹤、白腰草、红脚滨、尖尾滨、弯咀滨、绿咀地鹃、小鸦鹃、长尾夜鹰、林夜鹰、小白腰雨燕、棱雨燕、红嘴巨鸥、火斑鸠、白胸翡翠、蓝翡翠、啄木鸟、栗啄木鸟、小云雀、金腰雀、黄鹤鸽、灰鸽、田鹨、树鹨、大鹃、白喉冠鹎、黑短脚鹎、粟色黄鹂、灰卷尾、灰背掠鸟、大嘴乌鸦、白腐鹊鸲、乌鸦、棕颈钩嘴眉、黑喉噪眉、画眉、白腹风眉、褐柳莺、灰头鹪莺、黄眉、朱背啄花鸟、太阳鸟、黄腹花密鸟、禾花雀等。

兽类：赤鹿（黄）、野猪、小家鼠、海南社鼠（海南刺毛灰鼠）、海南豹猫（野猫）、海南兔、红颊狸（日狸）、小灵猫（乌脚猫）、穿山甲、赤腹松鼠、花松鼠、黄胸鼠、大足鼠、臭鼠（蚤鼠）、棕果蝠、犬蝠、家蝠等。

鱼类：鳊鱼、鲩鱼、鲢鱼、鲮鱼、鲤鱼、鲮鱼、草鱼、罗非鱼、福寿鱼、塘虱、鲋鱼、河鳗、鲈鱼、黄鳞鳝等。

爬行类：蟒蛇、青竹蛇、火蛇、佛蛇、裙带蛇、七寸蛇、水蛇、黑灰蛇、水横蛇、灰蛇、秤星蛇、眼镜蛇、金环蛇（俗称甲蛇）、银环蛇、鳖、坡马等。

虫类：蜜蜂、马蜂、黄蜂、蚕、蟑螂、螳螂、蚂蚁、苍蝇、蚊子、跳蚤、萤火虫、蝴蝶、蜻蜓、蟋蟀、金蝉等。

两栖类：青蛙、蟾蜍等。

其他动物：蝎子、蜘蛛、蜗牛等。

三、植被

琼山区植被多以矮草和稀树为主，伴以人工种植物的 4 种植被群落。

杂木林群落：分布于西南的龙塘镇一带，植物主要有重阳木、苦楝、山苦楝、五叶牡荆、龙眼、荔枝、杨桃、菠萝蜜、母生、花梨、麻楝、乌墨、乌榄、狗棕、厚皮木、芳草、班芝、牛筋果、落地生根、飞机草、马樱丹等。

稀树灌木群落：分布于辖区的东南部文岭、树德、龙村、中税一带。植物主要有沙萝树、榕树、海棠、荔枝、龙眼、相思、野椒、三脚虎、大青、野牡丹等。

稀灌木草原群落：分布在南渡江以东、三门坡以北的红土区。以白茅、竹节草为主，伴生蜈蚣草、鸭脚草、硬骨草、米碎草、金钱草、艾草等，间生野牡丹、九节草、狗桔刺等小灌木。

稀树草原群落：分布于谭文、甲子等地。植物主要有草根草、竹棍草、桔子草、竹节草、牛毛草、骨良草、鸭咀草、蜈蚣草等，伴以人工种植的木麻黄、相思树和桉树等树木。

四、野生动物植物保护

建区后采取积极措施保护国家名贵动、植物，加强宣传，把保护国家动植物纳入法制建设的轨道，结合普及法律教育，使广大群众认识到生物多样性保护的重要性；加大打击力度，采取日常检查和突出检查等途经，组织执法人员深入酒店、大排档查处经营国家保护动物的非法行为，扼住吃野生动物歪风，制止滥捕滥杀野生动物非法行为，2002—2010 年，共立案查处 280 多起，为古树名木建档编号，严厉打击偷伐海南花梨、大榕树等名贵树木非法行为，立案查处偷伐偷运古树名木 200 多起，有效保护了生物多样性。

第六章　自然灾害

2002—2010 年，琼山区发生重大的自然灾害有 3 次，分别为 2005 年干旱、2005 年 18 号台风“达维”、2010 年特大洪灾。

第一节　干　旱

2005 年干旱

2004 年干旱延至 2005 年 3 月，旱情十分严重，1—3 月中旬，府城站测出降雨量为 34.7 毫米。全区水库蓄水量下降，有 20 宗水库（小（二）型）和 40 多处山塘干沽，农作物受旱面积 1 万公顷，近 8 万人口发生饮水难。

第二节　台风“达维”

2005 年 18 号台风“达维”

9 月 26 日凌晨 4 时在万宁市山根镇登陆，登陆时中心附近最大风力 12 级，相当于 45 米 / 秒风速，10 级大风范围半径 120 千米，途经万宁、琼中、白沙、东方、昌江等市县进入北部湾，是 1974 年后登陆海南省最强的一次台风，琼山观测站测得阵风 26.8 米 / 秒，过程降雨量 623 毫米，三门坡测得阵风 36.8 米 / 秒，平均风力 11 级，过程降雨量 229 毫米。琼山区政府启动《琼山区防风防汛救灾应急预案》，全区中小学校 26 日一律停课。台风对供水、供电、通信、交通、工农业生产等造成巨大损失，全区电网瘫痪停电，受灾人口 38 万人，紧急转移群众 1 万多人，农作物受灾面积 6666.7 公顷，道路损坏 100 多千米，冲毁防潮堤等护岸工程 10 多千米，桥梁涵洞 20 多处，直接经济损失 5 亿多元。

第三节　特大洪灾

2010 年 10 月特大洪灾

2010 年 10 月 4—16 日，全区发生 49 年未遇洪灾。全区 8 个镇平均降水量在 1400 毫米以上，受浸人口 12.8 万人。受浸村庄 180 个，内涝村庄 136 个，涉及人口 3.5 万人，房屋倒塌280间，受浸水井245口。全区农作物受灾面积12520公顷，成灾面积8533公顷，绝收面积3993.3公顷。全区中小型水库67座，其中中型水库3座，蓄水率98%，达警戒水位线并及时排洪50宗，出现险情15宗。全区道路、桥梁、涵洞、水利渠道共有165处受损。受灾直接总损失4.90亿元，其中农业生产损失2.02亿元，水利设施损失0.79亿元，工业交通运输业损失1.63亿元，其他损失0.46亿元。实现安全转移村民7096户次，32372人次。龙塘镇是琼山区受灾最严重的镇，全镇有42个村庄7106间民房被浸，其中575间受损、160间倒塌，2702户12280人因受浸转移；农作物受灾面积1133.3公顷，南渡江4.5千米护岸、三桥田洋上百米防潮堤、24千米乡村道路被冲垮，新旧沟田洋、道沙田洋和道比田洋25千米的水利渠道、受浸村庄的基础设施等都不同程度受到损坏，全镇直接经济损失9000万元。

灾情发生后，区委、区政府迅速组织了救灾及灾后重建工作。落实各类救灾资金4568.5万元。其中市财政拨款1500万元、区财政调整预算安排救灾应急资金500万元、对口单位扶持资金2368.5万元、社会捐资金200万元，按照轻重缓急的原则，全部安排到各镇，各个重建项目；做好粮食等各类救灾物资的发放工作。投入资金159.3万元，发放大米290.7万公斤、矿泉水6837箱、饼干3719箱、快食面36230箱、棉被2045张、毛毯51张、卧床321张、草席1244张、帆布106捆、泡沫板168块、煤气灶50套、水管5000米等一批救灾物资，切实做到群众有饭吃、有衣穿、有被盖；做好龙塘内涝村庄的排涝工作。投入8部大型挖土机挖龙塘镇潭口卜让村、新民玉里村、龙光玉璜村、龙富村—玉胡村—玉成村、龙塘社区永巩村和三桥等5条长3245米的排涝沟，解决了11个村庄2962人被浸问题；投入38台抽水机日夜抽水，解决了20个村庄6123人受涝问题；抓好防疫消毒工作。组织防疫人员120多人，组成16支防疫消毒队，进入各镇受灾自然村开展防疫工作，先后投入消毒药物8380公斤，进入350多个自然村给2.3万户指导防疫消毒、指导水井消毒1030个次，累计外环境消毒面积296万平方米；抓好医疗救治工作。组织16支巡回医疗队，派出医务人员1620人次，累计进入210多个次自然村巡回医疗，免费为1.8多万人次看病用药，发送药品价值46万元；组织群众抢收农作物面积1973.3公顷，提前育苗冬种瓜菜面积1266.7公顷，创建百亩以上冬季瓜菜基地10个，组织种子发放给1.1万户农民，备种瓜菜面积2200公顷。

第三编
国土资源管理　环境保护

第一章　国土资源管理

第一节　土地利用现状

2010年，琼山区总面积939.9平方千米。全区耕地面积19246.7公顷，其中水田8666.7公顷。林地面积42693.3公顷，其中国有林地面积12933.3公顷、规划集体林地面积29760公顷。

耕地：主要分布在区域内南渡江西岸和东岸两个区块。西岸府城镇由于城市建成区扩容，耕地主要分布在那央、红星、石塔、五岳4个村委会和铁桥社区，2010年耕地面积633.7公顷（含水田，下同）。龙塘镇处于羊山地区，人多地少，全镇耕地面积1140公顷。府城镇和龙塘镇处于火山喷发的玄武岩地带，除水田外，土质均为石烁土。南渡江东岸区块分布在云龙、红旗、三门坡、大坡、甲子、旧州6个镇，大部分处于红土地区，旧州、甲子两镇有少量沙质土和石烁土。云龙镇有耕地2180公顷，红旗镇3026.7公顷，三门坡镇3060公顷，大坡镇3170公顷，甲子镇4692.8公顷，旧州镇3827.3公顷，其他913.3公顷。全区耕地在第二轮农村集体土地承包中承包到农户，30年不变。大部分耕地由农户耕作，少量土地通过流转承包给企业开发。主要种植橡胶、胡椒、热带水果、冬季瓜菜、花卉、热带作物、水稻等，2010年耕地利用已基本饱和，有少量地块小、耕作条件差的耕地丢荒，全区约333.3公顷。

林地：国有林地面积12933.3公顷，规划集体商品林地面积为29760公顷，家庭承包林地面积19066.7公顷，家庭承包率达86%。在集体林权制度改革中，对全区规划内林地发证面积为29760公顷，林权发证率99%。国有林地主要分布在红旗镇、三门坡镇、甲子镇、新民林场。家庭承包林分布在全区8个镇。

工矿用地：全区工矿用地总面积326.7公顷。其中，云龙产业园区用地106.7公顷，长昌煤矿用地约200公顷（不含矿管村），龙塘糖厂、甲子糖厂用地各约6.67公顷，红旗糖厂（已改制）用地20公顷，琼山建材总厂用地6.67公顷，其他工业企业在城区建成区内，如万达包装、兴牧饲料在滨江新城规划范围里，地处振兴路的海南红塔卷烟厂已异地技改搬迁至云龙产业园区。海南铸管厂、海南制钉厂、琼山电线电缆厂、琼山印刷厂已改制为民营企业，工业用地改为商业用地。

居民区：琼山区辖建制村71个、社区23个、自然村764个。城区建成区辖府城镇区域和国兴街道办事处，城区面积17平方千米；乡镇墟镇8个：龙塘墟、云龙墟、红旗墟、

红城湖路景　　（林芳善　摄于 2008 年 5 月 16 日）

三门坡墟、谭文墟、大坡墟、甲子墟、旧州墟，总占地面积 30 平方千米；764 个自然村约占全区辖区面积 5%。

水域：琼山区水系发达，海南第一大河南渡江贯穿旧州镇、云龙镇、龙塘镇、府城镇、国兴街道办事处。全区江渠湖塘水库等水域面积 16927.75 公顷。其中府城镇：南有白珠塘、朱良潭、新泽塘，北有红城湖，那央溪、那城溪纵贯南北，美舍河斜穿城区，水域面积 752.5 公顷。国兴街道办事处：南渡江及美舍河河段贯穿全境，水域面积 100 公顷。龙塘镇：南渡江贯穿全境，有龙塘大坝（龙塘水轮泵站）、三桥拦洪坝水渠、新旧沟水库及引水渠等，水域面积 1374 公顷。云龙镇：境内西部南渡江及三十六曲溪等，东南部有演丰东河，南部有中型水库云龙水库，水域面积 1218 公顷。甲子镇：境内有大小溪 10 多条，多从东向西流，有风圮水库、高黄水库等 41 座山塘、水库，水域面积 1660 公顷。旧州镇：水系分布广，水资源丰富。有南渡江两大支流鸭程溪和三十六曲溪流经境内，小一型水库 3 座，小二型水库 4 座；天然山塘、人工塘 38 座，水域面积 3282 公顷。红旗镇：境内有演洲河等 3 条溪流，小（一）型水库 7 座，小（二）型水库 11 座，山塘 11 座，水域面积 5346 公顷。三门坡镇：境内有铁炉溪、文教河等河流，有中型水库 1 座，小（一）型水库 3 座，小（二）型水库 10 座，山塘 11 座，水域面积 1866.6 公顷。大坡镇：境内有白石溪、古城河、北山溪等河流，小（一）型水库 1 座，小（二）型水库 7 座，山塘 6 座，水域面积 1329 公顷。

琼山区水库水面面积情况表

表 3-1-1

乡镇名称	中型		小（一）型		小（二）型		山塘	
	座	公顷	座	公顷	座	公顷	座	公顷
合计	3	475	16	10395	49	522.2	72	207.4
大坡镇	—	—	1	615	7	40	6	14
甲子镇	1	135	2	1140	23	117.2	15	28.53
三门坡镇	1	231	3	1425	10	168	11	27.6
红旗镇	—	—	7	4905	11	113	11	35.8
旧州镇	—	—	3	2310	4	72	38	45.3
云龙镇	1	109	—	—	2	9	8	18.6
龙塘镇	—	—	—	—	1	3	11	37.4
总计	水面面积（公顷）				11599.6			

琼山区河流名称及面积情况表

表 3-1-2

河流名称	流经境域	长度（千米）	面积（公顷）
美舍河	府城镇、国兴街道办事处	7	157.5
那沅河（响水溪）	府城镇	5	90
南谓河	府城镇	3	36
三桥沟	龙塘镇	2	54
南渡江	旧州镇、云龙镇、龙塘镇、府城镇、国兴街道办事处	34	1019.95
演丰河	云龙镇	14	252
三十六曲溪	红旗镇、云龙镇	15	787.5
罗雅河	红旗镇	3	54
铁炉溪	三门坡镇、旧州镇	27	815
演洲河	红旗镇	13	292
巡崖河（鸭程溪）	甲子镇、旧州镇	16	480
文教河	三门坡镇	1	15
昌头水（鸭程溪支流）	甲子镇	24	540
永丰水（鸭程溪支流）	甲子镇	5	75
古城河	大坡镇	10	180
北山溪	大坡镇	2	30
文昌江（白石溪）	东昌农场、大坡镇	15	450
总计	水面面积（公顷）	5328.15	

第二节 土地利用规划

滨江新城：2002 年 10 月 16 日，海口行政区划调整后，海口市政府对琼山区实施“南优”的发展定位，经过批准，琼山区于 2008 年开发建设滨江新城，并被市政府列入重点建设项目。滨江新城位于海口市主城区东南部，南渡江西岸，是海口市城市总体规划中城市中心组团的有机组成部分，规划用地面积 814.69 公顷。滨江新城控制性详细规划已于 2010 年通过市规划建设委员会评审。2008 年启动起步区建设，至 2010 年，已完成规划区域内 4 个村旧改项目、安置小区、文化广场和 5 条规划路等项目建设。滨江帝景项目完成投资 4 亿元，开发商品房面积 6.8 万平方米，琼山第二办公区等一批项目正在建设中。

小城镇建设：龙塘、云龙、红旗、三门坡、旧州、甲子、大坡 7 个镇的《控制性详细规划》已通过评审。全区 7 个镇（不含府城镇）的小城镇规划建成区面积共 1473 公顷。其中龙塘镇 295 公顷、云龙镇 178 公顷、红旗镇 200 公顷、三门坡镇 390 公顷、大坡镇 104 公顷、甲子镇 106 公顷、旧州镇 200 公顷。

农村宅基地用地：土地是不可再生资源，琼山严格执行国家、省、市相关法律和规定，对农村宅基地实行确权登记发证，全区已办理农村宅基地发证 48137 宗，使用面积共 842.3 公顷。

第三节 基本农田保护

琼山区为了确保国家粮食安全，始终坚守基本农田保护红线，任何项目开发都不准占用基本农田，对基本农田保护实施建档管理，以种植水稻为主，全区实施基本农田保护约 8666.7 公顷。

2010 年琼山区基本农田保护千亩以上田洋基本情况表

表 3–1–3

镇	水旱田总面积（公顷）	千亩以上田洋名称	面积（公顷）	位置（村委会）
府城	343.3	—	—	—
龙塘	438.3	新旧沟洋	433.3	三桥、仁庄、三联
云龙	581.1	北览洋	126.7	云龙、云阁、南区
		迈向洋	100	云龙、云阁、云裕
		北庄洋	93.3	云蛟、云裕
		向北洋	66.7	儒林
红旗	1387.2	七水洋	450	墨桥
		北林洋	600	墨桥（含旧州一部分）
		云雁洋	280	合群
		昆上洋	226.7	昌文
		青云洋	143.3	龙源
		福地洋	280	龙榜

续表 3–1–3

镇	水旱田总面积(公顷)	千亩以上田洋名称	面积（公顷）	位置（村委会）
三门坡	1776.2	龙凤洋	86.7	龙马
		桃树洋	83.3	文岭
		三加洋	123.3	文岭
		福兴洋	183.3	文岭
		文多洋	333.3	文蛟
		大荒洋	360	谷桥、乐来
		水路洋	93.3	友爱
大坡	463.7	福昌洋	253.3	福昌
		大坡洋	80	大坡
甲子	1680.5	龙井洋	88	益民、大同
		上昌洋	82	昌西
		昌头洋	70	海丰、昌西
旧州	2601.3	九、十千米田洋	253.3	联丰、红卫
		北林洋	260	联星
		新客洋	180	文新
		雅蔡方格洋	206.6	雅秀、岭南
		无益肚	100	光明、池连
		林肚	120	光明
		美盆肚	140	岭南
		典弄肚	166.7	岭南
		落冯肚	186.7	光明
		高书肚	80	池连 5

第二章　环境保护

第一节　环境状况

一、空气环境

（一）监测项目

2000 年 4 月之前，空气质量监测项目分别为二氧化硫（SO_2）、氮氧化物（NO_X）和总悬浮颗粒物（TSP），降水监测 pH 值、雨量和气温、电导率、风向 4 个项目。2002 年 4 月—2010 年，气监测项目调整为二氧化硫（SO_2）、二氧化氮（NO_2）和可吸入颗粒物（PM_{10}）。

降水监测的项目为雨量、pH、电导、SO_4^{2-}、NO_3^-、Cl^-、F^-、K^-、Ca^{2+}、Na^+、Mg^+、NH_4^+。

（二）空气质量状况

2002—2010年，琼山的环境空气质量总体良好，空气质量居全国环保重点城市的前列。二氧化硫年日均最大值为0.011毫克/立方米（2005年）、最小值为0.004毫克/立方米（2005年），二氧化氮年日均最大值为0.017毫克/立方米（2008年）、最小值0.012毫克/立方米（2006、2007年），可吸入颗粒物年日均最大值为0.060毫克/立方米（2006年）、最小值为0.030毫克/立方米（2005年）。降尘年平均最大值为3.8吨/平方千米。（2005年）最小值3.1吨/平方千米（2006年）。

2002—2010年琼山区环境空气质量监测结果统计表

表3-2-4

年度	可吸入颗粒物（毫克/立方米）	二氧化硫（毫克/立方米）	二氧化氮（毫克/立方米）	降尘（吨/平方千米.月）	降水酸度pH（无量纲）
2002	0.31	0.008	0.013	3.5	5.74
2003	0.030	0.009	0.013	3.9	5.89
2004	0.033	0.007	0.013	3.2	5.89
2005	0.040	0.011	0.015	3.8	5.60
2006	0.041	0.010	0.012	3.1	5.70
2007	0.43	0.008	0.012	3.2	5.72
2008	0.043	0.009	0.017	3.4	5.77
2009	0.038	0.007	0.016	4.0	5.62
2010	0.040	0.007	0.015	3.8	5.60

二、水环境

（一）监测点位

地表水：2002—2005年，地表水监测点位按1993年国家控制点优化布点的结果设置，2006—2010年，监测点位按照国家和海南省“十一五”环境监测点位认定的有关文件要求重新调整，龙塘水源厂（饮用水源）被列为监测断面。

饮用水源地：2001年后南渡江龙塘断面设3个采样点，分别为龙塘水厂取水口、龙塘水源厂上游距离100米左右范围、龙塘水源厂下游100米左右。

（二）水质状况

琼山区地表水和地下水环境质量总体状况良好，南渡江龙塘段饮用水源地水质达标率均为100%。2010年南渡江龙塘段水环境质量评价执行标准为GB3838-2002Ⅱ类；2010年龙塘水源厂地表水体水质类别为（不计粪大肠菌群）Ⅲ。

三、声环境

2002—2010年声环境质量总体良好，区域环境噪声、交通噪声呈总体保持稳定，其中区域噪声年平均等效声级值范围为55.2~56.3分贝，交通噪声年平均等效声级值范围为67.4~68.1分贝，均符合国家标准要求。

2002—2010 年区域环境噪声测量结果统计表

表 3-2-5

年度	网格大小（米×米）	网格总数（个）	建成区面积（平方千米）	等效声级 dB（A）
2002	400×400	203	33.64	56.3
2003	400×400	203	43.66	56.1
2004	400×400	203	62.64	55.7
2005	400×400	203	62.64	55.8
2006	550×550	202	91.42	55.2
2007	550×550	202	91.42	55.4
2008	550×550	202	97.5	55.4
2009	550×550	202	97.5	55.3
2010	550×550	202	97.5	55.4

2002—2010 年区域道路交通噪声测量结果统计表

表 3-2-6

年度	测点总数	总长（千米）	等效声级
2002	92	107.28	68.1
2003	92	107.28	67.9
2004	92	107.28	67.8
2005	92	107.28	67.7
2006	81	90.82	67.6
2007	81	90.82	67.5
2008	81	90.82	67.4
2009	81	90.82	67.7
2010	81	90.82	67.6

四、环境质量变化趋势及主要环境问题

（一）环境空气质量保持良好水平，粉尘污染日趋严重

2002—2010 年空气质量没有显著变化趋势，污染综合指数只是在一定范围内波动。由于城市化进程的加快和工业的不断扩大，全区的粉尘污染日趋严重，主要表现为燃料燃烧的烟尘、汽车排放、建筑及道路扬尘，工业污染源排放（长昌煤矿砖厂污染排放尤为严重）。

（二）水环境质量逐步提高

主要功能区水体水质逐年提高，南渡江龙塘段综合污染指数从 2002 年的 15.51 下降到 2010 年 4.45，其他功能区水体水质稳定，综合污染指数变化不大，水质均达到相应的环境功能区水质标准。

（三）噪声污染仍然严重

根据监测结果，声环境质量总体保持稳定。但由于中心城区人口密度大，生活噪声污染还相对严重。

第二节　环境管理

一、机构

2003年1月琼山市国土环境资源局改称海口市琼山区环保局（在海口市琼山区规划建设局挂牌）；2005年10月，全省国土环境资源机构改革，环保职能并入海口市国土环境资源局，设立海口市国土环境资源局琼山分局，管理琼山环境保护工作。

2009年10月，海口市政府机构改革，分设海口市环境保护局和海口市国土资源局，琼山区环境保护工作由海口市环境保护局直接管理。

2010年12月，成立海口市琼山区环境保护局，隶属于琼山区人民政府，正科级事业单位，核定领导岗位3个，专业技术人员岗位5个。

二、环保宣传与活动

2003—2010年，琼山区广泛开展环境保护宣传工作，动员全社会积极参与环境保护工作，2003年在社区、乡镇、企业、院校开展环境保护宣传教育活动20多次，2010年达到50多次，主要采取宣传车巡回宣传，图片宣传的方式开展宣传活动。8年间，在城区和各乡镇开宣传车巡回宣传200多次，挂横额100多幅，设大型宣传广告10幅，出专栏500多期进行广泛宣传。自2003年起，琼山区结合环保节日开展宣传工作，利用“4·22”世界地球日、“6·5”世界环境日、安全生产宣传咨询日等与环境有关的纪念日，大力开展宣传活动，不断增强市民的环保意识。2003—2010年全区举办街头咨询16次，发放宣传手册4.8万册，接受咨询人数5000人。结合环保模范城市创建活动开展宣传工作。2008年，海口市顺利通过国家环境保护模范城市“十一五”考核指标复查，琼山区借势加大宣传力度，2010年发放问卷调查1000多份，悬挂横幅50多幅，设置宣传橱窗12个，在乡镇、学校、社区、酒店、休闲广场等场所大力开展宣传工作，全面提高公众对城市环境保护的知晓率。

三、农村清洁卫生工程

2003—2010年，琼山区充分利用农村资源，实施农业生态工程，加快发展循环经济；改变农民生活方式，鼓励农民用电、煤气、沼气，减少木草等燃料的使用，提高农村环境质量；对农村生活污水、禽畜粪便和生产、生活垃圾逐步进行集中无害化处理，以防止对环境的污染。2006—2007年，琼山区总投资700多万元在龙塘、云龙、红旗、三门坡、大坡、甲子、旧州7个镇建起7座垃圾中转站，并配备垃圾清运车辆，基本做到乡镇垃圾日产日清。2008年总投入300万元，在全区建起农村垃圾屋100间，为农村垃圾收集创造了条件。2003—2010年，总投入1000多万元，建立农户沼气池6669个，既为改善农村卫生创造条件，又摸索出“猪—沼液—作物”生态循环生产模式。由于措施得力，完善创卫机制，把环境综合整治延伸到乡镇和农村，2010年全区有450多个村庄环境卫生达标，占全区村庄58.9%。

第三节　生态环境保护

一、调整结构，节能减排

从20世纪90年代开始，原琼山市逐步调整工业布局，杜绝重污染新项目在市区建设，对能耗高、效益差和污染重的企业采取关停并转措施。1996年关闭琼山造纸厂，对位于市中心居民区的琼山纺织厂进行改制，停产转产。2003年撤市设区后，于2005年关闭琼山建材总厂。2005—2010年，对位于城区的海南铸管厂、海南制钉厂、琼山印刷厂、琼山电线电缆厂等国有企业进行改制，退二进三（退出第二产业，进入第三产业），关停生产线，利用厂址场地进行商业开发经营。

2008年，琼山区发展高新技术产业开发区等园区经济，坚持“工业向园区集中”的原则，创办云龙产业园区，推进位于城区振兴路的红塔卷烟进入云龙产业园区实施卷烟30万箱异地技改项目，原厂关停，从此彻底改变中心城区历史遗留的工业与居民区混杂

三门坡镇加乐湖村新貌　　（林芳善摄于2007年8月8日）

状况，消除了结构性污染。

二、饮用水源环境保护

实施龙塘饮用水源环境保护工程。2005 年投入 3500 万元开展龙塘镇的环境综合整治及龙塘糖厂的污染治理；2006 年投资 2359 万元完成龙塘镇排水管网环保二期工程，修建 5600 米污水管网和 6500 米雨水管网，将龙塘镇生活污水引至取水点下游排放；2007 年投资 3850 万元，建设日处理污水 5000 吨的污水处理厂，对龙塘镇的污水进行集中处理。2010 年完成龙塘水质自动监测站建设。

三、大气污染防治

实施清洁能源政策。2003 年海口市出台了《关于划定禁止使用高污染燃料区域的通告》，将城市建成区划定为禁止使用高污染燃料区域（简称“禁燃区”），禁燃区内新建项目禁止使用煤、重油等高污染燃料。根据有关规定对辖区内“油改气”和“煤改气”的企业进行改制，至 2010 年，对海南铸管厂、琼山电线电缆厂进行停产转产改制、对海南红塔卷烟实施异地技改，基本完成改制任务。

控制城市扬尘污染。对采石场进行环保检查，对不符合要求的采石场限期整改，并要求补办各项环保手续。督促各企业开展环境治理，改善生态环境，减少粉尘污染。2003—2010 年，全区依法取缔石场 19 家，发出整改通知书 50 多份。加大对石材加工场的检查力度，要求完善环保手续，同时督促加工厂在切割石头时用水喷洒，要有灰尘过滤器、排水沟等环保设施，至 2010 年，全区 100 多个加工点基本达标。

四、噪声污染控制

自 2003 年之后，琼山区实施“安静工程”。每年环保部门都联合城管、文化、建设、工商、公安等职能部门，针对各类噪声扰民现象，开展专项整治。特别是 2009 年开展的城市环境综合整治“安静工程”之后，重点对饮食服务单位、经营性娱乐场所、建筑施工工地开展噪声污染整治。2003 年，处理群众投诉 50 多次，发出整改通知书 50 多份。2003—2010 年，全区出动执法人员 500 多人次，制止违规噪音行为 200 多起，切实维护了人民群众环境权益，有效遏制了市中心城区的噪声污染行为。开展“绿色护考”活动。每年高考期间，将高考考点周边区域划为重点噪声区域，对生产企业、娱乐场所、建筑工地进行巡查，做到定人定车定责，实行投诉必查制，查处率 100%，确保了市民舒适休闲、学生安静备考。

五、固体废物污染控制

2004 年 5 月，海南省政府从政府收回储备地中划拨约 6.5 公顷作为放射性废物库项目建设用地，建立省辐射环境监测站，地点位于红旗镇海榆东线西侧 35.5 千米处。2010 年 3 月投入运行，为海南国际旅游岛的建设提供辐射环境安全保障。

第四节　美舍河整治

美舍河发源于龙华区永兴镇永秀村委会的龙潭，上游是沙坡水库，流经龙华区（丁村）—琼山区（府城镇）—美兰区（白龙）入海。美舍河整治工程（琼山段）分为两个阶段，即河道整治阶段和护栏修建阶段。

河道整治。于1999年3月18日由海南省发展计划厅立项，概算投资19956万元。建设单位为海南琼山国有资产经营有限公司，监理单位为海南金华宇监理有限公司。整治工程起点为凤翔路南丁村，终点为五公祠，于1999年12月28日开工建设，共征用土地26.7公顷，拆除建筑物、构筑物累计面积4.05万平方米，搬迁居民户166户。整治河道全长5.7千米、整治后河道宽20~25米。整治过程埋设配套污水管网8.2千米，修建滨河路7.2千米（双向），设置拦河水闸4座，重建、新建桥梁、涵洞10座，沿河绿化面积5万平方米。工程于2006年6月全部竣工交付使用（其间2000年1月至2000年9月中旬因故停工），工程总费用经审计决算最终投资额18832.64万元。

美舍河五公祠至国兴大道段（长约1582米）的整治工程，由海口市环境资源保护局负责组织实施。

美舍河护栏的建设单位为海口城市发展有限公司，施工单位为海南第六建筑公司，监理单位为甘肃西北信诚监理公司。美舍河护栏建设总长14700米（双向），护栏建设分为两个阶段进行，第一阶段从2007年11月至2008年2月，建设护栏长8000米（双向）；第二阶段从2009年12月至2010年4月，建设护栏长6700米（双向）。该工程总预算投资额900万元，于2010年4月底全部竣工交付使用。美舍河琼山段的护栏建设长约7200米（双向）。护栏间距平均为3米，共埋设护栏大理石桩约2400支。

第四编
人口 习俗 宗教

第一章　人　口

第一节　人口状况

2003年，琼山区人口359279人。至2010年，全区人口自然增长率涨幅不大平均2.17%，继续稳定在低生育水平上。

2002—2010年琼山区计划生育人口自然增长统计表

表4-1-1

项目 年度	出生		死亡		自然增长	
	人数（人）	出生率（%）	人数（人）	死亡率（%）	人数（人）	增长率（%）
2002	8140	11.77	2203	3.18	5937	8.59
2003	3811	10.51	980	2.70	2831	7.81
2004	4313	11.61	1223	3.29	3090	8.32
2005	4915	12.58	1748	4.47	3167	8.11
2006	4206	10.34	1405	3.45	2801	6.89
2007	4783	11.71	1559	3.82	3224	7.89
2008	5469	13.21	1474	3.56	3995	9.65
2009	5510	13.24	1376	3.31	4134	9.93
2010	5528	13.72	2325	5.77	3203	7.95

附一：农民外出务工调查

为了解决农村剩余劳力就业问题，琼山区积极组织实施“阳光工程”，每年都举办农民培训班对农民进行就业技能培训和组织劳务输出。2003—2010年，全区组织劳务输出就业共24960人。其中，2003年省外输出就业978人，省内转移就业1665人；2004年省外输出就业752人，省内转移就业1174人；2005年省外输出就业1177人，省内转移就业2658人；2006年省外输出就业672人，省内转移就业1428人；2007年省外输出就业967人，省内转移就业2083人；2008年省外输出就业1002人，省内转移就业2997人；2009年省外输出就业1219人，省内转移就业3132人；2010年省外输出就业782人，省内转移就业2725人。大批劳力转移就业，为增加农民收入开辟了新途径。

附二：外来务工调查

外来工涌入琼山区几度沉浮，2003—2006年，外来工较少，主要从事工厂务工、建筑工地务工、流动摊贩、刷鞋、服务业等工作，每年大约2000人。2007年以后，特别是海南国际旅游岛建设上升为国家战略后，琼山区一批重点项目相继开工建设，吸引了外来工大量涌入。2010年，外来务工在港、澳、台及外商投资工业企业和服务业约2000人，建筑工地（含道路建设、水电维修、装修装饰工程）约3000人，其他行业1000人左右。

第二节　人口构成

2003年，琼山区户籍总人口345763人，其中男性181107人、女性164656人，非农业人口144939人、农业人口200824人。人口密度为每平方千米368人。2007年，户籍总人口370446人，其中男性191204人、女性179242人，非农业人口192994人、农业人口177452人，人口密度每平方千米382人，户籍总人口比2003年增加24683人。2010年，户籍总人口385165人，其中男性198986人、女性186179人，非农业人口199397人、农业人口185768人，户籍总人口比2003年增加39402人，比2007年增加14919人。人口密度为每平方千米409人。其中，府城镇每平方千米人口密度为4075人、龙塘镇870人、云龙镇236人、红旗镇211人、三门坡镇180人、大坡镇181人、甲子镇185人、旧州镇242人。

2003—2010年琼山区人口统计表

表4–1–2　　　　单位：人

年份	总户数	总人口（常住人口）	户籍人口	按性别		按农业、非农业	
				男	女	农业人口	非农业人口
2003	94605	359279	345763	181107	164656	200824	144939
2004	99327	383515	361010	189098	171912	186030	174980
2005	100605	398194	366316	188232	178084	181032	185284
2006	103850	406843	370117	191594	178523	177560	192557
2007	104530	410245	370446	191204	179242	177452	192994
2008	105730	416463	375981	193954	182027	179505	196476
2009	105630	415947	381122	196669	184453	183214	197908
2010	106350	482400	385165	198986	186179	185768	199397

第三节 计划生育

一、机构

2002年10月16日，海口行政区划调整后，琼山区设人口与计划生育局。2010年，更名为琼山区人口和计划生育委员会。下辖琼山区计划生育服务站与琼山区计划生育协会（两者均属财政全额拨款副科级事业单位）。计划生育服务站负责全区计划生育技术服务，计划生育协会负责指导全区计划生育协会开展日常工作。全区各镇、国兴街道办事处、红明农场、东昌农场和长昌煤矿均设计划生育办公室，配备专职人员开展计划生育宣传教育和技术指导工作。

二、奖励与待遇

2003年起，琼山区对独生子女依《海南省计划生育管理条例》规定进行奖励：⑴领取独生子女父母光荣证的夫妻，自发证之日起每月领取30元的独生子女父母奖励费至子女年满18周岁。⑵机关、社会团体、企业事业组织工作人员的，给予男方护理假10日。女职工除享受国家规定的产假外增加3个月的产假。产假期间，工资照发，享受全勤待遇。产假期满后，经本人申请，所在单位可以给予哺乳假至婴儿1周岁，其工资按不低于本人基本工资的80%发给，不影响晋级、调整工资和计算工龄。⑶机关、社会团体、企业事业组织工作人员终身只生育一个子女的，退休时每月加发5%的退休金或者基本养老金；独生子女死亡或者无子女的，退休时每月加发10%的退休金或者基本养老金。

2004年8月20日，琼山区制定《关于对农村部分计划生育家庭实行奖励扶助的办法》，规定：⑴农村独生子女户和双女户的夫妇，从年满60周岁起，由政府每年按600元标准发养老奖励扶助金（2009年调整到900元标准），直到亡故为止。⑵农村夫妇领取独生子女父母光荣证者，由政府每月发给独生子女父母奖励费30元，从发证之日起至子女18周岁止。⑶对双女户一次性奖励4000元；对独生子女户一次性奖励1000元；独生子女为女孩，且父母自愿不再生育者，再一次性给3000元为其孩子购买人身保险。⑷农村独生子女和双女户的子女，在分配征用土地安置补助费和集体经济收入、享受集体福利、划分宅基地时增加一人份额；九年义务教育期间免杂费和课本费；在扶贫项目、资金、技术等方面予以照顾；对报考普通高校、中等职业学校和普通高级中学（包括重点高中）的，给予加分照顾；在农村合作医疗中，对独生子女户和双女户个人所承担的分摊费由政府负担。

2007年，琼山区人口和计划生育领导小组决定，对农村只生育两个女孩的夫妇，女方在40周岁以下放置节育环的，给予补助1000元。

2008年，琼山区执行省人民政府规定：城镇和农村独生子女死亡或伤、病残后未再生育或合法收养子女家庭的夫妻，由政府给予每人每月 100 元的扶助金，直至亡故或子女康复为止。

三、宣传教育与技术服务

全区开展优生、优育和妇幼保健知识宣传、普及应用。宣传优生法，禁止近亲结婚，限制有遗传性疾病和先天性疾病的婴儿出生。宣传优育，举行妇幼保健常识咨询活动。以创建文明生态村为载体，开展“百里百村创建计划生育婚育新风进万家示范村”活动。

琼山区计划生育技术服务坚持优质服务原则。区、镇、村三级形成服务体系：孕情服务到位、健康检查到村、到人。区计划生育服务站购置妇科治疗仪、B 超机、血红蛋白分析仪等医疗设备，负责免费为已婚育龄妇女提供 B 超查环查孕查病；全区 8 个镇各设服务所并在改建中不断充实完善，与镇、社区卫生服务机构协力，配备药具包、宣传挂图，设立药具柜、宣传角，开展计划生育宣传教育、发放避孕药具、进行生殖健康咨询等服务工作。

第四节　人口普查

琼山区第六次全国人口普查登记标准时间为 2010 年 11 月 1 日零时。

一、总人口

全区总人口为 479958 人。

二、人口增长

全区总人口，同第五次人口普查 2000 年 11 月 1 日零时的 370054 人相比，十年共增加了 109904 人，增长 29.7%。平均每年增加 10990 人，年平均增长率 2.63%。

三、家庭户人口

全区共有家庭户 124464 户，家庭户人口 413581 人，平均每个家庭户的人口 3.32 人，比 2000 年第五次人口普查的 4.1 人减少了 0.78 人。

四、性别构成

全区总人口中，男性为 251224 人，占总人口的 52.34%；女性为 228734 人，占总人口的 47.66%。总人口性别比(以女性为 100，男性对女性的比例)由 2000 年第五次人口普查的 111.95 下降为 109.83。

五、年龄构成

全区总人口中，0~14 岁的人口为 85914 人，占总人口的 17.9%；15~64 岁的人口为 358497 人，占总人口的 74.69%；65 岁及以上的人口为 35547 人，占总人口的 7.41%。同 2000 年第五次人口普查相比，0~14 岁人口的比重下降了 6.18 个百分点，15~64 岁人口的比重上升了 6.14 个百分点，65 岁及以上人口的比重上升了 0.05 个百分点。

六、民族构成

全区总人口中，汉族人口 468396 人，占总人口的 97.59%；各少数民族人口 11562 人，占总人口的 2.41%，同 2000 年第五次人口普查相比，汉族人口由 361745 增加了 106651 人，增长了 29.48%，占总人口比重下降了 0.16 个百分点；各少数民族人口由 8309 人增加了 3316 人，增长了 39.15%，占总人口比重上升了 0.16 个百分点，其中黎族人口上升了 0.19 个百分点。

七、各种受教育程度人口

全区总人口中，具有大学(指大专以上)程度的 73781 人；具有高中(含中专)程度的 91544 人；具有初中程度的 180243 人；具有小学程度的 86098 人(以上各种受教育程度的人包括各类学校的毕业生、肄业生和在校生)。同 2000 年第五次人口普查相比，每 10 万人中具有大学程度的由 4380 人上升为 15372 人；具有高中程度的由 17650 人上升为 19073 人；具有初中程度的由 33314 人上升为 37554 人；具有小学程度的由 30001 人下降为 17939 人。

全区总人口中，文盲人口(15 岁及以上不识字的人)为 10314 人，同 2000 年第五次人口普查相比，文盲人口减少 12650 人，文盲率由 7.06%下降为 2.15%，下降了 4.91 个百分点。

注：第五次人口普查的地域范围是琼山市的行政区域，对比数据已经换算成琼山区管辖的行政区域范围。

2010 年琼山区各镇、街、场矿常住人口分布状况表

表 4-1-3　　单位：户、人

单位	总户数	总人口	其中		
			男	女	性别比
琼山区	135993	479958	251224	228734	109.83
国兴街道办	18859	62099	32027	30072	106.5
府城镇	67233	240040	126416	113624	111.26
龙塘镇	7915	29530	15205	14325	106.14
云龙镇	4478	16549	8582	7967	107.72
红旗镇	5704	21706	11352	10354	109.64
三门坡镇	5805	21828	11349	10479	108.3
大坡镇	3076	10044	5225	4819	108.42
甲子镇	6738	22273	11779	10494	112.25
旧州镇	6254	23243	12240	11003	111.24
国营红明农场	5051	17055	8825	8230	107.23

续表 4–1–3

单位	总户数	总人口	其中		
			男	女	性别比
国营东昌农场	3313	10717	5631	5086	110.72
省岭脚热带作物场	411	1224	653	571	114.36
省长昌煤矿	1156	3650	1940	1710	113.45

2010 年琼山区人口年龄、性别情况一览表

表 4–1–4　　单位：人

年 龄	人　口　数			性别比（以女性为 100）
	合计	男	女	
总 计	479958	251224	228734	109.83
0	6119	3454	2665	129.61
1	6211	3598	2613	139.70
2	6400	3577	2823	126.71
3	6099	3439	2660	129.29
4	6030	3413	2617	130.42
5	5745	3243	2502	129.62
6	5605	3093	2512	123.13
7	5197	3060	2137	143.19
8	5085	2974	2111	140.88
9	5412	3170	2242	141.39
10	5231	3174	2057	154.3
11	5145	3082	2063	149.39
12	5516	3309	2207	149.93
13	5688	3268	2420	135.04
14	6431	3568	2863	124.62
15	7956	4120	3836	107.4
16	8888	4570	4318	105.84
17	9723	4902	4821	101.68
18	9887	4997	4890	102.19

续表 4–1–4

年 龄	人　口　数			性别比（以女性为 100）
	合计	男	女	
总 计	479958	251224	228734	109.83
19	10951	5260	5691	92.43
20	14436	7039	7397	95.16
21	13173	6601	6572	100.44
22	10375	5450	4925	110.66
23	9435	4857	4578	106.09
24	8200	4239	3961	107.02
25	7608	3880	3728	104.08
26	8242	4077	4165	97.89
27	8505	4321	4184	103.27
28	9379	4802	4577	104.92
29	8431	4283	4148	103.25
30	8573	4428	4145	106.83
31	8674	4504	4170	108.01
32	7883	3995	3888	102.75
33	6740	3492	3248	107.51
34	7515	3799	3716	102.23
35	7405	3840	3565	107.71
36	8103	4240	3863	109.76
37	8863	4558	4305	105.88
38	8802	4555	4247	107.25
39	8264	4368	3896	112.11
40	9044	4763	4281	111.26
41	8151	4281	3870	110.62
42	8878	4763	4115	115.75
43	6738	3538	3200	110.56
44	7264	3911	3353	116.64
45	7611	4052	3559	113.85
46	7560	4074	3486	116.87
47	8253	4416	3837	115.09
48	7318	3943	3375	116.83

续表 4–1–4

年 龄	人 口 数			性别比（以女性为 100）
	合计	男	女	
总 计	479958	251224	228734	109.83
49	4162	2233	1929	115.76
50	4072	5087	1985	105.14
51	4055	2141	1914	111.86
52	5021	2678	2343	114.3
53	4974	2677	2297	116.54
54	4438	2307	2131	108.26
55	4742	2524	2218	113.8
56	4472	2302	2170	106.08
57	3874	1981	1893	104.65
58	3821	2000	1821	109.83
59	3375	1745	1630	107.06
60	3936	2159	1777	121.5
61	3353	1850	1503	123.09
62	2723	1409	1314	107.23
63	2375	1250	1125	111.11
64	2276	1210	1066	113.51
65	2100	1075	1025	104.88
66	2007	1010	997	101.3
67	2169	1043	1126	92.63
68	2138	1053	1085	97.05
69	1997	942	1055	89.29
70	2101	1034	1067	96.91
71	1971	977	994	98.29
72	2145	1076	1069	100.65
73	1974	958	1016	94.29
74	1946	936	1010	92.67
75	1774	829	945	87.72
76	1604	709	895	79.22
77	1535	735	800	91.88
78	1307	570	737	77.34

续表 4–1–4

年 龄	人 口 数			性别比（以女性为 100）
	合计	男	女	
总 计	479958	251224	228734	109.83
79	1223	552	671	82.27
80	1233	539	694	77.67
81	864	373	491	75.97
82	859	346	513	67.45
83	792	333	459	72.55
84	660	276	384	71.88
85	626	213	413	51.57
86	489	148	341	43.4
87	377	130	247	52.63
88	316	100	216	46.3
89	317	106	211	50.24
90	251	77	174	44.25
91	182	54	128	42.19
92	133	36	97	37.11
93	109	29	80	36.25
94	87	23	64	35.94
95	62	17	45	37.78
96	48	6	42	14.29
97	35	7	28	25
98	40	7	33	21.23
99	21	5	16	31.25
100+	55	7	48	14.58

第二章　习　俗

琼山区是海口市历史文化名城的核心地带，民风淳朴，重教兴文，人民勤劳坚毅，知礼乐善。民间习俗既有固定模式，又随着时代演变而新兴。

第一节　生活习俗

一、服饰

2002—2010年，琼山城乡服装流行样式和色彩丰富多样，着装随着时令、季节、流行时装而变化，男人冬季喜穿西装、皮衣、休闲装或羽绒衣；女人，特别是年轻姑娘大衣套装，短裙套装、裤子套装均有；春、夏、秋季穿着更是五花八门，以休闲、舒适为主。经济收入较高的阶层对衣服质地要求更高，衣料要纯棉（毛），品牌要上档次（名优品牌）。学生多着校服（由学校定制的统一服装）。穿衣有四忌讳：一忌不扣钮，二忌反穿，三忌喜庆身白，四忌丧事穿红。

帽与笠　20世纪80~90年代，帽的品种多样，但除了职业用帽和遮阳用帽外，群众不喜欢室内戴帽。农村普遍戴笠（竹编织），样式有圆顶笠、尖顶笠、圆顶油笠和越南笠。前两种历史悠久。油笠为大陆生产，越南笠为近年兴起的旅游产品。至2010年，农村竹笠少用，尚有越南式竹笠仍有农用，不多。农民普遍使用草帽。城内人们一般少戴帽，唯在冬季暖身戴帽，帽以绒布、毛织类居多。中年男女一般不戴帽，只有外出旅行游山玩水时戴各式布帽，野外作业一般以草帽为主。

雨衣与伞　20世纪60年代前，农村百姓避雨主要是用蓑衣，有叶蓑衣和草蓑衣两种，70年代后用塑料布代替，80年代后蓑衣消失，普遍使用雨衣，有塑料薄膜制作的，也有橡胶与布混合制成的，后者质地好耐用。2002—2010年，城乡仍用塑料雨衣，为数不多。用者多为雨天农耕、屋外作业、电单车赶路等。伞，素来广为使用，不管防雨防晒，城乡均用。时下盛行用布伞，布伞多种多样，大小、色彩、质地各异，多产于国内厂家，本地各商场均有出售。

鞋袜　20世纪50年代前穿鞋着袜的人不多，一般为文化人、官员、商人等。劳动阶层白天赤脚，晚上穿木屐。60年代起，穿人字泡沫拖鞋、塑料拖鞋、凉鞋等盛行，木屐被逐渐淘汰。“文化大革命”期间，流行解放鞋和军凉鞋，80年代，穿鞋袜的人增多，凡市面上有供应的就有人穿，皮鞋、运动鞋、旅游鞋、轻便鞋等各种时装广为流行，各式各样的高跟鞋、长躺鞋在中青年女子中流行。2010 年，城乡居民穿着鞋袜已极为普遍，男女老少对鞋袜讲究舒适、美观、耐穿。商场、路摊，各类鞋袜应有尽有。

饰品　自古以来，佩金戴玉是出阁女人的一种时尚。女童人人钻耳，10 岁左右始戴耳栓、耳环，成人戴耳坠，簪钗结发，劳动妇女戴耳钩。儿童一般戴手镯、脚镯和项圈，下坠长命锁或八卦锁。富家男女带金银锁项链和戒指。20 世纪 70 年代，把饰品当作地主、资产阶级的东西批判，佩带的人极少。80 年代后，改革开放人民收入增加，城镇青年和稍为富裕的人家都喜欢佩带饰品，有金、银、玉、珍珠等价真货实的饰品，也有人造材料饰品，戒指、手链、项链、耳环等，佩带的人随时可见。

二、饮食与炊具

20 世纪 50 年代前，群众习惯喝生水，光顾茶楼酒馆的人不多，家里喝茶富裕人家才有。60~70 年代喝茶的人增多，群众形成喝开水的习惯。80 年代后，一般外出喝矿泉水。90 年代后，一种价格便宜、闲聊慢饮的“老爸茶”在城乡墟市盛行。饮酒的质量不断提高，50~70 年代多喝农家番薯酒、米酒或商店的散装酒，80 年代后，逢年过节，亲朋团聚，上酒楼或家庭设宴，必备美酒和饮料。

中华人民共和国成立前，穷苦农民食不裹腹，以薯叶野菜度日，普通家庭日食三餐稀饭，兼食杂粮。菜肴简单，一年四季，除逢年过节外，极少吃到肉。中华人民共和国成立后，生活有所好转，1959—1961 年粮食紧张，直至“文化大革命”期间一些地区温饱问题仍未解决。80 年代后饮食水平显著提高，以大米为主，兼吃面和杂粮。菜以肉食、海鲜和蔬菜并重。饮食忌讳：餐桌上忌敲打碗碟，忌用筷子插在饭碗里或用一根筷子扒饭，渔民吃鱼忌翻过来吃，家宴上客人忌食鸡头和鸡屁股。

炊（厨）具类如水桶由原先的木制、镀锌铁皮桶转为塑料制品为主。洗漱用桶（盆）也由木制、陶瓷、搪瓷发展成塑料、铝合金制品居多。菜刀原先由民间个体用铁器手工打造发展到由专业厂家制造（钢制）。90 年代前，城乡炊事基本离不开烧柴草煮饭炒菜。90 年代中后期使用煤气渐多。至 2010 年，城乡普遍使用瓶装煤气罐、煤气炉灶，城内大都铺设然气管道，有不少宾馆、酒店和居民安装使用，价廉与方便。城市居民同时普遍使用的家用电器类有电冰箱（柜）、消毒柜、微波炉、电饭煲、电水煲（壶）等。农村家庭兴起使用，使用量逐年多。

三、居住

房屋　琼山区民房多为土木结构，屋顶盖瓦。瓦房为正屋和横屋，正屋有厅，横屋也叫横廊，在正屋的两房，为厢房。有二合院，也有三合院，很少有四合院，正屋加左或右横屋加围墙为二合院，正屋加左右横屋加围墙为三合院，前后进正屋加左右横屋为四合院。前围墙称“奎壁”，也称“照壁”，壁上一般都雕塑一个大“福”字以示家中人人有福。外门俗叫“路门”，设在正屋的前面或左边或右边，路门一般要比厅门高，路门坎也要比厅门坎高，富家还在路门上建小阁楼。正屋一般为一厅两房或一厅四房，有“四筑”

和“四金”之分。“四筑”屋为四周和中门两墙均是土石建筑；“四金”屋不同的是中间两墙全用木料建成，栋柱之上架有金字架，谓之“四金”，厅的后上方建有神龛称“公阁”，安放祖先神位，俗称神主牌，公阁前方放有香几和八仙桌。富家才有香几，一般平房只有八仙桌，作为逢年过节排放供品祭拜祖先之用，建筑材料就地取材，沙壤平原地区，少数用石砖，多数用土坯切墙，很不牢固，洪水、海潮暴涨时，容易塌倒。红壤台地地区，多用石砖砌墙，较为牢固；羊山地区，多用片石叠砌，空隙大如鹅蛋，隔墙可望。中华人民共和国成立前的建筑样式，有穷富、官民之分。居官者在墙壁上雕龙刻凤；富家未有官衔者只能雕鱼尾，意示尚未成龙；而一般平民则不许雕塑。民房无窗户，在房顶安装一二玻璃瓦，以便采光。中华人民共和国成立后，石砖墙和红砖墙取代土坯墙，“四筑”屋取代“四金”屋，房屋开窗口，20 世纪 70~80 年代，混凝土结构的房屋和楼房逐年增多，设计、材料、装饰都比较讲究。

旧时建房，屋向一般根据地势而定，多为南北向，少有东西向，南北向以坐北朝南者居多，东西向以坐西朝东者居多。建房前先请风水先生勘地择址定向，后选择良辰吉日敬奉土地神或鲁班公，按时动土开工为图吉利。在建房过程中，以“升梁”礼仪最为重要，一般择黄道吉日，乔迁新居，并张灯结彩。房主的亲属应贺送大红灯一对、公鸡母鸡一对、咸红鱼一对、大米几升，表示“子孙兴旺”和“丰衣足食”。建房升梁时忌沾人血或女人跨越，住宅大门忌面对路口、屋脊、墙角、电杆和树等，忌踏门坎。灶位忌朝东和朝北，灶门忌对厨房门。

90 年代初期，睡床、坐椅大多还以木制品为主，兼之铁制。睡床有双人床（大铺）与单人床（小铺），也有双层床（双架床）。双架床主要是住宿学校学生用床，同时也适合家庭人口多、住房面积不大者使用。90 年代中后期，西式睡床逐渐增多。2002—2010 年，西式睡床已很普遍，睡床、书桌用料有原木、胶合木（三夹板）、压缩木等。用原木制作品种量逐渐减少。坐椅、沙发种类多样，高、中、低档并存，高档的其木质有花梨木、红木、真皮等，低档的其木一般多为地方原木制作。

四、行乘与行装

中华人民共和国成立前，平民百姓外出步行，结婚迎新娘才能乘轿，富人出远门或访亲会友多乘轿。轿子分官轿和民轿两种，官轿比民轿华丽，民轿有花轿、小轿、快轿等。轿有 2 人抬的，也有 4 人抬的。中华人民共和国成立后，轿子逐渐被淘汰。中华人民共和国成立前府城有少量人力车、自行车、三轮车，供有钱人乘坐，中华人民共和国成立后交通工具多为自行车，乘车的人逐年增加。20 世纪 60 年代出现摩托车和机动三轮车、手扶拖拉机。到 80 年代末，公路交通方便，摩托车增加，出行几千米路就要乘车，方便快捷，农村妇女赶集，也乘机动三轮车和手扶拖拉机。90 年代中后期，城乡盛行摩托车，私人汽车逐渐增多。2010 年，琼山区外出省内省外者，远程有飞机、车（火车、汽车）、船，交通已成立体网络化、快速。近程出行多为公交车（公共交通汽车）、出租小汽车和私家小汽车。城乡居民赶集多为电单车、摩托车，城内多电单车，乡下多摩托车，农村农民购买农用汽车也逐渐增多，城乡居民用小汽车代步已逐渐兴起。

20世纪50~60年代，人们出行随身行李多用编织之草袋、网袋、绳索打背包。70年代前后，行李袋流行应用大帆布袋。90年代，皮、人造皮革、化纤编织袋流行。2002—2010年，皮、人造革、化纤等各类行李箱（袋）应有尽有，大多箱（袋）底座配备滑轮，上有伸缩把手，可减轻人体负重，方便乘坐飞机、车、船。同时箱具配备密码锁，安全。此外，有各种各样男女用真皮、人造皮类拉链式挂包、手提袋流行，尤为女性用手提袋（包）品种式样多不胜举。旧时，城乡逢年过节、迎亲送礼、喜庆新居，人们出门习惯使用经过精细编织的竹制吊篮子、大米篮放置礼品，且在篮身贴红纸，以示吉利、丰衣足食。至2010年，城乡仍有沿用者，不过已改旧时的步行肩挑，而变为车载。古时，人们多以竿影（立竿观影斜）计时为办事赶时间。20世纪70~80年代，出行计时以佩带手表为主。90年代初期，有BB机计时与提醒有通话联系，双方可通过固定电话沟通，手表退居其次，90年代中后期，手机（移动电话）盛行，淘汰BB机。至2010年，手机几乎全社会覆盖，学生、农民均普遍使用。从事公职或专业人士出行，除手机外同时携带小型电脑，随时随地进入正常对话与工作状态。此时佩戴手表（石英表、电子表为主）多表现于学生，方便上课与考试。高档名牌手表（一般为机械表）成为身份尊贵的饰品，佩戴者不多。照像机由来已久，50~80年代，流行黑白照相机，80~90年代，彩色胶卷照片流行，2002年后彩色数码相机流行。

第二节 岁时习俗

一、传统节日

春节 是一年中最隆重的传统节日。节前，家家户户办年货，大扫除，贴对联、年画、利是钱。除夕祭拜祖先，俗称“拜年”，供品必有鸡、鱼、肉，羊山地区加羊，府城地区有的加猪头，祭祖完成后放鞭炮，全家老少置火炉吃团圆饭，俗称“围炉”。当晚厅房及小屋都要灯火通明，长者须给孩子“压岁钱”。大年初一零时一到，家家户户烧香点烛，摆供品敬神祭祖，鞭炮四起，迎春接福，庆贺新的一年来临。初一的菜式有芹菜和粉丝，“芹”与“勤”同音，象征勤劳发家，粉丝则寄意长寿，活至胡子银白发须长，初一烧火做饭，多用红木（如荔枝、龙眼、海棠树技）烧火，羊山地区还用甘蔗渣条点火，以求一年生活甜蜜吉利，做吉利事，见面互道“恭喜”。忌骂人、争吵、杀生、挑水、扫地、讨债。民间初二、初三互拜年，请客吃饭。中华人民共和国成立后，春节期间，开展拥军优属和文体活动。80年代，时兴初一早上亲友互通电话祝贺春禧。不少地区春节持续至元宵方结束。

元宵节 正月十五元宵节（上元节），家家户户杀鸡煮肉、蒸糕，祭祖先庆元宵。晚上“围炉”合家吃团圆饭。府城自古至今有元宵夜换香摘青的习俗。元宵之夜，街上张灯结彩，人山人海，青少年男女手持一把点燃的香和一把绿枝叶，寻找自己喜欢的人换香交友祝贺，互赠青枝绿叶带回家，称为“摘青”。1984 年，府城镇政府移风易俗。提倡把元宵换香活动改为换花活动，得到社会的支持，特别是青年的响应。从此，府城闹元宵从换香节改为换花节，热闹非凡，还吸引了海口和附近乡镇青年到府城闹元宵。换花以塑料花为最多，也有一些鲜花。2002 年以来，府城换花节由琼山市（后改区）政府主办，每年都开展各种文化娱乐活动，如办换花公主评选、换花节歌征集、大型文艺、琼戏演出、办灯会、猜灯迷、演木偶戏、舞狮等活动。企业单位和居民请舞狮队到住地舞狮摘青，以示吉利。换花节已成为琼山区著名的文化品牌，每年吸引游客 20 多万人到府城闹元宵，人山人海，热闹非凡。

清明节　清明节是祭祖扫墓的节日，扫墓历来有“清明前冬至后”的说法，即清明节前 10 天，冬至节后 10 天扫墓。清明节期间，先在家中用“三牲”祭祖，然后来到先人墓地，铲草添土、用红漆填写墓碑，用“三牲”、饭团供祭先人。与文昌县交界的一些村庄，一般不在清明节扫墓，而在冬至节扫墓。政府还组织机关干部职工和学校师生到革命烈士纪念地举行悼念活动。

冬至节　农历十二月冬至日，家庭祭祖，清明节未扫墓的人家，一般都在冬至节后 10 天扫墓，仪式与清明节相同。

二、公期婆期

“公期”“婆期”是当地群众拜祭古代人物或民间俗神的一种活动习俗。“公期”、“婆期”多数农历正月和二月，每到“公期”“婆期”，村民大操大办，请亲朋好友聚餐庆贺。有些乡村还请戏班演戏通宵达旦。羊山地区的“公期”从正月初四至廿二日，拜公宴请时间各村不同，今日这村明日那村，互相串吃。主人事先准备酒菜，亲朋好友大饱口福，谁家客多谁家体面，不认识的人也可以入席，家家还给客人送“红封”，以显示有钱大方。“公期”“婆期”属陋习，花钱比任何节期都多，使村民经济负担加重，但又难以破除。

第三节　礼仪习俗

一、称谓

人际称谓，按传统的辈序称呼，长辈对小辈直称其名。成年男称“公爹”，女称“三姆”或“婆姩”；男青年称“青年仔”“公爹仔”“后生仔”，女青年称“三姆仔”；小孩通称“小仔”。夫妇称丈夫、夫人，通称爱人，也有互称其名；丈夫俗称“老公”“先生”，妻子俗称“老婆”；对别人介绍妻子时称“我的内人”或“我的三姆”，对别人介绍丈夫时称“我的公爹”。父称“爸”“爹”“父”，也有称“哥”“兄”；母称：“妈”“娘”“母”，也有称“嫂”；媳妇对家人的称呼随丈夫的叫法，也称男方父母为“家翁”“家婆”。弟弟称哥哥为“哥”“兄”“兄哥”，妹妹称哥哥为“哥”，弟妹称哥哥的妻子为“嫂”“兄嫂”；弟妹称姐姐为“姐”“大姊”，称其丈夫为“大姊哥”“兄哥”；哥哥称弟弟为“老弟”，称其妻子为“婶”；姐姐称弟弟为“舅”“舅强”，称其妻子为“妗”。父母的哥哥夫妇分别称“老伯”“老母”和“伯爹”“伯母”，父亲的弟弟夫妇称“叔父”“叔母”，按排行称“爹”“娘”，母亲的弟弟夫妇称“舅爹”“妗姩”；父母的姐姐夫妇均称“姆爹”“姩姆”；父母的妹妹夫妇分别称“姑爹”“姑母”和“姨爹”“姨母”。祖父称“公”，祖母称“婆”“妈祖”。岳父母称“外家父”“外家姆”，父母对岳父母互称“亲家爹”“亲家姩”。女婿称“郎家”“郎家官”。非亲属称谓，效仿亲属称呼。此外，人际互称也有一定的叫法。男称“先生”，女称“女士”，解放前革命队伍和根据地互称同志，解放后通称同志，80年代以来。通常男称“先生”“老板”“师傅”，女称“夫人”“小姐”。有官衔者称职务，如市长、局长、经理等，教师俗称先生，今称老师，其妻称“先生娘”“师母”。做生意的头家称老板，其妻称“老板娘”。有一技之长者称“师傅”，其妻称“师母”。称人子为“公子”，女为“公主”“千金”。

二、婚嫁

男女结婚，由父母包办，讲究男女双方“八字”不相冲相克。当男方看中女方时，男方家长主动请媒婆往女方提亲，叫“问亲”。女方同意后，男方要送钱、送猪肉，叫“送礼”。礼金主要用于办嫁妆。主要有衣服、棉被、衣柜、桌、椅及脸盆架等。送礼后，男方选择吉日良辰，准备迎亲，同时给女方送猪腿及米果、饼干等，通知娶亲日期时辰，叫“说日”。娶亲前10天，男方又要给女方“送担”（一担米果或一担海南粉）、“送线团”。“送担”意为给女方添吃，“送线团”意为给女方过门后缝补。迎亲（娶新娘）这天，男女双方大摆酒宴，宾客好友送红包。亲戚要送一担“米酒”，一头是酒，一头是米。迎亲乘坐轿子，新郎乘坐黑轿，由2名轿夫抬去女家迎新娘；新娘乘坐红轿由4名轿夫抬。新郎到达女方家时先在屋外等候，由新娘的胞弟端茶来迎接，新娘没有胞弟的由堂弟代替，这叫做“端半路茶”。新郎饮一杯后，要给一二枚银钱做茶费，然后由弟弟引入屋，新郎入屋后不准说话，否则不吉利。新娘梳妆完毕，由一位夫妻双全的妇女背新娘入红轿。新娘出屋时，送嫁的姐妹要放声大哭，据说哭声能驱妖辟邪，保护乘坐红轿的新娘平安。红轿到男家时，也在屋外等候，由2名夫妻双全的男人各拿一把火绕红轿一圈，叫做“燃仙火”，说是能驱赶凶神恶煞。后由夫妻双全又有男丁的妇女扶新娘入房。晚上八九点钟，新郎新娘齐拜祖先，称“出公堂”。拜祖先后，由新郎新娘端槟榔孝敬父母，这叫做“吃槟榔”。尔后，在新娘房中摆宴席（一般只饮酒、吃猪肝），新郎新娘对面而坐。找2名夫妻双全的妇女陪席，名曰“吃床前饭”，表示夫妻和睦，百年偕老。以后，宾客齐到新娘房中闹“洞房”，要求新郎为新娘梳头，新娘为新郎点火抽烟等。第二天早晨，由媒婆带新娘到厨房，称“出灶前”。3 天后，新娘回娘家，称“回路”，礼物一般是一担海南粉和一副猪肝。此后，新娘常住娘家，只有春节、端午节等节日才回夫家。生孩子后新娘才住夫家。中华人民共和国成立后，旧婚俗破除，婚事简化，但迎亲办酒宴相沿不变。20 世纪 80 年代后，农村婚嫁迎亲一律由小汽车或中巴车接送，八音乐队吹吹打打随行；城市居民则在酒店订席，男方女方共同在酒楼宴会厅设席迎宾，在酒楼举办结婚议式。进入 21 世纪以来，农村也学城市人那样举办婚礼，在酒楼举办婚礼已成为流行趋势。

三、生寿

生养　妇女身孕，家中忌拆筑房子、炉灶、忌钉钉子、搬动睡床等。婴儿出生，先报娘家，娘家备鸡、蛋肉送给产妇食用。婴儿出生 12 天时，要做“十二日”，家中设小宴，亲属送礼，以示庆祝，称为“补北”。婴儿周月，娘婆家送衣服首饰，亲友送贺礼，当天祀神宴客，称为“做满月”。

生日与做寿　周岁生日叫做“做对岁”，与“做满月”无异。20 世纪 70~80 年代，儿童、青少年时兴做生日，或邀同学、亲友到家聚会，吹彩烛，吃生日蛋糕，唱“生日歌”。

民间庆寿，一般在虚岁 61、72、83、94、100 时进行，称为“福寿”，分别举行寿期庆典。有女儿的由女儿和女婿操办，女儿未出嫁或没有女儿的则由儿子和媳妇操办，备红寿包、寿服、寿镜、寿烛、寿面、猪腿、红包子、咸红鱼、鸡、蛋、纸团、酒等，张灯结彩设寿堂，点香烛敬天地，按大小辈序依次给寿者拜寿。拜寿者要送给寿者一定礼物，寿者要给晚辈人手一个红封。做寿当日，摆酒宴客，客人给老人敬酒毕后，老人把亲友送来的海南粉、糕、饼、包子等分赠邻里。80 年代给老者做寿，除拜寿设宴外，还加切蛋糕，吹烛、唱生日歌等活动。

四、丧葬

老人病危，置卧榻于正厅，头向神龛，脚向厅门。亲人为其洗身、梳头、更寿衣、去首饰、加盖寿布。寿终，举家围尸恸哭，并派人向亲友报丧。当天择时辰入殓，亲人带孝守灵。停棺一二天，择时出殡，出殡时亲友要吊祭或送葬，还要请乐队吹奏陪送，一路上烧纸钱，放鞭炮。走在前面的是死者的儿子，手拿“番仔”（竹技绑纸条）。棺木入穴时，送葬者绕棺木一周，并在棺木周围各献上一把土。安葬完毕后，主人要请送送葬者吃一次海南粉，家人更衣清洁家庭安放神主牌。以后逢七日都进行哀悼和家祭，头七比较隆重，一连守孝 49 天。死后百天，有“百日祭”。中华人民共和国成立后，葬风有所改革，机关干部逝世时，先开追悼会，后进行土葬。20 世纪 70 年代前葬事比较简单。80 年代后，有钱人家葬事大操办，看风水，择墓地，造大坟墓成为时尚。90 年代后，政府提倡死后火化，并成为一项政策在城乡推行，树葬、海葬等新风也逐渐兴起。

逢家有丧事，则有当年不办喜事、不赴喜宴、不贴春联、不造新屋等禁忌。

第四节　行业习俗

一、农事习俗

解放前，羊山地区农村浸种忌他人看见，多在房间进行，同时忌初一下种。琼山区各地播种习惯撒播、点播、插秧三种。南渡江沿岸地区水源充足习惯插秧；其他地区比较干旱，习惯撒播、点播。沙土地区习惯水田育秧、拔秧；红壤土地区习惯坡地育秧，早造习惯铲秧，晚造习惯拔秧。1958 年，由于兴修水利，水田逐年增多，插秧逐渐取代撒播、点播。20 世纪 80 年代末，普遍使用除草剂，恢复撒播省时省力。晚造收割时，农村普遍用新米煮一餐干饭，以此表示开镰。由于政府实施农机补贴政策，琼山区农业机械化程度越来越高，全区大多数农田从犁田、插秧、收割都实现了机械化作业。

二、从商习俗

新店开业，装饰门面，张灯结彩，择日开张。商人除供奉土地神外，还有供文财神比干、武财神赵公明或关羽，敬祀财神，鸣放鞭炮，设宴请客。改革开放后，新店开张时兴在店门口排上亲朋送的花蓝表示庆贺；大店则请舞狮，以示喜庆。

流动叫卖。流动小贩、工匠、有肩挑车载（自行车、电单车、平板车），走街串村，沿途做小生意、修理器具、收购废品、上门理发等，叫卖者大多拉腔提嗓，如喊如唱各有特色，也有以吹击器物代替口头叫卖，摇铜铃、敲小锣别具一格。在城区，由于政府取缔占道经营，流动小贩、街头摆贩逐渐减少。

三、戏班开台习俗

戏班奉田都元帅（相公爷）为戏神，在戏台内设置牌位，演戏前由班主或老艺人点烛烧纸钱。敬祀戏神时，割取公鸡血洒在戏台四角落，俗称“祭台”，以纳吉避邪，保演出平安，此俗中华人民共和国成立后废除。

第三章　宗　教

在琼山区境内，宗教有佛教、道教、伊斯兰教、天主教、基督教。其中佛教、道教流行面广，基督教主要在府城。20 世纪 90 年代，民间重修、重建原有庙宇。至 2010 年，自发信徒有增无减，以佛教、基督教为盛。

第一节　佛　教

唐代，鉴真和尚第五次东渡日本，海上遇台风漂流至海南振州（今三亚市）。在海南羁留一年后北归时，曾到过琼山（当时称崖州），州游奕大使张云出迎、拜谒，州属官员轮流供养众僧。这是琼山有佛教活动材料的最早记载。宋代，在府城北门建天南寺。至1932年琼山有和尚和尼姑63人，信徒3000多人。中华人民共和国成立后，有佛寺17处，均有守堂、计有和尚21人，尼姑32人，经费主要靠收纳香油和出租田地。土地改革后，寺庵田地被征收分给农民，僧尼还俗成家自食其力。此后，民间信佛者未有公开的佛寺活动。20世纪80年代，信佛者增多，未列入宗教管理部门管理。

天宁寺　宋代建，称天南寺，故址位于五公祠西红城湖路北侧（今区司法局宿舍）。元代改今名，迎诏习仪皆于此寺。元代琼山人僧无我，姓林名尤，自少辞亲出家住寺。明永乐年间（1403—1424）知府修匾其门曰“海南第一禅林”，设僧纲司正。中华人民共和国成立后住寺主持人吴庆衍。50年代末，禅堂房屋损坏并拆除。1995年孟秋，吴庆衍后人主持重建天宁寺于地藏宫旧址，二庙合一。

地藏宫　明万历年间（1673—1720）礼部尚书王弘诲同乡人募建，在琼山府城北街，是当时规模较大的寺院，俗称为“鬼子庙”。中华人民共和国成立后住寺主持人吴庆衍，出家住寺和尚吴翠胜、陈瑞镜、吴明机、吴奷连。20世纪50年代末至60年代初损毁。1995年孟秋，由吴庆衍后人主持于此庙址红城湖路琼山人民医院旁。重建“天宁寺”，且于庙内增设“南無大愿地藏王菩萨庙”，一庙二称以备忘。

一粟庵　清光绪年间（1875—1908）建在琼山府城北街，中华人民共和国成立后住庵主持人莫兴梅，出家住庵尼姑陈吴氏、肖亚九、何舅女。寺庵房屋因破旧已拆掉。

大兹寺　清乾隆年间（1736—1795）建，位于今府城北官市。由进士吴瑛用吴氏宗祠一部分公祭费修建，设置诵经堂、养病室和停柩室。住寺主持人吴庆辉。

泰华庵　佛教寺庙。位于府城草芽巷，始建于清乾隆二十一年（1756），建筑面积450平方米，1940年重修，中华人民共和国成立后住庵主持人邓和全，出家住庵尼姑邓顺香、邓顺琼、邓奷黑。“文化大革命”期间，遭到破坏，20世纪90年代重建，女信徒众多，香火颇盛。

善惠庵　清康熙年间（1662—1722）建，在今府城镇内巷，房屋有前、后正堂二进，厢廊4幢，中华人民共和国成立后扩建为小学校。中华人民共和国成立后，住庵主持人尼姑王和顺。

真如庵（普沱庵）　在府城金花村，清代始建。20世纪50~60年代，房屋已拆除。2004年夏重建，更名真如庵，设佛堂、食堂、库房、宿舍，仿造三亚海上观音像，形象尤为逼真美观。解放初期，住庵主持人尼姑王能元。今守庙者为 2 个男性。

绣水庵　在府城大井巷，中华人民共和国成立后，住庵主持人符耀盛，出家住庵人员符顺成、符枝（尼姑）。房屋已拆除。20 世纪 90 年代重建，位于府城绣衣坊的晏公庙后。

白衣寺　明万历年间（1673—1720）知府倪栋修建，在府城城东乡桂林村（今府城镇城东居委会桂林村、博雅路往内进 100 米处）。中华人民共和国成立后，住寺主持人、尼姑高文氏。20 世纪 60 年代被毁，70 年代开始重建，90 年代峻工。建有大宝殿、弥勒佛等。为二进房屋，建筑面积约为 200 平方米，属不开放场所。

万缘佛堂　清光绪九年（1883），由香港山海寺崇拜南海观世音菩萨的和尚，在府城尚书直街设“万缘堂”、“顺德堂”。房屋尚在，内立有石碑文两块。人们称为“斋馆”。后堂中一些信徒在海口茵芝园村设“东成堂”。另一部分信徒在府城宗伯里设堂活动。1990 年，该堂尚有林本镇（男）、梁仁进（女）两人住堂主持活动。今尚书直街之堂称“祯敬庵”，宗伯里之堂称“万缘佛堂”。

金粟庵　佛教寺庙。位于海府大道（五公祠内），唐代至宋代建。北宋名臣苏轼于绍圣四年（1097）被贬至琼山，借宿此庵。

大悲阁、明昌塔、明昌庵　位于国兴街道夏瑶村（俗称下洋村、古时称下窑村）。明朝万历元年（1573）由琼籍进士许子伟督造。原古迹包括明昌塔、大悲阁及园林、菜地、石桥、石板路等。明昌塔（通称下洋塔）始建于明万历二十四年，二十七年竣工，塔高 7 层 34 米，呈八卦图形，砖石土木结构，早期作为海安—海口的航标（民间传说，每年农历五月初五日，塔顶显光，在海上可见，仿佛航标灯一般，“塔光”因此而得名）。1939 年 2 月，日本侵略军登陆海口。1940 年对海口大英机场进行改造当军事基地，因明昌塔离机场千余米，易于盟军飞机用作识别日本侵略军海口机场的标志，日本侵略军逐强行拆除塔顶上部三层。1958 年“大跃进”时期，为大炼钢铁将塔与寺全部拆除。1991 年，当地民众集资重建大悲阁。2002 年，因美舍河综合整治，大悲阁被拆。2009 年，民众筹资建于兴丹路（国兴派出所旁）。

瀛惠庵　位于府城迈瀛村。瀛惠庵遗存古迹有：瀛惠庵记碑、石室仙踪石匾、瀛惠庵此界石匾。瀛惠庵记碑于明万历三十七年（1609）孟春立，位于庵前。由分守广东琼崖地方副总兵邓钟（温陵人。今福建泉州人）撰碑文。碑高 2.1 米，阴刻碑文，横书阴刻篆体“瀛惠庵记”，竖书阴刻楷书碑文。石碑已毁，丢弃在老村里。石室仙踪石匾是明万历年间（1573—1620），副总兵邓钟游瀛惠庵时的题书。石匾横书行体阴刻：万历口春温陵邓钟书。此石匾位于苍屹山西麓瀛洲仙人洞石峰上。瀛惠庵此界石匾位于石室仙踪石匾上方。直书行体阴刻。

清源庵　位于朱云路旁的张天君庙后，清道光《琼州府志》载：庵在郡城小南门外，云路鹏程坊之侧。地势雄壮，香火鼎盛，年久月深，被风雨所毁，变成平地。1998 年仲冬由民间重建于旧址。

第四编　人口　习俗　宗教

龙华庵　位于府城镇那央村委会新潭村。清乾隆年间建。1992 年重修。遗存“奉示禁碑”、古铜钟等。

第二节　道　教

宋代传入海南，初期从琼山府城，传播岛内各地，在村落住所设立神庙。道士以冠祭神及以“神”和“仙”的手法进行治病等活动。2002—2010 年，全区没有开放的道教活动场所，但道教在琼山的影响比较深，许多乡村祠堂、神庙里供奉的多为道教的神祇。2010 年，全区道教信徒约有 5000 人。

三清观、天庆观、玉皇庙　位于红城湖路中共海南省委党校旁。故址位于五公祠对面的北街村（今琼山林业局宿舍区内），已圮。宋时称天庆观，元代称玄妙观。明初，琼州府将城东河口的玉皇殿神像迁祀于玄妙观，并改名为玉皇庙。清初，玉皇庙已圮，康熙二十年（1681），重建于旧址，即北街村。道光十年（1830）重修。清末，玉皇庙已破败不堪。尔后仅遗存石雕神像三尊（一尊宋代，二尊明代），每尊高 2.1 米，约重 3 吨，北街村民将其移迁于一间瓦房存放，以供瞻仰。因瓦房破漏，村民成立筹建小组，于 2004 年 5 月重建玉皇三清宫。原琼山市人民政府于 1998 年 11 月将三尊石雕神像立为可移动文物加以保护。

万寿宫　道教寺庙。位于府城北郊（今琼山医院内），宋代建，已毁。20 世纪 60 年代末，宋宣和元年（1119）立于宫内的宋代皇帝宋徽宗赵佶御制《神霄玉清万寿宫诏》碑石（阴刻 16 行 366 字碑文），尚存于遗址，且有亭台。今石碑已移置五公祠内。

第三节　伊斯兰教

宋、元期间传入海南。原居住海口的穆斯林群众较少，多数是 20 世纪 80 年代后落籍的，他们主要从事经商贸易活动。90 年代初，随着穆斯林群众在城区集聚增多，琼山区出现穆斯林活动，于 2007 年在凤翔西路（山高村口）附近筹备建设清真寺，置有教堂一间，可容信教徒约 60 名。信教者多为大陆到琼务工创业者。2009 年，沿教堂西侧建有临街铺面，经营面食店、饮料类小型贸易活动，从事经营者多为来自新疆籍维吾尔族务工人员，同时又是寺庙的守护者。

第四节　天主教

明崇祯三年（1630）天主教传入琼山县。由葡萄牙耶稣会派神甫彼尼到琼州府治（今府城镇），租赁陈氏宗祠设堂传教。3 年后，彼尼离琼往赣，派神甫大为加接替。崇祯十年（1637），大为加年老回国，又派传教士林本笃到琼主持传教，在府城北官市建立教堂。

清顺治十四年（1657），法国耶稣会派神甫法捷到琼传教，3 年后病死。接传者为意大利耶稣会神甫多凌斯。康熙二十一年（1682），多凌斯病死，又由法国耶稣会神甫加迷斯继任。康熙二十五年（1686）加迷斯病死。此后有法国、意大利、西班牙、葡萄牙等国 7 名神甫先后到琼传教，常住府城教堂内。自雍正元年（1723）始，清政府排外活动加剧，外国教会不敢再派人到琼传教，69 年间府海地区没有外来传教士主持传教。直到乾隆五十七年（1792），澳门鸣九教区才派葡萄牙籍神甫 3 人在府城等地恢复传教活动，并培养 2 名华籍神职人员。道光十六年（1836），葡萄牙神甫病死，华籍人员无法独立传教，活动停止。咸丰二年（1852），由驻广州的巴黎远东传教会派法籍神甫 3 人到琼传教，活动又恢复。同治七年（1868），在府城设立教堂，有教徒 88 人。巴黎远东传教会的传教活动持续 20 多年之久。光绪二年（1876），澳门鸣九教区派葡萄牙籍传教士到府城传教，在打铁巷兴建府城堂会。光绪三十四年（1908），海南天主教划归广州天主教区管辖，由广州法国双圣心会派芬神甫及随行圣保录会 1 名修女到府城，芬神甫主持传教，修女协助芬神甫传教和管理孤儿院。

宣统三年（1911），海口市铜锣园天主教堂落成后，成为海南天主教活动的中心。琼山县的堂会是海南教区的下属分支机构。1923—1952 年，法国籍神甫谢传芳曾在府城堂会传教。1946—1952 年，法国籍神甫甘成化曾在府城堂会传教。解放初期府城堂会有教徒 16 人。红旗镇龙发有少数教徒。20 世纪 60 年代后，活动中断。80 年代初期，甲子镇有 10 户 46 个教徒，三门坡镇有 1 户 4 个教徒，红旗镇有 11 户 40 个教徒。

天主教府城堂　位于琼山区府城镇打铁巷。清光绪二年（1876），由葡萄牙籍传教士建。光绪三十四年（1908），由法国籍神甫 1 名主持传教，另有 1 名修女协助传教和管理孤儿院。自 20 世纪 50 年代中期以后基本停止活动。1989 年，划拨天主教府城堂地产建基督教府城堂。2005 年 11 月 11 日，天主教府城堂的房地产权划归海口市天主教爱国会。

第五节　基督教

清光绪七年（1881）传入琼山。由美籍丹麦牧师冶基善在府城文庄路吴氏宗祠内设立传教所，定名为中华基督教琼海区会，属美国基督教长老会领导。

光绪十一年（1885），美国纽约基督教长老会派牧师康兴利到海南协助冶基善传教，在琼山县海口所盐灶村附近购置荒地兴建一幢楼房作为医务室，一幢楼房作住宅，后来逐渐扩建，成为海南福音医院，海口福音室。

光绪十三年（1887），美国基督教长老会派纪路文、张约逊、王约逊、吴赖安、郝斐和徐君礼等人到海南，在琼山县府城北官市租用民房一栋（一座三进）作为宗教活动场地，前二进为教堂和新设的中西女学堂，后进为传教人员宿舍。光绪十六年（1890）在后面荒地建一幢大楼房作为纪、张的住宅，同时建一幢楼房供中西女学堂使用。光绪十九年（1893）纪路文、张约逊、康兴利回美国，长老会又派谢大辟接替纪路文在琼山县府城基督教教堂的牧师神职。次年，纪路文、张约逊、康兴利再次到海南，在琼山县府城镇北官市的西边再建起一幢楼房作为中西女学堂校舍，由周罗以为女子学堂负责人兼传教士，将原有的中西女子学堂校舍改办中西男学堂，由张约逊兼任男学堂的负责人。同时纪路文、谢大辟、张约逊、悟熙国牧师以及郝斐、徐君礼女传教士分别到岛内各县进行传教活动。1920 年，纪路文、康兴利回国。1924 年，美国纽约基督教长老会又先后派牧师王保罗、王约逊、纪路文（日本侵琼时返回纽约）、白辅德、唐玛西（西班牙籍）等到海南进行传教活动。1934 年，正式组织中华基督教海南大会，会址设在琼山县府城北官市中西女学堂内（后改称私立匹瑾女子中学校）。中华基督教海南大会受香港中华基督教总会的领导，而香港中华基督教总会则受美国北美长老会中的西差会领导。中华基督教海南大会由美国西差会干事唐玛西任主席，大会每年召开二次（特殊情况例外）。大会领导核心以美国籍牧师为主体，华籍牧师为一般委员，华籍牧师具体负责各地分堂会的组建工作。以府海、那大、嘉积为重点传教区，随后扩展到在各乡村、墟镇设立传教点。大会有堂会 14 个，分会 40 个，其中琼山县有府城堂会和长流、西场、十字路、谭文、塔市、大林、灵山 7 个分会。解放时，琼山县有教徒 387 人，其中男 187 人，女 200 人。

光绪十三年（1887），设立琼山县府城堂会，地址在府城文庄路吴氏宗祠内，会员约三四百人。1924 年，迁往府城北官市基督教堂活动，府城堂会原由外籍牧师管理，1933 年，华籍王志德（毕业于金陵协和神学院）按立牧师神职后，回海南在府城堂会任职，开辟灵山、十字路、塔市传教点，同时经常派人到石山、美安传教。1941 年，王志德牧师被日本侵略军杀死后，府城堂会由牧师郑长松（华籍）主持。珍珠港事件爆发后，外办教会被封闭，教徒转入家庭活动。仅剩下琼山县塔市基督教聚会点由教徒余冠球接替主持。1949 年，余冠球到重庆神学院读书，由教徒曾玉平接替。不久，曾玉平病死，堂会解散，部分信徒转到海口基督教堂参加礼拜活动。1950 年 5 月，府城堂会、中华基督教海南大会房产被人民政府接管使用，府城地区的信教群众转入家庭活动或到海口基督教堂参加礼拜活动。

据 1954 年调查，有塔市基督教堂 1 个，全县有先生 2 名，教徒 20 名分布县内 7 个乡。1962 年，府城基督教会与海口基督教会及安息日会合并成立海口市三自（自治、自养、自传）爱国运动委员会。1968 年下半年起，教会解散，活动停止。1976 年，开始有 10 名教友过不定点的宗教活动。1981 年，经人民政府批准，马鞍街为定点进行礼拜聚会。1983 年 5 月，成立府城基督教“三自”爱国小组和新市基督教“三自”爱国小组，公开进行礼拜聚会。约有 40~50 人参加活动。1985 年 3 月，经广东省基督教协会同意，自选自圣按立颜文俊为牧师。同年10月，琼山县基督教三自爱国运动委员会成立，会址设在府城镇马鞍街5号，有主席1人、副主席1人，委员5人，管理全县教徒和信教者160多人，1989年2月25日，海南省基督教协会按立张居璜为牧师。1990年，全县有牧师2人，教徒170多人。2006年，全区共有信教徒2600多人，经批准登记的基督教场所有府城堂、龙塘堂、白石溪堂、云龙聚会点、三门坡红明聚会点、道客聚会点等6个。

解放前，教会经费由外国供给。解放后，实行自治、自养、自传的方针，经费主要依靠信教者的捐献。

基督教府城堂　始建于1912年，由美国长老会建设，原址在今海南省委党校内，占地面积约3万多平方米，房屋建筑面积1830.3平方米。1981年，海南军区接收府城堂的土地房产，后移海南党校使用。1989年，琼山县委统战部为了解决基督教活动场所问题，划拨府城文庄路打铁巷22号374平方米的土地建基督教府城堂。该堂负责人为李金兰牧师。

海南基督教会堂　位于府城镇冼马桥路73号，始建于20世纪90年代。

中华基督教会琼海区会　清光绪七年（1881），基督教传入琼山在府城吴氏宗祠内设传教场所（俗称福音堂），定名为中华基督教会琼海区会。光绪十七年（1891），海南第一所基督教会学校在府城设立。宣统三年（1911），由美国基督教会会员匹瑾出资，开办匹瑾女子中学（1927年停办），并附设小学，校址在府城北官村。1918年，基督教会在北官村创办华美中学校（1933年撤并）。

第六节　宗教活动场所

2003—2010年，琼山区合法宗教活动场所有8个，其中基督教6个、佛教1个、伊斯兰教1个，主要分布在府城镇、国兴街道办事处、龙塘镇、云龙镇、东昌农场、红明农场。

基督教府城堂　位于府城镇凤翔路南侧，负责人：李金兰，信众人数400人。主要教职人员：李金兰。

基督教道客聚会点　位于道客路天龙苑E幢别墅，负责人：李正翔，信众人数185人。主要教职人员：李正翔。

基督教龙塘堂　位于龙塘镇龙塘墟水文站旁，负责人：潘云娟，信众人数35人。主要教职人员：潘云娟。

基督教云龙聚会点　位于云龙镇云龙墟旧西街，负责人：杨其富，信众人数40人。主要教职人员：杨其富。

基督教白石溪堂　位于国营东昌农场白石溪墟，负责人：陈文，信众人数69人。主要教职人员：陈文。

基督教三门坡红明聚会点 位于三门坡红明农场，负责人：李志概，信众人数 130 人。主要教职人员：李志概。

泰华庵 位于府城镇草芽巷，负责人：释成道，信众人数约 2000 人。主要教职人员：释成道。

伊斯兰教 位于龙昆南路与凤翔路交叉路口，负责人：马进明，信众人数约 3500 人。主要教职人员：丁国进。

2010 年，琼山区有各宗教教职人员共 38 人，其中佛教 20 人、伊斯兰教 6 人、基督教 12 人，全区信众总人数约 6800 人，其中佛教约 2000 人、基督教 1276 人、伊斯兰教约 3500 人。各宗教场所教职人员按照《宗教事务条例》规定，主持宗教活动，努力宣讲教规教义，琼山区统战部参与活动场所管理，为信教群众提供宗教服务。

附：其他庙宇

琼山区神庙名目繁多，随处可见，大的神庙有庙祝管理，香火兴旺，小的土地庙只有节日才见香火。府城城区有文庙（孔庙）、武庙（关帝庙）、城隍庙、马神庙、火神庙、宗祠等 35 座，比较有名的神庙是琼台，琼台原指抱珥山，是府城的至高地。宋神宗熙宁元年（1073），统管海南岛行政的琼管安抚司据此为驻地，时人称之琼台。明永乐元年（1403），海南卫指挥杨义在山顶立“抱珥山”碑，距其不远处竖立“琼台福地”石碑坊。明弘治初年（1488）建奉祀关羽之武庙，规模为全岛之最。清乾隆二十二年（1757），修复琼台福地。乾隆四十三年（1778），琼山知县汪垕篆刻“琼台”二字勒石立碑。20 世纪 60 年代被毁。1999 年春，重建。此地地灵人杰，素称福地，后人敬仰。

注明：宗教的历史资料来源于 1999 年新编出版《琼山县志》，并结合《海南省志·人口志 方言志 宗教志》（1994 年版）进行调整。

第五编　体制改革

第一章　行政管理体制改革

2002 年 10 月海口行政区划调整后，琼山区根据国家、省、市的决策和琼山区实际，切实抓好行政管理体制改革。同年 10 月，完成琼山区工商局体制改革，分流人员 103 人进入新成立的琼山区市场建设服务中心，实行工商行政管理和市场建设服务职能分离。2007 年 1 月实施由国库集中支付的财政管理体制改革，提高财政资金的运行和使用效益。2009 年下半年，根据中共海口市委的部署，琼山区实行党政机构改革，通过这次重大改革，进一步落实市委强区扩权相关政策，理顺市、区两级行政关系，裁减机构，提高办事效率。

第一节　机构改革

一、党委系统机构改革

2003 年 1 月，中共琼山区委在保留县级市管理体制的基础上，根据事随人走的原则，部分人员分流到市相关部门及龙华区、美兰区、秀英区，通过小幅改革，达到精简人员的目的。改革后，中共琼山区委有工作机构 8 个：中共琼山区纪委（和琼山区监察局合署办公）、办公室（挂保密局、机要局、督查室牌子，副科级单位）、组织部、宣传部（挂区精神文明办、新闻中心牌子）、政法委（挂社会治安综合治理办公室、维护社会稳定办公室、简称综治办、维稳办、正科单位）、统战部、直属机关与企事业工作委员会、区编制委员会员会办公室（简称编委办）。并设党群机构区工商联合会、区总工会、区妇女联合委员会（简称区妇联）、共青团琼山区委员会（简称团区委）、区归国华侨联合会（简称区侨联）、区科学技术协会（简称区科协）、区文学艺术界联合会（简称区文联）、区残疾人联合会（简称区残联）、区红十字会、区关心下一代工作委员会（简称区关工委）等 10 个。机构设置一直沿套至 2009 年。2009 年，根据中共海口市委相关改革部署，中共琼山区委进行机构改革，重点是理顺关系，归并业务相近、党政交叉的机构，精简内设机构和人员，改善干部组织结构和提高干部素质。中共琼山区纪律检查委员会和琼山区监察局合署办公，实行一套工作机构、两个机关名称的体制，履行党的纪律检查和政府行政监察两种职能；党委办公室（内设督查室、保密室、机要局，均为副科级机构），宣传部（挂精神文明建设办公室牌子），政法委员会（挂社会治安综合治理办公室牌子）。区委维护稳定领导小组办公室，挂靠区委政法委，为正科级机构，不计机构个数；直属机关与企事业工作委员会，区机构编制委员会办公室，列入区委工作机构序列，挂靠区人力资源保障局，为正科级机构，不计机构个数。改革后，中共琼山区委工作机构共 8 个。其中区委工作部门 6 个：办公室、组织部、宣传部、统战部、政法委员会、纪律检查委员会。派出机构 2 个：直属机关与企事业工作委员会、区机构编制委员会办公室。

二、政府机构改革

2003 年 1 月 1 日，琼山区挂牌成立。琼山区政府为了理顺行政管理体制，对原琼山市政府组成部门进行机构改革，农业局和林业局合并，成立农林局，内设林业服务中心、扶贫办公室；撤消农机局，成立农机服务中心；撤销科技局，成立教育科技局。撤消人事局，成立人事劳动保障局。机构改革后，琼山区政府组成部门共 18 个：办公室（挂信访局牌）、安监局、卫生局、财政局、人劳局、农林局、发改局、统计局、审计局、教科局、规划建设局、民政局、文体局、城管局、商务局、司法局、水务局、计生局。设直属部门 8 个单位：环卫局、旅游局、地震局、档案局、园林管理局、房产管理局、爱国卫生办公室，均为正科级单位。

2009 年琼山区政府机构改革，落实中共海口市委强区扩权相关决策，理顺市、区两级行政关系，实现从管理型政府向创新型、服务型政府的转变。为了精简机构，提高办事效率，外事侨务办公室、法制办公室挂靠区政府办公室，政府办公室内设督查议案室、应急管理办公室；发展和改革委员会（挂经济动员办公室牌）、教育局（挂人民政府教育督导室牌），科学技术与工业信息化局（挂知识产品局、地震局牌），监察局（与纪律检查委员会合署办公，列入政府工作部门，不计政府机构个数），财政局（挂国有资产管理办公室牌），住房和城乡建设局（挂人民防空办公室牌），农业局（内设畜牧兽医局），卫生局（挂食品药品监督管理局、卫生应急办公室牌），信访局单独设置，为正科级机构，列入政府机构序列，不计入机构个数。改革后，区政府组成部门共 19 个：政府办公室、发展和改革委员会、财政局、商务局、教育局、科学技术与信息产业局、民政局、司法局、人力资源和社会保障局、住房和城乡建设局、农业局、水务局、城市管理行政执法局、文化体育和旅游发展局、审计局、卫生局、人口和计划生育委员会、统计局、安全生产监督管理局。

第二节　人事制度改革

一、干部制度改革

2002 年 10 月海口行政区划调整后，琼山区本着“整体推进，重点突破”的原则，逐步实行试用期制，领导干部到龄不提名以及内退等制度。积极推进干部任用公示制，对副科以上提拔使用干部一律实施公示，并试行竞岗制度，于 2007 年将区政府办公室、区教育局、区卫生局、区发改局、区财政局 5 个副科职位向社会公开招聘，竞岗录用。同时本着严格要求、严格管理、严格监督的精神，加大对领导干部日常管理监督力度，建立副处级以上党政领导干部财产申报制度，党政机关、乡镇科级以上领导干部个人重大事项报告制度，企业领导干部离任审计制度，组织部门与执纪执法部门联系通报制度和回复、谈话、诫勉制度等。并根据《国家公务员暂行条例》，在全区完成国家公务员制度实施。

二、推行国家公务员制度

1993年《国家公务员暂行条例》公布，原琼山市开始推行国家公务员制度。1998年底，原琼山市在机构改革“三定方案”的基础上，进行公务员过渡培训，市政府组成部门、部门管理机构，26个乡镇完成推行国家公务员制度过渡。2003年后，琼山区空编缺岗的，一律通过省组织国家公务员公开招聘考试渠道解决。2010年，根据省、市参照国家公务员过渡制度，琼山区的旅游局、园林局、机关事务管理局、档案局、区劳动监察大队等9个部门被列入参照单位，符合条件的在职人员100余人过渡为公务员。

三、事业单位人事制度改革

2004年，琼山区试行将乡镇农技站、农机站、水利站、农经站、文化站、广播站、畜牧站等7站进行机构改革，2006年根据7站的职责、功能正式成立2个机构：农业服务中心、文化广播服务中心，人员分流实施就地安置。

第二章　经济体制改革

第一节　工业体制改革

自1983年之后，琼山国有企业打破“大锅饭”，为了搞活企业，层层实行经济承包责任制，先后实施厂长负责制，“利改税”、经营承包责任制等一系列改革。进入20世纪90年代后，由于受市场因素影响，企业包袱重，负债多等原因，琼山国有企业开始走下坡路。自2000年开始，原琼山市对国有企业实施以“退二进三”（即退出第二产业，转产第三产业）为主的企业改革方案，海口红旗糖厂、琼山印刷厂、海南制钉厂等一批企业进行改制，从国有企业变为股份制企业或民营企业。海南铸管厂改制为民营企业，进行资产重组，原厂区工业用地转为商业用地，从事房地产开发。2003年后，琼山区先后对龙塘糖厂、海南电线电缆厂等企业改制为民营企业，龙塘糖厂改制后实行租赁经营，海南电线电缆厂退出生产领域，从事房地产开发。这2家企业实行职工买断工龄安置，实施货币补偿政策，享受国家再就业待遇。2010年，琼山区尚有54家国有企业（含国有商业企业）未改制。

第二节 商业流通体制改革

1978年改革开放后，原琼山县对全县商业管理体制、经营体制、购销形式和购销政策进行全面调整和改革，改革国有商业网点由国家直接经营形成的政企合一、高度集中统一的商业管理体制，改变按照行政区划设置商业机构和形成的批发经营二级、三级站及零售点的三级流转的商品流通模式，打破原有商业体制形成的多环节、少渠道、部门分割、城乡分离、地区封锁的封闭流通格局。在商业管理体制和经营机制方面，实行党政职能分开，扩大企业自主权。

1986年，原琼山县加大商业体制改革力度，逐步在商业企业推行经理负责制，承包经营责任制，干部任期目标管理责任制。至1987年底，全县商业系统琼山外贸公司、琼山中旅社、琼山外经公司、琼山烟酒公司、琼山药材公司、琼山物资公司、琼山食品公司、琼山土产日杂公司、琼山供销社等10多家县级公司全部实行经理负责制。在行政管理体制上，撤销琼山商业局和物资局，组建琼山商业集团和琼山物资集团。

随着消费市场的变化，琼山商业企业积极调整经营业务，改变营销方式。至2000年，原琼山市（1994年4月撤县设市）商业企业通过"改造、转让、租赁、出售"形式，进行商业结构的调整和改革。2010年，琼山区的商业企业以私营为主，国有商业职工以提前退休或买断工龄或下岗处理进行分流，全区共分流下岗人员3000多人。通过引入市场机制，琼山区发挥省会城市重要城区的区位优势，大力发展个体商业或股份制商业联合体，形成遍布城乡商场、超市、店铺的商业流通网络，出现了南北水果市场、塔光陶瓷城、金鹿灯饰城、凤翔路、中山路美食一条街等一批专业市场，并引进家乐福、天茂百货等商城，形成商贸黄金圈。

第三节 农村经济体制改革

一、农村家庭联产承包责任制

1978年中共十一届三中全会后，原琼山县农村经济体制改革启动。1979年，开始在美安、演丰、红旗3个公社实行包产到户的生产责任制试点。1982年，琼山县人民政府制定联产承包到户45条政策，年底共有3519个生产队实现家庭联产承包责任制，占全县生产队总数的96.43%。1984年底，全县开始第一轮土地承包，土地承包期限15年。1997年，推进农村第二轮土地承包，土地承包期限30年，全琼山市共签订土地承包合同139322份；2005年，琼山区开展农村土地承包经营权证发证工作，签发农村土地承包经营权证35693份，面积38.25万亩。2010年，全区农村土地承包档案实现电脑化管理，承包合同录入电脑率98%。

二、农村综合改革

（一）农村税费改革

根据国务院的部署，琼山区自2003年起实施农村税费改革。改革内容涉及取消乡统筹费、农村教育集资等专门面向农民征收的行政事业性收费和政府性基金、集资，取消屠宰税，逐步取消统一规定的劳动积累工和义务工（2003年每个劳动力不得超过20个标准工日，2004年不得超过15个标准工日，2005年起全部取消）。同时实行“两个调整”：调整农业税政策（2005年起取消了农业税），调整农业特产税政策，改革村提留征收使用办法，实行农村税费改革转移支付制度。农村税费改革前，全区农民人均负担129.6元，亩均负担277.3元。实行农村税费改革后，未取消农业税前，人均负担15.1元，亩均负担32.4元；人均负担改革后比改革前减少114.5元，减少88.3%，亩均负担改革后比改革前减少245元，减少88.3%。从2006年1月1日起取消农业税后，全部减免了农民的负担。

（二）土地经营制度改革

1997年推进农村第二轮承包后，琼山沿袭第一轮土地承包政策，农村集体土地由承包户独自经营。由于农户受资金、技术、劳力的制约，大多数耕地处于粗放管理，缺少深耕细作状态，制约了现代农业的发展。为了进一步完善土地经营制度，琼山区自2005年起大力推广建立农民专业合作社（联合体），至2010年全区已建立农民专业合作社127家，在整合土地规模经营的基础上，于2010年在大坡镇进行的农村土地承包经营权流转试点工作。由田心村出集体土地（承包户土地），引进社会资金2000多万元创办“鹭鸟天堂”农庄休闲旅游项目和大棚菜基地20公顷，根据土地流转协议，在给全村劳力发放务工工资的基地上，按比例实行收益分红，当年全村劳力人均收入突破1万元。大坡试点经验在全海口市推广。流转方式包括转包、出租、互换、转让等。在“平等协商、自愿、有偿”和不改变农用地性质的前提下，全区进行土地流转262宗，流转面积3427.3公顷，其中集体出租地258宗，面积2386.7公顷；集体联营4宗，面积40.6公顷。农村土地经营流转制度改革，有效地整合和激活了农村土地资源，加快了琼山区农业产业化和

红旗镇青龙山养殖基地　（林芳善　摄于2008年8月5日）

现代化的步伐。

（三）集体林权改革

琼山区从2009年3月全面开展林改工作，政府和林业部门高度重视，精心组织，采取有效措施，积极稳妥地推进林改工作，在2010年6月底基本完成了集体林权制度改革工作任务：（1）林地保障率96%，全区规划集体林地32593.3公顷，规划内含有国有面积4000公顷，规划内发证面积为23333公顷，规划外发证面积为3733公顷；（2）家庭承包率为86%，全区集体规划商品林地面积为29760公顷，家庭承包林地面积为19066公顷；（3）林权证发证率99%，全区规划内发证面积为23333公顷，符合条件的林权申请登记23666.7公顷；（4）林权证准确率100%，全区抽查53个村民小组160宗林地，经实地核查，合格宗数为160宗；（5）纠纷调处率92%，成功调处林地纠纷132宗119公顷；⑹区级档案合格率100%，抽查林权档案9000宗，合格宗数9000宗。

（四）农村“三资”委托代理

2010年，琼山区71个村委会939个村民小组将集体“三资”（资产、资金、资源）委托镇政府代理。通过推行农村集体“三资”委托代理服务，强化对农村集体“三资”处置工作的监督，从而减少了农村腐败问题的发生；规范了农村集体“三资”处置；减少了农村干群矛盾，促进了农村和谐稳定；实现了农村集体“三资”的保值增值。

（五）农业资金综合直补政策

2006年农资综合直补每亩23.42元，全区种粮面积9956.6公顷，共计补贴349.8万元。2007年农资综合直补每亩38.24元，全区种粮面积10074公顷，共补贴资金577.87万元。2008年，农资综合直补每亩85.33元，全区种粮面积10076公顷，补贴资金1289.78万元，粮食直补每亩4.76元，补贴资金71.95万元，两项合计共补贴1361.73万元。2009年农资综合直补每亩补贴85.23元，粮食综合直补面积9406公顷，共补贴资金1202.68万元，粮食直补每亩5.36元，共补贴75.73万元，两项合计共补贴1278.46万元。2010年农资综合直补每亩87.36元，补贴面积9491公顷，共补贴资金1243.79万元，粮食直补每亩5.5元，共补贴78.42万元，两项合计共补贴1322.21万元。

三、农村经济体制改革带动农业大发展。

（一）经营模式多样化

2003—2010年，琼山区瞄准市场，引导农民边实践边探索，创造了五种经营模式，为琼山农业发展注入了活力。（1）“五统一分”模式。即统一规划、统一开发、统一品种、统一技术、统一销售、分户管理。该模式于2005年在旧州镇试点，然后在全区推广，引领了集约化农业生产基地建设，2005—2010年，全区建设6.66公顷生产基地312个。⑵生态循环模式。即实行了“一池三改”、采取了“猪—沼—作物”生态循环发展。2003—2010年，全区发展生态循环农业面积达2666.7公顷。（3）小庄园模式。按“四个一”即一口井、一个沼气池、一栏猪、一个种植园进行经营。三门坡镇是推广该模式的典型镇，全镇建立小庄园达 103 个。（4）合作经济模式。实行“公司 + 农民”，“专业大户 + 农户”进行经营，在种植、养殖、运销、加工等方面形成生产经营联合体，至 2010 年，全区建立了 218 家联合体。（5）“一村一品”专业化生产模式。全区实施“百头千户”养殖计划，积极培养专业户、专业村，带动农民进入市场，形成了大坡、三门坡、红旗、云龙、甲子镇一批橡胶专业村、红旗、云龙镇一批香蕉专业村，各镇都涌现了一批瓜菜专业村、养殖专业村，云龙镇涌现一批淮山专业村。

（二）农业产业结构升级优化

2003—2007 年，琼山区按照“三块（城郊块：以府城、龙塘、云龙为重点发展花果菜和加工业；沿路块：以红旗、三门坡、大坡为主，突出抓热作、水果和瓜菜生产；欠发达块：以甲子、旧州、三门坡镇谭文片区为区域，主攻瓜菜、水果等热作）、一带（以云龙为中心向旧州、红旗、三门坡辐射形成花卉产业带）、一发展（推动全区养殖业发展）”生产布局建设农业基地，到 2010 年底全区创办了农业基地面积 2400 公顷，形成香蕉、荔枝、龙眼、橡胶、瓜菜、花卉、胡椒、淮山、养殖等九大产业带，促进了农业规模化生产。截至 2010 年底，橡胶种植面积 9266.7 公顷、胡椒种植面积 2000 公顷、荔枝龙眼种植面积 2133 公顷、香蕉种植面积 2000 公顷、花卉种植面积 1573 公顷、瓜菜种植面积 4000 公顷、淮山种植面积 608 公顷。

全区通过主导产业发展，实施“百头千户”养殖计划，畜禽养殖方式正逐步由农户散养向规模化养殖的转型，并形成了生猪、文昌鸡、黑山羊主要产业。截止 2010 年底，全区建立了养殖小区 47 个、规模养殖场 293 个，万头养殖场 6 个，百头养殖户 810 户，年出栏 1000 头以上规模猪场 160 个，出栏万头以上规模猪场 15 个，年出栏 24000 只以上的养鸡场有 15 家，年出栏 10 万只以上的养鸽场有 4 家，饲养黑山羊 500 头以上的有 2 家，和牛标准化养殖小区 22 个。

（三）生态循环农业蓬勃发展

2008—2010 年，琼山区致力建设全省生态循环农业示范区，以畜牧发展为主线，沼气建设和推广沼气综合利用为纽带，建立“猪—沼—作物”生态循环农业模式，共建有生态循环农业基地 13 个共 680 公顷。2008 年，海口市新增中央投资沼气项目建设现场会在旧州镇召开，18 个省市沼气建设现场会在红旗镇召开，2009 年，海口市新增中央大中型沼气建设现场会在红旗镇召开。截至 2010 年底，全区完成户用型沼气项目达 7287 个，大中型沼气项目达 59 个，村级沼气服务站达 27 个，沼气入户量到达 1.55 万户，沼液用户到达 2.1 万户，沼肥（液）施用于农作物面积 3000 公顷。全区重新认证无公害农业基地 21 个，面积达 2666 公顷。通过沼气综合利用带动生态村建设，带动农业增收，产生社会效益、生态效益和经济效益。沼气用户年节支增收 2500 元。

（四）全面推进设施农业生产基地建设

2003—2010 年，琼山区应用现代的设施装备改造农业，不断提高农业现代化水平，实现农业高产出和高效益。截至 2010 年，全区建成钢架大棚 14.6 公顷、简易大棚 142 公顷，水果节水基地 1413 公顷；冷库建设加快，建成农产品冷库 10 个，冷库总容量 2 万立方米；农机装备水平稳步提高，农机总动力达 10.7 万千瓦，机耕面积达到 1800 公顷，机灌面积达到 7500 公顷，主要农作物机耕水平率达 70%，农机经营收入达 7058 万元。

（五）农业生产组织化发展迅速

2003—2010 年，琼山区积极推进农业生产组织专业户集约经营、专业村集约经营和专业合作社集约经营模式。截至 2010 年底，全区发展专业合作社 223 个，入社农户 2780 户、带动农民近 2.5 万人，主要采取“合作社 + 基地 + 农户”模式推进标准化生产和产业化经营，主要从事包括种植业、养殖业、农机服务业、冷库储藏运销业、加工业等，几乎覆盖了全区所有农业产业。

（六）休闲观光农业起步发展

2003 年建区后，琼山区以文明生态村建设为载体，不断加大社会主义新农村的建设，把历史文化、红色文化、生态文化和观光农业紧密结合起来，以红色文化为线，生态文明为点、休闲观光农业为块，精心经营乡下游、农家乐。截至 2010 年底，全区共创建了 467 个文明生态村，三门坡镇的龙鳞村、加乐湖村，大坡镇的田心村、多谷屯村，红旗镇的本立村、岭门村、南畴湖村，甲子镇的龙塘村、青云村、罗边村等一大批文明生态村。全区打造百里新农村走廊，经营生态农家乐，形成自北向南纵深发展。截至 2010 年底，全区具备经营文明生态村、开发乡村游和农家乐的有 15 个，已经经营的有 4 个。其中三门坡镇的龙鳞村年接待游客 4.6 万人次，全村人均收入从 2009 年的 7000 元增加到 2010 年的 1.1 万元。

第四节　财政体制改革

2002 年，原琼山市实行海南省实施分税制财政管理体制，当年中央第一次将所得税调整为共享收入（之前企业所得税和个人所得税为地方固定收入），2003—2007 年，琼山区实行海口市对其实施的分税制财政管理体制。2008 年区级财政分税制财政管理体制调整，由上划中央收入、省市共享收入、市区共享收入和区固定收入 4 部分构成。

在区级财政体制改革中，除了明确支出范围、预算编制、预算执行、预算监督和绩效评估等基本规定外，还实施了 5 项区级财政体制改革。

一、“镇财区管”改革

在保持镇级预算管理权、资金所有权、财务审批权“三权”不变的前提下，区级财政部门在预算编制、账户监管、集中支付、政府采购和票据管理等方面，对镇级财政进行集中统一管理和监督。同时试行村级财务会计委派管理制，实行“村财民理镇监管”，使村级财务管理规范化、制度化。2004 年推行“村财镇监管”制度后，各镇村委会已移交完毕，共设立账套 84 个，其中村委会 68 个、社区 10 个、经济社 4 个、居委会 2 个。2009 年下半年开始在原有的基础上，每个镇再推出 5 个村民经济社进行财务委派监督。镇财务核算建账的初始化、各项会计核算业务走上轨道，基本实现会计程序的规范化、科学化，业务监督进一步加强。

二、非税资金管理

2003 年，琼山区根据《海南省非税收入实行银行代收管理方法》等文件精神，结合琼山区实际，制订了《关于 2003 年琼山区非税收入资金收入核拨计划方案》。该方案一直沿用至 2007 年。2008 年制订《海口市琼山区非税收入管理暂行规定》，对非税收入的执收单位、资金的收缴及资金的拨付使用等做出规定，明确把行政单位的固定资产（资源）有偿使用纳入预算管理。

三、国库集中支付制度改革

琼山区从 2007 年 1 月起，建立国库单一账户和财政应用系统支撑平台，把预算内外资金全部纳入政府财政管理信息系统中。推行财政税库银横向联网，实现预算拨款电子支付，财政、银行、预算单位通过支付系统实行联结，财政资金从指标—计划—支付全程网上透明运行，有效提高了政府财政资金的调控能力，保证了财政资金的安全性和有效性。区本级预算单位全面实行国库集中支付制。从 2010 年 1 月起，琼山区各乡镇全额拨款预算单位都全部实行国库集中支付制。

四、工资网络统发制度改革

从 2008 年 1 月起，启用财政工资网络系统拨发工资。（1）落实省财政厅《关于推进市县财政工资网络统发工作的意见》及琼区制定的工资统发具体方案，确保全区行政事业单位财政供养人员工资按时足额发放。（2）选定工资统发代理银行。（3）加大监管力度。形成“三核一统”的管理机制，即编制部门核实人员，人事部门核准工资，财政部门核拨经费，银行将工资统一分解划转到个人账户。至 2010 年全区共有 132 个行政、事业单位的财政供养人员 6000 人的基本工资、绩效工资及各种津贴补贴均以纳入工资统发。

五、“公务卡”制度改革

按照省财政厅《关于实施公务卡强制结算目录的通知》《海口市琼山区公务卡改革的实施方案》要求，扩大区级和镇级“公务卡”试点单位范围，以点带面，在全区预算单位范围内逐步扩大“公务卡”的使用面，有效控制预算单位的现金流量与现金风险，规范财政财务管理。2010 年全区 85 个区本级预算单位已全面实行“公务卡”制，并将逐步向乡镇级 50 个预算单位全面铺开。

第三章　社会保障制度改革

第一节　保险制度改革

20 世纪 90 年代初，原琼山县逐步建立起养老、失业、工伤、医疗、城乡居民最低生活保障等为主要内容的社会保险体系。

完成养老保险制度改革，建立完善社会统筹保险制度，养老保险覆盖各种所有制企业和事业单位。1991 年，国务院颁发《关于企业职工养老保险制度改革的决定》，随后，海南省人民政府相继颁发了相关条例和文件。原琼山县人民政府严格执行国务院和省政府的相关文件，于 1992 年开始将全民、集体、“三资”企业全部职工都纳入养老保险。建立失业保险制度，把城镇企业和城镇私营企业纳入失业保险范围，职工失业保险制度由国家立法、纳入法制轨道，实行社会统筹统支。全县机关事业单位养老保险和失业保险同时启动。

2003 年后，区级社会保险业务划转海口市社会保障事业局。社会保险制度从原来的养老保险、失业保险增加医疗保险、生育保险、工伤保险，简称“五项保险”。“五项保险”费用由国家、企业和个人三方共同负担。

为构建社会保障“安全网”，琼山区根据国家相关政策规定，确保社会保障资金支出到位，2003 年支出 452 万元，2007 年支出 9279 万元，2010 年支出 14538 万元。2003—2010 年全区社会保障支出 45846 万元。

第二节　最低生活保障制度改革

2003—2005 年底，琼山区的城乡低保工作由区民政局实施。2005 年 7 月 5 日，经区机构编制委员会批准成立“琼山区特困居民服务中心”和“琼山区最低生活保障服务中心”，二块牌子一套人马，隶属区民政局领导，编制 5 名，负责全区的城乡低保工作。2007 年 6 月，镇、街道均成立低保工作站，由 2~3 人负责低保工作；村（居）委会配备 1 名低保专管员。每个镇（街道）配备了摩托车、电脑、打印机、照相机等办公设备，全区形成了区、镇（街道、场矿）、村（居）委会三级城乡低保管理网络。

一、城市低保

2003 年，琼山区城市居民最低生活保障制度，依照海口市《关于认真落实我市居民最低生活保障制度的通知》规定执行，对家庭成员月人均收入低于本市当年最低生活保障标准的城市居民实行全额或差额救助的社会救济制度，实行动态管理，每季度审核 1 次。

城市居民最低生活保障标准根据社会经济发展适时进行调整，具体变化：2005 年 10 月前标准是 170 元；2005 年 10 月至 2006 年 12 月，标准 221 元；2007 年 1 月至 2009 年 6 月，标准是 260 元；2009 年 7 月起，标准是 320 元。

二、农村低保

2003—2010 年，琼山区农村居民最低生活保障，依照海口市《关于认真落实我市居民最低生活保障制度的通知》规定执行，对家庭成员月人均收入低于本市当年最低生活保障标准的农村居民实行全额或差额救助的社会救济制度。农村居民最低生活保障实行动态管理，每半年审核 1 次。2004 年 10 月 27 日，在甲子镇群星村委会举行农村低保金首发仪式。

农村居民最低生活保障标准根据社会经济发展适时进行调整，具体变化：2004 年 10 月前标准是 80 元；2004 年 10 月至 2008 年 3 月，标准是 93 元；2008 年 4 月至 2009 年 6 月，标准是 140 元；2009 年 7 月起，标准是 200 元。

2003–2010 年琼山区城乡低保统计表

表 5–3–1　　　　单位：元

年度	低保性质	第一季度			第二季度			第三季度			第四季度			合计		
项目		户数	人数	季补差	户数	人数	季补差	户数	人数	季补差	户数	人数	季补差	户数	人数	年救助
2003	农村	2295	4708	284190	2295	4708	284190	2295	4708	284190	2295	4708	284190	9180	18832	1136760
	城镇	1200	3100	558000	1102	3494	552357	1144	2862	572418	1599	4121	724284	5045	13577	2407059
2004	农村	1375	2411	139653	1375	2411	139653	1375	2411	139653	4097	6782	878352	8222	14015	1297311
	城镇	1885	4766	763026	2107	5321	906072	2078	5214	891333	2156	5438	923541	8226	20739	3483972
2005	农村	2860	5529	534048	2880	5472	565191	2880	5472	565191	3988	6574	869262	12608	23047	2533692
	城镇	2062	5044	873342	2290	5801	969078	2203	5510	928476	2268	5608	959109	8823	21963	3730005
2006	农村	3988	6574	869262	4165	7119	963522	4203	7173	953175	4310	7284	1011480	16666	28150	3797439
	城镇	2335	5800	978516	2432	6103	1024860	2494	6259	1055280	2546	6347	1287486	9807	24509	4346142
2007	农村	4310	7284	1011480	4747	8147	1176561	4745	8145	1176003	4876	8643	1221681	18678	32219	4585725
	城镇	2727	6821	1606428	2943	7398	1731846	2802	7013	1645095	2828	7074	1659162	11300	28306	6642531
2008	农村	4904	8670	1646550	5084	9394	1900761	5073	9384	2696157	5189	9683	2235684	20250	37131	8479152
	城镇	2764	6751	2436795	2812	6857	2475456	2828	6908	3145629	2814	6842	2784387	11218	27358	10842267
2009	农村	5183	9666	2236077	5065	9450	2204736	4959	9293	2584164	5118	9720	2679189	20325	38129	9704166
	城镇	2701	6522	2662977	2687	6440	2642439	2534	6014	2789295	2563	6080	2813367	10485	25056	10908078
2010	农村	5089	9680	2664045	5234	10109	2770971	5201	10050	2751816	5292	10235	2920227	20816	40074	11107059
	城镇	2536	6014	2785770	2547	6004	2782728	2497	5876	2707332	2486	5816	2697087	10066	23710	10972917

第四章　科教文卫体制改革

第一节　科技体制改革

2003年，琼山区科技、教育合并为琼山区教育科技局。2008年10月区教育科技局分设为区教育局、区科技和信息产业局，区科技和信息产业局行政编制6名，机关工勤人员财政预算拨款事业编制1名。2010年9月，改为海口市琼山区科学技术工业信息化局。为了适应新形势下科技体制改革的需要，琼山区成立了由区委书记为组长，区长任副组长，各相关职能部门领导为成员的区科技工作领导小组；全区各镇（街道）都成立以党政一把手为组长的科技领导小组，配备了专职科技副镇长，所有的村委会都配备了专职科技副主任，形成了区、镇（街道）、村（居委会）三级科技管理网络，切实加强对科技工作的领导。琼山区按照“经济建设必须依靠科学技术，科学技术工作必须面向经济建设”的战略方针，围绕促进科技与经济相结合，加速科技经济一体化改革步伐，把科技经费全部投向科研机构和科研课题，2003年，区财政划拨科技经费180万元，2006年586万元，2010年719万元。2003—2010年，投入科技经费共2461万元。在科研经费保障下，琼山区科技体制改革硕出成果：2003年成功培育彩椒等8个果、菜新品种；2009年海南红塔卷烟厂双层盘纸卷烟技术研究和应用，增加产值3000万元；2009—2010年选育3个淮山新品种，推广10项新技术，全区产量增加9873吨，农民增收近2000万元。2004年杂交稻博Ⅱ优15、2005年优质杂交稻Ⅱ优128、2006年优质常规稻新特籼25等3个品种引种、示范与推广科研项目分别获得海南省科技成果转化奖项的一等奖、二等奖和一等奖。

第二节　教育体制改革

2003—2010年，琼山区不断完善教育基础设施。为了解决城区学位紧张问题，2008年争取海口市政府支持收回民办振发学校改为公办学校，协助市政府于2009年新建琼山中学高中部，扩建了琼山第一小学，解决了群众强烈关注的府城地区学位紧张问题。创新教学模式，实行城区优质学校与城郊薄弱学校捆绑帮扶办学，开启了全省捆绑式教育的先河，让城乡共享优质教育资源。于2010年启动校安工程建设，重建项目29个，加固项目44个。

琼山城市建成区域散布着海南师范大学、琼台师范高等专科学校、海南中学、琼山中学等著名学府。区管学校有府城中学、琼山二中、琼山一小、二小、三小、四小、五小、六小、七小。乡镇中小学校有 70 多所（含教学点）。区教育局属正科单位，负责区属学校的行政管理和中小学招生监管工作。教育体制改革涉及领域主要有四方面：（1）改革教育管理体制，于 2003 年撤销镇级学区，实行由区教育局直接管理，镇中心小学属地管理全镇小学的管理体制，达到裁减机构，提高管理效能的目的；（2）抓好教育督导工作，巩固“双基”教育成果，全区少年儿童入学率和辍学率都控制在 99%以内，教育督导工作处于全省先进水平；（3）实行中小学校长聘用制，公开竞岗和招聘，把一批学历高、教育经验丰富的人才推上学校领导岗位，不断提高办学水平和办学质量；（4）城区中小学义务教育阶段推行就地划片入学，促进公共教育资源均等化，让群众受益优质教育资源；（5）大力实施校安工程，建立校长负责制，采取积极措施保护学校安全和师生平安。2003—2010 年，全区中小学校未发生责任安全事故。

第三节　文化体制改革

一、新华书店体制改革

2003—2010 年，琼山区进行文化体制改革的单位是新华书店。2002 年前，新华书店原名称为琼山市新华书店，单位性质是事业单位、企业管理、自负盈亏。经营状况：2002 年全年经营业绩为 1900 万元，净利润 30 万元，设置 1 名经理、2 名副经理，在岗职工 77 人，退休人员 20 人。

2003 年初，原琼山市新华书店更名为海口琼山新华书店，单位性质不变，事业单位企业管理，除了 14 名职工因病内退外，其余人员正常在岗，职工待遇按照事业单位工资制来计发。2005 年 10 月，新华书店图书门市部与省新华书店连锁经营，由省新华书店出资统一采购、配送图书，市县书店销售，利润分成。

2007 年 7 月，全省新华书店系统文化体制改革正式开始。海南省新华书店系统作为全国第一个跨省份跨地区与江苏新华书店集团有限公司联营组建海南凤凰新华发行责任有限公司。江苏方占股 51%，海南省新华书店系统以全省各市县新华书店之资源占股 49%。即全省各市、县新华书店联合组建成海南省新华书店集团有限公司，各市县新华书店改称为海南省新华书店集团 × × 有限公司（非资产），然后由海南省新华书店集团有限公司与江苏省新华书店集团有限公司联营组建海南凤凰新华发行责任有限公司。

改制后，海口琼山新华书店属于跨省联营后的子公司，更名为海口琼山新华书店有限公司。单位性质由原来的事业单位变为企业单位，但企业还是由省国有资产管理委员会领导，企业化管理。人员安排：工作满 30 年及距离退休年龄在 5 年以内的人员称为“老人”，符合上述规定的 9 名职工及原来在海口琼山新华书店已经退休的人员，都划入海南省新华书店集团琼山有限公司。在单位改制时另有9位职工自愿买断工龄，自主择业。其余57名职工通过竞聘上岗，最后全部安排在本单位各个岗位。资产处理：原海口琼山新华书店的所有优质资产，大部分划入海南凤凰新华责任有限公司，只有一些原来分给单位职工居住、但没有过户的房产被划到海南省新华书店集团公司（注：在改制时，海口琼山新华书店按要求注册了两家公司，即海口琼山新华书店有限公司和海南省新华书店集团琼山有限公司），一些不良资产及原有欠款也划入海南省新华书店集团有限公司，集团有限公司不参与经营。改制后的新华书店不归当地政府部门管理，人权、物权、经营权全部归海南凤凰新华发行责任有限公司管理，采取垂直管理方式。职工待遇在改制后收入有所增长，全员按岗定薪，岗变薪变，与工龄无关。

琼山新华书店体制改革后经济效益有了很大的改变，一般图书在门店销售由原来的100万元/年增长到2010年的400万元/年。教材方面由于政府采用了循环教材，书店的教材类发行元没有出现大的滑坡，发行渠道、范围不变，教材征订还是保持在2400万元左右。固定资产出租在2009—2010年均保持在年收入80万元。改制后书店的社会效益也有很大改观，一般图书采取连锁经营。2008年后，门店的图书品种、图书库存增加，给读者带来了很大的选择。教材发行采取规范化管理后，与学校的服务进一步细化，并保证学生能够课前到书，一手一册。图书下乡服务“三农”的流动销售方式更加频繁，科技类、种植类图书能够更加便捷地进入农民手中。

二、电影公司体制改革

琼山电影公司属于文化事业单位实行企业管理性质，2010年共有在职职工69人，退休人员80多人，其中上岗职工23人，待岗46人。自电影行业实行院线管理后，琼山电影公司于2009年前属于海南省电影公司院线，2009年加入中国电影公司院线。由于受到多元文化娱乐的影响，琼山电影公司自2003年后，院线年收入仅10万多元，在放映电影之余，出租琼山影剧院当演出场地年收入10多万元。面对经营困境，琼山电影公司锐意改革，实行多元化经营，利用原府城电影院改为金龙商场，营业面积5000平方米，年收入500万元。通过经营体制的深化改革，公司年收入在海南省排名第二（海南省电影公司排名第一），年缴税金100万元，公司为上岗职工发足工资人均每月2700元，待岗职工2500元，并为职工上缴五项社会保险金和住房公积金。

第四节　医疗卫生体制改革

一、基本公共卫生服务均等化改革

2003年后，琼山区实施城乡大病统筹制度，对大病住院的城乡困难居民实施医疗求助，建立财政专项资金实行资金补贴，切实解决群众看病难问题。按照国家相关规定，从

2009 年开始实施国家基本公共卫生服务项目，免费向城乡居民均等化地提供建立健康档案、健康教育、预防接种、传染病报告处理、儿童保健、孕产妇保健、老年人保健、慢性病管理、重性精神病管理、食物中毒与突发公共卫生事件处理、卫生监督协管等 10 项 11 类公共卫生服务。至 2010 年全区城乡居民健康档案累计建档人数约 41 万人，规范化电子建档率 56%。65 岁以上老年人健康危害因素调查和体格检查 10483 人，管理率 30.35%；高血压管理人数 6080 人，管理率 22.85%，规范管理率 55.66%；糖尿病管理人数 1882 人，管理率 28.3%，规范管理率 57.76%；登记管理重性精神疾病患者 760 人，管理率 24.7%。城乡居民免费均等地享受到了基本公共卫生服务。

二、新农合制度改革

自 2004 年开展新型农村合作医疗工作后，琼山区共有 76.7 万人次享受新农合补偿，补偿金额 1.1 亿元。自 2005 年至 2010 年连续 5 年保持在 95%以上。2008—2010 年连续 3 年荣获全省新农合工作优秀奖。

三、卫生院财务管理改革

2003—2008 年，琼山区基层卫生院按照财务制度实行财务核算管理，编外医务人员由基层医院自筹。2009 年底成立基层卫生院会计核算站，对卫生院财务实现统一核算管理，保证乡镇卫生院正常运行。规范乡镇卫生院的财务行为，遏制了医药购销腐败现象的发生。

四、医院联姻

2010 年起琼山人民医院联姻旧州卫生院、府城医院联姻大坡卫生院，由琼山人民医院和府城医院派遣医护人员到定点卫生院开展医疗服务，开展城乡一体医院改革试点工作，基层群众不出镇便享受到“二级医院服务、一级医院收费”的实惠。

五、国家基本药物制度改革

按照国家相关规定，自 2010 年起，全区基层卫生院、村卫生室、社区卫生服务机构全面实施国家基本药物制度，门诊诊疗每张处方收费不准超过 30 元，减轻了人民群众看病负担。

第六编　城镇建设

第一章　建设规划

第一节　乡镇规划

2002年10月16日，海口行政区划调整后，由海口市规划局组织规划府城镇《府城镇总体规划》和《府城镇控制详细性规划》，由琼山区住建局组织编制龙塘、云龙、旧州、红旗、三门坡、大坡、甲子7个镇《总体规划》《控制详细性规划》，至2010年已初步完成，并通过评审。

2008—2010年琼山区7个镇总规、控规完成情况一览表

表6-1-1

镇	总规			控规			备注
	设计单位	批准机构	批准时间	设计单位	批准机构	批准时间	
红旗	雅克设计公司 海口城市设计公司	海口市政府	2006年	海南省项目规划院 中元市政设计公司	海口市政府	2008年1月	
云龙	海口城市规划设计院	海口市政府	2008年1月	重庆都会设计院	琼山区政府	2009年5月	
旧州	海南省项目规划院 中元市政设计公司	海口市政府	2008年1月	海南省项目规划院 中元市政设计公司	琼山区政府	2009年5月	
龙塘	重庆大学城市规划与设计研究院	海口市政府	2008年1月	重庆大学城市规划与设计研究院	琼山区政府	2009年5月	
三门坡	海南省项目规划院 中元市政设计公司	海口市政府	2008年1月	海南省项目规划院 中元市政设计公司	琼山区政府	2009年5月	
大坡	重庆大学城市规划与设计研究院	海口市政府	2008年1月	海南华都城市设计有限公司	琼山区政府	2010年12月	
甲子	海口城市规划设计院	海口市政府	2008年1月	重庆都会设计院	琼山区政府	未批准	通过评审正在调整

第二节　专项规划

2007年，海口市政府批准琼山建设滨江新城和云龙产业园区，并于2008年列入海口市重点建设项目，琼山区通过招商引资，引进了一批重点项目。为做好这些重点项目的建设，琼山区政府按照规划先行的原则，做好重点项目规划编制工作，促进了各重点项目建设顺利进行。

一、滨江新城规划建设

“滨江新城”位于海口市主城区东南部，南渡江西岸，是海口市城市总体规划中城市组团的有机组成部分，规划用地面积814.69公顷。根据功能定位，将按照“一带、一心、一核，两轴、五区”结构进行布局。“一带”是指依托南渡江的自然资源优势，打造集观光、旅游、度假休闲、文体娱乐为一体的滨江休闲产业带；“一心”是形成城市公共服务中心；“一核”是指现代服务产业核，利用该区向江向林、水系环绕的地段特征，着重发展休闲商务、文化创意、SOHO公寓等具有现代服务特征的建设项目；“五片”指规划范围内的4个居住片区以及发展职业教育和医疗卫生等公共事业为主的教育医疗综合片区。滨江新城分三期建设，起步区位于环岛东线高速公路东侧、椰海大道北侧、滨江南路以西区域，总面积约46公顷。到2010年11月底，已全部完成起步区签订房屋拆迁协议，安置小区项目建设，琼山第二行政办公区建设、五条市政道路等项目建设已经全部启动，滨江帝景、江畔人家地产项目已开发运营。

二、云龙产业园规划建设

“云龙产业园”位于海口市琼山区云龙镇北侧，距海口市中心20千米，美兰国际机场12千米。是琼山区为了补齐工业短板而于2008年规划创办的工业园区，用地规划4.5平方千米，项目定位为海口市节能环保型产业园区——以烟草加工业、新材料产业、旅游用品制造业、食品饮料制造业等产业为主，大力发展高科技、低污染、低能耗、高附加值的节能环保型产业园区。自2008年园区创办后，已成功引进海南红塔卷烟异地技改项目、共享钢结构等项目。2010年，红塔卷烟生产卷烟17.5万箱，实现工业总产值13.63亿元；销售卷烟17.3万箱，销售收入13.43亿元；实现税利8.24亿元，其中上缴税金7.71亿元。共享钢构有限责任公司于2010年成立，由宁夏共享集团有限责任公司控股建设的大型钢结构生产企业，注册资本1亿元，占地13.33公顷，建筑面积7万平方米，拥有6条H型钢和箱型柱生产线、管件和彩板设备，其中配备有国内最先进相贯线设备、风塔电塔设备、意大利进口多组份聚氨醋连续生产线、数控切割机、2500自动立机、T型/门型焊机、80液压矫正机、1500箱型生产线，年生产能力5万吨，2010年创工业产值2000多万元。

2010年底，云龙产业园正式转交海口高新区。

2003—2010年琼山区重点项目规划情况一览表

表6–1–2

序号	项目规划	完成情况	序号	项目规划	完成情况
1	《滨江新城控制性详细规划》	已审批	9	《海口云龙产业园区总规调整方案》	已审批
2	《海口新农村户外休闲广场总规》	已审批	10	《云龙海口云龙产业园区供水一期工程规划》	已审批
3	《新农村户外休闲广场起步区控规》	已审批	11	《海南红塔卷烟厂易地技改项目修建性修建性详细规划》	已审批
4	“南国山庄”控性详细规划 《“南国山庄”修建性详细规划》	已审批	12	《海南红塔卷烟厂易地技改项目一、二期建设工程规划》	已审批

续表 6-1-2

序号	项目规划	完成情况	序号	项目规划	完成情况
5	《"南国山庄"一、二期建设工程规划》	已审批	13	《海南共享钢结构项目修建性性详细规划》	已审批
6	《"龙湾国际休闲旅游区"修建性详细规划》	已审批	14	《"海南裕庄泰龙"控性详细规划》	已审批
7	《"龙湾国际休闲旅游区"一期建设工程规划》	已审批	15	《"海南裕庄泰龙"修建性性详细规划》	已审批
8	《海口云龙产业园区总体规划》	已审批	16	《红旗镇"祥国林苑"规划》	已完成未审批

第二章　建设与管理

第一节　镇墟建设

一、府城镇建设

海口行政区划调整后，琼山区城区宽 20 米以上的市政道路基础设施建设由海口市政府及有关职能部门和单位负责组织实施，城区宽 20 米以下的市政道路和村镇的基础设施建设由琼山区政府及有关职能部门和单位负责组织实施。

城区主要路网建设自 2003 年后，在海口市政府的支持下，琼山区政府为了拉大城区框架，改善交通和人居环境，着力抓好城区主要道路建设。至 2010 年底，新建了椰海大道、滨江西路、滨江横路、文坛路和美舍河观光路，扩建了朱云路、建国一横路，改造海府路、琼州大道、新大洲大道、龙昆南路、红城湖路、凤翔路、中山路、建国路、文庄路、高登街等城区主要道路，不断完善城区主要路网建设。

2002—2010 年琼山区城区主要道路修建情况一览表

表6-2-3

序号	主要道路名称	规模		竣工时间	内容	备注
		长（米）	宽（米）			
1	海府路	1458	63	2002 年	排水管网、道路、人行道、路灯	改造
2	朱云路北段	245	40	2003 年	道路、人行道、路灯	扩建
3	勋亭路	866	12	2004 年	路面、路灯	改造
4	文庄路	690	26	2004 年	路灯	改造
5	红城湖路	2000	60	2004 年	路灯	改造
6	凤翔路	4437	60	2006 年	排水管网和路面	改造

续表6–2–3

序号	主要道路名称	规模		竣工时间	内容	备注
		长（米）	宽（米）			
7	建国路	550	32	2005 年	排水管网、人行道、路灯	改造
8	中山北路	780	25	2005 年	人行道、路灯	改造
9	文坛路	540	50	2006 年	排水管网、道路、路灯、绿化	新建
10	龙昆南路	4379	63	2006 年	排水管网、路面、绿化带、人行道	改造
11	椰海大道	3250	60	2006 年	排水管网、道路、路灯	新建
12	新城路	458	20	2007 年	雨污水管网分流、路面、人行道	改造
13	高登街	1261	24	2007 年	雨污水管网分流、路面人行道	改造
14	文庄路	690	26	2007 年	雨污水管网分流、路面、人行道	改造
15	新大洲大道	5501	60	2007 年	排水管网、路面、路灯	改造
16	琼州大道	2466	60	2007 年	路面、人行道	改造
17	中山北路	780	25	2007 年	雨污水管网分流、路面	改造
18	建国路	550	32	2007 年	路面、人行道	改造
19	中山南路	1107	40	2007 年	雨污水管网分流、路面	改造
20	建国一横路	224	21	2007 年	排水管网、路面、路灯、人行道	扩建
21	滨江西路	11828	60	2008 年	排水管网、道路、路灯、绿化	新建
22	滨江横路	778	50	2008 年	排水管网、道路、路灯、绿化	新建
23	忠介路	490	9	2008 年	排水管网、路面、人行道	改造
24	朱云路中段	961	40	2009 年	排水管网、道路、路灯、人行道	扩建
25	美舍河观光路	1775	30	2010 年	排水管网、道路、路灯、绿化	新建

二、公共设施建设

（一）府城三角公园修缮改造。2009 年 3 月 1—25 日，琼山区对府城三角公园进行修缮改造，拆除老干部活动室走廊防护网及其围墙 146.2 平方米，改善了通风透光条件；修建人行道硬板化 433.6 平方米；种植草皮和修复花池和雕像 91.8 平方米，并在花池周围增设围护照栏杆；更换“毋忘九一八国耻纪念碑”简介，在其周围添加防护铁链；对凉亭及其他建筑物进行修缮喷油漆和涂料 287.26 平方米；修复公园内排水排污设施；维修、增设公共照明灯 12 盏，设置卫生垃圾桶 6 个，增设石板凳 3 套和石板座椅 10 套、增补破损围墙栏杆 32 支及其他公共设施等。2009 年 4 月 1 日正式对外开放。

（二）红城湖公园综合整治工程。红城湖公园综合整治工程占地 38.48 公顷（水面面积 33 公顷，湖的东、南、北侧公共绿化景点设施用地 5.49 公顷），计划投资 3.13 亿元。主要治理内容：环湖路工程、湖底清淤工程、公园配套工程。具体实施单位为琼山红城湖公园管理有限公司。

环湖路工程（一期工程）。环湖路工程包括环湖道路和路灯工程、雨污水截流管道工程、环湖挡墙及护岸工程等。红城湖公园综合整治第一期工程于2001年11月正式动工，2002年11月15日全部结束。共完成长1182米、宽15米环湖道路工程建设，安装路灯40盏，铺设污水截流管道1136米、雨水管道504米，垒筑环湖挡墙长1600米，铺设步行道长1740米，完成红城湖泄水闸工程，建设码头3座。一期工程造价经审计为1046.56万元，其他征地款及各项前期费用为1949.04万元。

湖底淤泥工程（二期工程）。于2002年5月开始，2003年6月暂时停工，2009年3月复工，至2010年9月6日全部结束。共清理淤泥42.30万立方米，外运土方量42.30万立方米，垒筑施工便道1.77万立方米，垒筑环湖挡土墙长1300米，环湖周边已进行绿化的面积1.66万平方米，二期工程投入资金1.57亿元。

公园设施配套工程。主要内容：在湖东南侧修建仿古文化一条街，湖中央泛光照明及音乐喷泉工程，公园北侧景点设施工程，湖四周基础设施工程。其中湖四周基础设施工程已完成，修建仿古文化一条街、湖中央泛光照明及音乐喷泉工程和公园北侧景点设施工程等已完成规划，待审批后动工建设。

三、其他镇墟建设

（一）红旗镇　红旗镇是海口市中心镇之一。主要建设项目：2005年修建镇政府办公楼一栋，建筑面积2000多平方米。2008年利用市政府扶持中心镇建设的滚动资金500万元，完成红旗大道改造一期工程、文化广场一期工程、红旗新村小区、垃圾转运站、农副生产品批发市场、市场道路排水配套设施、镇墟公共场所新建花坛36个、铺设绿化带760平方米、建设公共休闲点2个。800吨冷藏库和110千伏输变电站工程等一批建设项目，并竣工交付使用。2010年启动花卉世界、绿色慢行道等旅游项目建设。

（二）云龙镇　云龙镇是海口市中心镇之一。主要建设项目：2005年修建镇政府办公楼一栋，2008年修建文化广场已竣工交付使用，兴建新水厂1座，建成垃圾转运站1个，修建交通安全岛1个，维修总长12千米的镇区7条主要道路和排水管道，对云龙大道两侧人行道、街景、路灯和排污等配套设施进行配套和完善。“云龙花卉市场”已建成投入使用，云龙产业园在其辖区内。

（三）旧州镇　旧州镇是海口市中心镇之一。主要建设项目：2008年建设文化广场已交付使用，建成垃圾转运站一座（320平方米），完成爱民路、文明街、双拥大道、旧州大道等主要道路的人行道、排水沟、路面、路灯及绿化改造；安装公共照明路灯120盏；完成长200米的旧谭路镇区段道路硬板化改造和文化公园项目建设。

（四）龙塘镇　龙塘镇是海口市中心镇之一。主要建设项目：2006年修建镇政府办公楼一栋980平方米，2008年完成镇墟街道总长4000多米道路硬板化改造和乡村道路硬板化7600多米，铺设的雨、污水管网7000多米，文化广场、镇污水处理厂、垃圾转运站1座、公厕2座等一批建设项目。

（五）三门坡镇　三门坡镇是海口市中心镇之一。主要建设项目：2007 年修建镇政府办公楼一栋，2008 年完成长 2500 米、宽 12 米的镇区道路建设，安装路灯 124 盏，绿化面积 2620 平方米；文化广场已交付使用，2000 吨冷藏库已建成交付使用，投入 15 万元改造谭文墟居民饮水设施。

（六）大坡镇　2008 年新建的镇政府办公楼已投入使用，同时扩建 500 多平方米的农贸市场，改造大坡大道、墟镇 1 座公厕、1 座垃圾转运站、大坡橡胶加工厂等一批建设项目并交付使用和投入生产。

（七）甲子镇　2008 年完成乡村硬板化道路 6 条、总长 25.55 千米。利用国债资金修建多历桥和甲子卫生院门诊大楼（面积 2300 平方米）。建成 1 间水厂、1 座垃圾转运站、新民农贸市场、新民 1.8 万头种猪场等项目，并完成加固风圮水库和美仍水库工程，修建防渗渠道 8千米。

第二节　城区改造

一、街景立面改造

2006 年 7 月至 2008 年 4 月底，琼山区对城区主要道路的街景立面进行改造，完成琼州大道、凤翔路、新大洲大道、国兴大道、龙昆南路、东线高速公路出口段、南海大道东段、海府路等主要道路的街景立面改造。其中，2006 年 7 月—2007 年 8 月，完成琼州大道、凤翔路街景立面改造，该改造工程拆除广告牌、防盗网等各种户外设置物 2512 平方米，拆除建筑物、构筑物面积 8830 平方米，建成绿地 10 块，改造街道立面 134 个，改造街道立面总面积 7.47 万平方米，投入资金 1923．5 万元。2008 年 1—4 月，完成新大洲大道、国兴大道、龙昆南路、东线高速公路出口段、南海大道东段、海府路街景等主要道路的街景立面改造，共拆除建筑物、构筑物 314 栋、建筑面积 19.50 万平方米（其中房屋面积 15.95 万平方米），修建围墙 19 处、面积 2479.41 平方米，围墙涂料 63 处、面积 1.35 万平方米，搭建手脚架遮盖物 6 处、面积 5522.20 平方米，改造街道立面总面积 18.76 万平方米，投入资金 2846.90 万元。

二、棚户区改造

（一）朱云片区

朱云片区棚改项目位于府城镇朱云路两侧，南临红塔卷烟厂后门路，北达新城路，西侧纵深 60 米，占地面积 49.03 公顷。项目计划投资 3.4 亿元，其中拆迁补偿款 2.6 亿元。涉及府城镇的府城、甘蔗园和云露 3 个社区居委会 1112 户，需拆迁的建筑物 457 宗，拆除房屋建筑面积 74788 平方米、附属物面积 12793 平方米，土地面积 73082 平方米。2009 年 10 月启动，至 2010 年 11 月底，已全部完成房屋征收和拆迁任务，并在府城中山南路兴建安置房，总建筑面积5.5万平方米，共586套；在府城朱云路与高登西路交叉口处兴建安置房，总建筑面积7294平方米，共304套，拆迁户全部得到安置。

（二）朱云路扩建工程

朱云路总长1975.5米，宽40米。扩建工程分为3个阶段，其中从凤翔路口至甘蔗园村路口为第一阶段（南段），从新城路口至红城湖路口段为第二阶段（北段），从甘蔗园路口至新城路口段为第三阶段（中段）。

从凤翔路口甘蔗园村路口段（南段，现为大园路），长772.10米，宽40米，设计6车道，1994年12月建成交付使用。

从新城路至红城湖路口段（北段），长245.41米，宽40米，设计6车道。该路段共计拆迁103户，拆除房屋建筑面积16830平方米，投入资金830万元，建设业主为琼山区规划建设局，于2003年12月建成交付使用。

从甘蔗园路口至新城路口段（中段），长958米，宽40米，设计6车道。该路段共计拆迁426户，拆除房屋576间、建筑面积55000平方米，征用土地面积45000平方米。建设业主为海口市市政维修公司，于2008年12月10日动工，2010年1月底竣工交付使用。

（三）道客村

道客村棚户区改造项目，位于琼山区龙昆南路东侧道客村地段，南方航空公司海南分公司办公楼南侧，东侧进深150米，占地约2公顷。由海南润龙房地产开发有限公司为业主。至2010年9月25日，道客村旧城改造项目一期拆迁65宗共118户，已签订补偿安置协议113户，完成拆迁计划96%，协议补偿总额近7000万元。

（四）墨客村

墨客村棚改项目位于红城湖西侧，占地94.6公顷，计划投资28.5亿元。项目实施的内容有：拆迁工程、安置楼工程、五星级酒店工程、滨湖高层住宅及基础设施配套工程。墨客村旧改项目建设周年为4年，业主单位为琼山红城湖公园管理有限公司。

墨客村棚改项目于2009年动工，至2010年12月，完成拆迁各类建筑物面积69549.56平方米，土地面积94691.17平方米，安置失地农民就业累计133人，办理社保86份，支付179户拆迁安置费1.35亿元；投入资金700万元，完成旧改项目绿化面积5000多平方米，种植各类大型珍贵树木120棵，修建临时道路800米；安置楼前期征地、钻探及“三通一平”工作已完成，建设资金已到位，正在准备动工建设。此外，该项目的五星级酒店和滨湖高层住宅及基础设施配套工程正在办理审批手续。

（五）夏瑶村

夏瑶村棚户区改造“国丰城”项目业主单位为琼山区国兴街道办事处，投资建设单位为海口丰鹏实业有限公司、夏瑶经济合作社。该项目位于海府路和国兴大道的交叉口东侧，东临美舍河，西至海府路，北达国兴大道，南到海南省机械厂围墙，总占地面积86580平方米。需拟搬迁地面建（构）筑物面积103282.29平方米，其中商铺18450.44平方米。

夏瑶村棚户区改造工程项目于2006年启动，建设周期为6年，至2010年底，已完成《项目建议书》、项目立项、土地及建、构筑物评估、“国丰城”规划设计和规划评估等前期各项准备工作，总建筑面积2万平方米安置楼已竣工验收，创造了“先安置，后拆迁”旧改新模式。

三、小街小巷改造

府城老街改造从2003年开始，于2008年结束，历时6年。共计完成小街小巷硬板道路改造计287条。其中，2003年改造7条、2004年改造10条、2005年改造47条、2006年改造122条、2007年改造80条、2008年改造21条。

马鞍街北口　　（林芳善　摄于2007年5月18日）

2003—2010年琼山区城区小街小巷道路改造情况一览表

表6-2-4

改造时间	小街小巷名称		
2003年（7条）	城东小学路	洗马桥路	米铺村金鹿市场后路
	上丹路	新桥路	宗伯里
	米铺水厂路		
2004年（10条）	米铺村路	振兴四横路	金花市场路
	桂雅园小区路	东门上丹路	墨客路
	龙昆南一横路	道沥小沟路	海港幼儿园路
	新村大道		

续表 6-2-4

改造时间	小街小巷名称		
2005 年（47 条）	北街路	新城三横街 1 巷	文化室至敬老院路
	下坎西路	新城三横街 2 巷	米铺旧村中（1）路
	下坎一横路	马坡一村中一路	米铺旧村中（2）路
	河口中村路	海外新村主道一	汽车东站路
	海瑞庙路	海外新村主道二	中丹横路
	桂林上路	海外新村主道三	三公里横路
	新兴路	塘圯巷	北官东村（1 路）
	新城一横 1 巷	变电站路	北官东村（1 路）
	新城一横 2 巷	马坡一村中三路	米铺新村路
	大井横巷	马坡一村中四路	上丹路街
	大井翁宅巷	达士巷	北胜二横
	金花二横路	三峰里小学路	北胜三横街
	尚书旦巷	振兴二横路	打铁巷
	尚书横路	振兴三横路	上丹村中路
	海中围墙外路	振兴四横路	巴伦中路
	桂雅园小区路一横	桂雅园小区路	
2006 年（122 条）	金花横街一	金花二横后巷	宗伯里西一横巷
	金花横街二	海外新村 1 巷	宗伯里东三横巷
	金花横街三	海外新村 2 巷	宗伯里东四横巷
	金花横街四	海外新村 3 巷	宗伯里东六横巷
	金花新路巷道路 1	高登二横 2 巷	马鞍横街
	金花新路巷道路 2	高登二横 9 巷	万寿亭路
	金花新路巷道路 3	红城湖巷道	少史巷
	金花横路巷道 1	东门路四横巷	高登二横 11 巷
	金花横路巷道 2	仁和坊	向阳里三巷
	金花新村路	顺民街	印刷厂路横街
	马鞍街一横	振兴里路	振兴里一巷
	马鞍街二横	海中围墙后路	振兴里三巷
	马鞍街三横	后巷街	振兴里四巷
	马鞍街四横	老干局路之一	甘蔗园六巷
	振兴路一横	老干局路之二	甘蔗园一横路
	振兴路五横	老干局路之三	甘蔗园二横路

续表 6-2-4

改造时间	小街小巷名称		
2006 年（122条）	东街横路	老干局路之四	凤翔东路一巷
	北官中街路	老干局路之五	博雅老干局一横路
	北官西街路一横	米铺环村后路	博雅老干局二横路
	北官西街路二横	米铺新村二巷	三峰里路
	大园里 1 巷	道客横路 1 段	琼山中医院路
	大园里 2 巷	道客横路 2 段	洋上后路
	河口路入口段	道客路	洋上井头路
	南桥村中路一	道客二里水塔路 1	雅太村一横路
	南桥村中路二	道客二里水塔路 2	雅太村二横路
	南桥村中路三	道客横路	雅太村三横路
	南桥村中路四	道客二里横路	雅太村四横路
	南桥村中路五	道客五里 38 号路	雅太村五横路
	南桥村中路一	道客五里 22 号路	马坡二队一横路
	青竹街	道客新桥路	马坡二队二横路
	桂林下路	首丹新村大道	马坡二队三横路
	三排塘路	凤翔尾路	马坡二队四横路
	庙下路	道客后接 1 号	马坡二队五横路
	下坎东路北一横路	塔光市场小区一横路	上丹四横路
	下坎西路	塔光市场小区二横路	上丹五横路
	那梅一横	塔光市场小区三横路	上丹六横路
	那梅村南二横	北拱路	上丹七横路
	博雅上村二横	中丹新宅基地路	巴伦二横路 3 巷
	博雅下村二横	首丹新村一横路	后巷街
	桂雅园小区路三横	首丹新村二横路	博雅路
	马鞍街	首丹新村三横路	
2007 年（80 条）	古井巷	下坎西路二横巷	云露里三横路
	水塔一巷	下坎西路三横巷	云露里四横路
	环村一横路	下坎西路四横巷	云露里五横路
	五公祠新村路	下坎南公坑路	云露里六横路
	省农干校后路	博雅下南一横路	云露里七横路

续表 6-2-4

改造时间	小街小巷名称		
2007 年（80 条）	金 1 巷东横路	博雅下南三横路	云露里八横路
	金 1 巷一横路	博雅下南四横路	云露里九横路
	金 1 巷十横路	桂雅园新村一横东路	教师村路
	金 1 巷西横路	桂雅园新村一横西路	首丹新村四横路
	金花老干休所横路	桂雅园新村二横东路	首丹新村五横路
	大路街 2 巷	桂雅园新村二横西路	首丹新村六横路
	大路街 3 巷	桂雅园新村三横东路	首丹新村七横路
	大路街 6 巷	桂雅园新村三横西路	尾丹旧村大道
	板桥路 1 巷	那梅三横路	尾丹旧村一横路
	金花新路五横路	高登里南路	凤翔新村后一横路
	金花新路南北路 2 巷	高登二横 13 巷	凤翔新村后二横路
	金花新路南横路 3	高登二横 4 巷	凤翔新村后三横路
	朱吉里一横路	高登二横 5 巷	凤翔新村后四横路
	朱吉里二横路	高登里路	凤翔新村后五横路
	金花横路 1 巷	高登里 1 巷	凤翔新村后六横路
	金花横路 4 巷	三峰二横路	凤翔新村后八横路
	北街新村路一	三峰二横路	靖南街小横巷
	北街新村路二	高登街二横路 10 巷	博雅老干局三横路
	东门横三里	三峰里 1 巷	博雅老干局四横路
	少史湾路	省机电学校围墙西路	桂林下路四横巷
	东门里	烟厂围墙至凤翔新村后墙路	桂林下路五横巷
	福地后街巷	洋上前路	
2008 年（21 条）	高登一横路 5 巷	农行路	河口村横路（2007 年）
	高登二横路 3 巷	妇幼保健院后路	河口路（邮政宿舍楼旁）
	桂林下路六横巷	琼山加油站路	博雅老干局五横路
	桂林上路五横巷	武装部路	桂雅园四横东西路
	洋上村后路	咏朗路	东门里 2 号—107 号路
	洋上村前路	咏朗横路	红城湖幼儿园路
	下坎西路横巷	下坎西路七横巷	下坎西路五横路

中山南路口　　　　（林芳善　摄于2009年11月27日）

四、路灯改造

府城小街小巷路灯改造从2002年开始，于2008年结束，历时7年。共完成小街小巷路灯改造计308条，安装路灯4147盏。其中，2002年完成路灯改造10条，安装路灯218盏；2003年完成路灯改造20条，安装路灯440盏；2004年完成路灯改造32条，安装路灯719盏；2005年完成路灯改造70条，安装路灯1041盏；2006年完成路灯改造101条，安装路灯1036盏；2007年完成路灯改造46条，安装路灯534盏；2008年完成路灯改造29条，安装路灯159盏。

2002—2010年琼山区城区小街小巷路灯改造情况一览表

表6–2–5

改造时间	小街小巷名称	安装路灯（盏）	小街小巷名称	安装路灯（盏）	小街小巷名称	安装路灯（盏）
2002年（10条，安装路灯218盏）	甘蔗园路	52	北胜街	12	向阳路	14
	东门路	12	新城上横街	10	塘圮巷	48
	河口中路	22	大路街	5	—	—
	福地后街	18	桂林上村街	25	—	—
2003年（20条，安装路灯440盏）	北街	14	米铺水厂路	15	振兴横街	12
	宗伯里	7	钢瓶厂路	11	三峰路	12
	振发学校路	58	汽车东站路	10	三峰里路	12
	城东小学路	18	迈仍路	18	鼓楼巷	20
	洗马桥路	53	城南路	24	打铁巷	20
	流芳路	49	河口路	38	绣衣坊	11
	道客村路	27	首丹新村路	11	—	—

续表 6-2-5

改造时间	小街小巷名称	安装路灯(盏)	小街小巷名称	安装路灯(盏)	小街小巷名称	安装路灯(盏)
2004 年(32 条，安装路灯 719 盏)	上丹路	45	米铺村路	12	马鞍街	32
	县后街	7	东门外街	12	东门里街	16
	北官街	12	桂林下路	13	少史巷	10
	关帝巷	8	尚书直街	6	培龙街	22
	桂林东路	32	桂林西路	36	三峰路	30
	大园里	54	东门路	12	河口中路	22
	金花街	13	云露里	81	城东居委会路	34
	前后街	14	上丹村路	21	新城二横路	8
	金花市场路	12	米铺新村路	13	福地后街	53
	新城上横街	10	大路街巷	5	桂林上村街	25
	向阳路	14	福地后街	35	桂林下村街	5
2005 年(70 条，安装路灯 1041 盏)	农行路	14	振发学校路	72	桂林下街路	30
	道客横路	37	水果批发市场路	18	铁龙路	20
	检察院路	11	巴伦东路	18	朱吉里三横路	17
	龙昆南派出所路	12	勋亭路	18	博下村路	19
	攀丹路	10	关帝路	8	印刷厂路	15
	高田小巷路	7	凌云小学路	10	大井巷	13
	庙下路	14	三排塘路	14	尾丹村路	14
	三峰小学路	4	草芽巷	28	海外新村路	16
	高登二横纵路	8	高登二横三	4	高登二横四	9
	道客一里	4	道客三里路	11	道客五里	8
	南桥路	10	新兴市场路	23	博雅上村二横	4
	振兴里	5	博雅上村一横	4	振兴小学路	6
	博雅村小巷路	10	国风幼儿园	6	北胜一横路	8
	振兴里 7—45	5	县前直街	6	夏瑶新村路	21
	金花一横路	21	下洋新村路	15	青竹路	16
	朱吉里路	16	立达路	6	朱吉里海瑞庙路	11
	培龙市场部路	27	高登三横路	10	高登四横路	10
	高登二横路	10	朱吉里一、二路横路	9	金花一横路	38
	东门里四横路	25	米铺新村路	22	高登二横一巷	8
	绣衣坊后街	8	港海幼儿园路	10	大园三、四横路	13

续表 6-2-5

改造时间	小街小巷名称	安装路灯(盏)	小街小巷名称	安装路灯(盏)	小街小巷名称	安装路灯(盏)
2005 年（70 条，安装路灯 1041 盏）	高登二横二巷	8	巴伦二路	11	打井队路	31
	大园里路	24	牛路岭路	18	万寿亭街	8
	金鹿路	49	城墙巷	18	—	—
	明珠公司路	8	变电站路	16	—	—
2006 年（101 条，安装路灯 1036 盏）	那梅村后路一	14	尾丹新村横道 1	7	迈仍路	70
	那梅村后路二	11	尾丹新村横道 2	8	道客四里	10
	金福小区路	8	尾丹新村横道 3	8	道客后街路	11
	下洋四横路	3	尾丹新村横道 4	6	道客二里说沟路	7
	中丹村铺面路	7	达士巷	4	道客村	7
	中丹村一里	5	尾丹新村横小巷 1	8	道客村田里	6
	中丹村二里	5	尾丹新村横小巷 2	8	新桥路	3
	中丹村三里	4	尾丹新村横小巷 3	8	下洋村中段	5
	中丹村四里	4	尾丹新村横小巷 4	8	巴伦路一里	7
	中丹村五里	7	中丹—攀丹文化室路	5	巴伦路二里	6
	中丹村六里	7	中丹村学校南一里	4	东升学校路	9
	中丹村七里	7	中丹村学校南二里	4	桂林中村 1 巷	8
	中丹村八里	4	中丹村学校南三里	4	桂林中村 2 巷	5
	中丹村九里	4	中丹村学校南四里	4	桂林中村 3 巷	5
	中丹村十里	2	下洋村宅基地二行	4	桂下村中路	21
	中丹村十一里	2	道客新村一至五巷	19	防洪堤路	6
	中丹村堤边路	2	下洋村宅基地三行	3	桂林路	4
	中丹村一小巷	4	尚书巷一里	3	首丹二横路	4
	中丹村二小巷	4	尚书巷二里	3	首丹村三横路	2
	中丹村三小巷	5	尚书巷三里	3	首丹村四横路	3
	米铺新村路	39	城南路二段(国兴路)	62	琼北车管所路	23
	宗伯里横路	10	儒传村一	16	东门路四横	8
	宗伯里东二横	3	儒传村二	29	东门路四横巷	17
	宗伯里东三横	3	马坡一村中路(4 条)	13	东门路至里巷	2
	宗伯里东四横	2	马坡一村中路(5 条)	22	东门路四横直路	3
	宗伯里东五横	3	万达包装厂路主道	31	巴伦一路	3
	宗伯里东六横	2	万达包装厂路支道	11	巴伦一路 1 巷	2

续表 6-2-5

改造时间	小街小巷名称	安装路灯（盏）	小街小巷名称	安装路灯（盏）	小街小巷名称	安装路灯（盏）
2006 年（101 条，安装路灯 1036 盏）	大园二横路	9	中丹旧村 1 小巷	2	巴伦二路 2 巷	2
	博雅上村路	14	中丹旧村 2 小巷	3	巴伦二路 3 巷	2
	博雅村小巷路 1	3	雅太村中路五条	18	冯村路	68
	博雅村小巷路 1	3	那央村路	23	郑村旧路	10
	博雅村小巷路 1	3	建行宿舍路	7	铁龙路	20
	博雅园	14	后巷路	20	五岳村一	41
	博雅路	20	五岳村二	27	—	—
2007 年（46 条，安装路灯 534 盏）	环湖东路	60	甘蔗园西村一横	4	旦巷	4
	环湖四路	54	甘蔗园西村二横	4	鼓楼城围路	7
	云露里一横	4	甘蔗园西村三横	4	北街新路一	6
	云露里五横	6	高登二横 11 巷	2	东门横三里	15
	大园里四横	6	高田一横路	4	少史湾路	4
	大园里 3 巷	4	下坎东南路一横	12	靖南街小横巷	7
	福地后街	4	博雅下路南三横路	5	洋上村路	14
	新城三巷	10	城墙街	5	大路街二横	8
	绣衣坊翁宅巷	4	朱吉里 2 巷横路	10	大路街二巷	4
	达士巷 3	5	朱吉里 3 巷	4	尚导新村路	35
	达士横巷 7	11	朱吉里一横巷	5	尾丹旧村大道	11
	马鞍横街	16	金一巷十横	4	金花新横路 3 巷	4
	玉李新村 1 号路	13	金一巷三横	8	金花路 4 巷	4
	玉李新村 2 号路	6	金花干休所横路	6	府城教师村	30
	红城湖路巷道一	4	金花新横路 2 巷	4	—	—
	戒毒所路	170	河口路一横	4	—	—
2008 年（29 条，安装路灯 159 盏）	大路街 6 巷	5	朱吉里一横	3	板桥路 1 巷	3
	金花横 16 巷	3	朱吉里一横	4	高登二横 5 巷	8
	南桥路一横	8	马坡老干局一横路	4	皇家花园一横	4
	南桥路二横	6	马坡老干局二横路	4	皇家花园二横	2
	南桥路三横	5	马坡老干局三横路	5	皇家花园三横	3
	南桥路四横	5	马坡老干局四横路	4	皇家花园四横	5
	南桥路五横	5	马坡老干局五横路	5	皇家花园五横	4
	东门里	7	鼓楼街	13	皇家花园八横	4
	东门里二横	11	鼓楼城墙街	9	福地后街	5
	东门里口横	7	东门里口	8	—	—

第三节　园林绿化

一、机构

琼山区林业与园林局设在红城湖路2号，成立于2009年2月，其前身是琼山区园林管理局。海口行政区划调整后，原琼山市园林绿化管理所升格为琼山区园林局。2009年2月，撤销琼山区园林局，由原琼山区林业服务中心与琼山区园林管理局合并，设立琼山区林业与园林局，2010年该局共有干部职工85人。

琼山区林业与园林局以美化、绿化城区环境和林业、林政管理为目标，致力创建宜游宜居优美城区，加强对城区区属道路绿化、公共绿地的养护管理和建设改造，以及营造林地、林政资源管理等工作，确保城区环境优美。

二、公园绿化

1994年前，府城镇只有一座街心公园（三角公园），1994年红城湖公园规划立项，2002年正式动工兴建，海口行政区域调整后，五公祠公园划入琼山区行政区域。至2010年琼山城区人均公共绿地面积11.05平方米。

中山南路道路绿化（拍摄于2008年12月4日，琼山区林业与园林局　供稿）

三角公园：位于府城镇中山路、建国路、新城路的交叉处，是一座街心公园，面积865平方米。始建于20世纪50年代，园内有1931年间由当时琼山县政府建设局长王尊荣设计的“毋忘九一八国耻纪念碑”一座和古亭、长廊、喷泉等建筑物。1995年和2008年在城市环境综合整治中，先后对三角公园进行改造。园内植物主要有椰子树、薄葵、水薄桃、佛肚竹、樟树、榄仁树、大叶榕、扶桑、鸡蛋花等。

街头绿地（拍摄于2008年11月28日，琼山区林业与园林局　供稿）

五公祠公园：位于府城镇红城湖路、海府路与琼州大道交叉处，由五公祠、苏公祠、观稼堂、学圃、五公精舍、琼园等一组古建筑构成，是海南著名古迹。总占地面积6.7公顷。园内建有小岛、休息亭，种植竹类及观赏林木，有古树（鸡蛋花）2株及种植槟榔、椰子、油梨、大卫槟、美人蕉、酒瓶棕以及各种兰花等热带特有品种。

三、道路绿化

2002年10月16日，海口行政区划调整后，区属道路绿化养护管理权限主要为宽20米以下的道路：中山路、建国路、文庄路、大园路、巴伦路、琼山板桥路、博雅路、城南路、大路街、高登街、桂林上路、环湖路、流芳路、龙泉路、米铺路、南桥路、攀丹路、儒俊路、三峰路、上丹路、文庄一横路、洗马桥路、下坎路、新城路、新兴路、勋亭路、烟厂路、振发路、振发横路、朱云路等31条。道路绿化以行道树绿化为主，大园路、中山南路有绿化隔离带。至2010年，府城镇区属道路绿化树木共有5076株，花灌木共有3478株，绿化面积8800平方米。行道树种主要有印度紫檀、大王棕、大叶榕、椰子树、盆架子、小叶榕、樟树、重阳木、黄葛榕等。

下坎社区城中坟绿地（拍摄于2008年11月28日，琼山区林业与园林局　供稿）

绿色佳园小区绿化(拍摄于2008年12月1日，琼山区林业与园林局　供稿)

四、公共绿地

街边街心绿地：1999年，原琼山市在红城湖与海府路交叉处，拆掉林业局建筑物，建起占地面积1800多平方米公共绿地。2000年在建国路与琼州大道交叉处，拆掉琼山人民医院附属建筑物，建起占地面积600多平方米公共绿地。2003—2010年，琼山区在高登街与琼州大道交叉处、中山路与文庄路交叉处、琼山五小校门前等处，建起总面积1.33公顷公共绿地。种植主要花木有扶桑、龙船花、椰子树、大王棕、银连翘、黄金榕、鱼尾葵等。

五、城中坟绿地

2006年，海口市政府决定把全市城中坟改造成公共绿地。琼山有11处共25块，分布在北官社区（1块）、文庄社区（1块）、城东社区（3块）、下坎社区（5块）、高登社区（2块）、桂林社区（5块）、府城社区(1块)、巴伦社区（2块）、道客社区（3块）、米铺社区（1块）和攀丹社区（1块），总面积73423平方米。植物品种有黄金梅、青皮木棉、散尾葵、鱼尾葵、旅人蕉、印度紫檀、龙眼树、荔枝树、扶桑、软枝黄蝉、蓝背桂、鸭趾木等。

六、单位附属绿地

单位附属绿地是指机关、团体、学校、医院、部队、居住区等单位的绿化地，属公用设施。2007年开展绿化检查评比表彰活动，评选出“生态园林小区”1个、“花园式单位”8个、“绿达标单位”21个。至2010年底，府城镇的单位、居住区的绿地面积有262.52万平方米，种植各类树木45144株，其中棕榈科植物有17576株。

第四节　城市行政管理

一、机构

琼山区城市管理行政执法局设在凤翔路104号，2010年有干部职工167人。属区政府组成部门，正科级单位，下辖1个行政执法大队。前身是成立于1992年的琼山县城建监察中队，队员17名，1995年12月，升格为琼山市城建监察大队，队员增加至102名，管理内容涉及市政、市容、园林绿化、规划、环境卫生等5项工作。1997年12月，原琼山市环卫市容监察中队50名环卫队员并入大队后，队员增加至152名。2004年9月，成立琼山区城市管理局，执法人员172名。2006年9月，海口市城管部门实行机构改革，根据《海口市城管相对集中行政处罚权暂行办法》《海口市人民政府关于开展城市管理相对集中权工作的决定》，正式实施城市管理相对集中行政处罚工作。市政府发文撤销市、区及职能部门直属的原城市管理监察机构，区一级城市管理局改称区城市管理行政执法局，授权下设的城市管理行政执法大队集中行使市容、环境、卫生、城市规划、城市绿化、市政设施、建筑市场、燃气管理等方面法律、法规、规章规定的行政处罚权以及环境保护、公安交通、工商行政管理等方面法律、法规、规章规定的部门行政处罚。

二、管理

琼山区城市管理行政执法局主要担负市容整治管理工作。自2002年之后，琼山区对城区39条道路，按照《海口城市道路分类管理方案》，具体划分为一、二、三类道路，其中一类道路12条，二类道路9条，三类道路18条。按照“一类道路管好、二类道路管严、三类道路管住”的要求对全区道路、广场、天桥和其他公共场所进行管理，协调府城镇、国兴街道办各社区对本辖区内小街小巷等影响市容环境的行为进行整治，杜绝乱堆放、乱搭建、乱丢扔、乱停放、乱张贴、乱悬挂等“六乱”现象。特别是在开展“五大工程”工作中，坚持以人为本，从关怀弱势群体、方便市民生活、缓解流动商贩管理矛盾出发，本着“不扰民、不污染环境、不影响交通”的原则，自2006年起，在有条件的区域和路段设置便民疏导点，规范市容秩序，解决群众就业。在城区设置便民疏导点32个，解决就业人数达3800人。在海口市“五大工程”环境综合整治考核评比中，2009年上半年，荣获“三个第一名”：即拆违面积第一名、市区道路管理单项检查第一名、市场管理单项检查第一名。9月、11月，荣获全市“整洁工程”、“清洁工程”专项整治工作第一名，2009年度被市管委会评为数字化城管“办件工作一等奖”。

琼山区城市管理行政执法局从2006年起，对城区社会生活噪音污染、建筑施工噪音污染、向大气排放粉尘、饮食服务业油烟污染对违章行为进行查处。2006—2010年，共查处违规企业36家，发出整改通知书60份。对在人口集中地区和其他依法需要特殊保护的区域内焚烧沥青、橡胶、塑料、皮革、垃圾以及其他产生有毒有害烟尘和恶臭气体的物质的违法行为进行专项整治；对未采取防燃、防尘措施在城市人口集中地区存放煤炭、煤矸石、煤灰、砂石、灰土等物料的违法经营行为进行行政处罚，2006年出动车辆100多辆次，人员200多人次，开展专项整治2次，取缔违规设立废品收购站21家。多次联合市国土环境资源局开展夜间建筑工地噪声以及娱乐场噪声污染专项整治工作。2006—2010年，受理居民投诉213起，查处率100%；开展专项整治65次，查处违规企业108家次，发出整改通知书153份。努力创建“不扰民、无污染”的城市环境。在拆除违法建筑方面，按照“零增量，减存量”工作目标，2006—2010年，琼山区依法拆除违法建筑513宗，累计拆除面积40.2万平方米。

第五节　环境卫生管理

一、机构

琼山区环境卫生管理局位于中山南路南北水果市场左侧，为区政府正科级直属事业局(参照公务员管理事业单位)。其前身是1968年5月成立的府城环卫站，1993年9月设立琼山县环境卫生管理局，1994年4月琼山撤县设市，同时设立琼山市环境卫生管理局，2003年1月，海口行政区划调整，设立海口市琼山区环境卫生管理局。2010年全局共有干部职工992人，其中在编干部职工197人，临时合同工630人，退休职工165人。内设5个职能股室：办公室、人事教育股、业务股、收费股、环境卫生监督股；下设5支清洁队，1支清运车队，主要担负着琼山城区主要道路及小街小巷面积共379.95万平方米的清扫保洁、生活垃圾清运、收取垃圾处理费、公厕、洗车台管理、环境卫生设施建设、维护和管理以及对琼山区府城镇、国兴街道办事处及其他镇的环境卫生管理进行业务指导、检查监督等工作。

二、管理

自2003年之后，城区清扫保洁实行“两清扫全天候保洁”工作制，实行工作责任制和问责制，把工作目标、工作任务和时间表进行责任分工，分解到清扫队和每个职工，细化到大街小巷和城乡结合部分，开展卫生盲区排查，发现一处，清理一处。在海口市开展

“椰岛杯”的评选等一系列创建活动，市环境综合整治“五大工程”（清洁工程、整洁工程、打违工程、安静工程、规泊工程）工作，服务国际旅游岛的建设等工作中，全力开展环境卫生综合整治，做到了城区环境卫生状况白天夜间一个样，大街和小街小巷一个样，不断提高了清扫保洁质量。

居民生活垃圾实行袋装化管理，定时、定点、定人员上门摇铃免费收集；机关单位、居住小区建垃圾收集室，集中投放，定时清运，做到生活垃圾不乱丢乱倒，不出门；夜间大排档配备垃圾容器，定时间上门收集。通过强化管理城区生活垃圾做日产日清，不遗留第二次污染。

2003—2010年，琼山区通过采取政府投资，部门出资等多种方式，多渠道筹集资金，环卫基础设施建设累计投入达到2000多万元。

垃圾中转站由当初的1座增加到2010年的4座；沿街、沿路水冲公厕由11座增加到19座；主次干道果皮箱由2003年800多个增加到2010年1800多个，基本达到全面覆盖；环卫车辆及各种作业装备逐年添置更新。截至2010年，清运车、扫路车、吸粪车、压缩车、高压道路清洗车、保洁车等配套较为齐全，并注重在装备的技术水平上与时俱进，适时更新换代。全部环卫车辆做到有牌、有证，运力充足，并配置GPS卫星进行管理，购置全省首辆智能环卫检查车，添置更新垃圾运输车87辆（其中后装式垃圾压缩车14辆，侧装式垃圾压缩车9辆，吊桶密封垃圾运输车5辆，密封垃圾运输车4辆，密封式小型垃圾运输车19辆，环保电瓶垃圾收集车26辆，垃圾分类收集电瓶车1辆，移动箱式垃圾运输车1辆，高压道路清洗车2辆，道路清扫车6辆），玻璃钢手推车600多辆。同时，环境卫生管理向乡镇延伸，争取上级资金的支持，为所有乡镇集中配套垃圾运输车8辆，全部建起8座垃圾转运站并做好垃圾清运工作；组织工作组赴8个镇抓好自然村100个垃圾屋建设工作。

第三章　房地产业

第一节　房地产开发

一、房地产开发投资

2001年12月底，国内知名房地产企业——海南佳元房地产开发有限公司进驻琼山，标志着琼山房地产市场的复苏。2002年，琼山房地产开发投资2229.7万元。2003年达到8132万元，比上年增长264.7%，2004年达到1.41亿元，比上年增长43.5%，连续两年房地产增速，提振了市场信心。2005 年投入 1.32 亿元，比上年减少 6%；2006 年达到 1.94 亿元，比上年增长 46.6%。同年，处置积压房地产工作结束，琼山区房地产逐步走上正常发展轨道。

2010 年，在受国家宏观调控政策影响，特别是在银行房贷利率上调，贷款条件提高以及土地成本增加的情况下，琼山房地产仍在高位运行。全区房地产开发完成总投资 10.13 亿元，比上年增长 88.7%，占全社会固定资产投资 29.59%。其中住宅投资 7.65 亿元，经济适用房建设投资 4200 万元，廉租房建设投资 1.42 亿元。办公楼，商业营业用房及其他用房分别完成投资 5600 万元和 8710 万元。当年房地产开发累计到位资金 29.08 亿元。其中，国内贷款 14.79 亿元，企业自筹资金 7.8 亿元，其他资金 4.8 亿元，定金及预筹款 1.69 亿元。

2002—2010 年琼山区房地产业开发投资情况表

表 6–3–6　　单位：万元

年度	投资总额	比上年增长率（%）	占国家资产投资（%）	投资用途				资金来源			
				住宅	办公楼	商业、营业用房	其他	国内贷款	利用外资	自筹资金	其他
2002	2223	108.2	18.9	1765	458	—	—	1067	—	1156	—
2003	8132	264.7	21.5	6718	613	611	—	3659.4	—	4472.6	—
2004	14100	43.5	21.4	11280	1878	942	—	6909	—	6191	1000
2005	13200	–6.1	17.4	10578	1222	1400	—	6336	—	6164	700
2006	19400	46.6	25.4	15600	1482	1931	387	9118	—	9028.2	1253.8
2007	40300	108	21.1	35418	2882	1459	541	20956	—	17344	2000
2008	40800	1.2	17.2	37590	900	1875	435	20808	—	19092	900
2009	53600	31.5	17.7	48190	3710	1700	—	25728	—	26072	1800
2010	101300	88.7	29.6	89401	4189	6910	800	56728	—	41572	3000

二、商品房建设

2002 年，随着房地产市场转趋活跃，国内知名企业佳元地产到凤翔中路投资开发“绿色佳园”生态小区。小区内建设花园公寓、联体别墅、配套园林景观、中庭花园、游泳池、会所、幼儿园。当年开发房地产及面积 3.186 万平方米。2004 年商品住房建设，重视楼盘位置环境设计，质量及市场定位。“生态环保，热带天堂”是最大的卖点。小户型结构、交通便利，小区环境优越的商品住宅，成为房地产开发的主流方向。全年商品房施工面积 14.1 万平方米，其中商品房住宅施工面积 9.8 万平方米，商品房竣工面积 7.8 万平方米。

2005 年，以“大社区、大配套、大物管、大品牌”为主导的国际化热带风情、健康生态大型社区，成为住宅发展趋势。房地产步入品牌时代，市场结构多样化，旅游地产、商品地产、写字楼、产权酒店等大量出现。琼山区开发一批居住环境及配套现代化程度较高的小区。有绿色佳园，金鹿小区，怡和园小区等。

2010 年，受国家宏观调控政策和市场自我调节的影响，商品房结构进一步优化。全年住宅施工面积 17.5 万平方米，其中商品房施工面积 10.1 万平方米，商品房竣工面积 8 万平方米。

2002—2010 年琼山区房屋建设情况表

表 6–3–7　　　　单位：平方米

年度	施工面积					新开工面积					竣工面积				
	合计	住宅	办公楼	商业、营业用房	其他	合计	住宅	办公楼	商业、营业用房	其他	合计	住宅	办公楼	商业、营业用房	其他
2002	31860	29000	2860	—	—	31860	29000	2860	—	—	31860	29000	2860	—	—
2003	101650	68000	—	33650	—	101650	68000	—	33650	—	91000	61000	—	30000	—
2004	141000	98000	21000	22000	—	141000	98000	22000	21000	—	121000	78000	18000	15000	—
2005	94285	79566	—	14719	—	94285	79566	—	14719	—	74285	61566	—	12719	—
2006	121250	87560	—	31760	1943	121250	87560	—	31760	1943	90583	59460	—	29180	1943
2007	161200	91348	14390	53000	—	161200	91348	14390	5300	—	121480	73459	14390	33631	—
2008	145714	79560	—	63000	3154	145714	79560	—	63000	3154	112714	50560	—	59000	3154
2009	172903	97800	33000	39000	3103	172903	97800	33000	39000	3103	116322	77800	—	35419	3103
2010	262000	175000	33000	54000	—	262000	—	—	54000	—	168800	101800	33000	34000	—

三、保障性住房建设

2006 年 3 月，海口市政府颁布《海口市城镇最低收入家庭廉租住房实施方法（试行）》和 2009 年 7 月 6 日，出台《海口市经济适用住房管理暂行方法》，将单位集资合作建房、经济适用房和廉租住房等保障工作有机结合，采取政府统筹投资、社会资本有序参与及单位利用自有土地，集资建设等措施，保障城镇低收入家庭的基本住房要求。根据市政府保障性住房的相关规定，2006 年起，琼山区把保障性住房建设列入“一号民生工程”来抓。截止 2010 年，琼山区单位自建保障性住房 1800 套，建筑面积 5.2 万平方米；廉租住房 1000 套，建筑面积 5.07 万平方米：经济适用房，单位自建 450 套，建筑面积 4.05 万平方米；棚改安置房 1043 套，建筑面积 8.23 万平方米；特别是在廉租房建设中，2009 年 10 月，琼山区动工兴建郑村及博雅村小区廉租房建设，其中郑村小区占地 2.14 公顷，共 820

套总面积 41787 平方米，博雅小区占地 0.27 公顷，建筑面积 9000 平方米。至 2010 年 8 月竣工投入使用。建筑面积 5.07 万平方米，投资总额 1.42 亿元。

第二节　房地产市场

2002 年，随着住房分配货币化的实施，琼山房地产业进入活跃期，房地产市场投资、消费主体日趋多元化，房地产投资主体由国家单一投资转向国有、民营、外商等多投资主体，并多格局发展，除了国有企事业单位利用自身土地报建集资房外，国家投资地产项目已基本停止，民营投资房地产企业占总数 70%以上，个人购房成为住房消费的主体，个人购房十分踊跃，带动了房地产的复苏。2003 年，琼山区商品房销售 4.5 万平方米，销售总额 5400 万元；2006 年销售 6.8 万平方米，销售总额 1.7 亿元；2010 年销售 7.59 万平方米，销售总额 6.73 亿元，房地产销售实际面积和销售总额比 2002 年增加 2.5 倍和 18 倍。

一、商品房价格

2003 年，琼山区一般住宅楼每平方米 1000~1150 元，写字楼每平方米 1200~1500 元，别墅每平方米 2000~2800 元。2004 年，商品房价格大致和 2003 年相当，佳元地产开发的“绿色佳园”一期竣工后，开发商向琼山企事业单位推介，每平方米 1200 元，并可打折 10%，房地产销售价格处于低位运行。

2007 年，琼山区房地产投资 4.03 亿元，比上年增长 108%，商品房销售均价每平方米 2500 元，比 2004 年涨价一倍多以上。2009—2010 年，随着海南佳元房地产开发有限公司开发“天上人间”，“江畔人家”投入运营和海南广物地产公司开发建设“滨江帝景”大型综合地产项目开发建设，房地产开发进入新一轮高潮。至 2010 年，海南国际旅游岛建设上升为国家战略后，海南房地产价格普遍上涨。市场上，琼山区商品房价一般都在每平方米 4000~4500 元，属黄金地段，且有绿地、园林、游泳池等配套完善的大型商住区，绿色佳园、滨江帝景的房价每平方米售价，大致保持在 6000 元水平上。

二、二手房价格

自 2002 年起，琼山区二手房交易大致都是私下交易，上中介公司交易平台交易甚少。2003 年，二手房交易价格每平方米大约 900 元。这个价位保持到 2004 年。2005—2006 年，二手房交易价格涨至每平方米 1500 元；2007—2008 年，每平方米涨至 2000 元左右。2009 到 2010 年，每平方米涨至 3500 元左右。至 2010 年，二手房交易大约 600 套，总面积 5.43 平方米，交易总额大约 8100 万元。

续表 6-3-8

年度	商品房平均销售价格	商品住房平均销售价格	二手房平均销售价格	二手住房平均销售价格
2002	1000	900	800	750
2004	1200	1100	900	800
2007	2500	2300	2000	1800
2008	2500	2300	2000	1800
2009	5000	4500	3500	3000
2010	6000	5500	4000	3500

第三节　房地产管理

一、机构

1997 年，琼山市设立琼山市房产管理局，副科级单位，编制 37 人。2003 年，改称琼山区房产管理局，正科级单位，编制 15 人。2010 年改称区住房保障中心，正科级单位，编制 12 人。2002—2010 年底，办公地址一直在府城镇中山北路 28 号。

二、廉租房管理

2009 年，开工建设廉租住房 1000 套，建设总面积 5.07 万平方米，总投资 14246.33 万元。其中总建筑面积 4.18 万平方米的郑村惠民小区总投资 11610.44 万元，开工建设廉租房 820 套；总建筑面积 0.89 万平方米的博雅小区总投资 2635.89 万元，开工建设廉租房 180 套。

至 2010 年 12 月，琼山区接受住房困难家庭的廉租住房申请 538 户，经上门入户调查核准的有 511 户，并在《海口晚报》和政府网上进行公示，接受社会监督。廉租住房核准对象未分到廉租房的，在等候期间可领取货币补贴。2010 年，琼山区发放廉租住房货币补贴 88.73 万元。

三、公房管理

琼山区 2010 年直管公房 51 处，土地面积 7436.83 平方米，建筑面积 10749.83 平方米，分为商用铺面和住宅两类及被强占房屋。其中铺面类 27 处，铺面部分集中在忠介路，土地面积约 3702.27 平方米，建筑面积约 7418.09 平方米；住宅类有 14 处，土地面积 2744.29 平方米，建筑面积 2490.09 平方米；被强占 10 处，土地面积 990.27 平方米，建筑面积 841.65 平方米。

为更好开展对直管公房的管理工作，每年每月 1 日、15 日集中排查所辖府城三个直管公房，检查安全每间铺面消防器材合格情况，对检查出现不合格问题，下达整改通知书；工作人员每季度开展巡查工作 12 次，发现有安全隐患的楼房，将整改方案呈报上级部门批准同意，并向住户发放危房整改通知书，协助住户开展搬迁工作，建立公有产房安全隐患排查台账，排查总面积 10749.83 平方米。

2002—2010 年，区租赁所组织对所辖直管公房存在的安全隐患进行专项大检查，对检查出来的问题进行整改，实现全年安全无事故。加强经营房屋租金收缴力度，对照登记簿，做到应收尽收，杜绝“跑、冒、滴、漏”；按市场价格及时调整部分门面房租金，盘活闲置房屋资产，确保国有资产保值增值。

四、物业管理

2008 年 8 月起，琼山区接受驻区的省级、市级单位住宅小区的管理。至 2010 年，琼山区有住宅小区 72 个，建立业主委员会的小区 3 个。2008 年 9 月至 2010 年，调解、处理各种物业纠纷 119 宗。其中，区政务中心接转市政府 12345 投诉件 102 宗，来人来信投诉 5 宗，电话投诉 12 宗，办结率 100%。

2010 年琼山区部分小区物业管理情况表

表 6-3-9

小区名称	地址	建成时间	小区总建筑面积（平方米）	房价（元/平方米）	建筑结构	常住人口	获得荣誉
绿色佳园	凤翔东路 6 号	2002	12 万	6 千左右	钢混	759 户	
红城湖国际广场	龙昆南路 75 号	2009	6.4 万	7 千	钢混	450 户	
天上人间	凤翔东路 1 号	2005	28 万	6 千左右	钢混	1678 户	
金鹿花园	海府路 154 号	1994	12.4 万	5 千 5	钢混	1334 户	
榆海华庭	红城湖路 109-8 号	2006	2.5 万	6 千左右	钢混	176 户	
红城家园	红城湖路 22 号	2005	1.7 万	7 千	钢混	174 户	
四季华庭·龙城	红城湖路 111-1 号	2008	5.2 万	6 千左右	钢混	766 户	
金霖花园	龙昆南路 76 号	1992	4.7 万	4 千 5	钢混	282 户	
汇宇金城	南海大道 1 号	1999	12 万	4 千 5	钢混	1100 户	

第四章　建筑业

第一节　建筑设计

琼山辖区有 2 家建筑行业设计院：海南省建筑设计院和海口琼山建筑设计院。

一、海南省建筑设计院

海南省建筑设计院成立于1957年，位于海口市红城湖路8号，具备城乡规划甲级、建筑行业（建筑工程）设计甲级、工程勘察专业岩土工程（勘察、咨询、监理）甲级、市政行业乙级、风景园林工程设计专项乙级、人防工程设计乙级、工程造价咨询乙级、施工图纸审查一级、地基与基础专级承包三级等资质。2003年通过ISO 9001质量保证体系认证。

2010年，该院在职员工308人，专业技术人员282人，占在职员工总数91%。其中，正高职称6人，高级职称61人，中级职称73人，初级职称116人。规划、建筑、结构、岩土、设备（水、暖、电）、造册等各类国家级专业注册人员65人，占在职员工总数21.1%。

2002年，海南省建筑设计院完成建筑设计工程项目19项，建筑总面积48.381万平方米，投资金额12.96亿元。其中，海南佳元第三期，建筑面积4.83万平方米，投资金额8696万元；兆岛绿岛家园，建筑面积9.22万平方米，投资金额1.66亿元；全景花园，建筑面积5.52万平方米，投资金额8830万元；海南大学10#学生公寓楼、食堂、信息大楼、海洋大楼、艺术大楼总建筑面积3.63万平方米，投资金额9074万元。

2003年，完成4项工程设计任务。汇隆广场项目设计，建筑面积4.52平方米，投资金额9040万元；海南职业技术学院图书馆、教学大楼项目设计，建筑面积1.44万平方米，投资金额3873万元；琼海体育馆项目设计，建筑面积8000平方米，投资金额2800万元；海口西秀海景园，建筑面积12.09万平方米，投资金额1.93亿元。

2004年，完成建筑工程项目设计任务14项。其中，完成5万平方米以上建筑设计项目有8项。海口市第一中学高中部建筑面积14.2万平方米，投资金额4.26亿元；海口新世界花园度假村第二期，建筑面积9.5万平方米，投资金额1.71亿元；三叶—铭豪广场，建筑面积8万平方米，投资金额1.44亿元。

2005年，完成建筑工程项目设计任务11项。比较著名的项目有：琼台师范高等专科学校一期工程，建筑面积17.93万平方米，投资金额4.48亿元；海南经贸职业技术学院一期工程，建筑面积11.22万平方米，投资金额2.24亿元；浙江东阳市海德城市购物公园，建筑面积14.5万平方米，投资金额4.06亿元；金垦佳苑建筑面积9万平方米，投资金额1.21亿元。

海南大学思源学堂鸟瞰图　（海南省建筑设计院　供稿）

2006年，完成建筑工程设计任务14项。其中地产项目南海名居建筑面积20万平方米，投资金额3亿元；泰达·天海国际，建筑

海南大学思源学堂主入口透视图 （海南省建筑设计院 供稿）

面积 43.56 平方米，投资金额 9.58 亿元；陵水香水湾大酒店，建筑面积 6.71 万平方米，投资金额 2.14 亿元；海南天邑大厦，建筑面积 7 万平方米，投资金额 1.96 亿元。民生工程有澄迈县人民医院迁建工程，建筑面积 12.4 万平方米，投资金额 3.1 亿元。

2007 年，完成建筑工程设计任务 11 项。其中，由枣庄市鼎信房地产开发公司投资 2.34 亿元，开发定安县行政小区建筑面积 18 万平方米；海口市城市建设投资有限公司投资 1.63 亿元，开发海口·城市海岸二期，建筑面积 10.92 万平方米；海南佳元房地产开发有限公司投资 9017 万元，开发绿色佳园、天上人间三期，建筑面积 6.01 万平方米；海南祥居实业公司投资 1.35 亿元，开发滨江一号，建筑面积 10 万平方米。

2008—2010 年，海南建筑设计院完成省内外建筑工程设计连创新高。2008 年完成 21 项，2009 年完成 23 项，2010 年创下 33 项新业绩。其中，2010 年椰树集团第三工业城单体设计项目建筑面积 40.95 万平方米，投资金额 4.91 亿元；白马天鹅湾建筑面积 21.98 万平方米，投资金额 4.39 亿元；美丽沙项目一期养生区建筑面积 28.29 万平方米，投资金额 7.07 亿元。这一年中，设计项目建筑面积超过 10 万平方米有 11 项。2002—2010 年，海南建筑设计院共完成建筑工程设计项目 148 项，总建筑面积 898.68 万平方米，投资金额 216.92 亿元。

二、海口琼山建筑设计院

该院成立于 1979 年，位于府城镇新城路区住建局 4 楼。设计资质：丙级。2010 年有干部职工 18 人，其中高级技术职称 3 人，中级技术职称 12 人。

2002 年，完成建筑设计工程项目 9 项。其设计工程项目有琼山区政法委宿舍楼、海南祥昌公司项目设计图、海南鼎发公司项目设计图、琼中县国税局红毛镇征税所、秀英区教科局建群小学、东方市木材砌片厂设计图、琼山妇幼保健院综合楼、海南省歌舞团设计图、永兴中学教学楼，共收取设计费127万元。

2003年，完成建筑设计工程项目9项。规模较大的设计项目有海南柳德利房地产公司别墅、海南今日房地产公司桂林洋别墅、海南省国兴中学宿舍食堂等项目，共收取设计费163万元。2004年共完成海南佳宁娜食品加工厂辅助楼、定国投洋浦港公司办公楼等建筑工程设计项目5项，共收取设计费116万元。2005年共完成朱云路安置小区、海南益尔制药车间、儋州市建设局那大实验小学教学楼、龙华区司法局办公楼等建筑工程设计项目8项，共收取设计费152万元。

2006年，共完成海口市农技中心检测仓库、海南省农垦总局医院行政楼等6项建筑工程设计任务，共收取设计费106万元。2007—2010年，共完成建筑工程设计任务27项，共收取设计费439万元。

第二节　建筑队伍

2000年，原琼山市26个乡镇所属的乡镇企业建筑队（公司），因设有建筑企业资质和建筑市场竞争激烈等原因，基本处于歇业（停业）状态。

2002年以后，随着房地产市场的回暖和市政基础设施建设提速，一大批省内外施工企业参与地产项目绿色佳园，基础设施项目建国路、中山北路、中山南路、文庄路、高登街、大园路、朱云路等项目建设。2004年，进入琼山区建筑施工企业74家，从业人员6085人。2005年106家，从业人员6342人，营业收入2.89亿元。2006年131家，从业人员4999人，营业收入3.21亿元。2007年177家，从业人员5609人，营业收入3.57亿元。2008年，随着滨江新城和云龙产业园区开工建设，绿色佳园、滨江帝景等一批房地产企业的进入及红塔卷烟异地技改项目等一批企业入驻云龙产业园区动工建设，进入琼山区施工企业有241家，从业人员3446人。2009年达291家，从业人员3771人。2010年达到最高峰值，施工队伍达到344家，从业人员4649人，建筑业增加值4.10亿元（当年统计口径）。

江畔人家中心景观透视副本　（海南省建筑设计院　供稿）

第三节　区属建筑龙头企业

海南琼山建筑工程公司，是琼山区本地建筑行业的龙头企业。

公司成立于1959年，属于国有施工企业。2002年6月，被国家建筑部核定为房屋建筑工程总承包壹级资质。海南省建设厅核定的市政公司工程、装修装饰工程施工总承包贰级。

公司位于琼山区府城中山北路57号。2010年，公司设置的部门有：生产经营部、法务部、质量安全部、财务部、综管部、工青妇办公室。下设第一分公司、第二分公司、第三分公司、第五分公司、第六分公司、第七分公司、第八分公司。拥有职工278位，其中缴交社保（五保一金）的有215位。具有高级职称（工程师）的有10位，中级职称48位。

2002年，公司承领建筑工程项目海南省印刷工业公司A栋综合楼，工程造价901.12万元；八所港务总公司宿舍楼A、B、C栋，工程造价497.12万元；琼建大厦工程造价4017.01万元等10个工程项目，总造价3705.5万元。

2003年，公司承领工程项目10项，工程总造价2956.58万元。其中，海南省第二中学综合大楼工程造价400.8万元，海口市橡胶一厂生活区工程造价669.18万元，海口市妇幼保健院专家住宅楼工程造价355.6万元，海口市三江中学教学综合楼工程造价355.62万元，文昌市教育局课外活动中心工程造价366.78万元。

2004年，公司承领建筑工程项目10项，工程总造价6561.35万元。其中有两项工程分别突破2000万元和1000万元，万宁市万城镇环市二路市政道路工程造价2603.3万元，金水大厦工程造价1200万元。

2005—2006年，公司承领建筑工程项目每年都保持10项，这是自2002年后。连续五年每年都保持10项的水平，两年总工程造价2.21亿元。其中，超过3000万工程有1项，超过2000万工程有3项，超过1000万工程有3项。2005年承领文昌市文东路、景林路工

江畔人家沿江透视副本　　（海南省建筑设计院　供稿）

程造价3924万元，海南商业建设开发联营公司A、B住宅楼工程造价2489万元，白龙苑小区1、2、3号楼工程造价2405.1万元，屯昌县坡心镇土地整理项目工程造价1100.5万元，定安县行政办公楼1008万元。2006年承领海南天龙王房地产开发有限公司府城镇样板小区A、B、C栋住宅楼工程造价1387.5万元。

2007—2010年，公司承领建筑工程建设项目总共40项，工程总造价7.73亿元。2008年，该公司凭着人才、技术、设备等优势，通过招标成功中标海南美景园投资有限公司投资2亿元建设宝发国际大厦。2008年3月中标后，2009年3月项目建成竣工。2008年5月，公司承领三亚海棠湾林旺安置区工程，工程总造价1.469亿元。公司在一年内承领2个亿元级项目后，精心调配施工队伍，组织力量进行攻关，三亚海棠湾林旺安置区工程于2009年4月30日按时竣工，通过验收交付使用。

第五章　水务　供电

第一节　生活供水管理

原琼山市于1994年利用国债资金和省、市配套资金建设龙塘水源厂，取水点在龙塘水坝上游，同时上马管道辅设工程和儒俊水厂建设工程，从龙塘水源厂辅设直径1.2米混凝土管道至儒俊水厂，全长约18千米。1994年12月龙塘水源厂、供水管道、儒俊水厂工程同时竣工投产，日供水量达5.5万吨。2002年10月16日海口行政区划调整后，原琼山市自来水总公司划转海口市水务集团，设立琼山自来水总公司，负责琼山城区和桂林洋开发区日常供水的管理工作，满足辖区居民和企业的供水需求。

第二节　儒俊水厂

儒俊水厂位于府城镇儒俊村西北侧，东距新大洲大道450米。该水厂1994年12月由原琼山市自来水总公司动工兴建，于1994年12月竣工投产，2010年有员工111人。

儒俊水厂占地面积6.6公顷，建有办公楼一栋（4层），职工宿舍楼2栋（9层），总建筑面积7764.52平方米；修建沉淀池2格，容积15988立方米；过滤池16格，容积2529.88立方米；清水池2个，容积30085立方米；该水厂在南渡江龙塘大坝上游建有取水点一个，建筑面积178.2平方米；水厂配套的75毫米以上供水管网总长223千米，共投入资金2.48亿元。

儒俊水厂净化工艺先进，所选用的竖流分拆板反应、平流沉淀工艺适应水质变化，运作稳定，维护方便且具有挖掘潜力；V型滤池配水均匀，气水反冲效果好，过滤周期合理、出水质量高、便于自动化管理；水厂滤池、加药、中控、仪表等关键部位均采用法国得利满公司技术及设备，技术先进，质量可靠。

儒俊水厂是海府地区规模最大的水厂之一（仅次于米铺水厂），日生产能力20万吨，所生产的水质完全符合中华人民共和国卫生部及中国国家标准化管理委员会颁发的《生活饮用水卫生标准》（GB5947—2006）的要求。自2003年起，水厂供水量以年均5%的速度增长，供水范围从府城中心城区向城郊、开发区发展，管网水质综合合格率达100%，安全生产率达100%。2010年儒俊水厂实际日供水量5.5万吨，供水覆盖面积42平方千米，用水人口约40万。

第三节　排水工程

从2002年开始，琼山区在城区道路建设和改造过程中，通过铺设雨、污水管网，让地下污水管网输往海口污水处理厂处理，既减轻城区道路逢雨必浸，又解决污水污染环境问题。2002年，在海府路实施扩建工程中，铺设雨、污水管网1458米。2005年，在建国路改造工程中，铺设雨、污水管网550米。2006年，修建椰海大道铺设雨、污水管网3250米，扩建龙昆南路铺设雨、污水管网4379米，文坛路铺设雨、污水管网540米。

2007，在市政府资金支持下，琼山区对府城主街道新大洲大道、琼州大道、新城路、高登街、文庄路、中山北路、中山南路、建国路、建国一横路进行大规模改造。在改造过程中，既对道路硬化、亮化、绿化，又对9条主街道进行雨、污水管网分流，共铺设雨、污水管网13.04千米。2008—2010年，在修建和扩建滨江西路、滨江横路、忠介路、朱云路中段、美舍河观光路过程中，共铺设雨、污水管网15.77千米。

为了解决老城区小街小巷雨、污水分流问题，琼山区自2000年起，开展小街小巷道路硬化、亮化、绿化改造工作，对改造的小街小巷进行雨、污水管网建设。2003年，对城东小学路、米铺厂路、上丹路、宋伯里等7条小街小巷进行改造，铺设雨、污水管网2.7千米。2004年，对博雅园小区路、振兴四横路、龙昆南一横路等10条小街小巷进行改造，铺设雨、污水管网4.6千米。2005年，对北街路、下坎西路、尚书达巷、上丹中路等47条小街小巷进行改造，铺设雨、污水管网18.9千米。2006年，对金花村巷道、马鞍街巷道、振兴里巷道、甘蔗园巷道等122条小街小巷进行改造，铺设雨、污水管网72.35千米。2007年，对古井巷、下坎西路五横路等21条小街小巷进行改造，铺设雨、污水管网12.6

千米。经过2003—2008年对府城镇、国兴街道进行小街小巷改造，共修建小街小巷道路287条，铺设雨、污水管网共151.83千米，府城镇、国兴街道的小街小巷改造和雨、污水分流改造基本结束。

第四节　中小型小库

海南解放后，琼山修建了一批水库。其中，3座中型水库：铁炉水库、风圮水库于1958年4月动工建设，云龙水库于1973年5月兴建。至2010年，琼山区共有中小型水库67宗，控制集雨面积197.878平方千米，总蓄水库容14798.92亿立方米，设计灌溉面积7899公顷，现达5233.3公顷，占设计灌溉面积的66.2%。其中：中型水库工程3宗，集雨面积73.78平方千米，设计总库容5326万立方米，正常库容4142万方方米，设计灌溉面积3320公顷，最大实灌2352公顷。小（一）型水库15宗，控制集雨面积53.278平方千米，总库容5006万方立米，设计灌溉面积3193公顷，最大实灌面积2286公顷；小（二）型水库49宗，控制集雨面积70.82平方千米，总库容5015万立方米，正常库容3820万立方米，设计灌溉面积1386公顷；另外还有小山塘156宗，设计灌溉面积约3333公顷。琼山区中小型水库由琼山区水务局负责管理和维护，3宗中型水库均设立管理所，其中风圮水库管理人员15人，铁炉水库8人，云龙水库11人。64宗小（一）型、小（二）型水库由所在镇政府设立一名专管员负责管理。每年5月15日—11月15日海南讯期期间，都坚持水库巡查制度，一发现险情立即组织处置，2002—2010年，全区水库未发生任何事故，一直安全运行。2010年10月海口市连续强降雨半个多月，60年未遇，琼山区8个镇平均降水量1400毫米左右，造成洪涝灾害比较严重，全区中小型水库67宗蓄水达正常水位98%以上，超警戒水位40宗，出现险情并开挖临时排洪15宗。大坡高明水库、红旗龙逢水库、三门坡门板、昌白及甲子旺金龙水库险情最突出。由于指挥到位，措施得力，及时采取了抢险和补漏措施，各中小型水库安全渡汛。现将中小型水库工程分述如下：

一、中型水库

铁炉水库　位于三门坡境内，工程于1958年4月动工兴建，1982年建成现规模。坝址位于三门坡镇谭文大路仔村附近，截断铁炉溪，集雨面积40.77平方千米，河长8.8千米，河床比降0.002，设计洪水标准为100年一遇，相应库容1609.3万立方米，校核洪水标准为100年一遇，相应库容1834.92万立方米，正常蓄水位高程47.2米，相应库容1321.2万立方米，设计总库容1834.92万立方米，死库容375万平方米。库区有主坝一座，坝顶长733米，最大坝高13.4米，已建永久溢洪道4孔，每孔净宽5米，总净宽20米，钢筋混凝土弧形闸门，最大泄量为213立方米/秒，是一宗以灌溉为主，结合防洪、养殖等综合效益的中型水库。由于水库运行多年，坝体填筑质量差，加上年久失修，工程老化，2008 年经省水务局组织专家鉴定，属三类病险水库。同意列入《全国病险水库险加固专项规划》。2008 年 11 月 25 日由海口市发展和改革局批复立项，2008 年 12 月 15 日由省水务局审批同意铁炉水库除险加固工程初步报告，总投资 1425.93 万元。加固主要工程项目有 8 项：坝体、坝基防渗处理；拆除重建排水棱体；拆除重建溢洪道启闭室及工作桥，更换闸门及启闭设备并对泄漕底板进行处理；输水涵管内衬钢管加固灌浆处理；大坝培土加厚处理；修建管理房。

铁炉水库加固工程于 2009 年 9 月底进场，10 月开工，总工期 12 个月，于 2010 年 10 月竣工，全部完成工程加固任务。2010 年 12 月 13 日通过竣工验收，该工程为优良工程。灌区范围主要是：旧州镇的光明、岭南，三门坡镇文多洋和甲子镇大同村委会等。

云龙水库　前身是东鲁水库，蓄水能力仅有 50 万立方米。1973 年 5 月兴建云龙水库，1976 年竣工，坝址在云龙墟南 3 千米处。是一宗以灌溉为主，结合养鱼、多种经营及防洪等综合利用的中型水库工程，设计灌溉面积 866.6 公顷，集雨面积 6.92 平方千米，河长 4.53 千米，总库容 1036 万立方米，设计库容 843 立方米，枢纽由主坝副坝和放水涵组成。主坝长 900 米，最大坝高 11.65 米，副坝长 530 米，最大坝高 5.6 米，放水涵 3 座，管径为 1.0~1.3 米，由于水库放工质量差，经过多年运行，出现坝体及建基面渗漏，主坝坝面变形，护坡损坏，排水棱体失效，涵管漏水等严重问题，2007 年经鉴定为三类病险水库，同意立项加固。海南省水务局批准云龙水库除险加固工程设计方案，设计洪水标准为 50 年一遇，校核洪水标准为 100 年一遇。云龙水库除险加固的主要项目有 6 项：大坝培土加厚；对土坝和坝基进行防渗漏处理；重建坝址反滤排水体；修复主、副坝上下游护坡；改造和更新输水涵启闭设备；重建东输水涵管，并做好白蚁防治工作。工程于 2007 年 12 月进场施工，建设期为 15 个月，2009 年 4 月竣工投入使用，工程概算总投资 1070.25 万元。资金来源为：国债资金和市政府配套资金。

灌溉范围：云龙镇的云龙、云裕、云阁等村委会和海南岭脚热作场农场。

风圮水库　1958 年 4 月 24 日破土动工兴建的一宗中型水利工程，位于甲子镇以北 4.0 千米处，风圮的鸭程流域深坑支流上游，水库集雨区位于东侧的丘陵地区，集雨面积 26.1 平方千米，是琼山区雨量最多的地区之一，洪水以台风雨为主，其次为热雷雨和峰面雨，流域多年平均降雨为 1889 毫米，多年平均径流深 921 毫米，100 年一遇校核洪位 56.4 米，总库容 2225 万立方米，100 年一遇设计洪水位 55.81 米，正常高水位 55.01 米。正常库容 2054 万立方米，死水位 39.63 米，死库容 574.5 万立方米。库区主坝 1 座，坝长 500 米，最大坝高 23.08 米，副坝 1 座，坝顶长 2250 米，主副坝为均匀质土坝。该工程是以灌溉为主，结合发电、养鱼综合利用的一宗中型水利工程，枢纽工程主坝（均质土坝）有输水管（ϕ1.3）1 个，泄闸（3×5×4.25）1 座，副坝（均质土坝）有输水管（ϕ1×1）1 座，设计灌溉 1053 公顷，1988 年曾灌 706 公顷，2010 年仅灌 400 公顷。1979 年 3 月建电站，装机两台共 200 千瓦，1980 年发电上网，年均发电量 35 万千瓦时，是一宗效益较好的水利工程。该工程2006年立项加固，2006年12月进场开工。主要加固项目有三项：大坝防渗墙处理；溢洪道加固；低管套管加固处理。总投资约1300万元。

灌溉范围：甲子镇的红岭、昌西、琼星、琼新、群星、新昌、甲子村委会和长昌煤矿等。

二、小（一）型水库

2010年琼山区有小（一）型水库15宗，在20世纪50~60年代修建，工程标准低，防洪性能差，绝大部分都列入病险水库，为了加快水库建设，充分发挥水库正常效益，各级政府加大对水库除险加固力度，按有计划、分阶段、全面加固的原则，1981年后加大对小（一）型以下水库护坡进行加固。1987年完成龙惠、昌白等水库护坡加固，质量好又美观，进入21世纪后，政府对水库加固投入逐年增加，2004年投入资金490万元加固配套了红旗、南任、门板三座水库；2006年投入资金55万元对曰富水库护坡进行加固；2007年投入资金120万元应急加固长坡水库，另外投入资金800万元实施大坡镇门板水库的引水工程，打隧洞640米，开挖渠道3千米；2008年投入资金350万元除险加固道崇水库；2009年投入资金3000多万元除险加固与配套铁炉、高黄、岭后、荔枝良、昌白、龙惠、石埇等水库；2010年投入资金390万元除险加固大坡镇的苦塘水库、甲子镇的大甲岭水库。至2010年，全区15座小（一）型水库全部建永久溢洪道，基本达到除险加固的要求。

三、小（二）型水库

小（二）型水库工程，是兴建最早而数量最多的蓄水工程，建于20世纪50~60年代，辖区共有小（二）型49座，总库容5015万立方米，灌溉面积达到1386公顷。这些工程多建土坝，浆砌石涵管，渠道短，水直接到田，多建于田坑上游，靠坡岭集水，有些搞干砌石临时护坡或铺草皮护坡。2003—2010年，琼山区政府不断增加资金投入，对牛贪埇、九尾、双根、青云、龙坡等水库进行除险加固，增强了水库抗洪能力，至2010年底，已完成全面维护加固12宗。

四、山塘

山塘多建于1952—1958年，共有156座，总库容854万立方米，灌溉面积约3333公顷。这些山塘水库，虽标准低，投资少，但2010年仍全部发挥积水灌溉作用。

第五节　农田整治工程

一、农田整治

琼山区是海口市农业大区，全区200公顷以上田洋14个，8.87~13.33公顷的田洋8个，66.7~133公顷的田洋25个。从2001年到2010年，琼山区历年开展农田整治，共投入1.32亿元整治了38个田洋，共整治面积4523公顷。整治规模较大的田洋有：2001年整治红旗的云雁洋；2003年整治云龙的北庄洋，三门坡的福兴洋；2004年整治旧州的林肚、无益肚、光明洋，红旗的七水洋，三门坡的大荒洋、文蛟肚；2005 年整治旧州的典弄肚，甲子的昌西洋，三门坡的文多洋，红旗的水荫坑、大万坑；2006 年整治三门坡的林昌坑，大坡的大坡洋，府城的五岳洋，旧州的凤凰洋，云龙的迈向洋；2007 年整治三门坡的大荒洋（续建）、龙塘新旧沟田洋，红旗、旧州的北林洋；2008 年整治云龙、旧州的仙客洋、罗冯肚、太乙洋，三门坡的桃村洋；2009 年整治大坡的龙村洋，红旗的昆上洋、青云洋、福地洋，三门坡的木枫洋；2010 年整治旧州的美盆洋、甲子的龙井洋，大坡的北昌肚。经过整治的田洋，田洋实行方格化，按灌排分家，机耕路四通八达，改善了农业生产条件，增加了农民的增产增收。

2002—2010 年琼山区未整治的千亩以上田洋情况一览表

表6–5–10

序号	乡镇	田洋名称	位置	面积（公顷）	整治情况	调整产业结构情况（各占率%）
1	旧州镇	勋德洋	旧州、池连、道美村委会	100	一般	70
2	旧州镇	谭文肚、高书肚	联星、池连村委会	200	差	10
3	红旗镇	七水洋	龙发、墨桥村委会	359	已整治 40%	25
4	红旗镇	大党博爱潭福分侃洋	龙源村委会	109.9	差	10
5	云龙镇	迈向洋	云裕、云龙、云阁村委会	146.7	一般	30
6	云龙镇	博洽洋	云阁村委会	80	一般	20
7	云龙镇	向北洋	儒林、长泰村委会	158.7	一般	20
8	大坡镇	大坡洋	大坡村委会	85.7	已整治 40%	35
9	大坡镇	丁云洋	新瑞村委会	83.3	未整治	10
10	甲子镇	加朝洋	大同村委会	86.7	未整治	30
11	甲子镇	美茶洋	甲子村委会	80	未整治	20
12	甲子镇	田心洋	甲子村委会	86.7	未整治	5
13	甲子镇	桃村洋	新昌村委会	80	一般	20
14	龙塘镇	道沙洋	龙富村委会	80	未整治	20
15	龙塘镇	道比洋	潭口村委会	78.7	未整治	20
16	三门坡镇	龙风洋	龙马村委会	73.3	未整治	20
17	三门坡镇	水路洋	友爱村委会	100	未整治	20
18	三门坡镇	木枫洋	清泉村委会	80	未整治	30
19	三门坡镇	不了洋	清泉村委会	200	未整治	60
20	三门坡镇	文湖肚	乐来村委会	120	未整治	50

2002—2010 年琼山区已整治田洋情况一览表

表 6-5-11

序号	乡镇	田洋名称	位置	面积（公顷）	整治情况			
					时间	面积（公顷）	投入资金(万元)	整治内容
1	红旗镇	云雁洋	道崇、合群村委会	333.3	2002	333.3	450	农田整治
2	云龙镇	北庄洋	云蛟村委	120	2003	120	150	农田整治
3	三门坡镇	福兴洋	文岭村委会	233.3	2003	233.3	250	农田整治
4	旧州镇	林肚	光明村委会	139.2	2004	133.3	200	农田整治
5	旧州镇	无益肚	池连光明村委会	86.7	2004	86.7	100	农田整治
6	旧州镇	马盆肚	岭南村委会	146.7	2004	40	80	灌排渠
7	旧州镇	光明洋	光明村委会	200	2004	200	200	农田整治
8	红旗镇	七水洋	龙发、墨桥村委会	359	2004	166.7	200	农田整治
9	三门坡镇	大荒洋	谷桥乐来村委会	364.5	2004	66.7	120	农田整治
10	三门坡镇	文蛟洋	文蛟村委会	133.3	2004	133.3	120	农田整治
11	旧州镇	典弄肚	岭南村委会	140	2005	140	220	农田整治
12	甲子镇	昌西洋	昌西村委会	98.3	2005	93.3	100	农田整治
13	三门坡镇	文多洋	文蛟村委会	300	2005	200	280	农田整治
14	红旗镇	永荫洋	大山村委会	43.3	2005	43.3	50	农田整治
15	红旗镇	大万坑	红旗村委会	33.3	2005	33.3	30	农田整治
16	三门坡镇	林昌坑	谷桥村委会	33.3	2006	33.3	20	农田整治
17	大坡镇	大坡洋	大坡村委会	85.7	2006	53.3	60	农田整治
18	府城镇	五岳洋	铁桥居委会	40	2006	40	40	农田整治
19	旧州镇	凤凰洋	池连村委会	33.3	2006	33.3	40	农田整治
20	云龙镇	迈向洋	云裕、云龙、云阁村委会	146.7	2006	146.7	200	农田整治
21	三门坡镇	大荒洋	谷桥、乐来村委会	364.5	2007	300	550	农田整治

续表 6–5–11

序号	乡镇	田洋名称	位置	面积（公顷）	整治情况			
					时间	面积（公顷）	投入资金（万元）	整治内容
22	红旗、旧州镇	北淋洋	墨桥村委会	366.7	2007	366.7	3000	农田整治
23	三门坡镇	三加洋	文岭村委会	90	2007	90	180	农田整治
24	云龙镇	坡仑肚	长泰村委会	100	2008	66.7	120	农田整治
25	龙塘镇	新旧沟洋	龙塘镇与龙泉镇交界地段、三桥	433.3	2008	233.3	600	农田整治
26	旧州镇	新克洋	文新、道美、雅秀村委会	300	2008	300	600	农田整治
27	旧州镇	罗冯肚	池连村委会	100	2008	100	2000	农田整治
28	三门坡镇	桃村洋	文岭村委会	83.3	2008	83.3	150	农田整治
29	旧州镇	太乙洋	旧州村委会	30	2008	30	58	农田整治
30	大坡镇	龙村洋	福昌村委会	200	2009	200	408	农田整治
31	红旗镇	昆上洋	昌文、大山村委会	213.3	2009	213.3	430	农田整治
32	红旗镇	青云洋	龙源村委会	166.7	2009	166.7	385	农田整治
33	红旗镇	福地洋	龙榜、墨桥、大山村委会	233.3	2009	233.3	710	农田整治
34	三门坡镇	木枫洋	清泉村委会	156.7	2009	96.7	150	农田整治
35	旧州镇	美盆洋	岭南村委会	186.7	2010	186.7	300	农田整治
36	甲子镇	龙井洋	新民村委会	186.7	2010	166.7	280	农田整治
37	大坡镇	北昌洋	新瑞村委会	80	2010	80	100	农田整治
38	云龙镇	北揽洋	云裕村委会	180	2010	180	250	农田整治
合计				6531.3		5423.3	13181	

第六节　供　电

一、电网建设

自2005年开始，在省、市电网的支持下，琼山区为了电网的扩容和安全运行，加快电网千伏走廊建设，当年修建了一条12.06千米、35千伏的桂林洋站至龙塘站的高压电线走廊。到2010年，共新建了6条千伏电线走廊，共85.19千米。

2005—2010年琼山区输电线路建设一览表

表6-5-12

线路名称	起止点	线路长度（千米）	电压等级（千伏）	杆塔总数（基）	运行时间
林龙线	桂林洋站—龙塘站	12.06	35	12.06	2005.12月
新龙线	新坡站—龙塘站	16.81	35	16.81	2006.1月
玉路线（T接红旗线）	玉洲站—东路站—红旗站	5.28	110	23	2007.10月
红塔线	红旗—塔岭站	27.50	110	94	2008.10月
红江线	红旗站—三江站	10.64	25	10.64	2008.1月
东子坡线（T接甲子站）	东昌站—三门坡站—甲子站	9.20	35	9.20	2010年3月

二、变电站建设

琼山辖区共设置7个变电站，其中海口玉洲200千伏变电站规模最大。该站于1994年8月18日开工，1996年2月16日投产送电。2002年，玉洲220千伏变电站扩建，工程投资2000万元。扩建2号变电器1×15万千伏安，扩建国产GIS（全封闭组合电器）间隔，实现国产设备与进口设备对接，2003年8月15日建成投产。

2010年琼山辖区变电站统计表

表6-5-13

变电站名称	主变压器型号	额定容量（千伏安）	投运时间（年月）
220KV玉洲站	SFSZ8-150000/220	150000	1995.6
35KV龙塘站	SZ9-5000/35/10.5SZ9-5000/35/10.5（扩建）	10000	2002.2（2003年3月扩建）
220KV玉洲站	SFPSZ10-150000/200	150000	2002.8
35KV三门坡	SZ11-6300/35SZ9-6300/35	12600	1995.11 2005.12
110KV凤翔站	SFZ9-40000/110SFZ9-40000/110（扩建）	80000	2003.1（2006年3月扩建）
35KV东昌站	SFS1-2500/35	2500	2006.6
110KV下洋站	SSZ10-40000/110TH	40000	2008.4

第七编 交通 邮政

2003—2010年，琼山区交通基础设施从基本适应到明显改善，交通运输服务能力和服务水平有明显提高，基本形成了高速公路、航空（海口美兰国际机场和云龙镇接壤）、城市公交于一体的较为完善的现代综合运输体系。

2010年底，全区有公路103条（含乡道），总长867.19千米。其中：国道1条，全长62.3千米；省道2条，全长29.1千米。县道12条，全长148.9千米；乡道88条，全长626.89千米；内河道75千米（即南渡江在琼山区河段）。2003年1月，琼山区紧抓战略机遇期，积极推进道路交通建设，2003—2005年，在省、市的支持下，全区8个镇连接国道和省道之间的县道12条，全长148.9千米，全部实现硬板化和沥青化。2006—2008年，琼山区利用国债资金建设农村畅通工程，建设镇际之间乡道、村（居）际之间村道104条，总长382.112千米。总投资1.272亿元。2010年全区行政村道路全部实现硬板化。

第一章　交通设施

第一节　道　路

一、国道

海榆东线即国道G223线，全长317.63千米。通过琼山区路段从府城镇起，经灵山、云龙、红旗、三门坡镇，至大坡镇与文昌市蓬莱镇交界处止，长62.3千米。原为明代环岛东线驿站，1922年部分改道修建而成。1994年4月，琼山撤县设市后，琼山市为了开发江东新市区和桂林洋工业开发区扩容增量及支持海口美兰国际机场建设，1994年10月，对海榆东线那梅立交桥至灵山墟段进行改造，1995年10月竣工，全长7.31千米，总投资约1.83亿元。通过改造，该路段成为一级公路。1995—2002年省公路部门对海榆东线进行全面改造。到2003年，琼山区境内路段从云龙镇云岭村至大坡镇沿线都建成二级公路，水泥混凝土路面。

二、省道

云仙线从云龙墟起经过岭脚、旧州墟、道美、巡崖桥至定安县仙沟墟止，全长22.5千米，1956年始建，原属四级公路。经过逐年改造，成为二级公路，水泥混凝土路面。

南府线属海口市环线公路。海口市城市交通主干道。自海口市南大桥至府城接海榆东线6.6千米出入口，全长7.6千米。靠海口市路段叫龙昆南路，靠琼山市路段叫凤翔路，1990年建成通车。凤翔路长4.7千米，水泥混凝土路面，路基宽20米，中间有分隔线2米。

三、县道

云美线　从云龙镇云龙墟至演丰镇美兰加油站，全长8.166千米，1956年始建。水泥混凝土路面，属三级公路。

长道A线　从长昌煤矿至甲子镇乡镇分界点处，全长7.15千米，水泥混凝土路面，属四级公路。

长道B线　从甲子镇长昌煤矿至旧州镇道美，全长6.84千米，1959年始建。水泥混凝土路面，属四级公路。

红眼线　从红旗镇土桥墟至三江镇眼镜塘，全长17.44千米，1921年始建，1976年通客车。水泥混凝土路面，属三级公路。

三谭线　从三门坡镇三门坡墟至原谭文镇谭文墟，全长6.40千米，1927年始建。水泥混凝土路面，属三级公路。

铁新线　从新大州大道铁桥村委会尚道村处入口，途经龙塘镇至新坡镇，全长27.79千米，2009年始建水泥混凝土路面，属四级公路。

文长线　从三门坡镇文岭墟至长昌煤矿，全长14.56千米，水泥混凝土路面，属三级公路。

府那线　从府城镇经丁村、龙桥镇至龙泉镇谭泳村委会那抽村止，全长23.27千米，1914年为简易路、1954年通客车。沥青混凝土路面，属四级公路。

长甲线　从长昌煤矿至甲子镇政府，全长4.63千米，1959年始建。水泥混凝土路面，属四级公路。

大中线　从大坡墟至中税热作场，全长13.16千米，1947年始建。水泥混凝土路面，属四级公路。

谭旧线　从三门坡镇谭文墟至旧州镇旧州墟，全长11.8千米，1927年始建。沥青路面，属四级公路。

龙龙线　从龙塘镇龙塘墟至龙桥镇龙桥墟，全长7.6千米，1953年始建。水泥混凝土路面，属四级公路。

四、乡道

琼山区有乡村道路88条，总长约626.89千米。

琼山区地方公路乡道一览表

表7–1–1　　单位：个、千米

公路名称	起止点	兴建年份	通车年份	涵洞个数	公路等级	里程
府沙线	府城至沙场	1975	1975年9月	3	四级	1.5
府白线	府城至白庙村	1957	1957	2	四级	4
响薛线	响水桥至薛村	1975	1975	5	四级	3.8
府大线	府城至大样村	1944	1944	3	简易	4
铁团线	铁龙线至团结村	1953	1953	2	简易	4.3
海潭线	海榆东线至潭口	1953	1953	—	简易	1.8
海玉线	海榆东线至玉仙村	1937	1937	—	简易	2.4
云农线	云仙线至云龙农场	1959	1959	—	简易	1.4
云甘线	云龙至甘蔗场	1957	1957	2	四级	3.3
岭岭线	岭脚至岭脚热带作物场	1952	1952	3	四级	4.4
云龙线	云龙至龙塘	1952	1952	1	四级	3.3
梧坡线	梧桐路口（石塔）至坡训村（蓝孔雀山庄）	2008	2008	—	四级	5.08
云东线	云龙墟至东江村	2009	2009	—	四级	6.64
红分线	红旗村至分烈村	2009	2009	—	四级	12.95
旧池线	旧州镇电网公司至池连村委会旁	2007	2007	—	四级	5.89

续表7-1-1

公路名称	起止点	兴建年份	通车年份	涵洞个数	公路等级	里程
岭龙线	岭脚墟至龙塘水轮泵站	1953	1953	1	四级	4.4
岭福线	旧州岭南至福多村	1953	1953	2	简易	3.2
岭番线	岭南至番岭	1954	1954	—	简易	4.1
旧埠线	旧州至埠头	1928	1928	3	四级	1.5
海昌线	海榆东线 31 千米处至昌尾村	1957	1957	—	简易	1
雅崇线	雅旺至崇德	1951	1951	8	四级	14
海云线	海榆东线至云东	1974	1974	2	四级	4.5
赤墨线	赤草湖至墨桥	1953	1953	2	四级	6
甲二马线	甲子派出所至定安冯家荔枝场	2006	2006	—	四级	5.15
三东线	三门坡至东路	2006	2006	—	四级	14.92
三蛟线	三门坡庆丰东路至蛟塘	2009	2009	—	四级	14.92
龙十线	龙塘居委会门口至十字路墟	2005	2005	—	四级	6.10
龙文线	龙泉丁字路口至文彩村	2008	2008	—	四级	5.89
旧红线	旧州卫生院至红明农场	2007	2007	—	四级	19.73
谭铁线	谭文至铁炉水库	2009	2009	—	四级	8.21
谭仙线	谭文中学至仙沟	2009	2009	—	四级	16.85
甲麻线	甲子村至麻头	2007	2007	—	四级	8.46
大美线	大坡墟至甲子美茶村	2007	2007	—	四级	9.36
三大线	三门坡墟至大坡镇	1957	1957	11	四级	16.8
三大线	三门坡墟至大昌村	1925	1925	10	四级	13.5
三南线	三门坡墟至南面村	1967	1967	—	四级	3
三青线	三门坡墟至青草村	1958	1958	11	四级	12.6
新白线	新德至白水塘村	1956	1956	7	四级	7
文坑线	文林湖至坑子村	1969	1969	—	四级	3
谭谷线	谭文墟至谷桥村	1956	1956	1	简易	4.5
谭文线	谭文墟至文来村	1957	1957	4	四级	6.5
文青线	文来村至青草坡场	1958	1958	—	简易	3
谭晨线	谭文墟至晨光村	1958	1958	2	四级	4.5
谭岭线	谭文墟至旧州岭南	1936	1936	7	四级	12
文光线	文蛟村至福多村	1955	1955	3	四级	5
谭虎线	谭文墟至虎山村	1956	1956	7	四级	9.3
龙虎线	龙盘至虎山村	1956	1956	—	四级	9.3

续表7–1–1

公路名称	起止点	兴建年份	通车年份	涵洞个数	公路等级	里程
琉琼线	琉球村至琼新村	1967	1967	—	四级	13.3
青福线	谭文青峰村至旧州福多村	1967	1967	7	四级	12.8
甲昌线	甲子粮所至昌文村	2007	2007	—	四级	9.36
岭李线	岭脚至李宅园	2009	2009	—	四级	8.65
田仙线	田塘路口至仙民路口	2009	2009	—	四级	5.17
清大线	清泉村至大同村	1952	1952	7	四级	13.3
甲加线	甲子墟至加东岭	1932	1932	8	四级	11
甲蓬线	甲子墟至蓬莱墟	1927	1927	10	四级	15.8
甲居线	甲子墟至居丁墟	1947	1947	7	简易	13.8
甲新线	甲子农场至新昌村	1958	1958	8	四级	10
甲新线	甲子至新昌	1965	1965	4	四级	2.6
甲长线	甲子至长昌	1952	1952	6	四级	6
天卜线	天罗湖至卜世昌村	1958	1958	3	四级	5.7
长仙线	长昌煤矿至仙沟墟	1922	1922	12	四级	16
长青线	长昌至青云村	1964	1964	4	四级	7.1
长龙线	长昌至龙殿村	1951	1951	—	四级	2
大新线	大坡墟至新瑞村	1920	1920	6	简易	14
中龙线	中税墟至龙头村	1958	1958	2	四级	6.2
白树线	白石溪墟至树德村	1959	1959	3	四级	5.8
龙仁线	龙塘糖厂至仁玉村	1925	1925	2	四级	2.6
新农线	新民村至新民农场	1961	1961	1	简易	3
新土线	新民村至土桥农场	1957	1957	—	简易	3.3
龙龙线	龙十线 2 千米至龙新村	1952	1952	—	简易	2
永文线	文彩村至永罗村	1952	1952	—	简易	16.2.3
文十线	文彩村至十字路墟	1927	1927	2	四级	—
云朝线	云裕村委会路牌至朝角村	2007	2007	—	四级	5.63
道烈线	道崇至烈士亭	2008	2008	—	四级	7.31
崇龙线	崇德小学对面至新桃小学（红旗至龙源村）	2008	2008	—	四级	7.84
国乌线	国道 223 线 K56+000 至乌石村	2007	2007	—	四级	12.21
大白线	大坡旧市至白石溪	2009	2009	—	四级	5.66
儒挺线	儒传村至挺丰村	2008	2008	—	四级	5.92
赤联线	赤草湖至联星小学	2007	2007	—	四级	7.32

续表7-1-1

公路名称	起止点	兴建年份	通车年份	涵洞个数	公路等级	里程
谭西线	谭文至西山村	2007	2007	—	四级	8.65
益长线	益新至长昌煤矿	2007	2007	—	四级	7.97
联凤线	联星村委会路口至凤銮路口	2007	2007	—	四级	5.01
民新线	民兴村委会旁至新昌村委会路口	2007	2007	—	四级	4.08
昌高线	昌福至高魁村	2008	2008	—	四级	7.92
中封线	中税小学至封塘村	2009	2009	—	四级	5.60
国群线	国道 G223k60+200 至群星小学	2009	2009	—	四级	5.55
龙福线	文岭龙蛟村口至福兴村村牌	2009	2009	—	四级	4.98
中文线	中税热作农场至文蓬线 k18+900	2009	2009	—	四级	5.09

第二节　城区道路

一、新城区主干道

滨江西路　位于海口市东北侧，南北主干道，南渡江西岸。起于长提路与白龙路的交汇处，沿南渡江西岸经琼州大桥、海瑞大桥至南渡江大桥西桥头。该路投资 8.48 亿元，全长 12.19 千米，宽度 60 米，总面积 56.55 万平方米，沥青砼结构。海口城投公司承建，2004 年 12 月 15 日启动，2009 年 2 月 28 日竣工通车。

椰海大道　（货运大道）城市四条东西向主干道之一，东起海瑞大桥，西接西环路，与滨江西路、琼州大道、迎宾大道、海榆中线等 8 条南北向道路相贯通。全长 22.48 千米，道路宽 24.30 米，投资 6.87 亿元，建于 2006 年。

国兴大道　西起龙昆南路，终点为琼州大桥，是城市主干道，全长 4.27 千米，宽度 100 米，总面积 27.27 万平方米。建于 2004 年 4 月，水泥砼结构，2005 年 4 月竣工。

龙昆南路　南北走向，南起南大桥，北至凤翔西路，是城市主干道，全长 4.38 千米，宽度 100 米，面积 40.37 万平方米，沥青砼路面。2006 年 3 月，建设龙昆南延长线，与立交工程衔接与绕城高速公路及羊山路联网。

兴丹路　（美舍河观光路）位于国兴大道南侧，美舍河东侧，南渡江西侧，往南向与高登东街相交，

滨江西路景　　（林芳善　摄于 2009 年 6 月 4 日）

是城市次干道，道路全长 1.83 千米，宽度 30 米，面积 5.98 万平方米，水泥结构。建于 2009 年 6 月。

二、老城区主干道

大园路 南起丁村路口，北至甘蔗园。建于 1990 年，长 772 米，宽 40 米，混凝土结构路面。

朱云路 南起大园路口，北至红城湖路。建于清代，长 1026 米，宽 40 米。朱云路北端于 2003 年扩建，长 204 米，宽 40 米；中端于 2009 年扩建，长 961 米，宽 40 米，混凝土结构路面。

中山路 南起凤翔路，北至建国路。分中山南路、中山北路，总长 1855 米。中山北路（高登街至建国路）长 720 米，宽 28 米。中山南路（凤翔路至高登街），1994 年 10 月动工建设，全长 1135 米，宽 40 米，混凝土路面。1996 年 9 月竣工，工程造价审计 6063.60 万元。中山北路始建明代，原称北帝街，1926 年，府城改建街道，为纪念孙中山，将北帝街改名为中山路。1984 年下半年扩建延伸至府城中学，1996 年再次向南扩建延伸直达凤翔路。沿途有天茂超市、琼台超市、琼山新华书店、琼山工商银行、中山邮政所、琼台书院、府城中学、南北水果批发市场、琼山区老干部活动中心等。

中山南路街景（林芳善　摄于 2005 年 10 月 7 日）

文庄路 东起琼州大道，西至中山北路。建于明代，长 650 米，宽 24 米，混凝土结构路面。明代称府前街，清代改称道前街。1926 年扩建，改名文庄路。1967 年改称新华路，1982 年复称文庄路。沿途有琼山区人民政府招待所、琼山工人文化宫、琼山中学、琼山第一小学、琼山区人才劳动力市场等。

板桥路 东起海南师范大学后小门，西至龙昆南路。长 540 米，宽 15 米，混凝土结构路面。建于 1980 年。

改造后的建国一横路新貌（林芳善　摄于 2008 年春节）

忠介路 东起中山北路，西至大路街。建于明代，长 538 米，宽 10 米，原混凝土结构路面，2008 年 10 月至 2009 年 1 月改造为石板路。东段清代称镇台前街，西段为景行街。1926 年，镇台前街扩建改造，以海瑞谥号忠介命名。1928 年，拆除府城西城门，景行街连接忠介路统称为忠介路。1967 年改称解放路。1982 年 3 月复称忠介路。2000 年改建为步行街，是府城镇主要商业街之一。沿途有明代古城墙、郑氏宗祠、三城会馆等古迹。

金花路 南起大路街，北至红城湖路。长 480 米，宽 3.5 米，混凝土结构路面。有全国重点文物保护单位丘濬故居。

建国路 东起琼州大道，西至区委办公大院。建于 1967 年，长 550 米，宽 32 米，沥青路面。沿途有琼山人民医院、府城三角公园、中山纪念亭等。

勋亭路 南北向支路。南起海府路，北至李硕勋纪念亭，长 320 米，宽 9 米，混凝土结构路面。1986 年改建。

高登西街 东起琼州大道，西至朱云路。其中马鞍街南端口至琼州大道，长 560 米，宽 8 米，混凝土结构路面。

流芳路 原名五公祠路，东西向支路。西起海府路，东至省农科院，长 200 米，宽 9 米，混凝土结构路面。

琼州大道 全长 2466 米、宽 44 米，南北向双向 6 车道，是府城老城区四纵五横路网南北向的主要交通道路之一。北接海府路，南与海南东线高速路和新大洲大道对接。是海榆东线从海口三角池出府城的主干道。始建于 1922 年，1988 年、1995 年、1998 年进行三次大规模改造。沿路主要建筑有琼山工商局大厦、中国人民银行琼山支行大厦、光华货仓、琼山第一小学、琼山中学（后门）、琼山监狱、明珠大厦、五公祠等。

新城路 原称立新路。东起三角公园，西至朱吉里。建于 1958 年，长 340 米，宽 18 米，混凝土结构路面。沿途有府城医院、琼山第三小学等。

第三节 街弄里巷

府城古镇有“七井八巷十三街”之称的交通网络，主要巷道有：

大路街 东起忠介路，西至海南中学。建于民国时期，长 560 米，宽 15 米，混凝土结构路面。沿途有海南师范大学、海南中学、海南粮食学校等。

绣衣坊 （原称北门街）南起忠介路，与马鞍街北口对望，北至新城路。建于明代，长 360 米，宽 4 米，混凝土结构路面。

大井巷 东起绣衣坊，西至朱吉里。建于清代，长 150 米，宽 2.5 米，混凝土结构路面。

宗伯里 南起忠介路，北至新城路。建于清代，长 420 米，宽 3.5 米，混凝土结构路面。

北胜街 南起新城路，北至灶公庙。建于明代，长 380 米，宽 4 米，石板路面。2000 年前后改造为水泥路面。因位于府城之北，明朝守城官兵多次在此战胜倭寇、海盗侵袭，故名为北胜街。

关帝巷 南起文庄路，北到水井边。建于明代，长 105 米，宽 2．4 米，混凝土结构路面。巷中有琼台、关帝殿、琼台福地坊、琼台阁、福地轩等（1999 年重建）。

北胜街北口（林芳善　摄于2010年10月17日）

蛋巷（旦巷）西口（林芳善　摄于2010年10月17日）

草芽巷北口（林芳善　摄于2010年10月17日）

东门街　又称东门里。东起府城东门遗址，西至琼州大道。建于明代，长350米，宽6米，混凝土结构路面。

福地后横街　北起福地后街，南至关帝巷。建于清代，长105米，宽2米，混凝土结构路面。

福地后街　东起琼州大道，西至中山路。建于清代，长450米，宽2.8米，混凝土结构路面。

文庄一横街　南起城墙，北至文庄路。建于1965年，长85米，宽14米，混凝土结构路面。

后巷街　南起甘蔗园，北至忠介路。建于清代，长250米，宽10米，混凝土结构路面。

少史巷　东起中山路，西至县后街。建于清代，长120米，宽4米，混凝土结构路面。

县后街　南起县前街，北至忠介路。建于明代，长110米，宽4米，石板路面。

塘圮巷　东南起万寿亭西，北至小雅巷。建于清代，长150米，宽4米，石板路面。

仁和坊　原东起靖南街，西至琼台师范，后转北接文庄路。建于明代，长380米，宽2米，混凝土结构路面。

靖南街　东起鼓楼，西至仁和巷。建于明代，长140米，宽2米，东段为混凝土结构，西段为留原石板路面。

鼓楼街　北起文庄路，南至高登东街。建于明代，长260米，宽2米，石板路面。

尚书直街　南起靖南街，北至文庄路。建于清代，长240米，宽2~7米不等，混凝土结构路面。

尚书横街　东起尚书直街，西至打铁巷。建于清代，长100米，宽2米，混凝土结构路面。

蛋巷　东起鼓楼街，西至尚书直街。建于清代，长 75 米，宽 1.1 米，混凝土结构路面。

万寿亭街　东起中山北路，西至县前街。建于清代，长 135 米，宽 2.5 米，石板路面。

县前横街　东起琼台师范门口，西至县后街。建于明代，长 135 米，宽 2.2 米，混凝土结构路面。

县前直街　南起万寿亭街，北至县前横街。建于明代，长 70 米，宽 1.8 米，混凝土结构路面。

马鞍街　南起高登西街，北至忠介路。建于明代，长 360 米、宽 6 米，混凝土结构路面。

达士巷　东起马鞍街，西至外巷（今称朱云路）。建于清代，长 410 米，宽 3 米，混凝土结构路面。

草芽巷　北起忠介路，南至小雅巷。建于清代，长 210 米，宽 4 米，石板路面。

草芽横巷　西起草芽巷，东至县后街。建于清代，长 150 米，宽 4 米，混凝土结构路面。

小雅巷　东起县后街，西至草芽巷。建于清代，长 100 米，宽 3 米，石板路面。

第四节　桥　梁

琼山区境内建有公路桥梁共 29 座。其中 G223 线有 7 座桥梁，S102 线有 1 座，S202 线有 4 座，S212 线有 3 座。琼山辖区南渡江段有 3 座大桥：琼州大桥、海瑞大桥、南渡江大桥。其中海瑞大桥是 2006 年 5 月新竣工的大桥。

附：海瑞大桥

该桥梁由由原琼山市政府于 1994 年 7 月 26 日开工建设，原设计长 1543 米，宽 29 米，由于受 20 世纪 90 年代海南房地产泡沫的影响，该桥开工建设后不久停工。2002 年 10 月 16 日，海口行政区划调整后，在海口市政府财政资金的支持下，海口市路桥公司于 2004 年 6 月 16 日开工续建，2006 年 5 月 28 日竣工交付使用。该桥全长 1321.29 米、宽 29 米，东岸连接线道路长 889.6 米，宽 60 米。海瑞大桥的建成，减缓了琼州大桥和南渡江大桥的通车压力，改善了南渡江两岸交通条件。

2010 年琼山区公路桥梁一览表

表7–1–2

序号	路线编号	路线名称	桥梁名称	桥梁类别	中心桩号	跨径组合（孔×米）	桥梁全长（米）	结构类型	建成日期及演变	评定等级
1	G223	海榆东干线	响水桥	小桥	9.462	3×7	26	板、桩基础	1995 年 9 月	2
			南渡江中桥 1	小桥	10.973	3×7	34.2	板、桩基础	1984 年 9 月	2
			南渡江大桥	大桥	12.619	39×20	785	T 形梁及工字梁、桩基础	1984 年 9 月建，1996 年 6 月改造	3
			南渡江中桥 2	小桥	14.300	1×9.6	16.8	空心板、扩大基础	1984 年 9 月	1
			云龙水利桥	小桥	25.240	1×5	16.1	石拱、扩大基础	2008 年 3 月	1
			昌尾桥	小桥	29.758	1×16	32.8	预应力空心板、扩大基础	2008 年 3 月	1
			红旗水利桥	小桥	32.992	1×5	16	石拱、扩大基础	2008 年 4 月	1
2	S102	凤翔路	凤翔桥	中桥	2.100	2×14.8	68.7	空心板、桩基础	2004 年 8 月	1
3	S202	云文线	云龙水利	小桥	0.937	1×5	22	石拱、扩大基础	1970 年 9 月	2
4	S212	云仙线	凤眼桥	小桥	6.558	1×17	44	T形梁、扩大基础	1957 年 2 月	2
			旧州桥	小桥	15.984	1×12	26.8	石拱、扩大基础	1957 年 2 月	2
			巡崖桥	中桥	22.639	4×15	78.7	T形梁、扩大基础	1957 年 2 月	2
5	X146	红眼线	滨洋溪小桥	小桥	5.8979	1×16	24.04	预应力空心板、扩大基础	2011 年 2 月	1
			龙球桥	小桥	10.223	1×6	8.2	石拱、扩大基础	1977 年 9 月	2
6	X149	铁新线	那央一桥	小桥	4.577	1×5	8	板、扩大基础	1994 年 8 月	2
			那央二桥	小桥	4.657	1×19.5	27.9	T 形梁、扩大基础	2001 年 1 月	1
			龙塘糖厂桥	小桥	13.017	1×19.5	29.03	T 形梁、桩基础	2001 年 9 月	2
			梁老桥	小桥	24.386	3×5	27.6	板、扩大基础	1984 年 9 月	5
7	X150	文长线	昌头桥	小桥	12.945	2×6	14	工字梁、扩大基础	1954 年 9 月	5
8	X145	长道线	厚皮桥	小桥	2.642	2×14.58	32.04	预应力空心板、扩大基础	2003 年 2 月	2
			中堂桥	小桥	5.33	1×4.56	6.2	石拱、扩大基础	1966 年 9 月	3
			联陆桥	小桥	9.5	1×7.4	8	板扩大基础	1992 年 3 月	2
9	X151	府那线	丁村桥	小桥	2.800	2×13	34	空心板，钻孔灌注基础	2009 年 3 月	1
10	X152	长甲线	深坑桥	小桥	2.040	1×13	27	石拱、扩大基础	1996 年 4 月	2
11	X154	大中线	白石溪桥	小桥	7.335	2×10	28	空心板、扩大基础	2004 年 6 月	1
12	–30	—	海瑞大桥	大桥	1584.8	—	—	预应力钢筋砼、空心板	2004 年 4 月	13

续表 7-1-2

序号	路线编号	路线名称	桥梁名称	桥梁类别	中心桩号	跨径组合(孔×米)	桥梁全长(米)	结构类型	建成日期及演变	评定等级
13	—	—	水电桥	小桥	—	1×14.7	16	垮钢筋混凝土简支桥梁	2002 年	14
14	—	—	洗马桥	小桥	—	3×18.23	60.1	预应力钢筋混凝土空心板	2001 年	15
15	—	—	流芳桥	小桥	—	2×10	37	钢筋混凝土简支桥梁	2003 年	16

第五节　车站　渡口

一、车站

（一）海口汽车东站

海口汽车东站隶属于海南海汽运输集团有限公司海口站务分公司，是国家交通部评定的一级汽车客运站。位于海府路 148 号，站房总面积 4000 多平方米，车场总面积 1 万多平方米，售票、候车等配套服务设施齐全。该站前身为 1958 年建成的的琼山汽车站，于 1991 年重新报建站房、扩建停车场等，于 1992 年投入使用，改名为海南省汽车运输总公司海口汽车东站。2007 年企业改制，改名为海南海汽运输集团有限公司海口汽车东站。2010 年，对该站候车大厅重新进行改造，整个候车大厅变得更加宽敞。该站主要负担省内东线三亚、琼海、万宁、陵水、定安和文昌等市县干线，以及文昌锦山、铺前、翁田、昌洒、重兴等乡镇支线客运，代售省际客票业务及小件物品快递业务，日均发车 394 个班次，日均客运量 5600 人次，营运车辆以海汽快车、豪华空调中巴车为主，全面推行 IS0 9001:2000 质量管理体系、“6S”管理以及服务标准化管理模式。

（二）琼山中巴车站

原设在红城湖路，是原琼山市运营于乡镇中巴车的小型车站，1998 年 6 月设立，2008 年 6 月已撤销。

二、渡口

2003 年，琼山区有渡口 6 处，至 2010 年不变。

（一）涵东坡渡口。从新坡镇涵东坡村起渡，至旧州镇福美村止，全程 300 米。

（二）梁陈渡口。起渡于新坡镇梁陈村，至旧州镇埠头止，全程 400 米。

（三）遥逍渡口。起渡于龙泉镇遥逍村，至旧州镇埠头村止，全程 200 米。

（四）卜史渡口。起渡于龙泉镇卜史村，至旧州镇托东村，全程 300 米。

（五）托东渡口。起渡于旧州镇托东村，至龙塘墟止，全程 400 米。

（六）龙塘渡口。起渡于龙塘镇，至云龙镇岭脚墟止，全程 300 米。龙塘水轮原站大坝建成后、两岸群众坝上走路过江、已停渡。

上述 6 个渡口多以木船竹竿撑渡，过江劳动为主，没有固定通航时间。

第六节 农村畅通工程

2006—2008 年，琼山区利用国债资金和省、市、区配套资金，通过招投标，在 3 年时间里完成“农村畅通工程”项目建设，修建硬板化乡村道路 109 条，总长 382.11 千米，总投资 1.27 亿元（包括中央投资四项相加）。2010 年，全区行政村道路全部实现硬板化。

2006 年琼山畅通工程建设项目一览表

表7–1–3

序号	项目名称	里程（千米）	工程总造价（万元）
1	龙塘糖厂至仁庄	3.31	83.93
2	红旗至东鳌至东岳	6.06	156.52
3	民兴至新昌	4.98	127.89
4	云龙热作场至王角	5.661	145.03
5	儒传至那央	4.02	102.69
6	太乙路口至卜文村	3.2	81.80
7	岭南至翻岭	6.201	158.52
8	旧州至池连	5.92	151.36
9	云定线至福美	2.63	67.23
10	罗霞经龙马至城坦	5.42	138.54
11	凤目至向北	3.9	100.17
12	谭文至谷桥	3.37	109.32
13	旧红线至大山	2.27	57.67
14	土桥至云雁洋	3.72	98.90
15	文官园至大昌	1.67	43.16
16	长昌至民昌	3.42	88.16
	合计	65.74	1710.89

2007 年琼山畅通工程建设项目一览表

表7–1–4

序号	项目名称	里程（千米）	工程总造价（万元）
1	儒传村路口至挺丰	4.55	145.38
2	大坡（旧市）至白石溪	5.84	186.35
3	文岭至鸭塘	4.76	152.39
4	文彩至十字路	5.16	165.97
5	国 223 线到龙榜村	2.01	66.15
	合计	22.32	716.24

2008 年琼山畅通工程建设项目一览表

表7-1-5

序号	项目名称	里程(千米)	工程总造价(万元)
1	云定线 K10.2 至托东	4.74	154.26
2	天长湖至琼新	2.90	94.44
3	长昌至西山村	3.32	109.21
4	龙殿路口至林村	1.60	52.42
5	九所溪至新瑞	4.31	141.65
6	大树路口至下溪村	3.49	114.27
	合计	20.36	666.25

2008 年中央投资畅通工程建设项目一览表

表7-1-6

序号	项目名称	里程(千米)	工程总造价(万元)
1	长泰至李宅园公路	3.1	108.52
2	云阁村委会至对南山村公路	2.85	99.66
3	岭脚经永创村至向北公路	3.96	139.81
4	北历村经那英村至新村公路	5.17	181.54
5	云龙镇经多能至北公山公路	10.75	378.10
6	美进至北公山公路	4.78	167.40
7	岭脚至龙塘大坝公路	5.18	181.26
8	树德至大般公路	5.76	201.77
9	中税经石花村至南莲线公路	5.52	193.06
10	福昌至李村园至大甲路	6.45	227.15
11	大甲公路经田心、大吉至龙九公路	3.14	109.85
12	九所溪至土岭公路	3.09	109.50
13	中白线至道宋村公路	4.49	157.00
14	新瑞至大湾公路	3.86	135.23
15	明湖至沙村公路	3.95	138.20
16	白石溪经古井塘至谭养村公路	3.76	131.48
17	大坡经象塘至石桥公路	11.3	395.92
18	青云至居丁公路	3.29	115.27
19	青云路至永丰路公路	1.16	40.71
20	民兴至蓬永线公路	2.13	75.18
21	甲蓬线至旺贵村公路	0.66	22.96

续表7–1–6

序号	项目名称	里程(千米)	工程总造价(万元)
22	新昌至桃村公路	1.46	51.89
23	甲青线经大昌村、谭白至新村塘公路	5.86	211.28
24	青云路至青云村公路	0.88	30.66
25	甲子至新塘公路	3.38	118.35
26	甲子糖厂至风圮村公路	1.93	67.67
27	甲子风圮至桂林公路	4.95	173.31
28	美原路口经三六口至益新公路（包含水口）	8.06	313.34
29	仙民至白石村公路	1.38	48.30
30	云定线经龙井至贝朗公路	1.25	43.90
31	谭仙至美颖村公路	0.88	30.80
32	琼星经多历至谭仙大道公路（罗边村）	5.58	195.40
33	文岭至福兴路口公路	4.45	155.67
34	桥头至谭旧线公路	1.90	66.55
35	乐来至双坡公路	1.56	55.06
36	谭文至昌汉公路	4.82	168.59
37	三旧线至林昌村公路	0.27	9.42
38	三门坡美备至龙盘公路（A 段）	4.80	167.89
39	三门坡美备至龙盘公路（B 段）	4.91	172.33
40	三门坡美备至龙盘公路（C 段）	3.6	126.02
41	文长线至东昌村公路	0.69	24.19
42	下田上村至下溪村公路	4.05	141.91
43	美端经青草至三旧线公路	1.54	53.84
44	龙发至龙马公路	2.80	97.88
45	罗美线经美管至龙发公路	6.83	239.61
46	龙源至道统公路	7.03	246.12
47	龙发至美罗线公路	2.70	94.89
48	昌文村海榆东线 32 千米处至长山村口公路	0.88	30.77
49	道崇昌升路口经云雁至下云村公路	3.97	141.46
50	龙发经回龙至墨桥公路	10.18	356.25
51	苏寻三至福云公路	3.62	126.69
52	红旗至云星公路	0.7	24.50

续表7-1-6

序号	项目名称	里程（千米）	工程总造价（万元）
53	云定线 K16.6 至龙头村公路	3.12	109.22
54	岭南经美傲至原江小公路	1.75	61.26
55	琼定路经红卫至美顶公路	5.10	178.46
56	云新村委会至文泰村公路	2.97	104.04
57	云定线经仙客至福美村公路	2.08	72.78
58	旧红线至知州公路	6.92	242.17
59	托东至风门公路	2.17	75.96
60	三旧线至洪烈村公路（黄群村）	3.90	136.45
61	勋德路口至后追村公路	1.78	62.38
62	云定线经福多至光明公路	4.21	150.49
63	旧州至高坎坡公路	4.52	158.86
64	龙富至宣德村公路	4.42	154.69
65	龙塘市场经文彩六队至文庄公路	0.53	18.52
66	多贤村至永光、龙塘干线公路	0.79	27.79
67	仁庄至美隆公路	1.39	48.80
68	文道经美有至仁何村公路	3.52	123.25
69	龙光村委会至富礼村公路	2.33	81.70
70	玉仙至仁三公路	1.52	53.24
71	三桥村委会至玉场公路	1.36	47.57
72	龙塘多贤村至永罗村公路	4.33	151.61
73	龙塘富道至龙新村公路	2.83	98.96
74	仁庄至富礼公路	0.93	32.49
75	云道至富道村委会公路	1.29	45.16
76	龙塘龙光乡多贤村至富道村公路	1.45	50.76
77	龙光多贤至卜让公路	2.58	90.17
78	铁龙路至大宾路公路	4.58	160.47
	合计	273.7	39631.36

第二章 运 输

1994 年 1 月，琼山汽车客运站改为海口汽车客运东站，隶属海汽集团，大型客运汽车不再承接琼山市乡镇客运，改为省内县际、省外至省际客运。至此，琼山的客运由个体中巴车承接，在府城镇的琼州大道、红城湖路、工业大道（现南海大道）、凤翔路等沿线设立上落站。1998 年 6 月，琼山市在府城镇红城湖路设立中巴客运站，负责全市 26 个乡镇客运。2002 年，全市有个体中巴客运汽车 240 辆，全年完成客运量 1235 万人次，营运收入 6177.6 万元。20 世纪 90 年代末，由于政策允许个体运输户经营，市场竞争激烈，琼山汽车站（现海口汽车东站）和琼山运输公司退出货运市场，琼山货运由个体运输户及企业（主要是糖厂）车队负责承运。2003 年底，琼山区交通运输业有 1712 家（含个体），从业人员 2007 人，营业收入 7646 万元。（由于按统计口径的行业分组，交通运输业未单独列出，货运量未统计）

第一节 公路运输

一、货运

2003—2010 年，琼山区大宗商品建材（河砂、钢筋、水泥、砖石等）、五金日用百货、农产品（水稻、糖蔗、水果、蔬菜）、热带作物产品等都由个体运输户和物流公司承运。2003 年，全区有交通运输业 1712 家，从业人员 2007 人，经营收入 7646 万元，2008 年有 2467 家，从业人员 2623 人，营业收入未单列统计；自 2004 年起，按国民经济行业分组统计，交通运输、仓储和邮政业合并统计，2004 年全区法人单位数 14 个，从业人员 1433 人，经营收入未统计。2005 年，全区法人单位数 20 个，从业人员 1567 人，全年营业收入 13.70 亿元。2007 年全区法人单位数 24 个（不含个体运输户）、从业人员 1574 人，营业收入 13.63 亿元。2008—2010 年，营业收入未列入统计。2010 年，全区法人单位数 35 个，从业人员 623 人（不含个体运输户）。

在大宗农产品中，糖蔗和瓜菜占的比重较大。2003 年，全区产糖蔗 15.27 万吨，2006 年 9.54 万吨，2010 年 4.91 万吨。2003—2010 年，全区共产糖蔗 65.65 万吨，全部由个体运输户承运至龙塘糖厂、甲子糖厂加工。2003 年，全区产瓜菜 9.86 万吨，2006 年 12.01 万吨，2010 年 14.87 吨。2003—2010 年，全区出产的瓜菜，除满足海口市及周边市县供应外，每年有 9 万吨以上销往港、澳及内地各省、市。期间，省内外瓜菜运销商、个体运输户凭着海南省相关部门发放“绿色通道”运输证，优先安排过海，沿途各省市不检查、不扣车、不扣证。从2006—2007年冬季瓜菜运输季开始，海南瓜菜运输车辆通过“绿色通道”不再需要“绿色通道运输证”，凭着“海南省鲜活农产品运输证”加上货单享受优惠政策。

二、客运

农村班线　2003年1月后，琼山区的农村客运班线仍由个体中巴车运营，设龙塘镇线、旧州镇线、甲子镇线、三门坡镇线共4条农村客运班线，全区配中巴车135辆。其中26座129辆，15座4辆，17座2辆。全年完成客运量694.98万人次，营运收入3747.9万元。2004年6月，市交通部门为规范农村班线客车市场管理，实现“车进站，人归点”的目标，引导原琼山市许可的个体经营车辆挂靠到海口5家具有二类企业以上资质的客运企业（即海南高速运输公司、海口市运输公司、耀兴公司、广隆公司、琼旺公司），当年完成乡镇班线车辆全部挂到上述5家企业，逐步实现了公司化，规范化经营。2008年6月，已营运10年的琼山中巴车客运站被撤销，琼山农村班线进入海口汽车南站。2009年，农村班线客运车辆经营期限届满，市交通部门将到期的农村班线车辆更新许可给车辆挂靠的企业，车辆更新后产权和经营权归企业，线路、车数、原承包人不变，全区配置19座中巴车127辆、17座2辆、15座4辆、26座2辆（未到运营期限），全区共135辆。其中龙塘线17辆（19座11辆、15座4辆、17座2辆），旧州线27辆（19座），甲子线12辆（19座），三门坡线79辆（19座77辆、26座2辆）。2010年完成客运量592.51万人次，营运收入4740.12万元。

2003—2010年琼山区中巴客运经营统计表

表7-2-7

年度	客运量（万人次）	客运里程（万人千米）	营运收入（万元）
2003	694.98	1069.2	3747.9
2004	697.08	1102.57	4182.51
2005	701.98	1108.78	4768.82
2006	703.40	1113.64	4923.82
2007	702.35	1115.23	4916.45
2008	704.56	1123.45	5269.23
2009	515.56	1085.40	4640.08
2010	592.51	1095.93	4740.12

第二节　公交线路

海口市公共交通在琼山城区运行线路有24条。具体线路有：1路、4路、9路、11路、14路、35路、37路、42路、44路、45路、46路、47路、49路、58路、62路、74路、201路、202路、夜1路、k3路、205路。

海口公交在琼山城区运行路线表

表7–2–8

线路	起点站	途径琼山境站	终点站
1 路	凤凰花城	秀英区凤凰花城至府城琼山财政局共 34 个上落站，其中途径琼山区境内有；下洋坡→汽车东站→五公祠→琼山自来水公司→琼山中学→琼山区文化宫→琼台师苑→琼台幼儿园→琼山区财政局，返程经琼山一小	琼山财政局
4 路	文华路	琼山区财政局，共有 34 个站，其中经过琼山境内的有：下洋坡→海口汽车东站→五公祠→琼山医院→琼山区政府→琼山旅社→琼台师苑→琼台幼儿园→琼山区财政局，返程加琼山一小→琼山自来水公司	琼山财政局
9 路	嘉陵大厦	嘉陵大厦至绿色佳园共 26 个上落站，其中途径琼山境内的有；丁村路口→凤翔山庄→南北水果市场→府城中学→琼台幼儿园→琼山财政局→城东市场→琼山邮政→下坎路口→绿色家园	绿色佳园
11 路	水果市场	南北水果市场→丁村路口→187 医院→中国城→省烟草公司→金华村路口→朱云路口→省委党校→五公祠→汽车东站→下洋坡	万福新村
14 路	金盘	金盘至新港共有 32 个站，其中途径琼山境的有；下洋坡→汽车东站→五公祠→省委党校→朱云路口→金华村口→省烟草公司	新港
35 路	绿色佳园	绿色佳园至海口火车东站共有 46 个上落站，途径琼山境有；绿色佳园→下坎村→琼山邮政局→城东市场→琼山财政局→琼台幼儿园→培龙市场→凤翔新村→府城镇委→丁村路口→山高村口→省高院→中国城→明光国际酒店	火车站
37 路	玉成村六龙巴士总站	玉成村六龙巴士总站至火车站共有 46 个上落站，其中途径琼山区境内有；玉成村六龙巴士总站→市疾控中心→省教育服装厂→政法学校→绿色佳园→下坎路口→琼山邮政局→城东市场→琼山一小→琼山自来水公司→五公祠→汽车东站→下洋坡	火车站
44 路	城西两院	城西两院至海甸白沙门共有 32 个上落站，途径琼山区境有；返程加琼山医院山高村口→府城镇委→凤翔新村→培龙市场→琼台师院→琼山旅社→琼山区政府→省委党校→五公祠→海口汽车东站→下洋坡	白沙门公园
45 路	海南工商学院	海南工商学院至桂林洋高校区共有 34 个上落站、途径琼山区境有；海南工商学院→省图书馆→下洋坡→海口汽车东站→五公祠→省委党校→琼山党校→朱云路口→省烟草公司→中国城→一八七医院→山高村口→府城镇委→凤翔新村→培龙市场→府城中学→南北水果市场→琼山供电公司→琼山侨中→那梅立交桥→六合市场→省拘留所→林村→琼北车管所→儒传村→琼山中学新校区→龙塘路口	桂林洋高校区
46 路	那央村	那央村路、新大洲大道、凤翔路、大园路、朱云路、红城湖路、南海大道那央村、省戒毒所、省华侨商校、儒传村、琼山肉联厂、林村、省拘留所、六合市场、那梅立交桥、琼山侨中、琼山供电公司、凤翔山庄、府城镇委、省技校、琼山二小、朱云市场、朱云路口、省烟草公司、龙昆南路口、坡巷村、南站	东环高铁秀英站
49 路	火车东站	火车东站至万绿园共有 36 个上落站，其中途径琼山境有：火车东站、山高村口站、府城镇委站、凤翔新村站、培龙市场站、琼台师院站、琼山旅社站、琼山区政府站、省委党校站、琼山党校站、朱云路口站、省烟草公司站	万绿园

续表7-2-8

线路	起点站	途径琼山境站	终点站
58 路	海南工商学院	海南工商学院、省图书馆、海口消防中心、省农科院、省考试局、琼山财政局、琼台幼儿园、琼台师苑、琼山旅社、琼山区政府、琼山三小、朱云路口、省烟草公司、明光国际酒店、坡巷村、海口汽车南站、豪范路、第一职中、锦绣京江、关爱医院门诊部、农垦中学、金山小区南门、海口供电公司、海瑞桥、海瑞墓	海瑞墓
42 路	文庄派出所	文庄派出所至紫荆花园站共有 32 个上落站，其中经过琼山境内有；文庄派出所、绿色佳园、琼山侨中、府城水果市场、府城中学、琼台师范、琼山旅社、琼山区政府、琼山三小、朱云路口、琼山二小、高登西、海南中学高中部	紫荆花园
74 路	金盛达建材城	丘海大道、白水塘路、金福路、南海大道、金牛路、金盘路、坡巷路、城西路、龙昆南路、高登街、大园路、新城路、琼山区政府	琼山区政府
205 路	琼山区政府	琼山区政府、琼山旅社、琼山文化宫、琼山中学、琼山一小、城东市场、琼山邮政局、下坎村、那梅立交桥、六合市场、省拘留所、林村、琼山肉联厂、儒传村、省华侨商校	省华侨商校
60 路	省委党校	省委党校至新埠岛共有 26 个站其中途径琼山的有省委党校、琼山二中、八一小区	新埠岛
62 路	白驹学校	白驹学校、椰海新城、福祥家园、琼山供电公司、凤翔山庄、府城镇委、省机电工程学校	药谷
201 路	海口火车东站	海口火车东站、山高村口、丁村路口、山高村口、省高院、板桥路、海南中学、大路街、朱云市场、琼山三小、琼山旅社、琼台师院、培龙市场、凤翔新村、府城镇委、丁村路口	海口火车站
202 路	首丹村站	海口汽车东站、五公祠站、琼山医院、琼山区政府、琼山旅社、琼台师院、培龙市场、省技校站、府城镇委、石塔村站、国兴学校站、薛村站	薛村站

第三章　邮政业务

第一节　机　构

1978 年，琼山县 28 个公社所在地均设邮政、邮电分支机构。1987 年，县邮电局下设支局 11 个，邮电所 23 个，代办机构 2 个。1992 年，琼山县邮电局改称邮政局。1994 年，改称琼山市邮政局，全市 26 个乡镇均设邮政支局。2002 年 10 月 16 日，海口行政区划调整，琼山区设有海口市邮政局琼山分局、府城分局、府城投递分局，并设立海口市邮政局旧州邮政支局和龙塘、云龙、红旗、三门坡、谭文、大坡、甲子、新民等 9 个邮政所，全区共设营业点、代办点 40 多个。

第二节　邮路邮编

一、邮路

宋开宝年间（967—976年），海南岛东西2条驿路邮线都以府城总驿为起点。明弘治十年（1502年），琼山县境有东西南北4条驿路，设驿铺16所，都是专人步行或骑马逐铺递送，是海南岛设立邮路最早的县份之一。

海南解放后，琼山邮路主要由汽车、自行车、摩托车三种交通工具投递。20世纪50年代末，琼山邮路长1543.9千米，60年代末2047千米，70年代末延至2447千米，80年代末4038千米，90年代末2234千米。海口行政区划调整后，琼山区邮路大幅减少，2010年仅843千米（含汽车邮路）。

2010年海口市琼山区摩托车投递邮路一览表

表7–3–9　　单位：条

邮路	里程（千米）	班期	服务范围			
			镇	村	学校	农场（连队）
云龙—儒林	46	逐日	1	9	5	—
云龙—云蛟	49	逐日	—	43	6	6
云龙—岭脚	28	逐日	—	18	4	2
红旗—龙发	32	逐日	1	65	13	6
红旗—龙榜	37	逐日	—	40	9	—
红旗—昌尾	35	逐日	—	36	5	3
三门坡—新德	44	逐日	1	59	4	11
大坡—后村	45	逐日	1	29	9	—
白石溪—茶厂	32	逐日	—	—	4	29
甲子—蛟龙	32	逐日	1	6	—	2
甲子—下牛坡	36	逐日	1	50	14	2
长昌—新琼	49	逐日	—	49	7	—
旧州—益仔	49	逐日	1	72	24	1
道美—江前	41	逐日	—	26	8	—
仙民—益新	45	逐日	—	37	15	1
龙塘—仁庄	34	逐日	1	31	23	—
龙塘—永朗	49	逐日	—	25	20	—

二、邮编

1985年，全国推行邮政编码制度。琼山区邮政编码如下：

府城镇571100，云龙镇571137，红旗镇571138，三门坡镇、红明农场571139，大坡镇 571142，东昌农场、中税热作场 571143，甲子镇 571144，旧州镇 571146，龙塘镇 571149。

三、邮政业务

海口行政区划调整后，由海口市邮政局琼山分局、府城分局、府城投递分局负责琼山区域报刊发行、邮件投递、邮件及物资快递、集邮、代办机票、船票、火车票及金融服务等。

第八编　经济综合

第一章　经济概述

第一节　发展状况

2003—2010 年，琼山区的经济主要靠农业、工业、商贸等支撑。2003 年后，着力调整经济结构和产业升级，农业经济保持平稳发展，工业经济效益继续提高，第三产业支撑作用明显，项目投资保持较快增长。2010 年，完成地区生产总值 53.65 亿元，比上年增长 13.9%；完成农业总产值 19.9 亿元，比上年增长 5.8%；完成工业总产值 29.02 亿元，比上年增长 11.1%；规模以上工业企业实现利税总额 9.1 亿元，比上年增长 24.3%；社会消费品零售总额 27.87 亿元，比上年增长 21.3%；全社会固定资产投资 34.21 亿元，比上年增长 12.9%；三次产业结构比例为 23.19∶31.28∶45.53，第二产业明显提升，第三产业增幅强劲，全区产业结构趋向合理。

南国威尼斯　　（林芳善　摄于 2008 年 9 月 7 日）

2003—2010 年琼山区国民经济发展主要指标一览表

表 8–1–1

指标	单位	2003 年	2004 年	增长（%）	2005 年	增长（%）	2006 年	增长（%）	2007 年	增长（%）	2008 年	增长（%）	2009 年	增长（%）	2010 年	增长（%）
地区生产总值	万元	218119	259600	12.4	280975	10.6	309132	12.3	363602	12.9	413861	11.6	460472	12.8	536519	13.9
第一产业	万元	57813	67509	7.8	72016	6.6	77531	9.0	88690	8.0	103847	8.6	111073	8.1	124377	5.8
第二产业	万元	66189	79136	11.4	85108	12.2	92726	16.8	115674	16.8	130852	12.7	145463	15.3	167821	14.1
其中：工业	万元	54271	65164	11.9	67881	10.1	74883	22.5	92718	14.7	102077	14.5	110073	13.5	126823	13.8
建筑业	万元	11918	13972	9.3	17227	21.7	17843	–5.4	22956	25.6	28775	5.5	35390	21.5	40998	15.0
第三产业	万元	94117	112955	16.0	123851	11.6	138845	11.2	159238	13.1	179162	12.5	203936	13.7	244321	18.5
农业总产值	万元	93627	106948	7.7	119153	8.0	132623	8.9	140869	8.2	169752	8.7	177520	8.2	198986	5.8
农业	万元	49958	56968	7.2	62820	9.7	70751	10.6	70906	5.8	80749	6.2	81539	6.5	82259	4.9
林业	万元	13152	14796	8.8	16896	3.2	18327	6.4	23417	20.9	28013	9.6	30029	9.2	36519	7.8
牧业	万元	24043	28231	9.9	32312	8.7	35019	6.5	37315	10.0	50054	17.9	54358	17.4	66106	5.6
渔业	万元	4928	5336	2.1	5377	–2.4	5849	6.2	6052	6.8	7152	7.5	7638	6.8	9288	6.0
服务业	万元	1546	1546	2.3	1748	4.4	2632	5.3	3179	7.2	3784	8.3	3956	8.0	4814	8.0
工业总产值	万元	148244	151600	15.4	158300	10.2	189750	20.8	217524	15.2	226081	19.8	250634	14.4	290249	11.1
规模以上	万元	106910	124533	14.0	131593	10.6	153029	23.9	176212	16.9	180514	22.5	203664	17.3	240351	12.2
规模以下	万元	41334	27067	19.1	26707	8.5	36721	9.6	41312	8.4	45567	10.3	46970	3.1	49898	6.2

第二节　经济结构

2003—2010年，琼山经济所有制结构主要由国有、国有控股、股份制企业、民营经济、个体经济、合作企业等组成，经济成分呈现多元化。产业结构经过调整和升级，2010年三次产业结构比例为23.19∶31.28∶45.53。

第一产业　2003年，琼山区农业总产值9.36亿元，针对琼山区农业规模化、集约化进展缓慢，琼山区政府引导农民进行产业结构调整，于2004年推进“百头千户计划”和“100个百亩基地”计划，在发展畜牧业中，全区建立养殖小区4个，百头以上规模猪场22个，建立百亩以上荔枝、龙眼、花卉、香蕉、瓜菜等高效农业基地40个，实行农业规模化经营。2005年大力探索和推广“五统一分”模式（统一规划、统一开发、统一品种、统一技术、统一销售、分户管理），引导农民走集约化经营道路。2006年推进生态循环模式，采取了“猪—沼—作物”生态农业循环发展。2007年推广小庄园模式（一口井、一个沼气池、一栏猪、一个种植园）。2008年推广合作经济模式（公司+农民、专业大户+农民）。2009年推广专业合作社模式（注册成立农民联合体）。2010年推广土地流转模式（整合土地规模化经营）。通过连年的产业结构调整，有力地推进了琼山现代农业发展。2010年，全区完成农业总产值19.9亿元，比2003年增加1倍多，年均增长8%以上。全年粮食产量54241吨，瓜菜148678吨，水果152059吨，橡胶8619吨，胡椒2171吨，畜禽总肉量24146吨，分别增长4%、4.2%、12%、6.2%、5.6%、4.7%，农产品商品率继续保持上升势头。农业产业结构向低碳经济发展，全区户用沼气7252个，大中型沼气池59个，村级沼气服务站27个，沼肥（液）施用农作物面积3000公顷。猪—沼—作物生态循环农业取得了长足的发展。农产品加工企业7家，瓜果冷藏库9个，总容积8000多万立方米；农民专业合作社137个，专业合作社种植66.7公顷以上有17个，农产品商标注册4个。

第二产业　海口行政区划调整后，原琼山市建立的桂林洋开发区、江东新市区，狮子岭开发区的机械制造、制药、饲料加工等工业集群被划转，建区后，琼山工业“短腿”问题凸显，2003年工业总产值14.82亿元，比上年减少11.36亿元。为了解决琼山工业“短腿”问题，琼山区通过优质服务和扶持，红塔卷烟、万达包装、兴牧饲料、南国食品等四大支柱产业稳健发展；以龙塘服装加工为龙头，大力发展木材加工、橡胶加工等一批小型企业，年创产值3亿元以上；大力扶持机械制造和选矿业发展，年创产值2亿元以上；于2008年创办云龙产业园区，成功引进红塔卷烟异地技改项目和钢共享结构项目，为琼山工业转型发展注入活力。2010年完成工业总产值29.02亿元，比上年增长11.1%。其中：规模以上工业总产值24.04亿元，比上年增长12.2%；烟草制造行业工业总产值13.7亿元，占全区规模以上工业总产值57.5%，比上年提升0.4个百分点。全年工业经济运行特点主要是在总量增加和效益提高区间过渡，规模以上工业企业实现利税9.1亿元，比上年增长 24.3%，破历史纪录。

第三产业 由于国际旅游岛建设的利好效益，府城旧城改造、东环铁路开通以及百里乡村生态休闲长廊建设力度加大等因素，府城现代服务业聚集区的商业和产业效应逐步放大，带动了凤翔、龙昆南路等新商业圈的形成，住宿餐饮、批发零售、文化娱乐等服务业发展势头良好。2010 年全区社会消费品零售总额达 27.87%，比上年增长 21.3%。“乡村游”“农家乐”逐步成为市民和游客休闲消费新时尚，旅游总收入 2.7 亿元。此外，房地产投资增长提速，完成投资 10.13 亿元，比上年增长 88.7%。投资拉动确保经济稳健发展，2003 至 2010 年间，全区投入滨江新城、云龙产业园区、道路建设、旧城改造、乡镇基础设施建设资金逐年增加，建区八年间，全区完成全社会固定资产投资总额达 129.31 亿元，既拉动了经济增长，又改变了城乡面貌。

第二章　人民生活

第一节　城镇居民收入与消费

琼山区城镇居民收入主要来源于工资性收入，2005 年城镇居民人均可支配收入为 7732 元，其中工资性收入 4900 元、家庭经营性收入（个体商业）2100 元、财产性收入（租房收入）732 元。人均消费支出 7000 元，其中住房消费支出 1000 元、衣服支出和游玩支出共 1100 元、食品支出 4000 元、教育文化娱乐服务支出 900 元。随着社会经济的发展，各行业工资标准逐年提高，城镇居民经营性收入、财产性收入的提高，城镇居民人均可支配收入也逐年提高，2010 年达 13224 元，较 2005 年增长 71%。2010 年人均消费支出 12000 元，由于物价上涨因素和居民消费观念的转变，2010 年人均消费支出（衣、吃、住、学、游）比 2005 年增加 40%。

第二节　农村居民收入与消费

2003 年，琼山区农民人均纯收入为 2777 元。其中工资性收入（打工收入）1000 元、家庭经营性收入 1777 元。在家庭经营性收入中，农业种植收入和林业收入的比重为 35.6%和 37.5%。人均支出 2614 元，其中人均生活消费支出 2020 元占 77.3%。随着农业生产规模化、机械化、集约化程度的提高，农民收入渠道的多样化，农民人均纯收入逐年提高，到 2010 年农民人均纯收入 5735 元，较 2003 年翻一番。人均支出也大幅增长，除物价上涨因素外，主要原因是送子女进城读书、租房居住和子女读书支出人均 3000 元，食品支出 1500 元，其他 500 元，人均支出达 5000 元。

第三章　经济管理

第一节　计划

一、机构

2003 年 1 月，原琼山市发展和改革委员会改为海口市琼山区发展和改革委员会，位于府城镇建国路 1 号，是政府组成部门，科级单位，内设办公室等 3 个股室。2010 年行政编制 7 名，工勤人员 1 名。区经济动员办公室是区国防动员委员会的办事机构，在区发展和改革委员会挂牌。

二、“十一五”国民经济和社会发展规划编制与执行

2006 年 3 月 3 日，海口市琼山区第十二届人民代表大会第五次会议通过《海口市琼山区国民经济和社会发展第十一个五年规划纲要》。

“十一五”（2006—2010 年）《规划纲要》的指导思想是：以邓小平理论和“三个代表”重要思想为指导，以科学发展观统领经济社会发展全局，结合琼山实际，立足统筹规划与科学发展、民主法制与科学管理等原则，稳步推进社会主义新农村建设，加快琼山城市化进程；积极发展优势产业，夯实经济发展基础；不断深化体制改革的扩大开放，推进经济结构的优化和增长方式的根本改变，建设资源节约型和环境友好型社会；全面推进社会事业发展，构建和谐琼山。

“十一五”规划的预期目标：2010 年地区生产总值 50.1 亿元，年均增长 12.5%；财政收入 7 亿元，年均增长 10.7%；城镇居民人均可支配收入 11897 元，年均增长 9%；农民人均纯收入 5000 元，年均增长 9.2%；全社会固定资产投资总额 15.95 亿元，年均增长 15%；社会消费品零售总额 27 亿元，年均增长 12%。

在实施“十一五”规划中，通过五年的艰苦努力，琼山经济社会发展达到预期目标。2010 年实现生产总值 53.65 亿元，年均增长 12.8%，财政总收入 13.95 亿元，年均增长 26.9%；城镇居民人均可支配收入 13224 元，年均增长 11.3%；农民人均纯收入 5735 元，年均增长 11.8%；全社会固定资产投资总额 34.21 亿元，年均增长 36.4%；社会消费品总额 27.87 亿元，年均增长 15.8%。上述六项指标均超过了“十一五”规划确定的指标，“十一五”规划圆满完成。

三、国民经济和社会发展年度计划编制与执行

（一）2003 年度计划编制与执行

2003 年琼山区《关于 2002 年琼山市国民经济和社会发展计划执行情况与 2003 年海口市琼山区国民经济和社会发展计划草案的报告》建议 2003 年全区经济社会发展的主要预期目标如下：地区生产总值增长 11%左右；全社会固定资产投资增长 12%左右；社会消费品零售总额增长 10%左右；财政总收入增长 8%左右；农民人均纯收入增长 6%左右；人口自然增长率控制在 11‰内。

2003 年琼山全区实现地区生产总值 21.81 亿元（由于 2003 年起行政区划调整，无法进行 2003 年与 2002 年数据对比，下同），全社会固定资产投资完成 3.78 亿元，社会消费品零售总额完成 10.27 亿元，财政总收入完成 3.51 亿元，城镇居民人均可支配收入和农民人均纯收入分别 6673 元和 2777 元，人口自然增长率 8.29‰。

（二）2004 年度计划编制与执行

2004 年琼山区《关于 2003 年海口市琼山区国民经济和社会发展计划执行情况与 2004 年国民经济和社会发展计划草案的报告》建议 2004 年全区经济社会发展的主要预期目标如下：地区生产总值增长 13%；全社会固定资产投资增长 27%；社会消费品零售总额增长 13%；财政总收入增长 13%；农民人均纯收入增长 7%；人口自然增长率控制在 8.5‰以内。

2004 年琼山全区实现生产总值 25.96 亿元，同比增长 12.4%；全社会固定资产投资完成 6.56 亿元，同比增长 59.6%；社会消费品零售总额完成 11.92 亿元，同比增长 16.1%；财政总收入完成 4.82 亿元，增长 40%；城镇居民人均可支配收入和农民人均纯收入分别达到 7160 元和 3022 元，同比增长 7.3%和 8.8%；人口自然增长率 8‰。

（三）2005 年度计划编制与执行

2005 年琼山区《关于 2004 年海口市琼山区国民经济和社会发展计划执行情况与 2005 年国民经济和社会发展计划草案的报告》建议 2005 年全区经济社会发展的主要预期目标如下：地区生产总值增长 13%；全社会固定资产投资增长 13%；社会消费品零售总额增长 15%；财政总收入增长 13%；城镇居民人均可支配收入增长 7.7%，，农民人均纯收入增长 8%；城镇登记失业率控制在 3.5%范围内；人口自然增长率控制在 8.5‰以内。

2005 年琼山全区实现生产总值 28.1 亿元，同比增长 10.6%；全社会固定资产投资完成 7.59 亿元，同比增长 15.7%；社会消费品零售总额完成 13.36 亿元，同比增长 12.1%；财政总收入完成 4.22 亿元，下降 12.7%；城镇居民人均可支配收入和农民人均纯收入分别达到 7732 元和 3224 元，同比增长 8%和 6.7%；城镇登记失业率 3.5%；人口自然增长率 7.72‰。

（四）2006 年度计划编制与执行

2006 年琼山区《关于 2005 年海口市琼山区国民经济和社会发展计划执行情况与 2006 年国民经济和社会发展计划草案的报告》建议 2006 年全区经济社会发展的主要预期目标

如下：地区生产总值增长12%；全社会固定资产投资增长15%；社会消费品零售总额增长12%；财政总收入增长8%；城镇居民人均可支配收入增长8%,，农民人均纯收入增长8%；城镇登记失业率控制在3.5%范围内；人口自然增长率控制在8.5‰以内。

2006年琼山全区实现地区生产总值30.91亿元，同比增长12.3%；全社会固定资产投资完成7.65亿元，同比增长0.8%；社会消费品零售总额完成15.1亿元，同比增长13%；财政总收入完成5.22亿元，增长23.7%；城镇居民人均可支配收入和农民人均纯收入分别达到8619元和3546元，同比增长11.5%和10%；城镇登记失业率3.5%；人口自然增长率7.68‰。

（五）2007年度计划编制与执行

2007年琼山区发展和改革局《关于2006年海口市琼山区国民经济和社会发展计划执行情况与2007年国民经济和社会发展计划草案的报告》建议2007年全区经济社会发展的主要预期目标如下：地区生产总值增长12%；全社会固定资产投资增长18%；社会消费品零售总额增长12%；财政总收入增长8%；城镇居民人均可支配收入增长8%,，农民人均纯收入增长8%；城镇登记失业率控制在3.5%范围内；人口自然增长率控制在8‰以内。

2007年琼山全区实现生产总值36.36亿元，同比增长12.9%；全社会固定资产投资完成19.09亿元，增长149.6%；社会消费品零售总额完成17.07亿元，增长13.1%；财政总收入完成6.79亿元，增长30.2%；城镇居民人均可支配收入和农民人均纯收入分别达到9516元和3936元，分别增长10.4%和11%；城镇登记失业率3.5%；人口自然增长率7.81‰。

（六）2008年度计划编制与执行

2008年琼山区《关于2007年海口市琼山区国民经济和社会发展计划执行情况与2008年国民经济和社会发展计划草案的报告》建议2008年全区经济社会发展的主要预期目标如下：地区生产总值增长13%；全社会固定资产投资增长15%；社会消费品零售总额增长13%；财政总收入增长13%；城镇居民人均可支配收入增长8%,，农民人均纯收入增长8%；城镇登记失业率控制在4%以内；人口自然增长率控制在8‰以内。

2008年琼山全区实现生产总值41.39亿元，同比增长11.6%；全社会固定资产投资完成23.73亿元，增长24.3%；社会消费品零售总额完成20.08亿元，增长17.6%；财政收入完成9.24亿元，增长36%；城镇居民人均可支配收入和农民人均纯收入分别达到11161元和4763元，分别增长17.3%和21%；城镇登记失业率3.4%；人口自然增长率7.82‰。

（七）2009年度计划编制与执行

2009年琼山区《关于2008年海口市琼山区国民经济和社会发展计划执行情况与2009年国民经济和社会发展计划草案的报告》建议2009年全区经济社会发展的主要预期目标如下：地区生产总值增长11%；全社会固定资产投资增长15%；社会消费品零售总额增长13%；财政总收入增长13%；城镇居民人均可支配收入增长8%,，农民人均纯收入增长

8%；城镇登记失业率控制在4%以内；人口出生率控制在13.3‰以内。

2009年琼山全区实现地区生产总值46.05亿元，同比增长12.8%；全社会固定资产投资完成30.3亿元，同比增长27.7%；社会消费品零售总额完成23.6亿元，同比增长17.6%；财政收入完成10.7亿元，增长15.8%；城镇居民人均可支配收入和农民人均纯收入分别达到12132元和5168元，同比增长8.7%和8.5%；城镇登记失业率控制在4%以内；人口出生率11.4‰。

（八）2010年度计划编制与执行

2010年琼山区《关于2009年海口市琼山区国民经济和社会发展计划执行情况与2010年国民经济和社会发展计划草案的报告》建议2010年全区经济社会发展的主要预期目标如下：地区生产总值增长11%；全社会固定资产投资增长18%；社会消费品零售总额增长13%；财政总收入增长13%；城镇居民人均可支配收入增长8%，农民人均纯收入增长8.5%；城镇登记失业率控制在4%以内；人口出生率控制在13.3‰以内。

2010年琼山全区实现地区生产总值53.65亿元，同比增长13.9%；全社会固定资产投资完成34.21亿元，同比增长12.9%；社会消费品零售总额完成27.87亿元，同比增长21.3%；财政总收入完成13.95亿元，增长30.4%；城镇居民人均可支配收入和农民人均纯收入分别达到13224元和5735元，分别增长9%和11%；城镇登记失业率控制在4%以内；人口出生率13.24‰。

四、固定资产投资管理

2007年强区扩权，市里下放企业投资项目管理权限以来，琼山区项目审批情况：

2007年审批项目10个，计划投资1.9亿元。其中，1000万元以上项目建成营业有：海南农业广场、海南花卉大世界、仙民农副产品交易市场。

2008年审批项目13个，计划投资65亿元。其中，1000万元以上项目有：海南联桥事业协会住宅楼、龙湾国际休闲旅游区（一期）、海口户外休闲运动中心（一期）、朱云路改造市政拆迁安置房。

已建成海口户外休闲运动中心（一期）、朱云路改造市政拆迁安置房、海口联桥事业协会住宅楼。

2009年审批项目17个，计划投资40亿元。其中，1000万元以上项目有：海南红塔卷烟30万大箱易地技改项目、海口市职工活动中心、夏瑶新村旧改、红城湖综合治理暨墨客村旧改项目、甲子农产品出口基地项目、比干文化纪念馆、滨河华庭、学苑公馆、旧州镇种猪场、云龙镇种猪场。

2010年底建成的项目有：滨河华庭、学苑公馆、比干文化纪念馆、旧州、云龙种猪场。

2010年审批项目31个，计划投资51亿元。其中，1000万元以上项目有：江畔公寓一、二、三区限价商品房、海口市新大洲教师经济适用房、朱云片区旧改拆迁安置房、南国威尼斯城(一期)、大坡镇绿色慢行系统、红旗镇绿色慢行系统、共享钢结构项目、高路华小区房地产项目、府兴公寓、绿色佳园·江畔人家项目、滨江帝景项目、猕猴属实验动物养殖场、海口豆制品集中生产基地、旧州种鹅场、海口经济学院国兴校区（一期）、海口咖啡文化旅游风情园。

2010年底建成的项目有：首丹新村、南国威尼斯城（一期）、大坡镇、红旗镇绿色慢行系统（一期）、共享钢结构项目、府兴公寓、绿色佳园·江畔人家（一期）、滨江帝景（一期）、猕猴属实验动物养殖场、海口豆制品集中生产基地、旧州种鹅场、海口经济学院国兴校区（一期）。

五、项目引进

从2002年至2010年，琼山区招商引资，成功引进了一批大项目，主要有：

（一）海南红塔卷烟有限责任公司易地技改工程项目

该项目是经国家烟草专卖局批准建设的烟草工业企业技术改造工程建设项目，并列入“十二五”海南省重点建设项目规划，计划加以重点推进，该项目选址在海口市琼山区云龙产业园区内，项目征地27.1公顷。项目本着“总体规划，系统设计，分期实施”的原则，按年产150亿支（30万箱）规模进行设计并适当留有发展余地。项目主要建设内容：新建联合工房面积5000平方米；购置1条每小时3000公斤国产制丝生产线、1条每小时3000公斤梗丝生产线，搬迁现有卷接、包装、滤棒成型设备；新建片烟中转库、存储库面积3000平方米、辅料库9000平方米、成品库9000平方米、香精香料库750平方米、杂品库750平方米、新建红塔集团技术中心海南分中心面积6000平方米、办公楼9000平方米、生产指挥中心3700平方米、后勤辅助综合楼6000平方米；新建动力中心面积5300平方米并配置相应的设备等。项目建筑面积在13.52万平方米以内，项目总投资11.3亿元，开工时间2010年3月1日，计划竣工时间2012年12月1日。

（二）“滨江帝景”大型综合地产项目

海南广物地产公司是一家专注房地产开发的股份制企业，股东之一是“全国百强企业”广东物资集团，于2008年进驻琼山开发建设“滨江帝景”大型综合地产项目，项目位于琼山滨江新城板块新大洲大道375号，该项目共分三期开发建设（S1地块、S2地块一期、S2地块二期）。项目用地面积14.5公顷，拟建商住楼、单元住宅楼、临街商铺及小区景观地带，总建筑面积33.09万平方米。项目总投资23.16亿元，2010年已完成投资15.28亿元，该项目是滨江新城起步区第一个正式启动的项目，旨在推动琼山区滨江板块的城市化进程，带动该区域的经济发展。

（三）海南佳元房地产开发有限公司项目

海南佳元房地产开发有限公司成立于2001年12月，是国家二级资质房地产开发企业，10年内投资开发“绿色佳园”“天上人间”“江畔人家”3个高品质商品房项目，总建筑面积约100万平方米，将海口市凤翔东路约1平方千米的滨江区域从荒芜的城乡结合部建设成为交通便捷、公共配套设施完善、业主入住率高的品质大型生活社区。

（四）龙湾国际休闲旅游区项目

海口龙湾国际休闲旅游区项目位于海口市南部，琼山区三门坡镇和甲子镇境内，距海口市中心约35千米，距美兰国际机场26千米，距离东线高速公路出入口约8千米。

该项目区拥有丰富的绿色旅游资源，于2008年启动建设，项目占地面积约1112.4公顷，总建筑面积约273万平方米，总投资150亿元。南、北部分别环绕有风圮水库（面积146.7公顷）、铁炉水库（220公顷）。根据项目区的自然条件、规划目标和定位，将项目区分为湖畔养生区（北区）、世界花园区（中区）、田园农庄区（南区）三个功能区。依托现有水体和绿色田园，最大限度的保留了原有的生态资源。将建设以高尔夫运动休闲、世界花园景区、特色风情小镇、住宅、酒店等以运动休闲、养生保健、文化娱乐、长居短憩为主要功能的国际一流综合休闲社区。

在海南省“十二五”规划中，海口市定位为“国际旅游岛中心城市”。在海口市“十二五”规划中，项目所在区域成为海口市社会经济建设和旅游发展的重要地区，为“一镇一特色”的支撑型项目。项目区及周边区域也将成为海口市城市规划中“南优北扩”的格局中的关键要素。海口市政府对该项目高度重视，并列入重点项目加以推进。

（五）海口市云龙产业园区项目

海口市云龙产业园区位于云龙镇，四至范围为：西至云龙镇西侧的村庄边界，东至海榆东线西侧，南至云龙镇区，北至台达高尔夫球场用地界线，兴建于2008年，规划总用地面积5.18平方千米，是以空港物流产业、烟草加工业、电子信息产业、新材料产业、旅游用品制造业、食品饮料制造业等产业为主，大力发展高科技、低污染、低能耗、高附加值产业的节能环保型产业园区。该园区于2008年被海口市政府列入市重点建设项目，并当年动工建设，红塔卷烟异地技改项目、共享钢结构项目已落户园区并建成投产。

（六）海口南北水果批发市场项目

海口南北水果批发市场兴建于2002年，位于府城镇中山南路，是2010年海南省规模最大、果类最齐全的水果集散地。由海南钟龙实业有限公司投资1.6亿元兴建，占地面积10公顷，建有综合大楼，铺面300多间，建筑面积3万多平方米和大型停车场，容量1.3万吨的果菜保鲜冷冻厂，能保障海口地区半月内水果蔬菜供应的储备，年产3000万件富有海南热带特色水果的综合包装箱厂，设有高档进口水果区、南果批发区、西瓜批发区、香蕉菠萝区、大型芒果区、热带水果批发区、无公害蔬菜批发区和水果车位区等。拥有世界精品水果100多种，每天销售各类水果800多吨，高峰期达1000多吨，年交易额达10.9亿元，进场经营人数1万多人次，安置下岗职工再就业2000多人，带动间接就业5000多人。

（七）海口天茂百货商场项目

海口天茂百货商场位于琼山区繁华的中心地段，兴建于2003年2月，投资总额9000万元，于2004年1月营业，经营面积9850平方米，是琼山区2004年最大的集百货、服装、鞋包、超市、餐饮、影视为一体的多功能购物中心。该中心的开业，结束了琼山区没有大型百货商场的历史。商场设施完善，装修美观，内设有双向自动电梯和中央空调系统、自动喷淋消防系统、多媒体背景音乐系统、高保真影视系统、适合人体工程学的专业灯光和照明系统，以及国内先进的商业信息管理系统。

（八）海口明光海航大酒店项目

海口明光海航大酒店是由海口明光大酒店有限公司投资兴建，由海航国际酒店管理公司全权委托管理的豪华酒店。是国内率先实现 24 小时入住退房制，集商务、会议、旅游、休闲、度假为一体的综合性酒店。酒店地处海口龙昆南与南海大道交汇处，距离东环城际轻轨站 5 分钟车程，交通便利、闹中取静、汇聚人脉。酒店设有优雅咖啡厅、豪华中餐厅、多功能会议室、行政楼层、休闲茶艺馆、10000 平方米面积的酒吧街区、10000 平方米的夜总会、近 1000 平方米的健身康体设施、海口最高的亚洲风味餐厅、月光会所等设施，酒店拥有客房 333 间（套），还拥有停车位 382 个，完备的设施及周到的礼遇能力为住店客人提供优质的一站式配套服务。海口明光海航大酒店于 2009 年 5 月 1 日开业，当年荣获具有中国酒店业奥斯卡之称的中国酒店星光奖——中国十佳城市新锐酒店称号。

六、重点项目建设

2003—2010 年，琼山区积极招商引资，整合资源，加快重点项目建设，促进经济加快发展。

2002—2010 年琼山区重点项目建设情况一览表

表8–3–2

序号	重点项目	完成情况	序号	重点项目	完成情况
1	海南省烟草公司红城湖办公住宅	完成	14	朱云路道路拆迁安置房	交付使用
2	“绿色家园”住宅小区	完成	15	“龙湾庄园”一期工程	已开展
3	“天上人间”住宅小区	完成	16	“南国山庄”一、二期工程	已开展
4	海南红塔卷烟厂（府城厂区）	完成	17	海南红塔卷烟有限公司异地技改项目一、二期工程	已开展
5	海口中山南水果批发市场	完成	18	“龙桥渔业水产深加工”项目”	已开展
6	海口中山南果菜批发市场	完成	19	“共享钢结构”项目	已开展
7	威阁广场	完成	20	“滨江帝景”地产项目	已开展
8	天茂百货	完成	21	“联华国际”	已开展
9	华兴大酒店	完成	22	“江畔人家”住宅小区	已开展
10	丽华大酒店	完成	23	滨江新城起步区安置小区	已开展
11	明光大酒店	完成	24	廉租房项目	即将竣工
12	鸿泰酒店	完成	25	朱云区旧城改造安置工程	已开展
13	兴牧饲料厂	完成	26	夏瑶村旧改项目安置楼工程	已竣工

第二节 统计

一、机构

2003年1月，原琼山市统计局改为海口市琼山区统计局，位于府城镇文庄路20号，是政府组成部门，科级单位，内设办公室等6个股室和下属副科级事业单位——普查中心，2010年在职人员13人。该局依据国家法规，负责全区经济社会统计调查工作，履行统计监督职责。

二、统计工作

开展统计调查工作。2002—2010年，每年均组织实施年度固定资产投资、农林牧渔业、工业、批发和零售业、住宿和餐饮业、文化产业、非公经济、农村住户、城镇住户、劳动工资、人口、劳动力等统计调查，对琼山经济社会发展态势实施监督并依法上报。

按照国家工作部署，抓好全国性的重大普查工作：2004年12月31日，开展琼山区全国第一次经济普查工作；2006年12月31日，开展琼山区全国第二次农业普查工作。2008年12月31日，开展琼山区第二次经济普查工作；2010年11月1日，开展琼山区全国第六次人口普查工作。

（一）第一次全国经济普查

全国经济普查，是为全面详细了解二、三产业发展状况而统一组织的一项重大国情国力调查。根据《国务院关于开展第一次全国经济普查的通知》要求，琼山区按照国务院、省、市普查机构的统一部署开展第一次全国经济普查工作。这次普查登记的标准时点为2004年12月31日，普查时期资料为2004年度。普查目的是为了全面掌握琼山区第二产业和第三产业的发展规模、结构和效益等信息，建立健全覆盖国民经济各行业的基本单位名录库及其数据库系统，为加强和改善宏观调控、科学制定中长期发展规划提供科学准确的统计信息支持。普查对象为琼山区境内从事第二产业和第三产业的全部法人单位、产业活动单位和个体经营户。行业范围包括采矿业，制造业，电力、燃气及水的生产和供应业，建筑业，交通运输、仓储和邮政业，信息传输、计算机服务和软件业，批发和零售业，住宿和餐饮业，金融业，房地产业，租赁和商务服务业，科学研究、技术服务和地质勘查业，水利、环境和公共设施管理业，居民服务和其他服务业，教育，卫生、社会保障和社会福利业，文化、体育和娱乐业，以及公共管理与社会组织等。普查主要内容包括单位标志、从业人员、财务收支、资产状况，以及企业的主要生产经营活动和生产能力，主要原材料和能源消耗及科技开发投入状况等。

琼山区第一次全国经济普查主要数据：2004年末全区共有从事第二，三产业的法人单位数1192个，从业人员42308人；产业活动单位数1348个，从业人员45492人；个体经营户数11879户（其中有营业执照4464户、无营业执照7415户），从业人员36710人。

在法人单位中，企业法人单位726个，占60.9%；事业单位法人234个，占19.6%；机关法人55个，占4.6%；社会团体法人28个，占2.3%；民办非企业单位53个，占4.4%；其他法人96个，占8.1%。

（二）第二次全国经济普查

根据《国务院关于开展第二次全国经济普查的通知》要求，琼山区这次普查登记的标准时点为2008年12月31日，普查时期资料为2008年度。普查目的根本和第一次全国经济普查一致。

琼山区第二次全国经济普查主要数据：2008年末全区共有从事第二、三产业的法人单位数2066个，从业人员45901人；产业活动单位数2439个，从业人员49103人；个体经营户数15015户（其中有营业执照10682户、无营业执照4333户），从业人员39790人。与2004年琼山区第一次全国经济普查相比，法人单位数增加874个，增长73.3%，从业员增加3593人，增长8.5%；产业活动单位数增加1091个，增长80.9%，从业人员增加3611人，增长7.9%；个体经营户数增加3136户，增长26.4%，从业人员增加3080人，增长8.4%。在法人单位中，企业法人单位1591个，占77.0%；事业单位法人162个，占7.8%；机关法人53个，占2.6%；社会团体法人40个，占1.9%；民办非企业单位115个，占5.6%；其他法人105个，占5.1%。

（三）第二次全国农业普查

全国农业普查，是为全面详细了解第一产业发展状况而统一组织的一项重大国情国力调查。根据《国务院关于开展第二次全国农业普查的通知》要求，琼山区按照国务院、省、市普查机构的统一部署开展第二次全国农业普查工作。这次普查登记的标准时点为2006年12月31日，普查时期资料为2006年度。普查目的是为了查清农业、农村和农民的发展变化情况，掌握琼山区农业生产、农田水利和农村基础设施建设、农村劳动力转移等方面的基本信息，为研究确定国民经济发展战略和规划，制定各项经济社会政策提供依据。普查的主要内容包括6个方面：从事第一产业活动单位和农户的生产经营情况；乡（镇）、村委会及社区环境情况；农业土地利用情况；农业和农村固定资产投资情况；农村劳动力就业及流动情况；农民生活质量情况。

琼山区第二次全国农业普查主要数据：

1. 调查登记概况

海口市琼山区第二次全国农业普查共调查登记11个乡级单位，其中镇8个，街道1个，农场2个。村级单位89个，其中行政村75个，居委会10个，农场5个。自然村771个。全区登记户数40508户，登记住户人口168631人。

2. 农业生产者和农业从业人员

2006年末，全区农业生产经营户37947户，从业人员74967人；农业生产经营单位110个，从业人员1779人。全区农业从业人员76746人。全区农业技术人员395人。

3. 农业生产条件和生产状况

2006年末，全区农业耕地面积12691.1公顷，其中水田7640.9公顷，水浇地563.3公顷，旱地4483.7公顷。全区共有拖拉机921台，拖拉机配套农具399台，联合收割机49台。全区农作物播种面积18649.5公顷。猪年末存栏93373头，牛年末存栏24810头，羊年末存栏17330只，家禽年末存栏1018861只。

4. 农村居民生活质量

2010年末，99.96%的住户拥有自己的住房，户均拥有住宅建筑面积90.67平方米。农户住房主要为砖（石）木结构，占72.13%；钢筋混凝土结构占19.06%；砖混结构占8.25%；竹草土坯结构占0.29%；其他结构占0.27%。使用管道水的住户占75.98%；使用净处理水的占8.25%；获取饮用水困难的占14.32%。农民做饭取暖使用的能源中，使用柴草的住户占89.52%；使用电的占0.54%；使用煤气、天然气的占8.25%；使用煤的占0.3%；使用沼气的占1.38%；使用其他能源的占0.01%。住户拥有耐用消费品情况，平均每百户拥有汽车2.48辆，彩色电视机76.29台，电脑0.49台，手机70.61部。

2010年11月1日，开展海口市琼山区全国第六次人口普查工作。

根据工作实际，从2003—2010年每年都撰写《琼山区统计资料汇编》，每月编写《琼山统计月报》，为有关部门和领导决策提供参考资料，服务琼山经济社会的发展。

第三节　工商行政管理

一、机构

2002年12月24日，根据海南省工商体制改革文件精神，撤销海南省琼山工商行政管理局，设立海口工商行政管理局琼山管理分局（副处级），分局内设机构有办公室、市场科、法制科，下辖10个工商所，人员编制126名。

二、市场监督管理

2003年，开展集贸市场专项整治，查获制假窝点3个，查获物品折价22.3万元，罚款2.9万元，查没“黑心棉被”1536张；没收假冒“琼花”“黄金叶”香烟4050条，用于制假香烟原料烟丝1450公斤，没收假冒香烟包装2.8万张；销毁过期饮料341瓶；没收翻盗版光碟8700张，淫秽光碟713张，淫秽书刊43册，翻版录音带365盒；取缔“彩经”批发窝点2个，没收非法出版物12万张(册)；没收仿真塑料枪62支；没收误导消费者酱油包装标识14.4万张，没收酒类136瓶，调味品55公斤，假冒“金霸王”电池125块，劣质儿童食品65公斤，霉变大米200公斤；查扣“三无”墙纸125平方米，白乳胶24公斤，没收制假工具发电机1部，电动机3部；取缔私屠宰场2个，查封出售无检验检疫合格证水稻种子2765公斤，违规农药129瓶（包）。

2004年，开展农业生产资料假冒伪劣产品专项整治，取缔无证经营农药6家，没收违规农药200多瓶，查获制假化肥窝点3家，没收制假设备65件，假冒化肥16吨。检查经营五金商店78家，查获并没收水泵、抽水机、水管、薄膜等假冒伪劣产品108件，查封出售无检疫合格证瓜菜种子1287公斤。

2005年，结合亚洲论坛博鳌年会和各旅游“黄金周”开展旅游市场专项整治工作，检查经营户94户，查没假冒伪劣海水珍珠粉150克装150小包，劣质地球仪5个，国家保护野生动物冠螺产品8个，玳瑁产品手镯35个，虎斑螺产品12个。规范旅游购物点6家，查处欺诈旅游消费者案件2宗，罚款4800元，责令28家经营户补办营业执照。

2006年，开展食品专项整治，检查经营户1415户，查假冒伪劣食品一批，扣没私宰肉781.1公斤、注水肉1810公斤，立案6宗，罚款1.01元；开展红盾护农行动，检查农资经营户65家，查处农资案2宗，查扣劣质化肥6200公斤；开展校园周边整治，依法取缔无证照游戏店9户，查扣“三无”儿童玩具车4辆；开展盐业市场专项整治，扣留非碘盐假冒盐685公斤，没收非碘盐995公斤；开展“私彩”和印刷业专项整治，扣没电脑主机8台，打印机4台，扫描仪2台，立案4宗，罚款14.55元。

2007年，开展非法经营野生动物专项整治，和动物检验、林业公安部门联合执法，取缔经营点20家，没收并放生野生眼镜蛇108条，果子狸54只，鹧鸪鸟121只，穿山甲3只。检查酒店21家，处罚违规经营野生动物酒店2家，罚款10万元，限期整改5家。

2008年，结合迎奥运、庆建省20周年活动，开展市场综合整治，取缔虚假广告案件9起，罚款9万元；查获假冒商标服装3起，没收假冒商标服装1058条。检查农贸市场15家，对不符合经营条件、环境脏乱差的农贸市场，限期整改3家，罚款6万元。销毁过期饮料2058瓶，没收盗版光碟2.1万张，非法出版物5万张（册），没收酒类3580瓶。

2009年，开展学校周边环境专项整治，取缔流动早餐点150处，没收无证食品2850小包，假冒饮料3845瓶，假冒文具3853盒（套），非法出版物4580册。

2010年，服务国际旅游岛建设，开展旅游市场整治，取缔无证无照餐饮经营户6户，立案查处南北水果市场欺客宰客案件3宗。立案查处“零负团费”案件1宗；开展农资市场整治，查处违法违规经营肥料案件14宗、农药经营户案件3宗；开展不合格塑料袋专项整治，查处案件15宗，查扣不合格塑料袋50万个，一次性塑料餐具8200个；开展食用油专项整治，立案查处案件3宗，罚款1万元。开展学校周边环境整治，取缔流动摊点280个，立案查处无照经营案3宗，取缔“黑网吧”16家，查扣电脑主机164台，显示器166台。

三、企业登记管理

2003年，根据海口工商局的要求，琼山工商分局先后将150家私营企业的档案移交给龙华、美兰、秀英等分局，从8月起将个体户登记注册权下放到工商所。至年末，琼山区个体工商户5509户，注册资金3422万元，从业人员11052人；私营企业546家，注册资金21803万元，投资者1013人，雇工人员3407人，全年清理并向海口工商局移送内资企业档案221家、外资企业档案128家。

2004 年，全面落实省工商局改革创新 30 条措施，全面下放登记管理权限，各类经济成分健康有序发展，全区个体工商户 6029 户，注册资金 22782.3 万元，从业人员 11467 人，办理私营企业年检 194 家，办理国有、集体企业年检 343 家。

2009 年，琼山工商分局根据《中华人民共和国食品安全法》和《国家工商总局食品流通许可证管理办法》，从 9 月 1 日起，依法履行食品流通主体准入管理职责，全年办理食品流通许可证 142 户。

2010 年，全年新登记个体户 2936 户，注册资金 1468 万元，从业人员 4030 人，全区累计个体工商户 12820 户，注册资金 41803.94 万元，从业人员 20609 人。核发食品流通许可证 1601 份，其中新发 841 份，到期换证 142 份，有效期内自动换证 618 份。

四、合同监证管理

2003 年，琼山工商分局合同监证管理工作由市场科负责，全年检查合同 150 份，合同金额 4500 多万元；监证合同 16 件，金额 2004.5 万元；办理企业抵押登记 3 件，抵押物价值 5372.9 万元，借款金额 1980 万元；办理变更 1 件、抵押物价值 339 万元；主债权 160 万元；监督合同双方当事人履行合同 13 件，合同金额 600 多万元。

2006 年，琼山工商分局开展合同富农工作，指导红旗镇供销社成立农产品果菜产销转会。该转会与农户签订产销合同 23 份，产销瓜菜 5000.22 吨，产值 100 多万元。引导农村香蕉经营户办理订单农业合同 2 份，合同金额 3 万元。根据《海口市政府关于整顿和规范房地产市场秩序的通知》精神，检查购房合同 69 份。

2007—2010 年，琼山工商分局配合琼山区委、区政府开展推广“涉农合同”（简称订单农业）工作。至 2010 年，签订涉农书面合同 83 份，涉及金额 2417.5 万元，“口头订单”33 份，涉及金额 1404 万元，成交的蔬菜、水果、胡椒等累计 679 吨。

五、商标广告管理

2003 年，协助企业申请商标注册 1 件，清除不规范广告 20 多条，立案查处违法广告 4 宗，罚款 8400 元，收缴印刷品广告 300 张。

2006 年，在龙塘镇举办引导商标注册专题讲座，营造全社会“了解商标、重视商标、保护商标、运用商标”的良好氛围。国兴工商所引导进城的农民经营户（海口琼山国兴椰庄冰粒厂）办理申请注册商标 1 宗。

2010 年，琼山工商分局实施商标发展战略。把“商标兴农、商标富农、商标护农”落到实处，引导商标注册工作。至年末，全区涉农商标 61 件，具有影响力的商标：“牧榕牌”文昌鸡、“昌农”胡椒、“红明红”荔枝。全年检查各类广告经营户 1140 户，查处违法户外广告案件 66 宗（虚假广告 4 宗），罚款共计 11.325 万元；清理拆除乱张贴促销信息 78 处，拆除面积 260 平方米。

六、“3·15”活动

2003 年，加强对“12315”投诉举报台和消费者协会的建设，强化消费者权益保护工作。全年共接投诉举报电话 375 次，调解举报案件 340 宗，总价值 28.59 万元，为消费者挽回经济损失 14.5 万元。

2005 年，实施“12315”进社区、进乡镇农村工程，使“12315”申诉举报网络向纵深伸延，全年受理消费者投诉 401 件，调解终结 344 件，调解率达 85%，为消费者挽回经济损失 6820 元。

2006 年，推行“12315”进社区、进街道、进乡村工作，通过“居民学校”“消费课堂”等形式，搭建起工商部门服务社会的平台。全年受理投诉 196 件，办结 176 件，办结率 89.7%，为消费者挽回经济损失 107575 元。国兴工商所成功调解一宗购房纠纷投诉，为消费者符某挽回购房款 9.5 万元。

2010 年，共受理各类投诉案件 898 宗，办结率 100%，挽回经济损失 4.59 万元。

第四节　审计

一、机构

2003 年 1 月，原琼山市审计局改为海口市琼山区审计局，人员编制 10 人，其中公务员 8 人、工勤人员 2 人。2010 年，琼山区审计局在职在编人员 10 人，其中公务员 7 人、事业编 3 人；原海口市琼山区审计所更名为海口市琼山区政府审计中心，隶属琼山区审计局的事业单位。

二、审计工作

2003—2010 年，琼山区审计局共完成审计项目 88 个，其中 2006 年 9 个、2007 年 8 个、2008 年 16 个、2009 年 16 个、2010 年 14 个，累计查出违纪违规资金 6310.15 万元，应上缴财政金额 1143 万元，已上缴财政金额 1287 万元；查出管理不规范资金 848.9 万元，应调账处理金额 5 万元；审核工程项目共 271 个，工程送审结算价为 31128.15 万元，审定总造价 26242.91 万元，核减工程造价为 4885.24 万元。向有关单位提出审计建议 176 条，提交审计报告 68 份，审计建议 273 条，撰写审计工作信息 33 篇。

2003—2010 年琼山区审计项目完成明细表

表 8-3-3　　单位：万元

序号	年度	完成项目个数	违纪违规金额	调账处理	应上缴财政金额	已上缴金额	审计建议
1	2003	7	—	—	—	—	—
2	2004	8	—	—	—	—	—
3	2005	10	2489.7	—	517	507	37
4	2006	9	1253	5	466	466	29
5	2007	8	368.5	—	69	—	32
6	2008	16	1100	—	—	—	50
7	2009	16	800	—	91	314	48
8	2010	14	298.95	—	—	—	42

第九编　农业

第一章 综 述

第一节 机 构

2002年10月16日，海口行政区划调整后，成立海口市琼山区农林局，内设畜牧兽医局、农业股、乡镇企业股、质量监督与渔业股；原琼山市农业技术推广服务中心和琼山市农机技术服务中心合并为琼山区农业服务中心，内设粮油股、种子股、经作股、植保股、土肥能源股、农业技术服务站、农机安全作业股、农机培训股、农机推广股、经营管理股、人事秘书股，2010年共有人员54人；原琼山市林业技术推广服务中心和琼山市热作技术推广服务中心合并为琼山区林业服务中心，2010年共有人员38人；原琼山市畜牧兽医技术推广服务中心并入海口市动物检疫站，2003年有人员25人；原琼山市甘蔗试验站改为琼山区甘蔗试验站，2010年有人员12人；原琼山市拖拉机站改为琼山区拖拉机站，2010年有人员24人；原琼山市农业科学研究所，2003年有人员26人，琼山市畜牧兽医研究所，2003年有人员21人，琼山市农作物病虫害预测站，2003年有人员4人，划归海口市美兰区管理；原琼山市水果研究所划归海口市秀英区管理，2003年有人员26人，2010年并入海口市高新区后改为海口市高新区后勤服务部，2010年有人员20人。2009年2月，撤销海口市琼山区农林局，设立海口市琼山区农业局，2010年共有人员20人。2010年9月接收并成立海口市琼山区畜牧兽医研究所，2010年共有人员21人。

2003年，原琼山市19个镇的农技站、畜牧兽医站、农机站、经管站、水利站、林业站等基层农业推广站分别划归琼山、美兰、龙华、秀英4个区管理。2007年琼山区8个镇的农技站、畜牧兽医站、农机站、经管站、水利站、林业站等6站合并设立镇农业服务中心，由所在镇党委、政府直接管理。2010年，府城镇农业服务中心有人员13人；龙塘镇农业服务中心有人员14人；红旗镇农业服务中心有人员14人；旧州镇农业服务中心有人员16人；甲子镇农业服务中心有16人；三门坡镇农业服务中心有人员27人；云龙镇农业服务中心有14人；大坡镇农业服务中心有人员13人。

第二节 农业总产值

琼山是海口市的农业大区，该区充分发挥土地资源优势，引导农民调整产业结构，创新农业发展模式，着力发展现代农业，促进农业向产业化、规模化、集约化发展。2003

年，琼山区农业总产值 9.36 亿元。2005 年增加到 11.92 亿元，2008 年增加到 16.96 亿元。2010 年，全区橡胶种植面积 8800 公顷、香蕉种植面积 3400 公顷、荔枝种植面积 2133 公顷、胡椒种植面积 2200 公顷、菠萝种植面积 1666.7 公顷、槟榔种植面积 933 公顷、瓜菜种植面积 8082 公顷。加上生猪、禽类等养殖业规模化养殖，促进农业增效、农民增收，全区农业总产值连年提升。2010 年农业总产值实现 19.90 亿元，比 2003 年增加一倍多。

第三节　农业综合开发

一、农业开发模式

琼山区为了解决“三农”问题，实现农业增效，农民增收目标，探索现代农业发展模式，初步形成基地型、庄园型、加工型、都市型、专业合作型、循环型、设施型等“七型”农业开发模式。

二、农业开发项目

主要立足于发展热带高效农业，形成橡胶、胡椒、瓜菜、花卉、香蕉、荔枝、龙眼、淮山等八大农业品牌，实现了基地化、规模化、集约化发展目标。

三、生态农业

主要普及“猪—沼—作物”生态农业发展模式，2008 年率先在全市启动绿色农产品配送中心和瓜菜质量安全监督 G 系统。

四、农业产品基地

主要以发展养殖小区带动禽畜发展，打造了大坡牧榕鸡等品牌；以创办农业专业合作社，创建循环农业示范基地带动瓜菜、水果、花卉、淮山等农产品规模化发展，集约化经营；以木材加工业为主，带动木雕、家具等产业发展；以服装加工业为龙头，带动乡镇企业发展，解决农业剩余劳力社会就业问题。

三门坡镇荔枝基地　（林芳善摄于 2006 年 3 月 18 日）

第四节　农业基地建设

2002—2007 年，琼山区以稳定粮食生产为主，按照“三块”（城郊块：以府城、龙塘、云龙为重点发展花果菜和加工业；沿路块：以红旗、三门坡、大坡为主轴，突出抓热作、水果和瓜菜生产；欠发达块：以甲子、旧州、三门坡镇为区域，主攻瓜菜、水果等热作）、“一带”（以云龙镇为中心向旧州、红旗、三门坡镇辐射形成花卉产业带）、“一发展”（推动全区养殖业发展）等生产布局建设农业基地，形成香蕉、荔枝、橡胶、胡椒、瓜菜、花卉、淮山、畜牧等八大产业带。

一、粮食生产基地

2010年，琼山区主要粮食生产基地53个，面积7726公顷。其中200公顷以上有14个，133~200公顷有8个，66.7~133公顷有25个，66.7公顷有6个，主要分布在云龙、红旗、三门坡、旧州、甲子、大坡、龙塘等7个镇。从2002年到2010年，全区农田整治共投入1.643亿元，整治田洋44个，面积6400公顷，旱涝保收面积从2003年的2006.7公顷提高到2010年的3893公顷，扩大了1886.7公顷，机械耕田面积达到7073公顷。2004年，在旧州、云龙、红旗、三门坡4个镇12个田洋推广稻秆还田新技术，改良土壤1000公顷，取得较好的经济效益。改良后的田洋，晚稻生长正常，穗大粒多，结实率高，有效穗增加4.5%~6.7%，亩增产30公斤，增产率达9.5%。

2003—2010年琼山区主要粮食生产基地分布统计表

表9-1-1

序号	乡镇	田洋名称	位置	面积（公顷）
1	红旗镇	云雁洋	道崇、合群村委会	333.3
2		大党博爱潭福分侃洋	龙源村委会	109.9
3		七水洋	龙发、墨桥村委会	359.0
4		昆上洋	昌文、大山村委会	213.3
5		青云洋	龙源村委会	166.7
6		福地洋	龙榜、墨桥、大山、昌文村委会	233.3
7		北淋洋	墨桥村委会	366.7
8		大万坑	红旗村委会	33.3
9		永荫洋	大山村委会	43.3
10	云龙镇	北庄洋	云蛟村委会	120.0
11		迈向洋	云裕、云龙、云阁村委会	146.7
12		博治洋	云阁村委会	80.0
13		向北洋	儒林、长泰村委会	158.7
14		坡仑肚	长泰村委会	100.0
15		北揽洋	云裕村委会	180.0
16	旧州镇	太乙洋	旧州村委会	30.0
17		美盆洋	岭南村委会	186.7
18		凤凰洋	池连村委会	33.3
19		新克洋	文新、道美、雅秀村委会	300.0
20		罗冯肚	池连村委会	100.0
21		勋德洋	旧州、池连、道美村委会	100.0

续表9–1–1

序号	乡镇	田洋名称	位置	面积（公顷）
22	旧州镇	谭文肚、高书肚	联星、池连村委会	200.0
23		林肚	光明村委会	139.2
24		无益肚	池连、光明村委会	86.7
25		马盆肚	岭南村委会	146.7
26		典弄肚	岭南村委会	140.0
27		光明洋	光明村委会	200.0
28	三门坡	林昌坑	谷桥村委会	33.3
29		大荒洋	谷桥、乐来村委会	364.5
30		三加洋	文岭村委会	90.0
31		桃村洋	文岭村委会	83.3
32	三门坡	木枫洋	清泉村委会	156.7
33		龙风洋	龙马村委会	73.3
34		水路洋	友爱村会委	100.0
35		不了洋	清泉村委会	200.0
36		文湖肚	乐来村委会	120.0
37		福兴洋	文岭村委会	233.3
38		文蛟洋	文蛟村委会	133.3
39		文多洋	文蛟村委会	300.0
40	甲子镇	昌西洋	昌西村委会	98.3
41		加朝洋	大同村委会	86.7
42		美茶洋	甲子村委会	80.0
43		田心洋	甲子村委会	86.7
44		桃村洋	新昌村委会	80.0
45		龙井洋	新民村委会	186.7
46	大坡镇	大坡洋	大坡村委会	85.7
47		丁云洋	新瑞村委会	83.3
48		龙村洋	福昌村委会	200.0
49		北昌洋	新瑞村委会	80.0
50	龙塘镇	新旧沟洋	龙塘镇与龙泉镇交界地段、仁庄、三桥村委会	433.3
51		道沙洋	龙富村委会	80.0
52		道比洋	潭口村委会	78.7
53	府城镇	五岳洋	铁桥村委会	40.0
合计				7894

二、畜牧养殖基地

2003—2010年，琼山区以沼气为纽带，推进“猪—沼—作物”生态循环农业模式，在加快农业基地建设的同时，大力推进标准化畜禽养殖小区建设，逐步形成云龙镇至大坡镇海榆东线段的生态循环现代农业产业带。至2010年，全区建有标准化畜禽养殖小区29个，千头以上生猪规模养殖场36个，禽类规模养殖场97个。

2003—2010年琼山区标准化畜禽养殖小区建设统计表

表9-1-2

序号	养殖小区名称	地点	面积（公顷）	总投入（万元）	市配套资金
1	海口本立生猪生态养殖小区Ⅰ期	红旗镇本立村	0.4	80.0	23.3
2	海口芬保生猪生态养殖小区	红旗镇合群村委会	0.5	110.0	36.9
3	海口昌文生猪生态养殖小区	红旗镇昌文湖村	0.5	75.0	24.0
4	海口琉球坡生猪生态养殖小区	三门坡镇琉球坡村	1.3	90.0	18.0
5	海口美雅生猪生态养殖小区	红旗镇美雅村	2.0	272.5	75.9
6	海口红海生猪生态养殖小区	红旗镇红海村	1.7	194.7	41.4
7	海口田心生猪生态养殖小区	大坡镇福昌村	1.3	126.0	43.0
8	海口凤生生猪生态养殖小区	三门坡镇木丰村	1.7	75.0	12.0
9	海口办内生猪生态养殖小区Ⅰ期	云龙镇办内村	2.0	102.0	12.0
10	海口本立生猪生态养殖小区Ⅱ期	红旗镇本立村	1.0	100.0	23.0
11	海口办内生猪生态养殖小区Ⅱ期	云龙镇办内村	2.0	150.0	31.0
12	墨桥优质肉牛生态养殖小区	红旗镇墨桥村委会	10.0	220.0	35.0
13	海口文胜生猪生态养殖小区	大坡镇下山村	1.5	329.0	57.0
14	海口牧榕文昌鸡生态养殖小区	大坡镇大坡村委会	2.7	368.0	40.0
15	海口岭下生猪生态养殖小区	云龙镇岭下村	2.0	228.0	62.0
16	海口黄群文昌鸡生态养殖小区	旧州镇黄群村	3.9	350.0	62.0
17	海口青龙山种猪生态养殖小区	红旗镇青龙村	0.7	205.0	65.0
18	海口坤泰羊标准化生态养殖小区Ⅰ期	红旗镇龙源村委会	3.3	200.0	60.0
19	海口高佳园标准化生猪生态养殖小区	大坡镇高佳园村	0.8	124.0	16.0
20	海口长泰生猪标准化生态养殖小区	云龙镇岭下村	0.3	158.0	20.0
21	海口青云生猪标准化生态养殖小区	甲子镇青云村	1.3	250.0	31.0
22	海口池莲生猪标准化生态养殖小区	旧州镇后追村	2.0	200.0	62.0
23	海口昌西生猪标准化生态养殖小区	旧州镇潭白村	1.3	200.0	48.0
24	海口山口野鸭标准化生态养殖小区	甲子镇山口村	33.3	343.0	22.0
25	海口彰榜文昌鸡标准化生态养殖小区	红旗镇彰榜村	4.0	230.0	33.0
26	海口保胆乳鸽标准化生态养殖小区	红旗镇保胆坡村	1.2	263.0	22.0
27	海口潭板山养牛标准化生态养殖小区	红旗镇喜头村潭板山	3.3	220.0	24.0
28	海口墨格文昌鸡标准化生态养殖小区	大坡镇墨格村	2.0	150.0	45.0
29	海口市牧榕文昌鸡产业配套育肥场	大坡镇牧榕文昌鸡养殖小区内	1.0	300.0	57.0
合计			88.9	5713.2	1101.5

（一）生猪规模养殖场

2003—2010年，琼山区生猪规模1000头以上养殖场有36个。其中1万头以上有2个、5000~9000头有7个、1000~4999头有27个，分别建在甲子镇、红旗镇、云龙镇、三门坡镇、大坡镇、府城镇。

2003—2010年甲子镇千头以上生猪规模场统计表

表9–1–3

序号	名称	法人	地址	年出栏量（头）
1	海南龙健有限公司	李龙生	甲子琼新村委会石鼓岭	15472
2	新云猪场	李军良	新民村委会	5079
3	甲子吴宝乾猪场	吴宝乾	新昌加溜水库	1358
合计				21909

2003—2010年红旗镇千头以上生猪规模场统计表

表9–1–4

序号	名称	法人	地址	年出栏量（头）
1	红旗师霖猪场	吴　师	红旗镇芬兰村	13527
2	美雅养猪小区	徐俭平	红旗镇昌文村委会	4856
3	红旗苏仙能猪场	苏仙能	红旗镇道崇村委会	3863
4	红旗姚德华猪场	姚德华	红旗镇龙发村委会	2250
5	红旗李荣吉猪场	李荣吉	红旗镇本立村	2000
6	红旗朱家林猪场	朱家林	红旗镇道崇村委会	1563
7	红旗曾传杰猪场	曾传杰	红旗镇道崇村委会	1275
合计				29334

2003—2010年旧州镇千头以上生猪规模场统计表

表9–1–5

序号	名称	法人	地址	年出栏量（头）
1	旧州猪场	胡平刚	旧州镇旧州村委会	8000
2	红丰猪场	肖珍肖	旧州镇池连村委会	7500
3	道美猪场	沈亚民	旧州镇道美村委会	5500
4	天兆畜牧公司	双先锋	旧州镇联丰村委会	5000
5	农校猪场	龚旭东	旧州镇道美村委会	3000
6	旧州凤銮猪场	沈　琼	旧州镇池连村委会	2500
7	旧州泓旭猪场	陈运旭	旧州镇道美村委会	2200
8	旧州后追猪场	吴　富	旧州镇池连村委会	2200
合计				35900

2003—2010 年云龙镇千头以上生猪规模场统计表

表9-1-6

序号	名称	法人	地址	年出栏量（头）
1	云龙北山猪场	徐俭平	云龙水库	4500
2	云龙祥顺猪场	余　俊	云龙値长泰村委会	2500
3	云龙小唐猪场	李　梅	云龙镇何来村	1800
4	云龙刘新才猪场	刘新才	云龙镇坡洞村	1500
5	云龙立佳猪场	孙世明	云龙镇岭脚墟	1400
6	云龙朱家林猪场	朱家林	云龙镇岭脚墟	1300
7	云龙周永岛猪场	周永岛	云龙镇办内村	1200
8	云龙邹腾猪场	邹　腾	云龙镇坡洞村	1150
9	云龙黄江桂猪场	黄江桂	云龙镇岭下村	1100
10	云龙黄江桂猪场	黄江桂	云龙镇坡洞村	1000
合计				17450

2003—2010 年大坡镇千头以上生猪规模场统计表

表9-1-7

序号	名称	法人	地址	年出栏量（头）
1	田心养殖小区	陈垂献	大坡镇田心村	8000
2	文发养殖小区	陈垂献	大城镇文盛村	7000
合计				15000

2003—2010 年三门坡镇千头以上生猪规模场统计表

表9-1-8

序号	名称	法人	地址	年出栏量（头）
1	三门坡 14 队罗牛山猪场	周德球	红明农场 14 队	3986
2	三门坡琉球猪场	蒙美昌	三门坡镇清泉村委会	1800
合计				5786

2003—2010 年府城镇千头以上生猪规模场统计表

表9-1-9

序号	名称	法人	地址	年出栏量（头）
1	府城吴清富猪场	吴清富	府城镇那央村委会	2765
2	府城王达用猪场	王达用	府城镇五岳村委会	2375
3	府城秦一宗猪场	秦一宗	府城镇铁桥村委会	2152
4	府城徐航志猪场	徐航志	府城镇石塔村委会	1645
合计				6937

（二）禽类规模养殖场

2003—2010 年，琼山区禽类养殖规模不断壮大，大坡镇民营企业家王绥茶养鸡场年产的牧榕文昌鸡都保持在 50 万只以上。全区年产 5 万只以上规模养殖场有 8 家，1 万只到 4.9 万只有 35 家，2000 只到 9999 只有 54 家，大都分布在大坡镇、旧州镇、甲子镇、三门坡镇、云龙镇、府城镇、龙塘镇。

2003—2010 年琼山区禽类规模场统计表一（年出栏 50000 只以上）

表 9–1–10

序号	规模场名称	法人	地址	年出栏量（只）
1	大坡王绥仕养鸡场	王绥仕	大坡镇中税马力村	500000
2	红旗曾德江养鸽场	曾德江	红旗镇土桥居委会	150000
3	红旗鸽场	凤　琴	红旗镇三十八千米处	150000
4	甲子景业珍养殖场	景业珍	甲子镇青云青云村	122123
5	甲子莫运湖养殖场	莫运湖	甲子镇青云双根水库	93126
6	凤琴野鸭养殖合作社	—	甲子镇大同山口门村	90620
7	甲子其必开养殖场	其必开	甲子镇琼新落墟水库	86342
8	甲子唐南云养殖场	唐南云	甲子镇琼星辽山村	50999
合　计				1243210

2003—2010 年琼山区禽类规模场统计表二（年出栏 10000~49999 只）

表 9–1–11

序号	规模场名称	法人	地址	年出栏量（只）
1	旧州黄起雄鸡场	黄起雄	旧州镇岭南村	28000
2	旧州开胜鸡场	黄开胜	旧州镇岭南村	26000
3	旧州起海鸡场	黄起海	旧州镇岭南村	25000
4	旧州其兴鸭场	梁其兴	旧州镇岭南村	16000
5	旧州居法鸭场	梁居法	旧州镇岭南村	15000
6	旧州起才鸡场	黄起才	旧州镇岭南村	12500
7	旧州元芳鸡场	郑元芳	旧州镇岭南村	12300
8	旧州会林鸡场	黄会林	旧州镇岭南村	12300
9	旧州起江鸡场	黄起江	旧州镇岭南村	12200
10	旧州开兴鸡场	黄开兴	旧州镇岭南村	12200
11	旧州会东鸡场	黄会东	旧州镇岭南村	12200
12	旧州会明鸡场	黄会朋	旧州镇岭南村	12100
13	旧州起椿鸡场	黄起椿	旧州镇岭南村	12100
14	旧州春利鸡场	黄春利	旧州镇岭南村	12000

续表 9-1-11

序号	规模场名称	法人	地址	年出栏量（只）
15	旧州会庄鸡场	黄会庄	旧州镇岭南村	12000
16	三门坡西尔鸭场	陈守成	三门坡镇清泉西尔村	25000
17	大坡冯思凯鸡场	冯思凯	大坡镇贵官村	15000
18	大坡王和雄鸡场	王和雄	大坡镇沙塘村	12000
19	大坡谢於明鸡场	谢於明	大坡镇福坡村	11000
20	大坡洪思卫鸡场	洪思卫	大坡镇勿格村	10000
21	大坡谢圣三鸡场	谢圣三	大坡镇福坡村	10000
22	甲子梁居家养殖场	梁居家	甲子镇琼星山辽村	36244
23	甲子王开寿养殖场	王开寿	甲子新民山口门村	29574
24	甲子王永胜养殖场	王永胜	甲子新民美仍村	27365
25	甲子冯昌养殖场	冯 昌	甲子益新水口村	24501
26	甲子吴坤忠养殖场	吴坤忠	甲子新民美源村	20936
27	甲子王康东养殖场	王康东	甲子镇民昌坡毛村	15113
28	龙塘吴淑光养殖场	吴淑光	龙塘潭口永昌村	33000
29	龙塘陈国宁养殖场	陈国宁	龙塘村委会永巩村	23000
30	府城梁振文养殖场	梁振文	府城那央珠良村	27000
31	府城吴清发养殖场	吴清发	府城五岳北点村	25000
32	府城王有贵养殖场	王有贵	府城五岳北点村	20000
33	府城陈英海养殖场	陈英海	府城儒逢儒传村	15000
34	府城孙中成养殖场	孙中成	府城红星玉雅村	12000
35	府城吴清海养殖场	吴清海	府城那央玉洲村	12000
合 计				635633

2003—2010 年琼山区禽类规模场统计表三（年出栏 2000~9999 只）

表 9-1-12

序号	规模场名称	法人	地址	年出栏量（只）
1	红旗罗来海养殖场	罗来海	红旗镇大山村委会	5500
2	红旗林诗才养殖场	林诗才	红旗镇道崇村委会	5000
3	红旗王云明养殖场	王云明	红旗镇苏寻三村委会	4500
4	红旗丘庆江养殖场	丘庆江	红旗镇合群村委会	4500
5	红旗丘庆海养殖场	丘庆海	红旗镇合群村委会	4000
6	红旗吴多明养殖场	吴多明	红旗镇道崇村委会	3500

第九编 农业

续表 9–1–12

序号	规模场名称	法人	地址	年出栏量（只）
7	红旗吴亚海养殖场	吴亚海	红旗镇苏寻三村委会	3000
8	红旗黎英花养殖场	黎英花	红旗镇樟洽村	3000
9	红旗王易天养殖场	王易天	红旗镇道崇村委会	2950
10	红旗秦万真养殖场	秦万真	红旗镇红旗墟	2500
11	红旗左昌兴养殖场	左昌兴	红旗镇道崇村委会	2500
12	红旗王信清养殖场	王信清	红旗镇道崇村委会	2500
13	红旗罗朝辉养殖场	罗朝辉	红旗镇土桥居委会	2500
14	红旗郭元春养殖场	郭元春	红旗镇永荫村	2500
15	红旗黎学洪养殖场	黎学洪	红旗镇道崇村委会	2500
16	红旗王发财养殖场	王发财	红旗镇道崇村委会	2500
17	红旗左留发养殖场	左留发	红旗镇道崇村委会	2500
18	红旗王权二养殖场	王权二	红旗镇道崇村委会	2500
19	红旗王录权养殖场	王录权	红旗镇道崇村委会	2400
20	红旗黎民养殖场	黎　民	红旗镇龙源村委会	2300
21	红旗王亚弟养殖场	王亚弟	红旗镇道崇村委会	2300
22	红旗何国雄养殖场	何国雄	红旗镇土桥居委会	2300
23	红旗林诗河养殖场	林诗河	红旗镇道崇村委会	2300
24	红旗王祖明养殖场	王祖明	红旗镇道崇村委会	2300
25	红旗王义江养殖场	王义江	红旗镇道崇村委会	2200
26	红旗王义芳养殖场	王义芳	红旗镇道崇村委会	2200
27	红旗周红二养殖场	周红二	红旗镇合群村委会	2200
28	红旗王为仁养殖场	王为仁	红旗镇道崇村委会	2200
29	红旗陈雄养殖场	陈　雄	红旗镇合群村委会	2100
30	红旗吴清河养殖场	吴清河	红旗镇道崇村委会	2100
31	红旗王业海养殖场	王业海	红旗镇道崇村委会	2000
32	云龙钟娇养殖场	钟　娇	云龙镇永创村	9000
33	云龙冯所吉养殖场	冯所吉	云龙镇北桥村	8500
34	云龙周儒喜养殖场	周儒喜	云龙镇北庄村	8000
35	云龙鲍洪文养殖场	鲍洪文	云龙镇北桥村	7500
36	云龙冯所清养殖场	冯所清	云龙镇北桥村	7500
37	云龙周运东养殖场	周运东	云龙镇伊内村	7000

续表 9-1-12

序号	规模场名称	法人	地址	年出栏量（只）
38	云龙冯尔新养殖场	冯尔新	云龙镇北桥村	6000
39	云龙冯所新养殖场	冯所新	云龙镇北桥村	6000
40	三门坡王文荣鸭场	王文荣	三门坡清泉父母村	9300
41	大坡谢向群养殖场	谢向群	大坡镇福坡村	9000
42	大坡冯思盛养殖场	冯思盛	大坡镇贵官村	8500
43	大坡梁定布养殖场	梁定布	大坡镇象塘村	8200
44	大坡冯思忠养殖场	冯思忠	大坡镇贵官村	8000
45	大坡符致群养殖场	符致群	大坡镇马宛大村	7000
46	大坡曾祥宝养殖场	曾祥宝	大坡镇官塘村	6500
47	大坡王家文养殖场	王家文	大坡镇马宛仔村	6000
48	大坡黄圣炎养殖场	黄圣炎	大坡镇勿格村	5100
49	大坡洪思在养殖场	洪思在	大坡镇勿格村	4800
50	府城王有贵养殖场	王有贵	府城镇五岳村委会	9000
51	府城翁户广养殖场	翁户广	府城镇儒逢村委会	9000
52	甲子何紫赛养殖场	何紫赛	甲子镇民昌坡毛村	8527
53	府城黄亲和养殖场	蔡亲和	府城镇红星村委会	6000
54	府城周忠平养殖场	周忠平	府城镇那央村委会	6000
合　计				257777

第五节　农业科技

一、机构

2004—2006 年，琼山区云龙、红旗、三门坡、大坡、甲子、府城、龙塘、旧州 8 个镇相继成立农业科技 110 服务站，配备室外电子显示屏、触摸屏、电视机、VCD 机等，并安装宽带，开通“963110”服务热线，建立“一呼百应、免费指导、全程服务”的承诺制服务，利用信息化促进三农工作的现代化，培育新农民、发展新农业、建设社会主义新农村。2005 年，琼山区农业局及其区镇两级农科部门为了更好地开展农技推广工作，购置数码照相机、数码摄影机、电脑、多媒体投影仪等电教所需设备，免费为农民进行培训辅导。2009 年云龙农业科技 110 服务站被评为省级龙头服务站。

二、培训

2004—2010 年，琼山区各级农业部门利用互联网、电子农务网、农业科技 110 网站和农业信息网站，快捷为“三农”服务，并结合实际，做出相应的开发利用与农业技术推广工作。

从2008年开始，琼山区实施“三万农民培训计划”，充分利用现有农业科技人才、专业院校，采取集中培训、田头授课基地参观、现场指导、多媒体等形式，举办农民技术培训，培育农村种养业能手、科技带头人，使农民由劳力型向技能型转变。2008—2010年，共累计受训5.5万人次。2010年，琼山区农业局编写《农业实用技术教材辅导》。2010年上半年，海南“豇豆”事件发生后，琼山区农业局及时组织村委会、镇农业服务中心等相关人员利用田头、课堂、多媒体等进行农产品质量安全监管工作专题培训，全区共培训农产品质量安全23期2103人。此外还组织32名农产品质量安全检测员参加市省培训。

三、网络销售

2004—2010年，琼山区农业科技110服务由技术、信息、农资三大服务扩展为技术、信息、农资、农产品物流四大服务，在海南省农业科技110网和电子农务网发布供应信息634条，农产品求购信息325条，成交80多宗。各个农业科技110服务站还利用触摸电脑方便农民上网了解信息，及时在电子显示屏公布各种农产品市场价格、市场需求情况、新技术信息等。2008年6月，红旗镇本立村养猪合作社养肉猪3000头，红旗农业科技110服务站通过电子农务网帮助他们了解市场情况，并通过电子农务网发布肉猪供应信息，吸引了外地客商，使肉猪销至珠海。2009年农业科技110联合会发现琼山区云龙等镇香蕉价格低迷，组织收购商到场收购，每公斤价格提高了0.2元。云龙镇有多年种植淮山的历史，2008年面积已达到366公顷，是农民经济收入的主要来源。由于淮山市场信息闭塞等原因，农民的增收不明显。云龙镇农业服务中心积极收集、整理淮山种植技术和市场信息，及时建立淮山市场物流平台，引导淮山销售。2008—2010年，连续举办了三届淮山大比拼活动，电子农务网、农业科技110网站、农业信息网站等媒体及时发布信息，使云龙镇淮山有了较高的知名度，定安、屯昌等地客商纷纷前来或网上定购，淮山价格也从过去的最高7.5元/公斤攀升到8.5元/公斤。

第六节　强农惠农

2006—2010年，琼山区贯彻落实国家各种强农惠农政策，共发放农资综合直补和粮食直补4956万元，农作物良种补贴599万元，能繁母猪补贴283万元，生猪良种补贴7万元。

2006—2010 年琼山区强农惠农补贴支出统计表

表 9-1-13　　　　单位：万元

项目＼年份	2006	2007	2008	2009	2010	合计
农资综合直补和粮直补	351	571	1434	1278	1322	4956
农作物良种补贴（早稻）	—	—	99	116	—	215
农作物良种补贴（晚稻）	—	—	184	200	—	384
能繁母猪补贴	—	66	217	—	—	283
生猪良种补贴	—	—	7	—	—	7
合 计	351	637	1941	1594	1322	5845

第二章　种植业

第一节　粮食作物

一、水稻

水稻是琼山区的主要粮食作物之一，栽培历史悠久。全区 8 个镇均有种植。

（一）面积与产量

2003 年，全区水稻年种植面积 14140 公顷，分早、晚或早、中两造种植。因产业结构调整，水稻种植面积逐年有所减少，从 2003 年的 14140 公顷减少到 2010 年的 12666.6 公顷。由于栽培技术的不断提高和农田及水利设施的不断完善，稻谷总产保持稳定在 5.3 万吨左右。

2003—2010 年琼山区水稻种植面积和产量统计表

表 9–2–14　　单位：公顷、吨

年份	种植面积			总产		
	总面积	早造	晚造	总产量	早造	晚造
2003	14140.0	7006.0	7137.0	3623.1	1864.3	1758.8
2004	13470.8	6330.9	7139.9	3667.1	1832.2	1834.9
2005	11600.6	4862.3	6738.3	2090.8	1386.1	704.7
2006	12828.3	5965.5	6862.9	3506.5	1724.0	1782.5
2007	12682.3	5729.2	6953.1	3347.0	1610.6	1736.4
2008	12711.5	5821.5	6890.0	3592.7	1724.9	1867.8
2009	14300.0	6736.3	7563.7	3604.1	1910.3	1693.8
2010	12666.6	5938.9	7396.9	3028.9	2082.2	946.7

2002—2003 年琼山区各乡镇水稻种植面积和产量统计表

表 9–2–15　　单位：公顷、吨

年份/乡镇	2002 年				2003 年			
	早稻面积	早稻产量	晚稻面积	晚稻产量	早稻面积	早稻产量	晚稻面积	晚稻产量
府城镇	236.3	1048	262.3	1172	236.0	1045	262.0	1169
龙塘镇	329.9	1542	92.3	355	330.0	1543	92.0	352
云龙镇	722.7	4075	536.3	1901	723.0	4077	536.0	1899
红旗镇	1264.7	5408	1107.1	4185	1265.0	5502	1107.0	4183
三门坡镇	1302.7	4420	1106.8	4180	1303.0	4422	1116.0	5106
大坡镇	505.3	1625	432.7	1260	505.0	1622	433.0	1266
甲子镇	1094.1	3671	1556.7	5744	1094.0	3669	1557.0	5747
旧州镇	1192.7	4579	1672.7	5392	1193.0	4582	1673.0	5397

2004—2005 年琼山区各乡镇水稻种植面积和产量统计表

表 9–2–16　　单位：公顷、吨

年份/乡镇	2004 年				2005 年			
	早稻面积	早稻产量	晚稻面积	晚稻产量	早稻面积	早稻产量	晚稻面积	晚稻产量
府城镇	228.5	1049	264.9	1280	189.8	844	263.3	1161
龙塘镇	343.3	1659	162.0	588	256.7	1207	145.1	503
云龙镇	586.2	3323	561.7	1987	446.7	2102	586.2	1813
红旗镇	986.7	4588	1033.3	4030	933.3	4172	1053.3	2370
三门坡镇	1269.3	5176	1100.0	5115	895.3	3748	986.7	4292
大坡镇	324.0	1060	435.3	1396	281.2	835	343.3	979
甲子镇	1002.0	3551	1553.3	5701	549.6	1887	1545.1	3532
旧州镇	1233.3	5440	1673.3	6150	1005.3	4387	1526.7	3481

2006—2007 年琼山区各乡镇水稻种植面积和产量统计表

表 9-2-17　　单位：公顷、吨

年份 乡镇	2006 年				2007 年			
	早稻面积	早稻产量	晚稻面积	晚稻产量	早稻面积	早稻产量	晚稻面积	晚稻产量
府城镇	238.5	1260	237.2	1266	236.2	1315	279.4	1331
龙塘镇	321.3	1522	207.0	734	340.3	1541	157.9	565
云龙镇	546.2	2177	621.3	1920	545.5	2162	651.5	1922
红旗镇	1033.3	4696	1086.7	4906	1118.7	5338	1140.1	3941
三门坡镇	1039.3	4365	946.7	4189	1010.1	4218	95.9	4336
大坡镇	261.3	768	261.3	740	260.9	817	258.2	788
甲子镇	988.7	3616	1520.7	5343	818.4	3004	1513.1	5302
旧州镇	1233.3	5846	1686.7	6199	1094.1	4160	1670.2	6554

2008—2009 年琼山区各乡镇水稻种植面积和产量统计表表

表 9-2-18　　单位：公顷、吨

年份 乡镇	2008 年				2009 年			
	早稻面积	早稻产量	晚稻面积	晚稻产量	早稻面积	早稻产量	晚稻面积	晚稻产量
府城镇	237.4	1408	301.2	1537	250.1	1451	310.2	1553
龙塘镇	283.1	1339	0	0	433.3	1791	114.0	421
云龙镇	565.0	2297	637.5	2067	601.0	2343	628.0	1961
红旗镇	1144.7	5371	1134.3	5311	1108.0	4989	1122.7	2495
三门坡镇	1019.4	4670	1038.2	4948	1026.7	4513	1016.3	4538
大坡镇	164.3	679	176.2	467	293.0	1105	287.5	904
甲子镇	928.1	3734	1554.4	5362	958.6	3681	1725.2	4339
旧州镇	1174.7	4774	1764.6	7025	1673.3	6526	1968.7	7383

2010 年琼山区各乡镇水稻种植面积和产量统计表

表 9-2-19　　单位：公顷、吨

年份 乡镇	2010 年			
	早稻面积	早稻产量	晚稻面积	晚稻产量
府城镇	243.7	1256	314.8	350
龙塘镇	446.6	2170	—	—
云龙镇	821.3	3268	693.9	2260
红旗镇	1177.3	5019	1202.6	2099
三门坡镇	1052.7	4383	1051.6	4549
大坡镇	342.5	1236	239.1	153
甲子镇	941.6	3273	1758.7	3094
旧州镇	1437.3	8169	1825.9	683

（二）水稻优良品种推广

2002—2010 年，琼山区水稻种植以杂交稻为主，年推广面积均在 9333.3 公顷，约占播种总面积的 70%。推广的主要水稻品种有：

1. 早造杂交稻品种

II 优 128：系广东省水稻所用不育系 II–32A 与恢复系 128 测交配组成的新组合，一般亩产 450 公斤、高产 600 公斤，此品种一直作为琼山区早造主推（当家）品种。

特优 128：广西藤县种子公司选育，一般亩产 450 公斤、高产 600 公斤，是全区早造主推品种之一。

T 优 551：2007 年早造引进在红旗镇七水洋种植，平均亩产达 622.67 公斤，是全区早造主推品种之一。

特优 248（原名：特优 368）：系广东天弘种业有限公司和广东海洋大学农业生物技术研究所用龙特浦 A 和弘恢 248 配组成的籼型感温三系杂交水稻组合。2008 年通过海南省农作物品种审定委员会审定，一般亩产 500 公斤。2008 年在红旗镇七水洋进行种植面积 9.3 公顷，平均亩产 502.6 公斤，比 Ⅱ 优 128（CK）增产 5.5%，达显著水平。晚造继续在七水洋进行扩大种植达 19.6 公顷，获总产 12.87 万公斤，平均亩产 437.8 公斤，比 Ⅱ 优 128（CK）增产 4.9%，是全区早造主推品种之一。

2. 晚造杂交稻种

博优 64：1988 年晚造引进，20 世纪 90 年代晚造品种，一般亩产 350~400 公斤。2008 年该品种停止生产、停止经营、推广。

博 Ⅱ 优 15：湛江海洋大学杂交水稻研究室选育成的弱感光型三系杂交水稻组合，2002 年晚造引进种植，2003 年在海南审定通过。一般亩产 400~450 公斤，引进后逐步取代了博优 64，该品种是全区晚造主推品种之一。

博 Ⅱ 优 134：2006 年晚造引进，一般亩产 450 公斤，是全区晚造主推品种之一。其中，2007 年晚造在三门坡镇三加洋进行示范田面积 86.6 公顷。尽管在灌浆乳熟期，遭遇第 15 号强台风“利奇马”的影响，仍获平均亩产 453.6 公斤，比对照博 II 优 15 增产 34.8 公斤，增产率 8.3%。

万金优 15：系广东海洋大学农业生物技术研究所、广东天弘种业有限公司利用万金 A × HR15 配组成的属籼型弱感光三系杂交水稻组合。2009 年通过海南省农作物品种审定委员会审定，

3. 常规稻品种

特籼占 25 号：1997 年早造引进，一般亩产 420 公斤、高产 600 公斤。2008 年早造在红旗镇北林洋示范田面积 21.3 公顷，获平均亩产 561.3 公斤。该品种逐步取代了七桂早，是全区常规稻品种。

桂农占：桂农占系广东省农科院水稻所育成的常规稻新品种，2005 年 11 月通过海南

省农作物品种审定委员会审定，2005 年开始引进在红旗镇北林洋进行试种 12 公顷，平均亩产 543.4 公斤。

丰美占：丰美占是广东省农科院水稻所超级稻育种研究室，选用新广美为母本与中二占杂交选育而成的高产优质软米新品种。2005 年通过海南省农作物品种审定委员会审定。当年始引进在红旗镇北林洋进行试种 2.66 公顷，平均亩产 513.5 公斤。

黄华占：黄华占是广东水稻所用黄新粘 × 丰华粘配制杂交组合，采用系谱法选育而成的感温型高产优质籼稻品种，2008 年在海南省通过审定。当年在红旗镇北林洋进行示范，平均亩产 463.4 公斤，对照特籼占 25 号，增产率 6.7%。因直链淀粉含量低（仅 13.8% ~14.0%），不适合本地部分人口味，推广受到限制。

2002–2010 年琼山区不同年份水稻种植的主要品种表

表 9–2–20

年份 品种	2002		2003		2004		2005		2006		2007		2008		2009		2010	
	早造	晚造	早造	晚造	早造	晚造	早造	晚造	早造	晚造	早造	晚造	早造	晚造	早造	晚造	早造	晚造
Ⅱ优 128	▲	▲	▲	▲	▲	▲	▲	▲	▲	▲	▲	▲	▲	▲	▲	▲	▲	▲
特优 128							▲		▲		▲		▲		▲		▲	
国豪 3 号	▲		▲		▲		▲		▲		▲							
博Ⅱ优 177								▲		▲		▲						
超级稻																		
准优 527									▲		▲		▲					
红香优 3 号									▲		▲		▲					
特优 248											▲	▲	▲	▲	▲	▲	▲	▲
粤杂 922	▲		▲		▲		▲											
超级稻 P88S/0398							▲		▲		▲							
T 优 551											▲		▲		▲		▲	
博优 64		▲		▲	▲	▲		▲		▲								

▲：表示种植

第九编 农业

2002–2010 年琼山区不同年份水稻种植的主要品种表

表 9-2-21

品种＼年份	2002		2003		2004		2005		2006		2007		2008		2009		2010	
	早造	晚造	早造	晚造	早造	晚造	早造	晚造	早造	晚造	早造	晚造	早造	晚造	早造	晚造	早造	晚造
博 II 优 15				▲		▲		▲		▲		▲		▲		▲		▲
博 II 优 134										▲		▲		▲		▲		▲
万金优 15														▲		▲		▲
博 II 优 8166																▲		▲
博优 8305										▲		▲		▲				
精选博 II 优 15						▲		▲		▲		▲		▲				
博Ⅱ优 128								▲		▲		▲		▲				

▲：表示种植

2002–2010 年琼山区不同年份水稻种植的主要品种表

表9-2-22

品种＼年份	2002		2003		2004		2005		2006		2007		2008		2009		2010	
	早造	晚造	早造	晚造	早造	晚造	早造	晚造	早造	晚造	早造	晚造	早造	晚造	早造	晚造	早造	晚造
特籼占 25 号	▲	▲	▲	▲	▲	▲	▲	▲	▲	▲	▲	▲	▲	▲	▲	▲	▲	▲
桂农占							▲		▲		▲							
丰美占							▲		▲		▲							
茉莉占		▲		▲		▲	▲		▲									
黄华占													▲	▲	▲	▲	▲	▲

▲：表示种植

（三）配套增产新技术推广

进入 21 世纪，琼山区在水稻生产中推广新技术方面主要包括：直播栽培、抛秧栽培、测土配方施肥、病虫鼠草害综合防治以及实行机械化作业等。在栽培方式上，以直播栽培为主，年推广面积约 10666.6 公顷，占播种总面积的 80%以上。因直播栽培省工、省水、减轻劳动强度、且产量高，推广得到广大农民的接受。

二、坡稻

坡稻栽培历史悠久，过去羊山地区种植面积较大。2002 年 10 月 16 日，海口区划调整后，云龙镇种植有一定的规模，每年种植面积约 250 亩，其他镇少有种植。过去种植坡稻用水全靠天，现在有个别地块有了喷灌设备，改善了灌溉，使产量比过去增加，一般亩产在 150 公斤左右，高者亩产可达 200 公斤以上。品种一般选用感温型的Ⅱ优 128，每年于 3—4 月份播种，9—10 月份收获。

三、番薯

番薯是琼山区的主要杂粮作物之一，全区 8 个镇均有种植，有夏植、秋植和冬植。因番薯是喜温作物，块根形成最适温度是 24℃~25℃，块根膨大最适温度是 22℃~24℃，因此全区以秋植的面积较大。主要品种有：鸭脚二、小叶仔、娘子糕等。

2003—2010 年琼山区番薯种植面积和产量统计表

表 9-2-23　　单位：公顷、吨

年份	2003	2004	2005	2006	2007	2008	2009	2010
面积	4751.0	4842.5	4517.3	4477.2	3764.3	4706.7	4640.6	3473.1
产量	11145	11986	10652	10980	11393	12390	12906	8809

四、其他作物

琼山区其他粮食作物有木薯、芋头、玉米、大薯、毛薯、蒂薯、甜薯、黑豆等。玉米全区全年均可种植，但以春种（1 月 25 日—2 月 10 日）产量最高，其次是秋种（8 月 25 日—9 月 10 日），再次是冬种（10 月 20 日—1 月 10 日），最次是夏种（5 月 25 日—6 月 10 日）。全区 8 个镇均有种植，以龙塘、云龙镇种植较多，主要种植鲜食玉米，主要品种有糯玉米、甜玉米等，亩产 600~900 公斤。黑豆仅有龙塘、旧州种植，亩产 180~230 公斤。木薯、芋头、大薯、毛薯、蒂薯、甜薯等杂粮各镇均有零星种植。

第二节　经济作物

一、甘蔗

甘蔗分糖蔗和果蔗两种，糖蔗用于制糖之用，果蔗用于直接当水果类食用。全区主要以糖蔗为主。2003 年前，糖蔗在区域范围经济作物中占据较大的比重，是琼山的一大经济支柱。随着市场经济和产业结构的调整，糖蔗种植面积出现递减现象。种植品种：新台糖 16 号、新台糖 22 号、新台糖 26 号、粤糖 93-159 等。

2003—2010 年琼山区糖蔗种植面积和产量统计表

表 9-2-24　　单位：公顷、吨

年份	2003	2004	2005	2006	2007	2008	2009	2010
面积	24780.1	2148.1	1774.3	1621.7	889.3	919.3	806.0	903.9
产量	152702	131017	97117	95478	44965	44125	42062	49054

二、花生

花生是琼山区主要食用油料作物之一，一般 1 年种植 2 造，分春种和秋种，一般以春种为主，春种的生育期为 115~125 天。至 2010 年，适合种植的优质丰产品种有汕油 523、湛油 12-1、粤油 551 等。

三、芝麻

芝麻也是琼山区的主要食用油料作物之一，以旧州、云龙、红旗等镇种植面积较大，一般在清明左右播种，主要品种为大肚芝麻，全生育期 80 天左右，一般亩产在 25~35 公斤。

2003—2010 年琼山区油料作物（花生、芝麻）种植面积和产量统计表

表 9–2–25　　单位：公顷、吨

年份	2003	2004	2005	2006	2007	2008	2009	2010
面积	2301.0	2351.3	2444.1	1923.3	1815.7	2206.3	2247.3	1730.5
产量	2505	2523	3001	2223	2078	2583	2684	2054

四、淮山

琼山区云龙镇农民从 1993 年开始种植淮山，经过多年的品种提纯复壮，培育出云淮 1 号、云淮 3 号、黑美人、赶地龙等，并注册了“云淮牌”商标，面积从最初的 6.66 公顷发展到 2010 年底的 366.6 公顷，并带动红旗、旧州、三门坡、大坡等镇种植，至 2010 年底，琼山区种植淮山面积 433.3 公顷，平均亩产量 2000 公斤。

五、沙姜、高良姜

沙姜、高良姜属南药，2003—2010 年，主要在三门坡种植，以林下经济立体方式种植居多，面积保持 200 公顷左右。沙姜春种冬收，亩产量可达 1750~2500 公斤；高良姜栽培 3 年后于夏末秋初采收，亩产可达 1250~2000 公斤。大坡、红旗等镇有零星种植。

第三节　水果　蔬菜

一、水果

2003 年后，琼山区充分发挥区位土地资源优势，大力发展热带水果种植业，取得很好的成效。主要种植水果包括香蕉、荔枝、龙眼、菠萝、黄皮、柚子、木瓜、番石榴、橙、莲雾等。2010 年，三门坡荔枝生产基地发展成为琼北最大的荔枝生产基地，种植面积 2133.3 公顷（含农垦）。全区各类果主要品种：香蕉：巴西蕉、泰蕉；荔枝：妃子笑、紫娘喜；龙眼：石夹；菠萝:香水菠萝；黄皮：鸡心黄皮；柚子：水晶柚、蜜柚；木瓜：日升、穗中红；番石榴：珍珠番石榴；橙：红江橙；莲雾：台湾黑金刚。

2003—2006 年琼山区水果种植面积和产量统计表

表 9–2–26　　单位：公顷、吨

年份	2003		2004		2005		2006	
品种＼指标	面积	产量	面积	产量	面积	产量	面积	产量
合计	7189.0	74041	8265.8	76103	8944.3	99597	9687.9	126886
菠萝	1306.6	15163	1485.2	14595	1403.3	16271	1335.3	17653
芒果	116.0	514	123.5	786	95.9	658	81.2	573
香蕉	1893	40282	2700.8	44149	3274.7	60886	3975.0	83009
荔枝	1580	3964	1601.2	4064	1642.0	5248	1678.3	5733
龙眼	379.0	321	377.9	368	373.7	401	332.5	359
柑橘橙柚	145.0	807	90.9	664	209.3	669	236.9	1337
杨桃	161.0	1228	133.4	1172	124.5	1814	114.8	1545
石榴	321.0	1539	405.5	2950	488.3	4119	432.0	3701
其他杂果	1271.0	10223	1347.3	7355	1332.6	9532	1501.9	12976

2007—2010 年琼山区水果种植面积和产量统计表

表 9–2–27　　单位：公顷、吨

年份	2007		2008		2009		2010	
品种＼指标	面积	产量	面积	产量	面积	产量	面积	产量
合计	10074.9	136127	10137.3	144570	8247.1	145949	9170.3	152818
菠萝	1536.5	20476	1637.2	22891	1168.8	26821	1666.7	23970
芒果	73.4	553	86.9	956	88.0	905	84.5	351
香蕉	4381.6	91000	4222.7	93200	3357.4	90195	3400	90588
荔枝	1765.5	7480	1722.5	6900	1284.5	6085	1542.3	7663
龙眼	286.3	416	274.4	390	241.2	211	217.9	256
柑橘橙柚	188.9	617	230.4	2306	219.2	2099	202.8	918
杨桃	102.5	1143	101.8	1550	92.3	1487	88.7	569
石榴	363.0	3442	353.5	3689	328.8	3196	334.0	2712
其他杂果	1377.3	11000	1508.0	12688	1466.9	14950	1426.8	25791

二、蔬菜

（一）蔬菜品种

2003—2010年，琼山区蔬菜生产稳步增长，其中以发展冬季瓜菜生产为主，重点种植辣椒、南瓜等。主要品种：

1. 黄皮尖椒：赤研12号、茂椒系列、海椒系列、江淮五号、江林6号、新丰5号、9919、亚华106、苗丰大果皮、福满四十二号、金福五号、龙鼎一号。

2. 泡椒：中椒6号、湘研13号、国福303、海椒3号、粤椒1号、洛椒98A、巨丰一号。

3. 彩色甜椒：荷兰系列彩椒。

4. 朝天椒：天升、广良系列。

5. 圆椒：福斯特101、富人2号、京甜3号、冠爵、中椒5号、红英达、辣优10号、克莱斯、甜星。

6. 紫长茄：长丰2号、紫贵人、紫美人2号、红丰长茄、琼2号、农友长茄。

7. 小番茄：亚蔬11号、翠红、龙女、红皇后、千禧。

8. 长身苦瓜：严选槟城苦瓜、琼1号、玉丰苦瓜。

9. 大顶苦瓜：翠绿1号大顶、农家乐。

10. 黄瓜：夏青4号、万吉、早青1号、律研4号、中农8号、津优系列、津绿系列、津春四号。

11. 节瓜：粤农节瓜、黄毛节瓜、黑毛节瓜。

12. 丝瓜：碧绿丝瓜、粤农丝瓜。

13. 长豆角：油青系列、夏宝2号。

14. 南瓜：金韩系列、红升系列、江淮系列。

15. 西葫芦：早青一代。

16. 青（黑）皮冬瓜：大青皮、广东黑皮冬、青杂1号、南海黑皮冬、琼农黑皮冬、三水黑皮冬。

（二）蔬菜种植面积和产量

2003年，琼山区种植蔬菜面积5626公顷，产量9.86万吨。2007年种植7749.6公顷，产量11.62万吨。到2010年，种植8082公顷，产量14.87万吨。

2003—2010年琼山区蔬菜种植面积和产量统计表

表9–2–28 单位：公顷、吨

年份	2003	2004	2005	2006	2007	2008	2009	2010
面积	5626.0	6115.4	6421.2	6696.5	7749.6	7195.0	7539.9	8082.0
产量	98611	107731	116347	120071	116244	136560	143022	148678

（三）蔬菜生产基地

为了稳定菜源，满足海口“菜篮子”工程需求和全国市场有效供给，琼山区从2003年起至2010年，建立了一批比较稳定的蔬菜生产基地，常年稳定在81个左右。

2003—2010年琼山区蔬菜基地分布表

表9-2-29 单位：公顷

序号	乡 镇	基地名称	地 点	面 积
1	府城镇	石塔道和基地	石塔村委会	10.0
2		府城道一坡基地	石塔村委会	4.7
3		府城母瓦坡基地	红星村委会	2.0
4		府城庙前坡基地	红星村委会	2.7
5		府城逢考基地	儒逢村委会	4.0
6		府城尚道洋	五岳村委会	13.3
7		府城三八洋	那央村委会	12.0
8	云龙镇	云龙多加洋	云蛟村委会	23.3
9		云龙北历坡	云岭村委会	16.7
10		云龙北庄洋	云蛟村委会	83.3
11		云龙北戏坡	云裕村委会	10.7
12		云龙北桥坡	云裕村委会	11.3
13		云龙鸡笼坡	云阁村委会	14.7
14		云龙博合洋	云阁村委会	33.3
15		云龙卜禄坡	云岭村委会	16.7
16		云龙本良坡	云岭村委会	16.7
17		云龙绿佳基地	长泰村委会	6.7
18		云龙坡仑坡	长泰村委会	53.3
19		云龙向北洋	儒林、长泰村委会	118.7
20		云龙福龙基地	红明农场五十队	16.7
21	红旗镇	红旗昆上洋	昌文村委会	133.3
22		红旗云雁洋	道崇、合群村委会	200.0
23		红旗仁让基地	大山村委会	20.0
24		红旗福地洋基地	大山、墨桥、龙榜村委会	133.3
25		红旗青云洋基地	龙源村委会	66.7
26		红旗七水洋	龙发、墨桥村委会	153.3

续表 9-2-29　　单位：公顷

序号	乡 镇	基地名称	地 点	面 积
27	旧州镇	旧州文才基地	池连村委会	5.3
28		旧州光明洋基地	光明村委会	63.3
29		旧州雅蔡基地	雅秀村委会	8.0
30		旧州美仁水芹基地	岭南村委会	20.0
31		旧州杨丰水芹基地	岭南村委会	3.3
32		旧州典弄洋基地	岭南村委会	40.0
33	三门坡镇	三门坡大荒洋	谷桥村委会	33.3
34		三门坡文多洋	文蛟村委会	33.3
35		三门坡加平肚	谭文村委会	13.3
36		三门坡新坡洋	清泉村委会	6.7
37		三门坡木枫洋	清泉村委会	13.3
38		三门坡大水基地	龙马村委会	3.3
39		三门坡下水坡	美城村委会	3.3
40		三门坡福兴洋	文岭村委会	13.3
41		三门坡水路洋	友爱村委会	6.7
42		三门坡桃村洋	文岭村委会	6.7
43	大坡镇	大坡田心基地	福昌村委会	13.3
44	龙塘镇	龙塘道本基地	仁三村委会	13.3
45		龙塘富道基地	新民村委会	10.0
46		龙塘大力基地	龙富村委会	16.7
47		龙塘三桥基地	三桥村委会	11.3
48	甲子镇	甲子龙井	益民村委会	40.0
49		甲子田堂肚	益民村委会	20.0
50		甲子石湖前肚	益民村委会	16.7
51		甲子山口门洋	益民村委会	31.3
52		甲子加朝山口冲	大同村委会	18.7
53		甲子中绿堂石湾	琼新村委会	14.7
54		甲子宫白田肚	琼新村委会	17.0
55		甲子罗边肚	琼星村委会	16.7
56		甲子辽山洋	琼星村委会	18.0
57		甲子九尿岭	琼星村委会	13.3

续表 9-2-29　　　　　　　　　　　　　　　　　　　　　　　　　　　　单位：公顷

序号	乡 镇	基地名称	地 点	面 积
58	甲子镇	甲子龙殿前	琼星村委会	16.7
59		甲子竹子洋	琼星村委会	23.3
60		甲子益新学仕冲	益新村委会	13.3
61		甲子水口铁长田	益新村委会	13.3
62		甲子茂山基地	益新村委会	13.3
63		甲子凤凰水库下	益新村委会	10.0
64		甲子龙塘村后坡	益新村委会	10.0
65		甲子大塘东村岭洋	民昌村委会	26.7
66		甲子民昌长尾坡	民昌村委会	10.0
67		天塘大朗田洋	民昌村委会	30.0
68		甲子先觉岭脚	青云村委会	10.0
69		甲子潭白洋	长昌村委会	26.7
70		甲子大昌洋	甲子村委会	26.7
71		甲子上昌洋	甲子村委会	26.7
72		甲子蛟北门田肚	甲子村委会	23.3
73		甲子新塘田肚	甲子村委会	23.3
74		甲子文宿洋	红岭村委会	26.7
75		甲子桂林美术田肚	红岭村委会	23.3
76		甲子土地山田肚	红岭村委会	20.0
77		甲子坝上洋基地	群星村委会	16.7
78		甲子云山土良	群星村委会	13.3
79		甲子群赛坡	群星村委会	13.3
80		甲子老桐六坡	新昌村委会	13.3
81		甲子牛皮石帅	群星村委会	13.3
合 计				2255

三、水果与蔬菜销售

自 2003 年起，琼山区为了销售产区生产的水果和蔬菜，相继在广州、深圳、武汉、上海、北京、哈尔滨等城市建立起销售渠道，利用海南绿色通道，组织运销大户进行产品销售，并在历年海南举办的中国（海南）国际热带农产品冬委交易会上大量推介，接收客商大量订单。2004 年签订瓜菜销售合同 9 万吨，2007 年 11 万吨，2010 年 14 万吨，确保农业增效，农民增收。

表 9–2–30

2003—2010 年琼山区水果、蔬菜销售情况统计表

	时间（年）	销售量（吨）	销售渠道
水果	2003	72041	岛外大中城市、港澳地区
	2004	72103	岛外大中城市、港澳地区
	2005	97597	岛外大中城市、港澳地区
	2006	124830	岛外大中城市、港澳地区
	2007	134127	岛外大中城市、港澳地区，其中荔枝还出口美国、加拿大、欧盟、东南亚
	2008	142570	岛外大中城市、港澳地区
	2009	143949	岛外大中城市、港澳地区
	2010	150818	岛外大中城市、港澳地区
蔬菜	2003	97611	岛外大中城市、港澳地区
	2004	105731	岛外大中城市、港澳地区
	2005	114347	岛外大中城市、港澳地区
	2006	120000	岛外大中城市、港澳地区
	2007	114244	岛外大中城市、港澳地区
	2008	134560	岛外大中城市、港澳地区
	2009	141022	岛外大中城市、港澳地区
	2010	146678	岛外大中城市、港澳地区

第四节　热带作物

2003 年起，琼山区引导农民调整农业产业结构，发展热带经济作物，至 2010 年底，橡胶种植面积 8800 公顷，槟榔种植面积 933.3 公顷，胡椒种植面积 2133.3 公顷，其中大坡胡椒生产基地成为全国最大的胡椒生产基地，面积 1133.3 公顷。胡椒品种有大叶种和小叶种，该区主要种植小叶种。橡胶品种有 RRIM600、PR107、GT1、热研 7–33–97、热研 8–79、海垦 1、93–114、热研 88–13、海垦 2、大丰 95、热垦 126 等，2003—2010 年主要推广种植热研 7–33–97和热研 8–79。槟榔品种按果型分为椭圆形、长椭圆形、球型、圆锥形、长型等类型，琼山区主要种植椭圆形、长椭圆形品种，2003—2010 年主要推广热研 1 号槟榔。

2003—2006 年琼山区热带作物种植面积和产量统计表

表 9-2-31　　单位：公顷、吨、万个

年份	2003		2004		2005		2006	
品种＼指标	面积	产量	面积	产量	面积	产量	面积	产量
合计	11406.0	—	11559.4	—	11784.9	—	12321.9	—
橡胶	6466.6	5138	6497.0	5139	6632.1	4782	7093.5	4499
椰子	1107.0	598.4	1110.9	622.1	1110.9	654.7	1110.9	629.4
槟榔	506.0	288	638.4	438	703.7	729	752.5	747
胡椒	1520	1305	1542.1	1527	1567.3	1687	1594.1	1625

2007—2010 年琼山区热带作物种植面积和产量统计表

表 9-2-32　　单位：公顷、吨、万个

年份	2007		2008		2009		2010	
品种＼指标	面积	产量	面积	产量	面积	产量	面积	产量
合计	12853.5	—	14290.9	—	14330.4	—	14584.1	—
橡胶	7553.6	6118	8790.3	6872	8816.3	7696	8800	8619
椰子	1110.1	599.9	1096.5	676.4	1086.3	676.2	1078.5	703
槟榔	811.8	894	975.3	1104	1002.3	1133	937.8	1369
胡椒	1607.1	1756	1657.7	1984	1654.4	2044	2200	2171

第三章　养殖业

第一节　禽畜养殖

一、品种改良

2002 年后，琼山区饲养的畜禽大部分是当地品种和改良后的新品种。畜类主要有牛、猪、羊等，猪改良的品种主要是杜洛克、长白和大白等。新品种从 2002 年的 4510 头起逐年上升，2010 年发展到 3.58 万头。生猪产地主要在云龙、红旗、旧州、甲子、三门坡、龙塘等镇的村庄；养母猪较多的有红旗、云龙、三门坡、旧州等镇的规模养殖场。牛的品种主要是当地水牛、黄牛，2007—2010 年引进新技术采取人工授精技术，水牛改良的主要

品种有么拉、尼厘，黄牛改良的品种有南德文、利木赞、盖普威、和牛等品种，主要饲养在红旗、旧州、甲子、三门坡和云龙等镇。

二、疫病防治

2002年起，琼山区禽畜疫病主要有传染病、寄生虫、中毒病及普通病，其中以猪的传染病较多，常见的有猪丹毒、猪肺疫、链球菌病、喘气病、仔猪副伤寒等；牛的常见病有消化系统疾病、寄生虫病、新陈代谢病；鸡、鹅、鸭的常见疫病有出败、寄生虫病等。发生禽畜疫病常年均有，牛多发病于盛夏春初，猪多发病于冬末春初，家禽多发病于寒露前后，波及范围为一村至数村。自海南建设动物无规定疫病区建设后，区政府成立了专门的重大动物防疫指挥部，专门负责全区的重大动物疫病的防控工作。2002—2010年，全区重大动物疫病的防控工作坚持做到对禽流感、高致病性猪蓝耳病、口蹄疫、猪瘟、鸡新城疫等动物疫病实行了强制的免疫，做到常年免疫率维持在96%以上，其中应免畜禽免疫密度均为100%，免疫抗体合格率全年保持在80%以上，并做到畜禽免疫牲畜识挂标率、免疫畜禽建档率、免疫证发放率达到100%，同时开展流行病学调查，疫病监测、圈舍消毒面达到100%。实现无重大疫病发生目标，通过国家无规定重大动物疫病验收。实现无重大疫病，琼山区畜牧业持续健康发展。

三、养殖规模

2002年，琼山区规模养殖业发展相对缓慢，生猪存栏量100头以上规模养殖场仅有15家，禽类养殖场仅有诚利集团等3家。2003年以后，琼山区规模养殖业迅速发展。从2003年的23家发展到2010年的271户。其中存栏量100~300头的有203户；300~500头的有16户；500~800头的有10户；800~1000头有6户；1000~1500头的有5户；1500~3000头的有12家；3000头以上的大型养猪场19家，主要饲养在红旗、三门坡、云龙、大坡、甲子、旧州等镇。规模饲养主要以养殖专业户、养殖小区和公司加农民等形式。到2010年，琼山区建设标准化养殖小区共29家。

四、养殖大户

2002年，琼山区养殖3000头以上的养猪大户仅有旧州红丰猪场等3家，2007有13家，到2010年发展到19家。主要饲养在旧州镇的红丰猪场、鑫风銮猪场、罗牛山道美猪场；红旗镇的师霖猪场、陈平猪场、苏贻宁猪场、江新猪场、诚利猪场、红海猪场、美雅猪场、北山猪场、云龙镇的峰兴猪场、办内猪场、祥顺猪场、甲子镇的石鼓岭猪场、昌鑫猪场；三门坡镇的罗牛山红明原种猪场、罗牛山红明仔猪场、大坡镇的田心猪场。禽类养殖场年出栏量1万只以上的规模养殖场有大坡牧榕养殖场等10家。

2003—2006 年琼山区畜牧业生产情况统计表

表 9-3-33　　单位：万头、万只

指标	年初存栏量				当年出栏量				年末出栏量			
品种＼年份	2003	2004	2005	2006	2003	2004	2005	2006	2003	2004	2005	2006
猪	7.58	7.30	8.02	9.59	8.94	9.62	10.69	11.08	7.30	8.02	9.59	10.23
牛	2.28	2.22	2.09	2.05	0.94	0.96	0.94	0.95	2.22	2.09	2.05	1.91
羊	3.01	29.38	29.22	28.18	3.60	3.69	3.68	3.32	2.94	2.92	2.82	2.48
禽	79.9	81.2	82.5	123.6	155.6	163.8	175.4	192.6	81.2	82.5	123.6	113.8
肉鸽	69.3	67.3	64.6	65.9	322.8	322.8	322.6	319.9	67.3	64.6	65.9	64.1

2007—2010 年琼山区畜牧业生产情况统计表

表 9-3-34　　单位：万头、万只

指标	年初存栏量				当年出栏量				年末出栏量			
品种＼年份	2007	2008	2009	2010	2007	2008	2009	2010	2007	2008	2009	2010
猪	10.23	9.87	14.29	16.30	12.80	15.53	17.70	19.65	9.87	14.29	16.30	15.69
牛	1.91	2.15	2.12	2.29	0.94	0.94	0.95	10.15	2.15	2.12	2.30	2.36
羊	2.62	2.47	2.46	2.32	3.47	3.45	3.07	2.78	2.47	2.46	2.32	2.18
禽	116.8	117.7	103.6	114	210	211.3	226.2	251	117.7	103.6	114	99.3
肉鸽	64.1	63.3	63.1	64.2	339.3	274.9	316.4	357.2	63.3	63.1	64.2	67.1

第二节　淡水养殖

琼山区水系发达，水资源丰富，淡水养殖得天独厚。南渡江穿越境内的龙塘、旧州、云龙、府城 4 个镇和国兴街道办事处，且山塘水库湖泊繁多。其中小型以上水库 95 宗。农民利用山塘水库湖泊养殖水产品逐年增加，特别是 2003 年之后，省、市财政对精养罗非鱼给予资金补贴，调动了农民从事淡水养殖业的积极性。至 2010 年全区淡水养殖面积近 1762 公顷，以养殖罗非鱼为主，还有鳗鱼、鲤鱼、大头鱼以及观赏鱼类等品种。

2010 年琼山区各镇渔业生产情况表

表 9-3-35

单位＼指标	水产品产量（吨）			淡水养殖面积（公顷）
	总产量	淡水捕捞	淡水养殖	
琼山区	6190	253	5937	1762.0
府城镇	54	12	42	19.0

续表 1–2–1

指标 单位	水产品产量（吨）			淡水养殖面积（公顷）
	总产量	淡水捕涝	淡水养殖	
龙塘镇	322	126	196	16.0
云龙镇	487	41	446	306.0
红旗镇	1949	15	1934	721.0
三门坡镇	1354	6	1348	279.0
大坡镇	365		365	143.0
甲子镇	959	10	949	196.0
旧州镇	689	32	657	282.0

2003—2010 年琼山区渔业生产情况表

表 9–3–36

指标 年份	水产品产量（吨）			淡水养殖面积（公顷）
	总产量	淡水捕涝	淡水养殖	
2003	5301	665	4646	2152.0
2004	5615	760	4855	2337.0
2005	5298	877	4421	2191.0
2006	5776	868	4908	1554.0
2007	7305	768	6537	1618.9
2008	6064	243	5821	1686.0
2009	6683	268	6415	1694.0
2010	6190	253	5937	1762.0

第三节　其他养殖

2003—2010 年，琼山区在畜牧业养殖中，除了猪、鸡、牛、羊、鸭、鹅、白鸽外，还养殖了兔子、果子狸、蜜蜂、狗、竹狸等品种。其中兔子各镇均有养殖，以云龙镇养殖较多，果子狸主要在云龙、红旗养殖，竹狸在旧州有养殖。此外，琼山区还打造了大坡牧榕文昌鸡、红旗曾氏乳鸽、甲子风琴野鸭等农产品品牌。

2003—2010 年琼山区牛规模场统计表

表 9–3–37　　单位：头

序号	规模场名称	法人	地址	年出栏量
1	三门坡蔡泽连养牛场	蔡泽连	文蛟村委会文多村	75
2	海口鑫文清牛场	余挑孟	旧州镇旧州村	28
3	西湖养牛合作社	黎积师	红旗镇墨桥西湖村	11
4	红旗米华銮养牛场	米华銮	红旗镇苏寻三成宜村	11
合计				125

2003—2010 年琼山区羊规模场统计表

表 9-3-38　　单位：头

序号	规模场名称	法人	地址	年出栏量
1	海洋牧业有限公司	宋　奇	旧州镇旧州村	90
2	甲子陈丁福养羊场	陈丁福	甲子镇青云文头村	45
3	甲子张昌云养羊场	张昌云	甲子镇青云文头村	38
4	甲子吴楷花养羊场	吴楷花	甲子镇青云文头村	40
5	甲子黄昌胜养羊场	黄昌胜	甲子镇红岭合昌村	58
6	甲子张运全养羊场	张运全	甲子镇红岭吉树村	62
7	红旗陈修明养羊场	陈修明	红旗镇墨桥七水	48
合 计				381

第四章　林　业

第一节　植树造林

一、历年植树造林

2002—2010 年，琼山区人工造林、更新造林验收合格面积和四旁植树株数共 8517.8 公顷。其中成片造林面积 4460 公顷，四旁植树 949.6 万株，折算面积 4057.7 公顷。成片造林中人工造林面积 3141.8 公顷，更新造林面积 1318 公顷。四旁植树中大部份为更新重植，新植树 360.6 万株。

成片造林按造林林种分为用材林面积 379.7 公顷，防护林面积 3003.6 公顷，经济林面积 1074 公顷；按造林项目分为退耕还林工程造林面积 2151.6 公顷，海防林造林 504.3 公顷，2008 年国家新增防护林项目造林面积 193.3 公顷，其他造林 1610.8 公顷。

二、实施退耕还林工程

琼山区自 2002 年开始实施退耕还林工作，龙塘镇、云龙镇、红旗镇、旧州镇、大坡镇、甲子镇实施了退耕还林工程，退耕地造林面积 244.3 公顷。2003 年度退耕还林工程的实施吸取上年度的工作经验教训，把退耕还林与纸浆林和“三边”防护林工程建设有效结合，当年完成退耕还林工程造林面积 974.5 公顷，比上年增加 4 倍，成为实施退耕还林工程以来，全区各镇全面实施、群众参与最多，造林地块最多，造林面积最多的一年。

2002—2010 年，全区完成退耕还林造林面积 2151.6 公顷，其中退耕地造林 708.1 公顷，配套荒山荒地造林 1443.4 公顷（其中省林业总公司结合退耕还林工程投资新民林场实施荒山荒地造林 439.4 公顷）。

三、护林造林工程

2002 年 10 月 16 日，海口行政区划调整后，琼山区域没有海岸，主要负责其它地带防护林造林工程建设，2003—2010 年，共完成护林造林面积 504.3 公顷。

四、公路林建设

2002—2010 年，琼山区“三边”防护林建设共完成造林面积 1648.7 公顷。自 2006 年底起，按照海口市海榆东线和琼定公路两侧造林作业设计的要求，实施了所辖地段的海榆东线和琼定公路两侧的造林工程建设。基本完成种植任务后，辖区内海榆东线公路全面修建，由于公路修建需要便道建设等种种原因的影响，造成刚已种植成活的路林损失严重。经过采取多次补植、加强管护等措施，至 2008 年底也全面完成，经实地检查核实两公路两侧造林保存面积 54.4 公顷，其中海榆东线 37 公顷，琼定线 14.4 公顷，绿化长度 100 多千米。到 2010 年公路两旁林木长势良好。

五、2008 年国家新增防护林造林

2008 年底至 2009 年实施落实。由市林业局统一组织，统一规划设计，统一监管，各区具体组织实施。琼山区由分管副区长亲自抓，区林业主管部门指派一名分管营林的副局长抓落实，并指派一名联络员搞好有关信息的上报下达工作，确保全区如期按质按量完成了该项任务，共完成造林面积 193.3 公顷。

六、集体规划林地建设

2010 年，琼山区集体规划林地面积 32593.3 公顷，占海口市集体规划林地面积的 46%，其中商品林 29760 公顷，公益林 2833.3 公顷，森林覆盖率 38.38%，林木绿化率 40.27%。全区以林业生态环境建设为重点，全面实施三边（海边、路边、城边）防护林建设工程、优质林木工程、退耕还林工程、浆纸林工程、花卉产业工程，调整林业产业结构，提升林业生产力，促进森林资源的生态、经济、社会三大效益协调发展，实现森林面积、蓄积量和森林覆盖率三增长。

第二节　森林资源管理和保护

2003 年 1 月至 2009 年 3 月，琼山区农林局为区级林业行政管理机构。2006 年成立琼山区林业服务中心，指导全区林业科学技术研究，归属琼山区农林局管理。2009 年 3 月成立海口市琼山区林业和园林局，行使全区林业行政管理职能，区林业和园林局审批面积 2 公顷以下的林木采伐和 3.3 公顷以下林地野外用火的审批权。琼山区森林资源管理和保护工作主要有森林防火、森林病虫害防治、野生动植物保护和古树名木保护等。

一、森林防火

2003 年，琼山区建设一支森林防火半专业化队伍，设在国营新民林场，人数有 20 名。防火设备齐全，自 2003—2010 年，该区每年森林受灾面积均控制在千分之三以内。

二、森林病虫害防治

琼山区森林病虫害防治重点抓好苗圃、花卉及古树名木的防治，大面积的防治以海口市森林病虫害防治队伍实施。

三、野生动植物保护

琼山区每年开展 2 至 3 次宣传保护野生动植物活动，每年宣传 2 至 3 次，提高群众保护野生动植物的意识，做到人与自然和谐相处。

四、古树名木保护

琼山区古树名木，主要分布在各个乡镇、街道办、单位庭院等，主要以林木所有权单位（人）加强管理和保护，上级林业主管部门或园林部门安排专项资金加强管理和保护。2005 年下半年，由海口市绿化委员会办公室牵头组织，对全区的古树名木资源进行普查统计。建档管理的古树名木有 858 株（其中古树 857 株，名木 1 株），树龄大部分在 100—200 年之间，少有超过 250 年的古树名木。一、二、三级古树名木主要分布在农村。一级保护的古树有 1 株，树种为细叶榕，树龄约 500 年，地围有 60 米，气生根非常发达、粗壮，独木成林，生长在旧州镇光明村委会禄马村；二级保护的古树有 9 株，树龄约 300 年，分布在旧州镇（细叶榕 5 株）、大坡镇（光叶白颜 1 株）、三门坡镇（细叶榕 2 株）和红旗镇（高山榕 1 株）；三级保护的古树有 847 株。主要树种有：细叶榕、见血封喉（加布）、高山榕、榄仁树、黄葛榕、龙眼树、荔枝树、木棉树、鸡蛋花、乌榄树、玉桂朴（石削）、胭脂树、光叶白颜、凤凰木、南亚松、白玉兰、牛蹄豆、山黄麻、苹婆、沙椤、杨桃、菠萝蜜、海棠、重阳木、冬青（白银）、黄桐、酸梅、盆架子、刺桐、黑格、母生、无患子、基及、厚壳桂（荔枝槁）、朴树（铁线树）等，均分布于各镇。其中 1 株名木坐落在龙塘镇潭口村委会南渡江边渡口处，树种为细叶榕，树龄约 100 年，在此处打响了琼岛抗日战争第一枪。

2007 年，琼山区对府城镇范围内的古树名木后续资源（树龄在 80~100 年）进行普查统计，符合条件的有 144 株，主要树种有木麻黄、龙眼树、鸡蛋花、爪哇木棉、石栗、大叶榄仁、南洋杉、罗汉松、凤凰木、侧柏、竹柏、荔枝、人心果、杨桃、枫树、樟树、苦仔树、青皮木棉、牛蹄豆、小叶榕、加布、盆架子、非洲楝等。

2005 年琼山区古树名木普查分类株数统计表

表 9–6–39

单位：株

单位	合计	古树名木			区域			位置			分布		
		一级	二级	三级	名木	城市	农村	单位庭院	个人宅院	寺院	其他	散生	群状
旧州镇	176	1	5	170			176				176	176	
大坡镇	83		1	82			83				83	83	
云龙镇	89			89			89				89	89	
三门坡镇	171		2	169			171	4			167	171	
红旗镇	126		1	125			126	9			117	126	
甲子镇	92			92			92				92	92	
府城镇	92			92		33	59	28			64	92	
龙塘镇	25			24	1		25				25	25	
国兴街道办事处	4			4		4				2	2	4	
合计	858	1	9	847	1	37	821	41		2	823	858	

说明：“其他”指路（街）旁（中心）、桥边、河边、村头宅地、荒野、农田等处生长的古树名木

2005 年琼山区古树名木普查确认统计表

表 9–6–40

单位：株

树　　种	数量（株）	树　　种	数量（株）
榕树	589	苹婆	1
见血封喉（加布）	84	沙椤	1
高山榕	63	杨桃	1
榄仁树	20	菠萝蜜	1
黄葛榕	17	海棠	1
龙眼树	11	重阳木	1
荔枝树	11	冬青（白银）	1
木棉	10	黄桐	1
鸡蛋花	6	酸梅	1
乌榄树	5	盆架子	1
玉桂朴（石削）	4	刺桐	1
胭脂	3	黑格	1
光叶白颜	6	母生	4
凤凰木	2	无患子	1
南亚松	2	基及	1
白玉兰	2	厚壳桂（荔枝槁）	1
牛蹄豆	2	朴树（铁线树）	1
山黄麻	1	总计	858

第三节　木材加工业

琼山区林产品加工业较发达，至2007年全区拥有大小林产品加工业80多家，年产值在5000万以上。2008年因经济宏观调控，琼山区林产品加工业明显下降，据统计仅有生产能力的42家，其中府城14家、三门坡10家、云龙10家、红旗4家、大坡2家、旧州1家、甲子1家。加工林产品主要用于建筑材料、家具及长板原木等，主要销往海口市木材市场及深圳、上海等地。加工的原材料来自各乡镇、场，多为橡胶木、桉木、杂木等，年供应林木量约8500立方米，年产值2300万元。2010年，随着国际旅游岛建设上升为国家战略，琼山区的木材加工业开始生产经营转型，从以加工建筑材料、家具材料为主，转为涉足加工木屋定型材料、会所装饰材料、栈桥定型材料的订单加工制作，年产值比2008年增加1倍，达到4800万元。

第四节　新民林场

新民林场位于琼山区中南部，东临甲子镇、大坡镇，南邻定安县龙湖镇，西依甲子镇罗蒙岭，北接旧州镇。场部设在长昌煤矿，距海口市区53千米，土地总面积717.33公顷。2010年，新民林场内设党支部、党政办公室、财务室、工会、妇联、共青团等组织机构，下设4个生产队（长昌队、中堂队、辽山队、白石队），1支专业森林防火队（人员20人），1个林场派出所（干警5名），1支护林队（人员6名）。全场总人口226人，在册干部职工106人（含临时合同工）。

新民林场创建于1959年10月，由海口市郊区党委规划上报广东省林业厅并获得批准建立，1964年被海南区行政公署列为“第一类国营林场”，建场规划土地面积8200公顷。由于各种原因和土地生产变化，1996年经原琼山县人民政府林权发证领导小组实地勘测、核实，落实国有土地林属，办理国有山林权属证，土地面积为832.2公顷；1995年原琼山市国土局办理国有土地使用证，土地面积为717.33公顷。新民林场属琼山区财政差额拨款的事业单位。

一、林场改革

自2003年起，新民林场实施2项制度改革。（1）绩效工资制度。全场干部职工，包括聘请的临时合同工，一律实行工资和工作业绩挂钩，奖勤罚懒。（2）分队分块管理体制。以管理森林资源、维护生态环境、人工更新造林，发展橡胶、胡椒、畜牧养殖业等生产经营管理内容，分别承包给4个生产队、防火队、护林队管理和经营，充分调动了干部职工的积极性。2003—2010年，承包给金华公司种植浆纸林面积246.7公顷，建立海口市林业局示范林 66.7 公顷，全场种植胡椒面积 47 公顷，橡胶 26 公顷，生态林 23 公顷。在辽山队、马异岭、石壁岭、郎夹坡、三素坡、枫树岭、胭脂岭等地造林约面积 133.3 公顷，林区森林覆盖率 85%。

二、经济发展

2010 年，全场实现生产总值 91 万元，其中林木、橡胶、胡椒收入 77 万元，自营猪场收入 14 万元，生产总值比 2003 年增加 37 万元；职工人均年收入 40300 元，比 2003 年增加 24900 元。

三、社会事业

2010 年投入 23 万元修建篮球场和排球场，实施场部道路硬化、绿化改造工程，投入 3 万元改造场部用电设施。新民林场不设医院和学校，交通由乡镇班车多班次解决职工进城问题。全场干部职工全部参加五项社保，参保率 100%，适龄儿童入学率、巩固率 100%，全面普及九年义务教育。

第五章　“六型”农业

琼山区“六型”农业包括百亩以上生产基地型、农民专业合作社型、生态循环示范型、百头千户型、标准养殖型、强化检（防）疫型。

第一节　百亩以上生产基地型

2002 年后，琼山区坚持“以市场为导向，以基地化生产，产业化标准化经营，发展城郊经济，服务城市居民，增加农民收入为主攻方向”的指导思想，按照“三块—带一发展”（“三块”即城郊块：以府城、龙塘、云龙为重点发展花果菜和加工业；沿路快：以红旗、三门坡、大坡为主，突出抓热作、水果和瓜菜生产；欠发达块：以甲子、旧州、三门坡镇谭文片区为区域，主攻瓜菜、水果、热作和造林。“一带”即以云龙为中心向旧州、红旗、三门坡辐射形成花卉产业带。“一发展”即推动全区养殖业发展）的生产布局调整产业结构，每年创办 100 亩以上种植业生产基地 50 个，扩大冬季瓜菜、热带水果、热带花卉和热带经济作物种植规模。至 2010 年，全区橡胶总面积 13.2 万亩、胡椒 3.2 万亩、菠萝 2.5 万亩、香蕉 5.1 万亩、荔枝 3.2 万亩。形成以“绿”为特色的橡胶、胡椒、香蕉、花卉、龙眼、荔枝、瓜菜等“七大产业带”。

第二节 农民专业合作社型

从2006年开始，琼山区积极引导农民发展农民专业合作社，至2010年，全区农民专业合作社发展到127个。合作形式有公司＋农户；公司＋基地＋农民；能人＋农民等合作形式。从行业上划分有：种养业、养殖业、运输服务业、农机服务业和休闲农家乐等。

第三节 生态循环示范型

2003年，琼山区开始实施农业生态循环示范型建设，当年在大坡镇开始生态循环示范工作试点，全区完成沼气池建设241户，并将沼液、沼渣等优质肥料施用于橡胶、胡椒、蔬菜等作物，作物产量提高10%以上。2004—2010年在中央国债资金的大力支持下，全区建设生态循环农业持续发展，到2010年，全区已建成户用型沼气池6669户；联户型沼气池19个；养殖小区沼气池27个，大中型沼气池59个，沼气用户1万户，沼液用户2.1万户，沼肥（液）施用农作物面积达3000公顷。

2003—2010年琼山区生态循环示范型农业基地情况表

表9-4-41

地　点	循环类型	面积（公顷）
三门坡镇琉球村	猪—沼—菜	60.0
旧州镇立丹园	猪—沼—荔枝	50.0
红旗镇龙生果园	猪—沼—荔枝	26.7
红旗镇本立村	猪—沼—香蕉	53.3
红旗镇芬兰村	猪—沼—香蕉	133.3
云龙镇三公堆村	猪—沼—香蕉	33.3
旧州镇堆过山村	猪—沼—香蕉	33.3
旧州镇龙头村	猪—沼—香蕉	46.7
大坡镇田心村	猪—沼—胡椒	53.3
甲子镇土朴岭村	猪—沼—香蕉	33.3
云龙镇北庄村	猪—沼—菜	53.3
云龙镇坡仑村	猪—沼—菜	80.0

第四节　“百头千户”型

2007年全区实施“百头千户”工程后，规模养殖业发展迅速，从2007年450户到2008年615户，2009年712户，2010年813户。

第五节　标准养殖型

2006—2010年，琼山区以政府扶持带动社会资金投入方式，发展生猪、文昌鸡标准化养殖。至2010年，全区共发展29家标准化养殖小区。其中龙塘镇3家，云龙镇4家，红旗镇6家，三门坡镇5家，大坡镇2家，甲子镇4家，旧州镇5家。

第六节　强化检（防）疫型

一、病虫害

水稻病虫害防治　琼山区水稻病害有稻瘟病、白叶枯病、纹枯病、细菌性条斑病、稻曲病等。2003年水稻主要是细菌性条斑病和纹枯病、发生中等偏轻。2005年、2007年和2010年细菌性条斑病和纹枯病发生中等偏重，为害面积分别为1400公顷、933.3公顷和1200公顷。水稻虫害有三化螟、二化螟、稻纵卷叶螟、稻飞虱、稻蓟马等。2004年全区普遍发生三化螟危害，其中云龙镇北庄洋发生危害面积33.3公顷。2009年龙塘镇新旧沟洋发生蝗虫危害面积40公顷，2009年稻飞虱、稻纵卷叶螟发生危害严重，旧州镇雅龙塘洋、三门坡镇昌冲肚、甲子镇木干田埂等田洋晚造水稻稻飞虱、稻纵卷叶螟发生面积6446.6公顷，其中稻飞虱发生2113.3公顷。稻纵卷叶螟发生4333.3公顷，稻飞虱发生一般的田块百丛虫口800~1000头，严重的田块3000~5000头，有些田块局部出现“穿顶”，甚至失收，稻纵卷叶螟发生轻的田块卷叶率20%~30%，严重的田块50%~60%。

水果作物病虫害　荔枝、龙眼病虫害：有霜疫霉病、炭疽病、酸腐病等；虫害有蝽象、尺蠖、蒂蛀虫、介壳虫、蓟马等。柑橘病虫害：有炭疽病、疮痂病、溃疡病、黄龙病等，虫害有粉介壳虫、木虱、潜叶蛾、桔蚜、果实蝇等。香蕉病虫害：有束顶病，花叶心腐病、叶斑病、枯萎病、黑星病等；虫害有香蕉交脉蚜、香蕉弄蝶、香蕉网蝽、香蕉象甲、香蕉蚜虫等。2003年红旗镇北林洋香蕉枯萎病发生面积6.6公顷。2005年大坡镇福昌洋香蕉枯萎病发生面积40公顷，其中绝收的蕉园有6.6公顷，严重的（发病率50%）蕉园有10公顷，发病率5%—10%的蕉园有23.3公顷。由于区农业部门一直坚持贯彻“预防为主，综合防治”的植保方针，加强全区农作物病虫害预测、防报工作，上述病虫害得到有效防治。

二、主要防治方法

生物防治 2003—2010年，在农作物病虫害防治中，注重引导农民利用病原微生物、昆虫生长调节剂，有益生物代谢物和植物源农药防治病虫害，与化学防治起着互补作用，提高病虫防治效果，减少农药残留污染，提高农产品产量和品质。

物理诱控技术防治 推广绿色防控，满足绿色消费，服务绿色农业，提高绿色产品。2009年在云龙镇北庄洋安装116盏太阳能灭虫灯，诱杀害虫效果较好，得到省植保站的表扬和广大农民的好评。

化学防治 2000年9月19日，海南省农业厅、省工商行政管理局、海南省质量技术监督局联合发文停止销售和使用如下剧毒高毒农药品种：克白威（呋喃丹）、甲胺磷（多灭磷）、久效磷（铃杀）、磷胺（大灭虫）、甲基对硫磷（甲基1605）、对硫磷（1605）、氧乐果（氧化乐果）、水胺硫磷（羧胺磷）、杀扑磷（速扑灭）、特丁硫磷（特丁磷）、硫丹（赛丹）、氟乙酰胺、五氯酚（五氯苯酚）、甲基异柳磷、地虫硫磷（地虫磷）、甲拌磷。指导农民推广使用高效、低毒、低残留农药，严格执行农药在作物收获前禁用期（安全间隔期）的操作规程；适时施药、注意最佳防治时期；农药合理混配，提高防治效果。

三、植物检疫

2003年后，琼山区加强植物检疫，防止植物危险性病、虫、杂草及其他有害生物的传播和蔓延，应用科学的方法对生产、调运的植物和植物产品进行检疫检验与监督处理，以保障农业生产的安全。植物检疫以预防为主，如发现危险性病虫草危害，立即进行严格封锁和消灭的预防性措施。2006年全区普查三叶草斑潜蝇有害生物，普查面积1016公顷，2007年普查螺旋粉虱有害生物，普查面积37.3公顷，2007年做好28个香蕉试管苗圃场，共426万株苗的产地检疫。为防止新的危险性病虫传入，每天派植检人员到府城南北水果市场做好水果调运检疫，2010年共检疫1.88万车次，合计8.65万吨水果。

四、农产品安全检测

琼山区注重发展无公害瓜、果菜的生产，全面加强农产品的安全检测，确保任何时候消费的农产品达到符合国家和省市有关标准。2007年，海口市蔬菜办在琼山区农业服务中心设有一个农药残留监测分站，其他各镇均设置监测点，配备检测仪器及检测员，并对检测员进行培训2期。2010年海南“豇豆”事件发生后，区农业局及时组织村委会、区镇农业服务中心等相关人员进行农产品质量监管工作专题培训，讲明《中华人民共和国食品卫生法》《中华人民共和国农产品质量安全法》等法律法规，全区共培训农产品质量安全技术知识班25期，培训人数2060多人，悬挂宣传横幅300条，还组织30名农产品质量安全检测员参加省市培训，争取市蔬菜办公室及时配送31部快速检测仪送给8个乡镇，很好地加强检测力度。区农业局健全监管队伍，建起100人的农产品质量安全监管队伍；抓好监管硬件建设，投入51万元建设4个羊山地区农产品质量安全检测室，配备15个农产品质量安全检测室的办公与检测设备；加大监督力度，印发农产品质量安全宣传资料1

万份，教育人数 2.08 万人；把好监管范围，把全区瓜菜生产基地 100%纳入检测范围，冬季瓜菜等农产品收购点 100%纳入检测范围，水果、蔬菜批发市场 100%纳入检测范围，农药产品 100%纳入监测范围，建立严格的制度，强化检测，确保农产品的质量安全。

第六章 扶 贫

第一节 机 构

2003 年区农业局内设扶贫组，继续负责琼山区扶贫工作。2006 年 3 月，重新成立海口市琼山区扶贫开发领导小组，下设办公室（简称扶贫办），负责具体日常工作，机构编制 3 人，为副科级事业单位。2010 年，区扶贫办在职人员 4 人，全区 8 个镇设扶贫服务站。

第二节 农村贫困状况

琼山区地处海口市南部，全区 8 个镇经济发展不平衡，农民生活水平差距较大。2003 年全区 71 个村委会中有 35 个贫困村委会，贫困户 3598 户、贫困人口 1.8 万人。具体分布甲子镇 9 个村委会 1238 户 6192 人，旧州镇 8 个村委会 1097 户 5488 人，红旗镇 5 个 336 户 1680 人，三门坡镇 5 个 238 户 1190 人，大坡镇 3 个 186 户 930 人，龙塘镇 3 个 395 户 1980 人，云龙镇 2 个 108 户 540 人。

产生贫困的主要原因有：（1）自然条件差。龙塘镇和旧州镇部分贫困村庄主要地处火山喷发地区，以石地为主，人均耕地面积少，甲子、三门坡、大坡等镇的贫困村庄地处偏僻且大多以沙土地为主，土地贫瘠，以农业生产为主要经济来源，靠天吃饭，产量低、价格低、结构简单；（2）缺乏启动发展资金和必要的生产性投入，债务多，部分贫困户户欠债务达 300 元以上；（3）基础设施落后，缺乏发展条件。甲子、三门坡、龙塘、大坡、旧州等镇不少贫困村庄因为生产性资金投入较少导致农田水利、交通基础设施薄弱，许多农田成为望天田，涝旱失收，且交通不便，信息不灵，这些地区群众即使自筹资金种植的冬季瓜菜和地区特产，也因交通不便，少有商贩上门收购；（4）科技文化素质偏低，不懂科学，接受新事物慢，思想保守，观念陈旧，等靠要思想严重，自我“造血”不足。

2002 年开始对扶贫地区加大投入，贫困村农民人均纯收入由 2002 年的 1795 元增加到 2010 年的 2560 元。贫困人口由 2002 年的 1.8 万人（贫困人口 4100 人、低收入人口 1.39 万人），减少到 2010 年的 1.39 万人（其中贫困人口 4100 人，低收入人口 9800 人）。

第三节　规划措施

2002—2010 年，琼山区扶贫开发主要是认真贯彻落实中央、省扶贫工作会议精神和《中国农村扶贫开发纲要（2001—2010 年)》，在 2001 年 10 月制订《琼山市农村扶贫开发纲要（2001—2005 年》和 2006 年 5 月制订《琼山区农村扶贫开发纲要（2006—2010 年)》的基础上，坚持开发式扶贫的方针，把种养业和改善贫困村的基础设施条件为扶贫开发的重点，大力调整产业结构，加强以水利为重点的农田基本建设，积极推进农业产业化经营、整村推进和劳动力转移战略，努力提高贫困群众的科技文化素质，把贫困群众脱贫致富的着力点放在依靠科技进步增加效益上来，加强生态建设，走生态、生产、生活协调发展之路。

一、调整产业结构

在大坡、红旗、三门坡等镇贫困地区以种植橡胶、香蕉、胡椒、槟榔等热带作物为主，2003—2010 年，上述 3 个镇贫困村庄共建苗圃 20 公顷，种植橡胶 2400 公顷，胡椒 266.6 公顷。甲子、旧州、龙塘等镇以养殖猪、羊、鸡和种植胡椒、橡胶等为主，并形成规模效益，增加农民收入。2010 年，全区已逐步形成户有主营项目、村有骨干产品、镇有特色产业、区有特色经济的发展格局。

二、改善和加强基础设施建设

以农田水利为重点的农业基本建设。坚持“保、饮、蓄、节”的原则，解决好群众的人畜饮水工程；2003—2010 年，对水土流失进行综合治理，努力改善贫困人口的生产和生存环境，在甲子、旧州、三门坡、龙塘镇等贫困村投入 1000 万元，建人畜饮水 593 宗，从根本上解决人畜饮水难问题；抓好水库、山塘和沟渠的维修加固工程，改善农业生产条件；围绕冬季瓜菜生产和粮食生产，有针对性地建设一批稳产高产基本农田，至 2005 年，35 个贫困村委会人均达到 0.5~1 亩水浇地，实现解决温饱的目标。通过落实 2006—2010 年扶贫开发纲要，至 2010 年，全区新打机井 593 眼，新增节水灌溉面积 2533.3 公顷，使贫困村达到人均 2 亩水浇地目标；2006—2010 年投入 200 多万元，推广管灌、喷灌、滴灌等节水技术，提高水资源利用率；以公路建设为重点的基础设施建设和公共服务设施建设。2001—2010 年，计划新修村公路 1258 千米，硬化路 676 千米的目标基本实现，广播电视实现村村通，修建和完善医疗所 35 家，建标准化小学 35 所。改善生态环境。2006—2010 年全区贫困村建沼气池 5026 个。

三、劳动力转移

从 2005 年开始，琼山区有计划地进行劳动力转移作为增加贫困农民收入的重要渠道。建立区、镇打工经济联席会议制度，启动劳务输入机制，做好协调服务工作，扩大对发达地区劳务输出的规模，提高劳力输出质量和效益。同时增加对贫困农民工的培训投入，围绕用工市场需求，开展订单培训、定向培训和实用技术培训，紧紧围绕“培训一人，输出一人，就业一人，脱贫一户”的目标，在推进劳务输出上做大量的工作。2005—2010年，全区举办贫困农民劳务培训班12期，培训人数1800人，组织赴广州、佛山、东莞、深圳、上海等地务工共3000多人。

四、整村推进

全区确定的35个贫困村，至2010年完成整村推进脱贫35个，全部实现脱贫目标。

2002—2010年琼山区贫困村委会整村推进计划表

表9-5-42

年度	计划完成（个）	乡镇	村委会	自然村	户数（户）	人口（人）	其中	
							贫困人口	低收入人口
2002		三门坡	清泉	18	530	2254	70	230
			乐来	11	401	1791	50	160
小计	2		2	29	931	4045	120	390
2003		三门坡	谷桥	11	436	1699	60	160
		红旗	墨桥	29	945	4298	80	360
小计	2		2	40	1381	5997	140	520
2004		云龙	云阁	10	398	1650	80	160
		三门坡	谭文	12	394	1645	40	150
		龙塘	龙光	5	450	2038	86	480
小计	3		3	27	1242	5333	206	790
2005		龙塘	文道	9	736	3196	110	570
		大坡	大坡	18	724	3027	80	280
		红旗	龙榜	9	366	1770	80	120
			大山	15	472	2054	80	250
小计	4		4	51	2298	10047	350	1220
2006		旧州	道美	7	355	1763	160	180
			旧州	11	644	3566	415	310
			红卫	9	310	1570	118	710
		龙塘	三联	3	459	2295	74	660
		甲子	益民	5	382	1727	50	190
小计	5		5	35	2150	10921	817	2050
2007		甲子	仙民	11	302	1677	70	660
			琼新	7	278	1171	60	150
		旧州	岭南	10	746	3200	265	1320
		大坡	中税	17	393	1533	70	160
小计	4		4	45	1719	7581	465	2290

续表 9-5-42

年度	计划完成（个）	乡镇	村委会	自然村	户数（户）	人口（人）	其中	
							贫困人口	低收入人口
2008		大坡	福昌	19	705	2922	70	270
		三门坡	友爱	13	450	1786	80	190
		甲子	民昌	6	274	1391	70	160
			大同	6	431	1900	240	780
		红旗	龙源	25	676	3529	70	340
小计	5		5	69	2536	11528	530	1740
2009		旧州	文新	5	489	2288	90	270
			光明	5	454	2225	90	280
		甲子	青云	15	541	2619	242	1210
			昌西	11	619	3084	460	1380
		红旗	昌文	12	389	1835	70	230
小计	5		5	48	2492	12051	952	3370
2010		甲子	琼星	7	282	1357	60	170
			益新	14	413	1970	60	180
			联星	17	582	2703	80	700
		旧州	雅秀	5	494	2207	230	190
小计	4		4	43	1771	8237	430	1240
总合计	35			393	17074	78306	4100	13900

五、科技扶贫

2003—2010 年，琼山区先后帮助 35 个贫困村委会制定脱贫规划，把先进适用技术推广普及到家庭户。每年在贫困村举办培训班 5~6 期，培训人数 700 人次左右。通过培训，使贫困地区农民每人能掌握 1~2 门实用技术。至 2010 年共培训 2.8 万人次。

第四节 扶贫项目

琼山区从 2002 年开始到 2010 年，投入财政扶贫资金共 1922 万元，其中中央财政扶贫资金 1682 万元、地方财政配套资金 210 万元。

一、基础设施项目

（一）修路项目

2002—2010 年，全区贫困地区修路投入中央财政扶贫资金共 1308 万元。其中，2002 年投入中央财政扶贫资金（下同）70 万元，修土路长 44.4 千米，涵洞 3 个，在旧州镇雅黄村建桥一座，受益3.1万人；2003年投入25万元，修土路28.5千米，受益9864人；2004年投入45万元，修土路44.5千米，受益2.02万人；2005年投入89万元，修土路38.2千米，受益群众1.25万人；2006年投入92万元，修土路2.2千米，修硬化村路6.214千米，受益7213人，投入12万元修建甲子镇美茶桥，受益人数1200多人；2007年投入146万元，修土路2.2千米，修硬化路6.21千米，受益1.29万人；2008年投入241万元，修硬化路9.24千米，受益人口1.17万人；2009年投入284万元，修硬化村路33条，路长10.8千米，受益群众1.29万人；2010年投入316万元，修硬化路31条，路长8.02千米，受益群众1.11万人。2006—2010年，全区投入扶贫配套资金（下同）共计136.5万元。其中，2006年投入30万元，修土路2条长1.5千米，硬化路5条长1.83千米，受益群众5124人；2007年投入12万元，硬化路长1.7千米，受益群众2804人；2008年投入26万元，修硬化路长2.3千米，受益群众4506人；2009年投入30万元，修硬化路长1.9千米，受益群众4730人；2010年投入38.5万元，修硬化路长2.42千米，受益群众3852人。

（二）饮水项目

2002—2010年，全区投入中央财政扶贫资金共201万元。其中，2002年投入资金15万元，在新坡镇卜通村、新民乡上朗村各打井一眼，建水塔一座及水管配套，受益群众3097人；2003年投入31万元，在旧州镇包道村、美备村各打井一眼及水管配套，旧州镇雅诗村拉水管配套1.5千米，甲子镇上朗村、山口门村各打井一眼，建水塔一座及配套，甲子镇仙沟岭村打井一眼，购深井泵一台及配套，受益群众3097人；2004年投入21万元，在甲子镇山口门村购深井泵一台及水管配套，甲子镇美仍村建水塔一座及水管配套，旧州镇美邦村打井一眼、建水塔一座及水管配套，旧州镇美楠村建水塔一座及水管配套，受益群众1043人；2005年投入21万元，在旧州美傲村建水塔一座及配套，甲子镇白沙村、美介村各打井一眼，旧州镇包道村建水塔一座及配套，受益群众1260人；2006年投入7万元，在三门镇黄岭村打井一眼及配套，红旗镇那尧村、多福村、永荫村，三门坡镇鞍田村拉水管共计800米，受益群众1036人；2007年投入27万元，在甲子镇白沙村、美界村拉水管500米，云龙镇岐上村拉水管400米，三门坡镇山兰村红旗镇龙前村各打井一眼，红旗镇美请村建水塔一座，受益群众1290人。2008年投入22万元，在三门坡山口村、城坦村，大坡镇多谷屯村各打井一眼，三门坡镇山兰村建水塔一座，受益群众1504人；2009年投入28万元，在三门坡镇加乐湖村、梅岭村各建水塔一座及部分水管配套，旧州镇老村东村打井一眼，受益群众933人，2010年投入29万元，在三门坡镇鞍田村建水塔一座，云龙镇东林村打井一眼，云龙镇多能村、岭下村拉水管2.4千米，受益群众1063人。2007—2010年投入地方配套资金21万元。其中，2007年投入13万元，在甲子镇文坡村、红旗镇大堆村、三门坡镇仁山村打井各一眼，受益群众577人；2010年投入8万元，在旧州镇包道村、美仁村拉水管3.5千米。

二、发展生产项目

2003—2010年，全区共计投入中央资金20万元。其中，2003年投入5万元在旧州镇雅黄村扶持农户养猪 200 头，受益人数 1000 人；2004 年在甲子镇山口门村投入 2 万元，扶持农户养猪 72 头，受益人数 178 人；2006 年投入种植资金 1 万元，在甲子镇民昌村委会木兑村种植橡胶 53.3 公顷，受益人数 378 人。2009 年在大坡镇福昌村委会多谷屯村投入 7 万元，挖鱼塘 70 亩，年养罗非鱼 20 万尾，受益人数 283 人。2008—2010 年，投入地方配套资金 47.5 万元，其中，2008 年投入资金 24 万元，帮助各镇贫困户购买种苗，种植瓜菜；2009 年投入资金 20 万元，帮助三门坡镇大塘村种植冬季瓜菜 40 公顷，受益群众 350 人；2010 年在府城镇梧大村投入 3.5 万元挖鱼塘养鱼，受益群众 260 人。

三、科技推广和培训项目

2004 年琼山区投入科技推广经费 4 万元，帮助旧州、甲子两镇推广荔枝结果母枝培育面积 200 亩，受益人数 1000 多人。

2005—2010 年，全区投入培训资金 133 万元，举办培训班 103 期，其中实用技术培训班78 期，投入资金 71 万元，培训 11580 人次；2005—2008 年劳务培训班 14 期，投入资金 28 万元，培训人数 390 人；2005—2010 年干部培训班 11 期，投入资金 34 万元，培训人数 187 人次。

第七章　农业机械

第一节　机　构

2002 年，琼山市设置农业机械技术服务中心，内设行政秘书股、农机股，隶属单位有：农机安全监督管理站、农机学校、农机研究所；干部职工共 32 人（含农机安全监督管理站 8 人、农机学校 5 人、农机研究所 3 人），其中：中级技术职称 3 人，初级技术职称 15 人。全市 19 个乡镇都设置农机管理服务站，干部职工达 45 人。

2003 年海口行政区域调整后，原琼山市农机服务中心改为琼山区农机服务中心，人员不变，工作职能不变。8 个乡镇农机管理人员 24 人。

2004 年，琼山区农机监理所划归海口市农机监理所管理。

2006 年，琼山区农机服务中心、农业技术推广中心、能源站、经管站合并为琼山区农业服务中心。农业服务中心内设农机安全作业股、农机培训股、农机推广股。2010 年区级农机管理人员 18 人，其中中级技术职称 9 人、初级技术职称 7 人。

第二节　农机专业组织

2002 年，琼山区参加农业机械组织的农户有 162 户，至 2010 年，累计 703 户。2007 年，海南省第一个农机作业专业合作社——红旗农机作业专业合作社在琼山区红旗镇成立，该镇共有 37 个农机户入社，拥有农业机械 55 台，其中大型拖拉机 23 台、金鹿牌拖拉机 15 台、水稻联合收割机 16 台、挖土机 1 台，农机总原值 241 万元。至 2010 年，全区成立旧州岭南等 6 个农机专业合作社，社员 76 人，入社农机具有 118 台（件），固定资产原值达 564 万元。

2002—2010 年琼山区农机专业组织情况统计表

表 9–7–43

年份	2002	2003	2004	2005	2006	2007	2008	2009	2010
农户	162	460	553	560	630	670	679	690	703

琼山区农机作业专业合作社组建情况统计表

表 9–7–44

序号	合作社名称	地　点	成立时间	入社农户
1	红旗农机作业专业合作社	红旗镇红旗大道 112 号	2007 年 7 月	6
2	岭南农机服务专业合作社	旧州岭南村委会	2008 年 2 月	8
3	海口福皇农机专业合作社	旧州镇政府办公楼二楼	2008 年 4 月	8
4	金宇农机服务专业合作社	三门坡镇红旗路 38 号	2008 年 1 月	5
5	云岭农机服务专业合作社	云龙镇卜典路 101 号	2009 年 9 月	8
6	云阁收割机服务专业合作社	云龙镇云阁村委会	2009 年 12 月	5

第三节　农业机械拥有量和农机作业

随着现代农业的发展，琼山区的农业机械拥有量逐年提高，建立起大、中、小型拖拉机，农用三轮运输车，排灌机械、植保、收割、加工等较完整的农业机械体系。

2002—2010 年琼山区农业机械统计表

表 9-7-45

名称＼年份	2002		2003		2004		2005		2006		2007		2008		2009		2010	
农业机械总动力（千瓦）	145479		48887		50618		58251		61167		64399		90243		86234		97497	
各年机械拥有量	台	千瓦	台	千瓦	台	千瓦	台	千瓦	台	千瓦	台	千瓦	台	千瓦	台	千瓦	台	千瓦
大中型拖拉机	86	3555	100	3864	73	3442	88	4224	100	4928	105	5413	253	8285	171	3507	2432	46804
小型拖拉机	2786	27193	1051	10698	1140	11183	1442	13014	1214	13882	1299	16984	1336	11757	255	2252	293	2612
农用三轮运输车	1350	13584	1087	11496	1043	9388	1587	21575	1162	9986	1152	15392	1102	14723	826	7373	862	7694
农用四轮运输车	592	8127	476	5891	440	10161	481	11621	386	11053	304	7448	183	6894	185	6970	185	6970
农用排灌机械	2673	18049	1237	8499	2680	9496	3064	11357	3336	12009	3509	11611	3369	13600	3415	12976	3527	14566
农用植保机械	34	17	34	17	40	20	45	23	48	24	50	25	62	31	52	26	583	291
收获机械	4	93	8	136	41	1349	48	1618	62	2207	77	2720	80	2444	91	2730	95	2870
农田基本建设机械	80	7979	62	2746	64	2605	57	3041	61	3219	67	3555	68	3608	26	1706	27	1771
加工机械	1317	11857	512	5453	238	2950	292	3417	315	3480	341	4390	219	3763	97	3175	97	3251
农业机械原值（万元）	9478		4977		5558		6399		6833		7209		9378		10811		12718	

琼山区农业机械除了在该区作业外，还到海口市美兰区、龙华区、秀英区等地区作业，特别是红旗农机作业专业合作社还多次到定安、琼海、文昌等外市县作业。

2002—2010 年琼山区农机作业情况表

表 9–7–46

名称＼年份	2002	2003	2004	2005	2006	2007	2008	2009	2010
机耕（公顷）	646.3	431.9	536.1	577.6	664.4	745.8	1061.2	1210.7	1275.7
机收（公顷）	130.4	59.5	266.5	379.6	494.5	501.2	507.3	594.1	623.7
机灌 （公顷）	454.5	325.3	393.7	490.0	507.3	496.1	651.1	441.3	480.9
微耕机（台）	—	9	31	80	142	299	904	1450	1785
喷雾机（台）	—	34	38	38	38	77	86	98	1552
加工（吨）	114456	43999	45595	35523	34918	36173	31605	32158	33730
运输（万元）	2934	979	1248	1245	1377	1597	1808	6807	7865
总收入（万元）	5156	3342	3865	4428	4673	4953	4812	7368	9302

第四节　农机服务

一、农业机械培训

自 2003 年起，琼山区每年都举办 2~3 次农机培训班。在购买农机比较多的年份，参加人数增多，其中 2004 年参加人数 1560 人次、2007 年 860 人次、2008 年 1500 人次、2009 年 990 人次。

2003—2010 年琼山区农业机械培训情况统计表

表 9–7–47

年份	2003	2004	2005	2006	2007	2008	2009	2010
人次	225	1560	326	436	860	1550	990	328

二、农业机械技术推广

2002 年 3 月 15 日—18 日，琼山市组织 3 个农机生产厂家和 5 个农机经销公司举行农机新产品展销会，5 月下旬和 10 月下旬，还分别在旧州镇十千米田洋和美兰区三江镇南头田洋组织 4 次机耕、收割机现场作业演示会。

2003 年 6 月上旬，在红旗镇开展新式农机具作业演示会，柳琼公司、琼山农机公司、长城农机经销公司和红旗农机站组织机耕船、旋耕机、家用车以及抽水机等各种农机具进行现场作业演示；10 月 12 日，在府城三千米田洋组织 17 台水稻联合收割机以及 30 台新式农机具进行作业演示。

2004 年 5 月下旬和 12 月下旬，分别在旧州镇和红旗镇举行新式农机作业演示会，主要推广江苏沃得牌收割机、广东广联收割机和桂林灵风牌收割机。

2005 年 6 月下旬，在旧州九千米田洋组织 50 台耕作机械进行现场作业演示。

2006 年 5 月，在旧州镇红卫村委会举行农业机械现场作业演示会，共有 10 多机型拖拉机做现场作业演示。

2007 年 5 月，配合市农机办在灵山镇仙月仙洋举行 2007 年全省农机新机具推广暨购机补贴发放仪式，这是一次历来年规模最大内容最多的农机新机具、新技术展示会，机耕、起垅、打穴、小型耕整地、水稻穴点直播、水稻收获及设施农业等各种农业机械都做了现场展示和作业演示，有 10 多家农机生产厂家、经销商的农机产品参加展示。全省各市县农机部门领导和农机手以及干部群众 1600 多人参加现场会。

2008 年 5 月，在三门坡镇召开雄飞、汽牛微耕机为主要机型现场演示会进行推介，近 500 名农民参观现场演示。

2009 年 4 月 28 日，在府城镇五岳村委会五岳田洋组织新型微耕机现场作业演示会，组织雄飞 IZ–31、东风 QT–41、汽牛 IZ–41、白龙 QT–61、贵港 IZ–31 等 5 类机型 7 台机具进行现场作业演示；11 月 5 日和 12 月 8 日，分别在甲子镇昌西村委会昌西田洋和云龙镇榆林田洋组织以微耕机为主要机型的新式农机具进行作业演示，有 400 多名干部群众观摩现场作业。

2002—2010 年琼山区农业机械推广情况统计表

表 9–7–48

品种 年份	推广品种及数量	合计（台、件）
2002	中农机 –503 型、佳田 1450 型水稻联合收割机、广西桂花耕整机、江西机耕船 12 台、海南柳琼椰岛 130 拖拉机、微割机 3 台、各种新式农机具 126 台	141
2003	金鹿牌拖拉机 69 台、四轮农用车 24 台、微耕地面积机 2 台、机滚船 36 台	211
2004	江苏沃得牌收割机、广东广联收割机、桂林灵风牌收割机共 40 台、拖拉机 168 台、农用车 134 台，微割机 23 台、机耕船 54 艘、配套农机具 143 台（件）	570
2005	水稻联合收割机 4 台、拖拉机 38 台、农用车 36 台、耕整机 12 台、机耕船 4 台、灌溉机械 143 台、配套农机具 76 台（件）	320
2006	水稻联合收割机 19 台、拖拉机 128 台、农用车 76 台、耕整机 13 台、抽水机 193 台	429
2007	水稻联合收割机 28 台、拖拉机 238 台、耕整机 73 台、旋耕机 56 部、抽水机 173 台、农用车 43 辆	611
2008	拖拉机 275 台、耕整机 238 台、水稻联合收割机 69 台、农用车 116 台、抽水机 130 台、配套农机具 48 台（件）	876
2009	水稻联合收割机 22 台、拖拉机 236 台、微耕机 555 台、抽水机 80 台、农用车 32 辆	1242
2010	水稻联合收割机 4 台、拖拉机 461 台、微耕机 284 台、抽水机 115 台、机动喷雾器 1552 部	2647

三、农机抗旱救灾

2002 年初，琼山市发生干旱灾害，琼山市农机中心组织柴油机组 95 台，发电机组 80

台，拖拉机 680 台，抽水机 2500 台，水泵 720 台 / 件，水管 8000 米投入抗旱，抽水灌溉面积 9733.3 公顷。

2005 年，琼山区发生干旱灾害，全区共投入资金 268.7 万元，组织拖拉机 1441 台，抽水机 3039 台，农用运输车 962 台投入抗旱，灌溉面积 7600 公顷。

2010 年 10 月发生强降雨，琼山区各镇遭到严重的水涝灾害。全区共组织农机投入抗洪排涝、抢收、抢耕、抢种的农机具 2237 台，作业面积 11266 公顷，运输量 1560 万吨 / 千米。

四、农机销售网点和维修点

从 2003 年起，琼山区农机销售网点和维修点覆盖 8 个镇，每个镇设立农机服务站，农民购买农机和农机维修基本实现不出区。

2003—2010 年琼山区农机销售网点和维修点情况表

表 9–7–49

序号	乡镇	农机销售网点（个）	农机维修点（个）
1	云龙镇	2	2
2	红旗镇	3	3
3	旧州镇	1	3
4	甲子镇	1	4
5	龙塘镇	1	1
6	大坡镇	3	3
7	府城镇	3	3
8	三门坡镇	1	3
合计		15	22

第五节　农机安全生产

2002 年，琼山市农机中心组织 14 人下到各乡镇检查 16 个农机经销点，共查处劣质农机产品 13 件；受理投诉电话 49 人次，查处假劣商品 52 件；组织“115”农机手安全日活动和农机安全生产整治活动，同年 10—11 月，重点整治无牌行驶、无证驾驶、无年审的“三无”机车，进行田查路检 786 人次，查处违章操作机手 285 人次。

2003 年，全年核发行驶证 452 本、驾驶证 225 本，参加年审机车 704 台，占应年审机车 93%，驾驶员 716 人，占应年审驾驶员人数的 95%。创建红旗农业机械化示范村。

2004 年 6 月，开展农机安全月活动，开展田查路检 25 天，出动执法人员 350 人次，检查机车 580 台次，纠正违章操作机手 120 人次。核发行驶证 196 本，驾驶证 204 本。

2006 年，配合市农业局等部门在谭文墟举办“安全生产咨询宣传日”活动，张贴大、小字报 282 张，悬挂横幅 46 条，发放《农机操作手守则》1206 份，在 1263 台农用拖拉机上喷上“严禁农用机车载人”字样；开展农机安全生产大检查，发放《农用拖拉机报废通知书》678 份，限期检修保养机车 154 台，查处违章操作机手 165 人次。全区没有发生重大农机事故。

2007 年，开展农机安全生产隐患排查治理专项行动，对 122 台无牌机车和 135 无证驾驶员发出停止行驶和严禁驾驶通知书，并责成他们到有关部门办牌办证，消除农机事故隐患。

2008 年，配合市农机监理所开展农机安全大检查，在红旗镇查处农机安全隐患 8 起，教育违章操作机手 14 人次。

2009 年，在全区 59 个村委会配备 59 名农机协管员，形成区、镇、村三级农机安全生产管理网络。

2010 年，琼山区继续积极开展打击农用拖拉机违法改装加胎活动和农机安全隐患整治活动，查处违法改装加胎 17 台次，超载滥载违章操作行为 26 人次。

第六节　开展平安农机创建活动

2003 年，琼山区开展创建红旗农业机械化示范村。

2006 年，创建云龙镇云岭村委会、三门坡镇新德村委会“农业机械化示范村”和 29 个“农业机械化示范户”。

2007 年，创建三门坡镇新德村、红旗镇大门村、墨桥村三个“农业机械化示范村”。创建了“红旗镇农机平安示范镇”和 50 个农机安全示范户。在示范镇建立示范路牌 3 个，农机安全制度栏 30 块，农机安全宣传栏 4 个，路口及危险路段安全警示牌 35 处，提醒机车及行人注意交通安全。

2008 年，建设大坡、旧州两个“平安农机示范镇”。全区投入资金 8.5 万元，建设平安农机示范镇、村、户路牌 11 个，农机安全生产宣传栏 5 个，制作平安农机各种工作标准、制度、职责牌 23 块，平安农机示范户牌 130 块。

2009 年，建设三门坡“平安农机”示范镇。制作“示范镇”农机安全生产知识宣传栏 9 个，建制“平安农机”示范镇、村路牌 15 个，制作镇、村路口及中、小学门口等危险地段固定安全标语和警示标志 103 个，制作“平安农机”示范户标牌 110 块和“平安农机”示范镇、村管理制度、标准、农机手活动室牌匾 68 块。

2010 年，集资 7.1 万元创建云龙“平安农机”示范镇，云岭、云阁、长泰 3 个平安农机示范村和 30 个平安农机示范户。

第八章　农　场

第一节　东昌农场

位于琼山区东南部。东临海南橡胶研究所、文昌市南阳镇、国营中税热作场，南邻文昌市蓬莱镇、国营南阳农场，西依大坡镇、甲子镇，北接国营红明农场、东路农场，场部设在白石溪墟，距海口市主城区 65 千米。2010 年末，农场拥有土地面积 7397 公顷。其中，耕地面积 776 公顷，主要分布在农场的各个并场村队；园地面积 3897 公顷，其中橡胶 1830 公顷，胡椒 947 公顷，荔枝、龙眼 590.6 公顷，均分布在农场的 4 个作业区；居民点用地面积 1151 公顷，水域面积 22.06 公顷，分布于场部、各区队；纠纷地面积 140 公顷，主要分布在农场周边交界处。

2010 年，农场总部内设 16 个工作部门，7 个直属单位。全场有 4 个作业区，35 个生产队，总人口 12662 人，职工常住户 4285 户，在职职工 1202 人，干部 258 人，离退休职工 2917 人。

1952 年 2 月创办的海南文昌垦殖所，1954 年春更名为文昌垦殖场，1955 年 8 月更名为东昌垦殖场，1957 年初更名为东昌农场。1960 年 9 月，将文昌县境内的大昌和美文、南阳的地域划出，分别扩建东路农场、南阳农场和海南农垦橡胶研究所。东昌农场保留琼山境里的树德、赞统、白石溪、中税和加东岭的地域，并更名为国营大坡农场。1997 年，经海南农垦总局批准复名东昌农场。

东昌农场为玄武岩台地，土壤类型主要为玄武岩风化砖红壤土。矿藏主要以三水铝土矿和玄武岩居多，三水铝土矿经海南地质队勘测储藏约有 840 万吨。地势处于琼山东南部高丘地带，属缓坡丘陵区和平台地，除西南面的加东岭在海拔 151 米外，其余地区均在海拔 30~100 米之间，坡度 5 度左右。农场辖区地下水源丰富，白石溪河是流程最长的主河流，白石溪东 500 米处有一断崖，深 10 米、宽 20 米，溪水奔流至此直泻深潭形成瀑布，称“白石溪瀑布”，瀑布上游有一深洞，称“仙人洞”。

全场有人工水库 4 座，总蓄水量 153.47 万立方米，总灌溉面积 220 公顷。2010 年，投入 200 万元对三队水库进行水库的挡土墙、闸门、排洪道以及一座桥梁的维修建设，建设白石溪防洪河堤等水利基础设施，受益人口 5000 人。投入 220 万元对场部小城镇及 8 个基层生产队的职工饮水不安全设施进行改造，受益人口 3562 人。投入 300 万元建设公共设施，其中，农场机关居民点安装路灯 80 多盏，排水沟 5100 米，休闲健身器材 20 套，球场面积 2500 平米，绿化面积 1.63 万平方米，白石溪河护堤长 2200 米，改扩建医院面积

1000平方米，受益人口1.5万人。启动居民小区“雅昌花园”建设，共占地面积9万平方米，小区住户160户，在小区内新建商业一条街。2010年，投入资金35万元，建设海南农垦第一家综治维稳信访中心，被农垦总局评为综治工作先进单位。筹集资金86万元改建敬老院，是年农场敬老院获得“全国模范敬老院”称号。筹措80万元对东昌农贸市场改造，成立服务公司。至当年底，全场投入资金1.2亿元，完成职工保障性住房1458套。2010年，白石溪墟已设立邮政、信用社、税务所、电讯、五金电器、百货农资、陶瓷建材、烟酒副食、饮食服务、学校、保险等门类齐全的具有东到西长1.2千米宽30米的商业街，各类商铺125间。

东昌农场交通便利，场部距海榆东线大坡镇路段7千米，距海口市区65千米，距文昌市区18千米，道路四通八达。2003年后，兴建纵横交错的水泥道路8条。对白石溪墟2千米长的水泥大道进行全面扩建。2010年新建道路长109.59千米，其中海南农垦投资修建77.59千米，地方投资兴建约32千米，基本实现了全场硬板化道路队队通。

一、农场改革

2002年东昌农场确定为垦区第二批现代企业制度改革试点企业之一，2004年成立东昌分公司，加入海南省天然橡胶产业集团股份有限公司。2007年7月完成面积43.3公顷橡胶中小苗由职工家庭长期承包经营。2008年8月完成1333.3公顷开割胶园由632户职工家庭长期承包经营。

2008年6月，国务院下文同意海南农垦由海南省直接管理，社会职能移交地方政府。12月，农场完成社会保障移交地方工作。2009年8月，全面完成教育移交地方工作。2010年全部完成民政工作移交地方管理。

2010年，农场退出海胶集团公司，撤销原有机构，进行重组合并。开展“三清一控”工作，清理出多占用土地93.3公顷，通过清理劳力，减少30万元的社保费用支出。确保农场国有资产的保值增值，促进农场经济持续发展。

二、经济发展

东昌农场属国有中型农业企业，主要经营橡胶、胡椒和荔枝等经济作物。自2002年起，农场管理体制实行场、区、队三级管理，二级核算。根据实际发展热带农业的产业经营，发展第二、第三产业，发展民营经济、非公有制经济，在自营经济上采取“公司＋基地＋农户”的合作方式。2007年7月完成43.2公顷橡胶中小苗由职工家庭长期承包经营。2008年8月完成1333.3公顷开割胶园由632户职工家庭长期承包经营。2010年，成立海口东昌投资有限公司，以投资公司牵头拓展业务，寻找合作伙伴，筹资180万元启动农场农家乐建设；农场万国博览村旅游开发项目立项，开发面积65.3公顷；投入资金30万元与广东中医学院、海南中医院合作，发展林下经济，种植阳春砂仁。

农场在外延上实行多元化的投资方式，农场、职工、社会实行股份合作的形式共同投资1.3亿元发展胡椒、荔枝等高效农业，形成继橡胶后的新兴产业。东昌农场的自营经济成为海南农垦产业结构调整的“样板田”和示范区，特别是胡椒成为海南最大的胡椒生产基地。农产品连续五年通过海南省农业厅“无公害农产品”生产基地的质量认证，胡椒通过中国热带作物协会“农业科技示范基地”认证与中国果蔬专家委员会的“全国高产优质果蔬标准化基地”认证，荔枝生产通过农业部“绿色食品生产基地”认证（2009 年）。东昌科技 110 服务站（2010 年创建），被省科技厅科技 110 指挥中心列为省农垦科技 110 龙头服务站。

2010 年，农场生产总值 9808 万元，比上年增长 8.86%。与 2003 年的 4291 万元对比增长 128%。第一产业 7028 万元，其中种植业 4938 万元、养殖业 2090 万元。与 2003 年的 3245 万元对比增长 116%；第二产业 784 万元，与 2003 年的 206 万元对比增长 280%；第三产业 2065 万元。其中交通运输业 951 万元，批发和零售业 150 万元，餐饮业 95 万元，房地产折旧 116 万元，居民服务 607 万元，公共管理 77 万元，与 2003 年的 840 万元对比增长 137%。

2010 年农场主要作物生产情况统计表

表 9–8–50

作物名称	种植面积（公顷）	收获面积（公顷）	平均单产	总产（吨）	总收入（万元）
橡胶	1802.8	1539.9	2.0（公斤 / 株）	986	2424
胡椒	946.7	661.3	94（公斤 / 亩）	980	3724
荔枝	550.7	550.7	264（公斤 / 亩）	3205	2269
香蕉	103.3	73.3	2250（公斤 / 亩）	2475	445
槟榔	70.5	41.3	42（公斤 / 亩）	25	18
瓜菜	128.7	128.7	1085（公斤 / 亩）	2094	502

三、社会事业

2003—2010 年，农场教育事业共投入 220 多万元，维修改造东昌农场中学学生宿舍楼，新建学生宿舍楼 1 栋，球场 3 个。2009 年东昌农场中学和东昌农场小学合并，更名为东昌学校，有教职工 93 人，在校学生 1012 人，适龄儿童入学率 100%，全面普及九年义务教育。

2006—2010 年，投入资金 230 多万元，新建东昌医院门诊综合楼 1 栋，购置医疗设备一批，解决农场职工的看病难问题。2010 年，农场享受从业人员医疗保险人员 1219 人，享受城镇居民医疗保险人员 6498 人，医保覆盖率 98%，儿童免疫率 100%，各种传染病、禽流感、甲型流感等重大疫病防控率 100%。

2010 年，东昌农场设有东昌医院 1 家、防疫站 1 个、连队卫生所 6 间。

第二节　红明农场

位于琼山区东南部。场区东邻文昌市东路农场，西连琼山区三门坡镇，南接琼山区东昌农场，北至琼山区云龙镇。场部设在三门坡墟西北2千米处，距海口市琼山区府城镇42千米。2010年，农场土地面积9733.3公顷，其中耕地1343公顷，坡地8390.3公顷。辖3个基层作业区、19个生产队、1个场部工建居委会；总人口20080人，其中职工1103人。

1952年3月成立琼山垦殖所。同年5月撤消琼山垦殖所，成立琼山垦殖场。1956年6月改称国营东山农场。1959年7月与海南行政公署农业处在三门坡建立的红明农场合并组成三门坡农场。1977年1月改称广东省国营红明农场。1988年4月改称海南省国营红明农场。隶属海南省农垦总局，属全民所有制农业企业。2005年6月，实行企业内部政企分开，农场和海胶集团红明基地分公司分设领导机构。农场设党办、行政办、纪审办、自营办、工会、劳动社保科、国土科、发改科、财务科。基地分公司设基地办、人力资源部、经管部、生产部、物资供应部、财务结算部。农场实行两块牌子一套班子，即一个党委，场长兼任公司经理。2010年内设机构：（1）党群工作机构：党委办公室、工会（团委）、纪审监办公室；（2）综合管理机构：国土资源科、发改科、社保科、项目开发办公室、自营经济办公室、行政办公室、人武部、信访室；（3）社区管理机构：计生办公室、派出所。同时，撤销基层作业区和生产队，设立4个居民委员会，辖14个居民小组，设3个农管区工作站，保留原场部工建居委会。

该场属玄武岩台地，适宜机耕作业。土质多为砖红壤，土层深厚，有机质含量较高。有地面河流一条，水库2座，山塘7个，总蓄水量2056万立方米，实际灌溉面积8500亩。

红明农场距东线高铁海口东站43千米、海南高速公路仙沟出入口28千米。223国道贯穿场区南北，交通十分便捷。

2005年，农场全面完成电网改造工程。2009年，农场政企分开后，更加注重民生工程建设。至2010年，建设硬板化道路长46千米，完成居民点安全饮水改造工程69个。按照“农场补贴，职工集资，统一规划，统一施工，统一物业”办法，建成场部商住楼3幢36套，6个小区110幢276套职工住宅楼，改造建设职工住房1410套。2002—2010年，建设文明生产队21个，占主要居民点的46.7%。2004年，47队被评为全国文明生态村创建工作先进单位，场部被评为海南省垦区“文明小城镇”创建工作先进单位。

一、农场改革

2004年，场办二级企业实行民营化改造，二级企业与农场脱钩，打破吃“橡胶头”大锅饭的被动局面。先后撤销水果公司、花卉公司和工建公司、供销商贸公司，招待所与农场脱钩，自主经营，自负盈亏；中心幼儿园改场办为民办。2005年6月，实行企业内部政企分开，农场和海胶集团红明基地分公司分设领导机构，农场实行两块牌子一套班子，即一个党委，场长兼任公司经理。农场机关各部门负责非胶产业，公司机关各部门负责橡胶产业，农场其他事务仍须协力共管。

2008年1月1日起，海南农垦由“省部共管，以省为主”调整为海南省人民政府全面管理。同年9月，为了贯彻落实国务院及海南省委、省政府关于海南农垦管理体制改革的要求，按照“体制融入地方，管理融入社会，经济融入市场”的思路，启动了农场与基地分公司的完全分离工作。整理划清了双方在人员、资产、费用、机构与业务上的边界，理顺两者的关系，推进实现海胶集团上市目标。同时，农场和基地分公司分别成立党委，各管各的党务；组建农场社区管理委员会，在农场领导下开展工作，行使农场承担的政府社会职能。2010 年 1 月，成立“海口市红明投资有限公司”。至此，农场一分为三：农场（土地 6333.3 公顷）、海胶集团红明基地分公司（土地 2578 公顷）、海口红明投资有限公司（土地 880 公顷）。农场担负管理职工自营经济、林下经济以及民生工程，发展重组农场经济等工作职能。

2009 年 1 月，农场职工社会保障业务（养老、医疗、工伤、失业、生育保险）移交地方；6 月，农场中小学教育职能移交地方；2010 年 8 月，农场民政事务移交地方。

二、经济发展

1998 年起，红明农场致力于产业结构调整，腾出老胶园、低产胶园面积 1333.3 公顷，改种荔枝、胡椒、花卉。至 2002 年，以“妃子笑”为主打品种的荔枝种植面积发展到 1246.7 公顷，有 533.3 公顷投产，产果 92 万公斤，产值 645 万元。2004 年，农场的荔枝产品通过了农业部“无公害农产品认证”。2009—2010 年，建成荔枝标准化基地 145.5 公顷。2009 年 11 月，荔枝“红明红”商标成功注册。2010 年，荔枝、胡椒、花卉已成为农场新的三大支柱产业。荔枝发展到 1400 公顷，胡椒 261.3 公顷，花卉 80 公顷，由职工租用农场土地，自费经营，自负盈亏。销售荔枝 1000 多万公斤，产值 8000 多万元，纯收入 5000 多万元；花卉产值近 1000 万元。胡椒销售 75 万公斤，产值 2000 万元。农场征收地租 400 多万元。职工户均自营种植收入 3.47 万元。

2010 年，该场实现国内生产总值 1.86 亿元，其中第一产业 14524 万元、第二产业 1813 万元、第三产业 2348 万元。分别比 2003 年增加 9929 万元、748 万元、2360 万元；职工劳均纯收入 1.98 万元，比 2003 年人均劳均纯收入多 0.73 万元。人均居住面积 21.98 平方米。

三、社会事业

设有红明中学 1 所，教职工 33 人，在校生 456 人；小学有红明小学、东山小学、坑仔小学、红星小学、谭田小学、美昌小学、文岭小学 7 间，教职工 108 人，在校生 1320 人，适龄儿童入学率、巩固率 100%，全面普及九年义务教育。

2010 年设有红明农场医院 1 家，医务人员 32 人，负责全场防病防疫及治疗工作。2003—2010 年，该场未发生重大疫情。2010 年末全场职工人数 744 人，其中在岗 140 人、内退人员 218 人、在册无岗人员 386 人，全场职工共交社保费 585.11 万元，农场负担社保费 199.73 万元，其中农场负担在岗职工社保费 61.55 万元，内退人员 128.97 万元。140 人主动申请停保，3 人死亡，5 名气象人员转交地方管理，正常退休 211 人。全场职工共交医保费 151.88 万元。

第三节　中税热带作物场

总场位于琼山区东南部。东邻文昌市，南与国营东昌农场接壤，西至三门坡镇，北接大坡镇，分场设在云龙镇西南部的岭脚村委会。场部设在大坡镇中税（革命老区），距海口市区 71 千米。土地总面积为 371.6 公顷，集体所有制土地面积约 86.7 公顷（场带薛村队）。全场总人口 1600 人，在册干部职工 413 人，其中在职在岗干部职工 166 人。2010 年，海口中税热带作物场设 6 个连队、2 个厂、1 个场带队。即中税一、中税二、中税三队、合龙队、门板队、薛村队（场带队）、橡胶加工厂、茶厂（现乳鸽养殖场）。岭脚一队、岭脚二队，位于云龙镇长泰村委会，原称岭脚甘蔗场，于 1973 年并入中税热带作物场。

1968—1973 年，该场为琼山县“五七”干校，1973 年后撤销“五七”干校云龙岭脚甘蔗场，合并成立为地方国营琼山县中税热带作物场。行政上领导薛村生产队（场带队）。

海口中税热作场基础设施不完善，2008 年前农场道路均是土路，2008—2010 年政府修建乡村道路，农场水泥硬化道路约 14 千米；农场区域内没有水利设施，靠雨水灌溉。交通上每天有 2 班次客车往返县城，解决职工出行交通难问题，供电供水纳入地方管理。

一、农场改革

2003—2007 年，该场实行“五统一”（统一种植、统一管理、统一投入、统一支配、统一销售）联产承包制，2008 年起进行体制改革，由“五统”转为“五分”（分散种植、分散经营、分散投入、分散销售、分散支配）的管理体制，以每年上缴土地租金的方式进行管理。

1995 年中税一队、1996 年岭脚一队分别发包给公司承包经营，承包期限为 40 年，面积 1581 亩。

从 2003 年起，农场实行承包责任制，由职工组建家庭式小农场。场带队薛村队保持农村性质，承包到户，一定 30 年不变。

二、经济发展

2010 年，全场拥有固定资产 5912.5 万元，种植胡椒面积 33.3 公顷 8.8 万株（职工个人资产），其中投产 5.8 万株；新定植胶 156.7 公顷 6.5 万多株（职工个人投资），已投产 2 万株，2010 年全场产干胶 5 吨左右。新种槟榔 700 株，椰子 300 株，还创办一个乳鸽养殖场，养殖乳鸽 2500 对，年产乳鸽 25000 只，年产值约 25 万元。全场实现生产总值 240 万元，其中第一产业 140 万元，第二产业 60 万元，第三产业 40 万元，职工人年均收入 9600 元。

三、社会事业

2010 年，全场在职干部、职工 630 人均参加社会养老保险和工伤保险，全场职工参加社保和医保率 90%。离退休干部职工 135 人分别退居广东、海南各地区。

农场不设学校和医院，附近就学和就医。2010 年全场儿学入学率 100%，全面普及九年义务教育。

第四节　海南省岭脚热带作物场

海南省岭脚热带作物场，位于海口市琼山区云龙镇，距海口市城区 28 千米，距美兰国际机场 11 千米，东靠国道 223 线，北靠海云定线，具有良好的区位优势。始建于 1952 年 10 月，时称“国营岭脚农场”，1988 年升格为“海南省岭脚热带作物场”，是一家集热带作物场开发、推广应用和生产经营一体化的省属国有农业企业。

海南省岭脚热带作物场，设总经理室、工会、党办、行政部、经营管理部、发展规划部、人力资源部、计划财务部、安保部、物业管理部和农村工作管理委员会等部室。至 2010 年，在职人数 66 人，实际在岗 54 人，待岗 12 人。在岗人员中硕士学历 1 人，本科学历 6 人，大专学历 9 人。在岗人员年龄 50 岁以上 18 人，41~50 岁的 15 人，31~40 岁的 15 人，30 岁及以下 6 人。全场有户籍人口 2150 人（包括代管 4 个自然村），常驻人口 2150 人。土地总面积 448.9 公顷，已全部确权并领取了国有土地使用证。农场代管 4 个自然村土地面积 170.7 公顷。

2010 年，该农场党委设 7 名委员（其中党委书记、副书记、纪委书记各 1 名），党委下设机关、橡胶管理中心、社区、离退休、农村 5 个党支部，共有党员 164 名。2010 年，该场经营项目有橡胶、胡椒、椰子、槟榔、杨桃、花卉、绿化苗木、散尾葵等上百个品种，是琼北地区热作物品类较多的农业企业之一。散尾葵切片是该场高效花卉产业的主打产品，已有 20 多年的种植历史。2010 年种植面积 186.7公顷，农村 55.3 公顷，年产叶片 1.1 亿片，产品销往国内的大、中城市如北京、上海、沈阳、大连、重庆、成都、杭州、广州等地，年产值 2940 万元。

2009 年 8 月 21 日，“岭脚”牌散尾葵切叶商标获国家工商总局注册。

2010 年，农场植被覆盖率 80%。设立的橡胶果粒加工项目同年产值 300 多万元，木材加工项目同年产值 200 多万元。经过多次反复研究和实地考察，最终确定白花油菜项目为新兴产业，现已种植油菜 43.3 公顷。以场代管（即“以场带队”）的岭下村、叨软村、永群村、叨创村 4 个自然村，在发展定位、生产规划、经营管理和财务建账等方面，都实行独立自主、自行操作、自主经营。该农场在农业生产技术、市场信息、农村基础设施等方面给予大力扶持和支持，增加农民收入。2010 年，以“以场带队”4 个自然村，农村人均收入 6958 元。

第十编
工业 商贸 旅游业

第一章　工　业

第一节　发展沿革

工业是琼山区的经济支柱之一，也是财政收入的主要来源。琼山工业历史悠久，早在北宋年间“龙塘盆钵”饮誉海内外，陶瓷业相当发达。1955年底，海南行政区第一家日榨甘蔗500吨的机制糖厂于龙塘镇建成投产，并相继建起龙塘陶瓷厂、潭口电厂、琼山造纸厂、琼山氮肥厂，成为20世纪60年代琼山辖区南渡江西岸新兴工业产业带，也是当时海南行政区龙头工业企业群，在当时广东省工业发展史上有一定地位。

1978年改革开放以来，琼山工业取得跨越式发展，2002年，原琼山市工业总产值26.18亿元。2003年，海口行政区划调整后，按区域划分，桂林洋工业开发区、江东工业组团从原琼山市区域划转美兰区，狮子岭开发区划转海口高新区，造成琼山工业规模大幅下滑，全区工业企业个数750家，其中法人企业单位77家，规模以上工业企业32家，规模以下工业企业718家，个体工业户673家，工业从业人员13137人，工业总产值14.82亿元。为了解决海口区划调整后琼山工业“短腿”问题，琼山区于2008年创办了云龙产业园区，吸引海南红塔卷烟异地技改项目落地。该项目第一期计划投入13.5亿元，设计年产量30万箱，建成投产后年可上缴税利13.5亿元，海南共享钢结构有限公司的钢结构等项目入园动工建设。在卷烟、机械制造、食品、包装、选矿、制糖等支柱产业强劲拉动下，2010年全区工业总产值29.02亿元。

云龙红塔卷烟厂(云龙产业园初具规模)　　(云龙镇供稿　摄于2010年3月20日)

2003—2010 年琼山区工业总产值一览表

表 10–1–1　　　　单位：万元

年　度	2003	2004	2005	2006	2007	2008	2009	2010
总　计	148244	154505	161260	189750	217524	226081	250634	290200
其中：法人工业企业	117386	135346	140924	164605	188630	193337	215917	254041
个体工业户	30858	19159	20336	25145	28894	32744	34717	36208
规模以上工业	106910	124533	130510	153029	176212	180514	203664	240351
规模以下工业	41334	29972	30750	36721	41312	45567	46970	49898

第二节　工业经济结构与运行

2003 年，以烟草制造业为龙头的规模以上工业企业 32 家，工业总产值 10.69 亿元；规模以下工业企业 718 家，工业总产值 4.13 亿元，全区工业总产值 14.82 亿元，处于建区后稳定发展状态。2006 年，规模以上工业企业 27 家，工业总产值 15.30 亿元；规模以下工业企业 792 家，工业总产值 3.67 亿元，全区工业总产值 18.98 亿元，规模以上企业虽然减少 5 家，全区工业经济仍走入稳中求升通道。到 2010 年，全区工业经济步入高位运行通道，规模以上工业企业 15 家，工业总产值 24.04 亿元；规模以下工业企业 1066 家，工业总产值 4.99 亿元，全区工业总产值 29.02 亿元，比 2003 年增加近一倍。

2003–2010 年琼山区工业企业单位数量变化一览表

表 10–1–2　　　　单位：个

年度	2003	2004	2005	2006	2007	2008	2009	2010
总　计	750	851	850	819	880	1050	1045	1081
其中：法人工业企业	77	133	123	125	115	115	115	114
个体工业户	673	718	727	694	765	935	930	967
规模以上工业	32	30	29	27	19	19	16	15
规模以下工业	718	821	821	792	861	1031	1029	1066

2003–2010 年琼山区工业企业从业人员数量变化一览表

表 10–1–3　　　　单位：人

年　度	2003	2004	2005	2006	2007	2008	2009	2010
总　计	13137	13175	13833	13517	13210	12946	12898	12892
其中：法人工业企业	7233	6898	7089	6896	6519	6128	5880	5825
个体工业户	5904	6277	6744	6621	6691	6818	7018	7067
规模以上工业	6429	5012	5187	5170	4597	4203	3950	3762
规模以下工业	6708	8163	8646	8347	8613	8743	8948	2063

第三节　主要行业

2003—2010 年，琼山工业主要行业有烟草制造业、饲料加工业、选矿业、混凝土制造业、椰果制造业、包装制造业、保健品制造业、自来水供应业、制糖业、陶瓷业、服装业等。在上述行业中，烟草制造业一直处于龙头地位。2003 年，琼山区规模以上工业企业总产值 10.69 亿元；2007 年，实现规模以上工业企业总产值达 17.62 亿元，比 2003 年增加 7.03 亿元；2010 年烟草制造业总产值达 13.63 亿元，占琼山规模以上工业企业总产值 57.6%，排行第一。饲料加工业强劲增长，2010 年总产值达到 4.01 亿元，排行第二。选矿业平稳发展，2010 年总产值达到 2.56 亿元，排行第三。混凝土制造业大幅增长，2010 年总产值 1.25 亿元，比 2009 年增长 158.86%。糖果制造业总产值 7546 万元，比 2009 年增长 12.8%。包装制造业总产值 5370 万元，同比增长 27.8%。制糖业、自来水供应业都保持增长态势。

2003—2010 年规模以上工业企业分行业总产值

表 10-1-4　　单位：万元

年度	2003	2004	2005	2006	2007	2008	2009	2010
规模以上工业企业总产值合计	106910	124533	131593	153029	176212	180514	203664	240351
主要行业	—	—	—	—	—	—	—	—
1. 烟草制造业	43107	51722	53392	71392	83391	104544	114707	136346
2. 饲料加工业	13670	23021	24129	21156	22401	28368	35144	40088
3. 选矿业	2647	2501	6548	9979	17499	21097	25703	25646
4. 混凝土制造业	—	—	—	—	—	—	4814	12462
5. 椰果制造业	891	1330	1226	1640	3036	5544	6265	7546
6. 包装制造业	4591	6836	4825	6755	7207	7477	3876	5370
7. 保健品制造业	3120	2743	2375	2455	2059	2283	2238	2090
8. 自来水供应业	1405	1326	1437	1514	1654	2361	2764	3255
9. 制糖业	3550	4710	2132	1349	2386	1913	2016	2305

第四节　主要企业

2010 年，琼山区规模以上工业企业 15 家、按所有制分有国有控股企业、私营股份制企业、国有企业、外资独资企业、台商独资企业。

琼山区规模以上企业主要分布在府城、龙塘、云龙、甲子、三门坡等镇。按行业分有烟草制品业、饲料加工业、金属矿采选业、包装业、保健品、食品等行业。

从琼山区规模以上企业财务状况来看，2004 年利润总额 1.55 亿元，应缴所得税 1.39 亿元。2006 年利润总额 4.04 亿元，应缴所得税 1.29 亿元；2009 年利润总额 1.25 亿元，利税总额 7.25 亿元）（新统计口径）；2010 年利润总额 1.13 亿元，利税总额 8.54 亿元，工业收入支撑琼山财政收入 60%以上。

2010 年琼山区规模以上工业企业名录

表 10–1–5

序号	单位名称	经济类型	行业类别	所在镇
1	海南红塔卷烟有限责任公司	国有控股企业	烟草制品业	府城镇
2	海南青牧原实业有限公司	私营股份制企业	饲料加工业	府城镇
3	海南文盛矿业有限公司	私营股份制企业	金属矿采选业	府城镇
4	海南万达包装制造有限公司	泰国独资企业	包装业	府城镇
5	海南爱迪生微藻有限公司	日本独资企业	保健品制业	甲子镇
6	海口市琼山自来水总公司	国有企业	水的生产和供应业	府城镇
7	海南宝岛实业公司	国有控股企业	包装业	府城镇
8	海南南国食品实业有限公司	私营股份制企业	食品制造业	府城镇
9	海口富汇糖业有限公司（龙塘糖厂）	私营股份制企业	农副食品加工业	龙塘镇
10	海南双鑫龙工贸有限公司	私营股份制企业	海性碳加工	甲子镇
11	海南台圆木器实业有限公司	台商独资企业	木材加工业	三门坡镇
12	海南佳腾化工有限公司（省电石厂）	国有企业	化学制品业	府城镇
13	海南省电力线路器材厂	国有企业	水泥制品业	龙塘镇
14	海口市南渡江引水枢纽管理处	国有企业	水力发电业	龙塘镇
15	海口海岛混凝土有限责任公司	有限责任企业	混凝土制造业	府城镇

附：海南卷烟厂

海南卷烟厂的前身是 1978 年 9 月创办的琼山卷烟厂。原厂址在尚书街的一座祖庙里，总面积仅 600 余平方米，初期有固定资产 20.7 万元，干部职工 28 人。以手工操作为主，年生产香烟 1000 箱，产品有天涯、金椰、灵芝牌香烟。1983 年 4 月 4 日，国务院批准琼山卷烟厂正式列入国家统一管理，并批准为加快海南开发建设的重点项目。同年 10 月至 1984 年 4 月，国家前后两次投资 1103 万元，将该厂迁转到原琼山县汽车修理厂址（今振兴路）扩建，并从英国引进两条卷接包生产线，1985 年 10 月 15 日正式试机投产，年生产能力为 3 万箱。1984 年 9 月，琼山卷烟厂同云南省玉溪、昆明两家卷烟厂签订联营生产“恭贺新禧”“阿诗玛”“红梅”等 3 种香烟合同。1985 年试产后不久，因海南汽车事件影响，进口先进设备被国家严格控制，联营项目的一些条件不能实现。同年 12 月，双方联营合同终止，琼山卷烟厂转为独立经营。1988 年，琼山卷烟厂改为海南琼州烟厂，移交海南省烟草公司管理，当年有固定资产1078万元，干部职工305人。1989年改为海南卷烟厂。同年，国家烟草专卖局、中国烟草总公司批准海南卷烟厂扩建到年产30万大箱的生产规模，6月1日扩建工程破土动工，第一期工程投资1.6亿元，包括征用土地面积7.864万平方米，建造1.9万平方米车间办公综合大楼，引进意大利科马斯（COMAS）公司300KB/H制丝生产线（配套西德豪霓公司切丝机，香港保德公司辅联设备和张家口通用机械厂贮丝柜），建造锅炉及卷接车间机房设备等。

海南卷烟厂有11个科室和制丝、高烟、卷接包、动力4个生产车间，占地面积12.65公顷。1990年，拥有固定资产4611.1万元，有干部职工2910人，其中大中专文化程度135人，专业技术职称63人。年实际生产能力为7万大箱，主要产品有烤烟型“宝岛”“双吉”，混合型“金福”“客来乐”“丽人”等。1978—1990年，海南卷烟厂累计生产各种香烟225810箱，创工业总产值32938.1万元，盈亏相抵后，纯利润453.73万元，上缴税金14904.72万元。

1990年后，海南卷烟厂发展迅速，成为琼山的主要税源，上缴税金一直占全区近6成。2002年3月，海南卷烟厂和云南红塔卷烟有限责任公司联营，组建国有控股公司，改名为海南红塔卷烟有限责任公司，生产“椰王”“红塔山”等品牌香烟。2004年，按照国家烟草专卖局关于组织机构调整的要求，海南省烟草公司所持股份上划中国烟草实业发展中心管理，股份分别为红塔集团和中国烟草实业发展中心持有，红塔集团控股51%，中国烟草实业发展中心占股49%。2010年，生产卷烟17.5万箱，实现工业总产值13.63亿元，比1990年增加4倍。销售卷烟17.3万箱，销售收入13.43亿元，实现税利8.24亿元，其中税金7.21亿元。2002—2010年，上缴税金34亿元，成为海南省“纳税大户”“功勋企业”“诚信企业”。

自1988年国家烟草专卖局、中国烟草总公司批准海南卷烟厂年产30万大箱规模后，由于受场地和设备限制，没有达到生产规模，制约重组后海南红塔卷烟有限责任公司的发展。2009年，国家烟专卖局、中国烟草总公司批准该厂异地技改。计划投资13亿元异地技改项目在云龙产业园区动工建设，投产后将达到30万箱生产规模，年可上缴利税13.5亿元。

第五节　主要工业产品产量与名优品牌

琼山区主要工业产品有机制糖、配混合饲料、卷烟、螺旋藻粉、水力发电量、自来水销售量、非金属矿等。

2010年，由于农业产业结构调整，制糖原料甘蔗逐年减少，海口龙塘糖厂和海口甲子糖厂两家企业榨季产糖2574吨，比2009年减产近一倍。混合饲料年产13.75吨，减产

11.5%；卷烟制造业年产卷烟875000万支，同比增长5%；螺旋藻年产310吨，产量持平；自来水销售量1896万吨，同比增长19.7%；非金属矿年产量7.472万吨，同比增长2.7%。

1987年，龙塘糖厂生产的"琼花"牌一级白砂糖获广东省工商行政管理局授予著名商标。

2002年后，获得海南省工商行政管理局授予著名商标的企业有如下5家：

海南红塔卷烟有限责任公司："红塔"牌椰王、红塔山牌等卷烟。

海南爱迪生微藻有限公司："爱迪生"牌螺旋藻保健品。

海南万达包装制造有限公司："万达"牌系列包装制品。

海南南国食品实业有限公司："南国"牌速溶咖啡、速溶椰子粉、糖果、调味品等。

海南青牧原实业有限公司："青牧"牌系列饲料。

在民间手工业产品品牌，主要有龙塘服装、龙塘木雕、龙塘瓷器等畅销海内外市场产品。龙塘服装远销俄罗斯、韩国、泰国、马来西亚、中国香港等国家和地区，龙塘木雕供不应求，龙塘瓷器畅销省内市场和广东省湛江地区，其中风炉仍是农村地区和城镇小餐馆主要燃具之一，备受消费者青睐，市场供不应求。

2003—2010年琼山区主要工业产品产量一览表

表10-1-6

序号	工业产品名称	单位	2003年	2004年	2005年	2006年	2007年	2008年	2009年	2010年
1	机制糖	吨	14682	13822	7804	3949	6658	5883	4389	2574
2	配混合饲料	吨	98461	102071	114504	101112	96288	106442	144137	137534
3	卷烟	万支	590000	590000	590000	655146	715000	771622	824999	875000
4	螺旋藻粉	吨	322	382	340	343	317	316	311	310
5	售电量	万千瓦小时	35666	40735	44805	51465	55835	—	—	—
6	水力发电量	万千瓦小时	624	672	898	1966	2220	2486	3070	2144
7	自来水销售量	万吨	1132	1025	1067	1124	1210	1405	1662	1896
8	非金属矿	吨	—	—	—	—	—	56950	72259	74715

第六节　镇（街道）工业

2003年，全区微型企业、个体工业户共有673家。其中，龙塘镇276家、府城镇157家，其余分布于云龙、红旗、三门坡、大坡、甲子、旧州等镇及国兴街道办，上述6个镇及国兴街道办都有50家左右。府城镇和龙塘镇是琼山区个体工业户发展比较密集的区域。2010年，府城镇373家，龙塘镇306家。镇（街道）工业企业主要从事服装加工、木材加工、家具制造、食品加工、电器配件。

2003—2010 年琼山区各镇、街道工业从业户数一览表

表 10–1–7　　　　单位：个

年份 名称	2003	2004	2005	2006	2007	2008	2009	2010
合 计	673	718	727	694	765	935	930	967
府城镇	157	212	216	203	283	363	364	373
龙塘镇	276	269	270	243	235	300	300	306
云龙镇	31	39	39	39	38	38	39	40
红旗镇	33	33	35	36	36	54	54	53
三门坡镇	37	38	45	46	46	45	43	42
大坡镇	26	26	22	22	22	22	22	21
甲子镇	23	23	32	34	40	46	50	50
旧州镇	46	46	46	46	46	30	30	30
国兴街道	44	32	22	25	19	37	28	49

2003—2010 年琼山区各镇、街道工业从业人数一览表

表 10–1–8　　　　单位：人

年份 名称	2003 年	2004 年	2005 年	2006 年	2007 年	2008 年	2009 年	2010 年
合 计	5904	6451	6744	6621	6691	6818	7018	7067
府城镇	1524	1725	1768	1746	1759	1772	1772	1816
龙塘镇	3134	3387	3607	3565	3570	3570	3798	3769
云龙镇	178	320	322	325	329	347	352	365
红旗镇	257	258	266	272	274	276	278	279
三门坡镇	126	136	263	267	268	259	260	262
大坡镇	77	77	65	65	65	65	65	71
甲子镇	196	197	172	126	179	230	230	224
旧州镇	141	146	146	146	146	84	90	90
国兴街道	271	210	135	109	101	215	173	191

2003 年，全区乡镇工业总产值 2.77 亿元，其中龙塘镇 1.7 亿元，占全区乡镇工业总产值 61.62%；府城镇 5828 万元，占 32.87%；云龙镇 1333 万元，占 4.81%；红旗镇 1197 万元，占 4.32%。至 2010 年，全区乡镇工业总产值 3.7 亿元，其中龙塘镇 2.19 亿元，占全区乡镇总产值的 68.72%；府城镇 6796 万元，占第二位；三门坡镇 2042 万元，居第三位；云龙镇 2039 万元，居第四位；红旗镇 2005 万元，居第五位。

2003—2010 年琼山区各镇、街道工业总产值（当年价）一览表

表 10–1–9 单位：万元

年份 名称	2003	2004	2005	2006	2007	2008	2009	2010
合 计	27731	30698	31953	33690	35229	35436	35643	37014
府城镇	5828	6527	7126	7538	7803	7298	6745	6796
龙塘镇	17088	18053	18684	19618	20500	20550	21013	21938
云龙镇	1333	1397	1452	1496	1526	1754	1768	2039
红旗镇	1197	1344	1505	1650	1750	1855	1966	2005
三门坡镇	604	1658	1622	1736	1906	1963	2002	2042
大坡镇	88	92	97	102	107	115	125	136
甲子镇	944	961	992	1035	1086	1177	1253	1275
旧州镇	49	126	144	154	162	195	199	199
国兴街道	600	540	331	361	389	529	572	589

第二章 商 贸

第一节 商品批发零售业

2003—2010 年，琼山区商业着力发展现代服务业，打造凤翔路、龙昆南路、红城湖路、中山路、高登街、海府路等餐饮、休闲娱乐及购物一条街，引进家乐福、春源等大型超市，不断增加消费网点。发挥南北水果批发市场、金鹿灯具批发市场、塔光陶瓷城及农副产品等专业市场的作用，奠定府城商贸物流中心的地位。商业企业从 2003 年的 346 家发展至 2010 年的 701 家，从业人员从 2003 年的 3490 人，增加至 2010 年的 5358 人，社会消费零售总额从 2003 年的 10.27 亿元发展至 2010 年的 27.87 亿元。

2003—2010 年琼山区社会消费品零售总额一览表

表 10-2-10　　单元：万元

年度	2003	2004	2005	2006	2007	2008	2009	2010
社会消费品零售总额	102669	119199	133622	150975	170710	200835	236126	278746
按行业分								
1. 批发零售贸易业	70241	83431	90402	105117	120583	144575	173315	246291
限额以上		8252	3557	6549	11747	29729	47014	
限额以下		75179	86845	98568	108836	114846	126301	
2. 住宿和餐饮业	24079	26367	29530	31078	34202	39415	45002	32455
限额以上		3086	2101	2535	4402	6299	7024	
限额以下		23281	27429	28543	29800	33116	37978	
3. 其他	8349	9401	13690	14780	15925	16845	17809	

2003—2010 年批发零售业法人单位及从业人员统计表

表 10-2-11

年度	全部法人		其中企业法人单位
	单位（个）	从业人员（人）	在岗职工（人）
2003	346	3490	1709
2004	225	3054	1100
2005	311	3735	981
2006	388	4054	1180
2007	526	4818	1267
2008	463	3932	1081
2009	587	4395	1129
2010	701	5358	5358

说明：在岗职工指国有单位、城镇集体单位、其他经济单位及附属机构、并由单位支付劳动报酬的人员，不包括个体户

2003 年，批发零售企业单位职工工资总额 8892 万元，2004 年、2005 年略有下降，2006 年后逐步上升，至 2010 年达 65436 万元。

从平均工资看，各类经济单位在岗职工属提升趋势，其中国有单位在岗职工提升幅度较大。

2003—2010 年批发零售业职工工资总额及平均工资统计表

表 10–2–13

年度	全区合计		国有单位		城镇集体单位		其他经济单位	
	工资总额（万元）	平均工资（元）	工资总额（万元）	平均工资（元）	工资总额（万元）	平均工资（元）	工资总额（万元）	平均工资（元）
2003	8890	5032	6399	5368	1280	3009	1211	8128
2004	7570	6882	4792	6996	1539	5325	1239	9833
2005	8073	8066	5180	8766	1845	6406	1048	8590
2006	12768	10822	4811	7978	2101	7424	5856	19986
2007	22831	9843	13720	23176	2294	7803	6817	18276
2008	14618	12938	2657	12358	3178	8977	8783	16698
2009	37202	10323	27628	60323	2012	6288	7562	16917
2010	65436	11653	33224	74998	2986	9245	29226	34505

第二节 饮食服务业

2002 年 10 月 16 日，海口行政区划调整后，琼山区住宿和餐饮业发展较快，至 2010 年，全区住宿和餐饮业 1235 家，从业人员 7245 人、主要集中在城区、各墟镇及南渡江西岸地带。美食一条街主要设在中山南路、龙昆南路、红城湖路、高登东街。较著名的酒店有明光海航国际大酒店、丽华酒店、龙泉酒楼、宗恒楼、天福苑、富源园、金昌酒楼、怡和园等。住宿和餐饮业已经成为琼山区税源经济的支撑点和解决社会就业的主渠道。

2003—2010 年住宿和餐饮业法人单位及从业人员统计表

表 10–2–14

年度	全部法人	
	单位（个）	从业人员（人）
2003	—	686
2004	33	1275
2005	35	1300
2006	35	1251
2007	41	1331
2008	31	1046
2009	37	1181
2010	51	2660

第三节　租赁和商务服务业

一、基本单位及从业人员

2003年后，琼山区租赁和商务服务业加快发展，主要集中在农产品交易、建材、五金、日用百货等领域。农产品交易市场主要分布在琼州大道的农贸广场、城东农贸市场、东门农贸市场、高登西路培龙市场、中山南路南北水果、南北蔬菜批发市场、建国路北胜市场、板桥路金花市场、龙昆南路道客市场等。建材市场和五金市场主要分布在海府路的塔光陶瓷城和金鹿灯饰城。商务市场主要分布在中山北路、红城湖路、龙昆南路，较著名的商家有家乐福、春源、天茂百货等。法人单位从2003年40个，发展到2010年292个；从业人员从2003年434人到2010年2191人（法人代表和从业人员不含个体户）。

2003—2010年琼山区租赁和商务服务业法人单位及从业人员一览表

表10–2–15

年度	全部法人		其中企业法人单位
	单位（个）	从业人员（人）	在岗职工（人）
2003	40	434	434
2004	50	398	280
2005	74	874	607
2006	99	952	653
2007	142	1096	799
2008	226	1871	1563
2009	255	2078	1766
2010	292	2191	1860

二、在岗职工人数及其分类

2003年，琼山区租赁和商务服务业在岗职工总数434人，其中国有单位368人、城镇集体单位31人、其他经济单位35人。2004年后，除城镇集体单位外，国有单位、其他经济单位在岗职工数量均有所增加。

2003—2010 年琼山区租赁和商务服务业在岗职工人数统计表

表 10–2–16　　单位：人

年度	职工总数	其中		
		国有单位	城镇集体单位	其他经济单位
2003	434	368	31	35
2004	472	330	29	113
2005	656	555	33	68
2006	416	310	27	79
2007	551	257	32	262
2008	592	376	8	208
2009	569	405	30	134
2010	557	423	26	108

三、工资总额及平均工资

2003 年，琼山区租赁和商务服务业职工工资总额 401 万元，其中国有单位 298 万元、城镇集体单位 51 万元、其他经济单位 52 万元。2010 年，工资总额 1255 多万元，比 2003 年增长 312.96%，国有单位与其他经济单位增加幅度较大，其中国有单位 773 万元、其它经济单位 402 万元，分别比 2003 年增长 145.97%和 463.46%。

2003—2010 年琼山区租赁与商务服务业工资总额及平均工资统计表

表 10–2–17

年度	全区合计		国有单位		城镇集体单位		其他经济单位	
	总额（万元）	平均工资（元）	总额（万元）	平均工资（元）	总额（万元）	平均工资（元）	总额（万元）	平均工资（元）
2003	4018	8969	2984	8109	510	16452	524	10694
2004	6923	14761	4602	13945	541	18655	1780	16182
2005	10074	15475	8513	15339	585	17206	976	15742
2006	6068	14800	4675	15081	584	20857	809	11236
2007	9911	18320	5070	19728	697	21781	4144	16444
2008	9158	13918	4943	12740	199	22111	4106	15587
2009	10698	16111	7448	14956	878	26606	2372	17835
2010	12551	22574	7730	18717	793	29370	4028	34724

四、居民服务和其他社会服务业

（一）基本单位及从业人员

2002 年后，琼山区居民服务和其他社会服务业发展较快。美容保健、婚纱、干洗、汽车维修、洗车、广告制作、家政、典当等商家遍布城区，较著名的商家有花仙子、南国、海航明光酒店、丽华酒店等。2010 年，个体商户 2393 家，从业人员 1.4 万人。法人单位从 2003 年的 10 个，增加至 2010 年的 52 个，法人单位从业人员从 2003 年的 58 人，增加至 2010 年的 105 人。

2003—2010 年琼山区居民服务和其他社会服务业法人单位及从业人员一览表

表 10–2–18

年度	全部法人		其中企业法人单位
	单位（个）	从业人员（人）	在岗职工（人）
2003	10	58	58
2004	14	37	37
2005	17	41	41
2006	22	48	48
2007	31	45	45
2008	36	32	32
2009	45	74	74
2010	52	105	105

（二）工资总额及平均工资

居民服务和其他社会服务业的法人单位（不含个体户）由于职工人数少，各年度工资总额数量不大，2009 年前，没有一个年度超过 100 万元。从职工平均工资看，国有单位从2003 年的 4765 元逐步增至 2010 年的 23745 元，没有出现大起大落现象；其他经济单位 2008 年达到 17556 元后，2009 年出现大幅度降低，降至 8273 元，2010 年又略有上升，为11450 元。2010 年城镇集体单位开始出现此类企业，在岗职工 7 人，年平均工资 24000 元。

2003—2010 年琼山区居民服务与其他社会服务业工资总额与平均工资统计表

表 10–2–19

年度	全区合计		国有单位		城镇集体单位		其他经济单位	
	总额（万元）	平均工资（元）	总额（万元）	平均工资（元）	总额（万元）	平均工资（元）	总额（万元）	平均工资（元）
2003	49	8033	8	4765	—	—	41	9295
2004	43	11154	11	7667	—	—	32	13333
2005	51	12488	18	8950	—	—	33	15857
2006	44	10000	14	6667	—	—	30	13043
2007	50	11767	16	8100	—	—	34	14957
2008	41	12656	25	10739	—	—	16	175556
2009	80	12784	53	15647	—	—	27	8273
2010	195	18924	135	23475	14	24000	46	11450

第四节　外商及港澳台商投资

琼山区 2004 年引进外资及中国港、澳、台地区投资 6741 万元，2005 年 1994 万元，2010 年 5 亿多元。外资企业主要有海南万达包装制造有限公司（泰国独资企业）、海南爱迪生微藻有限公司（日本独资企业），港澳台地区企业有海南台圆木器实业有限公司（台商独资企业）等。特别是港资企业骏豪集团开发的龙湾国际体育休闲项目，自 2008 年开发至 2010 年已投入资金 5 亿多元。至 2010 年，琼山区境内有外资及港澳台地区企业 5 家，规模以上工业企业 2005 年出口交货值 8488 万元，2006 年 8839 万元，2007 年 9773 万元，2008 年 10083 万元，2009 年 6149 万元，2010 年 7745 万元。

第五节　市　场

一、专业市场

塔光陶瓷城　位于海府路 137 号，由国兴街道夏瑶经济社投资创办，2003 年 3 月开业，营业面积 15911 平方米，专营陶瓷洁具、磁砖、装饰材料，从业人员 500 多人，年均销售额 1 亿多元。

金鹿灯饰大世界　位于海府路 152 号，由海南金鹿实业有限公司投资创办，2005 年 6 月开业，营业面积 4 万平方米，灯饰品种齐全，是海南省最大的灯具城。

永安家俱大世界　位于龙昆南路 36 号，由海南永安宝岛特产公司投资建设，营业面积 8000 平方米，2007 年 1 月开业，专营各种精品家俱。

南北水果批发市场　位于府城中山南路 20 号，由海口南北水果市场管理有限公司投资创办，总投资 1.6 亿元，2001 年建成营业，营业面积 2.2 万平方米，摊位 302 个，是全省最大的水果集散地和交易平台，全国闻名。

二、大型超市、商场

天茂百货　位于府城中山路 20 号，由海口天茂有限公司创办，总投资 1004 万元，于 2004 年 9 月开业，经营面积 9850 平方米，主营食品、日用百货、纺织品、家电、鞋类、化装品，年均销售额 1435 万元。

春源购物广场　位于龙昆南路道客村，于 2009 年 6 月开业，总投资 500 多万元，营业面积 12000 平方米。

家乐福红城湖店　位于红城湖路，2010 年 9 月开业，投资总额 2449 万元，营业面积 6579 平方米，是琼山区首家引进世界 500 强企业之一。

三、农贸市场

琼山区共有农贸市场 24 家，其中城区 14 家、乡镇 10 家。

20 世纪 60 年代，龙塘、云龙、红旗、三门坡、谭文、大坡、甲子、旧州等镇相继建起农贸市场，条件比较简陋。由于当时统购统销政策，每个农贸市场仅有镇食品站设立猪肉供应摊位，其他摊位寥寥无几。到了80年代，随着改革开放的兴起，1983年、1986年、1987年，由琼山县工商行政管理局投资兴建长昌农贸市场、红旗农贸市场、三门坡农贸市场、大坡农贸市场、云龙农贸市场。1989年，由琼山市场建设服务中心投资兴建金花市场，混合结构，占地面积6299平方米，建筑面积3467平方米，摊位283个。同年，由海口塔光工商贸易总公司投资兴建塔光市场，混合结构，占地面积2644平方米，建筑面积5700平方米，摊位226个。1996年，由吴海龙投资兴建龙塘农贸市场；1997年，由海口栋梁实业公司投资兴建旧州农贸市场；1999年，由琼山海龙有限公司投资兴建谭文农贸市场；2002年，由东昌农场投资兴建白石溪农场市场。上述市场框架水泥结构，占地面积都在1200平方米以上，建筑面积600平方米以上，均设有猪、牛、羊、禽类、蔬菜、土特产，海、淡水鱼类、热食等摊位。其中，云龙农贸市场摊位总数208个，红旗农贸市场278个，三门坡农贸市场224个，甲子农贸市场34个，长昌农贸市场26个，大坡农贸市场104个，谭文农贸市场230个，龙塘农贸市场167个，旧州农贸市场432个，白石溪农贸市场216个。到2008年，由海南大申实业开发有限公司投资兴建龙昆南农贸市场，混合结构，占地面积2400平方米，建筑面积2400平方米，摊位230个，标志琼山区域结束“马路市场”的历史。

2010年，在琼山城区的农贸市场有14家。

2010年琼山农贸市场基本情况一览表

表10-2-20　　单位：平方米、个

序号	市场名称	业主单位	地址	开业时间（年）	建筑结构	占地面积	建筑面积	摊位总数
1	长昌农贸市场	琼山市场建设服务中心	长昌墟	1983	混合	1489	296	26
2	红旗农贸市场	琼山市场建设服务中心	红旗墟	1986	混合	4701	2335	278
3	大坡农贸市场	琼山市场建设服务中心	大坡墟	1986	混合	2137	1028	104
4	三门坡农贸市场	琼山市场建设服务中心	三门坡墟	1987	混合	2998	2998	224
5	甲子农贸市场	琼山市场建设服务中心	甲子墟	1987	混合	4040	700	34
6	金花市场	海口市琼山市场建设服务中心	板桥路	1989	混合	6299	3467	283
7	塔光农贸市场	海口塔光工商贸易总公司	海府路126号	1989	混合	2644	5700	226
8	云龙农贸市场	琼山市场建设服务中心	云龙墟	1993	混合	5032	1103	208
9	北胜市场	海口金果园农业开发有限公司	建国路	1993	铁皮	2389	1560	172
10	六合农贸市场	琼山六合农产品批发市场有限公司	新大洲大道	1993	铁皮	2000	2000	160
11	东门农贸市场	琼山市场建设服务中心（合建）	东门里	1994	混合	2280	3000	128
12	金鹿农贸市场	海南金鹿实业有限公司农贸市场分公司	勋亭路	1995	铁皮	1500	1500	160
13	培龙农贸市场	海口培龙市场物业管理有限公司	高登街	1996	混合	8831	9302	565

续表 10–2–20

序号	市场名称	业主单位	地址	开业时间(年)	建筑结构	占地面积	建筑面积	摊位总数
14	龙塘农贸市场	(吴海龙)龙塘英菊平农贸市场	龙塘墟	1996	混合	4200	600	167
15	城东集贸市场	琼山六合农产品批发市场有限公司	琼州大道63号	1996	混合	868	1800	300
16	旧州农贸市场	海口栋梁实业有限公司	旧州墟	1997	混合	4264	4000	432
17	朱云集贸市场	海口市朱云集贸市场租赁有限公司	朱云路 19 号	1998	混合	2200	1000	120
18	大园农贸市场	廿一队经济社	大园路	1998	混合	400	320	46
19	谭文农贸市场	琼山海龙有限公司	谭文墟	1999	混合	1200	800	230
20	凤翔农贸市场	凤翔农贸市场	凤翔路	2001	混合	2000	1300	160
21	南北集贸市场	钟龙实业开发有限公司	中山南路	2001	铁皮	1000	400	100
22	白石溪农贸市场	国营东昌农场	白石溪墟	2002	混合	24864	2853	216
23	下坎农贸市场	时运贸易公司	琼州大道	2005	混合	7000	3000	200
24	龙昆南农贸市场	海南大申实业开发有限公司	龙昆南路	2008	混合	2400	2400	230

第六节　个体经济

一、发展状况

琼山区个体工商业的发展，通过小额信贷扶持、扶贫资金救助、建设就业一条街等有效途径，帮助个体工商户自主创业，解决生活出路。至 2010 年，全区个体工商户 12820 户，注册资金 41803.94 万元，从业人员 20609 人。

2003—2010 年琼山区个体工商户年度统计表

表 10–2–21

年度	户数（户）	当年发展户数（户）	从业人员（人）	当年新增人数（人）
2003	5509	996	11052	1940
2004	6029	1005	11467	2027
2005	4918	1400	9136	1900
2006	5213	1568	10204	2936
2007	6272	1818	11918	2871
2008	8405	2156	14051	3557
2009	10538	1952	17511	3333
2010	12820	2833	20609	3891

二、行业分布

琼山个体工商户主要经营小食店、美容美发、租赁典当、电器维修、装饰材料、服饰、电器、五金、建材、家俱、烟酒、饮料等。从产业结构来看，第一产业所占的比重较小，一直没有超过12%；第三产业的比重较大，一直在80%以上，一个重要原因在于第三产业的市场准入比较容易，其资本技术构成低于其他产业。

2002—2010年琼山区个体工商户行业统计表

表10-2-22　　单位：户

项目＼年份	2002	2003	2004	2005	2006	2007	2008	2009	2010
农、林、牧、渔业	15	14	14	1	2	23	44	51	58
采矿业	1	2	4	0	0	9	9	10	10
制造业	321	247	255	155	193	269	564	639	717
电力、燃气及水的生产和供应业	0	9	9	0	0	0	10	10	9
建筑业	1	5	5	0	0	0	23	28	32
交通运输、仓储和邮政业	1	1	2	0	0	0	13	12	12
信息传输、计算机服务和软件业	31	16	27	4	6	10	69	91	93
批发和零售业	6248	3076	3352	3246	3498	4081	5471	5953	7725
住宿和餐饮业	1284	768	869	559	579	734	1302	1381	1525
金融业	0	0	0	0	0	0	0	2	2
房地产业	0	0	0	0	0	0	1	1	1
租赁和商务服务业	55	41	86	8	10	16	78	82	84
广告业	0	0	1	0	0	0	0	0	1
科学研究、技术服务和地质勘查业	0	0	0	0	0	0	2	2	2
水利、环境和公共设施管理业	0	0	0	0	0	0	2	2	2
居民服务和其他服务业	2994	870	948	877	851	1043	2042	2139	2393
教育	0	0	0	0	0	0	4	5	7
卫生、社会保障和社会福利业	186	161	147	47	50	54	84	93	98
文化、体育和娱乐业	65	59	63	11	14	17	37	37	50
其他	180	240	253	10	10	16	0	0	
合 计	11382	5509	6029	4918	5213	6272	9755	10538	12820

三、个体工商户大户

按资金数额达到10万元以上，雇工8个以上作为“具有一定规模的个体工商户”标准，称为个体大户，2010年，全区12820个体工商户中，有个体大户5户。

2010 年琼山区个体工商户大户一览表

表 10–2–23 单位：万元

名称	资金总额	负责人	年营业额	年纳税额
海口琼山大冠华超市	10	陈瑞珍	82	2.3
海口琼山庆湘酒店	30	胡太均	60	12
海口琼山老百姓货仓超市	100	吕旭原	44.16	1.37
海口琼山肖定鞋业商行	20	马桂花	72	5.4
海口琼山花雨鞋业商行	10	刘剑锋	192	1.44

四、私营企业协会

琼山区个体私营企业协会地址位于海口市琼州大道 28 号，前身是琼山市个体私营企业协会，2003 年改为现名。协会接受海口市个体私营企业协会、海口市民政局和琼山区工商行政管理局的业务指导和监督管理。

2005 年 10 月 25 日，琼山区个体私营企业代表大会在府城镇召开。会议审议通过《琼山区个体私营企业协会章程》，选举产生琼山区个体私营企业协会理事会及办事机构。会长许家增，副会长胡雄、胡凤雷、丁成东、李义鸣，秘书长蔡渤，副秘书长王海英。

琼山区个体私营企业协会坚持以优质服务会员为第一要务，先后配合基层工商所在简化登记程序、降低准入门槛、放宽经营限制、减免相关费用等一系列政策上给予优惠，为下岗职工、农村（农场）剩余劳力办理工商营业执照 320 多户，先后慰问病残、贫困会员 89 人次，慰问金额 13000 多元；发动会员捐款 8 万多元支持三门坡、红旗、云龙等乡镇文明生态村建设，21 万多元支援抗震救灾和救助贫困母亲及面临失学儿童等爱心行动。

2010 年底，琼山区个体私营企业协会共设 10 个分会，会员 7601 名。

第三章　旅游业

第一节　旅游资源

琼山历史悠久，地灵人杰，素有“琼台福地”的美称。在这块土地上，古往今来，哺育造就了举世称颂的“一里三贤”才华横溢的丘浚、“海青天”海瑞、“忠直公”许子伟，被周恩来总理赞为“琼崖人民一面旗帜”的冯白驹将军等众多的雄才俊杰。

琼山风光旖旎。这里四季如春，气候温和，干湿相宜，鸟语花香，境内有百米以上的山岳 24 座，最高为东南部旧州镇的旧州岭，海拔 199.9 米，主要河流有南渡江等 7 条，径流流程 183.73 千米，流域集雨面积 890 平方千米；境内林木郁葱，满目绿色，全境是一座大森林。

琼山地宝物华，旅游资源十分丰富。境内有闻名海内外的人文景观五公祠、琼台书院、鼓楼、琼山学宫、丘浚故居、海瑞故居、冯白驹故居、云龙红军改编旧址等；自然景观有迈瀛仙人洞、保护完整的死火山口旧州岭、潭谢湖、白石溪瀑布等。从 2003 年起，琼山持续大力发展乡村旅游，将优美的自然环境、绿色生态经济、乡村民宿和风俗民情等打造成乡村旅游资源的特色旅游产品。

第二节　规划与开发

从 2003 年起，琼山区积极开展“百里百村文明生态村旅游长廊”创建活动，做实乡村游，“活化”红色旅游，挖掘历史文化旅游，构建琼山“三色之美”（红色、古色、绿色）文化休闲旅游新格局。立足琼山丰富的文化资源和一流的生态环境，不断完善旅游景点基础设施建设，完美了旅游识标、绿色慢行道等建设一批上档次的旅游景点。重点推进龙湾国际休闲旅游度假区建设，建成龙湾庄园观音像、白石溪瀑布等景点，以及云龙红军改编旧址、冯白驹故居、李硕勋烈士纪念亭、龙鳞村、加乐湖农家乐和本立红色村庄等；重点谋划凤翔公园、羊山森林公园建设，整治红城湖，打通红城湖路延长线，拓宽和充实五公祠景点。通过丰富旅游产品结构，逐步建成百里乡村游长廊、历史文化旅游区、红色文化旅游区和生态文化养生旅游区。

第三节　旅游业务

一、机构

琼山区旅游局位于府城镇文庄路 20 号，2010 年，在职人员 13 人，是区政府旅游管理机构，正科级单位，负责全区旅游日常管理工作及旅游市场的整顿工作，协调全区旅游项目的规划与开发。

2002 年 10 月 16 日，海口行政区划调整后，原琼山市中国旅行社改为琼山区中国旅行社。改革开放后，旅游市场全面开放，竞争激烈，加上债务多，包袱重等原因，琼山中旅社一直处于停业状态。

二、线路

（一）古色文化游：五公祠→琼台书院→海瑞故居→丘浚故居→琼台福地→鼓楼→候家大院等。

（二）红色文化游：李硕勋烈士纪念亭→琼崖工农红军云龙改编旧址→冯白驹故居→

琼崖纵队抗日第一枪纪念园→刘秋菊烈士纪念园等。其中，李硕勋烈士纪念亭、琼崖红军云龙改编旧址、冯白驹故居等旅游点列入全国30条红色经典旅游线路和全国百个红色旅游景区（点）。

（三）绿色文化游：绿野仙踪大坡慢行道→鹭鸟天堂田心村→红色村庄本立村→将军故居泮边村→橡胶村南畴湖村→世外桃源龙鳞村→革命村庄大水村→醉乡野望岭门村→荷塘印象休闲农庄那尧村→湖光十色加乐湖村等23个村经营农家乐休闲旅游点。

三、旅游收入

2003—2010年，琼山区累计接待游客912.52万人次，年平均增长8.25%；旅游总收入累计12.95亿元，年平均增长9.8%。

第四节　旅游景点

琼山区的旅游景点主要有四类：

名胜古迹　琼台书院、五公祠、琼台福地、丘浚故居、海瑞故居、吴典故居、王国宪故居、黄忠义公祠、金花村吴氏民居、邢氏祖祠、定福灶君庙、瀛州仙人洞、龙华庵古庙、鼓楼、汉珠崖郡遗址、“宣德第”侯家大院等。

红色人文　中山亭、林文英烈士殉难纪念碑、纪念亭，刘秋菊烈士纪念园、李硕勋烈士纪念亭、毋忘九一八国耻纪念碑、云龙红军改编旧址、冯白驹故居等。

乡村游　田园风光龙鳞村、高级农业合作社本立村、爱鸟村林昌村、教师村堆插村、山野农庄岭门村、鹭鸟天堂田心村、橡胶村南畴湖村、长寿之乡多谷屯村、乡村公园新潭村、黄皮村上村、红色之旅玉仙村、甘蔗村龙塘村、水果之乡文贡村、将军村泮边村、江畔人家仁三村等。

体育休闲　台达高尔夫俱乐部、依必郎高尔夫俱乐部、海口户外体育休闲中心等。

第十一编　财税 金融

第一章 财 政

第一节 财政收入

2003—2010 年，琼山区公共财政收入累计 579291 万元，其中工商税收入 570896 万元，占 98.55%、农业税收入 714 万元（2006 年 1 月 1 日起取消农业税），占 0.12%；国有资产收益 1256 万元，占 0.22%；其他收入 5497 万元，占 0.95%；基金收入 928 万元，占 0.16%。

2002 年 10 月 16 日，海口行政区划调整后，区级没有土地收入，全部由市级统筹管理，琼山区公共财政收入 34439 万元。2003—2006 年，受“南控”发展定位影响，琼山区公共财政收入年均增幅仅为 14.8%，2006 年公共财政收入 52159 万元。2008 年，琼山区发展定位从“南控”转为“南优”，随着滨江新城、云龙产业园区等重点项目的开发建设，固定资产投资、社会消费零售总额大幅攀升，产业结构趋于合理，经济发展提速增效，当年公共财政收入 92424 万元，2010 年公共财政收入 139523 万元，2007—2010 年，年均增长27%。

2003—2006 年琼山区公共财政收入情况表

表 11-1-1 单位：万元

年份 项目	2003	2004	2005	2006
公共财政收入合计数	34439	48213	42161	52159
其中：1. 消费税	13060	16528	14789	21164
2. 增值税	9609	15314	11005	18447
3. 营业税	3563	8658	1724	2757
4. 企业所得税	1771	3231	293	335
5. 个人所得税	1910	2850	1687	2417
6. 房产税	—	1107	575	771
7. 城市维护建设税	—	—	1784	2830
8. 其他工商税	2918	—	9214	834
9. 教育费附加收入	—	—	494	1216
10. 国有资产经营收入	0	—	12	—
11. 行政事业收费收入	97	142	380	350
12. 罚没收入	304	265	180	202
13. 国土收入	0	—	—	—
14. 其他收入	1207	118	24	839

2007—2010 年琼山区公共财政收入情况一览表

表 11–1–2　　　　单位：万元

项目 \ 年份	2007	2008	2009	2010
公共财政预算收入合计数	67937	92424	107009	139523
其中：1. 消费税	26633	30444	39534	54079
2. 增值税	18004	31350	29326	34694
3. 营业税	10187	6379	9662	14472
4. 企业所得税	7942	16620	19043	21294
5. 个人所得税	3319	3827	4733	5855
6. 房产税	1188	1499	1391	1516
7. 土地增值税	—	1270	2106	5516
8. 国有资源有偿使用收入	—	396	406	442
9. 行政事业收费收入	354	460	529	686
10. 罚没收入	278	123	233	251
11. 其他杂项收入	32	56	46	1

第二节　财政支出

海口市行政区划调整后，依据第一轮市区分税制财政管理体制（2003—2007 年）规定，按照市区财政支出责任的划分，重大基础设施的建设、重大的产业布局、重点区域和重要资源的开发、保护与管理由市级财政承担，区级财政主要承担区级政权运转和区级管理的社会事业发展所需支出等，2003 年琼山区公共财政支出 35017 万元。

随着人员工资标准的不断提高和一些增资政策的相继出台及社会事业发展需要的持续增长等，至 2010 年，琼山区公共财政支出 77750 万元，比 2003 年翻了一番，年均增速 12.1%。2003—2010 年，琼山区公共财政支出累计 404136 万元，60%以上用于民生支出。

2003—2006 年琼山区公共财政支出情况一览表

表 11–1–3　　　　单位：万元

项目 \ 年份	2003 年	2004 年	2005 年	2006 年
公共财政预算支出合计数	35017	37518	40748	42670
其中：1. 基本建设支出	1273	3080	3305	1928
2. 科技三项费用	79	56	84	168
3. 农业支出	1100	1853	1770	2142
4. 林业支出	617	704	652	607
5. 水利和气象等支出	448	403	556	430

续表 11-1-3

项目 \ 年份	2003 年	2004 年	2005 年	2006 年
6. 工交商等部门	47	58	154	105
7. 流通部门事业费	120	78	35	42
8. 文体广播事业费	873	950	1003	1031
9. 教育事业费	8788	8733	9407	10439
10. 科学事业费	101	118	112	418
11. 卫生事业费	2239	2576	2663	3222
12. 税务等部门事业	2494	2254	1921	2098
13. 抚恤事业费	2220	2197	2285	2875
14. 行政事业离退休	1278	1414	1398	1513
15. 社会保障支出	452	185	170	184
16. 行政管理费	5326	6025	6023	6470
17. 城市维护费	1754	3128	2486	2734
18. 政策性补贴支出	60	38	43	48
19. 支援不发达地区	0	80	130	142
20. 专项支出	106	57	79	121
21. 其他支出	5579	3299	3712	4123

2007—2010 年琼山区公共财政支出情况一览表

表 11-1-4　　单位：万元

项目 \ 年份	2007 年	2008 年	2009 年	2010 年
公共财政预算支出合计数	50328	55559	64146	77750
其中：1. 基本公共管理与服务	10442	8935	9888	11394
2. 教育	11090	13016	18621	22296
3. 科学技术	393	388	574	719
4. 文化体育与传媒	545	618	809	684
5. 社会保障和就业	9279	9291	11747	14538
6. 医疗卫生	4840	5654	5954	8214
7. 城乡社区事务	2962	3509	3915	5019
8. 农林水事务	3135	5669	3088	5506
9. 采掘电力信息等事务	—	—	309	147
10. 商业服务业等事务	219	402	1617	632
11. 住房保障支出	—	—	1682	2274
12. 粮油物资储备事务	—	—	—	1
13. 其他支出	7423	7919	5942	6326

（一）一般公共服务支出

琼山区一般公共服务支出主要包括：行政机关经费、行政业务费和其他行政费三大项，行政机关经费包括人大经费、政府机关经费、党委机关经费、民主党派机关经费、社会团体机关经费。

2003 年琼山区一般公共服务支出 5326 万元，随着人员保障标准的不断提高，2010 年支出 11374 万元，翻了一番，年均增长 11.4%。2003—2010 年共计支出 64483 万元。

2003—2010 年琼山区一般公共服务支出统计表

表 11–1–5 单位：万元

年度	金额	年度	金额
2003	5326	2007	10442
2004	6025	2008	8935
2005	6023	2009	9888
2006	6470	2010	11374

（二）科教文卫体支出

2003 年琼山区科教文卫体支出 12080 万元，到 2010 年，达 22296 万元，增长 84.5%，年均增长 9.1%。2003—2010 年共计支出 133411 万元。

2003—2010 年琼山区科教文卫体经费支出统计表

表 11–1–6 单位：万元

年度	金额	年度	金额
2003	12080	2007	16868
2004	12433	2008	19676
2005	13269	2009	21511
2006	15278	2010	22296

1. 教育经费支出

琼山区教育经费支出包括中小学教育、幼儿教育、成人教育、教师进修、干部培训、民办教育补助以及其他教育经费支出。

2003 年，琼山区教育经费支出 8788 万元，年末学生人数 50400 人。2008 年，全区教育经费支出 13016 万元，年末学生人数 46549 人。其中：教育管理事业 601 万元，普通教育 1187 万元，成人教育 46 万元，其他教育支出 82 万元。区级教育经费支出 6771 万元，乡镇级 6245 万元。全区教育战线共有教职工 3027 人，其中：教育管理事务 37 人，普通教育教职工 2957 人，成人教育 11 人。全区教育固定资产年末数 30047 万元，其中房屋和建筑物 18645 万元。

2003—2010 年琼山区教育经费支出统计表

表 11-1-7　　单位：万元

年度	金额	年末学生人数	年度	金额	年末学生人数
2003	8788	50400	2007	11090	56165
2004	8733	50312	2008	13016	46549
2005	9407	55247	2009	18621	47703
2006	10439	62122	2010	22296	46290

2. 科技经费支出

琼山区科技经费支出主要包括：科协、农科所、畜科所三项经费支出。

2003 年，琼山区科技经费支出 101 万元，2008 年，增长到 388 万元，其中：科学技术普及 93 万元，年末在职人数共有 151 人，到 2010 年，增长到 693 万元。2003—2010 年，年均增速 31.7%。

2003—2010 年琼山区科学技术经费支出统计表

表 11-1-8　　单位：万元

年度	2003	2004	2005	2006	2007	2008	2009	2010	合计
金额	101	118	112	418	393	388	574	693	2797

3. 文体经费支出

琼山区文体经费支出主要包括:文体局、文联和琼剧团等经费支出。

2003 年琼山区文体经费支出 873 万元。2008 年，文化体育与传媒年末在职工人数共有 150 人，支出 618 万元。2010 年支出 684 万元。

2003—2010 年琼山区文化体育与传媒经费支出统计表

表 11-1-9　　单位：万元

年度	2003	2004	2005	2006	2007	2008	2009	2010	合计
金额	873	950	1003	1031	545	618	812	684	6516

4. 卫生医疗费支出

2003 年琼山区卫生医疗支出 2167 万元，2010 年支出 6265 万元，年均增长 16.3%。

2003—2010 年琼山区卫生医疗经费支出统计表

表 11-1-10　　单位：万元

项目 \ 年度	2003	2004	2005	2006	2007	2008	2009	2010
医院经费	778	828	703	629	781	678	642	908
乡镇卫生院补助	355	380	474	597	685	663	1092	1178
中医经费	73	77	83	98	126	107	86	143
防治防疫	251	308	328	332	348	445	452	619
妇幼保健	89	117	121	126	130	132	122	177

续表 11–1–10

项目 \ 年度	2003	2004	2005	2006	2007	2008	2009	2010
其他卫生事业	121	167	122	165	236	305	364	500
离休医疗费用	500	600	500	500	500	350	500	500
区配套农合基金			120	216	200	277	341	344
医疗保障				559	2133	2621	2914	1896
合计	2167	2477	2451	3222	5139	5578	6513	6265
共计	33812							
备注	含上级补助	含上级补助	含上级补助	含上级补助	含上级补助	含上级补助	含上级补助	含上级补助

（三）农林水经费支出

琼山区农林水事务经费支出主要包括：农林局、扶贫办、园林局、水务局、林木试验场、新民林场、农业中心等经费支出。

2003 年琼山区农林水支出 2165 万元，2010 年支出 5506 万元，年均增长 14.3%。其中：2003—2010 年，农村饮水工程共投入 3621 万元（其中区投入 1024 万元），建设饮水项目 536 宗，解决 512 个村庄受益人口 140690 人的饮水难问题。

2003—2010 年琼山区农林水经费支出统计表

表 11–1–11　　单位：万元

年度	金额	年度	金额
2003	2165	2007	2495
2004	2960	2008	5702
2005	2978	2009	3153
2006	3179	2010	5506

（四）社会保障经费支出

琼山区社会保障经费支出主要包括：区民政局、区残联、区农保局、区保障管理中心、区红十字会、离退休费及养老保险等经费支出。

2003 年琼山区社会保障经费支出 3950 万元，2010 年支出 15464 万元，比 2003 年增长 291.5%，年均增长 21.5%。

2003—2010 年琼山区社会保障经费支出统计表

表 11–1–12　　单位：万元

年度	金额	年度	金额
2003	3950	2007	9279
2004	3796	2008	9291
2005	3853	2009	9684
2006	4572	2010	15464

（五）专款及其他支出

2003—2010 年琼山区专款支出 38188 万元，其他支出 48207 万元，基金支出 807 万元，上解支出 36785 万元。

2003—2010 年琼山区专款、其他、基金支出统计表

表 11-1-13 单位：万元

年度＼项目	专款支出	其他支出	基金支出	上解支出
2003	2850	7265	108	64
2004	2986	6197	11	—
2005	3237	8083	—	2987
2006	3176	8007	—	3626
2007	4191	4560	—	3763
2008	4823	5127	8	7848
2009	9383	6191	8	8445
2010	7542	2777	672	10052
合计	38188	48207	807	36785

第三节 财政管理

一、机构设置

2002 年 10 月 16 日，海口市行政区划调整后，根据中共琼山区委、琼山区人民政府《关于琼山区区级机构设置的通知》精神，设置琼山区财政局，主管全区财政和国有资产监督管理工作。行政编制 12 名，机关工勤人员 3 名，主要由原琼山市财政局人员构成（超编 1 名公务员，分流到龙华区）。下属单位 9 个（区财政国库支付中心、府城财政所、龙塘财政所、云龙财政所、旧州财政所、红旗财政所、三门坡财政所、大坡财政所和甲子财政所），挂靠单位 1 个（海口市琼山区国有资产管理委员会办公室），内设 12 个股室（办公室、人事股、预算股、国库股、行财股、综合股、会计股、企业股、财经大检查办公室、信息中心、政府采购中心和票据管理中心），2007 年后，将股改为组，并将大检办和政府采购中心分别改为财政监督组和政府采购组。

二、财政管理体制

完整的分税制财政管理体制包括税收分成、财力性转移支付和专项转移支付三部分内容，三者的政策目标各有侧重，共同组成分税制财政管理体制的主体框架。

2003—2007 年，琼山区执行第一轮海口市市区分税制财政管理体制，按照市与区财政支出责任的划分，重大基础设施的建设、重大的产业布局、重点区域和重要资源的开发、保护与管理由市级财政承担，区级财政主要承担区级政权运转和区级管理的社会事业发展所需支出等。区级固定收入包括农业税、农业特产税、屠宰税和按规定属区级的国有资产收益、行政性收费、罚没收入、专项收入、其他收入和政府性基金，共享5税（增值税、营业税、企业所得税、个人所得税和房产税），市区税收分成比例为7：3，即市享有70%，区仅享有30%。

2008年后，该体制进行了调整，即实施第二轮海口市市区分税制财政管理体制（2008—2012年），随着海口市强区扩权一系列政策的出台，市与区财政支出责任发生一些变化，税收分成比例也相应进行了调整，区级分成比例有所提高，即市享有55%，琼山区享有45%。但区级固定收入随着农业税、农业特产税和屠宰税的取消，不再存在税收收入，仅包含按规定属区级的国有资产收益、行政性收费、罚没收入、专项收入、其他收入和政府性基金等。

三、乡镇财政管理

海口市行政区划调整后，受市区财政管理体制和税收征管体制等所限，琼山区乡镇未实行一级财政管理，而是采取“收支脱钩、乡镇支出由区级统筹安排”的财政管理模式。乡镇税收收入全部纳入区级管理，乡镇支出依据财政供养人员、镇级机构运行需要等情况和结合区级财力状况由区级统筹安排，镇级单位（包括镇政府、财政所、学校和卫生院等）作为区级一般预算单位由区实行统一管理。但乡镇财政所仍保留乡镇国库户和预算外户，乡镇国库户主要用于管理核算乡镇财政代管的一些涉农资金、预算单位资金、村级资金和保证金等，预算外户主要用于管理核算乡镇非税资金，如行政事业性收费、国有资产有偿使用收入和其他收入等。

2004年设立乡镇财务核算站，与财政所合署办公，负责乡镇预算单位的会计核算工作，各预算单位预算管理权、资金所有权、财务审批权保持不变，实行集中核算。2006年，推行“村财民理镇监管”，试行村级财务会计委托代理制，按照“村民所有，自主分配，分户核算，统一监督，定期公开”的原则，对村集体经济组织的财务实行统一管理。2009年下半年开始在原有的基础上，每个镇再抽出5个村民经济社进行财务委派监管，并逐年铺开，逐步实现乡镇会计核算规范化建设，乡镇财务监督进一步得于加强。至2010年，全区各镇村委会已移交完毕，共设立账套84个，其中村委会68个，社区10个，经济社4个，居委会2个。

四、非税资金管理

2003年，琼山区财政局根据《海南省政府非税收入实行银行代收管理办法》文件精神，结合琼山实际情况，制订《关于2003年琼山区非税资金收入核拨计划方案》，并报区政府批准执行，一直沿用至2007年。2008年制定《海口市琼山区非税收入管理暂行办法》，对非税收入的执收单位、资金的收缴及资金的拨付使用等做出规定，明确把行政单位的固定资产（资源）有偿使用纳入预算管理。

2003—2010 年琼山区非税收入统计表

表 11-1-14

单位：万元

年份	收入合计	1. 预算内收入						2. 预算外收入			
		小计	预算内收费	预算内基金收入	罚没收入	专项资金收入	国有资产经营收入	小计	预算外收费	其他收入	国有资源(资产)有偿使用收入
2003	968	574	166	252	102	54	—	394	271	36	86
2004	2545	763	231	212	254	66	—	1782	1552	—	230
2005	2191	662	186	183	254	39	—	1529	1187	—	342
2006	1832	467	247	40	180	—	—	1365	1114	—	251
2007	1984	670	351	32	286	—	1	1314	970	42	302
2008	2296	770	621	23	126	—	—	1526	1138	35	353
2009	2187	903	681	21	193	—	8	1284	759	11	514
2010	3189	2107	686	727	252	—	442	1082	783	29	270
合计	17192	16324	3169	1490	1647	159	451	10276	7774	153	2348

五、国有资产管理

2003 年，琼山区沿袭原琼山市管理模式对区属国有企业和行政事业性国有资产实施监管，由区国有资产管理委员会办公室具体负责，通过资产占有单位的卡片管理（制作资产卡片，分类造册登记）、区财政国库支付中心的建账监管（建立固定资产总账及明细账，分类登记管理）、国资部门的处置把关、财政部门的监督检查（将资产管理问题纳入财政日常监管工作范畴）、审计部门的审计监督和纪检监察部门的事后监督等手段实施管理。

2004 年，依据海口市区划调整的有关文件，按照“中型企业上划市级，小型企业属地管理”的企业划转原则，上划琼山自来水公司和全部粮食企业等。2005 年，为有效推进区属国有企业的改革，区委区政府经研究决定，按照“先易后难，稳妥推进”原则，结合企业自身实际情况，依照有关工作规程，启动海南制钉厂、海口振兴农业开发服务公司、海口琼山木材公司等 3 家国有企业改制工作，采取“一次性安置职工、关闭企业”的模式实施改制，多方面筹集资金 604 万元，妥善安置职工 183 人，实现国有资本的有序退出。

2010 年，琼山区国有企业 61 家，账面资产总额 147916 万元，负债总额 121933 万元，所有者权益 25983 万元，其中：未分配利润 –31684 万元。企业资产质量极差，账面价值与实际价值严重脱离，有价值资产主要为土地，但绝大部分已被法院查封或执行。职工人数 8030 人，离退休人数 3380 人。

2003—2010 年琼山区国有企业国有资产统计表

表 11-1-15　　　　单位：户、万元

年度	户数	资产	负债	净资产	主营业务收入	未分配利润	职工人数（人）	离退休人数（人）
2003	110	187178	139676	47502	19672	–40924	8842	2862
2004	60	136335	115782	20553	13076	–36600	7395	2492
2005	54	108120	82048	2672	20548	–25993	6173	2751
2006	53	108498	82432	26066	18427	–26087	6019	2545
2007	54	111183	87033	24150	30613	–28606	6722	2810
2008	60	115163	93110	22053	49660	–31714	765	3033
2009	61	134612	108696	25916	80816	–31772	8118	3197
2010	61	147916	121933	25983	107452	–31684	8030	3380

2010 年琼山区行政事业单位 142 家，账面资产 210690 万元，负债 95796 万元，净资产 114894 万元。

2003—2010 年琼山区行政事业单位国有资产统计表

表 11-1-16　　　　单位：户、万元

年度	户数	资产	负债	净资产
2003	165	257471	169546	87925
2004	160	259746	171444	88302
2005	146	224641	144857	79784
2006	141	227918	144872	83046
2007	136	177155	88361	88794
2008	142	177714	85623	92091
2009	142	187170	88524	98646
2010	142	210690	95796	114894

六、财政监督管理

2003—2010 年，琼山区财政局实施财政监督，主要采用日常监督和专项检查等方式。日常监督主要由业务组室实施，专项检查主要由税收财务检查办公室实施，2007 年后，改为财政监督组，主要承担财政监督检查和预算单位银行账户管理等工作。2005 年前，主要开展财务税收检查来实施财政监督。2005 年后，不再开展财务税收检查活动，主要开展各种专项检查来加强财政监督，先后开展会计信息质量检查、重新清理党政领导干部及一般干部欠公款清理检查、党政机关及事业单位用公款为个人购买商业保险的清理检查、行政事业单位人民币银行结算账户清理、2006 年财政专项资金检查、财经纪律专项工作检查、2007 年收支两条线专项检查、2008 年规范公务员津补贴专项检查、2009 年党政机关事业单位“小金库”专项治理、社团“小金库”检查和 2010 年救灾资金检查，2008—

2010 年，还专门开展了 3 次财政内部检查。

第二章　税　务

第一节　国家税务

一、机构设置

2003 年 1 月，原琼山市国家税务局更名为海口市琼山区国家税务局。内设办公室、综合业务室、管理一科，管理二科，辖 6 个税务分局。2004 年 4 月，撤销原所有税务所建制，增设政工科，负责琼山国税局组织纪律管理、教育培训、思想政治工作、精神文明建设及党风廉政建设工作，并负责执法追究、征管质量考核及年度考核等工作。管理一科、管理二科、综合业务室分别更名为税源管理一科（负责企业的税源征管等工作）、税源管理二科（负责个体户的税收征管工作）、税源管理三科（负责税收评估工作）。2010 年 6 月机构改革，琼山区国家税务局内设办公室、业务综合科、第一分局、第二分局、第三分局、第四分局，人员共 39 人。

二、国税收入

2003 年，琼山区国内税收 2.50 亿元。

海口行政区划调整后，琼山区国税局坚持为纳税人服务的理念，切实提高税源管理水平，建立健全税收源头管理机制。自 2003 年起，该局致力建设税源信息交换对比平台，保障纳税人合法权益，推护税收公平，依法征税。2007 年大力推进大企业专业化管理改革，集中力量关怀大企业等重点税源，充实大企业管理机构，按行业加规模，选定大企业管理对象，对红塔卷烟、佳元地产等 15 家涉及工业、房地产等规模企业实行团队化管理与服务，不断探索税收专业化管理路子，促进了琼山国税收入不断逐年递增。2004 年国税收入 3.09 亿元，同比增长 23.83%；2005 年 3.27 亿元，增长 5.72%；2006 年 4.51 亿元，增长 37.64%；2007 年 6.33 亿元，增长 40.34%；2008 年 7.78 亿元，增长 22.96%；2009 年 8.63 亿元，增长 10.96%；2010 年 10.57 亿元，增长 24.46%。

表 11-2-17

2003—2010 年琼山区国内税收情况一览表

单位：元

年度	国内税收收入	与上年同期(±)额	与上年同期(±)率	其中："两税"			企业所得税	涉外企业所得税	储蓄利息个人所得税
				合计	增值税	消费税			
2003	250,261,891.23			221,123,391.99	90,511,537.98	130,611,854.01	16,575,253.57	473,598.38	12,125,647.29
2004	309,907,709.52	59,645,818.29	23.83%	282,243,134.56	116,964,528.31	165,278,606.25	13,557,563.19	2,035,244.12	12,071,767.65
2005	327,640,920.29	17,733,210.77	5.72%	287,723,568.21	124,589,317.88	163,134,250.33	25,305,737.17	1,899,024.22	12,712,590.69
2006	450,977,309.02	123,336,388.73	37.64%	396,115,376.82	184,469,558.09	211,645,818.73	40,292,244.99		14,569,687.21
2007	632,885,492.40	181,908,183.38	40.34%	515,271,903.38	248,940,235.65	266,331,667.73	101,823,422.99		15,790,166.03
2008	778,168,481.73	145,282,989.33	22.96%	608,743,532.44	304,303,241.59	304,440,290.85	156,610,421.43		12,814,527.86
2009	863,436,241.88	85,267,760.15	10.96%	682,300,773.14	286,961,045.56	395,339,727.58	174,437,901.17		6,697,567.57
2010	1,057,376,943.86	193,940,701.98	22.46%	865,061,528.73	324,271,969.32	540,789,559.41	190,476,542.13		1,838,873.00

第二节 地方税务

一、机构设置

2003年1月，原琼山市地方税务局改称海口市琼山区地方税务局，原琼山市地方税务局所辖的东营税务所、灵山税务所、三江税务所、演海税务所、美安税务所、遵谭税务所、龙桥税务所、东山税务所、桂林洋税务所、演丰税务所、大致坡税务所、咸来税务所、新坡税务所、十字路税务所、永兴税税务所、石山税务所随着区划调整分别划转至美兰区、龙华区、秀英区。2010年区地方税务局设立综合业务室，人员编制13人。下辖第一税务所、第二税务所、第三税务所、办税大厅、红旗税务所、云龙税务所、旧州税务所、三门坡税务所、大坡税务所、甲子税务所、龙塘税务所，全局干部职工共108人。

二、地税收入

海口行政区划调整后，琼山区地税局不断加快改革步伐，采取积极措施为纳税人服务。（1）在办税大厅确保落岗落勤。在办税大厅设立24小时自助办税设施，方便纳税人自助办税；免费供应纳税申报表和免费办理税务登记证，实行大户预约办理；简化办税程序，缩短办税和退税时间，降低缴税成本；投入流动车上门办税，2003年流动车上门办税50余次，2006年达150多次，2010年达300多次。（2）培植税源。实施“以地控税”、土地交易使用建设项目税收源头管理；推进纳税评估，建设信息管税、发票管税、土地管税和项目管税“四位一体”的税源管理机制。（3）深入开展税收调研，积极开展琼山区经济发展、企业经营和税收情况调研，掌握第一手材料，加强税收分析，按行业、按企业类型、按税种等进行税收弹性分析、税负分析、经济税源分析、政策效应分析、税收管理风险分析和预策预警分析，2003—2010年，撰写调研报告，建议200多篇。积极落实税收优惠政策，多渠道宣传税收优惠政策，积极为企业提供政策性服务，2003—2010年对重点项目和大企业送税收政策宣传手册1000份，提醒纳税人遵从税法。在办税大厅统一管理申请减免事宜，下放创业就业减免税备案权限、审批权限，严格限时办结。努力推进大企业专业化管理改革，集中力量关怀大企业等重点税源，充实大企业管理机构，按行业加规模，选出大企业管理对象，探索税收专业化管理的路子。通过采取上述举措，琼山地税应收尽收。2003年，琼山地方税收8451万元。2006年达到11000.16万元，2008年达到21674万元，2010年达到42265.25万元，比2003年增加3倍多。

2003—2010 年琼山区地方税收情况一览表

表 11–2–18　　单位：万元

年 份	各项税项							
	合 计	营业税	企业所得税	个人所得税	房产税	土地增值税	非税各项收费	其他收费
2003	8451.00	3563.00	1771.00	1910.00	—	—	—	1207.00
2004	15964.00	8658.00	3231.00	2850.00	1107.00	—	—	118.00
2005	4303.00	1724.00	293.00	1687.00	575.00	—	—	24.00
2006	11000.16	2757.30	334.60	2416.67	770.351	221.80	1230.55	3268.73
2007	19752.47	7812.78	603.35	3076.69	1066.39	758.01	1774.11	4661.14
2008	21674.00	6152.64	934.84	3549.76	1366.52	1259.85	2009.53	6400.86
2009	29278.08	9373.09	1603.10	4409.28	1299.21	2091.16	2928.05	7574.19
2010	42265.25	14257.85	2246.25	5675.62	1466.98	5500.08	3514.68	9603.79

第三章　金　融

至 2010 年，驻琼山区金融机构有 7 家，分别是中国人民银行琼山支行、中国银行琼山支行、中国工商银行琼山支行、中国农业银行琼山支行、中国建设银行琼山支行、中国邮政储蓄银行海口分行、海口市琼山农村信用社。

第一节　中国人民银行琼山支行

一、机构

中国人民银行琼山支行是中央银行在海口市琼山区的分支机构，位于海口市琼州大道 69 号。2003 年 1 月由琼山市支行改名，2010 年内设办公室、营业室、信贷资金与计划股、外汇管理股。在职员工 34 人，其中，中级职称 21 人，初级职称 7 人。中国人民银行琼山支行依照《中华人民共和国中国人民银行法》行使职权和运营。

二、监督管理

2002 年，中国人民银行琼山支行对辖区 7 家金融机构实施有效监管，认真贯彻落实国家各项货币政策，确保琼山市金融市场运行平衡，各项存款稳步增长，贷款略有上升，现金继续保持净投放。至年末，琼山金融机构存款余额 613415 万元，比年初增长 10.31%；累计投放现金 1606383 万元，增长 16.58%；现金累计收入 1577383 万元，增长

16.8%；全年现金净投放 29000 万元，辖区 7 家金融机构共亏损 13590 万元。

2002 年 10 月 16 日，海口行政区划调整后，中国人民银行琼山支行负责执行国家金融法律、金融监管、金融服务和管理国库等权项工作及职能，全部上划给中国人民银行海口市支行。2003—2010 年主要业务是负责辖区 7 家金融机构低值币（1 角、5 角）残币收集销毁工作和党、政、工、青、妇指导工作。

第二节　中国银行琼山支行

中国银行琼山支行位于府城镇建国路 58 号，2010 年支行内设行长室、综合管理部、业务发展部、营业部 4 个部门和管辖海口琼山中学支行、海口金霖支行、海口凤翔路支行、海口龙昆南支行 4 个海口城区经营性支行，在职员工 67 人。年末，人民币存款余额达 29 亿元，外币存款余额约 705 万美元，贷款余额约 4 亿元。与 2002 年相比，人民币存款总额增长了 6 倍，贷款累计投放近 10 亿元。

第三节　中国农业银行琼山支行

一、机构

2003 年 5 月，中国农业银行琼山市支行正式更名为中国农业银行海口红城湖支行，并迁址至海口市琼山区红城湖路 73 号。2009 年 1 月，随着中国农业银行股份有限公司正式挂牌成立，中国农业银行海口红城湖支行也正式更名为中国农业银行股份有限公司海口红城湖支行。2010 年，全行共有营业网点 12 个：（1）南海分理处，位于南海大道宝驹广场 55 号；（2）龙塘分理处，位于龙塘镇；（3）红城湖支行营业部，位于红城湖路 73 号；（4）海中分理处，位于大路街 2~5 号铺面；（5）龙昆南分理处，位于龙昆南路海南师范大学大门左侧；（6）大园分理处，位于府城镇大园路 80 号；（7）高登街分理处，位于府城镇高登街 57 号；（8）中山南分理处，位于府城镇中山南路；（9）新城分理处，位于府城镇新城路；（10）桂林洋支行，位于美兰区灵山镇；（11）五公祠分理处，位于琼州大道 3 号；（12）三门坡分理处，位于三门坡镇。全行共有干部职工 217 人。

二、业务经营

2002 年，农行琼山支行人民币各项存款余额达 118788 万元，比年初减少 1758 万元。新增银行卡发行量 34708 户，新增卡存款 3821 万元。全口径各项贷款余额 89623 万元，比年初减少 588 万元。账面利润实绩为 –2838 万元，中间业务收入实绩为 51.6 万元。

2003 年，人民币各项存款余额达 132706 万元，比年初净增 13918 万元。各项贷款余额 88501.2 万元，比年初减少 1091.3 万元。累收贷款 2371 万元（其中正常贷款 896 万元），实收利息 1396.3 万元（其中正常、逾期 605.4 万元）。实现利润 –2073 万元，实绩为 –3266 万元。中间业务收入实绩为 43 万元。

2005 年，人民币各项存款余额达 151051 万元，比年初增加 13027 万元。全口径各项贷款余额 83998 万元，比年初减少 1551 万元。账面利润实绩为 –3031 万元，增亏 1317 万元。中间业务收入实绩为 276 万元。

2006 年，人民币各项存款余额达 170548 万元，比年初增加 23027 万元。全口径各项贷款余额 67956 万元，比年初减少 16024 万元。账面利润亏损 1043 万元，比年账面利润计划 –11048 万元减亏 612 万元。中间业务收入实绩为 452 万元。

2007 年，人民币各项存款余额达 197720 万元，比年初增加 28345 万元。不良贷款货币清收 1988.93 万元，完成省行年度计划 2100 万元的 94.68%。经营利润为 –784 万元，比省行下达的年度计划 –1967 万元减亏 1183 万元。中间业务收入实绩为 643 万元。

2008 年，人民币各项存款余额达 231061 万元，比年初增加 33341 万元。不良贷款货币清收 3530.52 万元，变现处置 367.33 万元，完成省行年度计划 1800 万元的 216.55%。经营利润亏损 622 万元，比去年同期减亏 162 万元。中间业务收入实绩为 563 万元。

2009 年，人民币各项存款余额达 279448 万元，比年初增加 48387 万元。不良资产剥离以后，存量贷款余额 1061 万元，比年初增加 777 万元。经营利润为 43 万元，按照省行的考核口径，剔除东大公司 1200 万元的预计负债支出后，该行拨备前利润为 1243 万元。中间业务收入实绩为 690 万元，同比增加 80 万元。

2010 年 3 月底，支行的贷款余额为 3.4 亿多元，存款额 3001 万元，中间业务收入 1000 万多元。其中贷款余额比 2002 年增加 2.5 亿元，比 2002 年翻了 4 番，有效地发挥了支持琼山区农村发展的金融作用。

第四节　中国建设银行琼山支行

一、机构

2003 年中国建设银行琼山市支行撤销。在琼山区保留 3 个支行：琼山支行（处级行）、中山路支行（科级行）、原龙泉支行（现汇隆支行，科级行）。2010 年 3 月，琼山支行机构设有营业部、公司客户部、个人客户部，有工作人员 50 人。

二、存款

1. 单位存款

单位存款包括工业、农业、商业、建筑业、房地产业、服务业、机关团体、其他等存款。2002 年末存款余额 35784 万元（本外币，下同），开户 23741 户，2003 年末存款余额 35310 万元，2004 年末存款余额 17149 万元，2005 年末存款余额 12638 万元，2006 年末存款余额 12856 万元，2007 年末存款余额 17209 万元，2008 年末存款余额 21561 万元，2009 年末存款余额 33497 万元。至 2010 年 3 月止，达 625 户，存款余额 39076 万元，比 2002 年新增 3292 万元。累计从 2002—2010 年 3 月 9 年间，中国建设银行琼山支行每年年末单位存款余额 25009 万元。

2. 个人存款

个人存款包括活期、定期、教育、个人保证金存款等 8 种，全行个人存款余额 2002 年为 50857 万元，其中活期储蓄占 20676 万元，比例为 41%；2003 年为 25783 万元，其中活期储蓄占 9321 万元，比例为 36%；2004 年为 25807 万元，其中活期储蓄占 8669 万元，比例为 34%；2005 年为 23719 万元，其中活期储蓄占 8936 万元，比例为 38%；2006 年为 24313 万元，其中活期储蓄占 8128 万元，比例为 33%；2007 年为 26626 万元，2008 年为 31556 万元，2009 年为 36800 万元，2010 年为 43631 万元。累计从 2002—2010 年 9 年间，中国建设银行琼山支行每年年末个人存款余额 32121 万元。

三、信贷

中国建设银行琼山支行，单位贷款包括工业流动资金、商业流动资金、基本建设、房地产开发、贴现票据、转贴现票据等 6 种，实行“择优扶持”的政策，在发放贷款中，对“关系到国计民生的重点企业生产所需的资金，优先支持”。2002 年全行单位贷款余额 17698 万元，其中不良贷款额为 17698 万元，不良贷款率为 100%。2003 年全行单位贷款余额 32140 万元，比 2002 年相比增加 14442 万元，不良贷款额和不良贷款率均为零。2004 年全行单位贷款余额 81881 万元，比 2003 年相比增加 49741 万元，其中转贴现票据 49732 万元，不良贷款额和不良贷款率均为零。2005 年全行单位贷款余额 17059 万元，2006 年全行单位贷款余额 10118 万元，2007 年全行单位贷款余额 7400 万元，2008 年全行单位贷款余额 3200 万元，2009 年全行单位贷款余额 1746 万元，2010 年全行单位贷款余额 2278 万元，2005 至 2010 年不良贷款额和不良贷款率均为零。

个人贷款包括个人住房贷款、个人消费贷款 2 种，2002 年全行个人贷款余额 602 万元，2003—2006 年，个人贷款余额徘徊在 602 万 ~739 万元之间，2007 年以后开始上升，2007 年为 2424 万元，2008 年为 5898 万元，至 2009 年，继续升到 18434 万元，比 2008 年增长 1 倍，2010 年个人贷款余额达 28151 万元。

四、代理资产

代理资产包括委托住房贷款、委托贷款、代理兑付债券等 3 种，2002 年全行代理资产余额 598 万元，2008 年上升到 1197 万元，至 2010 年上升到 1743 万元，资金来源主要为企业委托贷款，除国营企业外，房地产、个体等也得到委托贷款扶持。

2002—2010年琼山建设支行各项存款余额统计表

表11–3–19 单位：万元

年度	存款余额	其中		贷款余额	其中		不良贷款额	不良贷款率
		单位	个人		单位	个人		
2002	86641	35784	50857	18300	17698	602	17698	100%
2003	61093	35310	25783	32879	32140	739	0	0
2004	42956	17149	25807	82546	81881	665	0	0
2005	36357	12638	23719	17734	17059	675	0	0
2006	37169	12856	24313	10842	10118	724	0	0
2007	43835	17209	26626	9824	7400	2424	0	0
2008	53117	21561	31556	9098	3200	5898	0	0
2009	70297	33497	36800	20180	1746	18434	0	0
2010	82707	39076	43631	30429	2278	28151	0	0
合计	514172	225080	289092	231832	173520	58312		

第五节　中国工商银行海口琼山支行

一、机构

中国工商银行海口市琼山支行位于府城中山北路，内设办公室、经营部、结算与机构部、业务管理部、个人金融业务部、营业部等6个部门，下辖大园支行、海师支行、红城湖支行、迎宾支行、建国支行、城西支行、琼州大道支行等7个支行，职工137人。

二、业务

2002年后，中国工商银行海口市琼山支行的总资产增长了2.8倍，从2002年末的147525万元，到2010年3月底的416074万元；存款增长了2.8倍，从2002年末的148781万元，到2010年3月底的413804万元；贷款增长了1.5倍，从2002年末的52353万元，到2010年3月底的78629万元；2010年的经营利润增达1907万元。

2003—2010年中国工商银行海口市琼山支行主要业务状况一览表

表11–3–20 单位：万元

内容/年份			2003	2004	2005	2006	2007	2008	2009	2010
业务状况（万元）	各项存款	对公存款	34537	41801	33636	35195	41980	59481	98300	109337
		储蓄存款	137699	154114	169909	181831	187143	224424	264600	304467
	各项贷款		46870	50298	28721	28420	25996	34164	67800	78629
	中间业务收入		140	328	288	578	1373	1606	1862	461
	理财产品		5779	8519	5208	16968	36616	□185380	□25302	25315
	实现利润		–867	1805	–499	1543	2047	5055	4193	1907
	资产总计		175927	197882	206217	218974	230583	285125	363649	416074

第六节　中国邮政储蓄银行海口分行

中国邮政储蓄银行海口市分行2008年5月14日正式挂牌成立，设置办公室、财务会计部、人力资源部、个人业务部、公司业务部、信贷业务部、渠道与科技部、审计部及风险合规部9个部室。下辖府城城东、府城大园等20个二级支行。2008—2010年，个人储蓄存款余额17.88亿元，开办的小额贷款、商务贷款及二手房贷款累计余额1.09亿元。

第七节　琼山农村信用合作社联社

一、机构

2003年，琼山市农村信用合作社联合社更名为海口市城郊农村信用合作社联合社。2010年1月，更名为海口市城郊农村信用合作联社股份有限公司，下设龙塘信用社、云龙信用社、红旗信用社、旧州信作社、三门坡信用社、谭文信用社、甲子镇新民信用社、铁桥信用社、铁桥信用社大园分社等9个信用社。2010年，在职人员232人。

二、业务

2003年，海口市城郊农村信用合作社联合社辖所有信用社、分社及储蓄所共40个，存款余额101305万元，贷款余额57066万元，股本金2581万元，资产总额134679万元；以后有些网点撤并，至2005年，全辖网点35个，其中法人信用社22个，分支机构13个，在职员工315人。2007年8月，海南省第一个省级农村信用社联合社成立，城郊农村信用合作社联合社归属省联社垂直管理。并组建“海口市城郊农村信用合作联社股份有限公司”，开展增资扩股，募集新股金，同时将原有的股金全部清退。2009年7月共募集新股金52871万元，至12月底，联合社共辖有营业网点35个，其中法人信用社22个、信用分社11个、储蓄所2个，在职员工329人，大专以上学历232人，当年存款余额308231万元，比2006年增加159724万元，增长107%，贷款余额244227万元，比2006年增加179878万元，增长279%，实现利润6989万元，资产总额达565356万元，全面扭转了亏损局面，全辖农信社首次实现社社盈利。2010年1月，将城郊农村信用合作社联合社改制为“海口市城郊农村信用合作联社股份有限公司”，3月31日正式挂牌开业。开业时的存款余额354691万元，比2009年底增加46388万元，贷款余额306135万元，比2009年底增加61908万元。

2003—2010 年琼山区金融机构网点情况一览表

表 11–3–21 单位：个

年度	工行	农行	中行	建行	农信社	邮政储蓄行	农发行
2003	13	22	8	3	40	20	1
2004	13	19	8	3	35	20	1
2005	12	18	7	3	35	20	1
2006	12	18	7	3	35	20	1
2007	10	16	7	3	35	20	1
2008	9	15	4	3	35	20	1
2009	9	15	4	3	35	20	1
2010	9	15	4	3	35	20	1

2003—2010 年琼山区金融机构各类存款余额情况一览表

表 11–3–22 单位：万元

年度	存款余额	其中			
		企业	储蓄	农村	其他
2003	613537	89469	493957		30111
2004	629836	114650	506023	8802	361
2005	654146	95733	546598	11344	471
2006	704825	95038	591845	17510	432
2007	821873	140306	661761	19366	440
2008	992026	189566	721711	73580	7169
2009	1180689	207305	901991	70406	987
2010	1480702	339255	1058824	82190	433

2003—2010 年琼山区各类贷款余额情况一览表

表 11–3–23 单位：万元

年度	贷款余额	其中		
		短期	中长期	票据融资
2003	231527	137580	93682	265
2004	236786	144964	91822	
2005	286340	145210	141090	40
2006	212533	132236	80257	40
2007	210043	121638	88405	
2008	254632	136494	118138	
2009	263857	159684	104173	
2010	405546	231232	168974	5340

2003—2010 年琼山区货币流通情况一览表

表 11-3-24　　单位：万元

年度	收入	其中				支出	其中				净投放(+) 净回笼(-)
		商品销售	服务业	税款	储蓄		工资性	农副产品采购	行政管理费	储蓄	
2003	1412805	86822	66379	11940	1247664	1433336	90197	77094	51417	1214628	29000
2004	2006363	89847	87389	11382	1817745	2191736	90107	46569	45129	1864327	-74166
2005	1883036	85497	78897	8366	1710278	2173196	85634	32277	41662	1789342	-38791
2006	2079786	76355	80814	7364	1915253	2151143	78695	19477	52132	1851684	16501
2007	2004911	74331	82765	6021	1921794	2103400	71922	35672	61915	1827209	60341
2008	2288604	98545	88555	6216	2095288	2395673	74792	33028	74010	2082971	-22688
2009	2266588	96565	87974	7120	2074929	2406884	74940	19486	91176	2038932	-18867
2010	2433280	115113	103457	6357	2208353	2572981	73653	22281	114925	2209692	4455

第十二编
中共海口市琼山区委员会

第一章　机　构

2002年10月16日，国务院正式批复海口行政区划调整，撤销琼山市和海口市秀英区、新华区、振东区，以原琼山市和海口市秀英区、新华区、振东区的行政区域，设立海口市秀英、龙华区、琼山区、美兰区。至2010年，中共海口市琼山区委员会一共召开了二次代表大会，2003年1月1日中共海口市琼山区第十届委员会挂牌宣告成立，下辖府城、云龙、红旗、三门坡、大坡、甲子、旧州、龙塘8个镇及国兴街道办事处等基层党委。

第一节　中国共产党海口市琼山区第十次代表大会

2002年12月18—20日在府城召开。参加会议的代表228名，列席代表60名。钟万荣代表区委作了题为《全面贯彻党的十六大精神，开创琼山区各项事业发展新局面》的工作报告。大会通过《关于区委工作报告的决议》和《关于区纪委工作报告的决议》，选举产生琼山区出席市第十次党代会的代表、中共琼山区第十届委员会和新一届区纪律检查委员会，共选出区委委员27名，区候补委员5名；区纪委委员15名。在召开的第十届第一次会议上，钟万荣当选为区委书记，林道本、唐文智、陈笑波当选为区委副书记，黄茂兴、王城汉、刘樯、潘善武、张伟斌当选为区委常委；陈笑波当选为区纪委书记，许大林、麦笃平当选为区纪委副书记。

第二节　中国共产党海口市琼山区第十一次代表大会

2006年11月22—24日在府城召开。参加会议的代表216名，列席代表66名。钟万荣代表第十届区委作了题为《落实科学发展观，建设富裕文明和谐新琼山》的工作报告。大会通过《关于区委工作报告的决议》和《关于区纪委工作报告的决议》，选举产生了琼山区出席市第十一次党代会的代表、中共琼山区第十一届委员会和新一届纪律检查委员会，共选出区委委员35名，区候补委员7名；区纪委委员23名。在召开的第十一届第一次会议上，钟万荣当选为区委书记，林甫肄、谭忠庭当选为区委副书记，黄茂兴、王城汉、徐庭杰、符勇、李振明、丁少娟当选为区委常委；黄茂兴当选为区纪委书记，李友滋、杨松当选为区纪委副书记。

第三节　机构设置

中共海口市琼山区委下辖纪律检查委员会、区委办公室、政法委员会、组织部、宣传部、统战部、机关工作委员会、编制委员会、机要局、保密局等部门。2002 年 12 月 18 日召开第十次党代会，会后通过第一次会议选举产生书记 1 名，副书记 3 名，常委 5 名。2006 年 11 月 22 日召开第十一次党代会，中共琼山区委设书记 1 名，副书记 2 名，常委 6 名。

中共海口市琼山区第十届委员会班子成员名单

表 12–1–1

机构名称	姓名	籍贯	职务	任职时间
中共海口市琼山区第十届委员会（2002.12—2006.11）	钟万荣	海南省昌江县	书记	2002.12—2006.11
	林道本	海南省海口市	副书记	2002.12—2005.7
	林甫肄	海南省万宁市	副书记	2005.7—2006.11
	唐文智	海南省文昌市	副书记	2002.12—2003.7
	陈笑波	江西省樟树市	副书记	2002.12—2003.6
	王　舜	海南省海口市	副书记	2003.9—2006.11
	谭忠庭	江西省莲花县	副书记	2002.12—2006.11
	潘善武	海南省万宁市	常委	2002.12—2006.10
	黄茂兴	海南省海口市	常委	2002.12—2006.11
	张伟斌	广东省紫金县	常委	2002.12—2006.5
	王城汉	海南省海口市	常委	2002.12—2006.11
	刘　樯	山东省临沂市	常委	2002.12—2005.7
	符　勇	海南省文昌市	常委	2006.5—2006.11
	李振明	海南省海口市	常委	2006.10　2006.11
	徐庭杰	四川省古蔺县	常委	2005.7—2006.11

中共琼山区第十一届委员会班子成员名单

表 12–1–2

机构名称	姓名	籍贯	职务	任职时间
中共海口市琼山区第十一届委员会（2006.11—）	钟万荣	海南省昌江县	书记	2006.11—2007.2
	徐学健	海南省临高县	书记	2007.2—2010.7
	吴川祝	海南省海口市	书记	2010.7—
	林甫肄	海南省万宁市	副书记	2006.11—2007.2
	谭忠庭	江西省莲花县	副书记	2006.11—2008.3
	韩云秋	山东省曲阜市	副书记	2007.3—
	王城汉	海南省海口市	副书记	2008.3—

续表 12–1–2

机构名称	姓名	籍贯	职务	任职时间
中共海口市琼山区第十一届委员会（2006.11—）	黄茂兴	海南省海口市	常委	2006.11—
	徐庭杰	四川省古蔺县	常委	2006.11—2009.3
	黄文业	广西省天等县	常委	2009.3—
	符　勇	海南省文昌市	常委	2006.11—
	李振明	海南省海口市	常委	2006.11—
	王城汉	海南省海口市	常委	2006.12—2008.3
	韩东光	海南省文昌市	常委	2008.3—
	丁少娟	海南省海口市	常委	2006.11—2009.8
	刘　涛	河南省商丘市	常委	2009.5—
	吴光亮	海南省海口市	常委	2009.10—

第四节　重大决策

一、抓机遇，推进经济社会稳健发展

2003—2010 年，是琼山历史上发展最快时期。在中共海口市委、海口市人民政府领导下，琼山区抓住战略发展机遇期，借势国际旅游岛建设，落实科学发展观，经济社会稳健发展。2010 年地区生产总值完成 53.65 亿元，财政总收入 13.95 亿元；全社会固定资产投资 34.21 亿元；城镇居民人均可支配收入 13224 元；农民人均纯收入 5735 元；社会消费品零售总额 27.87 亿元。8 年间，全区获得国家有关部委授予荣誉称号 83 次，获得省级表彰 137 次，获得市级表彰 239 次，有 59 个国家、省、市级工作现场会在琼山区召开。

二、揽大局，谋划经济社会协调发展

俯瞰府城城区　　（林芳善　摄于 2009 年 5 月 8 日）

琼山区坚持保增长与调结构相结合，大力发展低碳经济、绿色经济、循环经济，产业结构得到优化。在农业方面，发展“六型”农业（基地型农业、加工型农业、专业合作型农业、循环型农业、设施型农业）和热带高效农业，提高农产品附加值，形成了瓜菜、橡胶、荔枝、淮山等八大农业品牌，农民收入大幅增

加；在工业方面，着力引进和发展低污染、低能耗、高科技含量、高投资强度、高附加值的“两低三高”产业项目，形成了卷烟、饲料、包装、食品、选矿、服装等六大工业产业；创建云龙产业园，确保了红塔公司易地技改、宁夏共享集团钢结构等项目的落地和开工建设。红塔公司易地技改项目第一期建成投产后，年可上缴利税13.5亿元。在商贸旅游业方面，积极引导兴建购物、农副产品等专业市场，府城商业圈日渐成型，扶持和引导龙鳞等文明生态村开发“农家乐”“乡村游”旅游项目，乡村生态旅游已成为琼山区重要的旅游品牌。滨江帝景、绿色佳园等房地产项目也已建成并开盘销售。产业结构的优化调整，重点项目的强力推进，激活琼山经济社会协调发展。

三、谋发展，城乡基础设施建设不断完善

2003—2010年，琼山区致力于改善城乡生活环境，实施城乡一体化发展，大力推进基础设施建设、旧城区改造、环境综合整治和新农村建设。完成了中山北路等城区7条主要道路的改造，扩建了滨江西路、建国一横路，打通了朱云路、高登东路，打破了府城交通堵塞的瓶颈；完成了琼州大道等一批街道、小巷的改造和亮化工程。全力推进旧城改造，完成了朱云片区土地征收任务，滨江新城起步区、墨客村旧改工作取得实质性进展。深入开展“五大工程”环境综合整治，对主城区实行网格化管理，提高了城市管理水平。镇墟建设步伐加快，镇墟基础设施及环境得到明显改善，完成了7个镇的总体规划和详细性规划编制工作，启动了5个中心镇建设，规划建设乡村绿色慢行休闲系统，大坡镇的慢行项目率先在全市完成并开始营业。文明生态村建设步伐加快，打出琼山品牌。紧紧抓住琼山生态基础好、农业资源丰富和文化底蕴厚的特点，按照“百村联创百里新农村建设长廊”的目标，做好文明生态村这篇大文章，共投入资金9600万元，组织群众投工投劳128万多人次，先后建成了文明生态村507个，占自然村总数的64%，创建村庄面貌焕然一新。打造出加乐湖、田心等一批省级文明生态村，形成了全省规模较大、标准较高、效益较好的文明生态村建设长廊，成为省市乃至全国新农村建设典型。实施农村公路畅通和饮水安全工程，建设农村公路107条386千米，完成了200多个村庄的饮水项目建设。

四、惠民生，推进公共服务均等化

2003—2010年，共投入近30亿元解决民生问题。坚持教育优先发展战略，抓好学校安全工程，重建项目29个、加固项目44个，争取市政府支持收回振发学校，协助市政府新建琼山中学高中部，解决了广大群众强烈关注的府城地区学位紧张问题；创新教育模式，实行城区优质学校与城郊薄弱学校捆绑帮扶办学，开启了全省捆绑式教育

琼山第二中学　　（林芳善　摄于2009年5月8日）

的先河，促进了义务教育均衡化发展。积极推进卫生体制改革，开展城乡一体化医疗改革试点，推进城区与农村卫生院联合办医，提高了基层卫生院的医疗服务水平；加强基层卫生设施建设，实现每镇至少有一家标准化卫生院，基层卫生服务体系实现100%覆盖，改善了群众的就医环境。不断提高社会保障水平，全面完成“新农合”、“新农保”和居民医保任务，新农合参合率达97%以上，居民医保覆盖率超过98%。积极实施就业和再就业工作，8年来新增就业岗位65062个。加快保障性住房建设和农村危房改造，共建保障性住房5042套，改造农村危房2462户，较好地解决了群众的住房难问题。不断推进科技进步和科技服务体系建设，通过科技指导示范，云龙淮山成为本区的特色农产品品牌。着力抓好文化体育工作，建成了一批文体活动中心、综合文化站和农家书屋；深入挖掘历史文化资源，把传统的元宵“换花节”打造成为具有时尚特色的文化品牌，提升了“换花节”的知名度。

五、树新风，创新社会管理

建区后，中共海口市琼山区委建立健全依法治区工作机制，支持人大及其常委会加强对“一府两院”的监督，做好代表议案督办工作，议案办结率达100%。发挥工会、共青团、妇联、科协等群团组织作用，群团工作获得省市多项殊荣。加强社会主义核心价值体系建设，广泛开展爱国主义、集体主义、社会主义教育，大力弘扬社会公德、职业道德、家庭美德，干部群众的思想道德素质进一步提高。全力做好社会管理工作，抓社会矛盾化解、社会管理创新、公正廉洁执法、社会治安环境整治等重点工作，维护社会稳定工作。深入开展“百村联创百里平安文明长廊”创建活动，有效地化解了诸多社会矛盾。开展“法律六进”活动，增强群众法律意识。深入开展各类专项整治，成功调处各类社会矛盾纠纷8455起，群体性上访事件逐年减少，确保了全区社会和谐稳定。

六、强核心，从严治党

2003年之后，琼山党建工作不断创新内容，注重抓好党的各项建设。开展科学发展观学习实践活动，提高党员干部的思想素质和理论水平。深入开展创先争优活动，推动了基层党组织和广大党员更好地服务发展、服务群众。实施“强核心工程”，加强镇、村领导班子建设，提高农村党员“双带”能力，基层党组织的凝聚力和战斗力明显增强，在抗击60年一遇强降雨和强台风“纳沙”“尼格”中，经受了严峻考验。认真做好镇村换届工作，精心组织2010年村级组织换届，积极探索“公推直选”新方式，全区93个村（居）委会全部实现书记、主任“一肩挑”；2010年镇级换届工作圆满完成，领导班子整体素质明显提高。加强干部队伍建设，深化干部人事制度改革。区委坚持正确的用人导向，坚持在工作一线中考验干部、锻炼干部、提拔干部，把一批优秀干部选拔到各级领导岗位，8年共调整配备干部1054人次，其中提拔598人次。加强党风廉政建设，积极构建预防、教育、惩治相结合的工作机制，规范各级领导班子议事规则，加大对重点工作和重点项目资金使用情况的监督检查，开展各种主题教育活动，加强机关作风和效能建设，加大查处违纪违法案件力度，8年来共立案89宗92人，给予党纪处分57人，行政处分19人。

第二章 纪检 监察

第一节 机 构

2003 年，中共海口市琼山区纪律检查委员会与琼山区监察局成立合署办公，履行党的纪律检查和行政监察工作两种职能。内设办公室、执法监察室、党风廉政宣教室、纪检监察室、案件审理室、信访室（举报中心）。

2010 年，区纪委机关、区监察局行政编制 16 名，机关工勤人员财政预算拨款事业编制 3 名。区纪委书记 1 名（区委常委兼任，占区委领导编制）、区纪委副书记 2 名（正科级）、专职常委 4 名（正科级）、区监察局局长 1 名（区纪委副书记兼任），副局长 2 名（可由区纪委常委兼任），纪委监察局内设机构 6 个，各个室配主任（副科级）1 名。

第二节 廉政教育

2003 年开始，琼山区利用机关、镇、村、社区电教设施，对党员和党员干部进行远程常态化教育，实现廉政教育全覆盖。订购一批学习资料如《优秀共产党员王瑛》《王瑛言论集》等发放给党员干部学习。组织观看《永不凋零的巴山红叶》《警钟Ⅰ》《警钟Ⅱ》《警钟Ⅲ》等警示教育片。2003—2010 年，每年都组织党员到红色教育基地、廉政教育基地参观学习，组织党员观看廉政主题电影 1 次，开展“510”廉政教育主题活动。

第三节 案件查处

2003—2010 年，琼山区认真落实纪律检查工作的主体责任，加大反腐力度，不断推进党风廉政建设。2003 年，查处原琼山市民政局长吴某某、副局长覃某某严重违纪案；2006 年，查处甲子财政所韦某某、琼山房管所林某某严重违纪案；2008 年，查处琼山区城管局原局长钟某某、违章案件处理室主任蒋某某严重违纪案。

第四节 信访举报

2002—2010 年，琼山区纪委信访室共收到群众信访举报 675 件，办结率 100%。其中

2002 年收到 70 件，检举控告类线索 40 件，立案 24 件，办结率 100%；2003 年收到 69 件，检举控告类线索 36 件，立案 9 件，办结率 100%；2004 年收到 70 件，检举控告类线索 45 件，立案 31 件，办案率 10%；2005—2010 年，共收到 466 件，检举控告类线索 295 件，立案 37 件，办结率 100%。2004 年，旧州镇供销社副主任吴某某，因利用职务之便为自己及他人办理低保受到群众举报，琼山区纪委给予党内严重警告处分。2005 年，红旗镇中心卫生院符某某，因受贿受到群众举报，琼山区纪委给予其开除党籍处分。

第三章　组织工作

第一节　机　构

2003 年 1 月，中共琼山市委组织部改为中共海口市琼山区委组织部，位于府城镇建国路 1 号，内设机构：办公室、干部审查室、调研室、干部组、组织组。2010 年设行政编制 12 个，工勤人员 2 人。

第二节　基层党组织

琼山区党组织主要由 4 个部分构成：党政机关党组织、街道社区党组织、厂矿企业党组织、农村基层党组织。2010 年，全区共设立党组 17 个，党委 28 个，党总支 21 个，党支部 460 个，党员总人数 14065 人。2003 年后，琼山区加强基层党组织建设，积极培养和发展新党员，重点做好农村党员发展工作，于 2006 年制订《琼山区农村发展党员五年计划》，确保每个村每年至少发展 2~3 名党员，侧重在致富带头人、返乡大学生、复员退伍军人、文明生态村创建积极分子中发展党员，2010 年，全区共发展农村党员 395 名，党员队伍不断壮大。全区基层党组织在改革开放、经济建设、社会发展中发挥战斗堡垒作用，广大党员在各自的工作岗位上发挥了先锋模范作用，当好群众的表率。青海省玉树地区发生地震灾害后，琼山区立即开展自愿交纳“特殊党费”支援灾区活动，得到了广大党员积极响应，全区共有 509 单位党组织 5229 名党员缴纳“特殊党费”34.19 万元，其中，缴纳 1000 元以上“特殊党费”的党员 10 名。

2003—2010 年，琼山区深入贯彻中共第十七届四中全会、省委第五届五次全会和市委第十一届五次全会精神，结合琼山实际，制订《中共海口市琼山区委关于加强和改进新形势下党的基层组织建设的意见》。同时围绕实施“强核心工程”和开展“创先争优”活动，建立健全镇村干部“驻村坐班”“月工作例会”工作法等制度，全面加强基层党组织建设。

一、村级党组织换届选举

2004年、2007年、2010年村级党组织换届选举，琼山区坚持加强党的领导、尊重群众意愿和严格依法办事，实行“一村一策”，积极破解难题，在规定时间内平稳顺利地完成换届工作，做到了无群体性事件发生、无重大宗族势力干涉、无严重拉票贿选行为，换届工作运行顺利完成。2010年，全区93个村（社区）选举产生547名“两委”成员，其中党支部成员441名，村（居）委会成员524名；书记主任全部“一肩挑”，“两委”成员交叉任职率97%。主要体现在“三多一优”的特点：新当选的多，有108人，占20%；其中新当选书记主任占13%。回乡村官和经商办企业能人、产业带头人、种养殖大户当选居多，共有259名，占48%；其中书记主任86人。女性当选多，共有116名（书记兼主任1名），占21.2%。年龄和文化结构得到优化。全区71个村委会选举产生“两委”成员408名，其中，35岁以下57名，占14%；大专以上学历12名，占3%。全区22个社区选举产生“两委”成员139名，其中，35岁以下73名，占52.5%；大专以上学历78名，占56%。

二、城乡基层党建工作

琼山区切实加强城乡党建观念、资源、工作“三个统筹”，着力构建“五个体系”，努力实现城乡基层党建工作资源共享、优势互补、协调发展，促进了城乡经济社会发展一体化进程。自2006年后，配合市直机关做好农村党组织结对帮扶工作，对市机关与农村14个结对帮扶点进行抽查，并于2010年5月12日召开琼山区第三次结对帮扶工作联席会议。完成第二批组工干部“联村进企”行动，第三批组工干部已经全部到位开展工作。2010年10月洪灾发生后，把灾后重建工作作为当前党建工作的重中之重，以恢复灾前生产水平为目标，把救灾力量和资源向“三农”倾斜，派出15个市直机关单位对口援建龙塘等3个镇15个受灾严重村庄。组织由市、区、镇三级干部组成的挂点帮扶工作队深入全区8个镇、93个村（居）委会和277个村庄开展救灾帮扶工作。通过坚持群众自救和政府帮扶相结合，组织群众抓好生产自救，恢复生产和重建家园，确保灾区生产正常，经济增长，社会稳定。

三、街道社区党建工作

2003年后，琼山区积极配套完善街道社区基层组织。在“一社区一支部”基础上，形成了以街道党工委为核心、社区党支部为主体的街道社区党组织设置方式。武装、财政、司法、计划生育、社会保障等各种街道工作机构设置齐全，治安调解、妇女组织、共青团组织等社区组织也配套完善，形成以街道社区党组织为核心的管理组织体系。同时完善街道社区工作基础台帐，全区22个社区建立健全街道社区党建工作基础台账（电子版）。并以村级组织换届选举为契机，选好配强社区干部队伍。2010年，全区22个社区组织换届选举，产生社区“两委”班子成员139名，其中，女41名，占29.5%（书记兼主任1名）；35岁以下73名，占52.5%；大专以上学历78名，占56%；高中（中专）58名，占42%。街道社区班子和干部队伍知识、年龄、专业结构进一步趋于合理。

2003—2010 年琼山区党员结构一览表

表 12–3–3

单位：人

年度	党员人数	性别		民族		年龄					学历					
		男	女	汉族	少数民族	35 岁及以下	36 岁至 45 岁	46 岁至 54 岁	55 岁至 59 岁	60 岁及以上	研究生	大学本科	大学专科	中专	高中	初中及以下
2003	13342	10948	2394	13313	29	1975	2174	3013	1986	4194	10	493	1820	1262	3860	5897
2004	12894	10514	2380	12868	26	1910	1967	2689	1562	4766	12	538	1698	1298	3685	5663
2005	12725	10353	2372	12703	22	1873	1957	2565	1512	4818	18	551	1703	1272	3408	5773
2006	12333	10010	2323	12310	23	1874	1975	2578	1534	4372	15	572	1714	1186	3409	5437
2007	12767	10352	2415	12742	25	2057	2094	2412	1564	4640	11	617	1803	1201	3537	5598
2008	13232	10673	2559	13205	27	2267	2156	2451	1670	4688	13	737	1894	1214	3710	5664
2009	13648	11010	2638	13620	28	2453	2173	2547	1764	4711	14	822	2035	1230	3819	5728
2010	14065	11323	2742	14037	28	2615	2270	2540	1913	4727	15	905	2121	1409	3860	5755

2003—2010 年琼山区基层党组织一览表

表 12–3–4

年度	党组个数（个）	党委个数（个）	党总支个数（个）	党支部个数（个）	党员人数（人）	基层党组织党员分布情况				
						公有制经济单位（人）	非公有制经济单位（人）	农牧渔民（人）	离、退休（退职）人员	其他（人）
2003	50	40	26	582	13342	5558	626	4027	1892	1239
2004	23	28	16	502	12894	4653	453	4185	2210	1393
2005	21	28	17	498	12725	4544	422	4274	2110	1368
2006	17	28	21	449	12333	4330	312	4384	1971	1330
2007	17	28	21	461	12767	4120	490	4585	2232	1340
2008	17	28	21	460	13232	4456	522	4699	2379	1176
2009	17	28	21	460	13648	4441	560	4669	2411	1567
2010	17	28	21	460	14065	4602	584	4772	2472	1635

第三节　党员培训工作

2005 年，分三期先后组织全区各镇党委书记、副书记、组织委员参加全省推进“强核心工程”建设专题培训班，采取集中培训与实地考察相结合的形式进行“强核心工程”专题的系统学习。2010 年，组织全区 71 个村党支部书记、村委会主任在大坡镇田心村进行为期 3 天的岗前培训，让村书记、主任初步了解和掌握一些农村工作艺术、工作方法和政策法规。同时抓实农村党员干部现代远程教育工作。按照省、市的工作部署，加快完善农村党员干部现代远程教育站点建设，并配合市委组织部对全区站点进行拉网式排查，及时催促有关镇村进行整改。2010 年挂牌启动琼山区党员电化教育中心，基本实现每个行政村都设有站点，区镇村三级有人管理。全区已建成 84 个站点，全部配套有关设施并正常使用。举办全区农村党支部书记远程教育及电子农务基本知识培训班，提高基层干部掌握新知识、新技术的水平。

第四节　创先争优活动

2009 年 5 月后，按照市委的统一部署，琼山区开展创先争优活动。2010 年国庆节连续强降雨，琼山区灾情较严重，全区受浸村庄 66 个、内涝村庄 37 个，涉及人口 1.5 万人；农作物受灾面积 18.1 万亩，中小型水库出现险情有 8 宗；道路、桥梁、涵洞、水利渠道共有 70 多次受损。面对灾情，各级党组织和党员充分发挥基层党组织战斗堡垒作用和党员先锋模范作用，全区 9 个镇（街道）、93 个村（社区）都成立以党委书记（党支部书记）为组长的抗洪救灾领导小组，第一时间启动防洪安全度汛工作预案，全力以赴做好抗洪救灾工作，安全转移受困群众 12955 人，实现了零死亡、零上访目标，确保了群众生命财产安全，确保了全区城乡社会秩序的稳定。

第五节　人才队伍建设

2003 年，琼山区启动人才培养和引进计划，当年为琼山人民医院、府城医院引进正高职称主任医师 5 名，其中琼山人民医院 3 名、府城医院 2 名。当年选拔科级正职干部 15 名，选举任用副处干部 2 名，配备配齐海口行政区划调整后全区各级领导班子。2010 年，开展“特贴”专家和“省优”专家选拔工作和全省第一次高层次人才需求情况调查工作。组织区人劳局、教育局、卫生局等 18 个单位做好省高层次人才信息库信息采集、录入和报送工作，确保人才信息的客观、真实。同时，组织处级干部、三类专家、市拔尖人才和特级教师进行体检，累计人数 100 余人次。建立科级后备干部人才库。认真做好科级后备干部民主推荐工作，共有 74 名干部被推荐为科级后备干部，其中正职后备干部 41 名，副职后备干部 33 名。

第六节　老干部工作

2002—2010 年，中共海口市委老干部局琼山分局总共慰问老干部 2870 人次，每年“七·一”党生日、春节，都对老干部开展慰问活动。加大特殊困难老干部的帮扶力度，走访慰问生活困难离休干部 900 多人次，共发放慰问金 110.5 万元。开展老干部义诊活动，每年联合市委老干部局、农工党海口市委在琼山老干部活动中心开展“社区老干部义诊活动”，邀请知名医生和护士为老干部义诊 22 次。开展老干部文体活动，2002—2010 年，先后开展元宵节老年人太极拳、剑，乒乓球和象棋比赛，三八节女子地掷球赛，五一老年人钓鱼、门球邀请赛，迎“七一”老年人地掷球和象棋比赛，迎八一海府地区老干部钓鱼、乒乓球比赛，重阳节老年人门球、地掷球等各类比赛活动 150 场次。2002 年至 2010 年间，组织老干部服务社会，以传统教育报告团为平台，组织身体好、有专长、热心青少年教育工作的老同志深入学校开展党史、国史专题报告 200 场次，引导青少年知党、信党、颂党、永远听党话、跟党走。组织老干部以网吧义务监督为平台，深入全区营业性网吧开展检查监督，累计参加监督活动 5000 多人次。

第四章　宣传工作

第一节　机　构

2003 年 1 月，中共琼山市委宣传部更名为中共海口市琼山区委宣传部。2010 年内设机构有：办公室、文明办、新闻中心、城乡文明建设办公室。人员编制：公务员 6 人，参公编制 3 人，事业编 13 人，工勤人员 1 人。办公地址：琼山区建国路 1 号。挂靠单位：区关工委。

第二节　理论学习和培训工作

2002 年中共十六大和 2007 年中共十七大召开之后，琼山区都及时发文要求各单位要深入贯彻落实会议精神，组织全区掀起学习贯彻落实的热潮。区委、镇（街）、区直机关、企事业单位的主要领导都亲自在专题学习会上作报告、作讲解，学习范围覆盖全区的各级党组织。

2003—2010 年，区委理论中心组每年对中央有关土地法律法规、换届纪律政策、廉洁从政规定、公务用车规定、省委省政府文明大行动决策等进行了 38 次的专题学习和研究，每年都举办 1 次理论研讨会，同时创新建设学习型党组织的方法，开展形式多样的学习活动。邀请省内专家学者给全区党员干部作有关中共党史、学习贯彻中共十七届六中全会精神、国际旅游岛背景下的文明礼仪等内容的讲座。2003 年结合海口行政区划调整，以整顿思想作风为内容，举办科级正职以上党员干部培训班，聘请省委党校教授讲授海口行政区划调整的时代背景、必要性和重要意义，把党员干部的思想统一到党中央、国务院的决策上来，振奋精神建设新琼山，参加培训人数 120 多人。2008 年 10 月，组织区直机关、镇（街）、村（居）委会党组织骨干 150 多人到井岗山干部管理学院脱产培训，接受井岗山革命传统教育，提高党性，勤政为民。2010 年举办全区镇委书记、镇长，街道工委书记、主任、村（居）委会书记、主任参加的《发展镇域经济、促进城乡统筹发展》为主题的培训班，参加人数 120 多人。

第三节 社会宣传

2003—2010 年，琼山区在社会宣传方面主要工作有：开展励志宣传活动。2003 年，以设区挂牌为契机，以“建设新琼山”为主题，在城区、乡镇悬挂宣传横额、出动宣传车巡回宣传等途径，大力宣传海口行政区划调整的重要意义，起到了稳定社会、激励全区人民为建设幸福新琼山而奋斗的良好效果。开展节庆宣传活动。2008 年元旦，利用府城地区 6 条主街道改造竣工通车为契机，以“保稳定、保增长、保民生”为主题，在府城建国路举办大型文艺晚会，省、市领导出席晚会与民同乐，庆祝 2008 年元旦，庆贺琼山建设取得新成就。开展文化宣传活动。2003—2010 年，琼山区在府城举办换花节闹元宵，在城区设立主会场举办文艺晚会、琼剧演出、猜灯谜、舞狮摘青等活动，每年参加闹元宵的居民和游客 20 万人以上，使换花节成为琼山旅游品牌。开展纪念宣传活动。2003—2010 年，每逢建党生日，琼山都以“党在我心中”为主题，举办红书、红歌、红舞进机关、进社区、进学校、进乡村活动。2010 年在三门坡镇大水村举办在希望在田野上——琼山农民唱红歌大比拼活动；在各个学校、社区、农村掀起读红书、跳红舞热潮。并坚持每年“七一”纪念日开展“党在我心中”演讲比赛，创先争优知识竞赛。根据不同时期区委区政府的中心工作，重点工作制作各种宣传栏、广告牌、横幅等，并在主要街道、社区、农村的显著位置悬挂、安放。2003—2010 年，为了配合创建全国文明城市、全国卫生城市、建设百里文明生态村长廊、百里平安长廊、未成年人思想道德建设、建设文化琼山等工作，放映电影 6980 场、琼剧演出 1400 场。

第四节　新闻宣传

2003—2010 年，琼山区新闻宣传主要工作有：每年都精心策划元宵换花节品牌的宣传工作，在新闻媒体上大力推介琼山元宵换花节品牌。自 2002 年 10 月 16 日建区后，对城市建设和旧城改造大造声势，营造浓厚的舆论氛围，推进了城市建设和旧城改造工作顺利进行。2008 年启动朱云片区棚户区征收工作曾引起社会的关注，琼山区积极协调各家媒体，及时准确地给社会和公众发出中共琼山区委区政府的声音，给公众以正确的舆论引导。加大文明生态村建设的宣传力度。琼山区文明生态村的建设成就引起中央、省、市媒体的高度关注，《人民日报》《光明日报》《农民日报》记者进驻琼山文明生态村深入采访。《人民日报》刊登过“鹭鸟天堂田心村”的长篇通讯，《光明日报》刊登过“这里的村民日子过得真滋润”图文并茂的采访文章；《海口晚报》曾在头版头条刊登过展示琼山文明生态村建设成就的长篇报道“绿树成荫鹭鸟飞”，扩大了琼山的知名度和影响力。做好琼山文化与旅游深度融合的有关报道。经过精心策划，在媒体上推出“文化铸魂，旅游竞彩”——琼山区启动“百里最美生态琼山建设”的报道。响应省委省政府发出的“文明大行动”的号召，进行了一系列包括打击违法建筑、整治营运“三车”、曝光不文明行为，整治市场“脏、乱、差”等报道。

据不完全统计，2003—2010 年在中央、省、市主要媒体上发表和播出琼山区的新闻报道共 5000 多条。其中《海南日报》800 多条，海南广播电视台 600 多条，《海口晚报》1500 多条（头版、头条 38 条），海口广播电视台 1300 多条以及其他媒体 650 多条。

第五章　区直机关工委

第一节　机　构

2004 年，琼山区区直机关与企事业工作委员会根据海口行政区划调整，将海口市公安局琼山分局、海口地税局琼山分局、琼山信用联社党委和琼山区粮食局党总支等 7 个单位党组织划转至市直机关。介转 1176 名党员至市直机关及龙华区、美兰区、秀英区。2010 年区直机关与企事业工委人员编制 5 个，实有人数 5 人，其中行政人员 4 人，工勤人员 1 人。下辖的党组织有：机关党委 9 个，企业党委 11 个，直属党总支部 9 个，直属党支部31个。党总支部总数17个，党支部总数262个，党员4396名。

第二节 区直机关党建

学习培训 琼山区于2005年12月初开始开展保持共产党员先进性教育活动。其中，区直属机关与企事业单位62个，企业单位17个。经过思想动员、学习培训、分析评议和整改提高等阶段的工作，完成了先进性教育的各项任务，取得了教育活动的预定成效。

组织建设 2003年，琼山区直属机关与企事业工委完成9个党委、19个党总支、190个支部选举工作，2005年对区档案局等5个机关党支部进行改选；2006年对因人员工作变动的区人大办、文联、科协、中医院、爱卫委等5个党支部及时任命了党支部书记；2007年完成195个党组织换届选举工作；2010年完成全区机关、事业单位换届选举工作；2003—2010年，每年都组织对机关党委、企业党委、直属党总支、直属党支部及企业党支部进行年度考核。

发展党员 2003年吸收新党员60名，2004年74名，2005年70名，2006年65名，2007年71名，2008年72名，2009年68名，2010年95名。

党费收缴 2003年78万元，2004年70万元，2005年65.9万元，2006年60万元，2007年60万元，2008年15万元，2009年34万元，2010年32万元。

第六章 统战工作

第一节 机 构

中共海口市琼山区委统一战线工作部是主管统战工作的职能部门，主要负责民主党派，港、澳、台，宗教等工作。2010年人员编制4人。

第二节 民主党派工作

2004年底制定2005—2008年《海口市琼山区培养选拔党外干部工作计划》和《海口市琼山区民主党派人士“十一五”人才发展规划》，建立党外干部人才库，期间推选33名干部作为党外干部任职的后备人选，有8名党外干部当选省、市、区人大代表，派6名民主党派骨干成员赴中央社会主义学院和广东社科院学习。

2003—2010年，组织民主党派医务人员深入农村义诊50余次，受诊人数2000多人次，共免费赠送药品价值4.17万元。培训基层卫生院、社区卫生服务站医务人员2080人次，捐资8万元为甲子镇谭白村建一个篮球场和装修文化室。民主党派参政议政，共撰写172篇提案和建议，其中6篇获优秀提案奖。捐款4.1万元支援西藏建设，捐款2.6万元资助14名高考特困生。

第三节　港、澳、台工作

做好台湾事务工作，组织宣传《中华人民共和国台湾同胞投资保护法》。2003—2010年，琼山区统战部派员深入万达包装等台资、港资企业了解情况20余次，协调解决项目规划建设、用水、用电问题40多宗，接待台商、台胞、台属、港澳等同胞500多人次。

第四节　宗教工作

2004—2010年，琼山区统战部严格按照国家《宗教事务条例》，重点把好宗教场所、教职人员、宗教活动三个环节的具体管理。编印《琼山宗教事务简报》，定时给区委、区政府主要领导和区有关部门通报宗教工作情况，2003—2010年，共编印简报20多期。采取以会代训的形式对各镇、街道办事处及相关单位的分管领导、干部进行培训，全区共召开涉教工作会议16场（次）。组织宗教工作干部走访各宗教活动场所，对管理人员、教职人员、信教群众进行《宗教事务条例》宣传，进行政策理论、法律法规、爱国爱教、社会责任方面的教育引导。严格落实管理制度，每年都组织检查组对各宗教场所财务公开制度、教务制度、安全制度等方面进行检查、指导，并督促各宗教场所按照民主管理的原则，严格管理，形成了良好的场所管理秩序。保护合法宗教权益，在宗教界开展爱国爱教活动，尊重宗教自由。每逢春节等中国传统节日和伊斯兰教的开斋节、古尔邦节及基督教的复活节、圣诞节等宗教重大节日，都派人到各宗教活动场所开展“慰问送温暖”活动和做好安保工作。期间，共召开宗教人士座谈会8次，上门慰问20余次，发动宗教人士捐款1.29万元慰问区残疾儿童康复中心、光荣院、三门坡敬老院，捐款7000元支援印度洋海啸灾区，为汶川地震捐款5400元。

第十三编
海口市琼山区人民代表大会

第十四编
海口市琼山区人民政府

第一章　机　构

第一节　领导成员构成

一、琼山区第十二届人民政府

2002年12月27日，海口市琼山区第十二届人民代表大会第一次会议在府城召开，选举产生区人民政府区长、副区长。

区　长：林道本

副区长：王　舜　郑作东　王　宁

二、琼山区第十三届人民政府

2006年12月5日，海口市琼山区第十三届人民代表大会第一次会议在府城召开，选举产生区人民政府区长、副区长。

区　长：林甫肆

副区长：邓爱军　王城汉　王　海　王　宁　李兰芝

第十二、十三届琼山区人民政府领导班子

表 14-1-1

机构名称	姓名	籍贯	职务	任职时间
第十二届琼山区人民政府（2002.12—2006.12）	林道本	海南省海口市	区长	2002.12—2005.7
	林甫肄	海南省万宁市	区长	2005.7—2006.12
	冯所民	海南省海口市	副区长	2003.12—2006.12
	王　舜	海南省海口市	副区长	2002.12—2003.10
	李兰芝	湖南省宁乡县	副区长	2004.1—2006.12
	邓爱军	黑龙江省佳木斯市	副区长	2006.1—2006.12
	郑作东	海南省海口市	副区长	2002.12—2003.10
	盖文启	山东省费县	副区长	2004.7—2005.7
	王　宁	海南省海口市	副区长	2002.12—2006.12
	唐文智	海南省文昌市	副区长	2003.2—2003.8

续表 14-1-1

机构名称	姓名	籍贯	职务	任职时间
第十三届琼山区人民政府（2006.12—）	林甫肄	海南省万宁市	区长	2006.12—2007.3
	韩云秋	山东省曲阜市	区长	2007.3—
	邓爱军	黑龙江省佳木斯市	副区长	2006.12—
	王城汉	海南省海口市	副区长	2006.12—2008.3
	韩东光	海南省文昌市	副区长	2008.3—
	龙舒华	安徽省桐城市	副区长	2007.6—2008.7
	王　海	海南省海口市	副区长	2006.12—
	徐　玲	四川省成都市	副区长	2010.7—
	王　宁	海南省海口市	副区长	2006.12—2007.6
	李兰芝	湖南省宁乡县	副区长	2006.12—2007.8

说明：1. 届中选举产生林甫肄为区长，冯所民、李兰芝、唐文智、盖文启、邓爱军为副区长

2. 届中选举产生韩云秋为区长，龙舒华、韩东光、徐玲为副区长

第二节　机构设置

2003 年 1 月撤市设区后，为了理顺区级政府管理体制，琼山区于年初下发《关于琼山区区级党政机构设置的通知》，对区政府进行机构改革，撤销 6 个政府组织部门，政府组成部门从原来 24 个减为 18 个。在精简机构的同时，于 2009 年建立区政府服务中心、镇（街）便民服务中心和村（居）代办点，形成区、镇（街）、村（居）三级政务服务体系。

2003 年琼山区人民政府机构设有政府办公室（挂信访局牌）、安监局、卫生局、财政局、人劳局、农林局、发改局、统计局、审计局、教科局、规划建设局、民政局、文体局、城管局、商务局、司法局、水务局、计生局。设直属部内环卫局、旅游局、地震局、档案局、园林管理局、房产管理局、爱国卫生办公室，均为正科级单位。

2010 年琼山区人民政府机构设有政府办公室（内设外事侨务办公室、督查议案室、应急管理办公室，挂靠单位有：政府法制办公室（挂行政复议办公室牌，均为副科级机构）、发展和改革委员会（挂经济动员办公室牌）、商务局、教育局（挂人民政府教育督导室牌）、科学技术工业信息化局（挂知识产权局、地震局牌）、民政局、司法局（下设区法律援助处和府城镇、云龙镇、龙塘镇、红旗镇、三门坡镇、旧州镇、大坡镇、甲子镇、国兴街道司法所共 9 个派出机构，均为副科级机构）、监察局（与纪律检查委员会机关合署办公，列入政府工作部门，不计政府机构个数）、财政局（挂国有资产管理委员会办公室牌子）、人力资源和社会保障局、住房和城乡建设局（挂人民防空办公室牌）、农业局（内设畜牧兽医局）、水务局、城市管理行政执法局、文化体育和旅游发展局、审计局、卫生局（挂食品药品监督管理局、卫生应急办公室牌）、人口和计划生育委员会、统计局、安

全生产监督管理局；信访局单独设置，为正科级机构，与区委维稳办合署办公，列入区政府机构序列，不计入机构个数。2010年区人民政府直属机关编制（公务员）743人，实有665人。

第三节 施政纪要

琼山区全区生产总值从2003年21.81亿元，至2010年53.65亿元，比2003年增加1.5倍；财政收入从2003年3.51亿元，至2010年13.95亿元，比2003年增加4倍多。

一、坚持改革开放，引进一批大项目

从2002年至2010年，成功引进了红塔卷烟异地技改项目，投资总额11.3亿元；海南佳元房地产开发有限公司投资开发“绿色佳园”“天上人间”“江畔人家”3个商品房项目，总建筑面积100万平方米，总投资40多亿元；海口南北水果批发市场项目，总投资1.6亿元；创办了滨江新城，建设云龙产业园区以及海口明光海航大酒店、海口户外体育休闲中心、威尼斯水庄等一批重点项目。

二、坚持“工业强区”发展战略

在卷烟、机械制造、食品、包装、选矿、制糖等支柱产业拉动下，2010年全区工业总产值29.02亿元，经济贡献率达60%以上，成为琼山的支柱产业。

三、坚持惠农政策

自2006年中央开始采取多项优惠政策扶持农民种粮之后，至2010年5年间，全区共发放粮食直补和农资综合补贴5579.13万元。2002—2010年，投入1.31亿元整治38个田洋，共整治面积8.1万亩，不断改善农业生产条件。利用国债资金和省、市、区配套资金，共投入5013.9万元，建设饮水项目548宗，解决了532个村庄、169210人的饮水难问题。利用国债资金和省、市、区配套资金1240万元，建设沼气入户1.55万户。在惠农政策的扶持下，琼山的“六型”（基地型、加工型、都市型、专业合作型、循环型、设施型）农业得到很大发展，形成了瓜菜、橡胶、荔枝、淮山、胡椒、花卉等六大农业品牌。

四、坚持执行为民理念

坚持教育优先发展。通过建设琼山一小分校，收回振发学校由民办改为公办，缓解了府城地区学位紧张问题。关心弱势群体，着力解决城乡住房、就业等问题，共建廉租房1000套、保障性住房5042套，改造农村危房2462户，城乡低保做到应保尽保，全区开发新增就业岗位65062个。着力解决城乡看病难问题，全区8个镇都建起标准化卫生院，每个社区、村委会都建起社区医院或卫生室，基层卫生服务机构实现城乡全覆盖，新农合参合率达97%以上，居民医保超过98%。建区8年间，投入近30亿元解决民生问题，新增财力60%用于改善民生。

五、主动接受群众监督

琼山区认真办好“12345”政府服务热线，共受理群众热线2483宗，办结2483宗；开展民主评议政府活动，认真查找并整改存在问题；自觉接受区人大、各民主党派和社会各界的监督，认真办理人大代表建议和市政协委员提案，8年间，共办理人大代表建议412件，办复率100%，代表满意、基本满意率达98.6%。

第二章　依法行政

第一节　建立完善办事制度

2003年2月，琼山区政府制订完善《区政府工作规则》《财政性资金审批管理制度》《政府投资项目管理制度》等，进一步健全科学民主的行政决策机制，规范了各种议事规则和程序。同时健全绩效考评机制，于10月底出台了《加强政务督办工作办法》，切实提高行政效能。2003—2010年，区政府办督查组和区委督查室联合开展督查工作，对各年度的区政府各项工作督查督办抓落实。

第二节　建立区政府服务中心

2009年7月，琼山区成立区政府服务中心，在府城镇文庄路20号设立服务大厅，服务事项达87项，由相关部门联合办公，一条龙服务。2009—2010年，便民服务达9109件（次）。

第三节　效能考核

2003—2010年，琼山区在各个年度的年初，根据琼山经济社会发展实际，制定各项发展指标，包括经济发展目标，为民办实事、基础设施建设、省市重点项目、土地征收、拆迁、区重点项目、三农工作、文明生态建设等内容分解到部门、镇、街道，年终由区效能办（区监察局内设机构）牵头组织考核，评出若干先进单位。不完成考核任务的，则实行问责。8年间，评选优秀单位（镇、街道）128个次，良好单位232个次，达标71个，不达标51个次，诫勉谈话102起（次）。

第四节　信访工作

2003—2010年，按照“属地管理、分级负责”和“谁主管、谁负责”的原则，认真受理群众来信来访，加大转办、催办、督办工作力度，敦促协调各相关单位认真处理、解决，并将处理结果回复，努力提高信访信件回复率，做好信访人思想沟通工作。8年共受理群众来信来访2480件（7540人次），接待、登记、转办、交办信访事项2370件（重访210件），转办率达100%。共承办上级有关部门和区领导交办的信访事项820件，办结710件，办结率86%。协调处理重要信访事项，督办省、市领导交办的信访事项550件，办结520件，办结率94.5%。重点处置重信重访事项260件，办结260件，完成任务达100%。重点处置省访、市访等群体性事件共124件，化解112件，化解率91.6%。协助区维稳办公室开展矛盾纠纷排查活动418次，其中每月例行矛盾纠纷排查各1次。为迎接市委、区委书记大接访活动、做好春节、“七一”、“十一”国庆节、博鳌亚洲论坛和“金砖五国会议”、区党代会等会议期间各类矛盾纠纷的全面排查，共16次。共排查出各类矛盾纠纷469件，在全区各镇（街道办）、各直属单位的大力支持下，成功协调处理59件，调解成功率85.5%；排查历年积案60件，已化解办结积案的30件，稳控30件。

第三章　海外华侨、华人及港澳台同胞事务

第一节　概　况

琼山区是海口市的重点侨乡之一，2010年定居海外华侨、华人、港澳台同胞16.8万人，归侨侨眷9.8万人。海外侨胞主要分布在东南亚各国，泰国人数最多，达10多万人，旅居美国3.5万人、加拿大1万人、澳洲1.5万人和欧盟各国1.8万人。旅居海外的华侨华人大多事业有成，他们热爱祖国、热爱家乡，携妻带子相继返乡，探亲访友，寻根问祖，投资兴业，慷慨捐资建学校、医院，建乡村道路和建设文明生态村等。

第二节　投资建设与捐助家乡

2003—2010年，港澳台同胞及旅居海外的华侨企业家投资项目建设共5.3亿元。侨胞助学1000多人，支持文明生态村建设200多万元。2008年10月资助4.4万元给琼山区侨

联筹资购买接待公务车 1 辆，其中，华侨王禄生乐捐 1.5 万元，华侨王统宇乐捐 1 万元，华侨吴钟伟乐捐 9000 元，华侨林师洲乐捐 5000 元，华侨王道文乐捐 5000 元。

第三节　事　务

2003 年 3 月，琼山侨联 3 名负责人参加博鳌第八届世界海南乡团联谊会；2004 年 9 月，2 名负责人赴新加坡参加海南会馆成立 140 周年纪念大会；2005 年 3 月，琼山侨联一行 5 人赴新加坡、马来西亚访问新加坡海南会馆、马来西亚海南会馆；2007 年 8 月，琼山侨联 2 名负责人带领琼山一行 9 人赴文莱参加第十届世界海南乡团联谊会；2007 年 10 月，琼山侨联 2 名负责人赴泰国访问泰国海南会馆；2009 年 7 月，琼山区侨联与泰国海南林氏宗亲会缔约友好侨社团；2009 年 10 月，琼山侨联一行 3 人赴新加坡参加第十一届世界海南乡团联谊会；2009 年 12 月，琼山侨联一行 3 人访问泰国海南林氏宗亲理事会。

第十五编

民主党派　社会团体

第一章 民主党派

第一节 中国国民党革命委员会琼山区总支

1986年10月成立中国国民党革命委员会（简称民革）琼山县支部，林诗魁当选为支部主任委员，1994年4月琼山撤县设市改称民革琼山市支部，2003年1月改称民革琼山区支部，2005年7月支部改称总支部，设在琼山老干部活动中心6楼。会员39人，主要分布于琼山区一些中、小学校及机关单位。至2010年，历任主任委员的依次是：林诗魁、周斗光、吴周松、符强、肖敏。历届当选琼山县人大代表、政协委员的有：林诗魁（政协副主席）、董曼玲（人大常委）、周斗光（政协常委）、吴周松（政协常委）、倪转姑（政协委员）、舒山（政协委员）、邓建华（政协委员）等。2005年7月肖敏任主委后，海口市政协委员有丁竹、肖敏、刘玉。至2010年，民革琼山总支向政府有关部门提交8个提案，履行参政议政职责，开展各种形式的组织生活，慰问关心老同志。每逢孙中山先生诞辰纪念日，支部都举行纪念活动，同时积极做好去台人员第二、第三代后人的联系工作，促使他们积极回乡探亲观光和投资办实业。

第二节 中国民主同盟琼山区总支

1994年4月中国民主同盟（简称民盟）琼山县支部改称民盟琼山市支部，2003年1月改称琼山区支部，在册盟员16名。2004年3月，由原民盟海口市经贸支部分出20名盟员并入琼山区，并更名为民盟海口市经贸二支部，支部主委蔡铁，副主委何永松。民盟海口市经贸二支部并入琼山区后，于2004年4月11日成立民盟海口市琼山区总支，总支主委覃世斌，副主委王英、蔡铁。民盟琼山总支成立时在册盟员共48名，下辖4个支部：府城中学支部、经贸二支部、综合支部、省技工学校支部。2007年10月27日，总支各支部届满换届。截至2010年3月，总支共有盟员72名，其中，教育界占34%，经济贸易界等占66%，成员大部分以中级以上职称为主。区盟总支现有市政协委员5名，分别是覃世斌、蔡铁、陈学博、红峰、符敬浓，区人大代表方慧玲，市、区法院陪审员4名。

至2010年，总支的市政协委员共向市政协提交提案51件，区人大议案8件。政协委员蔡铁自2007—2010年两会期间，共向市政协提交提案34件，被媒体《海南日报》《海口晚报》、海口广播电视台等9家媒体关注，截至2010年2月，已报道有关提案内容及对个人采访报道55件次，2009年2月23日被海口晚报誉为《两年提交20件提案蔡铁：市政协提案“第一人”》报道。2005年4月29日，总支副主委蔡铁组织经贸界盟员代表，为做好“海洋经济发展之路”课题，深入西沙永兴岛进行考察，就合理开发利用海洋资源、促进海南省海洋经济长足发展积极建言献策。2008年5月23日，总支响应盟市委“农村教育烛光行动”的部署，总支主委覃世斌组织琼山总支盟员一行25人赴定安县中瑞农场母瑞中学进行支教活动，实行送教帮扶和学术交流。2008年1月23日，民盟琼山总支劳务输出课题组王英、蔡铁、方慧玲、林日源等一行4人，带着琼山区推广劳务输出的可行性调研课题赴广州、东莞、深圳等地进行工作调研，蔡铁委员在“两会”期间撰写改善农民工的《关于加强海口地区农民工劳务输出技能培训的建议》提案，调研成果受到市政府有关部门的重视，成效明显，海口广播电视台一套海口新闻进行了报道。

第三节　中国民主建国会琼山总支

1990年3月成立中国民主建国会（简称民建）琼山支部，会员7名，主任委员云大萍。1998年6月换届，柯金成任主委、会员20名。1998年3月，成立民建琼山市委筹备组，由柯金成任组长。2001年12月，经民主选举，郑慧卿当选为筹备组组长，下设2个支部。2007年改选，由邓爱军任组长。2010年成立中国民主建国会琼山区总支，会员51名，下设3个支部，由王子健任主任委员。

民建琼山区总支在参政议政活动中，至2010年，共向市、区政府相关部门提交20个提案，涉及经济建设、文明生态建设，改善民生等领域，均被采纳。

2003—2010年，组织会员慰问敬老院和孤儿院8次，组织会员捐款5万多元开展助残、援藏、汶川大地震、送光明下乡和帮助贫困失学的学生等活动。

第四节　中国民主促进会琼山区委

1986年2月5日，建立中国民主促进会（简称民进）琼山县支部，会员11人。1989年6月3日成立民进琼山县委，并召开民进琼山县第一次会员大会，选举产生民进琼山县第一届委员会，会员48人，同年9月设立机关办公室，编制1人。1992年5月23日，召开民进琼山县第二次会员大会，选举产生民进琼山县第二届委员会，会员54人。1994年1月琼山县撤县设市，民进琼山县委更名为民进琼山市委。1996年12月7日，召开民进琼山市第三次会员大会，选举产生民进琼山市第三届委员会，会员68人。2001年12月

21日，召开民进琼山市第四次会员大会，选举产生民进琼山市第四届委员会，会员75人。2003年1月1日，民进琼山市委改称民进琼山区委，编制2人。2007年1月14日，召开民进琼山区第五次会员大会，选举产生民进琼山区第五届委员会，会员86人。

2010年，民进琼山区委设在琼山区委干部活动中心6楼，有基层支部6个，会员97人。民进琼山区委历任主委吕钟英、刘立人、李育湘（女）。2010年主委符约明，副主委林小容（女）、杨美英（女）、吴书生（专职）。

民进琼山区委加强自身建设，积极参政议政，热心社会服务。2003年后，多次组织会员骨干或新会员参加各级学习培训，增强了全体会员参政意识，每年组织参政骨干到乡镇开展调查研究，撰写提案或建议，向市"两会"和上级组织共提交62份提案或建议，得到有关部门的重视和采纳，有些受到《海南日报》《海口晚报》等新闻媒体和人民网、腾讯网等网站的关注。2009年12月被民进省委授予"海南省参政议政先进地方组织"称号，2007—2009年被民进市委授予"参政议政先进集体"称号。2010年，多次到乡镇的贫困学校开展教学咨询和扶贫助教活动，除了送课外，还送去教学器材、图书、学习文具和助学金等，筹措8万元资金，为甲子镇谭白村建一个篮球场、装修文化室和旧州龙头村道路建设。

第五节　中国农工民主党琼山区总支

中国农工民主党（简称农工党）琼山县组织在1980年12月成立时，是海南行政区县一级最早成立的农工党地方组织机构——农工党琼山县小组。

农工党琼山组织的第一位党员是吴季泽，1957年6月入党。1983年5月农工党琼山县小组改设为琼山县支部。1998年改设为琼山市总支。

农工党琼山组织历届全会：1983年第一届全会；1990年12月第二届全会；1995年12月第三届全会；1998年10月第四届全会；2001年1月第五届全会；2007年1月第六届全会。历届领导成员有：主委：吴季泽（1983—1990）、王禄仲（1990—1998）；副主委冯若凡、王曼（2001—2007）；主委吴清壮（1998—2010），副主委朱晓梅、毛新龙（2007—2010）。

2010年，农工党琼山总支设在海口市琼山人民医院内，有基层支部3个，党员58人，其中高级职称14人、中级职称11人、科级干部3人。党员中有市人大代表1人、市政协委员1人、区人大常委1人、区人大代表1人，历届任职省政协委员1人，琼山市政协副主席1人。

1993—2010年琼山总支连续15年被农工党海南省委评为"先进集体"；2006年12月被农工党中央委员会评为"为全面建设小康社会作贡献先进集体"；2003年党员吴川海、

尹吉标被评为“农工党全国抗击‘非典’先进党员”；2005年女党员冯若凡、施妙萍被授予琼山区“巾帼妇女”称号；2004年党员腾昭智见义勇为、勇斗窃贼的事迹被《海口晚报》《南国都市报》广为宣传；2003—2010年，农工党琼山区总支共组织义诊人数1万余人次，捐款、捐物、捐药价值3万余元，定点扶持琼山云龙卫生院、琼中湾岭卫生院；为“两会”（人大、政协）提交提案、建议30余件，其中党员王禄仲《治理罗牛山养猪场污染》的提案获省政协优秀提案。

第六节　中国致公党琼山区总支

1990年中国致公党（简称致公党）琼山总支为致公党海南省委直属第四支部，人数7人。1992年6月成立第一届致公党琼山县支部。选举张振美担任主委。1998年人数13人，选举许少敏为琼山支部第二届主委，张振美、许帮应为副主委。2001年第三届委员会召开，许少敏继续当选主委，许帮应、欧大畅当选为副主委，符婕珍、陈娟当选为委员，人数13人。2003年1月，致公党琼山市支部改称致公党海口市琼山区总支部，人数31人，2004年1月4日进行换届选举，欧大畅当选为主委，许帮应、陈川义当选为副主委，陈娟、王嗣兴、傅琴当选为委员，总支下设第一、第二2个支部。2006年11月18日致公党海口市琼山区总支部第二次大会召开，欧大畅再次当选为主任委员，许邦应、陈川义当选为副主任委员，陈娟、傅琴、王嗣兴当选为委员。2010年，致公党琼山总支设在琼山老干部活动中心6楼，会员共32名。

2003—2010年，致公党琼山总支共7次分别获得致公党市委、省委、中央先进个人及集体奖励，其中有5人获市委先进党员、2人获省委先进党员光荣称号，欧大畅主委被评为中国致公党中央2005年全国先进“优秀组织”工作者，许帮应副主委当选市人大代表，欧大畅主委为政协海口市第十一、十二届委员会委员，2007年2月当选为海口市琼山区第十三届人民代表。认真履行参政议政职能，其中分别在政协海口市第十一届、第十二届会议上提交的提案：《关于加强我市学校周边小食摊点管理的建议》《关于开通学校公共交通专线的建议》《关于建立海口药谷公共技术服务平台的建议》《关于整合检验检测资源、确保食品药品安全的建议》等得到中共海口市委主要领导的高度重视并作出重要批示。

第七节　九三学社琼山区总支

1994年10月，九三学社琼山市支社成立，2006年8月成立九三学社琼山基层委员会。1994年10月5日，第一次社员大会召开，选举产生九三学社琼山市支社第一届委员会，主委刘汉章、副主委陈赞东，委员李际性。1997年7月25日，第二次社员大会召开，出席大会的社员有 24 人，大会选举李际性为第二届主委，戴俄传、胡少敏为副主委，刘爱英、刘丹为委员。2001 年 11 月 16 日，第三次社员大会召开，出席大会的社员 33 人，李际性继续当选主委，戴俄传、胡少敏为副主委，刘爱英、刘丹、符智深为委员。2006 年 8 月 24 日，第四次社员大会召开，出席大会社员 38 人，胡少敏当选主委，李德明、黄芬茹当选副主委，符智深、王少雄、刘洁玲、周蓉、蔡文燕、刘爱英当选委员。

2010 年，九三学社琼山基层委员会设在琼山区老干部活动中心 6 楼，有基层支社 3 个，社员 43 人，其中高级职称 22 人、中级职称 21 人。支社先后有 6 位社员是原琼山市第三至六届政协委员。

1994—2010 年，九三学社琼山市支社通过琼山市政协提出的提案、意见和参与提案 23 件，提案、意见涉及到医疗卫生、教育、科技、经济、环保等方面。

至 2010 年有 11 名社员被九三学社海南省委评为先进社员，5 名社员被九三学社海南省委评为先进社务工作者，1 名社员被评为原琼山市“十佳医务工作者”。支社被社省委评为 1997-1999 年度“先进集体”；获社中央 2002 年“九三学社全国科教服务、支边扶贫先进集体”、2006 年获“九三学社全国社会服务工作先进集体”表彰。

第八节　台湾民主自治同盟琼山总支

1985 年 7 月 27 日成立台湾民主自治同盟（简称台盟）琼山县小组，谢荣盛任组长。1993 年 6 月成立台盟琼山县支部，召开第一次全体盟员会议，选举谢明三为支部主任委员。1994 年改称台盟琼山市支部，1996 年 5 月召开第二次全体会议，选举谢明三任支部主任委员。1999 年 10 月召开第三次全体会议，选举谢明三任支部主任委员，期间谢明三任政协琼山县第三、四届常委、政协琼山市第五届常委。2006 年月 12 日召开第四次全体会议，成立台盟琼山区总支部，选举产生台盟琼山区总支部委员会，谢明三任主任委员，下设 2 个支部，有盟员 22 名，其中有市政协委员 1 名。2010 年有盟员 28 名，区人大常委会成员 1 名，市人大代表 1 名。

台盟琼山总支设在琼山区老干部活动中心 6 楼。2003—2010 年，共开展联谊活动 8 次，参加人数 500 多人次；接待台胞来访 30 多次，人数 600 多人；组织会员向汶川大地震灾区、助学、助残等捐款 10 多万元，向政府相关部门提交保护台商利益、促进两岸交流提案 6 份。

第二章　社会团体

第一节　琼山区总工会

一、机构

2003年1月，琼山市总工会改名为琼山区总工会。2010年有工作人员17名。内设办公室、组宣部、生产部、维护部、女工部和经费审查委员会，下辖琼山区工人文化宫、琼山区职工学校和全区9个镇（街道）总工会、中国教育工会海南省海口市琼山区委员会等基层工会组织共有503个，会员3.12万人。

二、代表大会

2003年1月前，琼山市（县）总工会共召开过11次代表大会，2003年1月后召开过2次代表大会。

海口市琼山区工会第十二次代表大会，2003年12月9日在府城召开，甘立义作题为《努力实践“三个代表”重要思想，团结动员全区职工为全面建设小康社会而努力奋斗》的工作报告。会议通过甘立义所作的工作报告，选举产生琼山区总工会第十二届委员会和经费审查委员会，甘立义当选为主席，冯锡钰、韦含花、周英花（女）当选为副主席，何敦德当选为经费审查委员会主任。

海口市琼山区工会第十三次代表大会，2009年1月15日在府城召开，翁琼清作题为《服从和服务于区委中心工作，动员广大职工为推动琼山经济社会又好又快发展而努力》的工作报告。会议通过翁琼清所作的工作报告，选举产生琼山区总工会第十三届委员会和经费审查委员会，翁琼清当选为主席，朱晓梅（女）、黄菊容（女）当选为副主席，黄菊容（女）当选为经费审查委员会主任（兼）。

三、活动

建立基层工会。按照“组织起来，切实维权”的方针和“扩大覆盖面，增强凝聚力”的要求，大力抓好新社会组织和经济组织的工会组建工作，使琼山区基层工会数从2003年的305家、会员2.1万人至2010年503家、会员3.12万人。

宣传教育。各级工会通过多种形式，教育和引导职工树立正确的社会主义荣辱观，自觉弘扬社会公德、职业道德、家庭美德。开展以《劳动合同法》为主要内容的劳动法律、法规和《工会法》的宣传教育，增强职工的法制观念，引导职工坚持通过合理合法渠道表达利益诉求。2003—2010年，每逢“6·26”禁毒日、“12·4”法制宣传日都分别在工人文化宫门口和三角公园等处开展大型的禁毒宣传和法制宣传活动。通过悬挂横幅、发放宣传资料等开展“职工拒绝毒品零计划”活动和开展《中华人民共和国工会法》《中华人民共和国劳动法》《中华人民共和国劳动合同法》宣传活动。

开展送温暖活动。关心困难职工，为职工办实事办好事，为职工排忧解难，关心劳模。组织开展“金秋助学”活动，帮助困难职工子女圆“大学梦”。响应省总工会的号召，在全区广泛开展由工会主导、职工、企业参加的“共同约定行动”和“应对危机保增长，海南工会有行动”活动，深入企业了解企业、职工生产、生活情况，以“保岗位、保工资”为重点，开展“双关爱、双善待、双依靠”活动。帮助扶持下岗职工和农民工做好技能培训和创业培训，扶持自主创业。加强职工民主管理，做好厂务（校务、医务）公开工作。

开展丰富多彩的职工文体活动。每年“五一”国际劳动节、“十一”国庆节都组织职工开展游园活动和举办职工男子九人排球赛。组织职工编排节目参加省总工会、市总工会组织的职工文艺汇演，丰富了职工群众的文体生活。

第二节　共青团琼山区委员会

一、机构

2002 年，共青团琼山市委员会有工作人员 10 名，设书记 1 名，副书记 3 名，内设办公室、组织宣传部、学校和少年先锋队工作部、青年工作部。2003 年 1 月，改称共青团琼山区委员会，内设办公室、组宣部、学少部、青工部，有工作人员 8 名，设书记 1 名，副书记 2 名。2010 年，共青团琼山区委员会有工作人员 5 名，设书记 1 名，副书记 2 名，内设机构不变。

2004 年，团区委被团省委授予“海南省五四红旗团委”；2005 年，被团市委评为“海口市先进团组织”；被区委区政府评为年度工作三等奖。2006–2008 年，连续三年被团省委评为“海南省共青团工作创新奖”；被区委区政府评为“综合一等奖”。2007 年，被团市委评为“海口市五四红旗团委”。

2008 年，被团中央评为“全国团建先进县（市、区）创建单位”；代表海南省在山东淄博举行的“全国未成年人思想道德建设”现场会上做《依托文明生态村资源，建设新农村未成年人教育体验基地》的经验介绍，同年被团省委评为“海南省五四红旗团委”；被团市委评为“海口市青年志愿者先进单位”。2009 年，被团中央评为全国团建先进县（市、区），并定为“全国共青团基层团组织建设和基层工作试点单位”和“全国少先队基层组织建设试点单位”；被省委组织部和团省委定为“全省党建团建示范区”。

二、基层团组织

2002 年，共青团琼山市委员会辖 26 个乡镇、230 个村（居）委会和 230 个村级团组织。其中 26 个镇级团委、区属中学校和企业团支部 58 个。2003 年 1 月，团区委辖 8 个镇、1 个街道和 94 个村级团组织，其中 8 个镇级团委、1 个街道团工委、29 个区属中学和企业团支部。2010 年，团区委辖 8 个镇、1 个街道、94 个村级团组织，其中 8 个镇级团委、1 个街道团工委、33 个区属中学校和企业团支部。

三、团员代表大会

（一）琼山市第十四届团员代表大会。2002 年 10 月 25 日召开，会期一天，应出席代表 116 人，实际到会 109 人，列席、特邀代表 25 人。团琼山市委书记张东鹏代表琼山市第十三届执行委员会作《高举理论旗帜，实践“三个代表”，带领全市青年团结拼搏为开创琼山发展新局面而努力奋斗》的工作报告。会议选举产生张东鹏等 25 名为共青团琼山市委员会委员。第十四届执行委员会第一次会议选举张东鹏、梁崇忠、林波、郑涛、吴建芳、林春、郑友蛟、冼心雄、吴乾湘 9 人为共青团琼山市委员会第十四届执行委员会常委会委员，选举张东鹏为书记，梁崇忠为副书记。

（二）琼山区第十五届团员代表大会。2007 年 1 月 16 日召开，会期半天，应出席代表 121 人，实际到会 117 人，列席、特邀代表 18 人。团琼山区委书记梁崇忠代表琼山区第十四届执行委员会作《落实科学发展观，团结带领全区团员，为建设富裕文明和谐新琼山奉献青春》的工作报告。会议选举产生梁崇忠等 28 名为共青团琼山区委员会委员。第十五届执行委员会第一次会议选举梁崇忠、何坤、洪燕、郑涛、廖俊玲、林春、俞亚深、王斌、林欢、郑飞凯 10 人为共青团琼山区委员会第十五届执行委员会常委会委员，选举梁崇忠为书记，何坤、洪燕为副书记。

（三）琼山区第十六届团员代表大会。2010 年 3 月 31 日召开，会期半天，应出席代表 105 人，实际到会 101 人，列席、特邀代表 16 人。团琼山区委书记孙副林代表琼山区第十五届执行委员会作《求真务实锐意进取，以科学发展观引领团员青年，为建设富裕文明新琼山奉献青春和力量》的工作报告。会议选举产生孙副林等 25 名为共青团琼山区委员会委员。第十六届执行委员会第一次会议选举孙副林、黄子松、李春怡、廖俊玲、陈磊、唐慧波、王科智、甘平、曾定丽 9 人为共青团琼山区委员会第十六届执行委员会常委会委员，选举孙副林为书记，黄子松、李春怡为副书记。

四、主要工作

开展志愿服务。2003—2010 年，团琼山区委始终把开展志愿服务工作放在第一位，以“树立青年志愿者服务品牌”为抓手，以各类志愿服务主题活动为切入点，积极实施琼山区志愿者服务的“名片工程”。2003 年琼山区的青年志愿者工作以“文明在琼山，志愿在身边”为主线，积极探索将志愿者专长和服务时间相结合的长效工作机制。通过拓宽志愿服务内容，提升整合资源能力，建有重点项目服务队、防灾抢险服务队、禁毒服务队等 22 支专项服务队伍，注册志愿者超过万人。全年开展志愿服务活动 40 余次。2005 年团区委以“志愿者服务长效化”为理念，根据攀丹社区的实际情况，联合海口经济学院志愿者协会精心打造的一项志愿品牌服务项目，采取“志愿者周末下社区”的方式，通过长期的开展特色活动，灌输给孩子们团结友爱、孝敬长辈、尊师重教、尊老爱幼等传统道德理念，培养他们文明礼仪的习惯，从而让志愿者服务渗透到社区，带动孩子们的家长及社区的其他居民，共同营造文明礼仪，团结互助的和谐社区氛围。2007 年，团区委通过在海南师范大学募招志愿者为社区义务辅导员，在大园社区组织开展“爱心助成长”支教服务活动，创建帮老助残、支教助学、禁毒宣传、卫生保健等一系列社区志愿者服务的品牌。每周末组织志愿者走进社区，为小学生进行文化知识、人际交往、亲情培养、道德认知方面的教育辅导，引导广大少年儿童刻苦学习、勤奋求知、树立正确的人生观、价值观。共开展系列活动 15 次，参与服务人数 300 人次。2010 年，团区委继续加大投入，以“五大工程”整治、创建文明城市为契机，结合社区特色，先后开展了“捡起身边的垃圾，干净一片土地”“讲文明，树新风”“奉献爱心，服务社会，锻炼自我”“携稚手，传友爱”等 23 项志愿者服务活动，获得媒体、群众的好评。

服务青年就业创业。2003—2010 年，团区委以农村青年为主，把服务青年就业创业作为推动琼山共青团工作的着力点，从技术、信息、项目、资金、培训等方面入手，全力推动农村青年就业创业工作。2005 年，团区委成立以团琼山区委书记任组长，各镇（街）团委书记为成员的工作领导小组。制定了《团琼山区委服务青年就业创业工作方案》，明确了工作目标，制定了工作措施，并认真组织实施。2008 年团区委根据政府有关部门出台的一系列青年创业贷款政策和贴息政策，主动与海南省农村信用合作社等金融机构沟通联系，结合海南省小额贷款工作的相关规定，制定下发了《共青团琼山区委关于进一步完善青年创业小额贷款工作的意见》。全区各基层团组织，全力配合海南农信社驻琼山区的 12 名信贷员小额贷款的宣传发动工作和金融知识培训。2010 年，全区各级团组织共举办团干部小额贷款培训 4 期和农村青年金融知识培训班 5 期，培训团干部 113 人、农村青年 980 人，共指导、帮助 139 名创业青年申请到贷款 533.57 万元。

加强未成年人思想道德建设。2003—2010 年，团区委联合琼山区 10 多个职能部门，建立了海瑞故居、李硕勋烈士纪念亭、冯白驹故居、云龙红军改编旧址、九一八国耻纪念碑、红旗镇王伯伦纪念亭、刘秋菊烈士纪念园、红色少年连旧址等 10 个爱国主义体验教育基地，每年都组织少先队员到爱国主义教育基地开展扫墓、听老红军讲革命故事、入团宣誓、入队宣誓、“缅怀革命先烈，弘扬民族精神”“八荣八耻”讨论为主题的爱国主义教育活动。8 年间，团区委共组织爱国主义教育活动 100 场次，参加人数达 6 万多人次。2005 年，团区委组织团员、少先队员到敬老院、儿童康复中心等实践体验教育基地开展尊老爱幼、扶贫帮困体验活动，引导未成年人弘扬尊老爱幼、扶贫帮困、团结互助的友爱精神。红旗中心小学与红旗敬老院，旧州中学与旧州敬老院，甲子中心小学与甲子敬老院挂钩形成对子，经常组织学生开展活动。从 2008 年起，团区委与区教育局、区关工委联合办好家长学校工作。截至 2010 年，全区已成立 25 所家长学校，取得很好的教育效果。

2009 年，团区委联合琼山消防大队建立琼山青少年消防安全体验教育基地，广泛开展消防安全体验教育活动。琼山消防大队专门为琼山区中小学生开设了未成年人消防安全教育课程，深入全区中小学校开展消防安全教育活动，制作大型消防安全宣传栏巡回展出，完善模拟火灾发生、报警、灭火、逃逸设施，接待青少年学生参观、实践、体验活动。全年在琼山中小学校上消防宣传课 80 场次，接收少年儿童参观体验出警、灭火、逃逸实验 65 场 5000 人次，使广大少年儿童增强消防安全意识和自我保护能力。

第三节　琼山区妇女联合会

一、机构

2002 年，琼山市妇女联合会（简称妇联）有工作人员 10 名，设主席 1 名，副主席 3 名，内设办公室、权益部、儿童部。2003 年 1 月，改称琼山区妇女联合会，内设办公室、权益部、儿童部，有工作人员 10 名，设主席 1 名，副主席 2 名。2004 年，琼山区妇联有工作人员 6 名，设主席 1 名，副主席 2 名，内设机构未变。2005 年，琼山区妇联有工作人员 6 名，设主席 1 名，副主席 2 名，内设机构未变。2010 年，琼山区妇联有工作人员 8 名，设主席 1 名，副主席 2 名，内设机构有办公室、权益部、儿童部、组织部。

2005 年，被评为全国“双学双比”先进集体；被海口市评为先进妇女组织、“社会治安综合治理”先进单位；被海口市妇联评为“美德在农家”活动先进集体、“巾帼志愿者”活动先进集体；被区评为“档案工作先进单位”。2007 年，被海口市妇儿工委评为海口市实施妇女儿童发展纲要、规划先进集体；被区评为“禁毒工作先进单位”；区妇联会“巾帼文明示范村”创建点红旗镇本立村被授予全国“巾帼文明示范村”；琼山第三小学、甲子镇新民小学分别被全国妇联、教育部授予“全国优秀家长学校”、“全国流动人口子女农村留守儿童示范家长学校”荣誉称号。2008 年抗震救灾获得全国妇联评为先进单位。2009 年，被全国妇联评为基层组织建设示范区，被全国妇联和教育部授予全国家庭教育工作示范区，被区委区政府评为禁毒工作先进集体。

二、基层妇联组织

2002 年，琼山市妇联辖 26 个乡镇、230 个村（居）妇代会和 2180 个妇女小组。建立女职工委员会 5 个，非公有制经济和妇女领导联谊等妇女组织 15 个，妇委会 43 个。2003 年 1 月，区妇联辖 8 个镇和 1 个街道办事处，43 个区直机关企事业妇委会、94 个村（居）妇代会。2004—2010 年，区妇联共辖 8 个镇 1 个街道办事处，43 个区直机关企事业妇委会、94 个村（居）妇代会和 890 个妇女小组。

三、妇女代表大会

（一）琼山区第十次妇女代表大会。2004 年 11 月 29 日召开，会议为期 1 天，代表

128 人，实际到会 117 人，列席、特邀代表 22 人。区妇联主席周瑞兰代表区妇联九届执行委员会作题为《适应新形势创造新业绩在加快琼山发展步伐中实现妇女的新发展》的工作报告，选举产生周瑞兰等 23 人为海口市琼山区妇联第十届执行委员会委员。十届执行委员会第一次会议选举周瑞兰、林卫华、陈晓娉、郑慧卿、冯青萍、杜梅英、陈玉美、陈芳、周英花 9 人为海口市琼山区妇联第十届执委常委会委员，选举周瑞兰为主席，林卫华、陈晓娉为副主席。

（二）琼山区第十一次妇女代表大会。2010 年 4 月 8 日召开，代表 108 人，实际到会 105 人，列席、特邀代表 19 人。区妇联主席林鸾代表区妇联十届执行委员会作题为《坚持科学发展观，与时俱进、开拓创新，引领全区妇女为建设和谐、富裕、文明新琼山而奋斗》的工作报告。大会选举产生林莺等 21 人为海口市琼山区妇联第十一届执行委员会委员。十一届执行委员会第一次会议选举林鸾、冯文燕、林静、王小燕、陈宇、冯若凡、黄菊容、林秋霞、姚翠玉 9 人为海口市琼山区妇联第十一届执行委员会常务委员会委员，选举林鸾为主席，冯文燕、林静为副主席。

四、主要工作

“五好文明家庭”创建活动。2003—2010 年，琼山区妇联始终把创建“五好文明家庭”活动作为日常工作的重心，做到有计划、有布置、有检查、有总结表彰。2003 年，认真贯彻落实《公民道德建设实施纲要》，启动全区“五好文明家庭”的创建活动。当年中秋节期间表彰 125 户“五好文明家庭”，并从中挑选府城镇的郑碧霞家庭等 3 户报送市妇联参加评选。2004 年，抓好“美德在农家”示范点的选址和创建工作。6 月，区妇联通报表彰 42 名在子女教育、家庭建设、邻里关系、倡导良好家风等方面发挥突出作用的“优秀家长”，其中 2 名获得省妇联的表彰。2004 年母亲节，区妇联评选表彰“好母亲”44 名。2006 年，深入开展“五好文明家庭”“美德在农家”“平安家庭”“绿色家庭”创建活动，充分利用家长学校、农业技术培训学校等阵地，向广大家庭成员传授家庭教育、卫生保健、2001 年 4 月 28 日新颁发的《中华人民共和国婚姻法》等知识，在全区树立科学、文明、健康的家庭新风。评选表彰“好母亲”85 名。

2007 年，在红旗镇本立村评选表彰“五好文明家庭”38 户、“五好文明家庭标兵”10 户、“平安家庭”示范户 20 户、“美德在农家”示范户 10 户。2008 年，与区文明办联合表彰吴莉娟等 54 户“五好文明家庭”，举办首届“妇女发展与儿童成长”论坛暨表彰大会，区三套班子领导出席会议，并为受表彰的家庭颁奖。2009 年，推荐 9 户和谐家庭上报市妇联，全区共创建“平安家庭”1600 户。2010 年，区妇联在召开纪念“三八”国际妇女节 100 周年暨“五好文明家庭”表彰大会上，共有 23 户家庭受到表彰，有 9 户家庭受到市妇联表彰。

开展“巾帼建功”“双学双比”活动。2003 年开展“巾帼建功”活动，主要内容是鼓励农村妇女破除因循守旧的思想，树立起大市场、大农业观念。2005 年开展“双学双比”

活动，主要内容是组织妇女学习农业实用技术，学习法律知识，鼓励妇女走科技致富道路，至 2010 年，这两项活动从未间断过。大坡镇黄秋霞、红旗镇郑少英 2 个示范基地和旧州镇吴桂汝、云龙镇黄梅菊 2 户示范专业户被市妇联分别授予“巾帼科技致富工程”示范基地和示范专业户。2005 年全区有 800 名妇女在建功产业活动中走上科技致富道路，2006 年林洁兰等 5 人被市妇联授予农村“双学双比”活动女能手称号，王玲、黄秋霞被全国妇联授予农村“双学双比”活动女能手称号。2009 年三门坡镇龙鳞村被全国妇联授予“巾帼文明示范村”光荣称号。

维护妇女合法权益。2003 年，先后成立了法律援助中心和妇女权益保障委员会以及依法治理领导小组。在“三八”节期间，牵头区司法局、工商局、人劳局、卫生局等部门利用宣传车在府城各主要街道巡回宣传《中华人民共和国妇女权益保障法》《中华人民共和国劳动法》《中华人民共和国婚姻法》等法律法规，还深入到部分村镇进行宣传教育；参加区法院关于妇女权益案件审理 2 宗；为妇女提供司法援助 11 人次。2004 年，全年共接待来访妇女 165 人次，反映问题 58 宗，已解决 52 宗，处理率 90%。2005 年，认真做好《妇女发展纲要》《妇女权益保障法》《婚姻法》和有关法律法规的宣传落实工作，为妇女争得合法财产 28 万元，接到妇女来信来访 340 人次，反映问题 42 宗，已解决 38 宗，占 91%。2006 年与省妇联、省禁毒办、省收教所、省妇幼保健院等单位在省妇女教育收容所联合举办送法律、送健康关爱特殊女性“三八”帮教活动。宣传《海南省预防和制止家庭暴力规定》。2007 年，接待妇女来人来电来信 116 件，处理率 96.5%。2008 年，进行“五五”法制宣传教育规划，宣传《妇女权益保障法》，11 月 25 日和 12 月 4 日在天茂商场前举行琼山区消除家庭暴力活动日宣传，同时邀请司法局、检察院、海口市公安局琼山分局、法院等单位参加，以反家庭暴力、创建和谐家庭为主题，发放各种宣传资料，展图片等形式进行宣传。全年共接待婚姻家庭纠纷案件信访咨询 63 件，处理 61 件，处理率达 96%。对侵犯妇女儿童权益案件，实行司法援助，有效地维护了妇女的合法权益。至 2010 年，每年的“三八”妇女节期间，区妇联都进行妇女权益宣传，接待群众来信来访并及时处理。2003—2010 年，区妇联每年都联合医疗部门对有关妇女进行免费体检和对困难妇女家庭开展送温暖慰问活动。

少年儿童工作。2003 年全区共慰问孤残儿童 29 人，慰问独生子女 120 人，共为儿童拨、捐款 6.8 万多元。响应市妇联号召，为身患白血病的小学生伍德谊捐款 8637 元，为摔伤儿童王玉蔚和患骨瘤儿童吴海燕捐款 4921 元。2004 年，“六一”节期间，联合浙江贝因美公司、区计生局、区妇幼保健院举办“婴幼儿科学喂养与成功早教知识讲座”，争取贝因美公司资助 6 万元的婴儿奶粉及婴幼儿用品，送给全区 295 名 0–3 周岁的婴儿，该公司还免费资助三门坡镇洪喜村三胞胎两年所需的奶粉及奶制品；当年成立春蕾班，解决 50 名特困儿童入学；帮助 41 名特困辍学学生重返校园；为特困大学生黎东霞争取椰树集团为其解决大学期间四年的费用 67000 元；联系某企业家资助特困大学生吴青才上学费用

1.5 万元。2005 年，实施春蕾计划，实行每学期摸底调查制度。将特困儿童、单亲家庭子女、残疾儿童、孤儿作为“春蕾计划”的救助对象，共筹措资金 3 万多元，资助 93 名特困儿童、少年继续就读。2006 年，通过广泛发动机关单位和社会各界人士参与“春蕾计划”，为贫困女童、贫困女大学生寻找了爱心资助人。2007 年，扩大“春蕾计划”救助面，为 126 名贫困女童寻找爱心资助人，救助资金达 3.4 万多元。配合省妇联在琼山区新民小学举行全国流动人口子女、农村留守儿童示范家长学校挂牌暨“情系留守儿童”赠送仪式，省、市妇联领导和区分管领导参加了仪式活动，并现场给孩子们赠送话卡、图书，区妇联给留守儿童赠送了学习用具。2008 年资助 39 名贫困儿童 1.7 万元，争取贝因美公司为 100 名留守儿童发放奶粉 2 万元。2009 年，“六一”儿童节前夕组织开展了节日送温暖慰问活动，走访慰问了特困儿童、优秀儿童、单亲儿童、残疾儿童 22 名。争取中国儿童少年基金会和安利日用品有限公司联合推出的“阳光计划”项目，为旧州镇中心小学捐赠图书 1 万余册，电脑、书架、阅读桌、椅子等价值 10 万余元物品，为农村留守儿童办好事实事。2010 年 5 月 26 日，陪同市人大陈毓芬副主任为团长的“六一”慰问团，到府城镇那央小学、云龙镇儒林小学进行慰问，赠送慰问金及文体用品。5 月 28 日陪同省妇联、省慈善总会、省老区建设促进会到大坡镇中心小学为“爱心阳光图书室”揭牌，区妇联为图书室捐赠了图书，并制作了校园安全知识宣传栏。

培养女干部工作。琼山区妇联在培养女干部工作中主要措施是配齐基层妇女主任，组织培训考察学习，推荐年轻德才兼备女干部参加领导班子等。2003 年 3 月，组织区直机关、企事业妇委会主任、各镇妇联主席及部分“双学双比”女能手共 41 人，到万宁市和乐镇发兴村委会女农民钟淑梅的 350 亩综合开发生产基地进行实地参观学习；组织 11 名妇女骨干参加市妇联的考察团，到深圳、珠海、香港特区、澳门特区等地参观考察。2005 年组织女党员干部到冯白驹故居、云龙红军改编旧址、李硕勋烈士纪念亭等革命教育基地，学习老红军追求真理、勇于牺牲的精神。组织参观“预防职业犯罪警示教育基地”，把反面教材作为一面镜子，让大家从中汲取教训，警钟长鸣，筑起拒腐防变防线。2008 年，全区 9 个镇（街道）共配备了妇联主席 9 名，全区 90 个村、居（社区）委会全部配备了妇代会主任，有 89 个进入村委会班子。推荐 18 名机关优秀女干部，为区委提拔任用女领导干部提供人选。

第四节 琼山区科学技术协会

一、机构

1957 年成立琼山县科学技术普及会，1958 年改称琼山县科学技术协会（简称科协），1968 年因机构精简被撤销，1980 年恢复。2003 年 1 月改称为海口市琼山区科协。2010 年有人员 4 人。内设办公室、科普部。

二、科普活动

从2003年开始，琼山区每年主要开展“科技活动月”“全国科普日”“科技、文化、卫生”三下乡、科普进社区、科普进校园、科普进农村等系列科普活动。每年组织青少年学生参加市、省、全国青少年科技创新大赛及省科协、市科协举办的各类科技竞赛，且获得多项奖励。2007年11月琼山区被中国科协命名为“全国科普示范区”。琼山区荔枝科普示范基地、琼山区云龙办内荔枝龙眼科普示范基地、琼山区肉鸽养殖协会分别被中国科协、财政部评为2007年、2009年、2010年“科普惠农兴村计划”先进单位，分别获得奖补资金20万元。2007—2010年，琼山区共获得市科协、省科协“科普惠农兴村计划”表彰18次。

第五节　琼山区归国华侨联合会

一、机构

琼山区归国华侨联合会（简称侨联）前身为琼山市侨联，2003年1月改称琼山区侨联，建制正科级，行政编制4人。2010年有公务员5人（其中离岗1人），工勤人员1人。内设办公室、法规宣传部、联络服务部。

二、代表会议

（一）琼山区第六次归侨侨眷代表大会。2003年12月26日在府城召开，出席大会代表52名，特邀代表7名，大会以无记名的方式选举产生新一届区侨联委员21名。经六届一次委员会议，选举产生常务委员11名，主席1名，副主席2人（含不驻会1名），秘书长1名。主席：黄钤；副主席：刘素影、何家汉（不驻会）；秘书长：周经敬。

（二）琼山区第七次归侨侨眷代表大会。2010年12月10日在府城召开，出席大会代表52名，特邀代表16名，大会以无记名的方式选举产生新一届区侨联委员17名。经七届一次委员会议，选举产生常务委员9名，主席1名，副主席3人（含不驻会2名），秘书长1名，并聘请顾问16名。主席：李英友；副主席：刘素影、王启（不驻会）、韩苗（不驻会）；秘书长：周经敬。

（三）镇（街）侨联会

2004—2008年，5个镇1个街道办先后召开侨联代表大会，成立侨联会，履行职责。2004年8月，成立红旗镇侨联会；2005年9月，成立三门坡镇侨联会；2005年5月，成立甲子镇侨联会；2006年6月，成立大坡侨联会；2007年12月，成立府城镇侨联会；2008年12月，成立国兴街道侨联会。

三、活动

2008年9月，创建红旗镇本务村“文明和谐侨乡”示范点启动，2009年12月，海口市侨联验收达标挂牌。

2002—2010年，开展涉外联谊活动16次，组团或参团访问新加坡、马来西亚、文莱、泰国、韩国等华侨社团，加强国内外华侨联系。8年共筹集资金30多万元，先后慰问救济1000多户特困归侨侨眷。

第六节　琼山区工商业联合会

一、机　构

2003年1月琼山市总商会（工商联）改称海口市琼山区总商会（工商联），2006年8月改称为海口市琼山区工商联（总商会）。工商联设执委会（理事会），每届任期5年。执委会设会长1名，民营企业家担任副会长。2008年工商联领导班子成员改为主席和副主席、常务委员、委员若干人。区工商联（总商会）机关设有办公室、会员组织部、会员权益部、经济联络部等工作机构，2010年有机关工作人员7名。1953—2010年，琼山工商联共召开过十一届会员大会，历届任主任委员、会长有林书雄、陈继盛、张运美、欧茂军、黄承坤，党组书记王洪学、韩潮。2010年全区工商联会员230名。

二、主要工作

2003—2010年，琼山区工商业联合会开展保持共产党员先进性教育活动，并在全区第一批教育活动总结大会上作了经验介绍；做好原工商业者身份认定工作，确认了402个原工商业者身份；开展“走访百家企业”和“送法入企业，引导企业主诚信经营”活动，建立了机关干部与会员企业联系制度；开展《非公企业党组织及党员调查》和《非公企业专业技术人员调查》及《乡镇街道商会建设情况调查》等三个专题调查，并组建了第一家镇级基层商会和两家非公企业党支部；积极组织民营企业家参加省、市、区座谈会反映情况提意见和注意发挥会员中的各级人大代表、政协委员的身份优势向政府建言献策；维权服务26宗次，挽回经济损失235万多元，土地面积1.33公顷；做好商会宣传和信息工作；引导帮助会员企业参加公益活动，共计捐款3650万元。

第七节　琼山区文学艺术界联合会

一、机构

1960年6月成立琼山县文学艺术界联合会（简称文联），1994年4月改称琼山市文联。2003年1月改称琼山区文联。

2003年成立了海口市作家协会琼山分会、海口市书法家协会琼山分会、海口市摄影家协会琼山分会、海口市美术家协会琼山分会、海口市音乐家协会琼山分会、海口市舞蹈家协会琼山分会、海口市戏剧家协会琼山分会 7 个文艺家协会，会员 380 多人，全区业余文艺工作者 1200 多人，遍布机关、学校、军队、工厂、农村等。2006 年创办《古城》文艺报季刊。2010 年琼山区文联人员 7 人，地址设在中山北路区文体局大院内。

2003 年 8 月召开文联第一次代表大会，80 多名代表出席了大会，大会选举产生王义和、王海、麦青、王钰涛、陈亮、陈黄阶、李木兰、林芳兰、王旭、邓敦武、吴青山 11 位委员。王义和当选主席，麦青当选副主席。2008 年 12 月在府城丽华大酒店召开琼山区文联第二次文代会，选举产生王钰涛、麦青、王义和、吴忠、甘业富、邓敦武、柯秀蓉、吴青山、黄克勤 9 位委员；王钰涛当选主席，麦青当选副主席。

二、文学艺术创作

2003—2010 年期间，7 个协会会员和业余爱好者发挥自身特长，创作了大量作品，发表在各级报刊等媒体上，参加展览或比赛，其中不少获得奖励。（详见第十八编第三章）

第八节　琼山区残疾人联合会

一、机构

2003 年 1 月由琼山市残疾人联合会（简称残联）改称为海口市琼山区残疾人联合会，管辖 9 个镇（街道）的残疾人工作。2010 年区残联有人员 5 人，其中正、副理事长各 1 人，区残疾就业服务站有人员 5 人。

二、主要工作

残疾人调查。从 2008 年下半年开始，区残联在府城、云龙、红旗、大坡和国兴街道组织开展残疾人基本情况调查，抽调 97 名调查员经过培训，从入户询问、填写表格、统计数据等，5 个镇、街道有登记的残疾人 7444 人，全区共有残疾人 8755 人。2010 年琼山区残疾人中的贫困人口 1215 人，就业人数 292 人，残疾儿童义务接受教育 97 人，重度残疾人 556 人。

残疾人康复工作。2010 年海南省实施“亮睛工程”，区残联协同区卫生局等部门开展此项工作。经过精心组织，送检 2055 人，已施行手术 621 例；选送 7 名肢残儿童免 90% 手术费做矫治手术，设立 20 张家庭病床，为 20 名贫困重度精神病人提供免费长效药物治疗（20 人每人全年 400 元），免费送 3 名精神病患者到安宁医院接受治疗。送 4 名 4 岁以下自闭症患者参加免费治疗；指导、扶助训练区康复中心残疾少儿。

残疾人危房改造。2009 年共安排 13 户残疾人进行危房改造（2008 年指标），每户资助 1 万元，13 户共投入资金 23.7 万元，其中发动自筹 10.7 万元，共维修面积 20 平方米，新建面积 603 平方米，受益 13 个家庭 51 人，其中残疾人 21 人。承担了农村残疾人危房现状调查、农村贫困残疾人发展生产情况的调查和农村残疾人无障碍设施的调查。已完成农村残疾人危房调查，被列为危房上报的有271户，其他两项调查也完成上报。

残疾人参加全国体育比赛。区残联发动和挑选残疾人报名参加全国体育赛事，2009年8月15日残疾人江琼洲前往北京参加全国特奥举重比赛，获得55公斤级金、银、铜牌各一枚的好成绩；江琼洲还于同年10月19日前往湖北武昌参加特奥足球比赛，获足球团体冠军及“体育道德风尚奖”。

残疾人参加文艺会演。2010年海口市举办首届残疾人文艺会演，区残联精心组织，挑选10名选手参赛，上报5个节目（舞蹈、小品、声乐）参加全市初演，有2个节目（街舞、声乐伴唱）被选中参加市正式会演并上送参加全省比赛，均获二等奖。

第九节　琼山区红十字会

一、机构

1998年11月18日在府城召开琼山市红十字会第一次全市会员代表大会。2003年4月改称为海口市琼山区红十字会，2005年8月25日在府城召开琼山区红十字会第一次会员代表大会。会址设在琼山老干部活动中心6楼，现有工作人员5名。2010年已发展基层红会66个，拥有会员58600多名。

二、主要工作

2003年，琼山区红十字会大力开展无偿献血工作，至2010年底，共组织1万多人次参与无偿献血，总献血量逾200万毫升，曾被卫生部、中国红十字总会评为“全国无偿献血先进城市金质奖”；从2000年起开展捐资助学活动，共筹措资金20多万元，已资助300多名孤儿和特困生入学，多次受到省市表彰；努力传播红十字运动知识，不断发展壮大红十字基层组织，2002年被人事部、中国红十字总会评为全国红十字系统先进集体。

第十六编　军事　法治

第一章　军　事

第一节　琼山区人民武装部

一、机构

2002年10月16日，海口行政区划调整，称中国人民解放军海南省海口市琼山区人民武装部，设军事科、政工科、后勤科。2005年11月，驻地从府城镇建国路迁至新大洲大道，2010年编制现役干部8人。

二、主要工作

军事训练。2002年后琼山区人民武装部大抓自身军事训练，重点进行业务理论、体能、手枪射击、轻武器操作、要素作业等课目的学习和训练，同时制定奖惩措施，奖优罚劣，促进训练落实，收到了良好的效果。在省军区人武部综合考核中，2004年、2005年连续两年获全省第二名，2006年、2007年、2008年连续三年获全省第一名，2009年获全省第三名。

组织抢险救灾。2003—2010年，琼山区人武部完善了《民兵应急分队维护社会治安方案》《民兵防汛救灾工作方案》等多种方案，多次组织民兵应急连在南渡江畔进行抗洪抢险救灾演练。演练课目有：紧急收拢、集结，按图行进按时到达集结地域，展开各项救援活动，提高了全区民兵分队紧急收拢、应急机动和紧急救援能力，受到了省军区和海口市领导的高度评价。2008年共出动民兵3000多人次在强降雨灾、海南红塔烟厂失火等成功完成了抢险救灾任务。

维护社会治安。2003—2010年，区人武部成立以部长、政委为组长的应急领导小组，在春节、元宵节等重大节庆期间，组织红城湖民兵应急配合公安执勤人员在街道巡逻，维护社会治安。8年间，共排除社会治安隐患200多起。

自身建设。2002—2010年，琼山区人民武装部适应“两场”形势需要，做好军事斗争准备任务。2003年被广州军区评为“对台宣传”和“计划生育”先进单位。2005年、2006年被海南省军区和海口警备区评为“计划生育”和“军事训练”先进单位。2007年、2008年、2009年省军区军事训练年度考核荣获2次第一名、2次第二名，同时连续3年被省军区评为“全面建设”先进单位。2008年，原区委书记、人武部党委第一书记徐学健被评为全省“党管武装”好书记。

第二节 民兵预备役建设

2003—2010年，区人武部狠抓民兵预备役建设，分别设立农村民兵编组、民兵专业技术分队编组、民兵应急分队编组。

2003—2010年，根据省军区安排的年度军事训练任务，每年4—10月份利用农闲时机，主要采取集中训练、分点设点训练、乡镇自训3种方式。8年间，共组织民兵干部训练15场（次），基干民兵训练46场（次），其中专业技术分队训练14场（次）；应急分队训练18场（次）。2007年民兵整组获得海南省评比检查第三名，2008年民兵整组获海南省第二名，海口市第一名。

第三节 国防教育

一、教育活动

2003年，琼山区委、区政府、区人武部成立琼山区国防教育领导小组，各乡镇（街道）也相应成立了国防教育办公室。区委宣传部下发《关于在全区开展全民国防教育的实施意见》，要求全区各单位每年至少组织二次国防专题学习，区委各级举办集训、培训班，每期要有国防教育内容。全区各中小学校每年都与驻琼山区部队联系，由部队派人到学校帮助进行为期一周的新生军事训练。利用课堂教学进行国防教育。区人武部每年组织领导和机关干部到部队过军事日，利用“全民国防教育日”开展全民《中华人民共和国国防法》知识抢答赛。2008年，在全省国防知识竞赛活动中，琼山区代表队获得二等奖。至2010年，全区成年人受国防教育率达83%，青少年受教育面达96%以上。

二、基地建设

自2003年开始，琼山区在国防教育基地建设中本着积极主动、实事求是、因地制宜、量力而行的原则，抓紧了国防教育基础的建设，为国防教育提供了场所和设施。先后多次组织党政领导、机关干部和大中专院校、中小学学生和社会青年近2万人到区国防教育基地接受国防教育。2010年，区国防教育基地有李硕勋烈士纪念亭、琼崖红军云龙改编旧址、冯白驹故居、王白伦暨红旗地区革命烈士纪念园、白石溪地区革命烈士纪念碑、大水革命烈士纪念碑等。

第四节 征兵工作

琼山区人武部每年征兵任务，都按照上级及文件要求，逐项抓好宣传、政审、体检、录用、欢送等工作。2003—2010 年，琼山区适龄青年报名参军率都在 90%以上。

第二章 公 安

第一节 机 构

一、机构

海口市公安局琼山分局内设机构有：政治处、纪检监察室、指挥室、法制科、治安大队、刑警大队、经侦大队、国保大队、禁毒大队、巡控大队、戒毒所、办证中心。分设 15 个派出所：云龙、红旗、三门坡、谭文、大坡、甲子、新民、旧州、龙塘、忠介、云露、文庄、铁桥、国兴、龙昆南派出所。其中，2007 年城区国兴、云露派出所挂牌办公，2008 年云龙、三门坡、文庄派出所重建办公楼启用；2009 年改建党委办公室，多媒体功能会议室，修建 130 多平方米刑事专用审讯室。2010 年铁桥、旧州、红旗 3 个派出所办公楼开工重建，谭文、新民 2 个新成立派出所挂牌办公。琼山公安分局办公大楼原址在建国路，后借址凤翔路府城镇政府办公楼。

二、队伍建设

2002 年琼山公安分局开展"四百工程"活动，民警进百家门、认百家人，帮百家忙、暖百家心，提高民警队伍亲民、爱民形象。在民警中开展创先争优活动，2003 年，琼山公安分局有 5 个单位荣获海口市公安局集体嘉奖，6 个单位被评为政法工作先进集体，3 位个人被评为政法工作先进个人，76 人受到嘉奖，文庄派出所被评为全省优秀基层公安单位，查处违法违纪 5 起 5 人。2005 年选派到海南省警校参训的 35 名民警在全市考核中获总分第一名，选送到山东省武警总队训练基地的 5 名民警进入全省大练兵标兵前 20 名光荣榜。2009 年在全市首届公安机关三英全能大比武活动中，获团体第三名。2010 年禁毒大队荣获全省优秀基层单位称号，治安大队和云露派出所获得集体嘉奖，1 名民警荣立个人二等功，10 名民警荣立个人三等功，1 名民警被评为全省抗洪救灾先进个人，1 名民警被评为海口市先进工作者，5 名民警被评为优秀党务工作者，75 名民警被评为优秀党员，1 名民警被评为海口市公安局优秀妇女工作者。加强公安队伍管理和制度建设，制定《琼山公安分局诫勉谈话暂行规定》《关于规范基层公安派出所值班接处警工作实施方案》等制度，2003—2010 年，琼山公安分局共诫勉谈话 86 人次，行政记过 12 人次，辞退（开除）13 人，2010 年，琼山公安分局在编干警 339 人，不入警人员 94 人。

第二节　刑侦缉毒

一、刑侦

2002年琼山市共发生各类刑事案件1575起，破获293起，其中重特大案件42起；摧毁各类犯罪团伙30个，抓获各类犯罪嫌疑人2281人。2003年琼山公安分局共立刑事案件1433起，破获积压命案23起。2004年共立刑事案件1494起，破获369起，抓获犯罪嫌疑人356人，现行命案13起，破获10起。2005年共立刑事案件1886起，其中“两抢一盗”（抢劫、抢夺、盗窃）1432起，命案14起伤害47起，强奸5起，诈骗45起，侦破各类刑事案件702起，共抓获各类违法犯罪分子2001人。2006年共立刑事案件1459起，共破获刑事案件488起，其中伤害26起，抢劫84起，盗窃92起，命案2起，绑架3起，强奸3起，放火2起，抓获各类刑事犯罪嫌疑人371名。2007年共破获刑事案件734起，现行命案7起，破6起。2008年共立刑事案件1724起，共立命案6起破6起，抓获各类犯罪嫌疑人371人。2009年共立刑事案件1774起，现行命案6起破6起。2010年共立刑事案件1405起，现行命案5起破5起，破获各类刑事案件900起，抓获各类犯罪嫌疑人510名。

二、侦缉毒品

2002年琼山市公安局共破获毒品案15起，抓获贩毒人员25人，抓获吸毒人员450人。2003年琼山公安分局共破获毒品案件95起，抓获贩毒嫌疑人71人，吸毒人员581人，缴获毒品海洛因、摇头丸等毒品一批。2004年，破获毒品案件130起，抓获贩毒嫌疑人63名，抓获吸毒人员625人，其中强制戒毒537人，劳教99人。2005年，破获毒品案件228起，抓获犯罪嫌疑人88人，强制戒毒644人，劳教55人。2006年，抓获吸毒人员520人，其中劳教、戒毒93人。2007年积极开展“惊雷一、二、三号”行动，破获毒品案件136起，抓获贩毒嫌疑人142人，收戒641人，劳教157人。2008年，破获毒品案件116起，抓获贩毒嫌疑138人。2009年，破获毒品案件196起，抓获贩毒嫌疑人199名。2010年，破获毒品案件201起，抓获贩毒嫌疑人190人，抓获吸毒人员748人。

第三节　安全保卫

2002年琼山市公安局完成警卫任务105批264次，完成博鳌年会等安全保卫工作。2003年琼山区共出动警力6028人次、车辆1726辆次，完成警卫任务45批107次，完成人大政协两会、博鳌年会、欢乐节等一系列安全保卫工作。2004—2007年，每年都完成博鳌年会、府城元宵节（换花节）安全保护工作。2008年共出动警力13610人次、车辆930

辆次，完成警卫任务53批138次，其中一级加强2批5次、一级12批25次、二级15批55次、三级18批38次、安保6批15次，完成博鳌年会、建省办特区20周年庆典、2008年北京奥运会火炬传递以及奥运会、残奥会等安保工作。2009年，做好博鳌年会、府城换花节安保工作。2010年，以“双岗双哨、纵深警卫”安保工作模式，确保安全保护工作。

第四节 专项斗争

2002年，琼山市公安局成立打击“两抢”和盗抢机动车辆犯罪行为专业队，抓获现行犯罪人员48名。2005年琼山公安分局共清理私彩销售点69个，抓获私彩违法人员35人；开展打击赌博活动232次，捣毁赌博窝点123个，抓获涉赌人员507人，刑事拘留1人；组织扫黄行动123次，抓获卖淫嫖娼人员45人，治安处置42人。2006年共查处赌博案件79起，查处涉赌人员228人，罚款165人，治安拘留50人，共清理私彩销售点76个，抓获私彩违法人员39人，抓获卖淫嫖娼人员350人。2007年共查处赌博案件175起，卖淫嫖娼人员28人。2008年4月22日，琼山公安分局出动100名警力，在府城南北水果市场一举抓获向某风、周某兵、刘某、雷某等犯罪嫌疑人21名，缴获砍刀、斧头、账本等物证一批，捣毁了以湖南、湖北籍人员组成并长期盘踞在南北水果市场涉嫌制造多起“打、砸、抢”事端的犯罪团伙。2009年，琼山公安分局结合博鳌年会和国庆60周年庆典安保工作，开展“霹雳三号”等专项行动，共收缴炸药、雷管、火药枪等管制物品一批，刑拘5人、治安处罚7人、劳教1人。2010年开展“涉枪涉爆”专项整治，出动警力613人次、车辆206辆次，整治检查部位312处，收缴黑火药、导火线、火药枪等管制物品一批，刑拘2人、治安拘留18人、治安处罚15人、劳教9人。

第五节 治安管理

一、案件查处

2002年，琼山市共发生各类治安案件1107起，查处1026起。2003年琼山区共发生治安案件1130起，查处961起。2004共受理治安案件1185起，查处1125起，查处率95%；2005年共受理治安案件1138起，查处1081起，查处率95%；共查处违法人员1122人，治安拘留312人，罚款258人；2007年共受理治安案件1671起，共查处1590起，查处率95.2%；共查处违法人员1627人，治安拘留369人，罚款555人，其他676人。2008年受理治安案件2524起，查处2229起，查处率88.3%；抓获违法人员1529人，处罚1529人，处罚率100%。2010年共受理治安案件1889起，抓获违法人员2030名，查处率75%。

二、治安防范

2002年海口市公安局琼山分局共成功处置琼山工商局分流职工上访、海师附中和琼山中学因高考移民问题到万绿园聚集等群体性上访事件31起。2004年有效处置群体性事件19起，其中打架斗殴7起、暴力抗法3起，解决土地纠纷16起。2006年制定《琼山分局府城地区街面巡逻防控实施方案》，成立巡逻防控大队，形成治安防控网络。2010年琼山区加强巡控、飞鹰、派出所、职能大队四位一体，打防控警务模式，购买63辆电动自行车，安装警灯和警报装置，成立电动车巡逻队，共抓获“两抢”嫌疑人20名，盗窃嫌疑人50多名，打架斗殴违法嫌疑人100多名。

三、特种行业管理

自2002年后，海口市公安局琼山分局对特种行业进行严格管理。对公共娱乐场所、二手手机市场、出租屋等场所以及流动人口等高危人群严加管理，严密防控，构建“五级防控网络”。2008年为了迎接建省办大特区20周年庆典，为确保北京奥运会火炬传递活动的顺利进行，共排查旅馆146家、旧货业29家、娱乐服务场所32家、开锁业5家、废旧金属收购站点46家、报废汽车拆解业2家、机动车修理业79家、出租屋2015家、核查治安复杂场所从业人员2264人，特别是对容易藏污纳垢的出租屋、小旅馆、烧烤园、歌舞厅、网吧等重点场所，联合琼山区文体局、工商局、街道办进行联合执法，齐抓共管，全面管控，先后勒令0898时代广场等复杂场所停业整顿，对17家网吧下发整改通知书。

四、综合治理

2003年，海口市公安局琼山分局把社会治安综合治理工作纳入重要议程，注重抓源头，重防控。共收集有关情报71条，有效处置红旗、云龙、旧州等镇土地纠纷问题等一系列群体性事件44起。2003—2010年，每年都强化旅馆、典当、废旧物品收购站、娱乐场所的排查力度，及时纠正违法违规行为，确保特殊行业的安全稳定。开展校园及周边治安环境整治行动，清理整顿学校周边网吧、电子游戏厅、出租屋，在全区119所公立学校建设报警和视频监控系统，确保师生安全。加强巡逻防控，充分发挥“四位一体”治安防控网的作用，最大限度提高“见警率”和违法犯罪现行“抓获率”，严厉打击各类街面违法犯罪活动。加强流动人口和出租屋管理，在推广“以房管人”试点工作的基础上，以社区警务为依托，建立和完善出租屋管理制度，通过法制宣传教育、帮助解决实际困难等方法方式，不断强化流动人口管理，有效控制了流动人口违法犯罪。加强枪支及危爆剧毒物品管理，抓住日常管理不放松，做到严审、严批、严管、严防的治理。

第六节　户政管理

海口市公安局琼山分局在办证中心和派出所开展“假如我是办事群众”为题的换位思

考大讨论活动，在办证中心制定“窗口服务之星”评选实施方案，通过工作实绩、服务质量、工作态度等方面对比评选出“窗口服务之星”，并给予奖励。办证中心设立应急窗口，为老年人、残疾人、孕妇及确有急事需马上办理的人员开放便捷通道；设立高效服务窗口，更快地为高校师生解决户口集中迁入、迁出问题；建立户政代办窗口，及时处理各户政代办点送来的业务材料；设立农村代办点，有效解决了农村群众路途遥远的问题；开展预约服务，为边远乡镇居民、残疾人及行动不便人士提供上门照相、送证服务；安排节假日和错时上班，有效解决了上班族办理户政业务问题。在2010年开展住址项目漏项数据清理工作中，提前完成18.3万条数据的规范录入；身份证重号纠正工作任务完成率96%，全市排名第一。

2003年，琼山区常住人口359279人，户籍人口345763人，其中男性181107人、女性164656人；非农人口144939人、农业人口200824人，流动人口47072人。

2010年，琼山区常住人口482400人，户籍人口385165人，其中男性198986人，女性186179人；非农人口199397人，农业人口185738人，流动人口68111人。全年出生人口7352人，死亡人数2525人。全区已婚育龄妇女76407人。

2004—2010年琼山区户籍人口数据统计表

表16-2-1　　单位：人

年份	户籍人口	出生人数	死亡人数	迁出人数	迁入人数
2004	361010	7041	1385	10536	7299
2005	366316	3038	2522	9607	49417
2006	370117	3804	2682	10520	13499
2007	370446	3723	1376	16543	14525
2008	375981	5514	1165	10025	11211
2009	381122	6567	844	10339	9757
2010	385165	7352	2525	33591	32807

第七节　法制监督

2002—2010年，海口市公安局琼山分局每年涉法上诉案件办结率90%以上。2005年，开展大接访活动，在全省率先启动边接访、边登记入公安网，得到公安部的通报表扬。加强依法办案工作，统一制作办理行政案件等4种案件范本，规范了各类行政案件法律文字的制作。

第三章　检　察

第一节　机　构

2003 年 1 月，琼山市检察院改为琼山区人民检察院。2010 年内设政工科、办公室、反贪污贿赂局、反渎职侵权局、职务犯罪预防科、侦查监督科、公诉科、控告申诉检察科、民行检察科、纪检监察科（挂靠政工科）、业务监督管理中心（挂靠办公室）、司法警察大队等 12 个部门。院址在海口市琼州大道 9 号。

2010 年，全院编制 64 人，实有人员 67 人，其中干部 56 人、工勤人员 11 人。检察官 52 名，占干部总人数的 92%；副科级以上干部 22 名，占干部总人数的 39%。有大学本科以上学历的干部 23 人，占干部总人数的 41%；女干部 9 名，占干部总人数的 16%；干部平均年龄 47.5 岁。

2003—2009 年，琼山区人民检察院获得数项集体和个人荣誉称号。2003 年，徐训伟被海南省人民检察院评为“优秀接待员”，何松被海南省政法委评为“严打”整治斗争先进工作者。

2004 年，琼山区人民检察院办公室被海口市社会治安综合治理委员会评为先进单位，邓延吉、刘德胜被海口市社会治安综合治理委员会评为先进个人，琼山区人民检察院办公室被评为海口市检察机关先进集体，陈仕珊、范高步被评为海口市检察机关先进个人，符方远、李衍、杨玉菊、王昌泽、高云英被评为海口市检察机关“专业能手”，卢召辉在海口市检察机关 2004 年公诉辩论赛中荣获团体亚军，刘德胜被海口市人民检察院记个人“三等功”1 次。

2005 年，琼山区人民检察院反贪污贿赂局被评为海口市检察机关先进集体。陈仕珊、符方远被评为海口市检察机关先进个人，曹向东被评为海口市检察机关统计工作先进个人。

2006 年，琼山区人民检察院反贪局被评为海南省检察机关先进集体，琼山区人民检察院被评为海南省检察机关抓捕职务犯罪嫌疑人先进集体，李衍、杨玉菊、高云英被海南省检察机关评为“专业能手”，王昌泽被评为海南省检察机关“十佳公诉人”。

2008 年，施继明被评为全省检察机关侦查监督系统首届十佳办案人。

2009 年，获得省级奖励 1 次，有 1 个集体、16 名干警分别受到省院、市院表彰奖励。

第二节　刑事检察

一、侦查监督

2002年，琼山市检察院受理公安机关自侦部门呈捕案件嫌疑人561人，经审查后批准逮捕457人，不批准逮捕86人，共批捕黑恶势力、严重暴力、多发性、毒品等四类犯罪嫌疑人279人。

2003年，琼山区检察院受理侦查机关提请批捕320人，经审查后批准逮捕262人，其中：批捕严重暴力、多发性、毒品等三类犯罪嫌疑人和其他犯罪嫌疑人234人。积极协助党委、政府调处人民内部矛盾，结合办案认真做好检察环节的综合治理工作。2005年，受理公安机关和自侦部门移送审查批捕案件441人，经审查批准逮捕389人，其中，严重暴力、多发性、毒品等三类犯罪嫌疑人343人，“两抢”案件63件100人。

2007年，琼山区检察院共受理侦查机关提请逮捕347人，暴力犯罪、黑恶势力犯罪以及抢劫、抢夺、盗窃等多发性侵财犯罪和毒品犯罪，共批捕此类犯罪嫌疑人238人。

2009年，琼山区检察院共受理侦查机关提请批捕410人，经审查批准逮捕380多人，对杀人、重伤害、绑架、强奸等严重暴力犯罪活动和毒品犯罪、“两抢一盗”等多发性犯罪进行严厉打击，其中批准逮捕此类犯罪案件360人。在处置积压命案专项行动工作中，同时成立了侦破处置积压命案专项行动领导小组，对琼山公安分局提请批捕的15人积压命案及时作出批准逮捕决定，清理侦破积压命案率居全省第一名，同时还强化对侦查机关的监督。依法对犯罪嫌疑人不批准逮捕30人。

2010年，琼山区检察院共受理侦查机关提请批捕564人，共批准逮捕512人，突出重点打击故意杀人、故意伤害、强奸等严重暴力犯罪、毒品犯罪和“两抢一盗”等多发性犯罪，依法严厉打击聚众破坏、扰乱该区重点项目建设秩序的犯罪，批准逮捕此类犯罪案件473人。

二、公诉

2002年，琼山市检察院共受理审查起诉案件413人，经审查提起公诉316人，不起诉10人，移送其他院起诉87人，审查发现公安机关漏诉40人。

2003年，琼山区检察院共受理审查起诉案件371人，经审查提起公诉282人，不起诉10人，移送其他院起诉30人，移送海口市院起诉79人。通过审查发现公安机关漏诉而提出追诉的有16人，提出抗诉1人，依法纠正各种违法现象4次。2005年，共受理审查起诉案件436人，经审查提起公诉355人，不起诉12人，移送海口市院起诉29人。纠正公安机关漏捕11人，追诉犯罪嫌疑人5名，向公安机关发纠正违法通知书1份，口头纠正20次。

2006年，共受理审查起诉案件401人，经审查提起公诉319人，不起诉8人。纠正公安机关漏捕12人，向公安机关发纠正违法通知3份，口头纠正12次，公诉部门追诉犯罪嫌疑人1名，通知公安机关立案1件，发出检察建议书2份。2008年，共受理移送审查起诉案件 521 人，经审查提起公诉 422 人，不起诉 38 人，移送其他院起诉 35 人。在人员少、案件多的情况下，能够把好办案质量关，共纠正漏捕 2 人，退回补充侦查（包括二次退查）108 人次，追诉漏犯 2 人，追诉犯罪事实 7 件，发回重审 1 人，向侦查机关发《纠正违法通知书》2 份，发检察建议书 2 份，全年提起公诉的案件均被法院作出有罪判决。

2009 年，共受理审查起诉 520 人，提起公诉 440 人，同起诉的案件均被作有罪判决，准确率达 100%。2010 年，共受理审查起诉 658 人，同比上升 26.54%；提起公诉 629 人，同比上升 42.95%。发现不符合起诉条件而作出不起诉决定的 13 人，发出《纠正违法通知书》54 份，办理刑事抗诉案件 1 件 1 人，审查监督法院刑事判决 339 件 565 人。

第三节　民事行政检察

2003 年，琼山区检察院共办理民事行政检察申诉案件 41 件，民事行政部门调解案件 1 件。2007 年，受理民事行政申诉案件 9 件，经审查立案 7 件，提请抗诉 1 件。2008 年，该区共受理民事行政申诉案件 8 件，经审查立案 4 件。

2009 年，共办理各类申诉案件 30 多件，民事督促起诉案件近 20 件。民事督促起诉案件涉案金额为 570 万多元，挽回损失 150 多万元。发出检察建议 3 次，促成当事人执行和解案件 4 件；办理法院调解案 3 件；成功督促海口龙塘糖厂起诉了海口龙大糖业有限公司欠款 140 万元的案件，促成海南琼山自来公司与丽华酒店水费纠纷案达成还款 50%的协议及铁桥信用社 4 万元抵押借款的还款。其中，海口龙塘糖厂起诉了海口龙大糖业有限公司欠其 140 万元的案件是全省检察机关开展民事督促工作的第一例督促起诉案例。

2010 年，琼山区检察院共受理民事行政申诉案件 9 件，办理民事督促起诉案件 61 件，有效地化解了涉检社会矛盾。申诉人符某泽不服三门坡法庭对其借款纠纷案的民事调解，以三门坡人民法庭在审理该案中，存在适用法律错误、徇私舞弊、枉法裁判的行为，提出申诉。经审查后，琼山区检察院认为该案审理程序不合法，于是向琼山区人民法院发出纠正违法通知书，琼山区法院很快对该违法行为进行了纠正，并于 2010 年 6 月 10 日启动了再审程序，申诉人符某泽最后胜诉。琼山区检察院被评为全省民事督促起诉工作先进单位。

第四节　反渎职侵权检察

2002 年，琼山市检察院立案侦查案件 6 人，做到受理一件就及时初查一件，没有造成积案和存在久侦不结案件。

2003 年，共受理案件线索 14 件，举报经济犯罪和其他线索 36 件，立案 1 件。2006 年，受理职务犯罪举报线索 3 件，滥用职权 1 件 1 人、破坏选举 1 件 1 人。

2008 年，共受理渎职侵权犯罪案 16 件。2009 年共受理渎职侵权线索 30 件，立案侦查2人（玩忽职守案），起诉法院已做有罪判决。2010年，受理渎职侵权线索14件，开展初查10件。立案侦查4人（国家工作人员刑讯逼供）。

第五节　反贪污贿赂检察

2002年，琼山市检察院共立案侦查贪污贿赂案12人，通过办案为国家挽回经济损失180万元，当年侦破影响较大的案件有市农业银行陈某霞挪用公款115万元案。

2003年，琼山区共立案侦查贪污贿赂案11人，通过办案为国家挽回经济损失100万元，当年侦破影响较大的案件有琼山区民政局吴某华受贿案。2007年，琼山区检察院共受理贪污贿赂职务犯罪举报线索42件，贪污3件3人，挪用公款5件5人，受贿1件1人，查处贪污贿赂30万元以上的大案2件2人，为国家挽回直接经济损失18万多元。

2008年，琼山区检察院共受理贪污贿赂、渎职侵权等职务犯罪案件线索35件（贪污贿赂等犯罪案件19件、渎职侵权犯罪案16件），初查45件（含历年积存），立案侦查6件9人（贪污4件7人、挪用公款2件2人，完成全年考核任务的100%），不立案19件，查结23件23人（含历年积存线索），移送起诉6件7人，不起诉2件2人，为国家挽回直接经济损失53万多元。成功侦破原琼山区行政执法局局长钟某明等3人贪污受贿38.4万元大案。2009年立案侦查国家工作人员职务犯罪案件15人，其中10万元以上大案7件7人，要案1件1人，通过办案为国家挽回经济损失90.3万元，查获中国工商银行琼山支行原副行长杨某（副处级）等5名受贿案犯罪事实。

2010年，琼山检察院立案查办贪污贿赂案件10件12人，追逃犯罪嫌疑人1人，协助省外检察机关抓获逃犯1人，为国家挽回直接经济损失51.67万元。

第六节　预防职务犯罪

2003年，琼山区召开全区干部预防职务犯罪教育大会，全区科级以上领导干部400多人参加。由琼山区民政局救灾救济股原副股长秦某现身说法，进行警示教育，区检察院领导带队到区民政局等单位上法制课5次，并通过电视、广播、演讲等方式开展法制宣传，开展法律咨询3次，结合办案发出检察意见书6份、口头建议9次、帮助6个单位建立健全预防职务犯罪规章制度，提出整改措施8条。

2004年，上街宣传法律知识，以开展法律咨询和举办预防职务犯罪挂图展览等形式进行宣传，深入发案单位召开分析座谈会5次，到区有关部门上法制课2次，发出书面检察建议12份，深入30多家国有企业进行调查，组织56名国有企业人员到海口仁兴监狱警示教育基地进行教育。

2005年，出动宣传车2部，设立2个法律咨询点，悬挂横幅和反腐倡廉举报知识宣传挂图30余幅，散发宣传单5000多份，到有关部门上法制课3次，向存在问题单位发出书面检察建议18份，到有关单位召开预防工作座谈会5次，组织51个单位811人到市预防职务犯罪警示展览馆参观，70人到海口监狱参观警示教育基地进行警示教育。

2006年，到有关部门举办预防职务犯罪专题讲座12次，使1624人受到教育，向存在问题单位发出书面检察建议8份，到有关单位召开预防工作座谈会6次，深入辖区8个镇和1个街道办事处进行以党风廉政建设和预防职务犯罪专题教育培训，全区镇（街道）、村（社区）、经济社等三级农村基层干部共有1396人参加培训，积极协助省院拍摄电视专题栏目《检察视窗》。

2007年，结合办案开展以“群众参与、反腐倡廉、服务和谐”为主题的法制宣传周活动，采取出动宣传车、设立法律咨询点等形式在府城地区及各乡镇等巡回宣传，张贴宣传挂图、散发宣传资料共1万多份，接受群众法律咨询500多人次，3000多人观看了宣传挂图。到有关单位上法制课5次、针对部分单位和企业存在问题发出书面检察建议12份、到有关部门召开预防座谈会6次。积极配合海南省检察院摄制《检察视窗》2集，联合琼山区纪委、监察局联合编写《清廉文鉴》共6期480份。

2008年，先后在府城、云龙、龙塘等乡镇建立了宣传栏5期；组织全区600多名乡镇及机关单位干部职工到省反腐倡廉展览馆参观，以典型案例进行警示教育，增强了广大干部职工的法律意识和预防腐败的能力；组织人员深入云龙镇举办专题讲座，以案释法，有60多名农村干部参加听课。深入重点建设项目开展专项教育，保障东环铁路项目建设顺利进行。结合典型案件，做好个案预防工作，全年发出书面检察建议14份；联合区纪委、监察局联合编写了《清廉文鉴》6期，协助省院、省电视台拍摄《检察视窗》2集。

2009年，组织国家工作人员120人到海口监狱警示教育基地参观，组织全区科级干部300多人到海瑞墓园廉政教育基地参观教育；组织全区1300多名干部职工观看警示教育片《警钟》以及省院拍摄的检察视窗教育片，共出版6期预防职务宣传栏，并编印农民法律知识手册900份，发送给乡镇和街道办事处。联合区纪委联合编印《清廉文鉴》6期600份，发送区三套班子成员及各单位“一把手”。同时还深入到云龙、旧州、红旗镇及区教育局等单位部门举办5场预防职务犯罪专题讲座，接受教育人数650多人。

2010年，以巡回讲座的形式，开展预防工作“进机关、进企业、进乡村”活动，先后在府城医院、云龙、旧州等乡镇开展预防职务犯罪法律知识巡回讲座5场，接受教育人数达600多人。做好琼山区重点项目建设征地拆迁的预防职务犯罪专项工作，加强对朱云片区旧城改造前调查摸底，从源头上预防和遏制征地拆迁过程中的预防职务犯罪。联合区纪委共同编印《清廉文鉴》6期，出版5期预防职务犯罪宣传栏。深入到全区8个镇进行“两委”选举前的法律宣传，编印、发放农民法律知识手册600份。组织全区国家工作人员到警示教育基地海口监狱听取职务犯罪服刑人员现身说法，增强预防职务犯罪的观念。4月，组织区医疗卫生系统等单位100多人到现场旁听琼山区法院开庭审理琼山中医院原院长姚某受贿一案，通过庭审现场警示教育广大干部正确用好手中的权力。结合检察院反贪、反渎部门查处的典型职务犯罪案件，认真分析发案原因，运用宣传教育和提检察建议等方式，帮助发案单位总结经验教训，完善规章制度，堵塞犯罪漏洞，全年共向相关单位提出检察建议 28 份。

第七节 控申检察

2002 年，琼山市检察机关控告申诉全年共接待群众来信来访 113 件（次）。

2003 年，琼山区检察院共接待群众来信来访 77 件（次），控告申诉 41 件，举报经济犯罪和其他线索 36 件，根据管辖范围转其他有关部门办理 39 件。2004 年，接待群众来信来访 65 件（次），控告申诉 32 件，举报经济犯罪和其他线索 33 件，根据管辖范围转其他有关部门办理 32 件，本院办理 33 件。2005 年，受理群众来信来访 86 件（次），其中控告申诉 41 件，举报经济犯罪和其他线索 45 件，根据管辖范围转其他有关部门办理 31 件，琼山区检察院办理 55 件。2006 年，受理群众来信来访 76 件（次），其中控告申诉 40 件，举报经济犯罪和其他线索 36 件，根据管辖范围转其他有关部门办理 32 件，琼山区检察院办理 44 件。2007 年，受理群众来信来访 75 件（次），其中检察长接待来访 24 批 30 人（次）。对老上访户、重复访、集体访进行摸底排查，对排查出的 7 件涉检访重点案件，按照首办责任制，定领导、定专人、定方案、定时限，逐件落实责任，限时办结，有效化解了社会不安定因素。2008 年，受理群众来信来访 88 件（次），对这些来信来访信件都分别进行答复和分类移送有关部门。

2009 年，琼山区检察院共接待上访群众 130 人次，受理来信来访、举报控告、刑事申诉、刑事赔偿 140 件（含重信重访），回复省、市院转办线索处理结果 4 件，协助省院协查刑事申诉案 2 件，排查化解本院涉检纠纷 4 件。2010 年，共受理群众来信来访线索 155 件（其中检察长接待 45 人次），有针对性的开展涉检访矛盾纠纷排查化解和稳控工作，有效化解和缓解涉检访问题 4 件（含老上访 2 件）；开展司法救助工作，全年共办理 6 宗刑事被害人救助案件，为被害人家属争取到司法救助金各 1000 元。

第八节 侦查技术

2008 年，琼山区人民检察院办公用房、审讯用房建设破土动工，2010 年 1 月 28 日竣工落成，并投入使用。云龙检察室综合楼 2009 年 11 月破土动工，2010 年 1 月 28 日落成投入使用。

2009 年，琼山区检察院计财装备经费及人头经费都大幅度增加，其中，新购置电脑 15 部、打印机 3 台、办案及工作用车 6 辆，保障办案、车辆费用和后勤行政事务的经费开支。当年，区院各业务部门都增设信息点，全院实现局域网连接、网上办案和案件管理系统中网上受理及分流案件。同时安装操作系统、数据库及一些支撑软件以及检察业务综合信息系统、法律法规查询系统等。

2010年，在琼山区检察院办案技术综合楼铺设含有200个内网信息点、70个外网信息点的基础网络；建设含有20个监控点的楼宇监控系统；按照海南省检察院《电视电话会议室建设规范》建设集视频、音频、电话、网络于一体的电视电话会议系统；建设能容纳13人的自动升降式桌面会议系统，方便了检委会讨论疑难案件；投入30多万元，建设含有1个询问室、2个讯问室的侦查指挥暨同步录音录像系统；在大厅安装4.5平方米的LED电子屏的通知公告系统，为各科局室添置、置换台式电脑44台、笔记本电脑10台、扫描仪5台、打印机10台、复印机5台、传真机4台，实现全院干警人手1台电脑，保证自侦部门外出办案方便，给自侦部门配备了便携式打印机和手提电脑。为了方便群众举报，安装了电话语音自动举报受理系统，配备UPS不间断电源，保证在断电情况下也不影响群众举报。同时在乡镇检察室安装20个内网信息点的综合布线系统，安装了2.2平方米LED电子屏的检务公开系统、4.5平方米LED电子屏的通知公告系统，为检察室配备多媒体设备、复印机、打印机、传真机、液晶电视等信息化设备。

第九节　纪检监察

纪检监察检察科是2008年1月从政工科中分出成立。

2009年，组织17名副科级以上领导干部前往省廉政教育基地“海瑞墓园”参观学习，对新提拔的6名科级干部进行任前谈话教育。与各部门责任人签订廉政建设责任状，对省院巡视组的反馈意见进行组织学习，分析、查找产生问题的根原，研究进一步修改完善，制定整改落实方案。

加强对检察人员特别是领导干部工作圈、生活圈、社交圈以及8小时以外的监督管理，注意发现苗头性、倾向性问题，时刻警醒检察人员自尊自爱，树立检察人员的良好形象。2010年，组织干警到省廉政教育基地“海瑞墓园”参观学习，观看中纪委监察部录制的《污染的代价》等视频资料，先后邀请教授、专家给全体干警进行反腐倡廉专题讲座。据《中共中央、国务院关于党风廉政建设责任制的规定》和高检院关于《检察机关党风廉政建设责任制实施办法》，并结合该院工作实际，采取院主要领导与市检察院、区委、区政府签订年度党风廉政建设目标管理责任状，院分管领导与一把手签订年度党风廉政建设目标管理责任状，部门负责人与院分管领导签订年度党风廉政建设责任状的做法，明确各级领导干部的工作目标和要求，切实解决好“抓什么，谁来抓”的问题，使每位领导干部都知其任、明其职、出其力、尽其责，形成合力，形成级级有目标、层层有责任的体系。同时，深入开展“恪守检察职业道德，促进公正廉洁执法”、“反特权思想、反霸道作风”

教育等专项活动。严格执行最高人民检察院颁发的“禁酒令”，严明检察纪律。开展“细算四笔账，走好人生路”学习大讨论。开展“排查防控廉政风险”回头看活动，继续实行“一案三卡”制度，继续对“两房”建设实行专项监督，加强对业务外活动的监督和管理。通过开展以上活动切实加强本院内部监督，保障依法履行职责。

第十节　司法警察检察

琼山区检察院司法警察检察科成立于2009年初，主要负责对正在审讯的犯罪嫌疑人进行看管，看管过程中做好办案安全的各项工作，防止发生逃脱、自杀、自伤等办案事故。并对需告知的告知书等法律文字进行送达等。

2009年，配合控申科、反贪局、预防科等部门在云龙镇、府城等地段设点宣传，散发宣传材料3900多份。派员配合反贪办理职务犯罪大案12件13人。配合反渎局办理玩忽职守案件1件2人，在“百日大会战”期间，配合反渎局在查处一宗涉嫌渎职犯罪案件中，需要对死者钟某的身体进行解剖，做好各个环节和部位做了拍片存档，出色完成尸体解剖任务。当年在参与搜查看管过程中没有发生一起逃脱、自杀、自伤等办案事故。

2010年，共协助办案部门查处自侦案件8件12人，共参与搜查7次；执行拘传7次；协助追捕逃犯3名，提押、看管犯罪嫌疑人31人次，送达法律文书910件次。2名干警充实到法警队伍，配满编制。同时，拨出专款为法警部门购置装备了头盔、防刺服、对讲机等一批警用护具和设备。

第十一节　检察室工作

琼山区云龙检察室于2009年3月3日挂牌成立，下辖云龙、红旗、旧州镇和国营岭脚热带作物场、国营红明农场云龙作业区、海口中税热带作物场一、二队，面积319平方千米，人口7万多人，辖区内有27个村委会和2个社区居委会、317个自然村、360个经济社。

2009年，云龙检察室共受理来访18次，法律咨询80多人；同时注意发现职务犯罪线索，办理检察长交办案件，对公安派出所开展侦查监督，协助本院反贪、反渎部门办理案件，协助市院监所部门监督监外服刑监管活动，协助对被不起诉人员回访，办理民事监督起诉案，办理法庭民事调解监督案，举行预防职务犯罪巡回讲座3次，深入行业开展预防职务犯罪5次，开展社会综合治理8次，排除化解矛盾纠纷3件。

2010年，云龙检察室共受理举报来信来访27件94人，督促6名犯罪嫌疑人投案自首，妥善化解矛盾纠纷1７件，收集职务犯罪线索8件，立案侦查3件，初查职务犯罪线索8件。对公安派出所刑事侦查监督活动中自行发现立案监督案件4件，提前介入10件、监督立案4件、书面纠正违法行为2次、引导侦查2次；对人民法庭的监督3次，书面意见被采纳3次；监督海口市工商局琼山分局向公安机关移送涉嫌犯罪的案件1件，协助发出职务预防建议4份，被采纳4份。法制宣传20次，协助办理民事督促起诉案件15件，协助自侦部门查办案件6件，协助办理立案监督案件14件，协助公诉科回访被不起诉人3人，社区矫正工作检查9次。

第四章　法　院

第一节　机　构

2003年1月，琼山市人民法院改为海口市琼山区人民法院。2010年内设审判委员会、立案庭、刑事审判庭、民事第一审判庭、民事第二审判庭、行政审判庭、审判监督庭、执行局、办公室、监察室、政治处、司法警察大队机构。派出机构有琼山区人民法院三门坡人民法庭、云龙人民法庭。院址位于琼山区新大洲大道398号。

2010年全院有干警92人，内含法官56人，其中三级高级法官1人、四级高级法官7人、一级法官26人、二级法官14人、三级法官4人、四级法官4人，党员76人，团员8人，研究生5人，大学本科生53人。

第二节　刑事审判

2003年，琼山区人民法院受理刑事案件250件，审结250件，审结率100%，判决犯罪分子339人，其中判处有期徒刑306人，判处拘役4人、有期徒刑缓刑22人。2005年，受理刑事案件253件，审结253件，审结率100%，判处有期徒刑220人，判处拘役6人、有期徒刑缓刑19人。2007年，受理刑事案件301件，审结301件，审结率100%，判处有期徒刑322人，判处拘役9人、有期徒刑缓刑19人，免予刑事处罚3人。2008年，受理刑事案件336件，审结336件，审结率100%，判处有期徒刑370人，判处拘役6人、有期徒刑缓刑33人，管制2人，免予刑事处罚2人。2009年，受理刑事案件372件，审结372件，审结率100%，判处有期徒刑359人，判处拘役5人、有期徒刑缓刑74人，管制4人，免予刑事处罚2人。2010年，共受理刑事案件425件，审结425件，审结率100%，判处有期徒刑500人，判处拘役5人、有期徒刑缓刑98人，管制4人。

2003—2010 年琼山区人民法院刑事审判的普通案件有抢劫、盗窃、贩卖毒品、强迫交易、交通肇事、故意伤害、强奸、妨害公务等，累计受理审结 1949 件，结案率 100%。审理一批在当地影响较大的贩卖毒品、生产销售有毒、有害食品、破坏选举等重大案件。

第三节　民商事审判

2003 年 1 月起原经济审判统改为民商事审判。当年琼山区人民法院共受理民商事案件 735 件，审结 717 件，其中离婚纠纷 170 件、赔偿纠纷 12 件，解除同居关系纠纷 9 件、抚养纠纷 2 件、其他案件 542 件。调解 170 件、判决 376 件、撤诉 46 件、驳回起诉 7 件。2005 年，受理民商事案件 629 件，审结 614 件，其中离婚纠纷 182 件、债务纠纷 38 件、房屋纠纷 20 件、继承纠纷 3 件、抚养纠纷 7 件、买卖合同纠纷 36 件、建设工程合同纠纷 21 件，其他案件 321 件。调解 210 件、判决 230 件、撤诉 82 件、驳回起诉 16 件。

2007 年，共受理民商事案件 787 件，审结 776 件，其中离婚纠纷 195 件、债务纠纷 156 件、赔偿纠纷 36 件、土地纠纷 8 件、房屋纠纷 64 件、抚养纠纷 10 件、买卖合同纠纷 12 件、建设工程合同纠纷 18 件、其他案件 289 件。调解 203 件、判决 332 件、撤诉 46 件、驳回起诉 2 件。2008 年，受理民商事案件 1098 件，审结 1078 件，其中离婚纠纷 236 件、债务纠纷 162 件、赔偿纠纷 55 件、土地纠纷 11 件、抚养纠纷 10 件、建设工程合同纠纷 24 件、其他案件 607 件。调解 273 件、判决 351 件、撤诉 139 件、驳回起诉 196 件。2009 年，受理民商事案件 1260 件，审结 1243 件，其中离婚纠纷 172 件、债务纠纷 293 件、抚养纠纷 8 件、建设工程合同纠纷 15 件，其他案件 771 件。调解 503 件、判决 474 件、撤诉 208 件、驳回起诉 22 件。

2010 年，共受理民商事案件 945 件，审结 921 件，其中离婚纠纷 250 件、抚养纠纷 13 件、买卖合同纠纷 170 件、建设工程合同纠纷 10 件、其他案件 502 件。调解 222 件、判决 441 件、撤诉 195 件、驳回起诉 22 件。

第四节　行政审判

2003 年，琼山区人民法院共受理行政案件 15 件，审结 15 件，结案率 100%。其中维持行政决定 2 件、撤销行政决定 3 件、驳回起诉 4 件、撤诉 3 件、移送 2 件，其他 1 件。2004 年，受理行政案件 20 件，审结 20 件，结案率 100%。其中维持行政决定 3 件、撤销行政决定 2 件、驳回起诉 11 件、撤诉 1 件、移送 1 件，其他 2 件。2006 年，共受理行政案件 17 件，审结 17 件，结案率 100%。其中维持行政决定 7 件、驳回诉讼请求 3 件、驳回起诉 2 件、撤诉 5 件。2008 年，共受理行政案件 24 件，审结 24 件，结案率 100%。其中维持行政决定7件、撤销行政决定2件、驳回诉讼请求1件、驳回起诉4件、撤诉5件、其他5件。2009年，共受理行政案件38件，审结38件，结案率100%。其中维持行政决定2件、撤销行政决定9件、驳回诉讼请求3件、撤诉12件、移送1件、其他11件。2010年，共受理行政案件86件，审结86件，结案率100%。其中维持行政决定9件、驳回诉讼请求9件、驳回起诉1件、撤诉30件、其他37件。

第五节 审判监督

2003年，琼山区人民法院共受理审判监督申诉复查案件40件，审结40件，中止11件，未结1件。2004年，受理申诉复查案件24件，审结20件，未结4件。2005年，受理申诉复查案件20件，审结20件。2007年，受理申诉复查案件56件。2008年，受理申诉复查案件5件，审结3件，再审8件，结案8件。2009年，受理申诉复查案件4件，审结2件，再审3件，结案3件、未结1件。2010年，共受理申诉复查案件8件，审结8件，再审9件，结案8件、未结1件。

第六节 立案信访

2003—2010年，琼山区人民法院立案庭立案审查起诉的民商事案件，做到当天审查立案达80%~85%，重大疑难案件两天内审查完毕立案。并在立案内设当事人缴交诉讼费刷卡机机制，方便了当事人。

2003—2010年间，琼山区人民法院院长阅批信件318件，接待来访389人次，处理上级法院和省、市、区委区人大办转办信件98件。

2003—2010年琼山区人民法院立案信访统计表

表16–4–2 单位：件、人次

年度	来信件	处理件	来访件	处理件	信访	处理
2003	240	240	557	557	797	797
2004	444	444	834	834	1278	1278
2005	245	245	586	586	831	831
2006	286	286	360	360	648	648
2007	55	55	638	638	693	693
2008	120	120	477	477	597	597
2009	125	125	370	370	495	495
2010	98	98	651	651	49	49
合计	1613	1613	4473	4473	5388	5388

第七节　执　行

2009 年 8 月 22 日，琼山区人民法院执行庭更名为海口市琼山区人民法院执行局。

2003 年琼山区法院共受理申请执行 344 件，结案 704 件（含旧存），执结率 204.65%；2004 年受理申请执行 306 件，结案 311 件（含旧存），执结率 101.63%；2005 年受理申请执行 296 件，结案 252 件（含旧存），执结率 85.14%；2006 年受理申请执行 310 件，结案 294 件（含旧存），执结率 94.84%；2007 年受理申请执行 311 件，结案 334 件（含旧存），执结率 107.40%；2008 年受理申请执行 357 件，结案 352 件（含旧存），执结率 98.60%；2009 年受理申请执行 679 件，结案 591 件（含旧存），执结率 87.4%；2010 年受理申请执行 413 件，结案 507 件（含旧存），执结率 122.76%。

2003—2010 年，琼山区执行案件主要分为合同纠纷，权属侵权纠纷和婚姻纠纷三大类型。其中合同纠纷案件占 80%、权属侵权纠纷案件占 15%、婚姻家庭纠纷案占 5%。

在执行工作中，琼山法院始终坚持“法制教育为先导，强制执行为后盾”的原则，进行法制宣传教育工作，每执行一案都对当事人做耐心细致的法制宣传教育工作，促使当事人自觉执行。对“骨头案”“钉子案”决不手软，依法强制执行。2009 年 9 月 4 日，琼山区法院顺利执行了一宗市政法委挂牌督办的矛盾十分突出的“骨头”案件。对久拖不结案件，采取有力措施，依法强制执行。开展执行大会战，也是人民法院执行工作一项重要措施。

第八节　队伍建设

2003 年 3 月 15 日起，琼山人民法院开展为期 9 个月的“好法院、好法庭、好法官”和“严格执法”等教育活动年。全年上街设点开展法律宣传 15 次，咨询人数 398 人次，发放资料 1968 份，召开公判会 3 场次，受教育人数 8966 人次。

2004 年 3 月 20 日至 12 月 30 日，开展“公正与效率”为主题教育和“党风廉政教育”、“公正廉洁树形象”等教育活动。上街设点开展法律宣传 17 次，咨询人数 410 人次，发放资料 2074 份，召开公判会 3 场次，受教育人数达 9120 人次。

2005 年 5 月 2 日开始，开展为期 6 个月的“规范司法行为，促进司法公正”“裁判文书质量评查”“抓党风廉政建设”等教育活动。全年上街设点开展法律宣传 15 次，咨询人数 390 人次，发放资料 1994 份，召开公判会 2 场次，受教育人数 9085 人次。

2006 年 4 月 5 日起，开展为期 6 个月的“公正司法，一心为民”为主题教育活动和“加强队伍业务与政治教育”等多项教育活动。上街设点开展法律宣传 16 次，咨询人数 399 人次，发放资料 1984 份，召开公判会 2 场次，受教育人数 9098 人次。开展法律“六进”活动，为乡村、企业排忧解难，到乡村、企业、社区、巡回审判11次。

2007年琼山区人民法院继续深化“公正与效率”的主题教育和“人民满意”为目标等教育活动。上街设点开展法律宣传11次，咨询人数378人次，发放资料1976份，召开公判会2场次，受教育人数8985人次。开展法律“六进”活动，为乡村、企业排忧解难，到乡村、企业、社区、巡回审判13次。

2008年3月1日开始，开展“全面加强审判和执行工作”“社会主义法治理念”等多项教育活动。上街设点开展法律宣传16次，咨询人数410人次，发放资料2018份，召开公判会2场次，受教育人数达2010人次。开展法律“六进”活动，为乡村、企业排忧解难，到乡村、企业、社区、巡回审判14次。

2009年3月15日至年底，开展“司法巡查”“服务党和国家工作大局”“从严治院，从严管理”和深入开展“学习实践科学发展观”等多项教育活动，上街设点开展法律宣传15次，咨询人数390人次，发放资料1981份，召开公判会1场次，受教育人数达9027人次。开展法律“六进”活动，为乡村、企业排忧解难，到乡村、企业、社区、巡回审判10次。

2010年3月开始，开展“人民法官为人民”主题教育，“廉政建设教育年”“司法作风建设”“向模范先进人物学习”等教育活动，上街设点开展法律宣传18次，咨询人数491人次，发放资料2218份，召开公判会1场次，受教育人数1284人次。开展法律“六进”活动，巡回审判14次。

琼山区人民法院2006年被最高人民法院授予“全国司法行政先进集体”称号；2007年被最高人民法院授予“全国法院指导人民调解先进集体”称号，三门坡人民法庭被评为“全国指导人员调解工作先进集体”。2010年被最高人民法院确定为“全国司法公开示范法院”。

2003年，琼山区人民法院被评为“海南省法院系统先进法院”；2005年度荣获“海南省法院系统执行工作先进单位”；2005—2006年度荣获海南省法院系统“优秀法院”称号；2006年荣获“海南省法院系统执行工作先进单位”“海南省社会治安综合治理先进单位”；2007年，刑事审判庭被海南省高院评为“全省法院系统优秀集体奖”；2008年，民事审判第一庭被海南省高院记集体二等功。

琼山区人民法院2004年度荣获海口市社会治安综合治理先进集体；2004—2005年度荣获海口市法院系统优秀法院；刑事庭、民事一庭荣获“2004—2005年度海口市法院系统优秀集体”；2010年度，被评为海口市综合治理先进单位。

第九节　纪检监察与司法警察

2003—2010年，琼山区人民法院纪检组、监察室主要负责开展法院司法廉洁教育、反腐倡廉、查办违纪违法案件。2003年违纪违法受处分1人（科员）。2004年违纪违法受处分 1 人。2008 年违纪违法受处分 1 人。2009 年违纪违法受处分 4 人。

2003—2010 年，琼山区人民法院司法警察以刑事审判警务保障为重点，积极配合审判部门开庭，以司法警察的威武形象树立司法形象和司法权威，无发生一起影响庭审事件发生。组织大接访活动，认真落实安保措施和应急处置方案，并加强与当地公安联动。加强重大节日、重要活动安全警卫，特别是在重大节日、重要会议前，根据院领导指示，专门部署和检查安保工作。

第五章　司法行政

2003 年 1 月，琼山市司法局改称琼山区司法局，地址在琼山区老干部活动中心 8 楼。主要担负法律保障、法律服务、法制教育三大职能。2010 年，琼山区司法局在职编制人员共 30 人，下设 9 个基层司法所、1 个法律援助中心、4 个法律事务所。

第一节　普法宣传

2003—2010 年，琼山区司法局通过多种形式，利用多种渠道，广泛开展法制宣传。共出法制宣传栏 3250 期，上法制课 576 场次，出动宣传车和利用有线广播 3450 次，放映法制宣传幻灯片、电影 582 场次，法制展览 218 场次，法律咨询 5825 次，法制新闻报道 113 篇，出法制简报 87 期 1714 份，印发法制宣传资料 123186 份，受教育者达到 1637541 人次，全区普法对象 364132 人。2003 年后，经“四五”“五五”普法教育，至 2010 年初，共有 1637541 人次学习《中华人民共和国宪法》《中华人民共和国刑法》《中华人民共和国合同法》《中华人民共和国婚姻法》《中华人民共和国民事诉讼法》《中华人民共和国刑事诉讼法》《中华人民共和国继承法》《中华人民共和国民法通则》《中华人民共和国兵役法》以及《中华人民共和国治安管理条例》等法律法规。通过普法教育，广大市民群众、企事业单位学会用法律手段维权管理经济，避免或挽回了经济损失。

第二节　调解、法律服务

2003 年后，全区已建立健全人民调解组织机构，逐步完善和巩固四级人民调解组织网络。截至 2010 年 3 月底，琼山区设区级人民调解委员会 1 个，镇、街道人民调解会 9 个；村级人民调解会 90 个，成员 427 人；村民小组调解组织 776 个，成员 2095 人。确保了人民调解工作级级有人抓，事事有人管。2002—2010 年，全区发生各类矛盾纠纷 6523 件，调解 6523 件，调解率达 100%，调解成功 6210 件，调解成功率 95.2%，没有出现因纠纷调解不及时而引起的非正常死亡案件或转化为刑事案件。

刑释解教人员的安置帮教、社区矫正工作。2005—2009 年累计接受刑释解教人员 564 人，安置 451 人，帮教 240 人，帮教率 100%，安置率 80%；社区矫正人员 226 人，解除 90 人，在册 136 人。司法局和各司法所在掌握政策、开展好帮教工作的同时，发挥各基层组织、志愿者的综合作用，准确掌握被帮教监管对象的动向和思想重大波动，及时做好安抚工作，营造和谐共处的环境，有效地预防了重新违法犯罪。

第十七编

人事　劳动　民政　安全生产

第一章 人 事

第一节 机构沿革

琼山市人力资源和社会保障局的前身为2000年琼山市人事劳动局，行政级别正科级。2003年1月更名为海口市琼山区人事劳动保障局。内设机构有办公室、干部调配股、工资福利股、职称与培训股、劳动关系股，下辖区劳动保障监察大队、区劳动和社会保障管理中心、区农村社会养老保险事业管理处等机构，下设9个基层社保所、14个社保站，挂靠单位有区机构管理编制委员会办公室。主管局核定行政编制12名、机关工勤人员财政拨款事业编制3名。2010年机构改革，更名为琼山区人力资源和社会保障局。工作人员有公务员13名、工勤人员3名。

第二节 公务员管理

一、公务员过渡登记及分流

2002年10月16日，海口行政区划调整，根据区划调整方案将原琼山市部分机关工作人员进行分流，共有179名公务员被分流到海口市各机关及龙华、美兰、秀英3个区；结合乡镇区划调整，分流162名乡镇公务员到美兰区、102名乡镇公务员分流到龙华区、201名乡镇公务员到秀英区。把原海口市国兴街道办划入琼山区，接收国兴街道办事处公务员15名。区划调整后，至2002年12月31日，全区共有公务员1184名，其中区级机关公务员1009名、乡镇公务员175名。随着机构改革、公务员考试招录和调入调出、退休、死亡等原因，到2010年底，全区共有公务员851人，其中区属机关公务员401人、群众团体37人、乡镇224人、参照公务员法管理事业单位189人。

二、公务员年度考核及奖惩

2003年，琼山区人事劳动保障局第一次区级建制对全区790名科级以下（含科级）公务员进行年度考核，118人被评为优秀，672被评为称职，优秀率15%，称职率85%。

2004—2009年，琼山区严格执行年终考核制度，共有科级以下（含科级）公务员4876人（次）参加考核，其中被评为优秀694人（次）、称职4182人（次）。按年份统计，2004、2006、2007年优秀率最高，分别达到14.7%、14.7%和14.6%；2008年称职率最高，达到 86.9%。

2010 年，琼山区科级以下（含科级）公务员共 807 人参加考核，其中 110 人被评为优秀，697 人被评为称职，优秀率 13.6%，称职率 86.4%。2003—2010 年全区轮岗交流共 50 人次，任职公示 50 批 238 人，竞争上岗 3 次 9 人。2002—2010 年，全区共因违纪被开除公职 3 名，辞退 1 名。

第三节　人才引进

琼山区为经济社会发展的需要，引进和抓好人才培养工作。2003 年，为了促进琼山人民医院实现二等甲级医院管理目标，引进外科、颅脑科、内科正高级职称主任医师 3 名、副主任医师 5 名。此后，琼山人民医院、府城医院逐年实施人才引进和培养计划，2 家医院每年都引进正高级职称人才 1~2 名、副高级 4~6 名。2003—2010 年，全区共引进各种专业技术人才 52 名。2005 年引进博士生 1 名，并任其为琼山区副区长；至 2010 年，全区共引进正高级职称 12 名，副高级职称 40 名。通过实施人才培养计划，到 2010 年，全区共有正高级职称 15 名、副高级职称 188 人、中级职称 1510 人。

第四节　专业技术人员管理

按有关政策、法规要求，依据“评、聘分开”的原则，对全区事业单位工作人员和机关工勤专业技术职称进行管理。2003—2010 年，每年都对用人单位实施决定评选和聘用职数。通过单位民主评选、公示人选、考核人选等程序，完成年度专业技术人员职称评选和聘用工作。

2003—2010 年琼山区专业技术人员统计表

表 17–1–1　　单位：人、%

类别 年度	总数	正高级		副高级		中级		初级	
		人数	比例	人数	比例	人数	比例	人数	比例
2003	4385	11	0.25	172	3.92	1508	34.4	2694	61.44
2004	4396	10	0.23	165	3.75	1492	33.94	2729	62.08
2005	4459	11	0.25	172	3.86	1513	33.93	2763	61.96
2006	4423	12	0.27	169	3.82	1503	33.98	2739	61.93
2007	4474	13	0.29	173	3.86	1423	31.81	2865	64.04
2008	4369	10	0.23	184	4.21	1577	36.1	2598	59.46
2009	4021	15	0.12	186	14.13	1458	36.26	2372	58.99
2010	4125	15	0.11	188	14.14	1510	36.27	2392	59.18

第五节 军队转业干部安置

琼山区把解决军队转业干部问题作为支持军队建设的一件大事，作为暖人心、稳军心、固国防、建立和谐社会的重要举措，每年区委常委会的“议军会”都把军队转业干部就业安置问题列入议题，按照海口市政府每年的军转干部安置计划，2004 年安置 6 名，其中区事业单位 1 名、镇政府 5 名。2005 年安置 5 名，其中街道办事处 1 名、镇政府 4 名。2006 年安置 5 名，全部安置在镇政府。2007 年安置 9 名，其中机关单位 5 名、镇政府 4 名。2008 年安置 3 名，全部安置在镇政府。2009 年安置 1 名在区事业单位。2010 年安置 2 名，全部安置在区机关单位。

第六节 工资福利

2001 年至 2006 年 6 月 30 日，原琼山市及琼山区机关事业单位工作人员的工资制度执行国务院《关于机关和事业单位工作人员工资制度改革问题的通知》、海南省人民政府《关于机关事业工作人员工资制度问题的通知》等文件规定执行的工资制度。

机关工作人员实行职级工资制度，其工资根据不同职能分为职务工资、级别工资、基础工资和工龄工资四部分。其中，职务工资和级别工资是职级工资的主体。

机关工人根据机关工人的劳动特点，技术工人实行岗位技术等级工资制，其工资由岗位工资、技术等级工资和奖金三部分构成；普通工人实行岗位工资制度，其工资由岗位工资和奖金两部分构成。

事业单位工作人员。在科学分类的基础上依照按劳分配原则建立，体现事业单位不同类型、不同行业特点的工资制度，与机关工资脱钩，其内容为津贴、奖励两个部分。引进竞争激励机制，实行全额拨款、差额拨款、自收自支三种不同类型的事业单位。在工资构成中，全额拨款事业单位实行固定工资为 70%，活工资为 30%；差额拨款事业单位实行固定工资为 60%，活工资为 40%。

从 2006 年 7 月 1 日起至 2010 年，琼山区机关事业单位工作人员工资制度是执行《国务院关于改革公务员工资制度的通知》和人事部、财政部《关于印发〈公务员工资制度改革实施办法〉的通知》，人事部、财政部《关于印发事业单位工作人员收入分配制度改革方案的通知》和《关于印发〈事业单位工作人员收入分配制度改革实施办法〉的通知》和海南省人事劳动保障厅、海南省财政厅关于印发《海南省公务员工资制度改革实施意见》的通知、关于印发《海南省事业单位工作人员收入分配制度改革实施意见》的通知等文件的工资制度。

经组织人事部门登记为公务员的工作人员实行职级工资制。职务工资：公务员按现任职务执行相应的职务工资标准。级别工资：公务员按现任职务、任职年限和套改年限确定。

机关工人工资制度。技术工人实行技术等级工资；技术工人按考评（聘任）的技术等级（职务）执行相应的技术等级工资标准；岗位工资：技术工人的岗位工资档次按现任技术等级（职务）任技术等级（职务）年限和套改年限确定。

普通工人的工资制度。普通工人的岗位工资档次，按套改年限确定。

经各级机构编制部门按规定程序批准设置的事业单位实行岗位绩效工资制度。岗位绩效工资由岗位工资、薪级工资、绩效工资和津贴补贴四部分组成。其中岗位工资和薪级工资为基本工资。

琼山区机关事业单位工作人员执行《海南省机关事业单位工作人员浮动工资转为特区津贴和特区生活补贴的实施办法》的规定，实行机关公务员和事业单位管理人员特区津贴和特区生活补贴标准、实行事业单位专业技术人员特区津贴和特区生活补贴标准、实行机关和事业单位工勤人员特区津贴和特区生活补贴标准。

第二章　劳　动

第一节　用工制度改革

一、企业用工制度改革

1990 年前，原琼山县国有工业企业和商业企业招收工人主要为固定工和根据企业季节性需求招收临时工。1992 年，国务院下发《全民所有制工业企业转换经营机制条例》，1994 年，琼山市通过重点抓转换企业经营机制，先后开始进行企业用工制度、人事制度、分配制度的改革，制定《关于深化企业改革、转换经营机制的规定》《关于全面贯彻落实转换机制（条例）的通知》等政策性文件。并于 1988 年全面实行厂长（经理）负责制。根据 1986 年劳动人事部颁发《国营企业实行劳动合同制暂行规定》，进一步推行企业用工制度改革，改变全民固定工、全民合同工的模式，实行劳动合同制，打破用工制度的“铁饭碗”，提高工人竞争意识，增强危机感，以最大限度促进生产力的发展。到 1993 年底，全县企业基本实行全员劳动合同制，即由企业和个人在平等自愿、协商一致的基础上签订劳动合同，用合同形式确立职工的企业的劳动关系，明确各自的权利和义务。

进入 21 世纪后，中国建立和不断完善社会主义市场经济体制，全面推进企业用工制度改革，面向市场，由企业自主招工，自主录用，由企业和个人签订劳动合同后上报劳动部门备案。据此，2003—2010年，琼山区人事劳动部门贯彻企业自主招工原则，不再担负为企业招工职能，通过建立人力资源市场，全面推进企业用工市场化。

二、企业人事制度改革

1984年前，原琼山县的工业企业干部实行任命制，县管企业的厂长和党委（总支）书记，由中共琼山县委组织部任命。1988年实行厂长负责制后，党委（总支）书记由组织部任命，厂长（经理）由主管局聘任，企业中层干部由厂长聘任。这一体制一直沿袭到企业第二轮承包（1992年）结束。随着企业股份制改造的深入开展，琼山一批国有企业改制，改制的企业明晰产权关系，明确法人财产权、建立股东大会、董事会、总经理、监事会为主体的公司决策、执行、监督三权制衡机制，改变单纯依靠国家筹资金发展生产和实施分配的局面，同时也促进了企业内部经营机制的转换。

2003年，琼山尚有56家国有工业企业和商业企业尚未改制。在推进国有企业改制的同时，为了确保国有资产的安全和维护职工的权益，对国有企业的党委（总支）书记一直由区直机关工委考察任用，厂长（经理）通过企业内部民主评议，由主管局聘任。至2010年，琼山区尚未改制的国有企业领导班子，仍实行党委（总支）班子委任制，厂长（经理）聘任制。

三、企业内部分配改革

1992年前，琼山国有企业的工人均实行八级工资制，工资管理高度集中，职工工资调整由上级劳动行政管理部门根据有关政策决定。职工无论贡献大小，工资增长幅度基本一致，属于“大锅饭”的工资管理制度。1993年后，琼山县（市）根据国务院《关于国营企业工资改革问题的通知》精神和省政府的有关文件，开始实施“绩效挂钩”的工资制度，工资总额同经济效应按比例浮动。1998年，龙塘糖厂率先实施“绩效工资”制度改革，在定额工资、结构工资的基础上，收入分配和生产指标挂钩，企业生产和经营效益的好坏直接影响到职工的收入。“绩效工资”分配制度的改革，保持了全省先进企业的地位，从1955年建厂至1998年一直盈利，为国家上缴税利总额达2亿多元。

2003年，在中共海口市委和市政府的重视的支持下，琼山不断加快国有企业改制步伐，力争在“十二五”规划期间，全部完成区管54家国有企业（含国有商业企业）改制任务。

第二节　劳务市场

琼山区采取积极措施抓好劳务市场建设。抓好就业和创业培训工作，培养实用型人才，让群众掌握一技之长。2003年举办各类培训班22期，参加培训人数1.2万人次；2004年举办18期，培训人数9800人次；2005年举办21期，培训人数1.1万人次；2006年举办20期，培训人数1.05万人次；2007年举办19期，培训人数9680人次；2008年举办23期，培训人数1.17万人次；2009年举办25期，培训人数1.3万人次；2010年举办

26 期，培训人数 1.15 万人次。

举办就业招聘会。2003 年共举办招聘会 3 场次，每次举办有 50 家以上企业进场招聘，每次招聘人数达 600 人；2004 年举办 4 场次，每次有 60 家企业以上进场招聘，每次招聘人数达 500 人以上；2005 年共举办 3 场次，每次有 40 家企业以上进场招聘，每次招聘人数 600 人以上；2006 年共举办 2 场次，每次有 60 家企业进场招聘，每次招聘人数 200 人以上；2007 年共举办 3 次，每次有 70 家企业以上进场招聘，每次招聘人数 800 人以上；2008 年共举办 2 场次，每次有 60 家企业进场招聘，每次招聘人数 850 人以上；2009 年共举办 3 场次，每次有 80 家企业以上进场招聘，每次招聘人数达 1000 人次；2010 年举办 1 次，有 108 家企业进场招聘，招聘人数 1210 人。

组织农村富余劳动力转移就业。2003—2010 年，共向省外转移劳力就业达 1 万多人次，省内转移劳力就业 2 万多人次。

第三节 劳动管理

一、劳动监察

2003 年后，琼山区下辖 8 个镇 1 个街道办，共有用工单位 1500 家，涉及劳动者 35628 人。全年琼山区劳动保障监察大队共检查全区用工单位 326 家，涉及劳动者 6018人，补签劳动合同 3980 份，接受举报投诉案件 38 宗，结案 38 宗，追发劳动者工资 39 万元。

2004 年，检查用人单位 326 家，涉及劳动者 5018 人，补签劳动合同 3010 份，接受举报投诉案件 40 宗，结案 40 宗，追发劳动者工资 89 万元。2005 年检查用人单位 372 家，涉及劳动者 6058 人，补签合同 3250 份，接受举报投诉案件 43 宗，结案 43 宗，追发劳动者工资 108 万元。针对辖区个体企业、民营企业，特别是餐饮、旅馆、商贸业劳资纠纷较多的情况，琼山区自 2006 年起，加大劳动监察力度，积极为劳动者维权。2006—2007 年，共检查用人单位 824 家，涉及劳动者 13608 人，共补签劳动合同 8526 份；共接受举报投诉案件 83 宗，结案 83 宗，追发劳动者工资共 81 万元。

2008 年 1 月琼山区劳动保障监察大队贯彻执行《中华人民共和国劳动合同法》，切实保护劳动者合法权益，全年共检查用工单位 301 家，涉及劳动者 13693 人，补签劳动合同 2861 份，接受举报投诉案件 30 宗，结案 30 宗，追发劳动者工资 22.8 万元。

2010 年，琼山区有用工单位 2200 家，涉及劳动者 39826 人。琼山区劳动保障监察大队共检查全区用人单位 286 家，涉及劳动者 11356 人，补签劳动合同 2145 份，接受举报投诉案件 36 宗，结案 36 宗，追发劳动者工资 89.7 万元。

二、劳动仲裁

2003 年，琼山区受理劳动争议纠纷案件 19 件，结案 19 件，结案率 100%，涉及金额 4.8 万元。

2008年，琼山区劳动争议仲裁庭受理劳动争议纠纷案件23件，结案23件，结案率100%，涉案金额3万元。2009年，区劳动争议仲裁庭受理劳动争议纠纷案件52件，结案52件，结案率100%，涉案金额5万元。2010年受理纠纷案件26件，结案26件，结案率100%，涉案金额8万元。

第四节 再就业

琼山区国有企业自20世纪90年代起由于市场竞争激烈，企业规模小、包袱重等原因，陷入经营困境。因企业改制转产、企业破产、停产等原因，出现了一批下岗工人。琼山区为了保障下岗职工权益，采取了积极的应对措施。引导一部分下岗职工进入再就业服务中心，2003—2010年，全区共有2800人进入再就业服务中心，享受国家的保障政策。引导下岗职工自主创业，发放小额贷款给予扶持。2010年，根据海口市《创建创业型城市工作方案》要求，全区共发放小额贷款580万元，共扶持265人自主创业。开发就业岗位，2002—2010年全区新增就业岗位59400个，确保一批下岗职工再就业。全区失业率有效控制在3.7%以内。

第三章 民 政

第一节 机 构

2003年1月，原琼山市民政局改为琼山区民政局，位于府城镇文庄路20号。2010年内设机构：办公室、优抚股、救灾救济股、社会事务股，人员编制11名，其中工勤人员2名。有5个挂靠机构：（1）琼山区退伍军人安置办公室，人员编制3名；（2）琼山区最低生活保障服务中心（特困居民服务中心），人员编制7名；（3）琼山区拥军优属拥政爱民工作领导小组办公室，人员编制3名；（4）琼山区老龄人工作委员会办公室，人员编制3名；（5）琼山区社区建设和管理工作办公室，人员编制3名。上述机构均为副科级单位。直属机构2个：琼山区社会福利院、琼山区社会福利厂。

第二节 赈灾救济

一、定期、临时救济

2002年，琼山市民政局备案原广东省核查发证的精减退职职工185人，这些职工领取退职时的工资额40%。这些职工大部分丧失劳动能力，或年老体弱，或长期患病，劳动能力较差，生活困难。2003年，琼山区根据海口市政府的通知，执行海口市财政局的有关规定，对这些人除领取原有当时40%工资外，按户口的属性，给予全额低保待遇，保障了他们的基本生活。由于年老病故原因，截至2010年，精减退职职工剩下179人。

琼山区民政局重视抓好社会救助工作，每年都救助因找不到工作失业和外省市县的流浪乞讨人员。据统计，2002—2009年，共救助500多人次，帮助他们解决临时生活的困难。

二、灾荒救济

2003—2010年，琼山区每年都有不同程度遭受旱灾、水灾、台风和严寒袭击。每次灾荒，均由各级政府组织救灾，发放各种救灾款物。灾后发动群众互相帮助，鼓励生产自救。救济扶持生活、生产困难者，做到有灾必救，受灾无荒。每次发放救灾款物进行民政评议张榜公布，按困难的类别不同给予救济，做到公开、公平、公正。

2002年，春荒期间拨款20万元购买粮食，冬令期间拨款18万元购买棉被、棉衣等防寒物资救济困难群众。2003年，春荒期间拨款35万元购买粮食，冬令期间拨款19.57万元购买棉被、棉衣等防寒物资救济困难群众。2004年，琼山区举行“万人献爱心”活动，共收到社会各界捐款17万元，给予困难家庭每户100元补助；由财政拨款，春季给予困难家庭子女上学补助2.52万元，春荒救济37万元；秋季给予困难家庭子女上学补助4.96元，冬令救济19.57万元。2005年第一季度全区受严重干旱影响，春荒期间发放大米6589公斤。9月26日，18号强台风灾情严重，转移受灾群众4493人，给灾民安排快食面715箱、饼干2325公斤、矿泉水5112瓶，及时修建严重损坏的房屋189间（市民政局、财政局拨款63万元）；冬令救济15.99万元。2006年安排自然灾害救济款9.33万元；五保户（孤儿）每人补助100元，共10.94万元；7月发放自然灾害救济粮46155公斤；购买棉被、棉衣等冬令物资36.64万元。2007年发放自然灾害救济粮50010公斤；购买棉被、棉衣等冬令物资11.13万元。2008年，发放春荒救济粮87225公斤。同年5月12日，四川汶川地区发生大地震后，全区动员社会各界捐款600多万元支援灾区重建。秋季入学，区委、区政府通过发动社会各界捐款，筹措资金70多万元，资助103位当年考入大学本科的困难家庭学生每人资助5000元，圆大学梦。同年10月全区普遍遭受水灾，为确保灾民的基本生活，共发放水灾救济粮18.75万公斤，给受灾较重的旧州镇仙客村、云龙镇谭连村、龙塘镇新民、龙光、文道村委会、府城镇儒逢村委会等灾民发放饼干3625公斤、快食面562箱、矿泉水1.58万瓶、大米1.45万公斤、彩色帆布5捆、地毯20多米，市民政局下拨80万元支援琼山区灾民做好生产自救。冬令期间，购买棉被、棉衣等冬令物资32万元。春节前夕，由于受到严寒影响，琼山区启动救灾救济应急机制，及时拨款25万元购买衣服305套、棉被1410张、大米1.77万公斤发放给困难群众，使他们安全过冬，欢乐过节。

2009年6月给困难群众发放救济粮11.75万公斤，8月给困难群众发放救济粮2.2万公斤，12 月给困难群众发放救济粮 4.76 万公斤。秋季入学，又筹款 60 多万元，帮助 101 位录取为本科的学生跨入大学门槛。10 月，在龙塘镇龙新村委会新克村建立防灾减灾宣传示范点。冬令期间，全区拨款 63.02 万元购买棉被、棉衣等冬令物资发放给灾民。

2010 年 2 月，给城乡低保户每户发放物价补助 200 元；6 月给困难群众发放救济粮 4.26 万公斤，下拨 15 万元到各镇救助灾民。10 月水灾期间，下拨 30 万元至各镇救助灾民，购买各类应急救灾物资 126 万元，下拨捐赠款 100 万元给重灾区龙塘镇救济灾民，灾后购买大米 657 万元，恢复重建倒塌房屋 463 间，共 410 万元。冬令期间购买衣被、粮油等御寒物资 144 万元。

三、危房改造

2003 年，琼山区民政局设立社会捐助接收工作点，开展日常性接受社会慈善人士捐赠的款物，每次收到的款都造册登记，专款专用，及时组织发放给困难群众。从 2006 年开始，每年开展“送温暖、献爱心”捐款活动，把捐款和物资救助五保户或城乡困难群众，使他们倍感政府的温暖。

2007—2010 年，琼山区政府每年都安排预算资金和通过社会救助、群众自筹、亲朋相助等各种方式投入对困难群众的危房改造。2007 年，改造困难群众危房 219 间，政府扶持 96.53 万元，2008 年，改造危房 331 间，政府扶持 149.83 万元；2009 年改造 169 间，政府扶持 85.79 万元；2010 年恢复重建倒塌房屋 463 间，政府扶持 410 万元。

第三节　优抚安置

2003 年，琼山建区后，对革命烈属、因公牺牲或病故人员家属、伤残革命军人等重点优抚对象发放定期定量补助。2004 年 10 月 1 日起实施新的《军人抚恤优待条例》，至 2010 年优抚工作逐步正常化、制度化。

一、国家优抚

在开展革命烈士抚恤工作中，琼山区对牺牲或病故军人发放抚恤金。2002—2010 年，全区共发放抚恤金 342.69 万元。琼山区根据伤残军人视伤残等级的情况，实行终身抚恤，向伤残军人或其家属发抚恤证，伤残等级分轻重一至十级。抚恤标准根据伤残者有无固定收入，分为在职和在乡村两种。至 2010 年，琼山区有 158 名革命伤残军人，其中在职人员 34 人，在乡人员 124 人。2002—2010 年发放优待抚恤金共计 651.58 万元。同时，对军烈属和伤残、复退军人以及老红军、堡垒户，因缺乏劳动力而生活困难的，主要采取定期定量补助和临时补助。2002—2010 年，琼山区共发放定期定量补助和临时补助金额 446.35 万元。

2002—2010 年琼山区发放国家定补、临补情况统计表

表 17–3–2　　单位：元

年度	补助款	年度	补助款
2002	346243	2007	831209
2003	457215	2008	951786
2004	498127	2009	131435
2005	506726	2010	213600
2006	527217		
合计	4463558		

二、优待金

从 2002 年起，按照市、区两级财政分担的原则落实兑现义务兵家属优待金。2002—2010 年共发放现役义务兵家属优待金 602.05 万元。

2002—2010 年义务兵家属优待金发放情况统计表

表 17–3–3

年份	发放优待金总额（元）	户口性质	
		非农业（户）	农业（户）
2002	121500	360	300
2003	130600	360	300
2004	135000	360	300
2005	195160	560	500
2006	519000	1500	1500
2007	1126320	3120	3120
2008	1166880	3120	3120
2009	1145040	3120	3120
2010	1481040	3960	3960
合计	6020540	16460	16220

三、烈士褒扬

琼山区辖区内属民政部门管理的有 7 处革命建筑物：琼崖红军云龙改编旧址（云龙镇）、大水革命烈士纪念园（三门坡镇）、白石溪革命烈士纪念碑（东昌农场）、林文英烈士殉难处纪念碑与纪念亭（府城镇）、刘秋菊纪念园（府城镇）、王白伦暨红旗地区革命烈士纪念园（红旗镇）、冯白驹故居（云龙镇长泰村）。

2003—2010 年，琼山区每年都下拨 8000 多元，对以上革命建筑物进行维修和管理。每逢清明节，当地干部群众和学生都前往祭扫烈士陵墓，进行爱国主义和英雄主义教育。

四、复退安置

2003 年成立琼山区退伍军人安置办公室。据统计，2002—2010 年全区完成接收复退军人 1495 人工作。

2004—2010 年，琼山区接收安置工作改变以往单纯靠钱物、靠招工指标做安置工作的方法，实行城镇退伍军人自谋职业为主，政府给予一次性经济补助的办法进行安置，共发放一次性经济补助金 1147.2 万元。

五、临时救济

2006 年，琼山区开始对生活困难、治病困难、住房困难的农村退伍兵进行临时救济。2006—2010 年共下拨 254.37 万元帮助 1346（户）农村退伍兵解决“三难”问题。

第四节　社会福利

一、老龄工作

（一）老龄机构

琼山区老龄工作委员办公室，是挂靠区民政局的副科级事业单位，成立于 2005 年，定编 2 人，主任 1 名，2010 年增加工作人员 1 名，负责该区各单位的沟通、联系、协调老龄工作。2010 年，琼山区 60 岁以上老年人有 6.2 万人，其中 90 至 99 岁老年人 4213 人、百岁以上老年人 63 人。

（二）落实老年人优待政策

琼山区成立后，全面执行老年人优待政策，2003—2010 年，琼山区已发放海南省老年人优待证 24.3 万份。

（三）发放百岁老人长寿补助金

2006 年，海南省实施发放百岁老人长寿补助金政策，当年琼山区发放补助金人数 38 人，总金额 30750 元。2006—2010 年共发放百岁老人长寿补助金 340450 元。

2006—2010 年百岁老人长寿补助金发放情况统计表

表 17-3-4

年份	人数（人）	总金额（元）
2006	38	30750
2007	41	60450
2008	56	61050
2009	59	93200
2010	70	95000
合计	264	340450

说明：2002—2005 年没有发放百岁老人长寿补助金的政策规定

（四）老年人生活保障

2003 年琼山区供养五保户 1150 人，到 2010 年共供养五保户 1500 人，其中分散供养 1320 人、集中供养 180 人。自 2003 年起，把没有评上五保户的孤老人员纳入低保，做到应保尽保。到 2010 年，纳入低保的老年人 2796 人，其中农村 2131 人、城市 665 人，有 140 名孤老优抚对象都得到不同程度的优待。加强 12 所敬老院和一所福利院（光荣院）的建设和管理，为住院供养的老年人创造了良好的生活环境。2003—2010 年帮助 358 个孤寡老人解决治病难、196 户五保户住房难问题。

二、福利院

2000 年 5 月 26 日成立琼山市社会福利院，2003 年改称琼山区福利院。院址府城镇新大洲大道 545 号，占地面积 0.45 公顷，建筑面积 3200 平方米。2010 年入院老人 18 名，弃婴、孤残儿童 42 人，工作人员 37 人。

共投入资金 500 多万元加强福利院的基础设施建设，使光荣老人和弃婴、孤残儿童的生活、住房、医疗和康复训练等都得到保障。老人的月生活费标准达 850 元（定补 550 元、院补 300 元），弃婴、孤残儿童生活全部纳入财政预算每月每人 1000 元。自 2003 年起，老人、小孩房间全部配备电视机、DVD、热水器、空调和暖气设备，有专门的护理人员、特教人员、保育人员、炊事员、医生和管理人员，设有医疗室、特教室、健身室、娱乐室，配备了一批康复健身设施，管理制度完善。

2003—2010 年，共收养弃婴和孤残儿童 117 名。1998 年 9 月 23 日开展海南省第一家涉外领养工作，将 3 名弃婴送到美国家庭领养，到 2010 年，已送国外领养孤残儿童 41人。

琼山区有 2 名智障儿童在全国、全省特奥运动会上夺得金牌 6 枚、银牌 4 枚、铜牌 5 枚。

第五节　社区管理

琼山区共有城镇社区 24 个（中心城区 19 个、镇社区 5 个），管理人口 28 万人。自 2003 年起，琼山区一直抓创建和谐社区工作，特别是 2010 年海口市开展创建和谐社区示范点建设以后，琼山区把加强社区组织建设作为推动和谐社区建设的基础性工程，常抓不懈。

全部 24 个社区都成立了党支部、社区居民委员会、居民代表大会、社区协商议事会，基本形成以社区党组织和社区社会管理织体系和网络。2010 年大园社区、忠介社区、高登社区、文庄社区、城东社区、北官社区、铁桥社区 7 个社区达到省、市和谐社区示范点标准。

2003—2010 年，全区各社区共制订、完善社区自治章程和居民公约、社区居民代表大会制度、社区议事决策制度、民主监督制度、服务管理制度、居务公开制度等 20 多件，社区居民的参与权、决策权、监督权得到保证。

从 2005 年起，琼山区通过公开招聘，按每个社区配置社区专职成员 6 名的标准，共聘用 138 名社区专职成员。其中本科学历有 31 名，大专学历有 69 名、中专和高中学历有 38 名；35 岁以下 29 人，36~45 岁的有 56 人，46~59 岁的有 53 人；党员 93 人。社区干部文化层次、年龄结构、工作能力等方面有了大幅度提高。

2003—2010 年，有 108 个社区、小区被评为文明单位，890 户被评为文明家庭，大园社区被评为省级计划生育先进单位。

第六节　婚姻登记管理

2003 年琼山区民政局负责辖区府城、龙塘、云龙、红旗、三门坡、大坡、甲子、旧州 8 个镇和国兴街道婚姻登记工作。

男女结婚、离婚、复婚，按登记程序，凡符合《中华人民共和国婚姻法》规定，均可申请办理，当事人必须亲自到一方户口所在地登记，执行 2001 年 4 月 28 日修正后的婚姻法规。

2002 年登记结婚 2205 对，离婚 87 对，补领结婚证 1 对。2002—2010 年，共办理结婚登记 52186 人。其中初婚 46967 人，再婚 3069 人，复婚 232 人，补办结婚登记手续 2918 对 5836 人。离婚登记人数 4786 人。

2002—2010 年琼山区婚姻登记统计表

表 17-3-5　　单位：对

年度	结婚	离婚	补领结婚证	补领离婚证
2002	2205	87	1	—
2003	2537	95	25	—
2004	2674	203	41	1
2005	2418	253	56	2
2006	2264	267	148	—
2007	2856	317	318	—
2008	3710	331	379	1
2009	3994	398	582	—
2010	3435	442	—	—

第四章　安全生产

第一节　机　构

2004年2月，琼山区安全生产监督管理局成立，挂靠琼山区政府办公室，为副科级单位，编制5人，办公地址设在区机关办公大楼。2010年10月，区安全生产监督管理局单独设置，为区政府组成部门，升为正科级行政机构，编制6人，办公地址迁至凤翔街道办事处新桥路3号。

第二节　培训宣传

2004年4月至9月，琼山区组织了46家生产经营单位，包括非煤矿山、危险化学品、建筑施工单位的企业管理人员和从业人员，参加省、市举办的业务培训班，有82人接受了岗位安全技能培训。6月13日，按照区政府统一部署，组织消防、工商、交通、建设、教科、团委、总工会、宣传部、卫生、公安、交警、气象等14个单位，组成活动小组，在全区开展第二个全国“安全生产月”和“安全生产万里行”活动。在府城三角公园开展安全生产法律知识咨询，全区共张挂横幅宣传标语105条，印发法律法规问答宣传资料2000多份，现场图片展览12幅，现场展示假冒伪劣奶粉和假冒伪劣成品药共18种类，同时还为400多名群众做健康检查。

2005年，全区共组织43家生产经营单位126人参加省市举办各种培训班，并取得了上岗资格证书。联合消防部门深入万达包装制造有限公司、金峰茶艺馆、好而惠宾馆、天茂商场等18家企业现场对员工进行消防火灾预防、逃生培训。组织机关干部、企业管理人员，在区委五楼会议室举办居安消防与应急救援培训班。全年共组织举办各种培训班19场次，接受培训的人数2800多人，其中机关干部和政府公务员200多人；在“安全生产月”宣传活动中，组织宣传部、总工会、团委、消防、公安、建设、工商、教科、文体、卫生等16个部门，在全区乡镇、农场社区和工矿企业，开展宣传活动。共张挂横幅宣传118条。印发安全生产法律法规知识宣传资料2000份，赠送《中华人民共和国安全生产法》300多本。

2007年，组织非煤矿山、烟花爆竹、危险化学品企业经营人员等152人参加省、市举办的培训班。11月底，区政府拨出2万元专项经费，组织区安委会成员单位分管安全生产工作的副职领导，到琼海市博鳌集中培训《中华人民共和国安全生产法》和《生产安全事故报告和调查处理条例》。全年共举办各类安全生产培训班 18 期，接受培训人员 6000 多人。利用“安全生产月”“11·9”消防日、“12·4”法制宣传日、“6·25”交通和农机平安镇等开展安全生产法律法规宣传活动，全区共设安全生产宣传咨询点 60 多处，制作了宣传横幅 320 条，印发宣传资料 1.5 万多份，接受咨询群众 2 万多人次。

2008 年，全区共举办安全生产法律法规知识培训班 20 期，接受培训人数达到 2.3 万人次。在定安县南丽湖举办区三套班子和科技干部培训班，98 名科级干部接受了安全生产应急处置专题培训。利用“安全生产月”“11·9”消防日、“12·4”法制宣传日、“6·25”交通和农机平安镇等开展安全生产法律法规宣传活动。

2010 年，琼山区以“安全生产月”宣传活动为契机、采取多种有效形式，开展安全生产法律法规和安全技能的宣传教育与培训工作。6 月 13 日，组织宣传、团委、妇联、工会、防雷、质监、文体、建设、卫生、工商、旅游、公安、教育、交警、府城镇、国兴街道办等 26 个单位，在府城三角公园开展安全生产月法律法规咨询活动。区领导参加了活动，并向群众散发宣传资料。6 月 17 日，组织宣传、团委、女联、工会、卫生、防雷、工商、质监、公安、交警、农机、红旗镇等 16 个部门，在红旗镇开展“安全下乡万里行”活动。7 月 9 日，琼山区安监局为海南红塔卷烟有限公司 55 名新员工举办岗前安全生产法律法规和安全技能培训班。同年 9 月 10 月，琼山区安监局会同区司法局、区工商局和龙塘糖厂，分别为安委会成员单位领导、216 名企业负责人、300 多名龙塘糖厂职工，联合举办贯彻国务院《关于进一步加强企业安全生产工作的通知》培训班。印发国务院《关于进一步加强企业安全生产工作的通知》小册子等宣传资料 3000 份，并派员赠送给 22 家企业和府城、国兴 13 个社区，开展安全生产进社区、进企业活动。全年共组织举办安全生产法律法规和安全技能培训班 5 期，受训人数 1598 人次，举办各种宣传活动 5 次，印发宣传资料 6000 份。

第三节　安全检查

2004 年，琼山区组织安全生产大检查 11 次，排除消防安全隐患 195 处，指导整改 166 处，发出整改指令书 49 份，行政处罚违法违规单位 6 家。

2005 年，组织安委会成员单位开展安全大检查 12 次，当场指导排除安全隐患 460 多次，下达整改指令书 713 份（其中区安监局下达 28 份，消防大队下达 396 份）。查封非法经营危险化学品的个体户 4 家，没收烟花爆竹 30 万头、毒鼠强 227.5 公斤和黑炸药 25 公斤。指导企业上缴废弃铁化钾等剧毒危化品 12.75 公斤，责令停业整顿的露天歌舞厅 1 家，建设工地 1 个，非煤矿山 1 家，取缔不符合卫生条件的个体户 32 户，依法处罚违法违规的单位 3 家，个体户 4 家。

2007 年，琼山区组织开展安全生产工作大检查 9 次，安监、建设、文体、教科、商务、公安、工商、水务、农林、卫生、市场服务中心、发改、消防、旅游和各镇政府、国兴街道办等单位、部门组织安全生产检查 80 多次，共排除隐患 529 处。收缴雷管 1.57 万枚，电雷管 1063 枚；没收并销毁非法烟花爆竹 2000 多件，查封未经许可擅自营业的加油站 1 家和查封安全隐患大的建筑施工升降机 1 部，下达限期整改指令书 39 份。

2009 年，组织开展安全生产联合执法检查共有 19 次，查处违法违规行为 36 起，行政处罚 23 万元。没收并销毁非法烟花爆竹 53 箱，价值 3 万元。对安全条件不足，爆破作业威胁群众生命安全 19 家采石场依法关闭。同海口市公安局琼山分局、旧州派出所、旧州镇政府、琼山供销社等 5 个部门联合行动，在旧州镇的旧军营中，查扣严重违规储存的烟花爆竹 861 箱，价值 18 万元，对责任者处罚 3 万元；同海口市公安局琼山分局、国土分局、红明农场派出所、三门坡政府等 5 个部门联合行动，查获红明农场罗蝶坡非法采石场自制炸药 42.5 公斤，乳化炸药 57 条半，黑炸药 700 克，电雷 62 枚，制作炸药原料 35.5 公斤；同海口质监局、龙塘派出所、琼山工商局、龙塘工商所和龙塘镇政府等 5 个部门联合行动，在龙塘镇当场砸毁私制锅炉 4 个。

2010 年，琼山区组织公安、工商、建设、消防、三门坡镇、府城镇政府、国兴街道办、文体、供销、商务等部门，对宾馆、商场、歌舞厅、烟花爆竹经营点、建筑工地、加油站、危险化学品企业、朱云路拆迁工地、滨江西路拆迁工地等 136 家企业或项目进行安全检查。依法对三门坡镇运开、楚潘和府城 13 个烟花爆竹违规销售点进行处罚。查扣并销毁非法烟花爆竹价值 20 万元，查缴非法炸药 1 公斤、导火线 200 米。对违规经营、事故隐患逾期不整改的云龙加油站、路路通加油站和长山采石场，进行查封或处罚；对甲子镇九尾岭梁振益非法窝藏炸药和导火线依法拘留；对府城曾某私人建筑工地安全管理缺陷造成事故依法处罚。2010 年，琼山区依法处罚的企业和个体户 6 家。公安机关刑事责任追究 1 人。

第四节　事故查处

2005 年，全区共发生各类安全生产事故 12 件，区安监局依法立案调查处理，全部结案 12 件，结案率 100%。有 8 个事故单位与 5 个事故相关责任人受到行政处罚，12 个单位受到通报批评。

2007 年，依法对辖区内“10·12”事故、“10·21”事故和“12·16”事故进行调查，依法对事故责任单位、事故责任人进行经济处罚，事故结案率 100%。

2009 年，依照规定，组织安监、监察、总工会、公安和事故发生单位的主管部门，邀请检察院派员参加，并成立了事故调查组，对海口永兴腐竹厂“3·15”非法锅炉爆炸、汇宇 5 号楼建筑工地“3·15”民工高空坠落、五指山南路扩建工地“9·22”民工高空坠落等

3起死亡事故进行调查，依法对事故责任单位和责任人进行处罚。为汲取永兴腐竹厂非法锅炉爆炸事故教训，3月18日，琼山区政府组织全区分管安全生产工作的领导和龙塘、府城、国兴等社区干部44人召开现场会，并在全区开展锅炉隐患大排查，对全区237家企业使用的锅炉、18家工地全部登记造册，加强监管，避免类似事故的发生。

2010年，琼山区按照《生产安全事故报告和调查处理条例》规定，依法对府城镇曾某私人建筑工地安全管理缺陷造成事故依法处罚。

第五节　安全生产监督管理

2004年，琼山区8个镇和国兴街道办、26个区政府直属机关单位、56家工商贸企业、9家非煤矿山企业和5所大中专院校、4所省市直属中学，都成立了安全生产领导小组或设立安全生产组织机构，基本上形成以“政府统一领导、部门依法监管、企业安全负责、群众参加与监督、全社会广泛支持”的安全生产管理网络。

2006年，全区各类安全生产事故大幅下降，在国家所确定的安全生产四项重要指标中，琼山区死亡事故、重伤事故同2005年同期比较，分别下降100%，事故总量和直接经济损失分别下降60%以上。全年共发生除道路交通以外的各类安全生产事故36起，同2005年同期比较，事故总量减少66起，下降64.7%；无人员死亡，同比减少5人，下降100%；无重伤人数，同比减少4人，下降100%；直接经济损失6.8万元，同比减少88.2万元，下降92.8%。

2007年，国家考核安全生产的事故总量、死亡人数、受伤人数、直接经济损失等四项指标中，琼山区安全生产死亡人数、受伤人数、直接经济损失等三项指标连年下降。全区发生除道路交通以外的各类安全生产事故共72起，同比增加5起，上升6.9%；无人死亡；无人受伤，同比减少1人，下降1.1%。72起事故中，70起属于一般的消防火灾事故，占全区各类安全生产事故总量的97.2%。2起属于不造成人员伤亡的一般安全生产事故，占2.8%。两项成果全市唯一，安全生产连续三年实现了“零事故”“零死亡”的控制目标，率先在全市4个区中实现“零伤亡”控制目标。较大以上安全生产事故连续4年保持零，是海口市唯一连续4年保持没有发生较大以上安全生产事故的区。

2009年，全区发生事故总量大幅度下降，除道路交通事故以外的各类安全生产事故40起，比2008年同期减少23起，下降36.5%，指标控制良好。工矿商贸企业的安全生产事故死亡人数控制指标4人，实际死亡3人，占控制指标75%。连续6年保持无较大以上安全生产事故的零记录，是海口市唯一连续6年没有发生较大以上安全生产事故的区。同年4月，该区组织府城镇、国兴街道办、区规划建设局等负有安全生产工作责任的27个单位，同区政府签订了《琼山区2009年安全生产工作目标责任书》。各单位根据目标责任书的要求，对下属企业、社区村（居）委会签订了责任书，层层落实安全责任，全区签订责任书的单位、企业38个。年底，区安委办组织5个考核组，对27个责任单位进行考核，获得优秀的单位13个，优良单位14个。

2010年，安全生产形势稳定，四项指标三项下降一项持平。全区工矿商贸企业共发生安全生产事故9起，比上年同期持平；安全生产死亡事故0起，死亡0起，同比减少3人，下降100%；重伤1人，同比减少1人，下降50%；直接经济损失13万元，同比减少14.94万元，下降53.47%。安全生产事故死亡指标控制良好，海口市政府下达给琼山区安全生产事故死亡人数控制指标4人。年底，全区没有发生安全生产死亡事故，连续7年保持无较大以上安全生产事故。2010年，琼山区按照《中华人民共和国安全生产法》有关规定，落实安全生产责任制，同168家企业或经营户签订了《安全生产责任书》，并对这些企业进行定期或不定期检查，确保企业生产经营活动正常运行，不发生安全生产事故。

第十八编　科教文卫体

第一章　科　技

第一节　科技机构

琼山区科技和信息产业局前身为2003年成立的琼山区教育科技局，2008年10月，琼山区教育科技局分设为区教育局、区科技和信息产业局。区科技和信息产业局行政编制6名，机关工勤人员1名。2010年9月，改为海口市琼山区科学技术工业信息化局，同时挂海口市琼山区知识产权局、海口市琼山区地震局牌子，是主管全区科学技术、工业、信息化、知识产权和防震减灾的工作部门。

区地震局其前身为1976年成立的琼山县地震办，1994年改称琼山市地震局。2003年改为海口市琼山区地震局，负责全区的地震监测预报和管理、震害防御、地震应急与救援等工作。2008年10月并入海口市琼山区科学技术工业信息化局，区地震局人员编制4人。

第二节　信息产业

一、　信息机构

移动公司　1999年7月22日，原琼山市移动电话固定资产和业务全部从琼山电信公司剥离，组建海南省移动通信公司琼山分公司，借用琼山市电信公司凤翔大厦四楼办公。同年11月12日，海南移动通信有限责任公司设立，海南省移动通信公司琼山分公司随之更名为海南移动通信有限责任公司琼山分公司。1999年12月，海南移动通信有限责任公司琼山分公司迁址位于海口市琼州大道10号的原琼山市商务局办公楼一至二楼。公司设置综合办公室、话费催缴班、安全保卫班、册报班、中山营业班、琼州营业班。2000年7月14日，成立大客户服务班。2001年4月28日，设立代办班。2003年1月15日，海南移动通信有限责任公司琼山分公司并入海南移动通信有限责任公司海口分公司。

电信公司　2002年，海口市电信局与中国电信海口分公司是两块牌子，一套人马，隶属中国电信股份有限公司海南分公司。至2010年，共设有8个部门、12个中心。

二、信息基础设施建设

2006年，海口市电信局在府城地区投资100万元，推进铜缆建设，重点推进管线、光缆、宽带、窄带方面的建设，逐步提高宽带能力建设，建设占比率20%。

2008年，海口市电信局投资600万元，积极推进“光进铜退”网络改造工程，完成海口城郊网络规划编制工作，完成府城区城郊15个新建接入节点网优方案编制。“光进铜退”采用一体化和EPON技术共立项新建接入节点20多个。

2010年，重点做好网络规划、FTTB网络改造、ATM节点用户流量割接调整以及EPON、AG设备割接调整等网优工作，更进一步推进FTTH及高流量无线网络建设。

三、公共信息传送服务

自2006年起，海口市电信局在府城地区开展公共信息传递服务，围绕打造世界级综合信息服务商的企业价值理论，重点做好我的e家、商务领航、ICT及C网手机等品牌业务发展，截至2010年底，普通电话发展485588户，宽带244202户，移动413293户，商务领航全业务套餐发展至1.6万户。

从2008年10月起，C网业务由中国电信承接运营，把移动业务规模化发展列为首要发展目标。至2010年，在府城地区共发展移动电话用户18.75万户，加快了移动业务的规模发展，并加强3G业务的推广。

自2006年开始，海口电信局在府城地区开展数据集成信息化业务CTCT，为琼山区中小企业提供了包括固定电话、数据、小灵通及移动等通信网络及业务。与城市建设同步，加速百兆高速宽带及多媒体新型业务的研发，推出全球眼监控、网络办公、视讯会议、无线带宽、号码百事通等信息化服务，推进各行业的信息化进程。积极配合地方政府，在政府电子政务、“12345政府服务热线”、信息智能住宅小区等项目建设中更取得了突破性的进展；至2010年，在琼山8个镇设立15个“信息田园”服务点，以“天涯农浓情”网站为依托，通过网上、电话、短信等多种方式为农民朋友提供服务等。

第三节　科技管理

琼山区2005年成立由区委书记为组长，区长为副组长，各相关职能部门领导为成员的区科技工作领导小组。2005—2010年，先后制定《海口市琼山区关于推进科技创新和科技进步的实施意见》《琼山区开展国家知识产权试点城市工作实施方案》《海口市琼山区农业科技110标准服务站及龙头服务站建设方案》等一系列文件。制定《海口市琼山区“十一五”人才队伍建设规划》《琼山引进适用科技、管理人才暂行规定》《琼山区各类专家、博士、正高级专业技术人才住房和子女就业优惠办法》等制度。每年开展《中华人民共和国科技进步法》《中华人民共和国科学技术普及法》等科技法规的宣传普及。此外，利用科技活动月、科技下乡活动等机会，开展科技法规宣传。

2003—2006年，区财政科技管理、技术研究与开发的两项经费每年投入分别为420万元和450万元，占当年本级财政支出分别为1.13%和1.3%。2007年，区本级科学技术支出为584万元，占当年本级财政一般预算支出的1.52%。其中，科学技术管理支出45万元，科普支出20万元，技术研究与开发支出519万元。2008年，区本级科学技术支出为655万元，占当年本级财政一般预算支出的1.58%，其中，科学技术管理支出45万元，科普支出20万元，技术研究与开发支出590万元。2007—2008年，技术研究与开发经费主要投向农业科学技术研究及推广、国有企业的技术改造和医疗科研项目的研究及应用。2009年，区财政科学技术支出为627万元，占当年财政支出的1.17%，其中，科学技术管理经费45万元，科普经费20万元，科技两项经费552万元。2009年全区规模以上工业企业投入研究开发及技术改造经费7000万元。各企业事业单位、科研机构积极申报国家、省、市级各类科技计划项目，争取上级科技项目经费支持。2010年，区管企事业单位共有5个科研项目获国家、省、市科技计划项目支持资金500万元。

第四节 科技服务

2003年，琼山区接受农民科技咨询3.5万人次，发放“农业实用技术教材”1.8万册。2005—2006年，全区共接受15680名群众咨询科技法规和各类农作物科学栽培技术及病虫害防治知识，农民通过农业科技“110”服务热线向区指挥中心、各镇服务站求助9000多人次；在电子农务网上发布技术和市场行情信息2800多条。2007—2008年，举办各种大型科技下乡活动共接受3万多名群众咨询科技法规和各类农作物科学栽培技术及病虫害防治知识。农民通过农业科技“110”服务热线向区指挥中心、各镇服务站求助1万多人次，在电子农务网上发布技术和市场行情信息3000多条。每年接受科技咨询的群众3万多人次。2009年，举办各种大型科技下乡活动和接受群众咨询达4万人次。2010年，举办大型科技活动，共接受群众咨询2.5万人次，向各镇服务站求助4351次。

2006年，举办农民科技培训班96期，培训农民3.1万人次。2007—2008年，举办各级各类技术培训班120次。2009年，在云龙镇建成4个淮山栽培技术科技示范基地，举办10期淮山栽培技术培训班，培训农民1000多人次。琼山区淮山种植面积增加50%，达到7000亩，亩产量提高20%，经济效益明显提高。是年，举办农民科技培训班122期，培训农民2.48万人次。2010年，全区共举办农民科技培训班135期，培训农民2万多人次。在2010年10月的防汛救灾中，区农业科技110指挥中心组织了110技术人员和科技特派员30人组成的防汛救灾技术服务小组，举办各类培训班15期，受益农户3000多户。同年，选育了3个淮山优良新品种，推广了10多项新技术，举办了15期培训班，培训农民2000多人次。

2004年，派出专家、专业技术人员51人次，开展科技服务。2005—2006年，各服务站派出技术人员上门服务4000多人次。2007—2008年，各镇服务站派出技术人员上门服务5000多人次。2009年，各镇服务站共派出技术人员上门服务2353人次。2010年，各镇服务站共派出技术人员上门服务2524人次。在2010年10月的防汛救灾中，区农业科技 110 指挥中心组织的防汛救灾技术服务小组，深入到田间地头，在防汛救灾一线为农民提供技术咨询、技术指导、开展技术培训等服务，解决农业生产受灾技术问题。在救灾期间，区科工信局累计派出农业技术人员 100 多人次，发放各种技术培训教材 5000 多份。

第五节　科技活动

2003—2004 年，琼山区举办 16 场科技宣传活动。2005—2006 年，举办大型科技宣传活动 28 场，向农民赠送各种农业实用技术书籍 10 万册，发放科普宣传资料、手册共 8.2 万份。2007—2008 年，举办大型科技宣传活动 30 场，向农民赠送各种农业实用技术书籍 10 万册，参观科技法规宣传图片展览人数达 3.5 万人次。

2004 年，琼山区组织科技示范活动 16 场次。2005 年和 2006 年，先后举办科技示范活动 28 场次。2007 年和 2008 年，举办科技示范活动 30 场次。2009 年，举办科技示范活动 16 场次。2010 年，举办科技示范活动 18 场次。

2009 年，琼山区淮山标准化无公害高产栽培技术示范推广项目被国家科技部列入科技富民强县专项行动计划。同年 12 月 4—7 日琼山区科工信局组织相关人员、各镇农业科技 110(电子农务)服务站站长、云龙淮山协会成员共 24 人到广东省茂名高州市溪塱村委会淮山基地进行考察学习，提高栽培技术，取得较好的成效。2010 年，全区淮山种植平均亩产 1750 公斤，比示范前增产 250 公斤，产值达 1.1 亿元，示范户人均增加收入 2000 元以上。在淮山主产区云龙镇，淮山种植已成为当地农民增收致富的主要途径。

第六节　科技成果应用

2003 年，琼山区先后成功培育出彩椒等 8 个果、菜新品种，开展反季节龙眼催花等 20 项技术攻关，解决了农业产业结构调整出现的一些重大技术问题；2008 年实施文昌鸡干性颗粒育肥饲料性中试 25 项科技成果转化项目。2009 年海南红塔卷烟厂通过双层盘纸卷烟技术的研究和应用，节约了生产成本，增加产值 3000 万元。2010 年云龙农技服务中心推广的云龙淮山无公害高产种植技术，使全区的淮山种植面积达到 7000 亩，产量增加了近万吨，农民增收近 2000 万元。2009—2010 年，选育了 3 个淮山优良新品种，推广了 10 多项新技术。通过开展技术指导、技术咨询、技术培训和示范推广，促进淮山产业化规模迅速扩大，从云龙镇延伸覆盖到红旗、三门坡、大坡等镇。并通过注册商标，制作产品包装、举办大比拼，利用新闻媒体和网络宣传等手段，树立云龙淮山品牌。云龙淮山已成为琼山区特色农产品品牌。

2002—2010 年，引进了马来西亚水晶柚、台湾黑金刚莲雾等优良品种，在云龙、大坡、红旗等地种植。

2004 年，琼山区调查及病原菌鉴定获得海南省科技进步奖三等奖，完成单位为海南省农科院（植物保护所）、海口市琼山区农技中心植检站等单位。2004 年，杂交稻博Ⅱ优 15 引种、示范与推广获得海南省科技成果转化奖一等奖，完成单位为中国种子海南公司、海南省农业科学院（水稻研究所）、海口市琼山区农林局等单位。2005 年，优质杂交稻Ⅱ优 128 引种、试验、示范与推广获得海南省科技成果转化奖二等奖，完成单位为海南省种子站、海口市琼山区农业技术推广服务中心等单位。2006 年，海口市琼山区农业技术推广服务中心（第二完成单位）的优质常规稻新特籼占 25 引种、试验、示范与推广获得省科技成果转化工作一等奖。

第二章　教　育

第一节　机　构

2003 年，教育和科技合并成立琼山区教育科技局，设勤工俭学办公室、职业技术教育股、纪检监察审计组，增设科技股。琼山市人民政府教育督导室改名为琼山区人民政府教育督导室。2004 年，撤销镇学区建制，全区设立龙塘、云龙、红旗、三门坡、大坡、甲子、旧州 7 个镇中心学校，镇所属小学由镇中心小学领导和管理。2008 年 10 月改称琼山区教育局，设办公室、勤工俭学办公室、职业技术教育股、纪检监察审计组，2010 年人员编制 12 人，其中工勤人员 3 人。城区学校琼山一小、琼山二小、琼山三小、琼山四小、琼山五小、琼山六小、琼山七小及府城中学、琼山二中由区教育局直管。

第二节　学前教育

2003 年琼山区 3~7 岁幼儿有 24506 人，其中入园 15844 人，占入园率 64.65%。全区有幼儿园 73 所，其中公办幼儿园 6 所，民办 67 所。

2010 年，全区幼儿园发展到 107 所，在园幼儿达到 18334 人，入园率 92.5%。幼儿园的教学内容，从原来基本上对儿童进行入学前的一些基本常识教育发展为对儿童各种爱好、兴趣、生活行为习惯的培训。

2010 年全区有省级示范幼儿园 2 所，省一级幼儿园 61 所，市一级幼儿园 6 所，二级幼儿园 18 所，合格幼儿园 27 所。

2003—2010年琼山区幼儿园一览表

表 18-2-1

年度	幼儿园数（个）	教工人数（人）	其中		在园幼儿人数（人）
			教师（人）	职工（人）	
2003	73	680	542	138	7552
2004	73	674	542	138	7659
2005	75	694	550	144	7892
2006	71	667	535	132	7926
2007	80	959	810	149	13205
2008	96	1247	1034	213	16471
2009	104	1375	1130	245	16818
2010	107	1429	1172	257	18334

幼儿园选介

琼山区幼儿园 位于府城镇新城路，创建于1956年，是琼山区教育局直属的公办幼儿园，是国家教委“95计划”学前创造教育基地和琼台师范高等专科学校教学实践基地，被省教育厅评定为省一级一类幼儿园。幼儿园占地0.25公顷，有1幢面积2150平方米的五层多功能教学楼，功能齐全，布局合理。幼儿户外活动场地绿树成荫，环境优美。每班都设有独立的活动室并配有钢琴、电视机、DVD机、投影机、空调机、消毒柜、寝室、盥洗室等设备。2010年，全园共有13个幼儿教学班，在园幼儿439名，教职工58名，其中幼儿高级教师21名（省级幼儿骨干教师2名，市级幼儿骨干教师6名），岗位合格率100%。

琼山区机关幼儿园 位于府城镇文庄路尚书直街，创建于1985年9月，由琼山县妇女联合会主办，占地面积有0.3公顷。有1幢教学综合楼，内有幼儿活动室、卧室、盥洗室、音体室、图书室、保健室、值班室等。2010年设教学班6个，在园幼儿180人，有幼师14人，其中幼儿高级教师5人，并配有专职保育员、保健医生，实行保教结合。幼儿参加市、区文艺比赛、故事演讲、自理能力比赛、绘画比赛均获得一、二、三等奖。

红城湖幼儿园 民办。位于府城镇金花村，创建于1995年，占地0.42公顷，建筑面积1700平方米。教室7间，活动室、备课室、图书室各1间。2010年设教学班3个，幼儿130多人，教职工15人。在参加省、市、区举办的各项活动中，多次获得各项团体奖、优秀组织奖和一、二、三等奖。

琼州希望幼儿园 民办。位于府城镇塘圮巷5号，创建于1993年秋，占地0.1公顷，建筑面积525平方米。有教室、卧室、活动场地等设施。2010年设教学班5个，其中大班2个，中班2个，小班1个，在园幼儿153人，教职工13人，其中高级教师2人，实行“双语教学”。

琼州希望城东幼儿园 民办。位于府城镇城东南桥路，创建于1999年，占地0.08公顷，建筑面积685平方米。有教室、卧室、活动场地等设施。2010年设教学班4个，在园幼儿138人，教职工12人，其中有高级教师2人。

金童幼儿园 民办。位于府城镇金花村下村113号，创建于1997年，占地0.06公顷，建筑面积666.7平方米。2010年设教学班9个，幼儿200多人，教职工19人。教室9间，电子钢琴2台，卧室1间，先后被评为巾帼文明示范岗、双语实验基地、婴幼儿科学汉字教育实验园等。

云露幼儿园 民办。位于府城云露里47号，创建于1992年8月，占地500余平方米，建筑面积800平方米。设有教室、保健、活动室、图书室，电子钢琴1台。2010年设教学班6个，在园幼儿185人，教职工15人，其中教师10人。2004年被评为市二级幼儿园。

实验幼儿园 民办。位于府城镇云露里后巷街1号，创建于1995年，占地0.4公顷，建筑面积3800平方米。10间教室，活动室4间，睡眠室5间，图书室1间，钢琴10台。2010年设教学班11个，在园幼儿350人，教职工40人。2000年被省教育厅确定为创造性教育实验园，2000年12月被评为海南省卫生先进单位，2004年被评为市一级幼儿园。

金鹰幼儿园 民办。位于府城红城湖北官村70号，创建于1998年，占地面积0.06公顷，建筑面积1200平方米。有7间教室，活动室3间，睡眠室4间，图书室1间，钢琴1台。实行双语教学。2010年设教学班7个，幼儿210人，教职工22人，其中教师13人。2004年被评为市二级幼儿园。

第三节 小学教育

2002年，原琼山市共有公办小学174所，其中，市直属小学4所，乡镇中心小学26所，乡村小学144所，入学人数85330人。据统计，2002年适龄儿童入学率达99%，年巩固率98.7%，毕业率为99.5%。当年全市共有教职工4529人，其中教师4338人。

2003年，琼山区共有公办小学129所，其中，城区直属小学7所，镇中心学校8所，乡村小学114所。城区直属小学生18392人，乡镇学生45981人，小学生入学率达99.9%，毕业率99.8%。2007年，为了解决府城地区学位紧张，提升府城小学和城东小学办学规格，府城小学改为琼山六小，城东小学改为琼山七小。2008年底，琼山实施捆绑式教育改革，原府城小学下属的那央小学、红星小学、五岳小学、铁桥小学分别并入琼山一小、二小、三小、五小。2003—2010年间，共撤并了88所小学教学点。

2010年，全区共有77所小学，教学点25个，在校学生35085人，专职教师2314人。

2002—2010年区属小学基本情况表

表18–2–2

年份	小学数	学生数（人）	入学率（%）
2002	完小174所	85330	99.84
2003	初小127所、教学点70所	45981	99.84
2004	完小91所、教学点81所	38330	99.86
2005	完小89所、教学点67所	38648	99.90
2006	完小89所、教学点59所	38300	99.92
2007	完小85所、教学点48所	37531	99.94
2008	完小85所、教学点34所	35319	99.94
2009	完小77所、教学点27所	35064	99.96
2010	完小77所、教学点25所	35085	99.96

小学选介

琼山第一小学 位于府城镇文庄路天桥旁，创建于1947年8月，前身为府城文庄小学，是府海地区创办较早的一所小学，2006年改为现名。占地1.06公顷，建筑面积7007.7平方米，设有多媒体教室、电子备课室、电脑室、图书阅览室、舞蹈室、美术室、音乐室、仪器室、实验室、少先队室、体育室、校医室、广播室等功能室。图书10.3万册，教仪设备按一类标准配置。2010年有教学班60个，学生4500多人，教职工197人，其中小学特级教师1人，高级教师75人，国家级骨干校长1人，国家级骨干教师1人，省级骨干校长培训对象1人。2002—2010年，先后被评为或获得海南省一级学校、全国巾帼文明示范岗、全国百所示范少年军校等国家、省、市各级各种先进单位荣誉称号共计64次。

琼山第二小学 位于府城镇朱云路，创建于1926年9月，前身为琼山县云露里小学，几经易名，2004年改为现名。占地1.26公顷，建筑面积16689.8平方米，共有教室51间，图书馆1间，图书11万册，美术室1间，音乐室1间，多媒体教室1间，实验室1间，电脑室1间，50台电脑。2010年有教学班62个，学生4300人，教职工178人，其中小学高级教师61人。曾分别荣获全国学雷锋先进单位、全国奥林匹克赛数学竞赛团体二、三等奖、海南省艺术教育先进单位、海南省卫生先进单位、海南省少先队工作示范学校等几十项殊荣。

琼山第三小学 位于府城红城湖畔，创办于1912年1月。学校占地面积约1.33公顷，建筑面积20350平方米(含教师工作间及宿舍，教学用房为7660平方米)，绿化面积2014平方米，运动场地5600平方米。2010年有教学班51个，学生3179人，教职工187人，其中专任教师162人。学校环境优美，设施齐全，拥有音乐室、舞蹈室、美术室、电脑室(2间)、图书室、学生电子阅览室、实验室、仪器室、体育器材室（2间)、校医室、广播室、少先队部等功能室。曾分别先后荣获全国学校艺术教育工作先进单位、全国现代教育技术实验学校、海南省科学实验示范校、海南省规范化学校等荣誉称号。

琼山第四小学 位于府城镇环湖路15号，创办于1985年秋，前身是原琼山教师进修学校附属小学，1999年更名为琼山市第四小学，2003年更名为海口市琼山第四小学，2006年9月1日搬迁到原琼山市委党校校址办学，占地0.6公顷，校舍面积约3000平方米，生均2.02平方米。学校配有常规教学仪器1228件，价值8万多元。图书30000册，生均约21册。仪器和图书配备均达到一类配备标准。2010年有教学班24个，学生1510人，教职工75人（其中专任教师70人）。教师学历全部达标（大专以上学历54人，其中本科8人）。小学高级职称以上的教师35人（中学高级职称1人），小学一级职称33人，小学二级职称2人。曾分别获得荣誉称号：1999年被评为市级文明学校，2000年被评为市一级学校，2001、2002、2006年被区教科局党委评为先进基层党组织，2003、2004年分别被海口市教育局评为基础教育课程改革发展性评价课题研究先进单位和学校艺术工作先进单位。

琼山第五小学 位于府城镇凤翔东路南渡江西畔，始创于2002年，2003年9月落成招生。学校占地2.31公顷，生均占地面积11.53平方米；总建筑面积15325.8平方米，生均7.2平方米。学校布局规范合理，教学区、活动区分开，环境优雅温馨。学校有300米跑道运动场（有100米直道）1个，足球场和篮球场各1个，排球场2个。有设计合理、功能齐全的教学楼、综合楼各1栋，内设多功能阶梯教室、电脑室、电子备课室、实验室、美术室、舞蹈室、音乐室、图书阅览室、劳技室、器材室、校医室、少先队室等，为全校师生提供了一流的现代化教育环境。

2010年有49个教学班，3052名学生，130名教师，学历达标率100%。教师中有小学高级教师72人，一级教师54人，二级教师4人。其中分校6个班，监狱办学点2个班，本部校41个班，适龄儿童入学率100%，在校生巩固率100%，毕业率100%，升学率100%。学校多方争取资金，整治和改造校园。同时规划了校园文化，营造书香校园。投入3万元，塑造孔子雕像。投入12万元，建设目标墙和美化楼道墙壁。投入13万6千元，建起一间有21台电脑的电子备课室，星期二至星期四每天都有一个科组老师在里面备课，参与网络教研。还为所有班级购置了49套多媒体教学设备，让现代化电教手段走进普通课堂。此外，学校还投入资金近11万元给每个行政办公室和教师备课室配备了办公电脑，联机上网，并建起了多功能文印室。2003—2010年，学校先后被确立为“全国小学生推进素质教育示范基地”“海南省校本研训示范校”“海南省现代教育技术实验合格学校”“海南省规范化学校”；并被授予“海南省卫生先进单位”“海南省廉政文化进校园示范点”“海口市基础教育课改实验工作先进单位”“海口市规范化学校创建先进单位”“海口市教育系统先进集体”“海口市平安校园创建先进单位”“海口市科技教育先进单位”“琼山区先进家长学校”“琼山区教育系统先进党组织”“琼山区教育系统先进集体”“琼山区教育系统‘巾帼建功’先进单位”等多项荣誉，在社会享有广泛的声誉。

琼山第六小学 位于府城镇朱吉里二巷15–1号，创办于1962年。当时命名为府城镇府城小学，是府城学区的一所完全小学。2008年10月更名为海口市琼山第六小学。校园占地4885平方米，一栋教学楼建筑面积为2200平方米。2010年教学班15个，学生900人；有教职工62人，其中小学高级教师26人，一级教师34人。2008年被评为海口市规范化学校。

琼山第七小学 位于府城镇南桥路64号，是1990年由卫东小学和马坡小学两所学校合并，并迁址重建而成。当时命名为府城镇城东小学，是府城学区的一所完全小学。2008年，更名为海口市琼山第七小学。校园占地1.05公顷，两栋教学楼建筑面积为1794平方米。2010年教学班18个，学生1043人；有教职工55人，其中一级教师24人，二级教师29人。2008年被评为海口市规范化学校。

攀丹小学 位于国兴大道攀丹村，创建于抗日战争前夕，原名吴为方学校，是一所创办较早的私立学校，1952年由人民政府接管，改为公办学校，2003年改为现名。占地0.53公顷，建筑面积3210平方米。除主教室外有电脑室、美术室、音乐室、实验室、图书室。2010年有教学班8个，学生488人，教师16人，其中小学高级教师5人，一级教师8人。学生入学率、巩固率均达到100%。先后被评为市德育工作先进单位、琼山区爱国主义教育先进集体。

云龙镇中心小学 位于云龙镇云龙墟海榆东线东侧，创建于1921年，原校址在现云龙中学校址，1966年迁现址。占地2.2公顷，建筑面积7104平方米，拥有一个6660平方米的操场，有1幢教学楼，1幢综合楼，4幢教师宿舍楼，1幢科学馆，内设电脑室、仪器室、实验室、图书阅览室、少先队室、舞蹈室、各科组办公室等功能室共28间。图书3.1万册，其中电子图书1.1万册。实验室、仪器室按省级一类标准配齐有关仪器。有10台电脑的教师电子备课室，2台移动多媒体教学设备，有“模式二”远程教育教学设备1套。2010年教学班有25个，学生1321人，教职工89人，其中小学高级教师21人，一级教师28人。先后荣获省级校容校貌评比一等奖，全国群众体育先进单位，体育、卫生、国防教育标兵单位，全国红旗大队，海南省一级学校。

红旗镇中心小学 位于红旗镇土桥墟文明路，创建于1951年，前身为土桥高级小学，1968年停办，1982年秋复办改为现名。占地3.3公顷，建筑面积5553平方米。分为教学区、生活区和活动区。有仪器室、实验室、电脑室、图书室、阅览室、体育器材室、灯光球场、多媒体教室等，图书藏书2万多册、电脑32台、仪器品种600种，数量1800件。2010年有教学班20个，学生1153人，教师54人，其中小学高级教师21人。教师中有13人次获得省市级调教课、教学能手奖，19人次的教育教学论文获国家、省、市级奖。先后获得全国目标教学研究先进单位、国家基础教育课程改革实验先进单位、海口市农村课改与校本研训工作评比一等奖、海口市德育工作先进单位等。

三门坡镇中心小学　位于海榆东线223国道48千米处，创办于1982年，校园占地4.22公顷，建筑面积7360平方米。教学设施齐全，图书室藏书1.53万册。2010年教学班16个，在校学生698人，教工62人，其中，小学高级教师34人，初级职称28人。

该校提倡“文明、勤奋、务实、创新”的校风，“团结、务实、创新、进取”的教风，“尊师、守纪、勤奋、向上”的学风，确立了“根本任务是育人,中心工作是教学，队伍建设是重点，学校出路在改革，激发活力在管理”的办学方略。注重德育工作，制订了《德育教育大纲》《校纪校规55条》及先进班级、“三好学生”、文明班级、优秀学生干部评比条件和奖励办法，激励学生勤奋学习，积极开展第二课堂活动，促进学生德、智、体全面发展。2010年适龄儿童入学率100%，年巩固率100%，辍学率0%，2009年小学毕业测试，及格率94.2%，优良率85.3%，优秀率41%，有56位学生被省、市级重点中学录取。2010年学校被命名为“海口市一级学校”，在农村中小学课程改革实验和校本研训工作中荣获二等奖，海口市农村义务教育教学管理先进单位，海口市规范化学校。学校有四位教师被评为海口市学校德育工作先进个人。

甲子镇中心小学　座落在甲子镇甲子墟正东街。创办于1926年，原先是一所私塾，1984年更名为甲子中心小学。学校占地1.16万平方米，建筑面积5076平方米，建有教学大楼、教师工作间、学生宿舍、教学功能室等。2010年学校有14个教学班，在校学生703人，在职在岗教师46人，市级骨干教师3人。该校的办学理念：为农村教育奠定基础，为孩子未来发展铺路。

2007年学校被评为海南省校本培训示范学校、先进家长学校。2008—2010年被市、区教育部门评为先进集体、先进单位。2007—2010年蔡梅丽、黎春景等8位教师参加琼山区青年教师优质课评比获得一、二等奖，吴本促被评为海口市师德标兵，戴文、冯海镇等9位教师被评为琼山区优秀班主任、优秀教师，多位教师参加琼山区教研室举行的教师论文比赛获奖，学生在征文、科幻作品、文艺会演比赛中均获得优异的成绩。

大坡镇中心小学　位于大坡镇平安大道，创建于1990年，占地2.1公顷，建筑面积2840平方米。有电脑室、多媒体室、舞蹈室、卫生室、会议室、阅览室、图书室、实验室等教学设备。2010年有教学班14个，学生628人，教职工34人，其中小学高级教师8人，一级教师21人。

旧州镇中心小学　位于旧州镇旧州墟，创建于清朝末期。占地2.57公顷，建筑面积6750平方米，有教学楼、实验室、图书室、仪器室、电脑室、远程教育室。图书1.7万册。2010年有教学班22个，学生1295人，教职工72人，其中有小学高级教师20人。2003—2010年有26人次分别荣获国家级、省、市、区级论文奖。先后获得海南省第六届校容校貌评比一等奖、市教育局颁发的国家基础教育课程改革实验先进单位、被海口市人民政府评为师资培训先进单位、课程改革与校本研训一等奖。市一级学校和国家农村中小学现代远程教育工程“模式二”项目学校。

龙塘镇中心小学 位于龙塘镇龙塘墟，创建于1957年春。占地1.4公顷，建筑面积6528平方米，其中有2幢3250平方米教学楼，有1个面积4800平方米的操场，各个功能室配套齐全，分教学区、生活区、运动区。3个辅助教室：电脑室、多媒体室、舞蹈室以及卫生室、会议室、阅览室、图书室、实验室、广播室等。2010年有教学班22个，学生1306人，教职工62人，其中小学高级教师21人。该校是海口市一级学校，曾获海南省校容校貌建设评比一等奖，有18名教师撰写的教育教学论文分别获得省、市的奖励；有9名青年教师分别获得市级“教学能手”一、二、三等奖；1名教师获得全国学科教学案例一等奖、调研课二等奖。

第四节　中学教育

2003年底，全区共有区属完全中学1所，职业高中2所，初级中学7所，公办在校生高中1118人，初中生11508人，中学教师653人，中学教师的学历达标率为94.3%。2007年，农垦东昌学校、红明中学归属地方管理。2010年，全区共有区属完全中学1所，初级中学10所，高中在校生614人，在校初中生13640人，教职工1182人，专业教师981人，县中有本科以上学历教师占80%，大专学历教师20%，学历达标率100%。

琼山辖区内有省属完全中学1所：海南中学。市属完全中学2所：琼山中学、海口市琼山华侨中学。市属九年制义务教育学校1所：白驹学校。

中学选介

海南中学 创建于1923年的私立琼海中学。中华人民共和国成立后，琼海中学改为公办，并由琼南中学、匹瑾女中、建华中学等三所学校先后并入，改称海南中学。位于琼山区府城镇大路街，校园绿树成荫，芳草如茵，环境怡人，是一所花园式学校。1959年被定为广东省首批重点中学之一。1988年海南建省后，被定为海南省重点中学，全国名校。

海南中学占地19.51公顷，校舍建筑面积18.2万平方米，有教学大楼6幢、科学馆、图书馆、体育馆、艺术活动中心、教工住宅楼（12幢）、篮球场(3个)、学生公寓楼（7幢）、膳食中心等。学校图书馆藏书12万册；2001年建成并在随后几年不断扩建的宽带校园网，实现了教育教学和行政管理的高速网络化。学校电子阅览室与公共信息网、教育科技网、国际互联网联通。至2010年，学校有学科专用的多媒体电化教室/实验室32间、多媒体演播厅1间、语音教室4间、计算机教室5间，有教学和办公用电脑460多台，所有的教室均已改造为多媒体电化教室。办学规模有101个教学班，在校学生5616人，其中初中45个班2480人，高中56个班3136人。

至2010年，教职工队伍为498人，其中有2名享受国务院特贴优秀专家、13名海南省有突出贡献的优秀专家、11名特级教师、16名国家级骨干教师、21名省级骨干教师、14名学科带头人、178名高级教师。

2000 年有 36 名学生被清华大学、北京大学两所著名高校录取，占当年这两所高校在海南录取总人数的 73%。2003—2010 年 8 年间，共有 226 名优秀学生考进了北大、清华，平均每年 28 人以上。2003—2010 年，海南中学的高考平均入围率 99.3%，第一批本科平均入围率 78.84%。

在科学竞赛方面，2000 年 1 月，詹达琦等 4 名学生代表海南省中学生参加在杭州市举行的全国化学竞赛（决赛），一举夺得 3 个一等奖和 1 个二等奖。结束了海南省和海南中学参加全国高中各学科奥林匹克竞赛没有一等奖的历史。2001 年，林苗等 4 名学生代表海南省参加全国高中学生物理竞赛（决赛）也一举夺得 3 个一等奖和一个二等奖。2000—2007 年八年间，该校学生参加全国数、理、化和计算机奥林匹克竞赛，共获一等奖 23 人次，二等奖 21 人次，三等奖 11 人次。学校荣获"全国物理、化学奥林匹克竞赛一等奖学校"称号。在科技创新方面，截至 2010 年，该校学生参加省级科技创新大赛共获 64 项一等奖，参加全国科技创新大赛，夺取了全国最高奖，并获 3 项全国一等奖，15 项二等奖。2003 年，黄勃龙同学的实验推导报告《一种更合理的光波测量方法》参加海南省青少年科技创新大赛被评为一等奖后，被选送参加在甘肃省兰州市举行的第十八届全国青少年科技创新大赛，被评为一等奖，同时还荣获当年大赛的最高奖——中国科协主席奖。艺术方面，2006 年 8 月，海中艺术团应邀随中国政府代表团赴韩国，与各国艺术团进行交流演出；同年 11 月，海中舞蹈团应邀赴澳门，参加两岸四地舞蹈精英荟萃演出，均受到普遍赞誉。在体育方面，截至 2010 年，海南中学学生体育锻炼"达标率"98%以上，"体育合格率"达 99.7%以上。2003 年—2010 年，该校足球队共获七次省中学生足球比赛冠军，多次代表海南省中学生足球队到韩国等国家进行交流比赛。

所获荣誉。2003—2010 年，海南中学共有教职工 570 多人次被评为国家、省、厅、校级先进工作者，有 2 名教师被评为海南省中小学"十佳班主任"，有 1 名教师评为全国劳动模范，有 3 名教师被评为全国模范教师，有 8 人被评为省优秀教育工作者，有 5 名教师被评为海南省劳动模范和全国五一劳动奖章获得者。学校先后被评为"海南省中小学德育工作先进集体""海南省安全文明生态示范学校""海南省课程改革实施工作先进单位""海南省校本研训示范性学校""海南省科技教育示范学校""全国现代教育技术实验示范学校""全国物理、化学奥林匹克竞赛一等奖学校""全国学校艺术教育工作先进单位""全国体育工作先进单位""全国绿色学校"。2007 年被评为中国第一批全国教育系统先进集体，受到人事部、教育部的表彰。

琼山中学　位于府城镇文庄路。始建于 1913 年，是一所历史悠久、特色鲜明、具有国内影响力的百年名校。学校占地 5.33 公顷，2010 年有教学班 52 个，学生 3253 人，教职工 260 人。学校师资力量雄厚，设备先进，校园优美，管理规范，校风优良。2003—2010 年，该校高考成绩名列全省前茅，有一批学生考入清华大学、北京大学等国家名牌大学。学校男子排球队 2001—2003 年连续 3 年荣获全省中学生排球赛冠军，2002 年代表海南省参加全国中学生排球赛获预赛第一名、决赛第3名，2003年代表中国中学生参加亚洲中学生排球锦标赛荣获冠军。学校文艺队参加省中学生文艺会演荣获一等奖。2003—2010年，学校先后获得全国群众体育工作先进集体、全国优秀（示范）家长学校、全国精神文明建设工作先进单位、全国“五四”红旗团委创建单位、北京2008奥林匹克教育示范学校、海南省文明单位标兵、海南省中小学德育工作先进集体、海南省完全中学一级学校、海南省科技教育示范学校、海南省人才建设成果显著单位等60多个省级以上荣誉称号。

琼山中学历史悠久。1891年，雁峰高等小学在校长曾对颜先生任内发展迅速，规模不断扩大，学校声誉日隆。1913年遂奉命改为琼山县县立第一高等小学，由当时的琼山县开明绅士张瑞銮任校长。同年4月15日，在第一高等小学的基础上着手创办琼山县县立中学（附设小学部），琼山中学应运而生。琼山中学创办初期，校舍紧缺。1914年经当时琼山县县长蒋宗堪裁决，将中学部和小学部分开，中学部暂迁至府城鼓楼附近的苏泉书院。1922年，琼山县立中学将当时破烂不堪的琼州府旧府署修缮一新，于当年11月11日迁入新校址（府城镇文庄路）。1939年海南沦陷，学校迁至龙塘墟，被迫停课。1945年抗战胜利，县长陈哲委任陈继福为校长，组织琼山中学在甲子墟复课。校址设在甲子墟的小学里，分散在各地的师生陆续返校。是年11月，学校从甲子迁至海口市西门外竹林村的原日伪琼崖女子一中校址。1946年上半年又从海口迁回府城原址，并多方发动社会力量集资，整修校舍。当时的县商会和县公产整理委员会陆绣轩、王先生等都给予大力资助。至1949年，学校发展已具相当规模。初中招76个班，高中部招10个班。1950年5月海南解放，琼山县人民政府派员接管琼山中学，在新校长未委派之前，由梁朝栋、曾祥鹏、吕承徽等5位老师组成校务委员会，负责学校行政事务。8月，海南文教处派王运应接任校长。

中共十一届三中全会召开之后，特别是改革开放海南建省办大经济特区以来，琼山中学迅猛发展。由琼山县政府拨款，1984年建成科学馆，1986年建成图书馆。1985年由著名校友杨兹楠捐赠7万元建成新校门，捐赠5万元设立“杨兹楠奖学金”。1988年由旅港乡亲黄有雄捐资8万元建成“有雄楼”。由旅港校友黄奕金先生出资3万元建成两个读书亭——“敬师亭”和“校友亭”。1992年由台胞吴乾华捐资港币40万元建成乾华楼；1993年由冼笃信赞助80万元建成笃信艺术馆，符昌海和云龙镇政府分别捐赠5万元建成昌海廊和云龙廊；1994年由琼山市人民政府拨款300万元改造大操场，建起司礼台和标准的300米八道跑道，改造全校的排水系统，彻底解决大操场常年积水淤泥问题；1992—1997年学校男女学生宿舍楼、商品公寓楼、第4至第8栋教工宿舍楼相继落成；琼山市青年企业家郑先平向学校赞助150万元，用于改造校道，装备校文工团等。1998年由琼山市人民政府拨款800万元，琼山市青年企业家许振发先生赞助150万元，学校自筹150万元筹建新教学楼，1999年9月29日剪彩落成，成为全省一流的新教学楼；同年12月，学校自筹150万元改造学生食堂。为了适应学校发展的需要，琼山中学于2010年初在新大洲大道建设高中部新校区，占地13.8公顷，总建筑面积5.34万平方米，办学规模为60个班，提供 3600 个学位。

海口市琼山华侨中学　位于府城镇凤翔东路 2 号，占地 8.27 公顷。始建于 1957 年，其前身系琼山县三江华侨中学，校址在海口市美兰区三江镇。20 世纪 80 年代，应广大侨胞的强烈要求，1988 年将学校从三江镇迁至现址，改称琼山县华侨中学，并确定为琼山县重点中学，1989 年秋季正式招生。海口行政区划整后，于 2003 年 9 月更名为海口市琼山华侨中学，现为海口市教育局直属中学。该校校训是“勤学、向善、励志、笃行”。

该校分初中、高中两个校区。初中部在现校区，高中部位于现校区南侧，与现校区相邻，占地 2.33 公顷。学校建有办公楼、教学楼、科学馆、综合楼、图书馆、体育馆。该校倡导“严谨、求实、和谐、创新”的校风，以“让每一个学生都得到全面和谐发展”为办学理念，以“追求卓越，争创一流”为办学目标，深化教育教学改革，推进素质教育，规范内部管理，以优异的教育教学质量赢得社会的广泛赞誉。2002—2010 年，有大批学生考入南京大学、中山大学、厦门大学、中国人民解放军空军飞行学院、中国政法大学、中国药科大学、国防科技大学、中国民航大学、海军工程大学、武警工程学院、中国人民公安大学等全国重点名校。高考 700 分以上人数、一、二本入围率均列市同类学校前茅。

该校拥有 1 幢由 50 多位华侨捐资兴建的五层教学大楼，1 幢由香港著名实业家邵逸夫捐资兴建的五层多功能科学馆，1 幢泰国华侨吴多兰捐资兴建的五层图书馆。该校的教学大楼各教室均配备多媒体投影设备，学校设有标准化实验室、阅览室、计算机教室、标准报告厅、美术室、舞蹈室和心理咨询室，还设有 400 米标准环形跑道、足球场、篮球场、排球场等活动场所。

学校教师队伍中高级教师占 73.6%。2002—2010 年，先后被授予“全国综合实践活动课题实验先进单位”“全国群众体卫工作先进单位”“海南省文明单位”“海南省侨务工作先进单位”“海南省网络教研先进单位学校”“海南省园林式学校”“海南省现代技术教学示范学校”“海南省基础教育教研先进单位”“海南省社会治安综合治理先进单位”“海口市一级学校”“海口市有效教学实验学校”等荣誉称号。

琼山府城中学　是一所全日制完全中学，创办于 1978 年，具有 40 年的办学历史。位于府城镇中山南路和高登街交汇处，占地 2.87 公顷。2010 年有教职工 295 人，高中部 3 个年级 24 个班共有学生 1574 人，初中部 3 个年级 55 个班共有学生 3689 人，全校共有学生 5263 人。

2002—2010 年，该校获得多次表彰。2004 年度国家基础教育课程改革实验先进单位，2006—2007 学年度海口市教育系统先进集体，2008 年度海口市中小学校安全工作先进单位，2008 年度海口市学校卫生工作先进单位，2008 年度海口市中学生文艺汇演三等奖，多次获得琼山区中小学生田径运动会中学组团体总分第一名，2010 年度海南省全国第三套中小学生系列广播体操一等奖。

该校在办学的过程中，始终坚持“面向全体学生，优化教育过程，培养素质特长，促进全面发展”的教育原则，把“求知、创新、发展、责任感”作为学生培养目标，逐步形成以“面向全体，分层教学，培优补差，人人成才”为主要特色的教学模式，促使优等生更加优秀，不同层次、不同类别的学生都得到转化、提高和发展。教育教学质量明显提升，在社会上取得较好的声誉。

琼山第二中学 创办于1999年8月，是琼山区直属两所城区中学之一，位于府城镇环湖路，占地2.67公顷。2002年有28个教学班，1652名学生，教职工71名，其中专任教师57人。2010年有49个教学班，2807名学生，教职工172名，其中专任教师157人。

2002—2010年，先后被评为先进基层党组织、社会治安综合治理工作先进单位、海口市先进团组织、国家基础教育课程改革实验先进学校、依法治区工作先进单位、琼山区2004年度“无毒学校”、海口市学校体育艺术教育工作先进单位、海口市中小学德育工作先进单位、海口市“双合格”示范家长学校、海口市青年志愿服务先进集体、海口市教育系统先进集体、海口市普通初级中学“规范学校”等荣誉称号。

2002—2010年，在全国、省、市学科竞赛中，共有15人次获国家奖，56人获省级奖，166人次获市级奖。2004年中考有102人考取省市重点中学，其中17位同学被海南中学录取；2007年有114人，2008年有118人考取省市重点中学，其中有40人达到海南中学录取分数线；2009年中考有108人考取了满分，其中陈茹同学以满分满星的成绩为琼山区获得了全省中考第一名；2010年中考，该校有22人达到海中录取分数线，126人达到省、市一级学校重点高中录取分数线，教学质量不断提高。

海南白驹学校 该校的前身是创办于1996年的民办振发学校，位于府城镇振发路。2009年初为了解决府城地区学位紧张问题，由市政府出资收购改制为公办学校，于同年8月31日揭牌，改名为海南白驹学校。

海南白驹学校以琼崖革命先驱冯白驹将军的名字命名，以纪念冯白驹将军率领海南人民坚持孤岛奋战，创造中国人民革命史上“二十三年红旗不倒”的光辉业绩。校园占地4.74公顷，设立幼儿部、小学部、中学部，拥有69间标准教室，可提供3400个义务教育阶段学位。2010年在校生3000多人，教职员工120多人。该校成为新增市直属九年制义务教育学校后，2009—2010年，市政府共投入400多万元，对学校的校园环境进行整体改造，并为学校配备先进的教学设施，改善办学条件。该校还设有物理、化学、生物实验室，语音室、形体室、图书室、阅览室等，拥有400米标准运动场和3个篮球、排球场及足球场，有可同时容纳2000余学生住宿楼。

第五节 中等职业技术教育

琼山辖区内有海南省高级技工学校、海南省机电工程学校、海南省财税学校、海南省华侨商业学校、海南省高级体育运动技术学校5所中等职校。

一、海南省高级技工学校

位于海口市府城镇和澄迈县老城镇，是海南省人力资源和社会保障厅直属的国家重点技工学校。分府城（大园路）、老城2个校区，占地共35.53公顷，建筑总面积18.69万平方米，实训场地3.77万平方米，实训教室144间，实训设备齐全。

该校创办于1960年，至2010年，学校发展为年招生3000多人，在校生10450多人，其中在校高级工班、预备技师班学生4000多人的高级技工学校，设有化工制药、生物制药、汽车维修与检测、计算机网络技术、现代机电工程、电工制冷工程、电子通讯工程、石油化工、机械维修、数控技术、模具制造等专业。2009年秋季学校开设现代机电工程、汽车维修、电气自动化3个专业的预备技师班，开创海南技工院校培养预备技师之先河。2010年在各专业增设预备技师班，大幅提高高技能人才培养比例。

学校师资力量雄厚，共有教师300人，其中本科以上学历273人，占91%；高级职称53人，中级职称76人；每个高级工或预备技师专业的专业基础课程、必修课程都配备2名高级职称的专业课教师和2名中级职称的“双师型”教师；实习指导教师171人，其中高级技师18人，技师49人，高级工46人，合计113人，占实习指导教师66.1%。

海南高级技工学校在海南矿业联合有限公司、一汽海马汽车有限公司、金海浆纸有限公司、琼海玉柴机器有限公司、海南汉能光伏有限公司等建立一批校外实训及校企合作基地，并将海南思坦德生物科技有限公司、海口宏淮汽车贸易有限公司等企业与科研单位引进学校，为师生提供更多的实习机会。此外，还与企业联合举办澳飞游艇班、海马汽车班、金色阳光人才班、汉能光伏班等冠名班，开展订单式培养。学生毕业后，学校各专业当年就业率均97%以上。

学校多次获得国家级、省级的表彰：2000年被劳动和社会保障部记集体一等功；2002年被评为全国职业教育先进单位；2004年获得国家技能人才培育突出贡献奖；2005年获中国职业培训与教育协会优秀会员奖，科研成果突出贡献奖；2006年被评为全国农村青年劳动力转移培训先进单位；2007年获全国劳动保障系统先进集体荣誉称号；2009年获得全国教育系统先进集体称号；2010年获全国中等职业学校德育工作先进集体称号。

二、海南省机电工程学校

该校是省教育厅直属的，以培养机电一体化实用型人才为主的省级重点中专学校。创办于1970年，位于海口市龙昆南路，占地4.57公顷。2010年有专任教师125名，中、高级职称教师55名，工程师、高级技师近30名。在校学生3200多人。

该校办学特色鲜明，设有实习工厂、进口汽车修理厂、家电、计算机、电机、电控、数控、中央空调、电工电子、机械基础、制冷、电梯等实验室、实训室20多间。常年开设：机电技术应用、机电设备安装与维修、汽车运用与维修、计算机应用与维修、家用电器、电子技术应用、制冷与空调设备应用与维修、电子电器应用与维修、数控技术应用、计算机网络技术等20多个专业，其中汽车运用与维修专业是国家级示范专业，是海南省机械制造、数控技术应用等紧缺人才的职业教育实训基地。

三、海南省财税学校

海南省财税学校，是海南省国家公办的财税类唯一一所普通中专学校，位于红城湖路延长线，创办于1995年，至2010年该校设有可容纳150人上课的多媒体教室1间，可容纳160人上课的微机室3间，设备齐全的纳税检查模拟室、会计模拟室各1间，语音、电子阅览、网络三合一教室1间。各教室均配有一部29英寸的彩色电视机，学生宿舍均配备电话机。有高、中级职称的教师30多名。现开设的专业有：税务与企业财务会计、会计电算化（又称电脑会计）、计算机应用、财会与文秘、财会与电子商务、财会与税务代理、财会与办公自动化、电脑维护维修、房产营销、珠宝营销与管理、旅游会计与管理、酒店会计与管理、导游与旅游管理、生物制药、涉外会计、市场营销、保险营销、证券投资、现代物流等。该校学生可选择与该校联合办学的中央财经大学、哈尔滨工程大学的大专、本科对应专业函授学习。成绩合格者均可获得正规的国家承认的该校的中专、中央财经大学、哈尔滨工程大学的专科或本科毕业文凭。

该校办学效果显著。至2010年，共培养、输送6000多名财政、税务、财会、电算、计算机、文秘、涉外等专业的毕业生。该校培养的毕业生具有长期优势的初、中级经济类人才，既可从事机关、行政事业单位的业务工作，也可从事厂矿、商场、宾馆、酒店等工商、服务业的业务工作。

四、海南华侨商业学校

该校创办于1993年，位于琼州大道和滨江路交汇处，是中国创办第二所华侨中等学校，2006年3月被认定为海南省重点中等职业技术学校。学校占地2.7公顷，设施齐全，有吴多泰（中国香港）教学楼、郑有英（泰国）餐饮娱乐综合楼、许诗成（泰国）学生公寓、陈继杰（中国澳门）科学馆、梁振发（中国香港）图书馆、北京师范大学教师培训学院海南基地、海南省跆拳道协会训练基地、网络中心、服装设计室、服装工艺车间、餐旅模拟室、会计模拟室、工艺美术设计室、阶梯教室、多功能报告厅；建有足球场、篮球场、排球场、羽毛球场、田径场等大批实训室和设备。教学和管理突出了信息化，有高速的校园网，并通过光缆连入中国教育网络，建有本校的大型专业网站，形成社会化开放式教育网络。

该校拥有大学本科以上教师80多人，中高级职称占40%以上，同时还聘用国内外名人名家郑有英博士（永远名誉校长、泰国中央洋行总裁）、欧宗清博士（泰国欧兰集团总裁）、俞启定教授（学校高级顾问、北师大博士生导师、中国教师资格认定指导中心与高师培训交流中心主任）、黎良端女士（学校高级顾问、学校主要创办人之一、原海南省侨办主任）、钱香英博士（客座教授、泰国朱拉大学教授）、奥村运明博士（客座教授、留日注册建筑师、河南省人民政府特聘专家）、吴乾福先生（海南省优秀专家、学校聘任副研究员）。2010年，在校生1700多人，开设服装设计与制作、电子商务与市场营销、计算机网络与维修、计算机技术与应用、酒店管理、国际文武管理、烹饪、会计电算化、药品加工与营销、油画、广告设计、物业管理、工程预算与会计、工业民用建筑、室内设计现代物流与仓储等23个专业，其中，部分专业和社会知名企业联合办学，分别与海南省中医院合作开设了“药品加工与营销”专业、与深圳新世界油画公司合作开设“油画（美术）”专业、与海南省跆拳道协会合作开设“国际文武管理”专业、与海南省金鹿集团合作开设“物业管理”专业。

五、海南省高级体育运动技术学校

位于国兴大道，创办于1989年12月，隶属海南省文化广电出版体育厅，是集运动训练、体育教学、体育科研三种职能为一体的全额拨款事业单位，是全省唯一的正处级运动训练单位。建校以来，不断深化改革，完善训练、教学、科研“三位一体”的管理模式，不断提高运动训练水平和办学水平。办学20多年以来，培养国际健将9名、运动健将26名、一级运动员67名，先后有30人次入选国家队。参加国际性比赛获得第一名4个、第二名11个、第三名10个；参加全国性比赛获得第一名71个、第二名90个、第三名94个。已培养了20届2000多名毕业生。

第六节　高等教育

琼山辖区内有海南师范大学、海口经济学院、琼台师范高等专科学校、海南政法职业学院4所高校。

一、海南师范大学

海南师范大学是国务院学位办批准的博士学位授予权规划建设单位，教育部本科教学优秀学校。是海南省办学历史悠久、教师教育特色鲜明、综合办学实力较强的省重点大学。学校创办于1949年秋，位于琼山区府城镇龙昆南路99号。

2010年设有18个学院，26个科研机构，共有11个一级学科硕士点，1个专业学位教育硕士点，47个本科专业，覆盖文学、理学、教育学、经济学、历史学、管理学、工学、法学、农学等9个学科门类。有5个省级重点学科和3个省级人文社会科学研究基地。学校有师资869人，教授、副教授538人，具有硕士以上学历575人，其中具有博士学历223人。有国家突出贡献专家1人，首批国家新世纪百千万人才工程专家1人，教育部优秀人才支持计划入选4人，全国模范教师3人，享受国务院特殊津贴专家23人，海南省有突出贡献优秀专家37人。

海南师范大学现有龙昆南、桂林洋、灵山3个校区，总占地面积150公顷。教学科研仪器设备总值11032万元，建有各类实验室32个，其中省部共建重点实验室2个，省级重点实验室2个，省级实验教学示范中心5个。有各类实习实训基地187个。图书馆是目前海南省规模最大、藏书总量最多、海南地方文献资料最丰富的图书情报中心。

海南师范大学面向全国30个省(市、区)招生。2010年有各类学生2万多人，其中硕士研究生 477 人，全日制本科生 15383 人，留学生 141 人。毕业生素以基础厚、素质高、能力强而深受社会欢迎。海南省 80%以上的中学教师、90%的中学校长、特级教师和教学骨干均是该校毕业生。学校被誉为“琼岛名校，教师摇篮”。该校学生考取研究生人数逐年增加，一大批优秀学生被北京大学、浙江大学、武汉大学、中山大学等重点大学录取。

学校确立了立足海南、面向全国、辐射东南亚的服务定位，积极扩大对外交流与合作。已经与 58 个国家、100 多所高校和教育机构开展了学术交流活动。与境外 35 所大学和教育机构建立姐妹学校关系，与 9 所大学合作培养人才。2009 年，国家汉办孔子学院总部批准将东南亚汉语推广师资培训基地落户该校，成为国家汉办在中国南方唯一重点建设的基地。

二、海口经济学院

位于国兴大道和兴丹路交汇处，是一所以经济(公共)管理专业和特色专业为主的全日制普通本科院校。创办于 1974 年。其前身先后是海口市业余大学、海口职业大学、海口经济职业技术学院。学院 2008 年 3 月升格，同时实施本科教育与专科教育，并由目前以高职（专科）教育为主逐步过渡到以本科教育为主。2010 年学院共有全日制在校生 18680 名（其中本科生 9000 多名）；校园占地 140 公顷，建筑面积 60 多万平方米（有国兴与桂林洋 2 个校区）；教学仪器设备总值 7902 万元；图书馆大楼建筑面积 4 万平方米、阅览座位 4000 余个、馆藏图书 114.5 万册；拥有可容纳 2800 多人的大剧场和现代化的音乐厅与演播厅；有 2 个大型田径运动场，一个综合体育训练馆，一个室内游泳馆及多个灯光篮球场、排球场与网球场。

海口经济学院下设经济贸易、传媒、工商管理、公共管理、旅游、艺术、信息工程、工程技术、继续教育、外国语学院 10 个二级学院，基础课、体育课、思想政治理论课、公共外语课 4 个教学部（系）。开设国际经济与贸易、计算机科学与技术、旅游管理、新闻学、财务管理、交通运输、音乐表演、艺术设计、电子信息工程、英语、工程管理、经济学、日语、通信工程、人力资源管理、土木工程、市场营销、社会体育等 25 个本科专业和金融管理实务、会计、空中乘务、旅游管理、酒店管理、环境艺术设计、商务日语、汽车检测与维修技术等 23 个专科专业，面向全国 30 个省、市、自治区招生。

2010 年，海口经济学院共有专任教师 890 名（含外教），其中具有高级职称者 272 名、硕士以上学历者 267 名；享受国务院政府特殊津贴专家 5 名，海南省有突出贡献优秀专家 1 名，海南省高校教学名师 5 名，省级先进教育工作者 5 名，“省高校青年教师教学十佳” 3 名；聘请了 20 多名年轻的博士后为兼职教授、30 多名国内知名专家学者为客座教授。

海口经济学院设有人文与经济研究院，下设艺术、经济、旅游 3 个研究所，并在海南高校中率先与省社科联共建海南省旅游商品研究基地；各二级学院在自主创新的同时，积极与校外研究机构、产业界密切合作，综合科研成果显著。至 2010 年，教师共发表学术论文 1600 多篇，其中在中央核心期刊和被 SCI、EI 发表和检索的论文 176 篇。出版学术专著和教材 155 部，自编教材 62 部（册）。在省厅级以上学术会议上交流论文 245 篇。已批准立项的省、部级以上研究项目 183 项，其中国家高等教育学会项目 3 项，教育部重点规划项目 1 项，有的课题成果获国家专利。获奖著作、论文、艺术作品、多媒体课件有 500 部、篇（件），其中获省级一等奖以上 80 项；董事长曹成杰与傅治平教授合作的专著《教育中人的发现》获省社科优秀科研成果（著作类）二等奖、全国第六次高校优秀科研成果三等奖；执行董事曹成伟与刘荆洪教授合作的论文《非公有制高等教育融资现状与思考》荣获 2010 年中国(陕西)非公有制经济发展论坛一等奖。

三、琼台师范高等专科学校

琼台师范高等专科学校是经教育部批准成立的全日制普通高校，是海南省小学幼儿园师资的主要培养基地。位于琼山区府城镇中山路。学校的前身为创办于 1710 年的琼台书院，1902 年改办现代学校，2010 年学校共有专任教师 215 人，其中副高级以上职称 81 人，省特优专家 2 人，特级教师 5 人，6 人被省教育厅聘为“基础课程改革”专家组成员，兼职教授、副教授 13 人。

学校拥有现代化的教学大楼、实验大楼、图书馆、科学艺术大楼、体艺馆，学生公寓、学生餐厅。拥有现代教育所需要的微格教学系统、电子图书馆阅览室、各学科实验室和多媒体教室，文史、数理、美术、音乐、计算机、学前教育、体育等专业均配有较为完善的教学设施，校内已建成千兆校园网，实行教学现代化管理。学校坚持培养与培训并重，师范与非师范同步的原则，设置七系一部一中心，即文史系、数理系、美术系、音乐系、学前教育系、体育系、现代教育技术系、公共教学部、省小学幼儿师资培训中心。2010 年在校生 4100 人。

学校教育以人为本，开设 30 多门选修课，学生修业试行完全学分制，教育教学实行弹性管理。另外，学校广泛开辟教学实践基地，海口市属重点小学、省市属各示范幼儿园和多家电脑公司、广告公司均是该校长期的教学实践基地，学校注重学生特色技能的培养，学校为社会输送了大批优秀的特色人才，毕业生的就业率高达 96%以上。

学校采取一系列助学措施，每年从办学经费中按比例拨款发放助学金，组织特困生勤工助学，帮助学生办理助学贷款，确保学生顺利完成学业。

学校提出“拓宽发展空间，提高办学效益，办好琼台师专，服务基础教育”的发展思路。在海口市桂林洋高校新区征地 76.7 公顷，并已 2005 年 9 月动工建设新校区。2007 年新校区 12.5 万平方米教学及学生生活用房投入使用，满足文史、数理、艺术、体育、学前教育等小学教育专业教学需要，融教学与科研、培养与培训为一体的校园新区。

四、海南政法职业学院

海南政法职业学院，是经海南省人民政府批准，报经中央政法委等部门同意，教育部核准备案的海南省唯一一所公办高等政法职业学院。

该学院位于海口市新大洲大道，校园占地 14.53 公顷。2010 年在校学生有 4083 名。设有应用法律系、政法管理系、公安司法系、信息技术系和公共教育部、社科部 6 个教学系部，开设法律事务、人民调解员、法律文秘、行政执行、书记官、司法会计、司法警务、刑事执行、交通管理、治安管理、司法信息技术、安全防范技术等18个专业（含专业方向）。学院设施完善，建有第一、二教学大楼、实习实训大楼、综合图书大楼、培训中心大楼、学生公寓楼；校内实习实训场所条件完备，设有电脑室、语音室、多媒体教室、警体训练中心、搏击训练场、模拟法庭、预审室、心理咨询室、障碍跑道等；并在海南省相关法院、检察院、公安局、派出所、律师事务所、监狱、劳教所等单位建立了34个校外实习实训基地。2009年初，该学院作为海南唯一一所职业院校试点单位，顺利通过教育部人才培养水平评估，2010年，又顺利通过教育部专家回访。学院的毕业生就业质量和就业率逐年上升，2009年被评为“海南省高等学校毕业生就业工作优秀单位”；同年，学院被中央政法委列为政法干警招录培养体制改革试点单位，成为全国唯一综合培养公安、司法人才试点招生高职院校。

第七节 民办教育

自20世纪90年代后，琼山重视民办教育的发展，为民办学校提供优质服务，民办学校教师的培训、教研活动、职称评定等享受公办教师同等待遇。2010年底，全区有民办学校15所，在校学生9052人。民办学校专任教师338人，其中中学教师225人、小学教师113人。

2002—2010年琼山区民办学校统计表

表18–2–3

学校名称	办学层次	地址
海南海政学校	12年制	新大州大道280号省政法学院内
海口蓝天实验学校	12年制	府城勋亭路
海南海口海之南外国语实验学校	9年制	府城勋亭路
海口安泽实验学校	9年制	琼山侨中后面
海口金龙利文学校	9年制	琼山区博巷路1号
海口府城春风学校	9年制	府城河口路51号
海口府城东昇学校	9年制	国兴街道巴伦村
海口楚天学校	9年制	府城板桥路48号
海口琼府实验学校	9年制	府城东门里
府城镇英才流动人口子弟学校	完小	府城大园路
海口振兴小学	完小	府城大园路振兴里
海口琼山区府城朝阳小学	完小	府城金花村
海口华英小学	完小	府城新大州大道
海口市育兴流动人口简易小学	完小	国兴街道道客村
海口琼山阳光小学	完小	府城博雅路潮园小区

学校选介

海口金龙利文学校　民办。位于海口市南海大道博巷路1号。创建于1998年，九年制学校，原址海口东站对面，2004年迁入现址。学校占地1.6公顷，建筑面积5000多平方米。有教学楼、教工宿舍、学生宿舍，教学设施齐全。2010年有教学班20个，学生815人，教职工58人，其中教师38人（有中学高级教师8人，一级教师20人）。2002年分别获得全国中学生化学竞赛二等奖，海南省一等奖、全国普法试点校的光荣称号。2006年获得第一届海南省民办教育十佳信用奖。

海南海政学校　民办。位于海口市新大州大道280号海南政法职业学院内，创建于1995年。2006年1月起由湖北江汉油田教育集团全面接管。学校占地1.01公顷，建筑面积9350平方米，有1个标准运动场地。2006年有教学班24个（含幼儿园、小学、中学），学生816人，教职工85人，其中高级教师8人。2008年被评为省十佳民办学校，2009年被评为省家长满意学校、琼山区优秀学校、市民办基础教育先进学校。

海口蓝天实验学校　社团办学。位于府城镇勋亭路甲1号，创办于2001年8月，是省少儿教育学会办的一所寄宿制学校。学校占地8公顷，建筑面积3.5万平方米。有现代化教学设施。2010年有教学班80个，学生2000多人，教职工200多人，其中高级教师28人。率先在海南省引进全国闻名的江苏洋思中学“堂堂清”“日日清”“周周清”检测方案，以及杜郎口中学“三三六”“10+35”教学模式。2007年被评为海口市校本培训示范学校、海口市先进单位、读者最喜爱的民办学校。

第八节　师资队伍建设

2000—2004年组织教师进行第一次岗位培训和标本培训。2005—2008年，第二次组织全区教师进行全员培训。在2002—2010年，多次组织中小学校长、骨干教师参加各类培训。

一、学校领导任用

琼山区对学校领导管理主要是实行校长负责制，在学校领导干部选拔和任用上，努力创造公开、公正选拔人才的用人环境，为促进义务教育阶段学校管理工作制度化、规范化，2007年出台《关于义务教育阶段学校校长选拔任用实施竞岗上岗和定期交流制度的试行方案》。对于学校领导一般由民主推荐，教育局组织考察任用。2002—2010年，学校领导由于年龄和各种原因调整情况如下：

2002年任用学校校级领导干部12名，中层领导干部66名。2003年任用学校校级领导干部4名，中层领导干部26名。2004年任用学校校级领导干部18名，中层领导干部4名。2005年任用学校校级领导干部28名（其中女4名）。2006年任用学校校级领导干部10名（其中女1名），中层领导干部22名。2007年任用学校校级领导干部16名（其中女

1 名），中层领导干部 20 名。2008 年任用学校校级领导干部 16 名（其中女 2 名），中层领导干部 26 名。2009 年任用学校校级领导干部 9 名，中层领导干部 6 名（其中女 2 名）。2010 年任用学校校级领导干部 7 名，中层领导干部 5 名（其中女 1 名）。

二、教师招聘

2002 年，录用统分师范毕业生 132 名，其中中学 29 名、小学 103 名。2006 年，录用统分师范毕业生 225 名，其中中学 87 名、小学 138 名。2007 年，录用统分师范毕业生 54 名，其中中学 3 名、小学 51 名。2008 年，录用统分师范毕业生 89 名，其中中学 83 名、小学 6 名。2009 年，招聘录用师范毕业生 26 名，其中中学 18 名、小学 8 名。2010 年，录用统分师范毕业生 84 名，其中中学 19 名、小学 65 名。

三、教师待遇

2007 年开始实施教师绩效工资制度，教职工除基本工资外，每人每月平均增加 150 元，2008 年增加到每人每月 300 元，2009 年增加到人均年 1.8 万元，2010 年增加到人均年 2.1 万多元。

四、考核与任用

2002—2010 年，琼山区对教职工实行聘用（聘任）制和考评制，教职工除了考取相应的职称资格学位，在校内根据岗位情况进行公平、公正的考核，成绩突出可聘为相应的职称资格，并由学校发放聘任证书。

2002—2010 琼山区教师资格过渡情况统计表

表 18–2–4

年度	合计	中学资格	小学资格	幼儿园
2002	202	93	88	21
2003	235	113	5	117
2004	89	45	22	22
2005	75	38	20	17
2006	17	8	3	6
2007	112	43	22	47
2008	72	37	15	20
2009	75	51	1	23
2010	89	56	29	4

表 18-2-5

2003—2010 年琼山区中小学教职工人数与教师学历情况统计表

年度	教职工人数				学历达标					
					小学		初中		高中	
	中学	小学	幼儿园	总数	达标人数	达标率	达标人数	达标率	达标人数	达标率
2003	820	2098	42	2960	2035	99.30%	634	94.90%	38	89.10%
2004	800	2048	38	2886	2029	99.30%	642	97.90%	42	90.00%
2005	795	1991	37	2823	1946	99.50%	644	98.80%	54	90.00%
2006	867	2095	38	3000	1941	99.50%	615	98.90%	57	90.00%
2007	849	2090	39	2978	2034	99.50%	673	99.00%	71	91.50%
2008	904	2060	35	2999	2003	99.60%	721	99.10%	84	92.00%
2009	889	2130	52	3071	2057	99.60%	727	99.10%	84	92.00%
2010	954	2314	52	3320	2241	99.60%	727	99.10%	84	92.00%

第九节　教育经费和学校建设

一、经费

2002—2010 年，琼山公办学校的教育经费来源主要由国家拨给和地方财政支出。教育经费投入逐年增长，小学人头办学经费 2003 年为 80 元，2005—2006 年 160 元，2007—2008 年 199 元，2009—2010 年 300 元。中学人头经费从原来 125 元上升到 500 元，民办学校的经费来源主要是赞助费和政府拨付的人头办公经费。

二、经费使用

2002—2010 年，教育经费除了支付教职工的工资外，其余的大都用于维持教学日常费用，各学校购置的各种教学设备均由政府拨款采购。

三、危房改造

2001 年开始，琼山市将中小学危房改造当做为民办实事来抓。据统计，原琼山市中小学教学楼总建筑面积 64 万平方米，其中危房总建筑面积 99766 平方米（B 级 8515 平方米、C 级 23834 平方米，D 级 67417 平方米）。2003 年，琼山区中小学校危房总建筑面积 25151 平方米（其中 B 级 461 平方米、C 级 7410 平方米、D 级 17280 平方米）。琼山区 2003 年危改项目 42 个，改造面积 7330 平方米，投入资金 425 万元；2004 年危改项目 53 个，改造面积 12480 平方米，投入资金 625.35 万元；2005 年危改项目 36 个，改造面积 9980 平方米，投入资金 483.20 万元；2006 年危改新建项目 20 个，改造面积 12122 平方米，投入资金 1020.69 万元，维修 B 级项目 22 个，维修面积 8440 平方米，投入资金 218.30 万元。2007 年完成中小学的基本建设项目 13 个，其中为民办实事项目 2 个、薄弱学校改造项目 2 个、布局调整 4 个、改造学校围墙 5 个。2007 年底，危房改造全面完成。全区本学年初小学在校生 38648 人，占地 1682428 平方米，生均面积 43.50 平方米，校舍面积 205072 平方米，生均面积 5.30 平方米；本学年初初中在校生 13420 人，占地 607900 平方米，生均面积 45.30 平方米，校舍面积 14297 平方米，生均 10.60 平方米。教学用房和师生用房面积均达到省规定的标准。

第十节　教育管理

2003—2010 年，琼山区在教育管理上，贯彻“实行国务院领导，由地方政府负责、分级管理、以县为主的体制”的教育管理模式。学校管理主要实施校长全面负责制，学校按照办学规模内设机构对学校进行内部管理。小学 8 个班以下设校级领导 1 名，教导主任 1 名；9~18 个班设置校领导 2 名，内设教导处、总务处；19~30 个班级设置校领导 3 名，内设教导处、总务处、政教处；31 个班以上设置校领导 4~5 名，内设教导处、总务处、政教处、办公室。中学 12 个班以下设置校领导 1~2 名，内设教导处、总务处；13~23 个班设置校领导 2~3 名，内设教导处、总务处、政教处；24 个班级以上设置校领导 4~5 名，内设教导处、总务处、政教处，办公室。在招生管理上，主要实施划片就近入学，每年各学校均成立招生办公室，针对辖区适龄儿童进行调查，并发放入学通知书。

第十一节　教学研究

2003—2007 年，开展全区义务教育阶段，中小学进入课程改革实验；2008—2010 年，开展有效教学实验研究，取得显著成绩。

2002—2010 年琼山教学研究获奖情况表

表 18-2-6

年份	概况及研究实验项目	课堂教学评比获奖情况	教研论文评比获奖情况
2002	全市义务教育阶段中小学开展目标教学实验研究	—	—
2003	全区义务教育阶段中小学进入课程改革实验	—	—
2004	全区义务教育阶段中小学进入课程改革实验	区级:一等奖 26 名,二等奖 32 名	区级:一等奖 58 篇,二等奖 62 篇 市级:一等奖 26 篇,二等奖 76 篇,三等奖 67 篇
2005	全区义务教育阶段中小学进入课程改革实验	区级：一等奖 16 名，二等奖 23 名;市级:一等奖 1 名,二等奖 5 名,三等奖 18 名	区级:一等奖 46 篇,二等奖 56 篇,三等奖 64 篇 市级:一等奖 18 篇,二等奖 33 篇,三等奖 26 篇 国家级:一等奖 11 篇,二等奖 6 篇,三等奖 16 篇
2006	全区义务教育阶段中小学进入课程改革实验	区级:一等奖 31 名,二等奖 60 名	区级:一等奖 44 篇,二等奖 68 篇,三等奖 10 篇 市级:一等奖 27 篇,二等奖 62 篇,三等奖 70 篇
2007	全区义务教育阶段中小学进入课程改革实验	区级:一等奖 23 名,二等奖 48 名 市级:一等奖 9 名,二等奖 13 名 国家级:一等奖 1 名,二等奖 1 名	区级:一等奖 43 篇,二等奖 107 篇,三等奖 8 篇 市级:一等奖 3 篇,二等奖 17 篇,三等奖 26 篇
2008	有效教学实验研究	区级:一等奖 42 名,二等奖 70 名 市级:一等奖 3 名,二等奖 16 名,三等奖 18 名	区级:一等奖 99 篇,二等奖 156 篇,三等奖 34 篇。 市级:一等奖 22 篇,二等奖 45 篇,三等奖 86 篇
2009	有效教学实验研究	区级:一等奖 26 名,二等奖 57 名 市级:一等奖 2 名,二等奖 7 名,三等奖 16 名	区级:一等奖 104 篇,二等奖 143 篇 市级:一等奖 26 篇,二等奖 32 篇,三等奖 51 篇
2010	有效教学实验研究	区级:一等奖 26 名,二等奖 49 名 市级:二等奖 17 名,三等奖 16 名	省级:一等奖 1 名,二等奖 1 名,三等奖 1 名 市级:一等奖 13 篇,二等奖 42 篇,三等奖 48 篇

第三章　文　化

第一节　机　构

一、文旅局

琼山区文旅局的前身是琼山市文化广电体育局，2003 年 1 月改称海口市琼山区文化体育局；2010 年 5 月政府机构改革，改称琼山区文化体育和旅游发展局（简称文旅局），办公地点在府城镇中山北路 22 号。2010 年人员编制 10 人，其中公务员 8 人、工勤人员 2 人。下属单位有琼山区琼剧团、琼山电影公司、琼山区文化市场稽查大队、琼山区文化馆、琼山区图书馆、琼山区少年儿童业余体育学校。

二、文化馆

1952 年成立琼山县文化馆。1994 年 1 月更名为琼山市文化馆。2003 年 1 月改称海口市琼山区文化馆，办公地点在区文旅局大院内。文化馆属股级文化事业单位，即社会公益文化事业。人员编制 16 人，由区财政全额拨款。内设机构：馆办公室、音乐舞蹈部、文学戏剧部、美术摄影部、少儿辅导部。2010 年 9 月，由原区文体局整体移交给区文旅局，同时升格为副科级事业单位，领导职数 1 正 2 副，工作人员 10 人。

三、图书馆

2003 年 1 月，原琼山市图书馆更名为琼山区图书馆，馆址在府城镇中山北路 22 号。该馆为股级事业单位，由区财政全额拨款。内设机构：馆办公室、采编部、阅览部、流通部、地方文献部、少年阅览室、“全国文化信息资源共享工程”琼山区分中心。2010 年 9 月 15 日，由原区文体局整体移交给区文旅局，工作人员 16 人。

四、新华书店

2001 年，为琼山市新华书店，位于府城镇中山北路。单位性质为事业单位，企业管理，自负盈亏。2003 年 1 月琼山市新华书店正式更名为海口琼山新华书店，单位性质仍为事业单位、企业管理。2007 年 7 月全省新华书店系统改革，海口琼山新华书店更名为海口琼山新华书店有限公司。单位性质由原来的事业单位变为企业单位，归属联营组建的海南凤凰新华发行责任有限公司管理，由省国有资产管理委员会领导，企业管理。2010 年有职工 77 人。

五、电影公司

1959 年成立琼山县电影管理站，1982 年转为琼山县电影公司。2003 年 1 月琼山市电影公司改称海口市琼山电影公司，是副科级文化事业单位，企业管理，自主经营，自负盈亏。地点设在府城镇中山北路20号琼山影剧院三楼。2010年共有职工83人，内设经理室、办公室、财务部、物业管理部。辖琼山影剧院、金煌购物城服装商场。

六、琼剧团

1956年成立琼山县琼剧团（前身为琼山县导星剧团）。1994年1月，改为琼山市琼剧团。2003年1月，改称海口市琼山区琼剧团，属区文体局领导。2010年5月5日区文体局撤销，组建区文旅局，区琼剧团隶属琼山区文旅局。琼山区琼剧团为副科级事业单位，由财政差额拨款。团址在琼山区府城镇中山北路，有演职人员49人（包括聘用人员），其中专业艺术学校毕业生21人、副高级职称1人、中级职称16人、初级职称16人。

七、文化稽查队

1996年11月成立琼山市文化市场稽查队，隶属琼山市文化体育局，位于琼山区中山北路22号区文旅局内。股级事业单位，编制7名，人员工资由财政列支，其它经费自筹解决。2003年1月，更名为海口市琼山区文化市场稽查队。2008年10月8日，更名为海口市琼山区文化市场稽查大队，升格为副科级单位，隶属不变。2010年9月隶属琼山区文旅局。2010年琼山区文化市场稽查大队共有人员13名。

八、镇文化广播服务中心

琼山区乡镇文化广播服务中心人员编制归属乡镇，财政全额拨款。业务上接受区文化体育局的指导。2007年5月前原称镇文化站和镇广播站。2007年6月，各镇文化站和广播站合并，更名为镇文化广播服务中心。2009年12月15日，琼山区将文化广播服务中心和劳动保障、人口计划、社区建设等部门合并成立镇社会事务服务中心，隶属镇人民政府，为社会公共服务的事业单位。负责辖区文化、体育、广播宣传服务工作，组织群众开展形式多样的文化体育活动，发展和繁荣文化、体育事业。2010年，各镇社会事务服务中心内的文化、广播编制人员情况：府城镇4人、龙塘镇3人、云龙镇3人、甲子镇3人、大坡镇3人、红旗镇3人、旧州镇3人、三门坡镇3人。

九、少年儿童业余体育学校

1975年5月成立琼山县少年儿童业余体育学校（简称业余体校）。1994年1月改为琼山市业余体校。2003年1月更名为海口市琼山区业余体校，股级事业单位，由区财政全额拨款。校址在凤翔路琼山华侨中学后院内。2010年有工作人员17人，其中教练员14人。2010年9月15日，区业余体校的隶属关系，随原琼山区文体局整体移交给区文旅局。

第二节　文化设施

一、琼山区文化馆舍

琼山县文化馆楼于1993年6月兴建，位于府城镇中山路39号。馆舍面积1140平方米。内设办公室、会议室和排练室。

二、琼山区图书馆舍

1995 年 6 月琼山市图书馆建成并投入使用，楼高 5 层，建筑面积 2700 平方米。2010 年共藏书 6.5 万册。年订报纸 100 份，杂志 50 份。馆内设有书架 100 节、阅览室报架 6 个、阅览桌 10 张、杂志架 3 个、资料室报架 10 个。“全国文化信息共享工程”琼山分中心内有设备 25 台电脑、卫星接收机 1 套、投影机 1 台。2010 年，图书馆大楼装修工程竣工。2009 年 11 月，海南省第三批“全国文化信息资源共享工程”琼山区支中心启动装修和设备安装，共安装电脑 25 台，2010 年 6 月 1 日正式使用，工程由中央拨款 34 万元，地方财政配套 34 万元建设。

辖区内有海南省图书馆（处级），位于国兴大道东。

三、乡镇宣传文化站办公楼

2003—2007 年，琼山区各镇文化站场所设在镇政府办公楼内。2008 年 5—11 月，由市、区政府拨款，镇政府划让土地，在龙塘、云龙、甲子、大坡、红旗、旧州、三门坡 7 个镇建设宣传文化办公楼，统一设计图纸，每幢建筑面积 300 平方米，内设图书室、娱乐室、广播室和办公室，彻底解决了乡镇文化部门没有办公场地的问题。

四、有线电视前端站

自 2003 年开始，琼山区启动有线电视普及农村建设项目，至 2010 年，实现全区农村有线电视全部入户全覆盖目标。

2010 年琼山区乡镇、街道、农村剧场情况一览表

表 18–3–7

乡镇街道	剧场个数（个）	占地面积（平方米）	类型					总座位数（个）
			盖顶或露天（个）	水泥戏台（个）	夯土戏台（个）	水泥座位（个）	石砖座位（个）	
府城镇	37	39350	2	34	1	500	—	500
龙塘镇	36	76100	—	6	30	4420	—	4420
旧州镇	14	23125	—	3	11	—	—	—
云龙镇	21	28810	—	5	16	—	2200	2200
红旗镇	38	36080	1	14	24	—	600	600
三门坡镇	38	24800	—	3	35	—	—	—
大坡镇	8	3200	—	6	2	4600	—	4600
甲子镇	9	4660	—	2	7	—	—	—
国兴办	5	2500	—	5	—	—	—	—
合计	206	238625	3	78	126	9520	2800	1230

2010 年琼山区乡镇、街道、农村文化室（书屋）情况一览表

表 18-3-8

乡镇街道	文化室(书屋)个数(个)	建筑面积(平方米)	设施						总资产(万元)
			电视机数（台）	录放像机数（台）	乐器数(件)	书柜数(件)	藏书量(册)	文化信息资源共享工程设备（套）	
府城镇	13	970	6	7	/	11	17200	4	141.8
龙塘镇	21	1795	9	8	85	102	36700	4	100.4
旧州镇	14	1570	17	14	/	29	81000	5	15.1
云龙镇	14	550	14	14	9	32	25600	3	32.5
红旗镇	22	1185	23	17	3	40	23700	5	27.8
三门坡镇	12	530	12	7	/	43	39500	5	48.5
大坡镇	6	271	6	6	/	18	21400	6	38
甲子镇	14	840	11	10	2	9	23100	4	43.2
国兴办	4	445	4	4	/	4	13500	0	56
合计	120	8136	102	46	99	288	281700	36	477.55

2010 年琼山区乡镇、街道、农村有线电视前端站现状情况统计表

表 18-3-9

乡镇、街道	个数（个）	房屋面积（平方米）	设备名称	投入资金（万元）	接收户数（户）
府城镇	1	30	接收机等	10	350
龙塘镇	7	345	接收机等	11	595
旧州镇	13	274	接收机等	74	1795
云龙镇	5	140	接收机等	26	620
红旗镇	9	330	接收机等	23	1459
三门坡镇	12	215	接收机等	37	298
大坡镇	4	125	接收机等	17	175
甲子镇	7	92.5	接收机等	22.7	933
国兴办	1	32	接收机等	8	265
合计	59	1583.5	接收机等	228.9	6590

第三节　图书事业

2002 年 5 月，琼山市文体局和图书馆开展宣传周活动，在琼山旅社点、三角公园点发放《读者手册》170 册。全年市图书馆新增藏书（含报刊合订本）269 册，接待读者 1.16 万人次。

2003年新增藏书（含报刊合订本）271册，接待读者1.31万人次。

2005年区图书馆新增图书1091册，其中图书751册、报刊合订本340册。全年接待读者9200人次。

2006年区图书馆配合中央精神文明建设办公室做好“万村书库”工作，为府城镇那央、儒逢、新谭村委会，协助分编、整理、上架图书1.1万册。全年区图书馆新增藏书2020册，其中原琼山党校图书馆赠送图书1800册、杂志合订本220册。全年接待读者9350人次。

2008年新增藏书963册，其中个人捐赠图书410册、琼山区新华书店送书129册、海口市图书馆赠送图书100册、报刊合订本224册。全年接待读者6600人次。

2009年配合“农家书屋”建设工作，组织人员到全区8个镇共12家图书室，做好图书下乡的分编、上架和辅导工作。12月，“全国文化信息资源共享工程”电子阅览室在二楼装修并配置电脑设备。全年新增钢质书架30个，报架4个。新增图书286册，其中图书66册，报刊合订本220册。全年接待读者6520人次。

2010年区图书馆共接待读者3500人次，外借图书2200多册，解答咨询80多条，提供地方文献资料70多条。

第四节　电影事业

一、影院建设

（一）府城电影院

位于府城镇忠介路。原为土木结构，观众座位986个。1996年6月电影公司引资合作拆除重建，当年12月投入使用。新建的府城电影院大楼共有五层（其中第三层和第五层为夹层），建筑面积5376平方米。按合作合同规定，产权属电影公司，该楼第一层、第四层及第五层（夹层）属投资方经营使用15年（至2012年2月1日期满），期满后无偿归回电影公司。第二层和第三层（夹层）为电影院，观众座位800个，属电影公司经营使用。2004年由于电影经营不景气，府城电影院已改为商场对外出租。

（二）琼山影剧院

位于府城镇中山北路。原有座位1360个。2002年电影公司引资合作拆除重建，2004年投入使用。新建的琼山影剧院前半部共4层，后半部共10层（含负一层地下室），建筑面积16353.8平方米。按合作合同规定第一层和地下室（负一层）产权归乙方（使用50年），使用期满无偿归回电影公司；前半部第二和第三层（夹层）为空调多功能影剧院，有观众座位800个，配备环绕立体声放映设备一套，会议、演出声光控制设备一套，产权属电影公司；后半部二层至十层共84个套间住宅，产权属职工集资户个人。

二、影片发行

2003 年后，琼山农村电影队已完全解散，琼山电影公司影片发行业务随之停止。2004 年琼山影剧院加入蓝海电影院线，影片由蓝海电影院线提供。

2004—2010 年琼山影剧院放映情况统计表

表 18-3-10

年份	放映场次（场次）	观众人数（人）	放映收入（元）
2004	263	15122	145730
2005	831	46375	517139
2006	994	42130	648883
2007	916	29666	448850
2008	923	25709	463400
2009	975	20473	406920
2010	934	15284	304025

三、影片宣传

2003—2008 年，琼山区积极开展送电影下乡、进校园活动，每年放映电影 100 场。2009 年 6 月成立琼山中小学生电影教育基地，该基地设在琼山影剧院。府城地区各中小学每月组织学生观看以爱国主义教育题材的影片。2007—2010 年，为落实国家广电总局 21 世纪每年每月在农村每个行政村放映一场电影的任务（简称“2131”工程），由海南省电影公司统一组织开展“金光耀琼州”农村公益电影放映活动，活动遍及琼山区 9 个镇、街道办事处 72 个行政村，2007—2010 年每年放映电影 100 场。2010 年放映校园电影 130 场。

四、公司管理变革

1994 年后，由于电影受多元化文化娱乐项目的冲击，电影行业出现大滑坡，琼山电影放映经营收入逐年下降，职工工资发不出去，生活非常困难，当年公司就动员职工放长假自谋生计，公司原有职工 100 多人，除 10 多名职工留岗外，其余人员都相继放长假，放长假人员没有工资和生活费，公司负责替其缴交养老保险金（包括个人部分，但当时还没有办理医疗保险）。2004 年开始，公司利用扩大生产增加的岗位和部分留岗人员退休后空出的岗位，先后安排 13 名放长假人员重新上岗再就业。2005 年 11 月为职工办理医疗保险（包括放长假人员）。2010 年琼山电影公司共有职工 80 名，放长假职工 54 人。

第五节　文化市场

一、市场发展

2003 年琼山区文化经营单位有 256 家，从事文化市场经营人员 7345 人，固定资产投入7856万元，年上缴利税2578万元。到2010年，琼山区文化经营单位发展到302家，从事文化市场经营人员8989人，固定资产投入9580万元，年上缴利税3536万元。

（一）互联网市场

琼山互联网（俗称网吧）出现于1998年，形成于2000年下半年，2002年正式确立由文化市场主管。2010年，全区共有网吧58家，其中府城地区51家、乡镇7家。机器总台数6506台，就业人员681人，顾客总流量20万人次。每天拉动消费达13万元，拉动产业3万人次，从业人员年薪361.4万元，场所投资额5347.3万元，营业额6257.3万元，年上缴利税140万元。

（二）娱乐市场

20世纪90年代，琼山娱乐市场较为活跃，多以歌舞电子游戏为主，至2000年，受着外来多元化的影响，电子游戏业逐渐减少。截至2010年底，全区娱乐经营单位有47家（含乡镇），其中歌舞娱乐场所39家（含综合性场所15家）、电子游戏8家。从业人员825人，投资额1200万元，经营面积52000平方米，固定资产2590万元，包间数量418个，游戏机365台，平均每天消费人数达1万人次，全年主营收入898万元，主营营业税金150万元，净利润850万元。

（三）音像、演出、印刷、书报刊市场

音像市场。2000年琼山音像市场发展至巅峰，音像制品经营单位达到115家。2002年以后，音像市场处在萎缩阶段。截至2010年底，全区音像制品经营单位有68家，从业人员176人，场所投资额80.8万元，营业额39.6万元，上缴利税13.5万元。

演出市场。2010年琼山区在册（乡镇）的演出单位有12家，其中演出场所6家、演出团体6家。演出经纪机构5家，个体演艺员83人，经营面积5600平方米，从业人员700人，固定资产35万元，营业收入350万元，平均每晚有9750人次在演艺场所观看演出，演出场所实现纳税19万元，利润431万元。

印刷市场。2010年琼山有印刷单位29家，从业人员306人，固定资产2940万元，全年实现利税265万元。

书报刊市场。2010年琼山共有书报刊点98家（含邮政设点），从业人员290人，全年实现利税198万元。

二、市场管理

（一）互联网管理

2003—2010年，琼山区文化市场稽查大队在互联网管理上坚持抓好集中整治工作，每年每月集中整治1次，8年间共开展集中整治行动96次，检查网吧经营场所5980家次，核对有效证件12万人次，拒绝、劝回未成年人进入2万人次，网吧违规经营立案398起，查处388起，立案查处率97.5%，责令停业整顿68家。2002—2010年，共培训工作人员4670人次。根据网络市场的特点，抓好适时突击检查，在每年2月份寒假期间实施针对中小学生放假的“春蕾行动”，重大节日期间实施针对中小学生假日易发生违规时段的“铁拳行动”；实施了针对阻止泄密和人情执法的“关机行动”；6 月份暑假期间实施保护未成年人合法权益的“护苗行动”。2006 年 7 月至 9 月共组织开展 13 次净化网络环境集中整治行动，出动执法人员 256 人次，出动车辆 93 台次，检查网吧 654 家次，核对有效证件 3 万人次，查处网吧违规经营 69 家，其中违规接纳未成年人 31 家，责令停业整顿 11 家。

（二）音像制品管理

从 2003 年起琼山区文化市场稽查大队在抓音像制品管理中，主要抓好集中整治行动。针对市民群众对音像市场反映强烈的无证摊点达士巷、忠介路等音像制品批发商，突击检查、集中整治。截至 2010 年底，共捣毁非法音像制品窝点 45 个，收缴非法音像制品 326 万（盘）张，价值 650 多万元，取缔违规经营非法音像制品的经营摊点 96 个。抓好盗版音像制品查处。2003 年 7 月 30 日，琼山区文化市场稽查队接到群众举报，称在府城镇达士巷等经营仓库内存放有大量非法音像制品。稽查人员秘密前往调查核实。次日在琼山公安分局的配合下，现场查出大量整箱的 VCD、CD 等非法音像制品，多数属直接从生产线发来的未经过任何包装的裸碟，其中部分涉嫌淫秽音像制品，并将这些音像制品及部分封皮、包装盒、封口机等全部扣回大队仓库内封存，待候处理。省厅有关领导专门主持召开由有关部门负责人参加的联席会议，研究处理意见，要求公安部门立即介入，迅速侦破。琼山区文化市场稽查队于 2003 年 8 月 10—20 日，组织人员对这批音像制品进行清点、登记、汇总、鉴定等项工作。为了保证清点、鉴定工作的客观公正，主动邀请有关人员现场见证，清点后汇总统计，暂扣物品共计 1486 个品种，152648 张，包装盒 50 箱，封皮 30 麻袋。经鉴定，这些音像制品全部为非法音像制品。该案最终移交琼山公安分局处理，是琼山区历来查处非法音像制品数量最多、案值最大的一起案件。

（三）歌舞娱乐管理

2003 年开展专项整治 3 次，检查歌舞娱乐经营场所 100 多家次，查处违规经营 30 家次，停业整顿 1 家，取缔无证经营 7 家。至 2010 年，全区共开展歌舞娱乐专项行动 32 次，检查歌舞娱乐经营场所 990 多家次，查处违规经营 219 家次，停业整顿 7 家，取缔无证经营 32 家。2003—2010 年，共组织对乡镇歌舞娱乐市场督查行动 142 次，查处各类违规行为 1250 次。对歌舞娱乐场所消防安全工作会同消防部门，采取层层负责、分片包户的办法，责任分解到人，任务落实到人。2003—2010 年，共督查消防、创建工作 630 家次，填写《消防、创建检查记录本》190 次，发现存在隐患 230 条，经现场整改、坐镇整改均已落实到位。

（四）电子游戏管理

2003—2010 年专项整治电子游戏场所 42 次。建立长效管理机制，把辖区分为 3 个片区，3 个稽查小组，每个小组责任分包一个片区，每 10 天把市场检查一遍，重点负责集中整治和违法查处。建立电子行业自律机制，配合管理部门搞好整治。

（五）书报刊物管理

2003 年开展集中整治行动 8 次，没收盗版图书 1.1 万册。2003—2010 年，每年都开展集中整治行动 7 次以上，开展集中整治行动 58 次，没收盗版图书 15.9 万册。自 2003 年开始，每年聘请 50 名文化市场义务监督员，开展举报违规销售盗版图书活动。2003—2010 年受聘的监督员举报违规销售盗版图书 72 人次，没收盗版图书 3.5 万册。

（六）印刷出版管理

琼山区文化市场稽查大队在抓印刷出版市场的管理中主要开展集中整治行动，抓好经营业主的培训。2002—2010 年，每年都举办培训班 1 次，培训印刷业主 155 人，并建立印刷出版市场日常巡查制度。

三、扫黄打非

2003—2010 年，琼山区“扫黄打非”工作以发展先进文化、保护知识产权和民族创新、营造良好社会文化环境为主要目标，以查禁政治性非法出版物、淫秽色情出版物、打击侵权盗版为工作重点，总体态势比较平稳。区内由分管文化工作的副区长主抓，成立“扫黄打非”工作领导小组，由文化、工商、公安等职能部门领导成员组成，下设办公室在文体局，由区文体局局长抓具体工作。2002 年，全面整顿印刷行业，通过调整摸底和核实情况，核实发证印刷厂 33 家，取缔 27 家，健全印刷厂的安全生产和承领业务登记的制度，没收违法书刊 1.2 万册，收缴 3.8 万盒盗版 VCD。2003 年，对出版物市场进行全面清理整顿，重点查处买卖非法出版物的流动书摊和商贩，打击以私彩彩经为主的各种非法出版物，累计收缴盗版音像制品 20 余万盒，非法书刊 57460 册，彩经信息资料 60 余万份，注销音像市场经营许可证 6 家，抓获各类流动不法商贩 31 人。2004 年，集中力量查处非法出版物窝点，1 月 5 日在府城镇马鞍街 77 号查获一非法出版物大窝点，共查获淫秽光盘 1.27 万张；4 月 27 日在府城镇玉成村一居民楼查获 60 余个品种 10 万余份私彩彩经信息资料；5 月 3 日捣毁了府城镇河口路一居民房的特大非法出版物窝点，现场查获淫秽光盘 0.8 万盒、淫秽书画册 663 本，抓获犯罪嫌疑人 2 名。全年共查处非法出版物窝点 12 个，扣没私彩信息 70 余万份，非法音像制品 3.5 万盒（其中淫秽 2.5 万盒），非法图书 1000 多册（其中淫秽类 825 册），成效显著，受到省市有关部门的通报表彰。2005 年，查处大要案 5 宗，查获各种非法出版物有私彩彩经 30 万份（册），其它非法书刊 2.9 万余册，非法 VCD 光盘 4.86 万张，以及大量的非法出版物的制作、运输工具，总价值有 70 万元。9 月 16 日，海南省暨海口市 2005 年销毁盗版音像制品大行动在琼山影剧院前广场举行，当场销毁盗版音像制品 9 万多张，非法书刊 20 余万册。随着“扫黄打非”的力度加大，非法经营和销售逐年减少，2006—2010 年，每年查获大要案逐步减少，至 2010 年降到 2 宗，没收的非法出版物年年递减，净化了文化市场。2008—2010 年，每年 4 月 22 日，全国统一集中销毁侵权盗版制品及各类非法出版物活动海南分会场，三次都在琼山区举行，省、市领导和有关部门负责人参加现场销毁活动。

第六节　文艺创作

一、戏剧创作

2003 年 11 月成立海口市戏剧家协会琼山分会，2010 年共有会员 42 人，其中副高级职称 2 人、中级职称 9 人、初级职称 21 人。

2003 年 1 月，黄奕芳、陈亮、黄文豪创作的新编大型历史琼剧《赛金花》由中国文联出版社出版发行，获海口市戏剧评选三等奖。2003 年 1 月，陈亚焕、李家黎、陈亮创作的小话剧《财神爷说话了》在海南省第十一届“群星奖”戏剧曲艺作品评选赛中荣获二等奖。同年 10 月，陈亮、王文清创作的大型黎族民间故事剧《甘工鸟》由甘肃人民出版社出版发行。2008 年陈德作曲的琼剧《玉珠缘》获海口市琼剧音乐评选三等奖。

二、文学创作

2003 年 11 月成立海口市作家协会琼山分会。2010 年共有会员 45 人，其中中级职称 5 人、初级职称 10 人。

2002 年王义和创作的小说集《真情永远》由新疆人民出版社出版发行，王海创作的诗歌集《海的老屋》由南海出版公司出版发行。

2003 年 6 月，陈亮搜集整理的民间故事《府城正月十五换花节》、《施茶亭》、竺达环搜集整理的民间故事《哥喂鸟》由中国 ISBN 中心出版的《中国民间故事集成·海南卷》发表，新华书店总店北京发行所发行，符朝康创作的论文集《我的区域经济发展观》由南海出版公司出版发行。吴清禄主编的《琼州民间故事歌谣选》由陕西旅游出版社出版发行。

2008 年王钰涛创作的中篇小说《小官》由《天涯》第 1 期发表。麦青、麦地创作的诗歌集《美鸽诗集》《鲜花与小女》由香港银河出版社出版发行。

2010 年 7 月李木兰创作的长篇小说《南山劲松》由海南出版社发行。此外，业余作者创作的各类体载作品 3000 余篇，发表在各级报刊上。

三、美术创作

2003 年 11 月成立海口市美术家协会琼山分会。2010 年共有会员 25 人，其中中级职称 5 人、初级职称 10 人。

2003 年吴多艺创作的版画《乡村球赛》获全国美术作品评选优秀奖。2004 年黄克勤创作的美术作品《一刀两断》获海南省美术作品评选三等奖。2007 年郑文雄创作的美术作品《博爱老街》获全国美术作品评选优秀奖，创作的美术作品《闹市》获海南省美术作品评选银奖。2007 年姜旺创作的油画作品《乡情系列》《老街的阳光》获海南省美术作品评选银奖，水彩画作品《海甸港口》获海南省美术作品评选优秀奖。2008 年冯所海创作的连环画《冼夫人》《冯平将军》由香港银河出版社出版。

四、书法创作

2003—2010 年，专业和业余作者共创作 2300 余幅作品，有省级以上刊物发表 430 多件，入选全国美术展的2件，入选省级美术展的15件，入选市级美术展32件。

2003年11月成立海口市书法家协会琼山分会，2010年共有会员42人。琼山书法家分会书法活动较为频繁，创作十分活跃。每年的春节前夕，组织书法家深入基层乡镇，为广大群众义务写春联。据统计，2002—2010年，琼山区书法家协会的会员为群众义务写春联6万多幅，深受群众赞扬和好评。

琼山书法家分会每年都举办书法作品展览。据统计，2002—2010年，一共举办书法作品展览38次。2006年会员梁振文在府城举办个人书法作品展览，展出书法作品96幅。2006年吴川兴创作的书法作品获海南省第六届欢乐节中小学教师书画赛金奖；2007年创作的书法作品获海南省国防教育书画大赛三等奖；2007年创作的书法作品获全国国防教育书画大赛纪念奖；2006年薛蕃蓁创作的书法作品获海南新疆中小学教师美术书法作品展一等奖；2007年创作的书法作品获全国教师美术书法摄影比赛二等奖；2006年李金良创作的书法作品获五省市中小学教师书法比赛二等奖；2007年甘业富创作的书法作品获省军警书法展览三等奖；2005年王家福创作的篆刻作品在5月20日的《海南日报》发表，2007年创作的书法作品获海南省国防教育书法比赛三等奖。2008年梁振文的《梁振文书法作品集》出版，他为北京奥运会献上2008尺书法长卷在海南书画院展出。2009年梁振文创作的书法作品获海南省书诗画国庆书画展二等奖和海南省纪念孔子诞辰2560周年诗词书画大赛二等奖。

1995年12月成立的琼山老年诗书画研究会，有会员53人。每年重大节日都举办展览和笔会。2005年结集出版诗书画集《劲松生辉》。

五、摄影创作

2003年11月成立海口市摄影家协会琼山分会，2010年有会员68人，其中中级职称1人。

琼山摄影家分会每年都组织摄影家开展摄影采风活动。2002—2010年，共组织各种采风活动32次，举办摄影作品展览22次。在全国刊物上发表摄影作品632幅，省、市、区刊物上发表摄影作品1230幅。获全国奖项的85幅，获省、市各奖的310多幅。2008年开通摄影网页，会员交流作品。

陈黄阶2002年创作的摄影作品《石头村新苗》获全国第二届“群星奖”优秀奖，《让海水更蓝》获“中粮杯”海南赛区金奖，《欢乐节》获海南省旅游摄影大赛三等奖；2003年创作的摄影作品《俄罗斯风情》获海南省第三届欢乐节摄影大赛铜奖，《城里来的新娘》获海南省建设成就摄影展入选奖；2004年创作的摄影作品《海南一海韵》获海南省第十三届群星奖“星光杯”一等奖，《幸福泉》获“爱我家乡”全国摄影赛二等奖；2005年创作的摄影作品《渔家女》获海南省摄影大赛二等奖；2007年创作的摄影作品《市场》获全国摄影大赛群星奖；2008年创作摄影作品《归》获全国摄影大赛入围奖；2009年创作的摄影作品《建设中的东环铁路》获海南省新貌摄影大赛一等奖。2010年12月18日由海口市委宣传部、市文联主办，在省博物馆举办陈黄阶摄影作品展览，并出版摄影作品集。这是琼山区第一位个人摄影作品展。

王仁好 2002 年创作的摄影作品《渔歌晚唱》获中国民族摄影大赛优秀奖；2003 年创作摄影作品《泛舟红树林》获海南省建省成就展入选奖；2004 年创作的摄影作品《赛牛》获全省第十三届群星奖二等奖；2006 年创作的摄影作品《古村门》获全国书画摄影展一等奖；2008 年创作的摄影作品《祭海》获全国摄影大赛入围奖。

陈振羽 2003 年创作的摄影作品《打击非典 2003—中国》获中国大陆纪实摄影大赛入选奖；2009 年创作的摄影作品《俩老选车》获海南省新貌摄影大赛入围奖，《骨干培训》获中国三农图片展入选奖。

吴忠 2002 年创作的摄影作品《世纪之光》获"中粮可口可乐杯"爱我家乡摄影大赛入选奖；2003 年创作的摄影作品《冬天里海南的奉献》获海南省风光风情摄影艺术展览优秀奖；2004 年创作的摄影作品《金龙》获"海南农垦杯"第四届摄影艺术展览入选奖；2007 年创作的摄影作品《阳光海口》获"南海明珠"全国摄影大赛优秀奖；2009 年创作的摄影作品《演出之前》获"见过 60 周年"全国摄影大赛二等奖。

李世平 2002 年创作的摄影作品《碧空中穿行》参加第十届全国荷花展览会百荷摄影作品展览，《一品红》获"艺影杯"全国花卉摄影邀请赛优秀奖。

六、音乐创作

2003 年 11 月成立海口市音乐家协会琼山分会。2010 年有会员 23 人，其中中级职称 2 人、初级职称 5 人。

2005 年 9 月陈亮作词、赵金作曲的歌曲《跳三月三》由中国音乐家协会歌曲编辑部编辑、中国广播电视出版社出版的《文化之春》发表，在第六届"文化之春·中国民族歌曲演创大奖赛"中荣获"中国民歌精品铜奖"。2005 年，陈亮、运民作词，谢青作曲的歌曲《美不过黎家三月三》和陈亮、吴钟佑作词、周南捷作曲的歌曲《黎家摇篮曲》在第三届海南省音乐"金椰奖"作品评选中，分别获作品奖和提名奖，2009 年由中共海南省委宣传部、中国移动通信集团海南有限公司编辑、海南出版社出版的歌曲集《天堂海南岛》发表，同时制作 CD、VCD 光盘出版发行。

2009 年 10 月陈道学、陈亮作词、周南捷作曲的歌曲《神奇的羊山》和陈道学、陈亮作词，陈道学作曲的歌曲《祝福海口》，由中国音乐家协会歌曲编辑部编辑，中国广播电视出版社出版的歌曲集《祖国之春》发表，在第十届"祖国之春·中国民族民间歌曲演创高端选萃"中分别荣获"中国民歌精品金奖和银奖"。同年，陈垂源作词、黄英森作曲的歌曲《黎家三月三》，陈亮、陈明作词、周南捷作曲的歌曲《中国军魂——李向群》，胡善禧作词、梁青作曲的歌曲《琼山颂》，毛鸿训作词、梁青作曲的歌曲《琼山在飞腾》，郭仁忠、黄志清作词、吴敬浓作曲的歌曲《琼山大地》、潘正桐作词、吴敬浓作曲的歌曲《琼山，我可爱的家乡》，麦青作词、梁青作曲的歌曲《欢迎你到海南来》，均由中共海南省委宣传部、中国移动通信集团海南有限公司编辑、海南出版社出版的歌曲集《天堂海南岛》

出版发行。

七、舞蹈创作

2003年11月成立海口市舞蹈家协会琼山分会。2010年有会员36人，其中副高级职称1人、中级职称2人、初级职称8人。

2003年黄培平、陈亮、王旭、林芳兰、陈亚焕、邓敦武、王茺、王镇宁搜集整理的民间舞蹈《麒麟舞》，由中国ISBN中心出版的《中国民间舞蹈集成·海南卷》出版，新华书店总店北京发行所发行。同年柯秀蓉编导的舞蹈《国风》获海南省舞蹈比赛优秀奖；2004年编导的舞蹈《小儿郎》获全国蒲公英银奖；同年编导的舞蹈《读梁祝》获海南省舞蹈优秀奖；2006年编导的舞蹈《茶馆》获全国电视音乐舞蹈大赛金奖；2007年编导的舞蹈《我们校园的歌》获全国舞蹈大赛银奖。

2009年杨丽燕编导的舞蹈《白马驹》，王友强编导的舞蹈《一起梦想一起飞翔》，均获海南省舞蹈比赛三等奖。

八、民间文学集成工作

《琼山文艺》。1951年，琼山县文化馆创办了内部文艺刊物《琼山文艺》，16开本，每期64版，发行全县。《琼山文艺》是综合性文艺刊物，不定期出版，每期印刷1000册。2002年出版2期。发表回忆录3篇，人物传说1篇，大戏2部，小戏6本，小说8篇，散文6篇，诗歌21首，寓言2则，美术4幅，摄影5幅。此后停刊。

《古城》。2006年10月，琼山区文学艺术界联合会创办的内部文艺报，为季刊，发行全区，每期印500张。截至2010年底已出版18期。

九、龙塘民间雕刻艺术

（一）起源

琼山龙塘地区民间雕刻艺术，起源于陶瓷业的泥塑，延伸到石雕、木雕，一脉相承，互为影响。民间相传，龙塘陶瓷泥塑早在900年前的宋朝已开始出现，称为“盆钵之乡”。现见于文字记载的有龙塘镇文彩村的一块禁碑，刻于清乾隆四十九年桐月（1784年农历八月），因碑体风化，文字无法全辨，仅知当时窑民劳作艰难而遭窃盗之苦，官衙立碑禁示。清咸丰五年（1858）修成的《琼山县志》卷三川类记有龙塘八景，后人有诗咏之，其中景五“窑列东西”诗如下：“试将陶瓷酌方塘，带月归来道路长。仿佛考工严薜暴，猜疑民族尚洪荒。百家鳞萃陶成众，两地鸠居塑制忙。今日旋人同卒业，东西烟绕树微茫。”这是前人对龙塘陶器制造业鼎盛时期的精彩写照。这种陶制品不仅是简单的生活用品，其中包含着浓厚的陶雕文化艺术。文彩村90多岁的陶匠王清河，家中珍藏有两件精制的泥塑工艺品——茶壶和抓贼灯，是曾祖父王世豪亲自制作并遗留下来的，至少有150年以上的历史。

据龙塘地区群众介绍，龙塘从元代开始就有石雕、木雕，到了明朝，工艺已经发展到相当高的水平。尤其是在雕刻神像方面，当时艺人继承了中国北方雕塑的优良传统，吸收了一些外来手法。明清两代富有人家建造房屋多为石木结构，四周墙体雕琢光滑，屋内栋梁大多为菠萝蜜或花梨格木结构，上面雕刻的花纹细致，雕饰精美，而新建的土木结构的房屋，还延续了明清石木结构的特色。这类房屋在龙塘农村比比皆是，以实物证明它的悠久历史。

龙塘的木雕、石雕是泥雕的传承和发扬，优质的林木为木雕提供了良好的材料，丰富的石材为石雕的发展创造条件。许多著名艺人和优秀的作品，由于时代的局限虽然在地方史上没有留下记录，但民间仍流传和保留着历史沧桑的光芒。富礼村吴氏家中珍藏一件传世珍品——屏雕，作者是1892年出生的吴坤桃。他继承先人的优秀技艺，用了整整3年的工余时间，坚持不辍，精益求精，终于完成了这幅稀世之作。可惜他英年早逝，但孜孜不倦的精神，影响了一代又一代的雕刻艺人。

（二）传统性

20世纪50年代初，龙塘的雕刻艺人纷纷加入手工业社、建筑队、陶器厂等政府组织的队伍，展现自己的才华。一部分泥塑艺人融入龙塘陶器厂，除了主要从事以日用品为主的陶器生产外，部分技艺较高的工匠特别是从事龙头屋脊物件、蟠龙酒埕、人物塑像等工艺品，是当时全岛有名气的工厂，其仿古陶器品从香港地区转销日本、美国、新加坡等国家。

龙塘的石雕艺人主要从事建筑业，经营仿古建筑和石雕工艺，多数人参加龙塘镇和琼山县的建筑队，部分参加海南区建筑队。1959年3月，广东省建筑公司抽调25名石雕工匠赴京支援北京国庆十大献礼工程建设，全部是琼山人，其中龙塘籍占11名。他们参加了人民大会堂、民族饭店、民族文化宫等大型建筑，受到北京十大工程办公室的表彰。后来这批人回琼后曾在海南区建筑公司工作几年，因精简人员均回乡，仍从事石雕工艺，保持龙塘民间雕刻艺术的传统性。

（三）地域性

龙塘镇“地无三尺平，土无三寸厚”，是一个典型的人多地少、石多粮少的地区，特殊的地理环境，迫使人们向石木寻求生存出路，造就了不少能工巧匠，使龙塘民间雕刻艺术成为本地区独特的产业。

1983年，富道村周明鉴成立琼华祥工艺公司，以当地人为骨干，首先在原通什自治州民族博物馆打响，雕刻两支均高5米的石柱，精工细微、工艺独特、生动逼真，深受赞扬。时任海南行政区政府负责人王越丰曾致信赞扬周明鉴是“琼山英雄的石刻大师”。

（四）群众性

2010年龙塘镇有11个村委会，68个自然村，凭借一方山川之灵气，孕育了众多民间的艺术英才，造就了不少能工巧匠，使龙塘民间雕刻艺术成为该地区特殊产业。全镇68个自然村中从事雕刻、泥塑等艺术的有42个村庄，占总数的61.8%，其中比较有名的有富道、博抚、文彩、永昌、富礼、玉成、洋溶、玉胡、玉璜、多贤、用榜、玉冯、永巩、王熙、美隆、玉李等村庄。而富道、富礼的木雕，博抚、永昌的石雕，文彩、永巩的泥塑远近闻名。据不完全统计，2008 年全镇石雕、木雕和泥雕等较有名气的艺人有 678 人，其中老年 128 人、中年 307 人、青年 243 人。

（五）艺术性

1983—1984 年在广州出口商品交易会上，龙塘的民间木雕、石雕和泥雕艺术品以其独特风貌，吸引外商前来订购。1990 年王科美的雕刻《双龙吐珠》《九龙壁》《蟠龙酒埕》《双龙糖缸》《唐三彩古马》等工艺品参加联邦德国、加拿大、新加坡等国家和中国香港地区展销会，引起国内外同行的关注。1995 年，龙塘镇被文化部命名为“中国民间艺术（民间石雕）之乡”。2008 年，龙塘镇被文化部命名为“中国民间文化艺术之乡”。

龙塘的民间雕刻艺术，在明清时期达到很高水平，它把中国画的写意，肖像画的传神，漫画的夸张，雕刻的技巧，诗歌的想象和意境融会在一起，加以消化，最后形成以下特色：

第一，神形酷肖的雕刻功底。周明鉴创作的《龙柱》，在刻画龙的脸部时，在继承传统写实艺术基础上，运用夸张的手法，着意强化龙的神态。

第二，精美多彩的造型艺术。吴坤桃创作的《雕屏》、周明鉴创作的《送子观音》、王科美创作的《八仙过海》，吸收了古人木雕的细巧生动、精致雅洁和形神兼备的造型特点，在他们雕刻下的人物，个个精美多姿，惟妙惟肖。

第三，古朴庄严的色彩效果。龙塘的雕刻色彩有十足的古董味，开创和形成雕刻特有的仿古风格。王科美创作的《八仙过海》《观音送子》，作品具有浓郁的传统气息和古玩韵味。

1996 年和 2008 年，龙塘的民间雕刻艺术先后被中央电视台和海口电视台录制播放。2007 年，龙塘的民间雕刻被海南省批准为省级非物质文化遗产名录。

第七节　群众文化

一、群众文艺团体

2003—2010 年，琼山区有群众文艺团体 53 家，其中府城镇 10 家、龙塘镇 12 家、旧州镇 4 家、云龙镇 5 家、红旗镇 7 家、三门坡镇 7 家、大坡镇 3 家、甲子镇 1 家、国兴街道办 4 家，先后共参加市、区组织的文艺比赛、老年人腰鼓比赛、歌咏比赛、秧歌比赛、木偶戏表演，获得一等奖 2 次，二等奖 2 次，三等奖 5 次。

2010 年琼山区乡镇、街道业余文艺队伍情况统计表

表 18-3-11

乡镇、街道	队伍个数	人数	参加主要活动时间、地点及内容	获奖节目	备注
府城镇	10	290	2003 年参加海口市文艺比赛 2010 年参加琼山区老年人腰鼓比赛	好日子	获一等奖
龙塘镇	12	666	2010 年参加琼山区老年人腰鼓比赛	—	获第三名 获第六名
旧州镇	4	49	—	—	—
云龙镇	5	81	2009 年参加琼山区歌咏比赛	—	获三等奖
红旗镇	7	221	2002 年参加海口市文艺会演 2010 年参加海口市第六届老年人秧歌比赛 2010 年参加海南省老年人秧歌比赛	祝福祖国	获三等奖 获二等奖 获二等奖
三门坡镇	7	215	2004 年参加海口市文艺会演 2010 年参加琼山区老年人腰鼓比赛	卖鸡	获一等奖 获优秀组织奖
大坡镇	3	96	2009 年参加琼山区歌咏比赛 2010 年参加海口市木偶剧展演	—	获三等奖 获第三名
甲子镇	1	15	—	—	—
国兴办	4	148	2006、2009 年参加琼山区歌咏比赛		获一等奖
合计	53	1781	—	—	—

二、文艺汇演

（一）区级活动

2003 年，琼山区先后举办琼山区元宵换花节文艺演出、庆祝建党 82 周年文艺晚会、琼山区文明生态村文艺调演。全年在工人文化宫举办广场文艺演出 16 场，参加演出 630 人次，观众 4 万多人次。并组织文艺队、琼剧团下乡演出 15 场，演出人数 500 多人次，观众 5 万多人次。

2004 年 2 月，在区委大院举办琼山区元宵换花节文艺演出活动，海南中学等 7 家单位参加演出，观众 3000 多人次。在府城社区举办元宵换花节“木偶闹春”演出活动，演出古装琼剧《女状元》，观众 3500 人次。在云露社区举办“琼剧唱春”文艺晚会，演出大型琼剧《龙凤锁》，观众 4000 多人次。4 月，组队参加海口市生态文明村文艺比赛，小品《卖鸡》获表演一等奖。5 月，组织 400 人的合唱队参加海口市“劳动之歌”比赛，获二等奖。6 月，在琼山影剧院举办庆祝建党 83 周年文艺晚会。9 月，在琼山影剧院举办庆祝国庆 54 周年文艺晚会。10 月，组织 200 人的文艺代表队参加海口市社区离退休人员健身舞蹈比赛，获二等奖 2 个，三等奖 1 个。10 月 29 日，组织 3 支文艺队参加海口市“宝安杯”文明社区健身舞蹈比赛，获一等奖 1 个，三等奖 1 个，优秀奖 1 个。11 月 5 日，组织 40 人的文艺队参加海南岛欢乐节开幕式和海南省第二届体育运动会闭幕式演出。2004 年，在工人文化宫举办广场文艺 12 场，观众 9600 多人次。并组织文艺队、琼剧团下乡演出 3 场，观众 1 万多人次。

2005年琼山区先后举办元宵换花节“天茂杯”花王选拔赛、千人花舞方阵游行、建党84周年文艺晚会、庆祝中华人民共和国成立56周年文艺晚会。全年在工人文化宫举办广场文艺演出9场，观众1万多人次。并组织文艺队下乡演出5场，观众2万人次。

2006年琼山区先后举办元宵换花节文艺演出、琼山区首届幼儿园文艺汇演比赛、第四届离退休人员健身舞比赛、庆“七一”建党85周年文艺晚会、“琼山区2006—2007辞旧迎新暨廉政歌曲”大合唱比赛活动。

2007年元旦、春节、元宵期间，分别在海口宜欣广场、琼山宗恒楼、海瑞故居广场举办9场歌舞晚会，观众5万多人次。2月，组队45人参加海口万绿园“新春乐”歌舞大联展活动。5月，组织区三套班子和各单位领导到红旗镇本立村举办“欢乐海口农家乐”联欢晚会。6月，在琼山影剧院举办庆祝建党86周年文艺晚会。2007年，在工人文化宫举办广场文艺演出16场，观众5万多人次。组织文艺队、琼剧团下乡演出4场，观众2万多人次。

2008年2月，琼山区举办元宵换花节歌舞晚会演出活动，观众达1万人次。并组织创作元宵换花节系列花歌《醉花歌》《又是换花欢聚时》《春语花情》《动感花舞》《少年花歌》5首。就花歌组织区学校、社区、机关单位编排舞蹈进行花舞比赛。在海瑞故居广场举办换花节琼剧演出活动，观众5000多人次。9月，在琼山影剧院举办庆祝海南建省和办经济特区20周年和“迎国庆”文艺晚会活动。2008年，组织文艺队、琼剧团下乡演出18场，观众4万多人次。在工人文化宫组织广场文艺演出15场，观众2万人次。

2009年2月，琼山区在府城社区举办元宵换花节文艺演出活动，观众5000人次。9月，在琼山影剧院举办“红歌颂祖国”合唱比赛活动，参赛单位15个，国兴街道办事处、琼山政法系统获一等奖。2009年，组织文艺队、琼剧团下乡演出18场，观众达1万多人次。在工人文化宫举办广场文艺演出8场，观众15万多人次。

2010年2月在府城地区举办元宵广场文艺晚会（主会场）、元宵节换花、“彩灯耀古城”灯展、书画展、雄狮贺春、猜灯谜、琼剧木偶戏、歌舞演出、“精彩换花节”摄影比赛等丰富多彩的活动。3月在云龙镇举办第九届中国（海口）冼夫人文化节琼山区云龙分会场活动。6月在三门坡嘉乐湖村举办“公期文化节”活动。9月举办2010年欢乐海口·舞动椰城“太平洋保险杯”社区舞蹈大赛琼山区初赛和市决赛，其中《席勒的红裙》获三等奖。

（二）镇级活动

府城镇在开展群众文化活动中，将每年的元旦、春节、“三八”“五一”“六一”“七一”“八一”“十一”等节日文化，融入校园文化、社区文化、家庭文化等特色文化之中，注意活动的多样性、群众性、经常性。元宵换花节已连续举办了25届，广大群众踊跃参与，很受欢迎。2007年2月，府城镇组队参加琼山区元宵换花节花舞比赛，舞蹈《换花舞》获表演三等奖。2009年9月，府城镇组队参加琼山区庆祝中华人民共和国成立

60 周年“红歌颂祖国”合唱比赛活动，获得二等奖。10 月，府城镇组队参加海口市在万绿园举办的“欢乐农家，民族民情”文艺调演活动，舞蹈《祝福祖国》、《欢庆大鼓舞起来》分别获得二等奖和三等奖。2005 年 10 月，府城镇府城社区被文化部评为“全国先进文化社区”。

三门坡镇在 2004 年组队参加海口市文明生态村文艺会演，小品《卖鸡》获得一等奖。2005 年 5 月，举办“庆五一，迎五四”文艺晚会。2007 年 9 月，举办“城乡手拉手，共庆教师节”文艺晚会，观众达 2500 多人次。2008 年 10 月，举办庆祝中华人民共和国成立 59 年周文艺晚会，观众达 3000 多人次。2009 年 7 月，举办琼剧表演晚会，观众达 3500 多人次。2010 年元旦举办文艺晚会。

2010 年龙塘镇举办百人腰鼓展演、农民联欢晚会、老年人太极拳（剑）、功夫扇、健身球、腰鼓表演、轻松健康欢乐农家文艺展演、农民舞蹈、琼剧演出。2010 年 2 月，云龙镇举办冼太夫人文化节文艺晚会和 3 场琼剧表演。2010 年 12 月，红旗镇举办文艺晚会和 1 场木偶剧、2 场琼剧表演。2008 年 6 月，大坡镇举办歌舞演出；2009 年 12 月举办琼剧演出；2010 年 2 月举办舞狮表演、琼剧演出。同年 3 月，甲子镇举办放烟花活动和 3 场琼剧演出、2 场电影放映。各镇和国兴街道办事处，都利用重大纪念节日，组织开展丰富多采的群众文化活动。

（三）文明生态村文化活动

2002 年 5 月，派出美术干部到三门坡镇昌文村帮助布置文化室，绘画墙画。2004 年 8 月，派出戏剧舞蹈干部到该村辅导戏剧小品《卖鸡》的创作和排练，10 月参加海口市文明生态村文艺会演获创作一等奖和表演一等奖。

2005 年 4 月，派出舞蹈干部到府城镇儒逢村委会和府城社区辅导舞蹈《好日子》和《喜庆锣鼓擂起来》。府城社区的舞蹈《好日子》参加海口市农村文艺会演获一等奖。12 月，府城镇府城社区被文化部评为“全国先进文化社区”。

2006 年 9 月，派出舞蹈干部到红旗镇本立村排练舞蹈《祝福祖国》，参加海口市文艺会演获表演三等奖。

2008 年 11 月，派出舞蹈干部到大坡镇田心村排练舞蹈《鹭鸟情》和《换花舞》。12 月琼山区文明生态村现场会在田心村召开，田心村文艺队演出的舞蹈《鹭鸟情》和《换花舞》，受到参加会议的领导和代表的好评。

2009 年 3—8 月，派出舞蹈干部分别到国兴街道米辅社区、甲子镇龙塘村、云龙镇王新村、三门坡镇嘉乐湖村、龙鳞村、昌文村、红旗镇本务村、南畴湖村辅导舞蹈《换花舞》。

2010 年 4 月，派出文学干部到红旗镇红旗村委会、府城镇儒逢村委会、五岳村委会辅导“农家书屋”演讲稿件的写作。4 月 20 日，在海口市举办的演讲比赛中，红旗镇红旗村委会李小凡撰写的《农家书屋照征程》获一等奖；府城镇五岳村委会黄小凤撰写的《浓郁书香醉农家》获二等奖；府城镇儒逢村委会林玉妹撰写的《农家书屋我的家》获三等奖。

派出专门人员分别深入三门坡镇嘉乐湖、龙鳞村、红旗镇岭门村辅导农民练习舞蹈。区文化馆主办、协办文化活动16场次，在三门坡镇嘉乐湖村举办“农家乐”联欢晚会8场次。8月18日组织琼剧爱好者参加海口地区业余琼剧演唱比赛，冯玉桂和陆亚妹分别获中年组三等奖和优秀奖。9月，大坡镇参加海口市木偶剧演出获得第三名，组队参加海口市琼剧演唱获得第三名；10月红旗镇组队参加海口市第六届老年人秧歌比赛获得二等奖，周治锋参加海口市“农家书屋”演讲比赛获得第一名。

第八节　琼剧演出

一、专业剧团演出

琼山区琼剧团是海南有较高声誉的县级艺术团体，1956年建团后，始终坚持文艺“为人民服务、为社会主义服务”的二为方向和“百花齐放、百家争鸣”的双百方针，坚持“贴近群众、贴近实际、贴近生活”，积极深入农村演出，足迹踏遍海南，受到广大群众的欢迎和好评。

琼山区琼剧团2010年有演职人员49人（包括聘用人员），其中专业艺术学校毕业生21人，副高级职称1人、中级职称16人、初级职称16人。剧团生、旦、净、末、丑等五大行当齐全，演出设备比较完善，配备大型汽车2辆，高级音响、电子屏幕设备各1套。

琼山区琼剧团创作演出一批在省内外有影响的优秀琼剧剧目。2002—2008年先后排练演出大型琼剧《风尘奇女陈三两》《昭阳情缘》《巾帼辩奸》《三元及第》《龙凤锁》《梨花情》和《玉珠缘》。其中《梨花情》2007年参加海南省琼剧调演获表演三等奖，《玉珠缘》2008年参加海南省琼剧会演获表演三等奖、音乐伴奏三等奖、音乐创作三等奖、演员优秀奖3名、新秀奖2名。

琼山区琼剧团积极深入农村演出，受到广大观众的欢迎。2002年演出135场，全年收入38万元；2003年演出160场，收入70万元；2004年演出145场，收入43万元；2005年演出114场，收入31.3万元；2006年演出143场，收入43万元；2007年演出154场，收入71万元；2008年演出137场，收入65万元；2009年演出165场，收入70万元；2010年演出138场，收入68万元。

琼山区琼剧团还送戏下乡，为边远地区、革命老区、文明生态村等地的农民演出。2002年送戏下乡5场，观众2.5万人次；2003年送戏下乡3场，观众1万人次；2004年送戏下乡4场，观众2万多人次；2005年送戏下乡4场，观众2万多人次；2006年送戏下乡9场，观众3.5万多人次；2007年送戏下乡6场，观众3万人次；2008年送戏下乡24场，观众12多万人次；2009年送戏下乡18场，观众8万多人次；2010年送戏下乡8场，观众2.6万人次。

二、民营剧团演出

琼山区民营职业琼剧团历史悠久，在民众中有着深远影响，虽有起落，却从未间断活动。

20 世纪 80 年代后，琼山的民营职业琼剧团进入最活跃发展时期。据统计，截至 2010 年底，琼山区常住的民营琼剧团有 15 个，多数驻扎在府城地区。这些民营职业琼剧团全部属于私营性质，个人投资，自主经营，自负盈亏。办团动机主要是谋生，其次是出于个人对琼剧的爱好。琼剧团的体制是“班主制”，剧团人数一般为二三十人，由团长（即老板）雇用或聘用具备一定表演技能的人员组成戏班，人员多数为有学唱经历的城镇居民和农民，少数为琼剧学校毕业的学生，个别是从专业剧团出来的演职员。

这些民营职业琼剧团终年演出不间歇，逢年过节剧团演出最为频繁。农历正月至三月、五月至六月，八月至十月是旺季。演出通常在琼山区区域之内，走村串乡，转移流动，或到邻近县市演出。每团全年演出场次多数在 210~230 场，最多的可达 300 场。每场观众 3000~4000 人，每场演出收入 0.3 万 ~0.4 万元。是琼山区乡村农民群众文化生活的主要演出队伍。

外地专业琼剧团和民营琼剧团（以驻在美兰区大致坡镇 14 个琼剧团为主），常年也在琼山地区演出，民营琼剧团演出场数、观众人数与驻琼山区的民营琼剧团大致相同。专业琼剧团如海南省琼剧院各团与海口市琼剧团，因艺术水平较高，演出费用每场万元以上。

第九节 府城人文史略

府城，是琼山政治、经济、文化的中心，明清时期琼州府治之地，故称府城，也称郡城。民国年代曾称琼城，20 世纪 60 年代后期改称红城，1979 年后又复称府城。

府城久传一句俗语：“琼台福地，睡起吃咪”，说的是人们一早起来就吃东西。这是赞美府城是一块平和、安定，生活无忧的风水宝地。《琼山县志》记载：“邑治附郭土壤平衍山无险峻，清流拱其前，洋海绕其后，马鞍居于右，七星拥于左，文笔三峰耸翠秀拔，诚海邦一名区而州县之望也。”府城建城于何时，有多种说法。但较为可靠的一说是宋太祖开宝四年（971）平南汉，开宝五年废崖州，以其地入琼州，琼州州治北移于今府城镇。从此，府城建城的历史已越千年。

靖南街东口 （林芳善 摄于 2007 年 6 月 18 日）

古时，州县治所都筑有城墙。府城的城墙，元代以前均用土夯实而成，周长不超过三里。明洪武二年（1369）八月，兵部侍郎孙安授广西卫指挥佥事，带官兵1000多人驻防琼岛，开设海南分司。他奏请朝廷升琼州为府，并允许开拓城围，同意海南军民和工商各界人士合力实施。洪武五年（1372）海南设置卫指挥统领全岛军事，新任卫指挥继续筑城，带领州县官员、士兵和民工舁土砌石，从西北隅向东南隅增筑，工程浩大，历时9年，花费大量的人力物力，共筑城围长1253丈，高2.7丈，厚2.8丈，雉堞共1843个，库铺57间，开东、南、西3个城门，至洪武十年（1378）基本完工。东门称朝阳门（后改称永泰门、体仁门），南叫靖南门（后改称定海门），西叫顺化门（后改称归义门），各设置门楼1座，北边没有开门，但建城墙楼，叫望海楼，东、西、南、北角各建一座角楼，以便巡查放哨。城池周长1283丈，深3.2丈，阔4.8丈。洪武十七年（1384），海南卫指挥桑昭在城西门外增筑土城380丈，作为子城。成化十三年，再次坚筑土城，又在大城外环筑栏马墙。嘉靖三十七年（1558），将子城改用石筑，未久便圮于台风。嘉靖四十四年（1565）重筑，使子城宽362丈，高1丈4尺多，比原来宽1丈2尺。崇祯十四年（1641）创建东门外月城，周围宽8丈，高1丈4尺。

清代以后，由于受台风暴雨侵袭，城墙多次倒塌摧败，历届朝廷官员都发动捐俸或动用公款增修或分修。至咸丰五年（1855），巡道黄钟音将原为碎石筑城，易毁坏的雉堞改用板筑，并造城门敌楼，这是府城城墙最后的一次大修。

1928年，府城再次扩建街道，西边城门和北边的新城一带城墙被拆除。次年，陆军营长陈济南把北边城池填平做练兵场。此后，宏伟壮观的琼州府城垣才逐渐被拆除。如今，东门城楼楼基尚存，城墙有部分遗址，城西大城墙仍然留有一段约110米长、用大青石筑成的城墙，已列入市级文物保护单位。

府城自宋代成为州治的政治中心后，一直是官衙之地。今文庄路北侧一带是主要官衙的遗址。宋熙宁六年（1073），宋朝在琼台开设琼管安抚司署，统管全岛行政，结束此前海南各州并列同属大陆上司的格局，开创海南行政统一的新篇。

海南归属元朝版图后，元朝在此设置琼州路军民安抚司署管理行政，司署就设在前宋琼管安抚司署内。两年后，海北海南道宣慰司都元帅分府正式成立，府址占用军民安抚司衙。司衙便向东迁移（今琼山中学东侧）。至元三十年（1293），在元帅府之西（原琼山县政府大院）开制海南海北道肃政廉访分司，府署、安抚司署、元帅府和道署便连成了一片。

明朝洪武元年（1368）朱元璋统治海南后，在前元元帅府开设琼州州署，三年，琼州升为府，州署改为府署。琼山县衙设在府署西南（即今琼山区青少年宫院内），直至民国期间。

清顺治九年（1652）十月，清琼州府衙照用明琼州府衙不变。清代实行绿营兵制，琼州府设镇标总兵官，统领全岛军事，并设立中、左、右3个营，总兵官署即镇台，台址在今忠介路府城电影院处。

民国期间，琼崖的最高行政、军事机构，如琼崖安抚使公署、琼崖绥靖处、琼崖镇守府、琼崖道、琼崖行政区公署、广东南区善后委员公署、广东省第九区行政督察专员公署等，都设置在府城的前清琼崖道衙内。现时，府城旧官衙遗址上，已经是原琼山县人民政府大院和琼山中学，只有堆放在角落深处的石磉、石柱和断碑残碣，才能露出历史的痕迹。

府城古城池内地形呈北高南低之势，依地势和城墙，街道布局以东西向的今文庄路、忠介路为主线，其余路巷多在南部辅开，至清末民初，逐步形成“七井八巷十三街”纵横交错的城镇交通网络。

在13条大街中，东门街是明代通向东城门朝阳门的咽喉要道。府前街是明代府署门前的大街，1926年府城扩建古道时，将其命名为文庄路，以纪念琼山著名先贤、明代理学名臣、文渊阁大学士丘浚（谥号文庄）。南门街，明时是通向城南靖南门的主要街道，后因街道从创建于明洪武五年的鼓楼拱门下穿过而改称鼓楼街。靖南街是明代依南城墙而兴建的一条古道。尚书街是一条直通府署大门的小街，街中原立有表彰明朝南京礼部尚书王弘诲（定安人）的“学士尚书坊”，街名因此而来。北帝街即今中山北路，1926年改建街道后，为纪念孙中山而改称中山路，是府城的主要街道。镇台前街，因清时的镇台署设于此而命名，1926年府城分段扩建街道时，为纪念明代著名清官、琼山先贤海瑞（谥号忠介）而改称忠介路（把四牌楼至西门仔一段的景行街连在一起），是府城古今商业集市、人流集中、居民点密布的主道，也是具有古城特色的历史街区的主要地段。县前街和县后街，在古县衙前和后形成的两条街，是府县官员和民众到万寿宫庆祝皇帝诞辰的必经之路。丁字街，今此街已被中山路所取代，建成于清康熙四十九年（1710）的琼台书院奎星楼就耸立在丁字街旁。马鞍街，是明清时期出售马鞍、马蹬等马具的商品街。北胜街，因明朝时军民抗击倭寇、海盗得胜而取名，是官员和民众从大西门进出府城和来往海口所的必经之道。北门街，也称绣衣坊，是连接北胜街和大西门的古道，因街道北端有为明代进士李珊所立的“绣衣坊”而得名；也有传说街坊多出售刺绣生员、秀才的服饰而称为绣衣坊。这些街道多是泥土路或石板路，年长月久，道中遗留着独轮手推车复辙的痕迹，古味很浓，可惜后来都在建设中受破坏，给人们留下遗憾的记忆。

鼓　楼　　（林芳善　摄于2009年7月6日）

在8条小巷中，宽度多在2~4米，多为居民点，清代以前早已形成。蛋巷，是府城最短最狭的巷，只有75米长，1.1米宽，因路状像蛋形而称为蛋巷。打铁巷，是坡度最大的巷，因古时有铁器作坊而得名。仁和巷，最弯曲的巷，380米长有四道弯。关帝巷，人们最崇拜的巷，巷北端建有关帝庙，年年月月香火不断。少史巷，是清乾隆年间大户人家居住之地。草芽巷，是最有传奇色彩的巷，清代海南入翰林第一人的吴典的先祖，传说在此处割草出卖而挖到大量金银财宝后富甲全城，长年累月便形成一条热闹的街巷；另有一说是，古时此处是官衙，叛乱者攻陷府城后将其烧毁，官军反叛获胜后，用茅草临时盖起官衙，故也称“草衙”。达士巷，是石板铺设最原始最完整的巷，也是全城最长的巷，明清时期有不少读书人和达官显贵、名贤绅士生长或定居于此。双龙巷，这是一条已被人们遗忘的巷，在今鼓楼之东，清代前此巷是文运昌盛之地，周围有科举考场、姓氏宗祠及文房四宝店铺等，不少读书致仕之人都想在这里发龙运、跳龙门，于是此巷取“双龙”吉祥之名，后因划地盖房而消失。这些巷道，有些路面还残存有石板铺设，两旁的民居有部分还保留明清时代的建筑风格，留存府城的古风遗韵。

上述八巷十三街，以南北向为纵，东西向为横，构成了府城的七大版块，造就了道路畅通，市井繁荣的城镇格局。“市井”，是古时老百姓自由集贸、以物易物的地方，后来人们围绕四周建起居所，形成街道。这七大版块，体现了府城最基本，最有特色的历史环境风貌，保存着不少积淀古代建筑这个载体中的各种真实历史信息，为保护历史街区和古代民居，留下了丰富的历史文化财富。

府城是文化昌盛和文物荟萃之地。据《琼山县志》记载：“由唐迄宋，人文蔚起，至明为尤盛。人娴礼义之教，士多邹鲁之风。”唐代在府城已建起县学，宋庆历四年（1044），全琼最高学府的琼州府儒学（即琼州学宫）创办在府城，遗址在今原琼山县印刷厂附近。此后直至清乾隆三十五年（1770），才迁建于试院内（今琼山中学）。1922年，琼山中学迁入琼府学宫后，仍保存学宫讲坛和部分斋舍等古建筑，后来学宫文物逐渐消失毁坏。琼山县学宫，宋时设在海口浦，至明洪武四年（1371）迁建府城后，经2次移建，6次重修，形成了“宽敞明亮，规制悉备”的较好的学宫，今仅有1间殿宇留存在今琼山区供销社的东隅，属市级文物保护单位，正在筹资维修。琼台书院，座落在中山路和文庄路交口处，是海南清代最好最高学府，海南文人向往的杏坛胜地。它建成于清康熙四十九年（1710），创始人是分巡雷琼兵备道的焦映汉。清末维新变法，废除科举，提倡西学，书院逐改制为中学堂，附设师范班，后改办师范。期间虽几经劫难，历经沧桑，先后易名为琼崖中学、广东省立第六师范、广东琼台师范学校、海南琼台师范学校等，近

尚书街北口　（林芳善　摄于2008年6月4日）

300年书声不断。今保存的书院奎星楼和书案、太师椅、书橱、图书、进士牌匾等，是省级文物保护单位。东坡书院，北宋末期开设在“东坡读书处”（今苏公祠），以被贬至琼的名臣苏东坡之名而设。经元、明、清三代的停设、迁移、复设、复迁、更名、复修、复名等磨难，至今只在苏公祠内墙拱门上留下其名。雁峰书院，清乾隆三十八年（1763）创办在原府学宫故址上，草创时称为雁峰社学，是当时府城的唯一社学。至道光三年（1823），乡绅首倡，知县主持，集资重修，改称书院。光绪二十八年（1902）知县将研经书院和雁峰书院合并，成立琼山县高等小学，1909年改为琼山第一高等小学校，1913年改为琼山县立中学，即今琼山中学的前身。此外，在府城创办的书院还有桐墩书院、同文书院、奇甸书院、西洲书院、崇文书院、粟泉书院（以上属明代所建），苏泉书院、珠崖书院、研经书院（以上属清代所建）等。还有一些社学、义学、卫学、阴阳学、医学、射圃等，使琼山的正学昌明，科甲蝉联。这些儒教场所，有的已适时改作他用，有的却世代相沿，遗存至今，成为府城历史文化的印记。

县后街北口 （林芳善 摄于2008年6月4日）

由于府城是宋代以后全岛政治、经济、文化的中心，在雄伟壮观的“海南卫城池”内，建起了各式各样的亭、台、楼、阁，星罗棋布的点缀着府城。别具特色的古牌坊形制各异，在原琼山县（含原海口市）的339座牌坊中，府城就有113座，因而誉之为“坊林”。加上受佛教、道教、基督教的影响，府城的寺、观、庵、塔鳞次栉比，被称为“海南第一禅林”。还有儒教的祠堂，统称为庙宇，随处可见。如奉祀宋代苏轼、明代丘浚和海瑞的三贤祠，奉祀苏轼的苏公祠，奉祀唐代李德裕、宋代李纲、赵鼎、李光和胡铨的五公祠，奉祀关羽的关帝庙，信奉佛教的开元寺、天宁寺，道教的玉皇庙，还有府城隍庙、雷庙、玄坛庙、灶君庙、孚惠伯庙等等。这些庙宇部分已经毁坏，部分由信民修葺拓新。而牌坊却已毁坏殆尽。尽管如此，古镇府城历经风霜，仍然保留不少历史街区和古遗址、古建筑、古墓葬等文物古迹。在原琼山市47处文物保护单位中，府城就占有22处，为此，1994年1月，国务院审定琼山为第三批国家历史文化名城，府城是其核心地带，列入保护的重点区域。

沧桑岁月，古城留下了深沉的历史轨迹和丰厚的文化积淀，为琼山造就和培育了众多贤士和英才。

从宋代至清代，海南中举人853名（内含钦赐11名、武举人87名），其中琼山有375名（内含钦赐2名，武举人35名）。登进士104人，琼山有61人。宋代姜唐佐是海南岛第一位举人。明清两代，琼山学子中，登进士者57人，是全国在这两代中登进士最多的县之一。在琼山历史上曾留过“一里出三贤”“五里三进士”的佳说，流芳千古。其中有“海南文化第一人”之称的南宋诗书画家白玉蟾，官至明朝礼部尚书、文渊阁大学士的丘浚，任职三部的明户部尚书、工部侍郎、兵部尚书的薛远，官累至户部右侍郎的唐胄，名震全国、刚直不阿的明南京右佥都御史、“海青天”海瑞，敢于向皇帝抗颜谏诤，官至明朝户部左给事中的许子伟，明湖广巡抚梁云龙，兵部、户部右侍郎被誉为“岭海巨儒”的钟芳，江西布政使司右参政郑廷鹄，清朝四库书馆总校官吴典，广东水师提督吴元猷，清末民初海南文化先驱者王国宪，辛亥革命将领陈得平、陈继虞等。

在琼崖民主革命时期，艰苦卓绝、可歌可泣的革命斗争，涌现了无数英雄豪杰，海南民主革命的创始人之一、被誉为“琼崖人民的一面旗帜”的冯白驹，琼崖工农革命军东路总指挥徐成章，琼崖特委代理书记王白伦，巾帼英雄刘秋菊，闽浙赣区党委书记曾镜冰，中国左翼作家联盟成员、著名诗人征军，琼崖纵队副司令员吴克之，海南军区副司令员张世英等，以及为海南革命斗争而光荣牺牲的3647名革命烈士，都是琼山人民的光荣和骄傲，留下了许多光耀百世的革命史迹，是琼山历史文化的一笔宝贵精神财富和人文历史。

第十节　文物古迹

一、古文化遗址

珠崖岭城址　位于龙塘镇博抚村北侧，南渡江西岸的高台地址，是汉至唐城址。坐北朝南，平面呈正方形状，面积约2.5公顷，有结实的夯土城墙，北墙长160米，西墙长155米，城墙残高1.5~2米，墙基宽5.1~5.7米。东墙面临南渡江，水路交通方便，南城墙中部开一城门，现为一豁口。遗址内涵丰富，出土瓷碗、罐、盘、钵等瓷器，罐、碗、网坠、陶饼、纺纶等陶器，还有石器、建筑材料等。在城内北部有建筑遗迹。该城址是海南岛已知时代最早的古城之一，始建汉代，延至唐代，历时越千年，也是海南现存极少、较完整的古代城址，对研究汉唐王朝在南疆的行政、军事设施有重要的历史和科学价值。为海南

古城墙　（林芳善　摄于2008年6月4日）

省文物保护单位。

琼山城墙　位于府城镇草芽巷，坐东朝西。修建于明代，仅剩110米长，为海南少有的石头墙，砌法独特，墙基石高7层，竖砌，系一丁一由的砌法，每隔两层用丁式砌法，石间嵌砌大石砖（71厘米×36厘米），大石砖砌九天，中石砖（70厘米×32厘米）砌四天，拱门用小石砖砌，整个造型上端是抛物线形，下面则是马蹄型。城墙在战争频繁的古代，起到防守城内安全和抵御外来侵略的作用。为海南省文物保护单位。

琼台福地遗址　位于府城镇关帝巷北，旧志称此为“抱珥山，今道署右，即所谓琼台也”。明万历四十五年（1617）推官傅作霖环山筑台，用火山岩石雕琢方形石块垒砌成南北长60米，东西宽48米，高3.5米的长方形状平台，为一丁四由砌法。又因为该平台南105米处有一创建于明永乐元年（1403）、复建于万历丁巳年（1617）的琼台福地石牌坊（已毁），故名“琼台福地”。该遗址东靠区政府宿舍楼，南至关帝巷，西至福地横街，北至吴姓民宅，其西南隅有一石砌水井（创建年代不祥）。据《琼山县志》称：该平台上明清时期先后建有关帝庙、拜亭、圣母殿、文昌阁及东西廊庑等古建筑，至今已毁坏殆尽，仅剩该平台，成为历史的见证，垒砌平台的长方形石块长45厘米，宽40厘米，厚6厘米。水井口呈圆形，内直径1.15米，圆形石雕井圈，留有打水时的绳痕，痕深1.5厘米，井深8.7米，井壁也用方形石块垒砌。已毁坏的琼台福地牌坊，据1957年文物调查记载：为三间四柱通天石牌坊，柱础为圆形仰状莲须弥座，柱础高77厘米，柱为方形。每柱前后均有石条斜撑，中间二柱出二层翼形状的异形拱，两边出一层，每柱上端放一个座斗作为装饰以替石狮子或其他，高为4.2米，宽6.65米，进深2.65米。1999—2000年，琼山市政府拨款加固了琼台，重建了琼台福地坊、福地轩、琼台阁、关帝殿和东西廊庑，为海口市文物保护单位。

北胜街古道　位于府城镇北胜街，南北走向，全长400米，路面宽4.8米，始建于明代，是府城通往海口的主要道路之一。路面皆用雕琢工整的长方形石块横直铺设，石间少留空隙。路面凸起，两侧倾斜，残存有古代独轮手推车复辙的痕迹，具有独特的地方色彩，是古代琼州人民勤劳智慧的结晶。为海口市文物保护单位。此古道已遭受破坏，面目全非，名存实亡。

达士巷古道　位于府城镇马鞍街西达士巷内。明清时期多为名流绅士、大户人家居住之地，便称为达士巷。该巷东西走向，全长116米（原铺石一段），路面宽3米，皆用雕琢工整的长方形石块横直铺设路面，石间少留空隙。路面中间凸起，两侧倾斜。用当地火山岩石雕琢而成，每块长45厘米，宽40厘米，厚6厘米，是府城现存的唯一一条石板路，为海口市文物保护单位。

二、古墓葬

兵部侍郎王居正墓　位于府城镇新谭村西侧，坐北向南，占地667平方米，墓为一般方石叠砌，呈圆形，底径2.5米，高2米，背靠山丘，周围用花岗岩筑起一米多高的围墙，正面为潭社大潭，水清澈如镜，泉水终年不息。主墓前立有石碑，高 1.40 米，宽 0.55 米，厚 8 厘米，刻有："宋王文义公谕祭碑，绍兴二十一年辛未十二月。"据《宋史》王居正传记载：王居正（1087—1151），王族人称为悦公，字刚中，别字习之。26 岁中举人，政和四年（1114）二月参加京都礼部主持的会试，中第四名进士。南宋建炎四年（1130），授翰林院编修，参加文史工作。绍兴三年（1133）被封为兵部侍郎，后陞文华殿大学士兼枢密使，赠太师，负责处理军政大事。南宋绍兴二十一年（1151），王居正因力主抗金，被秦桧奸人诬告，奉赵构之命来广东，交付监察史安置。当年春二月到达琼州府（今府城），三月卒于贬居之地。死后追封文义公。其墓为海口市文物保护单位。

南宋朝议大夫何兴墓 位于龙塘镇潭口村委会永昌村西约 200 米。坐西南向东北，占地面积 200 平方米。墓为一般土墓，高 2.2 米，底径 3.1 米。墓前有两块墓碑，一块是 1982 年新修建的墓碑，一块是清嘉庆十九年（1814）立的墓碑，两碑均高 1.83 米，宽 65 厘米，厚 13 厘米。何兴，具体生卒年不详，原名何汉规，字矩度，出生湖广道州宁远县何平乡何村，宋政和四年（1114）甲午科举人，政和七年（1117）登进士，授朝议大夫，继迁政府，为国为民，直言敢谏，得罪丁大全，被贬琼州，任雷琼副使。任满后，落籍今琼山区龙塘镇仁何村。墓为海口市文物保护单位。

户部侍郎唐胄墓 位于云龙镇陶公山南侧斜坡上，共有三座石砌墓，均坐北向南，占地面积约 2100 平方米。主墓为唐胄墓，墓高 1.8 米，底径 2.5 米，左右两座分别是唐胄生母和庶母墓，均高 1.6 米，底径 2 米。据清朱为潮纂《琼山县志》载："侍郎唐胄墓在陶公山下，有谕祭碑，尚书王宏诲撰墓志铭"，还有清末优贡"王国栋谒唐侍郎西州公墓诗"。三座墓的墓碑都是近年重立，均高 1.8 米，宽 60 厘米，厚 12 厘米。正中主墓碑中刻"大明通议大夫户部左侍郎西洲唐公墓"，右直书"嘉靖十九年岁次庚子"，左书"季冬念五壬午吉日立"；主墓左侧为生母墓"大明赠淑人唐母陈氏墓"，款书"嘉靖二十一年"；主墓右侧为庶母墓"皇明诰封淑人唐母钟氏墓"，款书"嘉靖三十二年岁次癸丑"。此外，主墓碑前还立有石鼎炉、石烛、石祭床，在墓前 14 米处置一谕祭神道碑。神道碑前立有石狮、石兔、石马、石翁仲各二。再前面是"岭南宏气"石牌坊（已残缺不全）。唐胄（1471—1539），字平候，号西洲，府城东厢（今海口市攀丹村）人。明弘治十五年（1502）壬戌科进士，曾授户部山西司主事、广西布政使、北京户部左侍郎等职。《明史》载：

陶公山唐胄墓　　（林芳善　摄于 2006 年 8 月 15 日）

“胄耿介孝友好学，多著述，立朝有执持，为岭南人士之冠”。著有《正德琼台志》40卷等。其墓为海南省文物保护单位。

明兵部左侍郎梁云龙墓　位于旧州镇道美村、雅蔡村西南的勇群坡西侧，坐东向西，整个墓场东西长20米，南北宽19米，占地面积380平方米。墓为一般土墓，高2米，底径2.5米。墓前立有一块清道光二十八年（1848）的墓碑，高2.2米，宽70厘米，厚12厘米，阴刻“明赐进士任湖广军门、兵部尚书、左侍郎、三边总制，考梁二公、妣王夫人墓。”主墓右侧是云龙次子思泰墓，墓碑阴刻“明光禄寺卿忠烈考梁二公妣林安人墓”。墓亦为一般土墓，高1.6米，底径2米。主墓左侧是云龙之孙“燮鼎墓”，也是一般土墓，高1.6，底直径2米。墓的四周筑围墙，分内外二层，皆由三合土夯成，灰塑花卉图案于其间。围墙正面开一大门及左右小门。大门的土墩上泥塑两尊镇墓狮子，高约3米（包括底座），宽90厘米，厚80厘米。虽历一百多年风雨冲刷，迄今仍然神形兼备，古雅浑穆。梁云龙（1537—1606），明代都察院左副都御史，字会可，号霖雨，琼山梁陈都（今新坡镇）梁沙村人。万历十一年（1583）登进士，授兵部武库司主事。博学识广，对诗文诸艺，子史百家，武径七书，无不贯通。从万历十六年（1588）起，一直在戎行军务中发挥他的文才武略，战功显赫，万历三十四年（1606）病逝，朝廷赠封兵部左侍郎，赐祭葬。其墓为海口市文物保护单位。

大明登仕佐郎唐王教授后冈陈公墓　位于府城镇林村西约500米，即今海南省政法职业学院内，坐西南向东北，占地面积约80平方米。墓用雕琢工整的长方形石块叠砌而成。高3.7米，墓基呈六角形，共有七层。底层为刻有浮云图案的条石，每块长2米，宽80厘米，厚65厘米；次层为仰莲须弥图案的条石，每块长1.8米，宽70厘米；再次层为刻有佛教“卍”“卐”图案的条石，每块长1.6米，宽60厘米，厚65厘米；第四、第五、第六层均为雕琢工整的长方形条石，每块长分别为1.4米、1.2米和1米，宽分别为50厘米、40厘米和30厘米，厚均为65厘米；最后一层为带一“仙桃”盖朵的圆形墓盖，高40厘米，直径3.5米。墓前有墓碑（具体所立年代不详），高1.83米，宽65厘米，厚12厘米。正中阴刻楷体直字“大明登仕佐郎唐王教授后冈陈公墓”。墓葬造形独特，府城地区少见，为海口市文物保护单位。

清布政使张岳崧墓　位于甲子镇文头村西侧，坐北向南，占地面积约600平方米。墓为三合土夯筑，墓高2米，底直径3.8米，墓前立有清道光二十三年（1843）的墓碑，高2.1米，宽65厘米，厚12厘米，阴刻“皇清诰授通奉大夫湖北承宣布政使张府君墓”。碑前有长1.5米，宽30厘米，厚18厘米的“方伯神道”碑，可能是祭葬时的遗物，原墓前的石翁仲、石狮、石马、石羊、石华表等遗物已流失民间，无法寻找。主墓左侧为长子张钟鸾之墓，为一般土墓，高1.5米，底直径2.5米。墓碑为定安县人民政府1986年所立，高1.8米，宽65厘米，厚12厘米，阴刻“皇清优廪生贻赠中宪大夫张府君之墓”。主墓右侧则为夫人梁氏之墓，亦为一般土墓，高1.2米，底直径2米，墓前立有两块墓碑，一块是清道光辛丑年（1841）所立，高1.8米，宽65厘米，厚12厘米，另一块是定安县人民政府1986年所立，高1.82米，宽65厘米，厚12厘米。张岳崧（1773—1842），字子骏，号瀚山，今定安县龙湖镇高林村人。清嘉庆十四年（1809）一甲第三名进士，俗称探花，曾任四川主考、陕甘学政使、江浙巡抚、湖北布政使等。著作有《筠心堂文集》10卷，与明谊合编《琼州府志》45卷等曾和林则徐、关天培一起禁烟，抗击英国侵略者。卒后葬琼山文头村，为海口市文物保护单位。

三、古建筑

五公祠 位于海府路南端169号，由五公祠、苏公祠、观稼堂、学圃堂、五公精舍、琼园等一组古建筑构成，统称五公祠。这片建筑群始建于明代万历年间（1573—1619），陆续建至21世纪初。五公祠浏览区占地面积约6.7公顷。这里奇花异木掩映楼阁，地近闹市，独有清幽，自古有“琼台胜景”之称，今为海口八景之一——“圣祠叠翠”，是海南岛的著名古迹。该祠2001年6月25日由国务院公布为全国重点文物保护单位，市级爱国主义教育基地。

五公祠为该建筑群的主体建筑，是一座二层木质结构，单斗拱的古建筑物，面积560平方米，楼高10米，人称“海南第一楼”。该祠始建于清光绪十五年（1889），为纪念唐宋两代被贬谪到海南的李德裕、李纲、李光、赵鼎、胡铨五位历史名臣而建。

五公祠右侧是学圃堂，坐北向南，乃清代浙江名士郭晚香到琼讲学旧址，现陈列汉代以来铜钟、铜鼓等古文物。学堂再右是五公精舍，坐西向东，是晚清海南学子研习经史之处，今陈列历代书画。五公祠左侧是观稼堂，观稼指观赏“粟井浮金”、“金穗千亩”景色，堂取此名为纪念苏东坡指凿井泉。

苏公祠，位于五公祠的东侧，相传是北宋大文学家苏轼被贬海南时住过的地方。宋代为纪念他，曾题名为“东坡读书处”。元代曾在此设“东坡书院”。明万历四十五年（1617）重建。清顺治、乾隆、光绪年间又多次重修。祠内陈列一批苏东坡诗词碑刻，祠前有牌坊、拱桥、荷池、风亭。祠东有琼园，占地面积0.67公顷，园内有浮粟泉、粟泉亭、洗心轩、仙游洞等名胜。

五公祠　　（林芳善　摄于2005年3月18日）

五公祠东侧，还有两伏波祠和拜亭。明代万历四十五年（1617），副使戴禧在此创建昭忠祠。1915年维修五公祠时，把两伏波祠迁到这里，现在看到的是重修后的两伏波祠，祭祀西汉的前伏波将军路博德和东汉的后伏波将军马援。两伏波祠前面是造型古朴的拜亭，亭里竖立着宋徽宗赵佶御制的《神霄玉清万寿宫诏》瘦金字石刻碑，这块保存了800多年的宣和御碑，列为省级文物保护单位，是海南现存的最古老的碑刻，在全国也是为数不多的文物珍品，其瘦金体书法刚劲清秀，对研究道家说和书法都有重要参考价值。

琼山县学宫大成殿　位于府城镇文庄路5号南侧，坐北朝南。别名圣公庙，原名孔庙。据清朱为潮纂《琼山县志》载，文庙始建于宋代，原设在海口浦，历代多次迁移，后置于府城南门和护城河北边300米处。原有后殿、大成殿、东庑、西庑、棂星门、丹墀等建筑，十分雄伟壮观，为琼山历代儒学教育机构，占地面积最大时“直五百尺、横一百二十八尺，面积六万四千方尺”。今仅存大成殿，面阔5间，进深3间，坐北朝南，重檐歇山式顶。东西宽24米，南北长15.6米（内含通廊宽1.6米），梁架结构为七架木结构式，梁檀之间雕以精美的龙、狮、莲花、卷云纹刻，庄重典雅。（注：原称琼州文庙，实为琼山县学宫、琼州文庙已废，遗址在今琼山中学内）。为海南省文物保护单位。

海忠介公庙　位于三门坡镇青草村西侧，坐北向南，为一般石木构筑，相传始建于明，现存的庙宇为清代建筑，1926年村民捐资重修。占地195平方米，面阔3间12米，进深2间11.5米，抬梁结构，单檐硬山式筒板布瓦顶，庙四周构筑围墙，南面开一院门，门檐下有横匾“海忠介公庙”，长80厘米，宽40厘米，与门上额连为一体，左右楹联为：“青青后代遗世泽；草草真心抱海恩”。也与左右门柱连为一体。“忠介”为海瑞谥号，相传海瑞罢官后闲居在家，来到城东南青草村，帮助群众从10里外的藤竹垄引水灌溉，沿途收益农田千余亩，今水沟尚存1里长。村民为了纪念海瑞恩德而建造此庙。为海口市重点文物保护单位。

黄忠义公祠　位于府城镇尚书直街南10号，为一般石木构筑，建于清道光辛卯春（1831年春），是从福建莆田迁琼的黄氏后裔，为纪念莆田始祖黄岸（谥号忠义）而兴建的全岛合族祠堂。祠宇坐北向南，院落三进，由祠门、拜亭（中堂）、正寝（后堂）及东西廊庑组成。东西宽37.5米，南北深47.5米，占地1781平方米。祠门面阔5间13米，进深11檩8米，单檐硬山式筒板布瓦屋顶，外出插廊1.6米。中堂面阔5间22.5米，进深15檩12米，前后插廊1.6米；单檐硬山式屋顶。后堂面阔与进深和中堂相同，前檐插廊，单檐硬山式屋顶。前门上方嵌有石匾一块，长1.2米，宽0.6米，正中阴刻海南唯一探花、定安人张岳崧题写楷体横字“黄忠义公祠”，左方阴刻楷体直字“清赐进士及第护理湖北巡抚承宣布政使张岳崧书”。其建筑特点表现为坡度平缓，屋檐外挑短促，构架设计巧妙，室内空间合理，装修设计典雅，雕刻工艺精美。各部建筑轴线分明，布局严谨，是一处具有特色的、海口市现存最完整的宗祠，为海口市文物保护单位。

邢氏祖祠　位于府城镇尚书直街东侧与黄忠义公祠毗邻，为一般砖木构筑，内分“武经祠”和“知军书舍”，武经祠建筑时间不详，知军书舍建于清道光丁亥年（1827），是邢氏族人祭祀祖先的宗祠。祠宇坐北向南，院落三进，由祠门、过堂、后堂、东西廊庑等组成。东西宽 21 米，南北深 42 米，占地面积 882 平方米。祠门面阔 3 间 10.5 米，进深 2 间 8 米，前檐插廊 1.5 米，抬梁结构，单檐硬山式筒板布瓦顶。过堂面阔 12.5 米，进深 2 间 9.2 米，前后插廊各 1.5 米，抬梁结构，单檐硬山式筒板布瓦顶；东西廊庑面阔 2 间 12 米，进深 2 间 4.5 米，前檐插廊 1.5 米，抬梁结构，单檐硬山式筒板布瓦顶；祠门与过堂间距 5 米，过堂与后堂间距 3 米。前堂右侧 6 米处有一石砌古井，直径 47 厘米，井圈高 15 厘米，厚 6 厘米，井深 2.2 米。总体布局合理，错落有序，具有清代建筑风格，为海口市文物保护单位。

定福灶君庙　位于府城镇北街 33 号对面，为一般砖木构筑，建于清光绪十三年（1887），1988 年和 2001 年重修，是府城地区唯一一座奉祀灶君老爷（农历八月初三）、灶婆娘娘（农历八月二十四日）的庙宇。坐东向西，占地面积 1161 平方米，由门厅、等客厅和灶君祭堂等单体建筑组成。门厅面阔 3 间 18 米，进深 2 间 9 米，抬梁结构，单檐硬山式屋顶；等客厅外观呈四角形，二重飞檐歇山顶，通高 8 米，檐角外挑，檐内 4 柱，外 4 柱，柱高 6 米，亭顶内部组合为木构架式，每层重檐采用 16 支枋子，联结分成上、下二层框架；灶君祭堂面阔 3 间 21 米，进深 2 间 13 米，抬梁结构，单檐硬山式筒板布瓦顶。为清代较典型的木结构建筑，是海口市文物保护单位。

中山亭　位于府城镇街心公园内，坐东向西，占地面积 330 平方米，为伞形石木结构建筑。原为宋代所建在城南的接官亭，元代迁建于城东北，明代迁往城北的玉皇殿前庭，后因庙年久失修，遂将其拜亭的建筑材料移建今址，1926 年，为纪念孙中山先生，而称为“中山亭”。1984 年重修，该亭造型风格保持清代建筑特点，外观呈八角形，三重飞檐攒光顶，通高 7 米，檐角以绿琉璃鸱吻。檐柱为八角形石柱，柱高 2.4 米，柱础高 0.5 米。亭顶内部组合为木构架式，每层重檐采用 8 支柱子连结分成上、中、下三层框架。整个亭台显得稳健而瑰丽，是府城唯一幸存的古亭，今为海口市文物保护单位。

琼台书院奎星楼　坐落于府城镇中山路与文庄路交口处，占地面积 7858 平方米，建成于清康熙四十九年（1710），原大堂后面有奎星亭，亭两旁各有廊庑一间。乾隆十八年（1753）第一次扩建时，将奎星亭改建为一座二层楼，曰奎星楼，并在楼两旁增建廊庑各三间作诸生宿舍。奎星楼前左侧竖一通高 2.32 米、宽 0.92 米、厚 0.15 米的《创建琼台书院碑记》石碑，记载修建此楼经过，碑文至今仍清晰可见。奎星楼前还有并连的两幢仿

丁字街南口　　（林芳善　摄于 2009 年 7 月 19 日）

奎星楼建筑，前楼左侧另有一座古式六角亭子。楼前花草香气袭人，建筑美观雅致。奎星楼二层为砖木结构，面阔 3 间 20.40 米（另外两侧插廊各长 4.90 米，宽 1.60 米），进深 1 间 9.60 米（内含前廊 1.90 米），上下楼正面均有走廊，楼顶全是绿色的琉璃瓦。楼上正中檐下悬挂“进士”匾一块，内设古色书案、太师椅、书橱等物，有书院掌教谢宝的画像，楼下层是客厅，有古色坐具几套。飞檐上雕有龙首及花木鸟兽。楼内朱红圆柱，紫红栋梁，淡绿花窗，五彩地板，各种陈设古色古香。传说清雍正年间（1723—1735），在这里发生过“搜书院”的动人故事，后编为戏剧广为传播，书院名声从此远扬。琼台书院是当时琼州的最高学府，一直是海南生员登科的必经之门，300 年书声朗朗。海南省人民政府多次拨款维修，除将奎星楼修饰之外，还在奎星楼前左、右修复了一座古色古香的展览馆，将书院主体建筑——奎星楼衬托得更为壮观。1983 年已被广东省政府列为文物保护单位，今为海南省文物保护单位。

金花村吴氏民居　位于府城镇金花路四巷 6 号，为三进四合院式土木结构建筑，建于 1910 年，是海府地区规模较大的私家庄园。坐东向西，占地面积 900 平方米，有拱形大门、前殿、正殿、东西廊庑。拱形大门宽 5 米，高 2.3 米，院门前墙壁绘满彩图（贴塑）。拱形大门与前殿间距 6 米。前殿面阔 3 开间 16 米，进深 2 间 12 米，抬梁结构，梁檩之间雕以精美图案，单檐硬山式筒板布瓦顶。前殿与正殿间距 4.5 米，正殿面阔 3 开间 15 米，进深 13 米，抬梁结构，单檐硬山式筒板布瓦顶。东、西廊庑均面阔 5 开间 33 米，进深 2 间 4.5 米，抬梁结构，单檐硬山式筒板布瓦顶。主体建筑布局合理，规模庞大，古朴典雅，是值得保护的民居。为海口市文物保护单位。

“宣德第”（侯家大院）　位于旧州镇包道村 045 号。是该村侯氏先祖兴建的一组民居，初建于明末，到清光绪十七年（1891）整个大院建成。由清朝光绪皇帝赐名“宣德第”，两广总督张之洞所书。大院占地面积约 1.2 公顷，坐北向南，整齐建设了南北纵向 4 列房屋 13 幢，除最西一排为 4 幢外，其余 3 排均为每排 3 幢。大院西南方建成一幢东西向大屋，作为当铺使用，最东边建有一排西向厢房，共 12 间，房屋错落分布，内部结构基本延袭了当时闽南民居的建筑风格，中间是客厅，两边是卧房，每间客厅都设立了屏风和神龛。宣德第的房子均为土木结构，用料十分讲究，大都是黑盐木与菠萝格木，还有部分花梨木。墙上有彩绘、浮绘，木制的窗户、大门、房柱、屏风、房梁上都是精细雕刻飞鸟、走兽、虫鱼、花草等，屋脊雕龙、屋檐勾角、外墙绘彩、屏风雕花，细致之处不胜其繁。在海南民居建筑艺术上达到很高的水平，且雕刻、彩绘十分寓意吉祥，各处所体现的都是中国传统文化中代表富足、丰收、长寿、尊贵、高洁的吉祥物。“宣德第”的建筑虽豪华大气巧夺天工，但历经风雨和人为的破坏，除院内的花园、豪华的家具外，珍藏的古玩宝贝及书籍等悉数被毁，只有其建筑外观得以幸存，为海南省文物保护单位。

起元塔　位于府城镇那央村委会珠良村外，清宣统三年（1911）开雕的《琼山县志》卷十三古迹略载：“起元塔，在珠良村外，高五丈，禀贡梁开樘建”。据考证此塔和牌坊式村门在清光绪三年（1877）同时修建。塔高约16米，塔底直径约5米，塔身共4层，每层都有瞭望拱门，每层外壁上都镶有石刻像和动物头像，塔里原有石阶供人上下，因年久毁坏，已不能登上塔拱门，塔身已向东南方向倾斜。据说，修建该塔主要是为了防海盗，起防盗报警作用。该塔建筑手法奇特，塔体全用稳定性极差的毛石砌筑，是十分难得的建筑实例，是研究海南省乡村古塔的重要实物资料。2009年5月8日，海南省人民政府公布为省级文物保护单位。

府城鼓楼 位于府城镇文庄路南鼓楼街，与府城原南城门在同一轴线上，坐北朝南。原名谯楼，又称文明楼。元初始建，元末已毁，明洪武五年（1372），在故址重建，为三重檐楼阁。明成化十七年（1481）增砌台基，楼内置铜壶滴漏以计时间，随后又置更鼓和铜钟（更鼓已失，铜钟在今五公祠内）。明万历以后，因雷击等自然灾害，毁坏殆尽。今存的文明楼是清乾隆五十三年（1788）翰林院编修吴典（府城人）等人倡修，仅存一层，单檐歇山顶，面阔19.9米，进深9.95米，楼高7.56米。鼓楼下面的台基为仿明代的城台式，中辟拱门，城台右侧有踏道可登临鼓楼。是海南省文物保护单位。

四、石刻

神霄玉清万寿宫诏碑 不仅是海南保存朝代最早的石碑之一，也是极其罕见的以宋徽宗皇帝字体摹刻的石碑。该碑高2.55米，宽1.3米，厚0.29米，呈上下长方形，碑体正面光滑，背面保留开凿时原貌。石碑正面文字的左右两侧刻着细密规整的回纹。连续回纹中间还精刻着栩栩如生的龙纹图案，左右两边各刻7条龙，上下两边各刻2条，共刻18条，显得无上的高贵和尊严。该碑宽大厚重，重达7吨。碑下有一形制巨大的龟形碑座，龟，古称“赑屓”，造型粗犷古朴，憨态可掬，座长2.3米，宽1.53米，高0.74米。龟头昂起，鹰眼大而长，大壳的龟背上不均匀地阴刻着龟盖形纹，中间分别刻着“十”“丰”“丰”字样，背中间刻凿巨大的沟槽，卡着上面的石碑身，龟身的左右两侧各刻两只蜷卧的足，每足长四趾。

碑文竖行，阴刻，共16行，366个字，无标点符号。宋宣和元年（1119）八月十二日，宋徽宗皇帝御笔《神霄玉清万寿宫诏》，令京师神霄宫刻碑，同时颁赐天下摹勒立石。此碑宋时安放在琼州府城的天庆观内，元初更名为玄妙观，明初又更名为玉皇庙，清初玉皇庙已圮，后重修，故址在今琼山人民医院后，清末玉皇庙已无陈迹，唯有此碑在“文革”期间存放在五公祠对面的“八一”手扶拖拉机厂内（今海南金鹿农机发展有限公司）。1983年移立于现在的五公祠两伏波祠拜亭内。此碑保留有宋徽宗的瘦金体书法作品，海南仅有，全国罕见，是五公祠“镇祠之宝”。1994年11月2日，被海南省人民政府公布为省级文物保护单位（属可移动文物）。

三清观大型石雕像 位于府城镇红城湖路北街巷口旁。坐北朝南，占地面积336平方米，三清观前身为天庆观，亦称玉皇庙，原规模很大，现已毁坏，仅存三尊大型石雕像，当地群众自觉建起房子予以保护。这三尊大型石雕像为1991年出土文物，分别是府城地区出土的一宋二明的价值较高的石雕文物。三清之意，乃是道教的尊神，名曰元始天尊、灵宝天尊、道德天尊，主管天上三仙界：玉清、上清、太清仙界，故名三清。是信仰道教之物，每尊高 2.1 米，约重 3 吨，是海南少有的大型石雕艺术珍品。为海口市文物保护单位（属可移动文物）。

第十一节　名人故居

丘浚故居　位于府城镇金花路三巷 9 号，坐东朝西。丘浚（1421—1495），字仲深，号琼台，6 岁就能赋诗，12 岁时就以七律诗《五指山》而闻名。景泰进士，入选翰林院为 18 名庶吉士之首。曾官至礼部尚书兼文渊阁大学士。学问渊博，著作颇丰，以文学大名负天下重望，是明代著名政治家、经济学家、诗人、文学家、剧作家、历史学家，主要著作有《大学衍义补》《五伦全备记》《投笔记》《寰宇通志》《明英宗实录》《世史正纲》等。故居面积 632 平方米，据谱志称建于明洪武二年（1369），规模最大时，有"丘氏十八屋"之说，今存前堂与可继堂两进。前堂面阔 3 间，进深 4 檩，单檐硬山式筒板布瓦顶，堂内梁结构为四架椽屋分心用三柱式，各部梁袱细部做法精巧，砌上明造，构造严谨。可继堂位于前堂之后，面阔 3 间，进深 13 檩，单檐硬山式筒板布瓦顶，为祭祖、议事兼居室，其后原有宝敕楼和愿丰轩等建筑，现已无存。丘浚故居是海南现存年代最早、工艺水平最高的木构建筑。为全国文物保护单位。

海瑞故居　位于府城镇朱吉里北，红城湖路南侧 67 号，为一般石木结构，1992 年在其原址基础上按照明代建筑的结构布局重建成，是琼山区重建的著名的明代名人故居之一。故居坐南朝北，占地面积约 1363 平方米，由前厅、正堂、后屋、书斋、花厅、书童间、杂物间、厨房等单体建筑组成。前厅面阔 3 间 13 米，进深 2 间 9.4 米，抬梁结构，单檐硬山式筒板布瓦顶；正堂面阔 3 间 12.5 米，进深 2 间 9.2 米，前檐插廊 1.3 米，抬梁单硬山式筒板布瓦顶；布置玻璃钢铸成的"海瑞像"，高 1.6 米，底座高 70 厘米；神龛下有木匾，正中阴刻"忠孝"两字，像前供奉祖先的八仙桌；其左厢房为海瑞卧室，内置木雕床一张，左厢房靠窗有一张放纸、笔、碗的八仙桌。置铜像正间两侧各有太师椅一对，步出正间正门上额悬挂一匾，正中阴刻"海瑞故居"四字，为省政协原主席陈玉益所题。后屋面阔 3 间 13.5 米，进深 2 间 9 米，抬梁结构，单檐硬山式筒板布瓦顶。前厅与正堂之间立有 1994 年清明节原琼山市长吴亚荣拜撰的《重修海瑞故居记》石碑。花厅面阔 3 间 9.1 米，进深 1 间 4.25 米，抬梁结构，单檐硬山式筒板布瓦顶。书斋面阔 3 间 9 米，进深 1 间 6.6 米，前檐插廊 1.6 米，抬梁结构，单檐硬山式筒板布瓦顶。花厅与书斋间有一长 8.8 米，宽 2.5 米的走廊，内侧置海瑞书法石碑 5 通。正堂西边有面阔 16.6 米的书僮室、杂物室、厨房 3 间，进深 4.6 米，采用抬梁组合结构，单檐硬山式筒板布瓦顶。书童间旁边还有后人用明代海瑞故居留下的石雕井圈砌成的石水井，井口为圆形，直径 90 厘米，高 35

厘米，厚 6 厘米，井深至水面为 1.3 米。海瑞（1514—1587），字汝贤，一字国开，自号刚锋，是明代著名的清官、政治家，世称“海青天”。2001 年在故居前庭开辟广场，增设海瑞全身塑像、“海青天”牌坊，东西两侧廊庑。为海口市文物保护单位。

吴典故居 位于府城镇草雅巷北 4 号，为府城地区典型的清代土木结构建筑。坐北朝南，占地面积 5200 平方米。主体面阔三列纵向木结构房屋 85 米，进深三列纵向木结构房屋都有前堂、正堂、后堂三进共 65 米。最典型一间房屋保存了清代完整的木结构风格，面阔 3 间 15 米，进深 2 间 12 米，抬梁结构，梁架雕刻艺术丰富，单檐硬山式筒板布瓦顶，具有较高的科学研究价值。吴典（1740—1797），字国猷，号学斋，清乾隆三十四年（1769）中进士，选翰林院庶吉士，任国史馆、三通馆编修，四库全书副总裁和武英殿分校官，参加《国史》及《四库全书》编纂，是清代海南人入翰林的第一人。后辞官回乡任琼台书院主讲，同时致力于公益事业，重修府学宫，改造文明楼，设计筑造桥梁等。故居具有历史研究价值，为海口市文物保护单位。

王国宪故居 位于府城镇达士巷南 35 号，为清代较典雅的岭南古建筑。坐北朝南，占地 2000 平方米，有山门、前殿、正殿和伙房四进。山门上端呈半圆状，左右两侧为柱墩支撑，中间镶嵌一扇木门，山门宽 2.3 米，高 3.2 米，木门宽 1.5 米。高 2.3 米。山门与前殿间距 3 米，前殿与正殿、伙房间距 4.2 米，正殿与伙房处在同一平行线上，正殿与伙房在平行线上的间距为 1.8 米。正殿面阔 3 开间 12 米，进深 2 间 9 米，抬梁结构，单檐硬山式筒板布瓦顶；前殿往后 4.2 米为伙房，比较低矮，面阔 3 间只有 8 米，进深 2 间只有 7 米，抬梁结构，单檐硬山式筒板布瓦顶。伙房往左 1.8 米就是正殿，正殿结构古朴素雅，雕刻丰富，面阔 3 开间 13.5 米，进深 2 间 11 米，抬梁结构，梁檩之间雕以精美的图案，单檐硬山式筒板布瓦顶。各殿墙上还有许多青砖书法字迹，青砖长 50 厘米，宽 45 厘米，厚 3 厘米。王国宪（1853—1938），又名国栋，字用五，又字圣轩，号尧云，晚年自称更生老人。原籍谭文镇青草村，后移居府城达士巷，清末民初琼州的著名学者。17 岁中秀才第一名，后负笈羊城，于广雅书院从师名贤深造十年，学业精进，于光绪甲午（1834）科秋试广东首名优贡，清宣统庚戌年（1910）特授四等嘉禾章和状，授广东省乐昌县教谕，曾任琼台书院掌教，1923 年任私立琼海中学（今海南中学前身）校董和国文教员，在整理地方文献和办学育人方面都做出了杰出的贡献。其故居为海口市文物保护单位。

陈得平故居及墓 位于红旗镇泮边村内，为一般砖木结构。建于 1815 年。坐西北向东南，占地 3000 平方米，原由正堂、东西廊庑等单体建筑组成，（后来前堂、后堂已修复），正堂面阔 3 间 12 米，进深 2 间 8 米，抬梁结构，单檐硬山式筒板布瓦顶；东西两廊面阔各 4 间 16 米，进深 2 间 4 米，抬梁结构，单檐硬山式筒板布瓦顶。正堂内右侧墙壁上悬挂陈得平北伐时穿制服同儿子的合影像，两张影像均长 1.2 米，宽 80 厘米。墓在琼山区红明农场南霞村西约 88 米处，坐北朝南，占地 45 平方米。墓为一般土墓，高 2.2 米，底直径 3.1 米，墓前有新建的墓碑，高 1.2 米，宽 60 厘米，厚 10 厘米。正中阴刻楷体直

陈得平将军故居　（林芳善　摄于 2003 年 4 月 5 日）

字“陈得平大公墓”。左侧阴刻楷体直字“公元一九八一年重立”，新碑右侧有一块碎成四条石柱的旧碑（“文化大革命”中被砸坏），高 1.8 米，宽 65 厘米，厚 12 厘米，其中一条石柱上依稀可见“陆军中将任旅长兼总指挥耀南陈公墓”16 个字。陈得平（1884—1925），原名昌祺，字瑶林，号耀南，早期参加同盟会，一生追随孙中山奔波革命，在军 10 余年，曾任广东护国军第二军团长、第二军师长。粤军第一路第二统领，东路讨贼军第一军第二旅长，兼任第一路总指挥，中将军衔，是海南任高军职之最先者。他参加广州起义、北伐战争和讨陈（炯明）战争，英勇善战，功平四省，辅弼元首，赤胆忠心，世称“福将”，深得孙中山器重。其父在广州庆寿，孙中山为其亲书一大“寿”字和“教子有方”的条幅，并赐封为“太封翁”。陈得平 1925 年秋逝世于故乡正屋，时备极哀荣，北伐军总司令谭延闿题写了墓碑。故居及墓均为海口市文物保护单位。

陈继虞故居　位于三门坡镇蛟头村西约 200 米处，为一般砖木构筑。坐东北向西南，占地面积约 1200 平方米，由三进组成，东西深 48 米，南北宽 20 米，每进均面阔 3 间 12 米，进深 2 间 8 米，每进间距 6 米，抬梁结构，梁檩之间雕刻精美，单檐硬山式筒板布瓦顶。屋内还保存有陈继虞的照片、睡床、太师椅、浴盆等。陈继虞（1890—1925），字昭尧，琼崖民军司令，少将军衔。一生忠于孙中山先生，效力于国民革命，功绩卓著，是琼崖反封建、反军阀的民主革命先驱者之一。1925 年 6 月 29 日，在陵水县四方山试验地雷时，不幸失事牺牲，终年 35 岁，葬于府城五公祠道房，胡汉民题其墓碑，国共两党要员毛泽东、周恩来、胡汉民、邹鲁、朱培德等在广州参加追悼会。1954 年，周恩来总理亲自批准追认为辛亥革命烈士。故居为海口市文物保护单位。

冯白驹故居　位于云龙镇长泰村，坐东向西，占地面积 1216 平方米，为一般石木构筑。原有正室，后包头、横屋和厨房各一间。曾被日本侵略军烧毁，1951 年照原貌复修。1984 年和 1987 年再次修复和扩建，1989 年在故居围墙南边修建 713 平方米的冯白驹纪念苑，中间竖立了冯白驹铜质头像，像高 1.1 米，基座高 1.8 米，铜像底座为邓小平 1988 年 5 月 11 日的题字“冯白驹将军”。冯白驹（1903—1973），原名裕球，后改名继周、白驹，1926 年加入中国共产党，1927 年组建海南第一个中共县委——琼山县委并任书记，创建革命武装。后长期担任琼崖党政军主要领导职务，海南解放后，历任海南区党委第一书

冯白驹故居　（林芳善　摄于2007年7月1日）

记，海南军区司令员兼政委，海南军政委员会副主席，海南行署主任，广东省委书记处书记，广东省副省长，浙江省副省长等职，1973年7月19日于北京逝世。故居是冯白驹少年时代居住和学习的地方，现故居按原貌陈设，并有冯白驹生平事迹专题陈列。2003年上半年和2010年对故居周边环境又进行扩建修缮。为海南省文物保护单位。

第十二节　革命史迹

林文英烈士殉难处纪念碑及林文英烈士纪念亭　位于府城镇文庄路97号区工人文化宫大院正门两侧，始建于1919年，为纪念辛亥革命烈士林文英而建，有纪念碑、纪念亭各一座，坐南向北。纪念碑高7米，基座为五级方形平台，碑的四面铺白色大理石，正面为林森题："烈士林文英殉难处"。下面嵌设烈士遗像，遗像下并题有小传："烈士号格兰，琼州文昌人也。幼存大志，忠厚好义。壮年留学东瀛，奔走革命十余年，功成却长琼民政，后委琼支部，被选众议院议员，敢直言，招为道忌。三年返琼，为龙将陈世华同陈子楷诬杀，从容就义，年四十二。五年，经议员提议昭雪，并政府恤五千金。八年，中山亲书其墓。胡、伍、廖、林诸公续相表扬，编成一传，以留纪念。民国十一年元月新民氏谨志"。纪念亭在纪念碑西侧，外观呈四角形，单檐绿琉璃瓦顶，通高4.5米，檐柱为9条，高2.4米，四角为红砖砌柱支撑，高4米，亭顶内部组合为水泥钢筋梁构架式，亭四面两柱之间成一弧形匾额，上书"林文英烈士纪念亭"，结构坚固，造型精美，亭内侧四角镶着八块大理石，书刻着数百名捐款建亭者芳名。林文英烈士殉难处是近代史教育的实物见证，为海口市文物保护单位。

毋忘九一八国耻纪念碑　位于府城镇街心公园内，坐北向南，始建于1931年12月，由琼山县建设局局长王尊荣设计建成。碑高4米，为钢筋水泥浇铸而成，底座是圆形水磨石，正中是一座六面形柱体，三面均铸"毋忘九一八國恥紀念碑"十个楷字大字。在主柱三侧，附着几经曲折构件，巧妙地构成了刚劲有力的"东北"两个大字。碑的主柱，似一把利剑深深地倒插入似日本国旗的圆基座，象征中国人民反抗日本帝国主义侵略的坚强意志。对后代进行爱国主义教育有着重要的历史意义，为海口市文物保护单位。

琼崖红军云龙改编旧址　位于海榆东线公路26千米处，云龙墟东侧。坐东向西，占地面积7150.5平方米。1938年10月，琼崖国共两党实现第二次合作，根据协议，中共琼崖特委将琼崖工农红军改编为抗日独立队，于1938年12月5日在云龙墟举行红军改编暨抗日誓师大会，成立以冯白驹为队长，马白山、刘振汉为队副的“广东省民众抗日自卫团第十四区独立队”。建制3个中队，300多人，后改编为琼崖抗日独立纵队。云龙改编是琼崖纵队发展史上的一个转折点，具有重大的历史意义。旧址原为六月婆庙，1952年2月由琼山县人民政府兴建，成为琼山县革命根据地纪念碑，1984—1990年10月，经过三次扩建完善，成为方形庭院式园林，共有围墙、大门、铜像、接待厅、陈列馆、荡寇亭、凯旋亭和碑廊等几部分。铸铁围栏总长93.9米，高1.7米，大门前立有1994年11月4日海南省人民政府公布为省级重点文物保护单位的标志牌，门口右边水泥柱上镶有1992年11月公布为“海南省青少年革命传统教育基地”的牌子。园正中竖立着4.6米高、重2吨的红军战士铜像，座堆高5.8米，总高度10.4米，极为雄伟壮观；铜像座基正背面宽2.4米，两侧宽2.2米成矩形柱体，四面镶贴优质黑色大理石，柱体正面为徐向前元帅的题字：“琼崖抗日先锋”，背面刻写“琼崖工农红军改编简介”。铜像的南侧建有荡寇亭和凯旋亭，两亭为砼结构攒尖重檐式，通高5米，檐角饰以琉璃鸱吻，檐柱为六角水泥柱，柱高3.4米，基座由混凝土筑成，外延三边有栏杆带坐台组成；三边为水泥台级通道，每条边长2.45米。北侧有两间仿清式风格的绿琉璃硬山顶式房屋，每间面积115平方米。前者为接待厅，后者为原六月婆庙（作为陈列馆），两座房屋皆面阔3间，进深8檩，内部梁架采用海南地区普遍使用的清代抬梁木结构，分层叠梁而成。接待厅通高5.9米，面阔11.15米，进深4.9米；六月婆庙通高5.9米，面阔11.15米，进深6.6米，两屋内间四周皆通风透气，地面平铺红泥土烧制而成的正方形红砖。铜像背后有朱德、陈毅、聂荣臻、杨尚昆等13位中央党政军领导人题词的壁廊，长25.6米，高3.2米，壁廊顶部饰以黄色琉璃瓦。2003年已拆除壁廊，改建为钢筋水泥结构的陈列馆。壁廊后原植有23棵松树，象征琼崖革命武装斗争二十三年红旗不倒的光辉业绩。原旧址陈列有独立队员用过的武器、弹药、服装、旗帜、电台、文稿等，后移往新

琼崖红军云龙改编旧址　（林芳善　摄于2004年5月12日）

陈列馆（2003年和2010年又进行修饰，详见后第十四节）。琼崖红军云龙改编旧址被定为全国和海南省革命传统教育基地之一，是海南省文物保护单位。

大水革命烈士陵园 位于三门坡镇东北7千米处的大水村后，坐北向南，占地面积350平方米，为一般石灰浆混合建筑，四周建有围墙，园内有1957年建的革命烈士纪念碑，呈梯形体，碑身正面为灰塑楷体直书“革命烈士永垂不朽”8个红色大字。碑后正中嵌着刻有“大水战斗简况”的大理石碑一通，碑文落款为琼山县人民政府1983年11月21日。碑体分三段构成，第一段平台，方形，台基底边长6.4米，递三级台阶而上，由花岗岩铺成；第二段碑堆，方体，4层向上收分，座高2米，底长4米，宽3米；第三段碑柱，高10米。碑前左右两侧各有一座7米高的六角形纪念亭，水泥结构，橙黄色琉璃瓦盖顶，双檐高翘。碑后右侧不远处有原中共琼山县委书记欧德修烈士墓。左侧有原琼崖纵队第一支队副支队长黄大猷烈士墓。陵园内种有生机盎然的槟榔树。1942年春，琼崖抗日游击队独立总队第一、二支队在总队长冯白驹的指挥下，经五天四夜激战，击溃入侵琼文抗日根据地的国民党琼崖守备司令部保安团李紫明营及其援军，保卫了琼文抗日根据地。为纪念大水战斗中牺牲的61位革命烈士而建此碑，开辟为陵园。是海口市文物保护单位。

李硕勋烈士纪念亭 位于海口市勋亭路39号北端，建于1986年，占地面积3000多平方米，是为缅怀中国共产党优秀党员、英勇的共产主义战士、我国早期学生运动的杰出领袖、我军卓越的指挥员、江浙两广党组织领导人之一李硕勋烈士而建。李硕勋又名李陶，四川省庆符县人，早年参加革命。1931年8月任广东军委书记时，到海南指导武装斗争，抵达海口后不幸被捕。狱中，他铁骨铮铮，同敌人进行了英勇的斗争，同年9月5日在海口东校场就义。纪念亭坐北朝南，呈四角形，高6.1米，亭的横匾上有王震的题字：“李硕勋烈士纪念亭”。亭前正中是纪念碑，碑顶是石塑的李硕勋烈士半身雕像，高1.2米，基座高约2米，正面刻着邓小平1986年11月26日题写的“李硕勋烈士永垂不朽”9个金字。基座东侧镌刻着李一氓撰写的李硕勋烈士生平简介，西侧刻着李硕勋在狱中写给妻子赵君陶的遗书手迹。碑背无字，紧靠碑背的地基面上有两块齐铺的大理石板，分别镌刻评价李硕勋和赵君陶的文字，地下埋有俩人的遗骨和骨灰盒。纪念亭后是一道黄墙绿瓦长廊，嵌着10块大理石，分别镌刻着朱德、江泽民、聂荣臻、郭沫若、吴玉章、张爱萍、周士第、李瑞环、刘华清、李一氓等革命前辈和国家领导人为烈士的题词、题跋。亭的右侧有李硕勋烈士生平事迹展览室。1989年8月20日，国务院批准该处为全国烈士纪念建筑物保护单位，1990年该亭以“勋亭流芳”美名入选“海口八景”，1992年5月7日海南省人民政府公布该亭为“青少年革命教育基地”，1995年1月27日民政部公布为爱国主义教育基地，同年7月19日海口市定为爱国主义教育基地和青少年革命传统基地。

白石溪地区革命烈士纪念碑 位于国营东昌农场场部，建于1990年，坐西南向东北，为一般钢筋水泥混凝土建筑，占地面积300平方米。碑高17米，宽2~3米不等，碑体正面楷体直书“白石溪地区革命烈士永垂不朽”13个大字，是为纪念白石溪地区历次战斗中牺牲的革命烈士而建立。为海口市文物保护单位。

刘秋菊纪念园　位于府城东门立交桥西北侧，建于 1991 年，坐西南向东北。为一般钢筋水泥混凝土建筑，占地面积 3396 平方米，长方形庭院式园林。园中竖立 3.2 米高的汉白玉刘秋菊全身雕像，雕座四方体，正面刻“琼崖女杰刘秋菊”7 个大字，是革命前辈康克清手迹。背面刻有刘秋菊生平简介。雕像后两侧为原中共琼崖区委领导人和中央、省领导人题词的壁廊，壁廊后面正中建“杰人亭”，苑内种栽苍松翠柏、奇花异草。刘秋菊（1897—1949），原琼山县桂林洋福云村人，1927 年参加中国共产党，历任区委委员、琼山县委委员、琼崖苏维埃政府、琼崖临时人民政府委员、特委妇委书记、民运部副部长，琼崖妇联筹委会主任，是琼崖杰出的女英雄。纪念园为海口市文物保护单位。

王白伦暨红旗地区革命烈士纪念园　位于红旗镇红旗中学西北 300 米处。纪念园是由原琼山县委、县政府于 1991 年底兴建，1994 年 6 月 22 日建成，占地面积 0.67 公顷。王白伦是琼崖游击队的重要领导人，为海南岛的独立解放做出了卓越贡献。该园是琼山区弘扬革命精神，进行爱国主义教育的重要基地。

附：南渡江铁桥　原名吕宫桥，位于府城镇铁桥村委会铁桥村。1940 年 6 月，日本侵略军为了达到长期占有海南、掠夺海南资源控制东南亚地区的侵略目的，开始在海南最大的河流南渡江上兴建铁桥，历时 19 个月，总投资 237.5 万日元。1942 年 3 月建成通车，成为海口通往岛内的重要桥梁。1945 年 9 月，日本侵略军战败投降后，铁桥由国民党军队接管。1950 年 5 月，海南解放后，铁桥由中国人民解放军驻守，维护工作由交通部门负责。

铁桥全长 506.4 米，桥面宽 6 米，为东西走向，桥身距离洪潮最高水位 2 米，最大载重负荷为 20 吨。解放后，铁桥成为海榆东线公路的主要桥梁通道。1984 年 9 月 20 日新的南渡江大桥建成通车，已超过使用年限近一倍、利用价值不大的铁桥同时封闭，禁止通车。2000 年 10 月，特大台风洪灾袭击，铁桥中西段桥墩倾斜，桥面坍塌；铁桥东段桥面保存基本完整，但铁架锈蚀较为严重，残留在南渡江上。该桥是日军侵略海南岛的历史见证，是进行爱国主义革命传统教育的活教材，具有重要的历史价值。2009 年 5 月 8 日，海南省人民政府批准公布南渡江铁桥为海南省文物保护单位。

第十三节　文物普查

2007 年和 2009 年，海口市先后两次组织力量进行文物普查工作，拯救了一批历史文物，基本摸清区域内历史文化遗产的情况，并着手开展有效的保护。

2007 年 8 月，海口市文物局组织海南师范大学历史系学生 25 人，利用假期时间，分别到琼山区各镇进行“海口市碑碣匾铭额”专项普查，为期 1 个月。共普查发现各类碑碣匾铭额 282 通（块）。其中碑刻 167 通，内含唐代 1 通、宋代 9 通、明代 10 通、清代 130

通、民国16通、年代不明的1通，民国六年的碣1通；墓碑84通，内含明代1通、清代73通、民国10通。楹联6副（其中石制5副、木制1副），内含清代4副（石制3副、木制1副）、民国2副；石额15块，内含清代12块、民国3块、木匾9块，内含清代8块、民国1块。区域分布：旧州镇75通、龙塘镇72通、府城镇56通（馆藏品较多）、云龙镇34通、甲子镇16通、红旗镇13通、三门坡镇11通、大坡镇5通。显示府城、旧州、龙塘镇是古琼山人文历史最丰厚的地区。

2009年7月9日至8月18日，海口市文物局按照《海口市第三次全国文物普查实施方案》的要求，组织领队1名、领队助理1名、队员30名（由海南师范大学在读本科生组成，其中1名担任队长），对琼山区范围内的不可移动文物，其中包括古遗址、古墓葬、古建筑、石窑及石刻、近现代重要史迹及代表性建筑和其他具有文物价值的历史文化遗物等六大类文物进行全面普查。共普查8个镇、1个街道办事处、2个国营农场、1个煤矿单位，内有67个行政村、15个社区、772个自然村、12个分场，其中发现文物的自然村270个，发现和复查文物点484个（新发现文物点450个，复查旧文物点34个）。在新发现文物点中，甲子镇94处、旧州镇和三门坡镇各60处、红旗镇58处、大坡镇50处、府城镇44处、云龙镇和龙塘镇各42处，其中古墓葬146座、墓群23个、古井106口、祠堂64间、古民居40座、古庙26座、牌坊4座、古遗址2处、碑刻8通、古村门7座、骑楼20间、炮楼1座、围墙1段、名人故居2间。建造年代跨度自唐至民国，以明清两代占大多数。不少文物古迹年代久远，具有一定的历史、科学和艺术价值。

琼州府遗址　遗址位于旧州村委会旧州村内，是一处唐代古遗址，由黏土堆砌而成，西至埠头村。遗址城墙围起近似圆形，南北向比东西向稍长，现城恒上时而可见大块石头。该城墙起初用于唐代军事防护，因年代久远破损而废弃不用，现遗址中心为居民住所。遗址是海南地区少见的唐代遗址之一，对研究海口地区唐代历史、军事、文化有重要意义，至今遗址破坏较严重。

码头遗址　遗址位于旧州村委会埠头村西，于汉代时期修建。现存下来的只有一条长为50米、宽为2米的石阶，由长方形条石铺成，约有200层，台阶走向为自南渡江东岸向西延展。该遗址是海南最早的一批移民留下的产物，更是海南保存下来的屈指可数的汉代遗址，它反映了海南岛最早的对外交流和生产活动，是早期移民的智慧结晶，对研究汉代海南移民历史、文化提供了实物依据。

围墙遗址　遗址位于三门坡镇清泉村委会岭梅村东，始建于1924年，呈南北走向，条带状分布。北至村口凤凰树正西方30米处，南至村南的古荔枝树下，南北长228米，东西宽0.35米，占地面积80.4平方米。围墙上依次分布三道门：北门、中门、南门，面向为坐东朝西。原围墙遗址高2.2米，现保存下来的遗址高1.44米，宽0.35米，全有条形石块砌成。过去为村民出入唯一通道，兼具人文价值和历史价值。

旧州岭古墓　宋代古墓2座，位于旧州岭上，古墓由2墓葬、碑4通、2座亭子组成，墓碑为2008年重立，左侧墓主人为宋朝安抚使林邦荣及诰封王太夫人，右侧墓主人为儒学正堂吕公及其夫人。旧州岭古墓是少数仅存的宋代迁琼先人墓，年代悠久、规模较大、保存较好，有历史和旅游价值。

苏将军墓　位于大坡镇贵官村西南约700米处，坐西向东，为明代墓葬，墓冢已损坏，但旁边石墩、石柱、马槽保存较好，且与别的墓葬形式有鲜明对比。墓冢北面曾有一军营，现已消失，村民每年农历正月初二聚集前来祭拜苏将军。该墓年代久远，墓主人身份尊贵，墓葬规格隆重、形式新颖，对研究海南历史有积极的作用，因年久失修和其他原因，墓地破坏较严重。

明威将军墓　位于甲子镇民昌村委会木兑村。明威将军原名高前江，官至明代一级指挥使，在琼州歼灭海贼时立有战功，曾以2舟克敌27舟，后战死于儋州，海瑞曾为其书“赠将军升指挥使序”，并被诰授为明威将军，在当地有很高威望，是明代海南著名人物，其墓葬有保护价值。

张氏宗祠　位于三门坡镇乐来村委会嘉乐湖村，为明代祠堂建筑。原有门厅、正厅及两侧厢房组成四合院，现保留下来门厅和正厅。门厅及正厅抬梁间有大量精美雕花，主要刻有龙、凤、狮、象等珍禽异兽和梅、兰、竹、菊等花卉，建筑结构巧妙，年代久远，具有较高的美学价值。

许氏宗祠　位于大坡镇龙村村口，为清代典型建筑，局部地方在原结构上重修过，总体与原结构相差无异。供奉许氏第一代始祖许子伟，许子伟为明代海南名贤，与丘浚、海瑞并称“一里三贤”。宗祠结构特色，具有历史和艺术价值。

陈村冼夫人庙　位于旧州镇联星村委会香秀村，始建于清乾隆五十三年（1788），是为纪念巾帼英雄冼夫人所建，现保存一进两厢房及若干清朝碑刻。该庙年代久远，庙内雕刻复杂、奇特，雕刻走兽栩栩如生，具有重要的历史和美学价值。

清代百岁牌坊　位于甲子镇民昌村委会木兑村。定安莫孺人于17岁嫁给高涵公为妻，高涵官至巡抚，成婚4年涵公逝世，莫孺人为夫守贞至102岁逝世。由于莫孺人生前有佳名，威望很高，乾隆皇帝下诏赐银三十两，布绸二匹以建坊示嘉奖。牌坊建筑独特，远近闻名，至今保存尚好，具有一定的历史价值和美学意义。

孝节牌坊　位于龙塘镇新民村委会儒贡村，立于光绪三十年（1904），此牌坊为朝廷宣扬和纪念周文英妇人20岁丧夫后，节守贞操、孝敬公婆而立。牌坊高2.5米，长5.3米，宽2米，有条形石柱和石板构成整个牌坊骨架，至今保存良好。此牌坊是清代文化的缩影，有一定的历史文化意义。

杨时章故居　位于府城镇云露社区达士巷5号，于一百多年前修建。该故居为硬山顶式抬梁结构，坐北朝南，两进三开间，梁柱上刻有小字清晰可见。故居主人杨时章为民国时期著名人士，是海南教育的骄傲。房屋至今保存良好。

梁朝栋故居　位于三门坡镇清泉村委会岭梅村，房屋除部分损毁而修缮过，整体结构保持原貌。梁朝栋是海南著名的民主人士，积极投身于教育事业及革命活动，曾在多处任教，创办了多所学校，被誉为“海南的徐特立”，是冯白驹将军的老师。

达士巷大井 位于府城镇云露社区达士巷10号对面，始建年代不明。该井口为规则圆形，直径1.26米，井外围高0.22米，井深10米。井旁3米处有一光绪年间立的石碑，镌刻“康惠泉龙神位”。古井位于居民区，历经几百年而保存至今。

忠介路骑楼 位于府城镇忠介社区忠介路上，建于民国时期，皆为砖木结构的楼房或平房。骑楼现今大多用作商业用途，一楼开铺面，二楼摆放杂物或闲置不用。骑楼构造受海外影响较大，具有浓厚的南洋风格。这些骑楼是中西方文化交流的成果，是海南移民文化的见证，对研究当时的建筑风格和海外文化输入方式有重要的作用。

玉柳村炮楼 位于龙塘镇仁庄村委会玉柳村村口，炮楼始建于20世纪20年代，后被琼崖抗日游击队所用。共有四面，呈正方形状，高约15米，每面有3个炮孔，分布于3、4、5层上，楼顶各面相接处建有正方形石墙。整栋楼由大石块砌成，每块厚约31厘米。除木梯因年代久远有些腐朽外，总体保存良好。炮楼见证了海南的抗日和解放事业，具有重要历史意义。

第十四节　古迹保护和维修

琼山历来本着文物工作贯彻保护为主、抢救第一、合理利用、加强管理的方针，省、市、区各级人民政府和有关行政部门，在各自的职责范围内，对已遭受损坏的各类文物古迹，依照“整旧如旧”的原则，多方筹集资金进行修缮。

琼台遗址和重建琼台福地仿古建筑修复 1998年琼山市成立修复琼台古迹筹备委员会，经海南省文体厅批复同意，在琼台上建立“琼台福地纪念馆”。通过多方筹措，集腋成裘，自1998年11月始，历时1年10个月，共耗资925万元，其中重塑四柱三门悬山顶式“琼台福地”石牌坊，重修关帝殿、琼台阁（2层）、福地轩、加固台邦、增建4幢东西廊庑，以及美化水井、前庭铺石、庭院绿化等，总修建面积1300平方米。建成后的“琼台福地”纪念馆，保存古建筑艺术风格仿古装修，座落整齐，结构对称，雕梁画栋，金碧辉煌，馆宇屋顶剪瓷龙雕，栩栩如生，雄伟壮观，是印证琼山历史文化的胜地。

海忠介公庙修缮、增建工程 2001年下半年，原琼山市谭文镇青草村群众集资5.54万元，修缮海忠介公庙，加固墙体，更换腐朽桁桷，更新瓦面为黄琉璃色，增建大门一座、围墙长106米，高2.20米，扩大前庭并绿化面积731平方米，于同年12月15日竣工。

琼台书院修葺扩建 1994年11月2日，琼台书院被定为海南省文物保护单位，涉外旅游点。书院创办至今，其院舍虽多次修葺与改造，但因年代久远风雨侵蚀，不少地方破旧不堪。经上级主管部门批准，多方支持，筹集资金456万元，修葺、扩建琼台书院工程于2001年9月动工，历时年余，增设前楼，改变中楼和东西廊庑内部结构，书院仍保持原有风格，外观庄重，古色古香。修葺扩建后仍坐北向南，整体建筑群三进三庭，三座二层古楼，四行廊庑斋舍。奎星楼是书院主楼，更换了二楼的木质地板，整旧如旧，前庭增立了琼台书院掌教探花张岳崧和琼台书院掌教进士谢宝的全身铜像；中楼新设“琼台书院博物馆”。扩建后的琼台书院占地面积0.79公顷，建筑总面积2860平方米，2002年10月竣工。

海瑞故居第二次重建　海瑞故居第一次重建于1991年重阳节奠基，历时3年建成，因故居前仍是农民菜地，无路可直达。2002年5月，原琼山市人民政府再次重建海瑞故居，将故居前的菜地以入股投资形式征用，拆除所建的故居，将总面积3300多平方米的场地填土与红城湖路面同一高度，再在原址用原材料按原模样复建海瑞故居。在故居前庭开辟为广场，铺设石板，增设四柱三间悬山顶式石牌坊，雕立海瑞全身石塑像以及东西廊庑等。工程由政府拨款、单位支持、社会捐助，共筹资290万元，于2003年9月由琼山区政府续造建成。并在故居前堂后立有“重建海瑞故居碑记”。2010年6—10月，市政府拨款110万元以故居为主体建设市廉政教育基地，全面装修，增建构筑物。在故居内东侧增建与海瑞相关的六角形“乐耕亭”。故居广场增建长鸣钟、衣冠镜、文化石、LED全彩显示屏。东廊庑为“海南十大廉吏”图文彩框，西廊庑为“中国十大清官”黑陶半身塑像，并将广场命名为“清正园”。

五公祠部分建筑物修缮　2003年，国家文物局拨款和五公祠自筹资金共100万元，对五公祠的“海南第一楼”进行重修；2008年，海口市政府拨款40万元对五公祠的“西斋”和“粟泉亭”进行修缮。经过修缮后的海南第一楼、西斋、粟泉亭，都保持了原样。

冯白驹故居修葺、扩建工程　2003年上半年，海口市政府拨款110多万元，重新修葺扩建冯白驹故居，主要项目有：拆除原在故居左侧的小型陈列室，移建至故居东南侧100米处，钢筋水泥结构，建筑面积90平方米；修整故居墙体，移建厨房20平方米；迁移故居右后侧民房1间，拆除原故居纪念苑围墙，全部扩展为绿化地，使故居占地面积达0.33公顷。2003年6月重新开放。2010年下半年，在原围墙处新建照壁式低围墙140米，中间开辟大门，上部悬挂“冯白驹故居”牌匾。大门入内10米处新建石筑壁墙1堵，长8米，高2.6米，厚0.6米，浮雕聂荣臻元帅题词：“孤岛奋战，艰苦卓绝，二十三年，红旗不倒”。大门右上侧新建展览馆1间，绿琉璃瓦顶，三开间，前有插廊，总面积160平方米。围墙外东新建高档次卫生间1间。

琼崖红军云龙改编旧址增建工程　2003年开始，拆除原来的壁廊和移走23株松树，将壁廊移建至南侧与小学围墙相邻之地，长37.6米，高3.2米，顶部黄琉璃瓦面，保留朱德、陈毅、徐向前、聂荣臻、杨尚昆等13位中央党政军领导人的题词。在原壁廊地址处新建“琼崖革命斗争史陈列馆”，长32.2米，宽8.65米，钢筋水泥结构，屋顶为绿琉璃瓦面，于2005年9月纪念抗日战争胜利60周年之时重新开放。

2010年下半年旧址全面装修，计有：铜像基座墙体改为白色大理石，下面原有步级改与地面平行，四周地面全部铺设石质地板砖。铜像两侧约10米处各竖立4根圆形图腾柱，每根高4.20米，直径0.6米，花岗岩石质，浮雕“艰难岁月、娘子军连、云龙改编、华侨支战、潭口激战、黎苗参战、解放海南、琼崖英烈”的海南民主革命的重要事迹。在北侧接待室和图腾柱之间，增建海南革命斗争史简介展示墙6堵12面，每面墙体宽2.70米，高2米。每面贴1.8×1.2米大理石1块，细线条勾勒孤岛奋战传奇故事11幅。第一面展示墙前铸制4位象征指挥员的全身铜像。围墙改为红琉璃瓦顶实墙，改建高档次卫生间1间。云龙改编旧址、冯白驹故居与潭口抗日第一枪旧址纪念亭3处共投资约1300万元。

丘浚故居修补　2004年，省文物保护管理办公室拨款8万元，由琼山区文体局负责修复故居屋顶损坏部分瓦片，将原是三合土夯实的地面，改铺设为方形灰色土砖。

林文英烈士纪念亭重建　原纪念亭钢筋爆裂，墙体裂痕大，已成危房。2005年9月，琼山区政府拨款28万元，由区民政局负责修缮工作，按原样拆除重建，嵌在墙体上的捐款芳名石碑，做拓片处理后，按原模复制，保持了原貌。

琼山学宫落地大修　2009年5月，省、市政府共拨款79万元，由海口市文物局负责抓学宫的整体修缮工作，到2010年底止，学宫已整体拆除，尚未动工重建。

第十五节　名城保护规划

1994年1月4日，原琼山市被国务院公布为第三批国家历史文化名城。当年由市政府拨款10万元，市规划局和文化局负责，委托湖北某大学城市设计院对琼山历史文化名城保护规划进行设计，同年10月，琼山市政府组织有关部门和专家进行第一段评审，结果问题较多，不予通过。此后，因经费不足等多种原因，琼山历史文化名城保护规划（详细规划）一直没有正式出台，仅执行琼山市城市建设总体规划。

2003年1月，琼山区正式挂牌。已取得历史文化名城称号的琼山市，因区划调整已不是一个独立的地理单元，不能直接享受有关待遇和履行保护职能，新调整的海口市也不能承袭原琼山历史文化名城的称号。海口市于2004年4月起重新更名申报，2006年11月起海口市直接向建设部和文物局申报为国家历史文化名城。2007年3月13日，国务院公布海口市列为国家历史文化名城。而琼山区属于名城的核心地带，历史文化名城保护规划纳入海口市规划范围之内。

由海口市城市规划设计研究院、华中科技大学建筑与城市规划学院编制的《海口历史文化名城保护规划（2006—2020年）》，于2010年5月10日在海南省城乡规划委员会第十次会议上获得评审原则通过。保护规划体系共有4个保护层次：市域历史文化环境保护、历史城区保护、历史文化街区保护、文物古迹保护。此外还有非物质文化遗产保护。保护的重点是琼山府城传统民居历史文化街区、海口骑楼建筑历史文化街区以及65处各级文物保护单位的保护。

市域历史文化环境　保护“一园、两湖、两区、四带”环境风貌。“一园”主要保护大英山人民公园内以冯白驹将军纪念亭为代表的历史文化及其外围的历史文化和自然环境。“两湖”延续琼山府城的红城湖和海口旧城东西湖与历史文化名城发展的关系。“两区”重点保护东寨港国家自然保护区内大量琼北地震遗迹、海口火山群世界地质公园内的历史文化村落及其外围的历史文化和自然环境。“四带”重点保护滨海历史文化环境风貌带、南部森林公园历史文化环境风貌带、南渡江历史文化环境风貌带和美舍河历史文化环境风貌带。

历史城区　重点保护琼山府城和海口旧城。府城的形成和发展具有悠久的历史和突出的个性，传统民居建筑为多进四合院，布局严谨，雕饰工艺精美，使用功能和建筑艺术完美统一。但是由于近年来的改造、改建，府城地区的传统街巷和民居建筑的地方特性正逐步削弱、消退。

琼山府城的保护范围为府城古城墙的界限范围，府城的传统格局与历史风貌特色保护主要保护和适度恢复府城古城的护城河与古城墙；保护传统街区格局、民居建筑风貌以及传统市井文化氛围。

府城传统民居历史文化街区的保护区分为核心保护区和建设控制地带。核心保护区根据古城的中心轴线以及北胜街、绣衣坊、马鞍街等古城街巷及其两侧的传统建筑和文物保护单位的保护范围划定，建设控制地带为核心保护区外围保存相对完好的街区，保护范围总面积近 142 公顷。

府城以文庄路、忠介路为东西轴线，以中山路为南北轴线，构成“十”字轴主要街道。北胜街、绣衣坊、马鞍街等基本保持原有的格局和走向，街道空间尺度宜人，比较完整地反映了城市发展的历史踪迹。在此基础上，将府城传统民居历史文化街区保护框架定位为“一带两轴四巷”。“一带”即沿护城河风貌控制保护带，“两轴”指东西、南北轴线，“四巷”指北胜街、马鞍街、绣衣坊、达士巷。

在府城传统民居历史文化街区的核心保护区内进行改建的建筑物，其高度必须符合历史风貌的要求，严格控制在 3 层以下，高度不超过 10 米。建设控制地带内的改建或新建建筑物控制在 5 层以下，高度不超过 20 米。传统街巷两侧已建的有损街区风貌的建筑，必须加以改造和整治，街区内新建的建筑，要尊重传统建筑尺度。

历史文化街区　保存琼山府城传统民居历史文化街真实的历史和风貌。历史文化街区保护原则：保存真实历史遗存、保护街区整体风貌、保护构成历史风貌的环境要素、保护和延续历史文化街区的生活功能。

在保护区（核心保护范围）内，不得擅自改变街区的空间格局和沿街建筑的立面、材质和色彩；对现有建筑进行改建时，应当保持或者恢复其历史文化风貌；应当保持或者恢复其原有的道路格局和沿线景观特征。

文物古迹保护文物保护单位的保护区域划分为保护范围、建设控制地带和环境协调区三级。在保护范围内，未经文物行政管理部门批准不能随意改变现状。不得施行日常维护以外的任何项目；在建设控制地带之外再划定一道保护界线，以取得合理的空间与景观过渡，保护文物古迹及历史文化街区的环境风貌。各级文物保护单位周围要划出 50 米的保护范围，不得有易燃、易爆、有害气体及性质不相符合的建筑及设施。在文物保护范围内，未经文物行政管理部门批准不能随意改变现状，不得施行日常维护以外的任何修建、改造、新建工程以及其他有损环境观瞻的项目。

2010年4月16日，海口市第十四届人大常委会第二十六次会议通过，2010年6月1日海南省第四届人大常委会第十五次会议批准，2010年6月12日海口市第十四届人大常委会公布了《海口市历史文化名城保护条例》，共8章67条，就保护规划、保护措施、开发利用、法律责任等制定了有章可循、有法可依的规定。并附有海口市文物保护单位名录、海口市非物质文化遗产名录，自2010年9月1日起施行。

博物馆划转和文物接收 2002年10月16日，国务院批复同意海口市和琼山市行政区划调整，2003年1月1日，琼山区挂牌，隶属海口市。按照行政职能，琼山区文博事业不再直接管理，交由海口市文物主管行政部门统一管理。原琼山市博物馆划转和47处文物保护单位管理接收工作，从2004年1月起，历时一年，分四个阶段进行。第一阶段（1—3月）总动员、摸底、调查了解情况；第二阶段（4—6月）登记、整理、造册、包装；第三阶段（7—10月）解决47处文物保护单位职责接收问题，特别是涉及海瑞故居和琼台福地的管理问题，经过市、区有关部门的协调，区政府常务会议批复同意全部移交；第四阶段（11—12月）划转接收人事材料和资产材料，特别是原琼山市修复琼台古迹筹备委员会办公室移交材料，双方进行多次协商，形成最终移交文本，于12月24日举行划转接收仪式。至此，该项工作全部结束。原琼山市博物馆14名人员，由2005年5月成立的海口市丘浚海瑞故居管理处接收管理。琼山区辖区内的不可移动文物由海口市文物部门直接管理。2009年8月，成立海口市历史文化街区管理处，设在文庄路关帝巷的琼台福地纪念馆内，具体管理海口历史文化街区、府城历史文化街区及辖区内的文物保护单位。

第十六节 府城元宵换花节

一、换香的由来

府城元宵换花节原为“换香节”，俗称“驳香”（谐音，海南方言），是琼山区府城镇的民间传统节日。其来源于民间，发展于民间，是群众根据祖先传承沿袭下来的一年一度的节庆活动，是一个社会性的民众节日。

府城元宵换香起源自清朝，清咸丰《琼山县志》记载：“元宵满城妇女尽到总镇衙前折取榕叶谓之偷青，或燃香城门祀以祈求有子，孩儿则摩总镇衙前两傍石狮以祈平安”。据2006年采访府城镇草芽巷55号一位88岁的老人姚明开说：“我少年时听父亲姚道清说，在清代府城已有元宵换香的习俗”。元宵夜晚换香时口说“驳香”，换到香后就说祝福语“发丁发财”，然后赶紧把香火带回家插在父母睡床下的“婆奶炉”里。

关于府城“换香节”的由来，当地群众有着几种不同的传说。较为流行的一种传说是很早以前，府城人一生出娘胎，媒婆就上门订婚（俗称搭命）。男女双方长得怎么样，谁都没有见过面，成亲前也很难遇上一面。等到完婚后，如发现一方是五官残缺或四肢不全，已无可奈何了。有一年的农历正月十五元宵节，城东有位青年叫唐宾，不甘愿父母搭命，偷偷跑到庙堂里烧香，祈求婆祖保佑自己将来找到一个好娘子。而此时有一位来自城西少女林香，也抱着同样的心愿来这里烧香。俩人相见后便诉说各自的心事，并一见钟情，私下订立婚盟。此时只有香火在手，俩人便以此信物互换，相约来年在此换香再相会。从此以后，府城正月十五换香的习俗便一代一代传了下来。

上述传说不能证实府城元宵换香产生的起源，但从传说可以看到：府城元宵节换香的形成与最初群众的生活观念有关，府城元宵节换香是群众自愿的，以满足群众自身精神生活为目的，它的产生与当地民间民俗生活有一定联系，它是传统民俗文化传承的产物。

有关府城元宵节的述说，除史书、报刊有记载，还有上一辈老人的口述。据府城镇达士巷老人吴善教（1923 年生）、文庄路老阿婆王赛英（1910 年生）和 12 位老居民的口述，在他们孩童时代（民国年间），每到元宵十五傍晚，父母就叫他们上街走“八排”（海南方言“避白”谐音），意为出门逛街，求得来年平平安安。他们从家中拿了 12 支点燃的香火，沿着忠介路、文庄路走，然后到旧镇台前（今府城电影院址）摘取一两支榕枝叶，摸一摸镇台对面的石麒麟，然后就开始寻找换香的对象，一般看准两种人，一是知道对方家里男丁多的，二是对方手里香炷比较长的，他们就把自己手里香炷最短的那炷去换取对方手里最长的那炷香，寓意对方香火（男丁）旺盛，要发丁发财，换香时口说“驳香”，换到香后就互说祝福语“发丁发财”。然后赶紧把香火带回家里，然后插在父母睡床底下的香炉里。据说香炉是父母结婚时摆设的，专奉供管生孩子的“婆奶神”。最忌讳的是把熄灭的香火带回家（不吉利），由此可见，原始的府城换香是府城人对美好生活的追求和向往，与史书记载基本吻合。由此可推算，府城元宵换香的习俗至少有 200 年以上的历史了。

二、换香的变革

解放后，换香的习俗被认为迷信，曾被禁止。1979 年后逐渐恢复换香。1983 年底，琼山县政府考虑到“换香”存在较大的安全隐患，提倡“换花”，得到社会各界广泛响应。1984 年 2 月，府城镇人民政府在《海南日报》上刊登通告，破除元宵换香旧习俗，元宵节举办花灯会，传统的换香变成了换花。其活动的形式、规模、范围、区域也渐渐扩大了，形成了凝聚着博爱、吉祥、友谊、美好、祝福、欢乐为一体的民间传统节日。从此，每年农历正月十五换花节，不分民族、年龄，大批人潮便涌到府城来参加换花节。人数少则 10 多万人，多则 20 多万人。活动主要突出“热闹”和“喜庆”的气氛。玫瑰是换花的主要品种，人们希望通过交换鲜花的方式，表达对来年生活的美好祝愿。

三、换花的发展

1984 年，府城元宵换香改为换花后，开始几年群众还兴致勃勃，久而久之由于形式单调而厌倦了，买花的人少了，甚至出现了抢花的不文明行为。它引起了政府有关部门的忧虑与关注，认为倡导和变革换花，目的是弘扬民族文化，提高整个民族的思想道德素质和科学文化素质。没有内容丰富的节日文化，人们不会欢迎。没有特色的元宵换花，也就没有特殊的节日意义，必须不断变革不断发展才能适应群众的需求。

1991 年元宵换花节，琼山县举办百门开春（首门比赛）、千灯照春（街巷灯展）、万花迎春（盆景花展）、醒狮催春（舞狮摘星）、体坛争春（球类比赛）、艺苑唱春（琼剧表演）、游园戏春（游艺娱乐）、书画颂春（书画展览）、木偶闹春（木偶戏调演）等形式多样的活动，使元宵换花节的内容丰富多彩。

1992 年元宵换花节，琼山县组织木偶戏、踩高跷、装马匹（古装表演）、十二生肖彩灯、舞狮、舞虎、舞龙等形式多样的民族风情表演，使年青一代领略了古老的民俗艺术。

2001 年元宵换花节，海南省台湾事务办公室、省民族宗教事务委员会在琼山举办“海峡两岸同胞共同欢度换花节”活动，40 多名台湾少数民族同胞来到琼山，同群众同台演出文艺节目和参加换花节活动，欢度节日。这一年的元宵换花节，远远超出它原来的民间特有意义。

2005 年元宵换花节，琼山区举办“花王选拔赛”活动，评选出花王 1 人、花仙 2 人、花仙子 12 人。同时推出《换花歌》：“花是春天的象征，花是爱情的伴侣；花是友谊的桥梁，花是我们的笑容。啊！来吧来吧，跳起欢乐的舞步，把手中的花朵挥动，换花节里把花换，换花换心换真情”。为了打造琼山的文化品牌，还组织 8 个花舞方阵巡游大街，在街头上跳起换花舞。这 8 个换花舞方阵紧扣花的主题，均由青少年持一种花组成，分别为红玫瑰、康乃馨、兰花、向日葵、紫罗兰、太阳花、菊花和杜鹃花方阵。《换花歌》传唱古城，换花舞步翩跹。许多观众也不由自主加入其中，边跳边唱，其乐陶陶。

2007 年府城元宵换花节被海南省批准为省级非物质文化遗产名录。

2008 年元宵换花节，琼山区举办全区换花舞比赛活动，同时推出《醉花歌》《少年花歌》《动感花舞》《又是换花欢聚时》《春语花情》5 首系列花歌。

2010 年元宵节之夜，府城到处都是花的海洋、人潮涌动

（林芳善　摄）

为了推动“海口府城元宵换花节”文化的传承、发展，使之成为国内知名民俗节庆品牌，成为国内外人士了解海口地方民俗的一扇窗口和展现海口旅游形象的重要名片，琼山区于 2009 年 5 月 20 日面向全国公开征集府城元宵换花节节徽。经过一个多月的征集，共收到北京、上海、浙江、湖北等省市作品 60 多幅。经初选、网络和

2010 年朱云路主会场　　　　（龙泉摄于 2010 年 2 月 28 日）

短信投票、专家评选，最后通过区政府审定，确定了以“花”字为主图案的节徽。突出海口市府城元宵换花节“文化古城，欢乐琼山，换花交心，美好祝福”的主题内涵和显著的民俗文化特色。此节徽在 2010 年海口府城元宵换花节期公开使用亮相。为了把传统的换花节打造成一个具有时尚特色的旅游文化品牌，促进琼山区的经济发展，2010 年 2 月 9 日，分别与空中网、中国联通签订“换花歌”彩铃合同，将 6 首换花歌制成彩铃推广。

第四章　档案　史志

第一节　档　案

一、机构

琼山区档案局是琼山区人民政府直属正科级事业单位，设在府城镇建国路 1 号琼山区档案馆大楼内，内设办公室、指导股、编研股、管理股。2010 年 3 月 24 日，经海口市人力资源和社会保障局批复同意琼山区档案局 13 人参照公务员予以登记。

琼山区档案馆是综合性档案馆，挂靠琼山区档案局，属于 2 块牌子，1 套人马，2010 年人员编制 14 人。馆藏档案 18806 卷，7996 件。

2004 年 2 月，海口市琼山区档案局（馆）被海南省档案局、海南省人事劳动保障厅授予全省档案工作先进单位。

二、档案管理

（一）档案收集

20 世纪 60 年代，琼山档案馆曾两次集中地开展了档案接收工作。2002 年 10 月 16 日海口行政区划调整后，琼山区于 2004 年接收原琼山市水产局档案 30 卷，物价局 94 卷；2005 年接收原琼山市交通局档案 105 卷，原琼山市委政策研究室 9 卷，原琼山市人劳局

209卷；2006年接受琼山区政府办公室档案22卷，区人大常委会办公室29卷，区人劳局121卷；2008年接收琼山区委办公室印章104枚，政府办印章28枚，档案130盒，57卷；2009年接琼山区委组织部档案37盒232件，区司法局49卷，4盒199件；琼山技术监督局档案26卷，1盒68件；区政府办档案32盒768件；2010年接收区人大办档案27盒1059件，区人社局36卷，陈氏族谱1册。

（二）基础工作

2003—2007年，琼山区档案馆做好档案的收集、整理、鉴定、保管、统计、检索、编研和开发利用工作，落实档案安全保管责任制，采取防火、防盗、防水、防虫、防霉、防晒等措施，从根本上确保档案的完整和安全。馆藏档案基本上达到鉴定准确、分类清楚、组卷合理、排列科学、目录完整、装订整齐、坚固美观、利用方便的要求。

截至2008年12月底，琼山区档案馆馆藏的档案，共91个全宗18126卷册，资料6280册。由于历史的原因，解放前（民国时期）形成的档案1022卷，已移交海南省档案馆保管。馆内现有的历史档案只有清宣统三年（1911）编写的《琼山县志》28卷册，内容分别有《人物志》《金石志》《古迹志》《黎防志》《海防志》《建置志》等。

三、档案利用

琼山区档案馆馆藏报纸合订本、图像（片）资料、人口普查资料、琼山民国档案全宗、革命历史档案全宗和琼山区委、区人大常委会、区政府、区直各机关企业事业单位、各乡镇（含原琼山市）等123个单位的档案全宗。2002—2010年，接待来馆查档、咨询或函复等利用者共计3509人次，为广大需求者提供档案2835卷、资料827册，得到了广泛的社会赞誉。为做好档案的利用工作，琼山区档案馆还先后制定了一系列规章制度，以保证利用工作的开展。

海口市琼山区档案馆科研成果一览表

表18–4–12

件号	论文、论著名称	作者姓名	刊物名称、出版机构	出版日期	刊物级别
1	《如何开创企业档案工作新局面》	吴　强	国家档案局《中国档案报》	2002年1月28日	国家级
2	《县级档案馆档案信息资源的开发》	吴　强	中国档案学会《档案学研究》	2002年2月28日	国家级
3	《改善乡镇档案管理》	吴　强	国家档案局《中国档案》	2002年5月	国家级
4	《加强市县档案工作的建议》	吴　强	国家档案局《中国档案》	2002年6月	国家级
5	《县级档案馆建设的设想》	吴　强	国家档案局《中国档案》	2002年6月	国家级
6	《提高档案资源社会效益的探讨》	吴　强	国家档案局《中国档案》	2003年6月	国家级
7	《对县区档案馆资料工作的认识》	吴　强	国家档案局《中国档案》	2003年6月	国家级

第二节　史　志

琼山县自清康熙初年至宣统三年（1911），曾3次撰修，3次重修《琼山县志》，琼山县民国初年印刷的宣统《琼山县志》28卷，约58万字。

1985年1月1日，琼山县成立琼山县志编纂委员会，下设县志办公室，工作人员3人，开始修编中华人民共和国成立后的《琼山县志》。1990年琼山县志办人员编制增加到9人，历经14年，于1999年完成《琼山县志》编纂工作，第一次印刷6000册，字数150万字。

1994年，经国务院批准，琼山撤县设市（县级市）。2002年10月16日，海口行政区划调整，设琼山区。2009年10月，为了配合完成海口市第二轮修志工作，琼山区成立《琼山区志》编纂委员会，区编纂委员会下设办公室（设在区政府办），具体负责《海口市志（1997—2010）》“区镇概况”部分的组织编写和《琼山区志（2002—2010）》编纂工作。

第五章　卫　生

第一节　行政管理机构

一、卫生局

2003年1月，原琼山市卫生局更名海口市琼山区卫生局，办公地点在府城镇建国路17号。2010年人员编制11人，其中公务员10人、工勤人员1人。下属单位有琼山区疾控中心、琼山人民医院、府城医院、琼山区妇幼保健院、琼山区中医院、琼山区卫生监督所、琼山区新型合作医疗办公室、琼山区皮肤性病防治所。

2010年9月30日，区编办根据市编委《关于下达食品药品监督系统行政编制的通知》要求，为区卫生局增加行政编制3名，负责食品药品监督管理工作。调整后，区卫生局行政编制共14名。

二、琼山区爱国卫生运动委员会办公室

海口市琼山区爱国卫生运动委员会（简称区爱卫会）的前身为1953年春成立的琼山县爱卫会办公室。成员单位由区卫生局、区住建局、区财政局、区发改委、区城管局、区环卫局、区水务局、区商务局、区教育局、区文体旅游局、琼山工商局、区市场管理服务中心、区卫生监督所、区疾病控制中心、府城镇政府、国兴街道办事处等组成。其工作职责：贯彻执行有关爱国卫生工作的法律法规，规划部署、协调指导、督促检查本行政区内的爱国卫生工作，动员全社会参与爱国卫生运动；创建国家卫生城市，创建卫生先进单位、卫生先进村庄，开展除“四害”、农村改厕、城乡环境卫生监督等。

2010年，琼山区爱国卫生运动委员会下设办公室，编制8人，正职领导1名，副职领导1名。其中干部编制7人，工勤编制1人。

第二节　医疗保健机构

琼山县在海南解放前有府城爱生医院、公立医院、县政府卫生院、市民医院等。乡村设私人诊所128间，从业人员243人。海南解放后，人民政府大力发展医疗事业，县城、乡镇都建有医院或卫生院。2003年，琼山区的医疗保健机构有34所。

一、琼山人民医院

琼山人民医院位于府城镇建国路，占地4公顷，建筑面积5.18万平方米。琼山人民医院前身是清光绪二十年（1894）在府城丁字街创办的爱生医院，经费由县财政拨给。1930年，外请中医生2人，住院就诊，抗日战争期间停办。琼山公立医院于1926年筹建，翌年春开办，院址设在府城北门外马东路旁善惠庵旧址，建院及办院经费由县筹集解决。1930年，有内外科医生各1人，护士2人，主任1人，病室7间，抗日战争期间停办。1946年6月，由广东省潮阳人姚隐（上海南洋医学院毕业，日本帝国大学医学部肄业）从广西带来10多人到府城镇中山路原爱生医院旧址重办，1950年5月改名为“琼山县政府卫生院”，是全民所有制医疗福利单位，乙等医疗编制，院址占地面积4公顷。1956年4月，琼山县人民政府卫生院改名为琼山县人民医院，设病床52张，行政人员10人，勤杂人员3人，其他4人。

1958年12月琼山县合并入海口，琼山县人民医院改为海口市第二人民医院，到1959年11月琼山县复设，琼山县人民医院同时恢复；1963年琼山县人民政府规划建设扩建县医院，在建国路建设留医部、妇产科病房，到1971年10月县人民医院全部搬迁至建国路新院址，病床位增到160张；1973年建立门诊大楼和外科手术大楼，1985年建立5层干部病房大楼，面积共2216平方米，增设内科心血管专业和中医科病房。20世纪80年代末期，病床位增至到220张，卫生技术人员201人，管理人员23人，工勤人员36人，并设有内科、外科、妇产科、中医科、医技科、检验科、放射科、药剂科等15个专业临床医技科室。

1988年海南建省后，琼山县人民医院到1990年12月病床增至280张。1994年4月医院改称为琼山市人民医院，医院建设规模发展达到300张床综合性医院，拥有建筑面积21924.14平方米，改建了内科大楼；装修门诊大楼、外科、骨科住院大数，并设立了900多平方米面积的手术室一层。总建设面积达21924.14平方米，固定资产增值总额2838.2

万元，是建省前16倍，完成了县级医院向市级“二甲”医院的达标过渡。1996年新盖妇产科大楼一层，面积达1450平方米，新建供应室一幢二层大楼，面积达1000多平方米，扩改急诊室建设面积达1000多平方米，成立琼山市“120”急救中心，增设了儿科病房20张。1996年11月20日经过海南省等级医院评审委员会专家评审，以总分928.2分跻身于“二级甲等”医院，同年创建“爱婴医院”国家卫生部验收评估获得达标。

2002年10月16日，海口行政区划调整后，原琼山市人民医院改名为海口市琼山人民医院。截至2010年，医院拥有员工823人，其中正高级职称11人、副高级职称48人、中级职称152人、初级职称453人，技术人员占全院人数82.4%。医院开放病床490张，2010年门诊病人31万余人次，与2009年相比增长143.69%。住院人数1.9万余人次，与2009年相比增长17.34%。业务收入达到1.33亿元。

医院各科室设置齐全、设备先进，拥有日本原装全新岛津螺旋CT机、美国进口多功能彩超机、日本岛津600毫安X光机、进口奥林巴斯电子胃镜、奥林巴斯超声刀、全自动日本TL生化分析仪、脑中风预测仪、血气分析仪、电解质分析仪、日本光电全自动血球分析仪、日本超高倍显微镜、经颅多普勒、德国莱狮手术显微镜、德国狼牌经皮肾手术设备一套、前列腺治疗仪、血液透析机、小儿高压氧舱、万东永磁磁共振成像系统、万东血管造影介入治疗系统等国内先进医疗设备150多种类，仪器设备总值5000多万元。医院医疗服务范围广泛，病员辐射到海口市农村26个乡镇和国营农场，近100多万人口。

琼山人民医院设立职能、临床、医技等科室共43个。分别为职能科、办公室、政工科、医务科、护理部、工会、科教科、质控科、感控科、后勤科、综治办、信息科、财务科、医保办、药剂科、设备科。临床科：内一科（心血管）、内二科（传染病）、内三科（呼吸）、内四科（消化）、内五科（神经）、内六科（综合病区）、儿科一区、儿科二区、妇产科、外科（普外、泌尿外、肛肠科）、骨科、颅脑外科、中西医结合科、五官科、口腔科、理疗科、门诊、急诊科（120）、中医门诊。医技类科室：医技科（B超、心电图、脑电图、病理科）、检验科、放射科、CT室、胃镜室、体检中心、供应室等。

二、府城医院

府城医院创建于1957年，位于府城镇宗伯里24号，占地面积约0.23公顷，建筑面积1.45万平方米。50多年来，医院不断发展壮大，已由创建初期只有几间瓦房、几名医务人员、一个听诊器、一支体温计、一个血压计（三大件）的乡镇级卫生院，发展成为府城地区一家初具规模、技术较全面、有一定影响力的综合性医院。1996年9月，由府城中心卫生院更名为府城医院。1997年7月，通过了“一甲”医院的评审。

2003—2010年，该院跨入快速发展的轨道，逐步建成集医疗、预防、保健、教学、科研为一体的综合性医院，是海南省和海口市医疗保险的定点医院，是海口市城镇居民基本医疗保障及新型农村合作医疗二级定点服务机构，是海口市“三无”人员及五保户住院定点医院，同时还担负着府城镇20多万人口的防疫、保健工作及海南医学院实习生带教培养工作。曾获“爱婴医院”“百姓放心医院”、省市“先进基层党组织”等各项荣誉称号。2010年11月海南省卫生厅核定府城医院为二级综合医院，编制床位扩充至350张。

府城医院设有内、外、妇、儿科、门急诊等20多个专业科室和心脑血管、糖尿病、肾病内科、骨科、脊柱外科等专科专家门诊及健全的职能部门。医院设置病床350张，实际开放病床398张，2010年有职工580人，其中卫生技术人员489人，其中正高级职称4人、副高级职称35人、中级职称75人。2010年业务收入达9000多万元，年门急诊量26万人次，年住院量13227人次，年手术例数2500余例，各项指标均以良好趋势增长，单病种平均住院日、治愈率、平均费用均达到省、市质量二级管理的要求。

府城医院现有固定资产5000多万元，拥有一批价值2000多万元的先进医疗设备，其中包括16排螺旋CT、胃肠造影机、彩超、平板运动心电图、12导24小时动态心电图及24小时动态血压、肺功能检查仪、经颅多普勒、电子胃镜、呼吸机、麻醉机、腹腔镜、体外冲击波碎石机、胎心中央监护系统、心电监护仪、全自动生化分析仪、PCR基因检查仪等全套先进设备。

府城医院2003—2010年，先后与北京安贞医院、海口市人民医院合作，长期聘请海府地区三甲医院专家作技术指导，能够开展二级综合医院全部技术项目和三级医院部分技术项目，部分设备及技术在二级医院处于领先水平。

三、琼山区中医院

琼山区中医院前身为琼山县中医院，成立于1991年。2003年更名为海口市琼山区中医院，位于海南东线高速入口那梅立交桥右侧，占地面积为0.92公顷，建筑总面积为7983平方米，业务用房面积4962平方米，该院分为门诊大楼和住院部楼。全院共有职工70人，其中医疗技术人员49人，行政人员12人，后勤保障人员9人。编制病床100张，住院病房有套间病房28间，普通病房16间。现开放病床60张，使用率为60%。至2010年，该院已成为集医疗、保健、教学为一体的综合性中医院。

医院主要科室有心脑血管病治疗中心（住院病房）、门诊中医内科、妇科、理疗科；门诊西医内科、儿科、皮肤科。自2003—2010年以来，先后投入50万元对中药房进行改造建设，购买煎药机、制药打包机、药柜、中药饮片粉碎机等；投入22万元为理疗康复科购进熏蒸机、抗骨质增生治疗机；另外自筹资金20万元为检验科购进一部全自动生物分析仪器，投入8万元购进一台全自动自血液细胞分析仪器增加了医学检验项目；另外还购进一批电脑加强医院的信息化管理。

琼山中医院靠自身优势的发展，以国家重点专科项目带动特色专科。脑血管病专科尝试采用中西医结合治疗中风、偏瘫、高血压、糖尿病并发下肢坏疽等心脑血管疾病，取得显著的疗效；理疗康复科采用针灸推拿结合中药汤剂治疗颈椎病、肩周炎、腰腿疼痛等。同时与海南医学院中医学院结成友好互助单位，定期派遣名中医来琼山中医院坐诊，参与学习交流提高医院综合医疗质量，是海南医学院中医学院学生们的学习实践的教育基地。

该院中医中药房投入 50 万元进行改造建设、引进设备，购进中药防腐防潮防蛀设备及建立煎药室。中医中药设备已经基本到位；同时在海南医学院中医学院的名教授们的指导下开设了妇科以中药灌肠的独特疗法治疗不孕、妇科炎症等；中西医皮肤科利用中西药结合治疗湿疹、荨麻疹、慢性皮肤病等医疗重点科室。

四、区疾病预防控制中心

（一）基本概况

海口市琼山区疾病预防控制中心的前身为海口市琼山区卫生防疫站，位于府城镇建国路 17 号。2009 年 7 月由区卫生防疫站、结核病防治所、健康教育所、医疗器械维修所整合成立，为副科级全额拨款事业单位，隶属于琼山区卫生局。建筑总面积 1536 平方米，其中实验室建筑面积 800 平方米。2003 年在职干部职工 55 人；其中卫生专业技术人员 49 人，高级职称 2 人，中级职称 12 人，初级职称 35 人。2010 年在职干部职工 53 人，其中卫生专业技术人员 34 人，中级职称 14 人，初级职称 20 人。机构内设办公室、防疫科、慢病科、卫生科、免疫规划科、检验科、结核病防治科、艾滋病科、综合门诊部。主要有气相色谱仪、半自动生化分析仪、溶出分光仪、水分快速测定仪、酶标仪、生物显微镜、高速离心机、生化培养箱、X 光机等仪器设备。

区疾病预防控制中心在全区共设置预防接种点 22 个，管辖 8 个镇、1 个街道办和红明农场、东昌农场均设有防保人员，形成全区疾病预防控制体系。

2010 年，该中心在海南省免疫规划综合考评中，“八苗”全程接种率达 100%，综合总分全市第一，居省前列，被海口市卫生局授予“全市免疫规划工作先进单位”。2010 年全年无重大传染病疫情暴发，被海口市卫生局授予“全市传染病管理工作先进单位”。

（二）疾病预防

此项工作分为：免疫规划、传染病防治、慢性病和地方性病防治、艾滋病防治和结核病防治五项。前二项在第五节陈述，后三项是：

1. 慢性病和地方病防治

琼山区于 2004 年开展碘缺乏病相关因素监测工作，监测居民合格碘盐食用率达 71.5%，2005—2007 年，监测居民合格碘盐食用率分别为 79%、87.5%和 92.97%。2008 年起开展慢性病防控工作，该区慢性病建档人数达 6858 人，规范管理人数 1220 人，慢性病规范管理率达 63.11%，监测居民合格碘盐食用率达 88.3%；2010 年慢性病建档人数达 10514 人，规范管理人数达 8504 人，慢性病规范管理率达 80.88%，监测居民合格碘盐食用率达 95.31%。是年，全区组织开展慢性病和老年人健康管理培训班 1 期，参加培训人员 48 人；共出动 36 人次，发放宣传册 1500 份，宣传单 30000 份，测量血压 200 人次，血糖 120 人次，免费发放碘盐 300 余包。

2. 艾滋病防治

2002—2010 年，琼山辖区艾滋病感染者和病人累计数为 32 例，艾滋病感染者和病人病例报告数60例，艾滋病初筛实验室检测HIV抗体14297份，发现HIV阳性44份。

3. 结核病防治

2003年，琼山区发现并登记活动性肺结核病人216例，登记率62/10万，其中新发现涂阳病人135例，治愈124例，治愈率达91.8%。2007年发现371例，登记率100/10万，其中新发现涂阳病人202例，治愈193例，治愈率达95.5%。

2010年共接诊可疑肺结核病人872例，发现并登记活动性肺结核病人328例，其中新发涂阳病人203例，完成年任务数的101.5%；复治涂阳病人22例，完成年任务数78.6%；初治涂阴病人103例，完成年任务数的73.6%；重症涂阴30例，完成年任务数的103%。全区在“3·24世界防治结核病日”宣传活动中，设立咨询点14个，接受咨询的群众有7100人次，制作宣传展板33张，发放宣传单35000张，宣传小册子1500本，彩色宣传折页30000张，张贴宣传画220张，悬挂横幅32条。

五、琼山区妇幼保健院

琼山区妇幼保健院位于府城镇宗伯里一横街43号，前身为1997年4月成立的琼山市妇幼保健院，2003年更为今名。该院已发展成为一家集预防保健、内科、妇产科、妇女保健、儿科（含新生儿）、儿童保健为一体的医疗保健机构，是中华人民共和国、联合国儿童基金会、世界卫生组织认定的“爱婴医院”，2005年中国医院协会授予质量、服务、信誉“AAA”百姓满意、政府放心医院，是海口市新型农村合作医疗、海口市居民医保、海口市从业人员医疗保险服务定点单位。

琼山区妇幼保健院占地656.4平方米，建筑面积4238平方米，2002年以前，业务用房仅有1600平方米。2002—2010年，利用现有能利用的空间逐步进行改建、扩建，2004年新建560平方米，2006年购买邻近嵩阳大厦第三楼层（723.79平方米），2009年租赁嵩阳大厦第二楼层（884.6平方米），扩大了业务用房规模，用房增至3800平方米，其中妇产科住院病房（含门诊）1070平方米，儿科住院病房（含门诊）1344.6平方米，保健科（儿童保健门诊，男女婚检室、信息资料室、宣教室）582平方米，医技（B超室、检验、药剂科）524平方米，行政办公室280平方米。1997年妇产科设置住院病床13张，2004年增至25张。2007年儿科设置住院病床23张。由于门诊按诊量逐年大幅增多，至2010年住院病床增至（实际开放）82张，其中妇产科住院病床43张，儿科住院病床39张。

2002前全院人数为69人，专业技术人员58人；2010年全院总人数127人，专业技术人员108人，其中副高级职称3人，中级职称23人。医疗设备有B超3台（其中彩超2台）、红外线乳腺诊断仪、心电图机、X光机、宫颈TCT检查仪、全自动生化分析仪。优特利尿液仪分析仪2台，微量元素分析仪、全自动血液分析仪2台，AFT500电解质分析仪、超敏C-反应旦白检测仪、婴儿辐射保暖箱、新生儿黄疸治疗仪、多参数监护仪、VH-G妇科治疗仪、光电一体阴道镜、超声多普勒胎心音仪、戴维HK-93婴儿保暖箱、戴维JH20-5B经皮测定仪等。内设科室有：保健部设有儿童保健科、妇女保健科、信息资料科、健康教育宣教室；保健门诊设有妇保、儿保、儿童体检测量室、儿童体检室、听力筛查室、智力筛查室、小儿生长发育监测、婚前医学检查、预防保健等；门诊部设有儿科、妇科、产科等科室及检验、药剂、放射、B超（彩超）、心电图、乳腺透照等；医技科室、临床科室设有妇科、产科，其中妇产科设有温馨病房，儿科设有新生儿监护室和高档病房。

六、海口市琼山区卫生监督所

海口市琼山区卫生监督所位于府城建国路17号。2010年2月3日挂牌成立，隶属区卫生局的副科级事业单位。内设办公室、监督一科、监督二科、监督三科，在编人员14人，其中高级职称1名，中级职称2名。2010年3月起，该所依法对食品卫生、公共场所卫生、职业和放射卫生、学校卫生等108个单位（个体）进行专项检查，发出整改通知书37份。共开展专项检查84次，发出整改通知15份。依法监督传染病防治工作，依法监督医疗机构、采供血机构及其执业人员的执业活动共32次，处罚违规行为48人次，大力整顿和规范医疗服务市场，打击非法行医及非法采供血行为。对辖区内各类餐饮、公共场所和生活饮用水供水单位等实行卫生许可，对不符合规定的限令整改，共发出整改通知书25份（次）；对辖区内违反卫生法律、法规的行为进行查处，全年受理对卫生事件和卫生违法行为的投诉、举报42件（次），查处率100%。

七、琼山区健康教育所

1995年9月21日琼山市健康教育所成立，2003年1月更名为琼山区健康教育所。为股级事业单位，挂靠琼山卫生局，编制3名，经费由财政全额拨款。其主要职责是：负责拟订全区健康教育工作计划和专业人员培训规划；组织社区人群、工厂员工健康教育；检查指导医院、学校健康教育活动；承担农村、居民的卫生知识和健康行为的教育；儿童预防接种免疫、妇幼卫生保健等宣传工作；引导人们改变不良的卫生习惯，倡导文明健康的生活方式。该所于2003年在街头设立咨询服务2次，咨询人数达600多人次，共发放宣传手册3000多册；下乡镇、进学校、进社区开展卫生法律、法规知识宣传5次，接受教育人数共有1万多人；举办从业人员预防性卫生知识培训班1期，参加培训人数300多人。2004—2009年，在街头设点咨询服务共12次，开展教育宣传活动25场（次），举办从业人员培训班6期，参加培训人数共有1100人次，共发放宣传手册2万多册。2010年，开展卫生法律、卫生知识进学校、进社区、进企业、进机关、进乡村“五进”活动，共发放宣传手册5000多册，受教育人数达2万多人次。同年，琼山区健康教育所被撤消并入区卫生监督所。

八、琼山区皮肤性病防治所

琼山区皮肤性病防治所始建于1953年10月，时称琼山县麻风病防治所，1977年6月改名为琼山县慢性病防治站，负责全县麻风病、精神病和皮肤性病的防治与管理工作。1994年和2002年，随着撤县设市、撤市设区的区划调整，2003年改称琼山区皮肤性病防治所，并增设美沙酮门诊，2003—2010年担负着全区和周边地区2000多例吸毒人群的脱毒戒毒任务。2010 年该所门诊人数共 15030 人次，营业收入 116.65 万元。

九、新型农村合作医疗管理委员会办公室

（一）机构

2004 年 12 月，成立琼山区新型农村合作医疗管理委员会办公室，为股级事业单位，挂靠区卫生局。核定事业编制 4 名，其中主任 1 名，其他工作人员 3 名，工资由财政全额拨款。2008 年升格为副科级事业单位。2009 年核定全额拨款事业单位 7 人，其中管理人员岗位 3 人、专业技术人员 4 人。

（二）主要工作

2004 年琼山区在红旗、云龙两镇开展新型农村合作医疗试点工作，人均筹资 36 元（其中农民个人缴费 10 元、区财政补助 10 元、市财政补助 10 元、省财政补助 6 元），参合人数 21679 人，参合率 68.30%，筹资总额 100.78 万元。2005 年人均筹资 36 元（其中农民个人缴费 10 元、区财政补助 10 元、市财政补助 10 元、省财政补助 6 元），参合人数 122009 人，参合率 86.39%，筹资总额 452.71 万元，支出总额 107.17 万元，5831 人次获得补偿。2006 年人均筹资 57 元（其中农民个人缴费 10 元、区财政补助 15 元、市财政补助 20 元、省财政补助 12 元），参合人数 144582 人，参合率 96.23%，筹资总额 783.56 万元，支出总额 384.82 万元，27861 人次获得补偿。2007 年人均筹资 62 元（其中农民个人缴费 10 元、区财政补助 10 元、市财政补助 10 元、省财政补助 12 元、中央财政补助 20 元），参合人数 153900 人，参合率 98.82%，筹资总额 803.8 万元，支出总额 542.17 万元，34451 人次获得补偿。2008 年人均筹资 112 元（其中农民个人缴费 20 元、区财政补助 18 元、市财政补助 22 元、省财政补助 12 元、中央财政补助 40 元），参合人数 153900 人，参合率 98.82%，筹资总额 1593.22 万元，支出总额 1325.37 万元，28652 人次获得补偿。2009 年人均筹资 130 元（其中农民个人缴费 20 元、区财政补助 20 元、市财政补助 32 元、省财政补助 18 元、中央财政补助 40 元），参合人数 165375 人，参合率 95.20%，筹资总额 2197.93 万元，支出总额 1948.41 万元，191156 人次获得补偿。2010 年人均筹资 150 元（其中农民个人缴费 20 元、区财政补助 20 元、市财政补助 32 元、省财政补助 18 元、中央财政补助 60 元），参合人数 172039 人，参合率 98.32%，筹资总额 2589.60 万元，支出总额 2925.1 万元，239873 人次获得补偿。

十、铁桥卫生院

铁桥卫生院创建于 1958 年，是一所国有非营利性医院，位于府城镇新大洲大道 256 号，占地 0.102 公顷。老院址在原铁桥（即原铁桥公社），占地 0.464 公顷。1987 年铁桥合并府城镇后医院迁移至今址，老院保留一个小门诊为当地群众服务。

该院建筑面积 1652.78 平方米，业务用房 1250 平方米。2010 年全院有职工 48 人（其中正式工 27 人，临时工 21 人），中级技术职称 9 人，初级技术职称 23 人，其他人员 16 人。设有病床 10 张。

该院是集医疗、预防保健、妇产科于一体的农村基层综合医院。是府城镇新型农村合作医疗、城市合作医疗、社会保险医疗IC卡服务报销定点医疗机构。分别设有临床内科、妇产科、皮肤性病、计划免疫、预防保健门诊，妇产科门诊，妇幼门诊，计划生育早期人流手术，取、放环术，供应室、财会、行政办公室。辅助科室有B超、X光、心电图，开展常规化验、肝功能、血液生化、尿液分析等检查项目。并设有肠道门诊和发热门诊，合作医疗管理和健康档案管理。辖区内的医疗卫生服务人口共有58246人，2010年内诊人数共9787人次，营业收入33万元。

十一、红旗镇中心卫生院

红旗中心卫生院始建于1958年，公益性事业单位，位于红旗镇道崇路42号，占地1.2公顷，建筑面积3500平方米。

卫生院设有内科、妇产科、中医科、防疫科、牙科、检验室、X光室、B超室、心电图室等，共有病床30张。2010年共有职工48人，专业技术职称有30人，具有中级职称的有4名，包括主治医师2名，主管护师及主管检验师各1名，执业医师5名，执业助理医师6名，护理师6名，护士8名。卫生院服务半径人口24000人。除了为群众防病治病的主体业务外，还紧密配合主管部门和当地党委政府的中心工作。全面开展基本医疗、基本公共卫生、计划生育工作。

2002年门诊人数从1.8万多人次，至2010年4.2多万人次，业务收入从2002年的100万元至2010年达到180多万元，业务收入比2002年翻了近1倍，计划免疫、妇幼工作、疾病防控和食品监管等工作也取得了较好的成绩。

2007年，该院由政府全额注资兴建总面积达1500平方米的三层住院大楼。同时海口市政府拔付了彩色多普勒超声仪、半自动生化仪、新生儿保温箱等医疗设备提供治疗使用。2010年重新装修一新的规范化预防接种门诊室、儿童保健门诊，现已全部投入使用。

十二、云龙镇卫生院

云龙镇卫生院位于云龙镇云龙墟，建于1958年7月，为政府办非营利性医疗事业机构，占地0.71公顷。服务范围为公共卫生、预防保健和基本医疗；服务半径人口约3.1万余人，2010年该院设有预防保健、妇女儿童保健、西医、妇产科、药剂、化验、心电B超、X光室等10余个科室。全院共有在岗职工56人，其中卫生技术人员46人，占82.5%；技术人员中，临床医生7人，护士14人，预防保健6人，儿童保健2人，医技7人，妇产科5人，全院中级以上职称4人。现有业务用房建筑面积2570平方米，实际开放病床30张，主要医疗设备有美国通用彩色B超机、全自动血球计算仪、300mAx光机、12导联心电图机、心电监护仪、洗胃机等，多功能产床、辐射式婴儿抢救台、婴儿培养箱、胎心多普勒、胎心监护仪等。

2002年该院门诊人数为2万多人次，2010年达到6万多人次；业务收入从2002年的100余万元，到2010年提高到280多万元，被评为海口市农村基层卫生工作先进单位。

十三、旧州镇卫生院

旧州卫生院建于1958年，位于旧州墟爱民东路48号，占地0.97公顷，建筑面积3695平方米，其中业务用房2097平方米，2010年全院职工45人，其中专业技术人员23人。设有预防保健科、内科、外科、妇产科、儿科、口腔科、中医科、医学检验科、超声诊断专业、X线诊断专业、心电图诊断专业等科室，是一家集医疗预防、妇幼保健、公共卫生于一身的综合性农村基层卫生机构。2003年着手建设新的门诊综合大楼，2004年投入使用，总面积1890平方米。门诊人次数从以往的每年1万多人次增加到现在的每年3万多人次，住院病床从过去的12张增加到现在的25张，年业务收入从2002年34万元增加到2010年200多万元，职工福利待遇从2002年500元提高到2010年1000多元，固定资产总值从2002年100多万元增加到2010年400多万元。2009年成立公共卫生领导小组，开展公共卫生服务均等化工作，采取进村上门服务的方式为居民建立健康档案，截至2010年12月已规范建档18000余份，占全镇服务人口的70%。已筛查高血压119人，糖尿病患者30人，重性精神病36人，并按要求对以上重点人群进行回访，回访率达100%。

2009—2010年全镇共入册儿童767人，新生儿都能及时入册建证，并接种相应的疫苗，新生儿乙肝第一针接种率达100%，适龄儿童糖丸疫苗查漏补种强化免疫服苗率达100%，2010年9月份该院公共卫生组为2003年10月1日至2009年12月31日出生儿童进行麻疹疫苗强化免疫，接种率达95%，没有出现差错事故的发生。

在孕产妇管理上，加强了产前检查，分类造册登记，定期进行孕期营养及保健宣教，跟踪服务上门访视等。在儿童管理上加强了0~6岁儿童体检工作，2010年为幼儿园儿童体检792人，为7岁以内儿童体检2459人，提高了0~6岁儿童的保健管理率，促进了妇女儿童管理规范化。

2010年医院住院部共收治住院病人211人，其中内科172人，外科7人，儿科1人，妇产科31人。在内科住院的172人中，危重病人27人，占15.1%，抢救成功25例，抢救成功率92.6%，基本实现了常见病在基层卫生院就医的目标，基本上解决了老百姓看病难、住院难、看病贵的问题。

十四、龙塘镇中心卫生院

龙塘中心卫生院位于龙塘镇龙塘墟，始建于1952年，是一所以基本医疗、防疫保健、卫生服务为主体的基层医疗服务机构，海口市新型农村合作医疗定点医疗机构。辖区人口约4万人。

该院占地0.57公顷，开放病床50张。2010年全院在职职工53人，其中中级职称4人、执业医师10人、注册护士16人。设置了急诊室、内科、儿科、外科与换药处置室、妇产科及其检查室、中医科、注射室、观察治疗室及独立西医药房和中医药房；住院部设置了内科、产科、手术室和产房；医技科室设置了独立的化验室、心电超声检查室、放射科和供应（消毒）室；公共卫生科设置了传染病管理室、免疫预防室、妇幼保健室、卫生监督协管室、健康教育慢性病防治室、狂犬病疫苗接种室和计划免疫接种室。拥有300毫安X光机、全自动尿液分析仪、半自动生化分析仪、B型超声诊断仪、牙科综合治疗机、电动洗胃机、心电图机、心电监护仪、多普勒、蓝光治疗仪、无痛分娩仪等医疗仪器设备。

2002年门诊人次数为1.5万多人次，到2010年门诊就诊人次数为6.5万多人次，业务收入从2002年80万元达到2010年的260万元。在计划免疫、妇幼工作疾病防控和食品监督等工作中也取得了较好的成效。

十五、大坡镇卫生院

大坡卫生院位于大坡镇大坡大道151号，建立于1958年10月。负责基本医疗、基本公共卫生服务、预防保健、乡村医疗的业务指导及培训、疾病预防控制、妇女和儿童保健等工作。医院占地1.65公顷，建筑面积4120平方米，其中业务用房2600平方米。2010年在职人员36人，退休人员7人，医护人员29人，其中主治（医护、医生）2人，医师7人，药师2人，护士9人。病床40张。

该院医疗设施设备较先进，配备美国产彩色B超机，200毫安X光机，半自动生化仪，尿分析仪，血球分析仪，心电图等。主要科室设内、外科门诊、中医科、发热肠道门诊、预防接种门诊、妇产科、住院部、医技科、公共卫生科。该院和府城医院联合办医，建立了老年人心血管疾病治疗中心。

该院于2004年投入35万元新建职工宿舍楼面积480平方米；2006年由政府投入220万元新建门诊楼及住院部面积达2200平方米；2008年投入70万元新建职工宿舍楼面积650平方米，门诊量从2002年1.1万人次至2010年增加到3.5万人次；业务收入2002年是65万元，2010年达到240万元。

十六、三门坡镇卫生院

三门坡镇卫生院属于乡镇级的一所社会福利性公益事业单位，1971年1月底成立，位于三门坡墟三门街121号。医院占地1.2公顷，总建设面积3360平方米，其中业务用房面积约1200平方米，职工住宿面积1260平方米。

2010年全院共有39人，在编在岗17人，其中差额拨款人员12人，无差额拨款人员5人，临时应聘人员22人。本科2人，大专3人，中专26人，其他8人。中级职称3人（全科主治1人），初级职称32人。临床执业医师3人，临床执业助理医师4人，主管护师1人，护理师5人，护士（助产士）9人，医技职称10人，公卫医士2人，X光主治医师1人。

该院设西医诊室、妇产科、预防科、B超科、放射科、检验科、新型合作医疗站和城镇居民医疗站、西药库、西药房、发热门诊、肠道门诊、供应室、中医科、中药房。医疗设备有彩色B超机1台，300毫安X光机1部（双床），尿液分析仪1台，离心机1台，半自动生化仪1台，心电图机1部，显微镜1台，电冰箱6台，手提式高压消毒锅3台，摩托车 4 辆，全自动血液分析仪一台，电脑 20 部，打印机 15 台，氧气瓶 5 套，制氧机 2 台，婴儿抢救台 1 部，婴儿保温箱一台，复苏囊 1 个，病床 15 张，电子晃示屏 1 个。2010 年门诊人数达 4.1 万人次，住院人数约 400 人次，业务收入达 140 万元。

十七、甲子镇卫生院

甲子镇卫生院始建于 1958 年，是政府主办的公益性事业单位，位于甲子墟正街，总占地 0.2 公顷，建筑面积 2300 平方米。该院设有内科、妇产科、中医科、防疫科、检验科、X 光科、B 超室、儿童保健门诊、中西药房、住院部等，共有病床 12 张。2010 年全院共有职工 34 人，专业技术职称有 24 人，具有中级职称 1 名，执业医师 2 名，执业助理医师 5 名，护理师 2 名，护士 9 人，检验士 1 人，药剂士 4 人。

2006 年由政府投资 228.2 万元建设门诊综合楼面积 2282 平方米，改善了办医条件。医疗设备有 200 毫安 X 光机、半自动生化分析仪、心电图机、彩超、全自动血液分析仪等。2002 年门诊人数为 1 万多人次，业务收入 30 多万元；2010 年门诊人达 3 万多人次，业务收入达 110 万元。

十八、谭文卫生院

谭文卫生院是一所由政府创办的非营利性医疗机构，位于谭文墟，始建于 1958 年，其前身为谭文中心卫生院。谭文卫生院管辖 6 个村委员会，总人口约 15000 人，服务半径人口约 3 万人。占地约 0.8 公顷，医疗用房面积 2280 平方米。2010 年共有工作人员 37 人，其中中级职称 1 人，初级职称 22 人，病床 25 张，日门诊量将近 150 人次。设有内科、外科、妇产科、儿科、中医科、急诊科、防保科等相关科室。负责全墟人口的医疗、预防保健、健康教育和协助政府开展计划生育及慢性病与传染病的管理工作。

该院于 2005 年投资 50 万元，新增门诊面积 500 平方米。医疗设备有半自动生化仪、全自动尿液分析仪、心电图机、黑白 B 超机、婴儿抢救台等。2002 年门诊人数 1.93 万多人次，2010 年增加到 5.3 万人次；2002 年业务收入 60 万元，2010 年增加到 170 万元。

十九、新民卫生院

甲子镇卫生院新民分院属于公立非营利性卫生医疗机构，位于甲子镇新民墟，始建于 1975 年 10 月。属于医疗、预防、保健、公共卫生、疾病控制、康复、计划生育服务为一体的乡镇卫生院。占地 0.14 公顷，医疗用房 1280 平方米，2010 年共有工作人员 15 人，执业医师 2 人，助理医师 2 人，护师 3 人，护士 2 人，药剂士 1 人，公卫 2 人、大专毕业生 4 人、中专毕业生 5 人。病床 10 张，设内科、外科、儿科、妇产科、中医理疗 5 个功能科室，重点以内科、外科、儿科、妇产科为主。下辖两个乡村一体化的卫生室。

该院医疗设备较齐全，拥有 X 光机、半自动生化分拆仪、B 超、电动洗胃机、心电图机、心电监护仪、蓝光治疗仪等一批设备。2010 年门诊人数达 8000 人次，业务收入达 30 多万元。

二十、攀丹社区卫生服务站

攀丹社区服务站属于非营利性民办企业单位，建立于2009年4月29日，位于海口市国兴大道中丹路116号，占地350平方米，建筑面积320平方米，职工人数13人，其中医务人员9人。医疗卫生设施配备连体牙科诊疗机、无油空气压缩机、尿液分析仪、护声牌供氧器、心电图机、B型超声诊断仪等。主要内设全科、中医科、内科、外科、妇科、儿科、理疗科、检验科及B超室、心电图室等科室。还聘请著名骨科姜国祥教授、消化内科吴克利教授、妇产科张岩教授等主诊。2010年门诊人数达4745人次，营业收入达31.97万元。

二十一、城东社区卫生服务站

城东社区卫生服务站建于2008年7月，位于下坎东路15号（旧铁桥路口内进20米），占地135平方米，建筑面积400平方米。共有医护人员10人，其中副主任医师1名，主治医师2名，执业医师1人，执业护士3名，护理员1人，医技人员1名，收款员2人。设有全科医疗科（内、外、儿科）、口腔科、预防保健科、中医针炙、理疗科。辅助检查有心电、B超、化验等。配备心电机1台、B超机1台、显微镜1台、牙科椅2张、洗牙机1台、高压消毒柜1台、高压消毒锅1个。2010年，该服务站门诊人数6852人次，营业收入33.47万元。

二十二、高登社区卫生服务站

高登社区卫生服务站属非盈利性医疗机构，建立于2004年5月，位于高登东街，占地200平米。2010年共有工作人员11名，其中中级职称医务人员4名，执业护士5名，助理医师1名，其他人员1名。内设全科、康复理疗科、牙科、计免科、检验科、儿童体检科等科室。设留观病床4床、牙椅1床。化验室有生化仪、全自动血常规仪、显微镜、离心机等仪器各1台，理疗科有电子理疗仪、牵引床等康复运动器材。2010年门诊人数7546人次，营业收入35万元。

二十三、桂林社区卫生服务站

桂林社区卫生服务站成立于2008年，位于府城镇凤翔东路113号，营业面积350平方米。该服务站设预防保健科、全科医疗科、口腔科、中医科、医学检验科、医学影像科、康复医学科等科室。拥有副主任医师1人，主治医师1人，执业医师1人，执业助理医师3人，药士2人，检验师1人，护士5人。配有生化仪、黑白B超机、尿液分析仪、冰箱、离心机、牙科诊治台、监视仪、阴道镜、红光治疗仪等一批医疗设备，2010年门诊人数1.47万人次，营业收入达39.52万元。

二十四、甘蔗园社区卫生服务站

成立于2010年1月，属于民办医疗机构，位于甘蔗园185号，租用民房面积300平方米，设内科、儿科、妇科、影像、医疗保健、口腔7个科室，医务人员7名，后勤人员2名，其中主治医师2名，护士3名，负责提供医疗、预防、保健康复、健康教育和计划生育技术指导的社区服务工作。主要医疗设备有半自动生化分析仪、尿液分析仪、离心机、血液分析仪、微量元素测量仪、B超、心电图机等。2010年门诊人数2459人，营业收入9.34万元。

二十五、三峰社区卫生服务站

三峰社区卫生服务站成立于2009年4月，位于府城高登西街39号。该站建筑面积约250平方米，医务人员7名，其中主治医师2名，执业中医师1名，执业护士3名，化验士1名。设有全科医疗科、中医科、妇幼保健、化验科。设备有电脑2台、心电图机1台、生化仪、显微境等基本医疗仪器。2010年门诊人数8000多人次，营业收入34万元。

二十六、北官社区卫生服务站

北官社区卫生服务站隶属于琼山区人民医院，建立于2003年4月，位于勋亭路37号，业务使用建筑面积160平方米。是北官社区提供医疗（内科、儿科、理疗、检验）、预防、保健、健康教育、康复和计划生育“六位一体”的社区卫生服务机构。

北官社区卫生服务站2010年有医务人员14人，其中副主任医师1人，内科主治医师3人，按摩医师1人，牙医1人，计免人员2人，主管护师1人，护师3人（1人兼职计划生育和免疫工作），护士2人，收款员2人。服务管辖北官社区常驻人口7317人，流动人口2788人，预防接种包括北官社区兼米铺社区人口21595人。服务站有补液坐椅10余张，观察床4张。设备有心电图机1台，B超机1台，电镜1台，尿常规检查仪1台，血糖仪1台，牙科治疗仪1台。2003年开办时全年门诊人数3000余人。2010年全年门诊病人数达1.68余万人次，营业收入48万元。

二十七、大园社区卫生服务中心

大园社区服务站于1999年3月成立，2010年改为卫生服务中心，位于府城镇大园路杜氏楼3号，营业面积2500平方米，拥有员工51名，其中医护人员44人（主任医师1人，主治医师3人，执业医师8人，执业助理医师3人，护士22人）。主要医疗设备有半自动生化分析仪、尿液分析仪、电动离心机、血液分析仪、B超、X光机、心电图机等。2010年门诊人数13126人次，营业收入47.35万元。

二十八、绿色佳园社区卫生服务站

绿色佳园社区卫生服务站成立于2006年，位于府城镇绿色佳园临街辅面24—25号，使用面积326平方米。服务区域共有居民8686人。该站设有全科医疗门诊、内科门诊、外科门诊、妇儿科门诊、中医门诊、牙科门诊、计划免疫接种门诊、健康教育室、基础美容护肤室，拥有11人组成的全科医疗服务队伍。其中主治医师1名，初级医技人员10名。配备心电图1台，电脑4台，冰箱2台，空调1台，儿童健康体检器1台。健康教育设备有电视2台，DVD机1台，数码相机1部及健康宣传橱窗1个。2010年门诊人数13140人次，营业收入55.18万元。

二十九、云露社区卫生服务站

云露社区卫生服务站成立于2008年5月，位于府城朱云路琼山二小对面，占地200平方米，建筑面积200平方米。职工12人，医务人员10人，病床10张（供病人输液）。社区卫生设施设备有诊察床、妇科检查床、妇科检查器械、妇科治疗仪、出诊箱、急救箱、导尿包、切开缝合包、B超诊断仪、心电图机、口腔综合治疗机、身高体重计、儿童体格检查测量用具、高压灭菌设备、氧气瓶、担架、健康教育及通讯设备等。有单独的诊室、全科诊室、发热诊室、主治医师科室。2010年门诊人数10800人次，营业收入82.8万元。

三十、道客社区卫生服务站

道客社区卫生服务站于1999年3月15日成立，位于龙昆南路道客旧村龙园别墅11号。2010年迁到红城湖公寓铺面，使用面积约660平方米。服务区域内共有居民约15510多人，其中包括道客老村，道客旧村，墨客村等3个自然村和外来暂住人口。

该服务站设有全科医疗门诊（内、外、妇、儿、中医、牙科）、计划免疫接种门诊、健康教育室。医务人员13人，正、副主任各1名，主治医师2名，初级医护人员9名.医疗设备有日产B超机1台、心电图机1台、电脑5台、显微镜等。健康设备设施有电视机1部、DVD机1部、数码相机1部及健康宣传橱窗1个。能开展各种常见病、多发病诊治及开展各种预防保健、康复、健教、计划生育技术指导等业务。能开展大三常规、肝功能、生化及各种分泌物检查。2010年门诊人数10400人次，营业收入35万元。

三十一、府城社区卫生服务站

府城社区卫生服务站于2008年12月成立，是琼山区卫生局批准设立的六位一体的公益性、综合性卫生服务机构。位于府城镇板桥路56号金花楼一楼（海南师范大学后门），营业面积510平方米。服务人口1.9万人，下辖紫荆社区卫生服务站、新二社区卫生服务站。2010年共有职工11人，卫生技术人员11人，其中全科医师1人，骨干全科医师1人，执业医师1人，全科护士2人，执业护士6人。设有全科诊室、妇科诊室。下设4个片医小组，由1名医师、1名护士管理。医疗设备主要有制氧及雾化吸入机3台、雾化器2台、B超机1台、半自动生化仪2台、血球分析仪1台、尿液分析仪2台、恒温水域箱1台、显微镜、治疗仪、针灸仪等。2010年门诊人数13126人次，营业收入47.35万元。

三十二、米铺社区卫生服务站

米铺社区卫生服务站于2008年10月成立，位于海府路152号金鹿花园，占地350平方米。是集基本医疗、计划免疫、康复、健康教育和计划生育技术指导等九位一体的非营利性民办医疗单位。有员工11人，其中技术人员9人，非技术人员2人。其中主治医生3人，职业医师2人，护师1人，护士2人，检验师1人。有心电图、B超等医疗设备。设有预防保健科、全科医疗科、口腔科、中医科、医学检验科、医学影像科、康复医学科等科室。2010年门诊人数9787人次，营业收入33万元。

三十三、忠介社区卫生服务站

忠介社区卫生服务站成立于2009年1月，位于府城镇朱云路13号，是海口市劳动和社会保障局批准的基本医疗保险定点医疗机构。业务使用面积620平方米。2010年有卫生专业技术人员10人，其中中级职称人员4名，初级职称6名，承担着忠介居委会14000余名居民医疗、预防保健、健康教育、康复、计划生育指导六位一体的社区卫生服务。拥有心电图机、B超机、血尿常规检测仪、半自动生化仪、妇科治疗仪、胎心监护仪等仪器，设有内科、外科、妇科、儿科、口腔科、中医科、超声科、检验等科室，能满足群众基本医疗服务、疾病预防保健、康复及健康教育咨询等需要。2010年门诊人数18060人次，营业收入68.62万元。

三十四、巴伦社区卫生服务站

巴伦社区卫生服务站成立于2007年8月，位于国兴街道办巴伦居委会旁，占地405平方米，经营性质为非营利性。诊疗科目有预防保健科、全科医疗科、口腔科、中医科、康复医疗科、医学检验科、医学影像学科等。该站有医务人员9名，其中主治医师2名，执业医师1名，护士2名。主要医疗设备有B超机、心电图、血常规分析仪、生化分析仪、雾化器等。2010年门诊人数8851人次，营业收入35.2万元。

第三节　医疗队伍建设

2003年全区医疗卫生系统开展“办好人民满意的医院”活动。2004年开展“拒红包、讲医德”等一系列教育活动，提高从业人员的思想政治觉悟和服务水平。2005年开展“送温暖，献爱心”活动。2005—2010年，每到“护士节”，各级领导都深入全区医疗机构开展慰问活动，以举办座谈会、歌咏比赛等形式进行联欢活动。其间，共慰问一线医护人员6次，举办座谈会96场次、歌咏比赛6场次。2006年开展“抓整顿，转作风”活动，对一些管理比较薄弱的医疗机构，尤其是私立医院、个体诊所进行整顿活动，全年出动人员200多人次，取缔黑诊所9家，责令违规诊所停业整顿6家。2007—2010年，坚持不懈开展整治乱开大处方、乱虚开检测项目、药品乱涨价等专项整治。2010年，全区公立医院有执业医师578人，医疗技术人员196人，护理人员729人，均未发现违纪行为。

第四节　医院评甲

2002年后，琼山区配合上级部门对辖区医疗机构开展评甲工作，在巩固琼山区人民医院二甲医院的基础上，府城医院为了进一步发展医疗事业，筹资6000多万元筹建住院部，努力办好“百姓放心医院”。2010年，府城医院设有内、外、妇、儿科、门急疹等20

多个科室，设置病床350张，实际开放病床398张，有职工580人，其中卫生技术人员489人，其中，正高职称4个，副高职称35人，中级职称75人；业务收入9000多万元，年门诊量26万人次，年住院量13227人次，年手术例数2500余例，各项指标以良好趋势增长，单病种平均住院日、治愈率、平均费用达到省、市质量二级管理要求。2010年11月，被省卫生厅核定为二级综合医院。

第五节　卫生防疫

一、免疫规划

琼山区的免疫规划建设，从2003年预防接种单位的15家发展到2010年的22家。

2003年免疫规划基本情况：从事预防接种的单位有9家乡镇卫生、2家分院、2家农场医院卫生防疫站、1家社区卫生服务站、1家卫生防疫站，从事免疫规划工作者66人。冷链装备有常温冰箱34台、低温冰箱10台、冰藏运输箱2个、冷藏包117个。

2010年免疫规划基本情况：从事预防接种的单位有9家乡镇卫生院、2家分院、2家省市妇幼保健院、2家农场医院卫生防疫站、6家社区卫生服务站、1家疾病预防控制中心，从事免疫规划工作者共108人。冷链装备有常温冷库1座、低温冷库1座、疫苗冷藏车1辆、常温冰箱49台、低温冰箱3台、冷藏运输箱2个、冷藏包203个。

从2006年起，琼山区按照国家规定实施免疫规划免费接种一类疫苗。2008年7月1日起，按照海南省规定实施扩大国家免疫规划免费接种一类疫苗。2006年3月底至5月中旬，区疾控中心对全区15岁以下儿童进行应急接种麻疹疫苗工作，共免疫接种104635人。2009年10月下旬至2010年7月底，按照省卫生厅部署，区疾控中心对全区易感人群进行应急接种甲型HINI流感疫苗工作，共免疫接种60323人。2003—2010年，全区免疫规划服务对象0—14岁儿童分别是6.1万人、6.3万人、6.67万人、6.94万人、7.21万人、8.26万人、7.68万人、8.22万人。2003—2010年，全区国家免疫规划疫苗全程接种率分别是93.58%（五苗）、95.92%（五苗）、96.72%（五苗）、98.89%（五苗）、99.41%（五苗）、9957%（五苗）、96.1%（七苗）、99.0%（七苗）。

二、传染病防治

2003年全区共报告一类传染病9种，共817例，发病率为118.4/10万。

2005年全区共报告甲、乙、丙类传染病17种，共2227例，发病率为301.17/10万，传染病死亡3例，年死亡率0.41/10万。

2006年全区共报告乙、丙类传染病1837例，总发病率449.98/10万，死亡1例，死亡率0.249/10万，无甲类传染病发生。

2007年全区共报告乙、丙类传染病1663例，总发病率407.00/10万，死亡4例，死亡率0.24/10万，无甲类传染病发生。

2008 年全区共报告法定传染病 2184 例，总发病率 516.05/10 万，死亡 4 例，死亡率 0.945/10 万。

2009 年全区共报告法定传染病 2460 例，其中乙类 10 种 992 例、丙类 6 种 1468 例，年发病率为 568.75/10 万，无甲类传染病报告，死亡 2 例，死亡率 0.462/10 万。全区共出现突发公共卫生事件 5 起，即：3 月 22 日苏里南输入性登革热病例，4 月 23 日府城镇道客新村感染性腹泻暴发事件，9 月 10 日旧州中学甲型 HINI 流行爆发疫情，9 月 12 日庆龄女子学校甲型 HINI 流行暴发疫情和 9 月 23 日海南中学甲型 HINI 流行暴发疫情，都及时采取有效防控措施，没有第二代病人发生，起到了控制终止疫情的效果。

2010 年全区共报告法定传染病 6814 例，其中乙类 12 种 962 例、丙类 6 种 5852 例，无甲类传染病报告。年总发病率为 1575.39/10 万，比去年上升 176.99%，死亡 3 例，年死亡率 0.694/10 万。同年全区共出现 26 起散发疫情，其中手足口病重症（聚集性病例）疫情 17 起、甲流重症疫情 1 起、狂犬病疫情 1 起、水痘疫情 1 起、流行性腮腺炎疫情 1 起、感染性腹泻疫情 1 起、流行性出血性结膜炎疫情 3 起、不明原因死亡 1 起。疫点消毒面积 16 万平方米，进行流行病学调查、采集病人标本 12 份。

第六节　非典与甲型（HINI）流感防治

2003 年中国部分地区出现非典型肺炎疫情后，琼山区防疫站成立应急队、流调队、消杀队 3 支队伍，共处理非典可疑病例 3 例，追踪非典密切接触者 18 人，并进行医学观察；对发热病患者家庭和公共场所消毒 64 家，消毒面积 258 万平方米。开展预防性消毒面积 754 万平方米。开展预防“非典”健康教育工作，举办培训班 3 期，共 180 人次。接受咨询电话 7683 人次。从 2003 年 11 月 12 日至 2004 年 5 月 6 日，实行非典疫情月报及发热病人日报告制度。

2009 年甲型 HINH 流感疫情发生后，琼山区疾控中心共处理甲型 HINI 流感暴发疫情 3 起，疫点 44 个，消毒面积为 10 万平方米，进行流行病学调查，采样病人标本 39 人（份），对密切接触者追踪 3166 人，接种甲型 HINI 流感疫苗约 4 万人次。

第七节　医疗技术

2002 年，琼山人民医院率先在全省“二甲”医院中开展心血管疾病介入诊疗技术，如冠状动脉造影术、肾动脉造影术、经皮冠状动脉腔内球囊扩张术及支架植入术、室上速射频消融术、临时或永久起博器置入术等。该院开展的无痛胃镜诊疗技术属省内首家，医院的重症监护病区配备有先进的仪器设备，成功抢救数千例危重病患者。该院的神经内科和颅脑外科自成立以来，凭借精湛的技术和优良的设备，屡屡成功抢救大面积脑梗死、脑出血、脑疝形成等危重患者。骨科开展的人工关节置换手术，不仅解除了骨关节炎、股骨头坏死等病人的痛苦，还能恢复良好的功能，提高生活质量。对脊柱严重爆裂骨折病人，通过减压、植骨融合、椎弓根螺钉内固定手术，能及时重建脊柱稳定，恢复神经功能，使病人尽快恢复劳动和生活自理能力。府城医院增设疼痛治疗专科等医院科室。琼山区妇幼保健院开展"降消项目"，启动母婴安康、出生缺陷防治等项目，切实保障了母婴安全，带动妇幼医疗保健业务迅速发展。琼山中医院措助"五保户"大病救助政策及专项资金，先后投入52万元并聘请教授为学科带头人，加强脑血管病专科、中医院康复科建设，开设妇科中药灌肠特色诊疗，有效提高中医药服务水平。

第八节　妇幼保健

自2002年后，琼山妇幼保健院每年都开展农村育龄妇女妇科病普查、幼儿园健康体检工作。2010年，妇科病普查4个镇，普查15680人次；幼儿园体检126间，体检17139人次，幼师体检430人次；幼儿园换（发）证44间。

该院每年都保证妇幼专职人员1/3的工作下乡时间，对辖区各级各类医疗机构开展的妇幼卫生服务进行检查、考核与评价，巩固"爱婴医院"成果。指导和开展辖区的妇幼保健健康教育与健康促进工作，实施辖区母婴保健技术培训，坚持每年每季妇幼例会，每年参会及培训人员场均28人次。并负责辖区孕产妇死亡、婴儿及5岁以下儿童死亡、出生缺陷监测、高危孕产妇、妇幼卫生服务及技术管理等信息的收集、统计、分析、质量控制和汇总上报工作。

2010年为农村妇女免费增补叶酸项目，宣传发动发放资料3000余份，培训1704人次，发放叶酸给2053人，服用率71.9%。35~59岁农村妇女宫颈癌免费筛查5428人次，乳腺癌免费筛查1386人次。农村妇女住院分娩补助2392人次。孕产妇健康管理项目，孕产妇管理3692人，保健管理率93.02%，产后访视3472人，产后访视率87.02%。0—36个月儿童健康管理项目，健康管理8630人，管理率70.39%。婚前医学检查人数为3052对。

2002年后，接诊逐年增多，至2010年门诊接诊量14.56万人次（其中儿科12.91万人次），病房住院量3827人次（其中儿科2658人次）。各基层卫生院在完成医疗工作的同时，也承担区卫生局布置的妇幼保健工作。

第九节　创卫工作

琼山区积极开展创建国家卫生城市活动（简称创卫工作），出动宣传车、张挂横额，设置大型公益宣传广告开展宣传活动。2003—2010 年，共出动宣传车 200 辆次，张挂横额 800 多条，设置永久性宣传广告 26 幅，临时性设置广告 100 多幅，促进创卫活动深入人心。

抓环境卫生整治。琼山区环卫局把城区清扫保洁工作落实到作业队和个人，坚持全天候清扫保洁工作，确保了城区卫生环境洁净白天和晚上一个样，大街小巷一个样，并及时抓好卫生死角清理工作。2003 年共清理卫生死角 56 处（次），清理垃圾 200 多吨。据统计，2003—2010 年，城区共清理卫生死角 600 多处（次），清理垃圾 5000 多吨，每逢博鳌亚洲论坛年会召开，国庆、元旦、春节等重大节庆，都组织机关干部职工开展大扫除活动。2003 年共组织大扫除 4 次，参加人数达 2000 多人，2003—2010 年，共组织 30 次大扫除活动，参加人数达 2 万人次。特别是 2009 年海口市开展“五大工程”活动后，琼山区成立“五大工程办公室”，负责清洁工程、整洁工程、规泊工程、打违工程、宁静工程的具体实施，在环境卫生方面，建立机关单位“门前三包”责任街区。并把环境卫生整治延伸到乡镇，2009 年在龙塘、云龙、红旗、三门坡、大坡、甲子、旧州 7 个镇建立垃圾中转站，每个镇配各 1 辆清运垃圾汽车，建立垃圾清扫保洁队伍，工作人员工资福利待遇由区财政拨款解决。2010 年开展建立 100 座农村垃圾屋工程，全区每个行政村都建立一个垃圾收集屋。通过开展乡镇环境卫生整治常态化，初步解决垃圾围村问题。

除“四害”活动。2003—2010 年，每年每季都开展一次除“四害”活动，共组织除“四害”活动 32 次。

农村改厕。2002—2010 年，全区共投入 785.2 万元，完成 9815 户改厕任务，农村改厕工作走在全市前头。

第十节　区级医院建设

原琼山市重视医疗卫生的投入，在抓龙头医院琼山人民医院、骨干医院府城医院扩建的同时，加大对琼山区妇幼保健院的建设，2004 年，扩建琼山区妇幼保健院面积 560 平方米。2007 年购买嵩阳大厦第三层面积 723.79 平方米，设保健部和行政办公区。2009 年租赁嵩阳大厦第二楼层面积 884.6 平方米，使该院工作用房总面积 3768 平方米，不断改善了办医条件。1991 年创办琼山市中医院（现琼山区中医院），结束了琼山市没有中医专科医院的历史。2003 年设区后，加大对镇级卫生院投入力度。2003 年投入 172.69 万元建设旧州镇卫生院门大楼，建筑面积 1890 平方米，2004 年又投入 35.16 万元建设该院手术室及病房，建筑面积 480 平方米。2005 年投入 50 万元建设三门坡谭文分院门诊楼，建筑面积 500 平方米。2006 年投入 270 万元建设龙塘镇中心卫生院门诊大楼，新增业务用房面积 2700 平方米；投入 130 万元建设红旗镇中心卫生院住院大楼，建筑面积 1450 平方米；投入 200 万元建设三门坡镇卫生院综合门诊大楼，建筑面积 1943 平方米。2007 年投入 257

万元建设云龙镇卫生院门诊综合楼，建筑面积2570平方米。2006年投入228.2万元建设甲子镇卫生院门诊大楼，建筑面积2282平方米。2004年投入35万元新建大坡镇卫生院职工宿舍楼，建筑面积480平方米；2006年投入220万元建设该院门诊楼及住院部，建筑面积2200平方米；2008年投入70万元新建该院职工宿舍楼650平方米。从此，琼山区基层卫生院结束危房的历史。

琼山辖区有省直管医院2家。海南省老干部疗养院位于府城镇高登街新桥路，海南省妇幼保健院位于龙昆南路15号。市直管医院1家，海口市妇女儿童医院位于国兴大道文坛路6号。民办医院1家，琼山妇产科医院位于府城镇建国一横路。

第十一节　民办诊所与私人药店

2003年，琼山区民办诊所有25家。至2010年止，该区民办诊所发展到46家。在国家开放药品市场后，琼山区私人药店曾一度被喻为“药店多过米铺”，2003年有321家。随着市场竞争淘汰及国家提高开办私人药站门槛等因素制约，至2010年，琼山区私人药店共有161家。较大的药店有广安堂、隆安源、广安大药堂、养天和、永敬堂等连锁店。

第六章　体　育

第一节　体育组织

2003年，琼山区的体育组织由区文化体育局主导，辖少年儿童业余体育学校、老年人体育协会、农民体育协会，负责领导和协调区、镇（国兴街道办事处）和机关、企事业单位开展贯彻国家《中华人民共和国体育法》，实施《全民健身计划纲要》，培训竞技人才和举办各类竞赛活动。2010年，全区的体育组织有8个：琼山区文化体育局、琼山区少年儿童业余体育学校、琼山区老年人体育协会（1985年1月25日成立，2010年有会员450名）、龙塘镇老年人体育协会（2006年3月成立，2010年有会员75名）、大坡镇老年人体育协会（2001年成立，2010年有会员13名）、红旗镇老年人体育协会（2007年成立，2010年有会员36名）、三门坡镇农民体育协会（2003年8月成立，2010年有会员20名）、三门坡镇老年人体育协会（2008年12月成立，2010年有会员30名）。

第二节　群众体育

一、体育设施建设

城乡设有排球场、篮球场、乒乓球桌（室）、台球桌（室）、健身路径、健身馆（室）等体育场地。

1984年琼山县财政拨款100万元，于1985年夏在府城东门里动工兴建琼山县灯光球场，1987年底竣工，设有水泥地面的排球、篮球两用场1个、看台座位5500个。1998年11月，因年久陈旧，渗漏严重，经琼山市人民政府审批，由“海南成泰贸易有限公司”出资211万元，进行看台座位防渗维修，并租赁经营。2007年9月，经琼山区委第70次常委会和琼山区人民政府第32次区长办公会议审批，区文体局采取“以地补偿”的形式，招引“海口利昌隆物业管理有限公司”（现更改为“海南利昌隆房地产开发有限公司”）出资2000万元，于2008年1月动工改建成1栋6层、面积1万多平方米，具有羽毛球、乒乓球训练等多功能的“琼山文化体育活动中心”，2009年秋竣工。

2000年底，海南省体育彩票中心先后2次拨款300万元体育彩票公益金，琼山市文化广电体育局于2001年初在琼山侨中东南侧动工兴建琼山市少年儿童业余体育学校（2003年1月更改为琼山区少年儿童业余体育学校）。内有1栋5层、面积1800平方米宿舍大楼、1间面积300平方米训练房和1间300平方米健身房。于2003年秋竣工，并交付使用至今。

2008年，红旗镇投入71万元，在镇政府大院、镇文化中心和21个村委会（自然村）修建21个水泥地面和简便座位灯光排球场。三门坡镇投入75万元，在镇政府大院、镇文化中心、谭文办事处和13个村委会（自然村），修建16个水泥地面排球场（11个设灯光、5个排、篮球两用）。甲子镇投入34.3万元，在镇政府大院、新民办事处和7个村委会（自然村）修建9个水泥地面、1个夯土排球场（7个设灯光、1个设简易座位）。云龙镇投入19.5万元，在镇政府大院、镇文化中心和5个村委会（自然村），修建7个水泥地面灯光排球场（6个设简易座位）。大坡镇投入9万元，在镇政府大院和大坡村委会塘口、塔昌村修建1个水泥地面灯光排、篮两用球场和2个水泥排球场。龙塘镇投入3万元，在龙新村委会美儒村建1个水泥排球场。

二、体育活动

琼山区是著名的体育之乡，全民健身活动十分广泛活跃。乡村农民群众以排球、拔河、象棋、乒乓球活动为主，劳动之余常自发组队开展比赛。每逢重大节假日或传统节日（公期、婆期），以镇、村组队开展比赛或自筹资金邀请外地队伍开展比赛。

2002—2010年，琼山区文体局每年制定《关于开展全民健身月活动实施方案》，并举行“全民健身月活动启动仪式”，动员和指导各镇（街道）和机关、企事业单位组织农民群众和干部职工开展全民健身活动。主持和协助举办乡镇男子9人排球、女子拔河和干部职工男子9人排球、篮球、乒乓球、羽毛球赛，老年人门球、地掷球、太极拳（剑）竞赛活动。2009年8月8日组织1000名干部职工和学生参加海南省文化广电出版体育厅在海南省高级体育学校举办的“海南省2009年‘全民健身月’启动仪式”长跑活动。

各镇（街道）和机关、企事业单位通过张贴3140条标语，悬挂190条横幅，印发16710份资料，出版29期专栏，举办2期图片展览和25期、800人参加的指导员培训班等形式，宣传《全民健身计划纲要》和奥运知识，以及科学、健康、文明的体育锻炼方法。并利用每年的“全民健身月”和节假日，组织农民群众、干部职工和城乡老人，开展排球、篮球、门球、乒乓球、羽毛球、地掷球、健身操（球、舞）、太极拳（剑）和广播体操等144项次体育竞赛活动。全区参加健身活动的人数占总人口数约39%。

区文体局于2002、2003、2004、2005年获得全国“全民健身月活动优秀组织奖”，2006年获得全国“全民健身月活动先进单位”，2007年获得全国“全民健身与奥运同行先进单位”。三门坡镇2004年获得全国“全民健身月活动先进单位”。旧州镇2006年获得全国“亿万农民健身活动先进乡镇”（第八批）。龙塘镇2007年获得全国“全民健身活动先进单位”。

2002年，琼山市文体局在市工人文化宫灯光球场举办“琼山市‘太极拳月’启动仪式”，组织20名老年人管弦民乐队和50名老年人腰鼓队进行演奏和表演。组织100名老年人进行太极拳（剑）等8个太极拳健身项目表演。在市老干部活动中心举办“琼山市纪念毛泽东主席‘发展体育运动，增强人民体质’光辉题词发表50周年‘太极拳健身月’”比赛大会，组织100名老年人进行各式太极拳（剑）及太极器械的集体项目和个人项目比赛。在全民健身月活动期间，在府城地区的4所中学分别举行24场中学生男、女篮球比赛。在市工人文化宫灯光球场举行府城地区的中学教工和小学教工排球比赛。红旗镇在红旗小学举行1500人参加的长跑活动。

2003年，琼山区文体局于7月4日举行“全民健身月活动”启动仪式后，举办“将军杯”老年人地掷球邀请赛、老年人钓鱼邀请赛和庆国庆职工男子（9人）排球赛、“清华紫光杯”泰迪健身球（操）邀请赛。红旗镇在镇政府大院灯光球场举行有11支村委会队伍参加的男子（9人）排球赛。

2004年，琼山区文体局于6月4日举行“体育三下乡”暨“全民健身活动”启动仪式后，举办“文明生态村男子（9人）排球赛”“庆‘七一’乡镇男子（9人）排球赛”“干部职工男子篮球赛和乒乓球赛”。红旗镇在镇政府大院灯光球场举行有11支村委会队伍参加的男子（9人）排球赛。甲子镇在镇政府大院灯光球场举行“三市一县”男子（9人）排球赛和村委会“三八”妇女拔河赛。同年，旧州镇获得全国“群众体育先进单位”。

2005年，全区共开展跑步、排球、篮球、足球、乒乓球、地掷球、健身操（球、舞）、太极拳（剑）、广播体操等10项次、6.7万人参加的健身活动，纪念《体育法》和《全民健身计划纲要》颁布十周年，并在区少儿体校承办“2005年海南省少年举重棉标赛”。红旗镇邀请海南师范大学、琼山中学和文昌市、定安县的排球代表队，在镇政府大院灯光球场举行“迎春杯”男子（9人）排球赛。甲子镇在镇政府大院灯光球场举行村委会男子（9人）排球赛。

2006年，琼山区文体局在纪念建党85周年期间，分别举办老年人门球赛和机关、企事业单位及镇（街道）男子乒乓球赛和男子（9人）排球赛。甲子镇在镇政府大院灯光球场举行村委会“三八”妇女拔河比赛。

2007年，全区共举行舞狮、拔河、排球、乒乓球、健身操（球、舞）、太极拳（剑）和广播体操等30项次、2247人参加的健身活动。文体局还举办干部职工“迎奥运‘大众广播体操’展示活动”和“迎奥运乡镇男子（9人）排球赛”。红旗镇在镇政府大院灯光球场举行有11支村委会队伍参加的男子（9人）排球赛。

2008年，全区共开展拔河、排球、篮球、乒乓球等10项次、850人参加的健身活动。区文体局还举办“琼山区‘五一’、‘五四’迎奥运机关、乡镇男子（9人）排球赛”。并组织100多名干部职工参加2008年北京奥运火炬海口市传递庆典活动，组织4800名干部职工和学生在奥运火炬传递路线欢迎奥运火炬传递活动。区民政局举办庆“五一”职工运动会，区教科局举办“琼山区庆‘教师节’”暨迎接国庆59周年教工系列体育竞赛活动。区老年人体协举办老年人门球、乒乓球比赛和有32支队伍参加的府海地区老年人门球协作赛，并组队参加中南6省城市老年人门球邀请赛。红旗镇在合群村委会本务村灯光球场举行有200人参加的男子（9人）排球赛和拔河赛。龙塘镇邀请海南师范大学、琼山中学和文昌市、定安县代表队，在龙光村委会玉璜村球场举行“迎奥运男子（9人）排球赛”。大坡镇在镇政府大院灯光球场举行村委会“迎奥运男子（9人）排球赛”。

2009年，区文体局主办或协助有关单位和乡镇举办9项次体育竞赛活动。并在区少儿体校承办“2009年海南省少年举重锦标赛”。区少儿体校代表队获得25金、22银、1铜和2人5项打破省少年举重记录及金牌总数第一和体育道德风尚奖。红旗镇邀请海南师范大学、琼山中学和文昌市、定安县代表队在墨桥小学排球场举行“迎新春男子（9人）排球邀请赛”。龙塘镇在仁三村委会仁三小学排球场举行全市四个区的男子（9人）排球赛。区文体局周启轩和龙塘镇王平武获得全国“群众体育先进个人”。

2010年，全区共举办舞狮、拔河、排球、乒乓球、门球、健身操（球、舞）、太极拳（剑）等15项次，950人参加的体育竞赛活动。区文体局还举办第九届中国（海口）冼夫人文化节琼山区云龙镇分会场男女混合拔河比赛、举办老年人地掷球邀请赛和琼山区庆祝海南解放六十周年“椰王杯”健身腰鼓表演赛。并协助和组织4支队伍参加海口市在红旗镇岭门村举办的首届农民趣味体育运动会，琼山区4支代表队分别获得团体总分第二、三、四名，单项获得2个第一名、1个第二名、3个第三名。龙塘镇举办3项次男子9人排球赛；府城镇举办1项次男子篮球赛，1项次男子9人排球赛、1项次女子拔河赛；云龙镇举办 1 项次男女混合拔河赛、2 项次男子 9 人排球赛；大坡镇举办 1 项次男子 9 人排球赛。

第三节　学校体育

一、体育设施建设

2004—2005 年，城区 2 所中学（府城中学、琼山二中）投入 186 万元修建 1 个塑胶综合运动场、2 个塑胶排球场和 4 个水泥排球场（2 个有灯光、2 个有座位）、2 个塑胶篮球场和 2 个水泥篮球场（2 个有座位、2 个有灯光）。城区 7 所小学投入 231.35 万元，修建 1 个夯土综合运动场、2 个水泥操场、9 个水泥排球场（3 个有灯光）、12 个水泥篮球场（3 个有灯光）和 7 副双杆、4 副单杆、7 台乒乓球桌。

2007 年，乡镇 10 所中学投入 137.2 万元，修建 9 个夯土综合运动场、10 个水泥排球场和 7 个夯土排球场（2 个有灯光、2 个有座位）、14 个水泥篮球场和 2 个夯土篮球场（3 个有灯光、1 个有座位）、2 副双杆、1 副单杆、6 台乒乓球桌、3 个组合架、1 个水泥羽毛球场，1 个夯土门球场。21 所小学投入 195.9 万元，修建 7 个夯土综合运动场、17 个水泥排球场和 7 个夯土排球场（6 个有灯光、6 个有座位）、9 个水泥篮球场、8 个夯土篮球场、2 个木板篮球场（4 个有灯光、5 个有座位）、5 副双杆、3 副单杆、18 台乓乓球桌、11 个组合架、1 个水泥羽毛球场。

二、体育活动

2003—2010 年，琼山区中小学校贯彻《学校体育工作条例》和《国家体育锻炼标准施行办法》，坚持小学 1~4 年级，每班每周 4 节体育课、5~6 年级和中学每班每周 3 节体育课，开展两课两操两活动（早操、课间操、每周两次课外活动）和“快乐体育园地”的球类、武术、广播体操、韵律操、群体操、腰鼓表演及兴趣游戏等活动，落实学生每天有 1 小时的活动时间，使每天参加体育活动的学生达 90%以上，学生的体育锻炼达标率、良好率和优秀率分别达 92.5%、34%、29.6%。

全区中小学校除正常的体育课（中学还设军训课）外，常开展排球、篮球、乒乓球、田径、单双杆等体育活动。每学年（期）尚有一次体育竞赛，有时还举办班（校）际之间的竞赛。区教育局、文体局分别于 2002、2004、2006 年联合在琼山五小举办小学生田径运动会，于 2003、2005、2007 年在琼山华侨中学和 2009 年在琼山区五小举办中学生田径运动会。2010 年在琼山区五小举办中、小学生田径运动会。

第四节　人才培训

琼山区少儿业余体校是琼山区体育人才培养基地，设置田径、举重、沙滩排球、乒乓球等训练项目。2003—2010年，每年学生人数80~100名（田径48名、举重23名、沙滩排球8名、乒乓球21名），均分散在府城镇各中、小学就读，每周一至周六的5：30—6：50、16：50—18：30集中在琼山华侨中学进行训练。经过重点培养和选拔，2003—2009年，琼山区共为海口市和国家队输送田径、举重、沙滩排球运动员18名。表现突出的举重运动员有：陈雄、许祥、丁成积，2008年均被选为国家奥运集训队队员，陈雄2010年为国家举重队队员。2003—2010年，琼山区通过人才培养取得如下成果：

2004年和2008年琼山区积极配合海口市代表团参加海南省第二、第三届运动会，为海口市代表团获得田径、举重、沙滩排球等项目少年组金牌第一名。2005、2006、2007年配合海口市代表团参加海南省少年田径、举重、沙滩排球锦标赛，均获得第一名。2003、2009年单独组队参加海南省少年田径、举重锦标赛，均列全省前三名。

陈雄：2004年参加全国少年举重赛，获得52公斤级两项第1、一项第2名；2005年参加全国少年举重锦标赛，获得56公斤级三项第一名；2006年参加全国举重冠军赛，获得56公斤级一项第6、一项第7名；2007年参加全国举重冠军赛，获得56公斤级一项第4、一项第5名；参加全国青少年举重锦标赛，获得56公斤级第1名；2008年参加亚洲俱乐部杯赛，获得56公斤级青年组三项第2名；2008年参加亚洲俱乐部杯赛，获得56公斤级成年组一项第1、二项第2名；2009年参加全国第11届运动会，获得举重56公斤级第8名，参加全国举重冠军赛，获得一项第1名；2009年参加世界青少年举重锦标赛，获得56公斤级三项第1名，并破抓举世界少年纪录。

许祥：2004年参加全国少年举重锦标赛，获得62公斤级一项第2名；2005年参加全国青年举重锦标赛获得62公斤级一项第2名、一项第3名，参加亚洲俱乐部杯赛，获得62公斤级三项第1名；2006年参加全国举重锦标赛，获得62公级斤一项第5名、一项第6名，参加中、日、韩三国举重对抗赛，获得62公斤级三项第1名；2007年参加全国举重冠军赛，获得62公斤级两项第4名；2009年参加全国第11届运动会进入决赛。

丁成积：2004年参加全国青少年举重锦标赛，获得77公斤级六项第2名。2005年参加亚洲俱乐部杯赛，获得77公斤级一项第1、两项第2名；2005年参加全国青年举重锦标赛，获得77公斤级三项第2名；2006年参加中、日、韩三国举重对抗赛，获得77公斤级三项第2名；参加全国举重锦标赛，获得77公斤级一项第2名；2009年参加全国举重冠军赛，获得77公斤级一项第4、一项第6名；2009年参加全国第11届运动会进入决赛。

2010年，琼山区组队参加海南省少年田径锦标赛获得团体总分第二名及体育道德风尚奖；组队参加海南省少年举重锦标赛获得金牌11枚、团体第五名和体育道德风尚奖；组队参加海南省少年乒乓球锦标赛获得女子团体第八名及体育道德风尚奖；组队参加海南省少年沙滩排球锦标赛获得男甲第二名、男乙第三名、女乙第三名。

第五节　体育场馆

2004年7月10日—8月20日，琼山区文体局组织122名经过培训合格的普查员，分别深入8个镇、1个街道（国兴街道办事处）、2个国营农场和其他单位，采取基本普查单位和条块结合的方法，开展“第五次全国体育场地普查”，摸清全区478个体育场地。其中：体育场5个、体育馆1个、游泳池1个、跳水池1个、有固定看台灯光球场6个、综合馆2个、篮球房（馆）1个、排球房（馆）1个、羽毛球房（馆）2个、乒乓房（馆）10个、健身房（馆）14个、棋牌房（馆）3个、拳击房（馆）1个、台球房（馆）1个、田径场7个、运动场44个、室外网球场6个、室内（外）轮滑场1个、高尔夫球场2个、地掷球场1个、篮球场134个、排球场158个、门球场5个。非标准场地71个（教育系统47个，其他系统24个）。

体育场馆还有个体或企业单位兴建经营。如吴静在府城镇中山路36号4楼兴建1个800平方米的“吉祥健身俱乐部”；王茹在琼山区文化宫三楼兴建1个360平方米的“永骄乒乓球俱乐部”；柯运武在琼台师范学院三楼兴建1个420平方米的“琼山中山羽毛球活动室”；潘玉金在府城高登西培龙市场三楼兴建1个800平方米的“张华乒乓球俱乐部”，韩玷元在府城高登西路74号二楼兴建1个300平方米的“山泉乒乓球俱乐部”；谭孔天在府城勋亭路（原轻工机械厂）兴建1个“泰源羽毛球俱乐部”。

第十九编　社会主义精神文明建设

第一章　组织机构

第一节　机　构

一、琼山区精神文明建设工作指导委员会

其前身是于1991年成立的琼山县精神文明建设工作指导委员会（简称文明委），首任主任由时任县委书记叶重对兼任。1994年琼山撤县设市，改称琼山市精神文明建设工作指导委员会，1994—1997年，主任由时任市委书记王富玉兼任。1997—2001年，由时任市委书记符乃雄兼任。2002年10月16日，海口行政区划调整，改称琼山区精神文明建设工作指导委员会，主任由时任区委书记钟万荣兼任，文明委成员共有32名。2007—2010年7月，琼山区文明委主任由时任区委书记徐学健兼任，文明委成员共有32名。2010年7月至12月，琼山区文明委主任由时任区委书记吴川祝兼任，文明委成员共32名。

二、琼山区精神文明建设工作指导委员会办公室

文明委下设机构简称文明办，文明办负责文明委日常工作。办公室设在区委宣传部，与区委宣传部合署办公，设主任1名（2008年前副科级，2008年后正科级），挂琼山区精神文明建设工作指导委员会办公室牌子，2010年在编人员3名。

第二节　文明制度建设

2003年5月，琼山区制定和完善7项制度。

一、文明委工作制度

区文明委在区委领导下负责组织协调指导全区精神文明建设工作。

（一）贯彻落实党中央、海南省委、海口市委、琼山区精神文明建设部署。

（二）研究确定全区精神文明建设工作的总体规划，年度计划；部署全区精神文明创建活动。

（三）根据精神文明建设工作需要或是人事变动，应及时调整机构人员。

（四）文明委工作机制以例会或文明委主要领导会签为主要方式。

二、文明委例会制度

（一）会议由主任、副主任、委员，文明办主任、负责人参加，可请各镇、街道和区有关领导列席。

（二）会议须三分之二以上委员到会方能召开。委员因故不能出席，应提前请假，对会议拟定的事项，可委托他人反映意见。

（三）会议一般在每年第一季度和第四季度分别召开，遇特殊情况，主任可随时召开会议；主任可委托副主任主持召开会议。

（四）听取和审议文明办提交的工作；研究决定命名表彰精神文明建设工作先进典型，或提交区委、区政府审批；向上级推荐先进典型。

（五）文明办负责筹办文明委会议，准备会议内容和贯彻落实议定事项。

（六）文明办要将会议内容提前两天向文明委成员通报。

三、文明委成员单位联席会议制度

（一）联席会议由文明委牵头，文明委主要领导召集并主持，区文明办负责具体组织实施并做记录。文明委各成员参加，并根据会议内容确定列席人员。

（二）会议内容主要是传达贯彻上级精神文明建设的方针、政策；对全区精神文明建设的重大问题进行指导、协调和决策；听取区文明办关于各阶段精神文明建设工作的进展情况及各成员单位开展精神文明建设工作情况汇报；审议文明委和文明办年度工作总结，讨论制定年度精神文明建设工作意见；审议决定精神文明建设工作命名表彰事宜；讨论决定精神文明建设的重要事项。

（三）联席会议原则上每半年召开一次，特殊情况可随时召集。

（四）文明办负责制定会议纪要报区委区政府并印发有关单位，对会议作出的决定或决议，由文明办按照部门职能将具体任务分解到各成员单位和对口部门，并负责督办落实。

四、文明委成员单位联络员制度

（一）联络员由文明委成员单位指定专人（副科级以上干部）担任。

（二）联络员工作职责是落实精神文明创建工作分解到本系统、本单位的任务；总结本单位精神文明建设工作经验、做法进行交流推广；督导本单位精神文明建设工作；制定本单位年度精神文明建设工作计划，撰写各阶段精神文明创建情况汇报、总结，上报本单位精神文明建设工作开展情况动态信息；完成本单位文明委交办的各项工作任务；参加群众性精神文明创建活动候选单位的检查评比工作；负责与区文明办的日常工作联系。

五、文明委成员单位信息交流及工作汇报制度

（一）各成员单位的信息及材料的收集、编写、报送由各单位联络员具体负责。

（二）报送信息材料的主要内容是本单位对区委、区政府和区文明委有关精神文明建设工作部署的贯彻落实情况；本单位年初精神文明创建计划、年终精神文明建设工作总结以及阶段性工作情况；本单位围绕中心工作，开展群众性精神文明创建活动的具体做法、经验以及遇到的新情况、新问题；干部群众中的思想热点、难点问题及与精神文明建设有关的重要观点和理论文章；区文明办根据精神文明建设形势和任务的需要，要求各单位报送的材料。

（三）信息材料报送，坚持全面、准确、及时的原则，做到不迟报，不误报；材料要经过认真的综合整理，力求客观、精炼。

六、文明委成员单位联络员学习和培训制度

（一）为加强文明委成员单位之间的沟通交流，促进联络员工作水平，提高工作效率，制定本制度。

（二）学习和培训内容：中央、海南省、海口市、琼山区精神文明建设的方针、政策和重要决议；以科学发展观加强社会主义精神文明建设的重要理论学习文章；新形势下琼山区精神文明建设的要求和任务；群众性精神文明创建活动先进单位的评选标准和程序；单位基层组织如何开展精神文明创建活动。

（三）学习培训方式：集中学习培训、下发资料自学、请专家学者开办讲座、参观考察交流经验等。

七、群众性精神文明创建活动工作制度

（一）开展群众性精神文明创建活动，由上级文明委或区文明委确定，文明办组织实施。

（二）创建活动坚持“两手抓，两手都要硬”方针，重在建设原则，以提高文明程度，提高区民文明素质和生活质量为目标，促进两个文明的协调发展，满足广大区民的物质文化需要。

（三）参与创建活动评比的单位或个人，先向区文明办提出申请，区文明办依据标准进行指导、检查、验收、公示，经文明委决定命名表彰。

（四）文明委决定开展的各类文明创建活动，由区文明办依据上级有关要求并结合区实际，制定下发实施方案，并具体组织实施。

（五）参加各类精神文明创建活动的单位或个人，按活动要求，组织、落实，并将活动开展情况和活动总结上报区文明办。

（六）区文明办要定期向人大代表、政协委员及社会各界人士通报精神文明创建活动开展情况。

（七）区文明办要定期召开社会监督员座谈会，听取、了解和征求社会各界对精神文明创建活动的意见和建议。

第三节　执行制度情况

2005 年，琼山区制定“百里百村文明生态村长廊”计划，以海榆东线为主轴，计划每年建设文明生态村 50 个，其中重点村（样板村）20 个。至 2010 年，全区创建文明生态村 497 个，占自然村 65%，其中重点村 160 个。

2003—2010 年，琼山区每年都召开 2 次文明委例会，共召开文明例会 16 次。期间，召开文明委成员单位联席会议 14 次，建立成员单位联系点制度，确定成员单位每年联系一个村（社区）支持文明生态村创建工作。2003—2010年，成员单位在8年间共投入资金500多万元，扶持联系点8个镇、1个街道办创建文明生态村（社区）497个。

琼山区积极做好信息交流工作。2003—2010年，每年都召开1次全区文明生态村创建工作现场推动会和1次总结表彰会，期间共召开推动会和总结会16场（次），向海口市政府办公厅编印的《政务信息》投稿涉及生态文明村建设信息398篇，自办简报118期，中央、省、市新闻媒体报道琼山区创建文明生态村共308篇，图片405张。

第四节　文明新风活动

2002—2010年，琼山区通过广泛发动机关单位和社会各界人士参加“春蕾计划”，在一大批热心人士和贫困儿童之间架起一座座爱心桥，为328名贫困儿童寻找爱心资助人。10年间全区为贫困儿童、残疾儿童、救治患病儿童捐款捐物超过42万元。2004年，全区举行“万人献爱心”活动，共收到社会各界捐助款物17万元；2008年四川汶川大地震后，全区动员社会各界捐款600多万元支援灾区重建；青海省玉树地区发生大地震后，积极组织党员自愿交纳“特殊党费”活动，全区共有509个单位党组织共计5229名党员，缴纳“特殊党费”34.18万元，其中缴纳1000元以上的党员10名。热心公益捐助，热心扶困济贫，热心见义勇为现象蔚然成风，涌现了全国道德模范史兰俊、全省道德模范陈起贤，海南省舍己救人的青年楷模杜定芳、全市见义勇为积极分子陈明旭等一批先进人物。

第二章　文明创建活动

第一节　创建文明镇、街道、村

文明生态村建设被视为社会主义新农村建设的海南模式。它以“建设生态环境，发展生态经济，培育生态文化”为主要内容，协调推进物质文明、精神文明和政治文明建设，努力实现人的全面发展和农村经济社会的全面进步。围绕建设文明生态村海南模式，琼山区创建精神文明镇（街道、村），重点沿国道海榆东线开展。2005年，在2002以“示范村辐射周边村、数村联创文明生态村片区”的基础上、延海榆东线开展“百里百村文明生态村长廊”，规模推进全区文明生态村创建工作，打造文明生态村长廊。至2006年9月，全区创建文明生态村168个。创建了以红旗镇本立村、三门坡镇昌文村为代表的首批省级示范村和先进村，受到省市组织参观与推广。2006年10月，中央电视台、《人民日报》等

10多家新闻媒体多次进行专题报道。

中央文明委表彰第三批全国文明城市（区）、文明村镇、文明单位中，海口市琼山区三门坡镇和三门坡镇龙鳞村荣获2007—2010年度全国文明村镇称号。红旗镇、龙鳞村均是革命老区。红旗镇本立村组建的红旗农业合作社，被毛泽东主席批示树立为全国农业合作社的典型。2005创建“猪—沼—作物”建成投产。此生态经济模式是经省农业厅批准建设的沼气循环经济新模式之一，即在猪舍中饲养生猪，由猪粪等排泄物发酵产生沼气，将沼气集中供全村农户使用，沼液则为农家庄稼有机肥料。本立村生态经济发展改变了农民精神面貌。农民是扛起锄头下农田，换了服装成演员，农闲时精神文化生活丰富多彩。龙鳞村于2005年投工投劳1.7万人（次），硬化环村路70米，巷道840米，铺草皮1400平方米，改造村容村貌，同时注重保护生态环境资源，形成独具“世外桃园”地方特色村庄。集农宿度假、农家美食、农家生活体验，于一体的经营模式，引来无数外来游客。2005年，全区村村实现通路通车。镇（墟）至行政村公路57条，通车总里程长316.2千米；行政村至自然村公路483条，通车总里程长1429.4千米。

自2006年起，用5年时间，全区以百里村联创百里文明生态村长廊为基础，创建5品牌百里长廊：百里生态长廊、百里旅游长廊、百里平安长廊、百里文化长廊和百里富裕长廊。

2007年，全区创建文明生态村累计324个，占全区自然村总数42%。琼山区文明生态村建设工作被评为全市第一名。10月26日，区三套班子领导、区机关与镇（街道）正科级领导100多人在三门坡镇加乐湖村举行“欢乐海口·农家乐”联欢活动。10—12月，先后有省市领导到加乐湖村视察调研，海口市委理论研讨会在加乐湖村召开，全国各省、市、区文明办代表到加乐湖村考察海南新农村建设经验。

2008年，琼山区成为全国新农村建设典范。4月，国务院总理温家宝到红旗镇本立村考察。5月，日本国驻华大使馆经济参赞日崎贤之实地考察本立村循环生态经济。6月，中央文明办专职副主任王世明、省委常委、宣传部部长周文彰、省文明办主任陈修演、中共海口市委常委、宣传部部长陈军到三门坡镇加乐湖村、龙鳞村和红旗镇本立村实地考察。7月，参加全国部分省（区）文明办主任文明生态村调研座谈会的代表到红旗镇本立村、三门坡镇龙鳞村参观取经。全国新农村建设实施委员会主任高文利表示：这是新农村建设的一个典范，一定要向全国推广。11月，航天英雄翟志刚、刘伯明、景海鹏和有关航天功臣一行参观红旗镇本立村和南畴湖村。是年，三门坡镇被授予“全省农村治安突出问题整治行动先进集体”，全区启动首批以南畴湖、龙鳞、田心、本立、加乐湖、多谷屯6个村为“一日游”的“农家游”经营景点。景点各具特色，其中龙鳞、田心、本立、加乐湖、多谷屯等村分别享誉“世外桃园”“鹭鸟天堂”“红色村庄”“湖光村色”“长寿村”等美称。

2010年，全区累计创建文明生态村497个，占自然村总数的65%。全区开展“乡村游”建设由 6 个村上升为 8 个村。“乡村游”经营模式有两种类型：以龙鳞村、加乐湖村为代表的合作社型和以岭门村、田心村为代表的“公司＋农户”型。泮边、岭门、龙鳞、加乐湖等文明生态村均建立进村标识牌、巷道标识牌、村庄简介牌、乡村游导览图、客房标识牌、钓鱼台、停车场、村史室、会车点等基础设施。从事服务工作人员，包括接待员、厨师均经过文明礼仪与技能培训。全区接待游客计有 6 万人，经营食住创利润 30 多万元。因地制宜，挖掘资源优势，发展一村一特色、一村一口味农村经济，全区打造多样经济与文化特色村计有 180 个。其中以种植胡椒出名被冠为胡椒村的有大坡镇北昌村、福坡村、沙村。橡胶村有红旗镇南畴湖村、东傲村。香蕉村有红旗镇潭养村、美雅村。养猪村有红旗镇东湖村、保胆村、大坡镇象塘村。养鸡村有旧州镇黄群村、大坡镇贵官村。发财村有三门坡镇黄竹头村（以植观赏花木“发财树”致富故名）。石雕专业村有龙塘镇新潭村。服装加工村有龙塘镇卜美村。红色文化村有红旗镇泮边村，云龙镇玉仙村、上村。历史文化村有旧州镇包道村，府城镇新潭村。此外还有以种植荔枝、槟榔致富冠称荔枝村、槟榔村等。

三门坡镇

三门坡镇是革命老区。位于琼山区中南部。全镇有 11 个村（居）委会，111 个自然村，164 个经济社，人口 2.49 万人，土地总面积 1170.7 平方千米，其中可耕种面积 2.5 万亩，以文明生态村片区创建和“科技兴村、依法治村、民主管村”的“三村”建设工程为切入点，农村实现“零”上访，全镇 77 个村庄成为“无毒村”，占全镇村庄的 70%。

镇域经济，全镇确立“富民强镇”，即先富民，后强镇。发展目标为东部热带经济作物产业片区、中部水果产业片区、西部瓜菜产业片区。2006 年龙鳞村人均纯收入达到 6000 多元，基本实现家家户户有空调、冰箱、电视、音响等。全镇人均收入达到 6000 元的村庄，有 13 个。发展现代农业，打造“一村一品”产业链，昌文村以槟榔富村，龙鳞以橡胶、胡椒、荔枝富村，大稔以橡胶、菠萝富村，下田下、草洞以橡胶富村等。橡胶、荔枝、胡椒、槟榔为四大支柱产业，2007 年全镇四大支柱产业收入突破 1.43 亿元。

创建文明生态村，立足“为改善群众人居环境创文明生态村品牌，为富裕农民发展生态经济，为培养新型农民培育生态文化”的创建思路。镇政府投入资金 42.5 万元，群众自筹资金 97.9 万元，群众出大头。龙鳞村有 48 户 221 人，共投入资金 24 万元，其中该村捐款 15 万元（户均捐款 2000 多元），投工投劳 8000 个，清理各类垃圾 500 多车，拆除旧棚、猪栏及鸡舍等共 36 间，硬化村道 180 米、小巷 365 米，修筑水沟、挡土墙 700 米，安装路灯 15 盏，铺设草坪 700 平方米，种植果树 30 多株，成为全镇创建文明生态村示范村。加乐湖村有 62 户 263 人，村里外出工作人员每人捐出一个月工资，有 13 名外嫁女每人捐助 200~500 元，全村共集资 12 万元投入创建。全镇 20 个村庄群众白天下地搞生产，晚上挑灯夜战创建文明生态村。下田下村是革命老区村庄，琼崖红色少年连曾在该村成立，该村人人支持创建文明生态村，户均捐款达 6500 元。全镇以点带面，形成沿谭仙大道以龙湾村、沿海榆东线以昌文村、沿新德路以草洞、下田下村为中心3个文明生态村片区。昌文、林昌成为省级示范村。2008年，该镇被评为全国文明镇。

第二节　文明单位建设

2003年1月，琼山区以邓小平理论和“三个代表”重要思想为指导，开展“讲大局、树正气、守纪律”教育整顿活动，解决在海口行政区划调整和换届期间区属机关和干部尤其是领导干部中存在大局意识差、小团体利益思想严重，组织纪律观念谈薄等不良作风的问题。教育整顿活动分为四个步骤：动员会议、学习讨论、查摆问题、整改措施。方式采取自查自纠和明察暗访、巡视检查相结合，教育整顿对象是党政机关、“窗口”服务单位及其党员干部。通过整顿教育活动，全区党员干部提高思想认识，把思想统一到中央的决定上来，凝心聚力建设新琼山。

2004年5月10日，中共琼山区委、琼山区人民政府表彰2003年度依法治区（政治文明）创建先进的行政事业企业单位有：府城镇、红旗镇、国营东昌农场、旧州镇岭南村委会、国兴街道攀丹社区居委会、大坡镇道宋村、三门坡镇龙湾村、人民法院、统计局、审计局、卫生局、司法局、琼山二中等13个。

2007年3月，琼山区委成立创建现代文明机关领导小组。领导小组下设办公室（置区直属机关与企事业工委），办公室设主任1名，副主任2名。在全区进行创建现代文明机关工作部署，建设四型（学习型、创新型、服务型、和谐型）机关。4月6日，中共琼山区委办公室、琼山区人民政府办公室向全区单位（各镇党委、政府，国兴街道工委、办事处，区委各部门，区级国家机关各部门，各人民团体）下达实施《琼山区创建现代文明机关工作方案》通知。全区创建现代文明机关工作宣传发动阶段自此始，5—12月为实施阶段。12月，各单位进行工作总结并上报总结材料。区创建现代文明机关领导小组办公室每季度进行督导1次。创建现代文明机关工作考核包括思想政治、依法行政、机关管理、工作落实、改革创新等五方面主要内容，年度，评出文明机关一等奖1个，二等奖3个，三等奖5个。

2009年，全区继续推进文明高效机关创建。学习贯彻总书记胡锦涛关于加强领导干部作风建设重要讲话精神、学习实践科学发展观，加强廉政文化和执行文化建设，增强机关干部的社会责任感和执行力；开展“重塑特区意识，重振特区精神”主题教育活动；深化文明规范行业创建，进行“医德”、“师德”等教育，提高服务意识、责任意识；实施“提升公民旅游文明素质行动计划”；开展文明诚信企业创建活动；继续开展“百城万店无假货”活动，引导企业践行道德承诺，履行社会责任，提高社会诚信服务。全区举办文明讲座7场次，下发文明用语，在机关、学校、企业推广文明用语。同年，琼山区被授予

“全国法治县（市、区）创建活动先进单位”、第八届海南省“双拥模范区”。区委宣传部、组织部、区委办公室、区妇联等10多个部门，区政府办等20多个政府组织部门；琼山工商局、国税局等10个驻区机关被评为文明机关和文明单位：区委大院、凤翔新村、绿色佳园等10多个住宅小区被评为文明大院。府城中学、琼山一小、琼山二小、琼山三小、琼山五小、琼山人民医院、府城医院被评为文明先进单位，红塔卷烟厂、南国食品、金鹿集团、天茂百货被评为诚信企业。

2010年，琼山区成立机关工作人员文明行为督查队，对机关工作人员进行督查。开展3次督查活动，未发现机关工作人员在办公时间有不文明行为发生。10月15日，国家最高人民法院决定海口市琼山区人民法院为“全国司法公开示范法院”。12月中旬，全区加快服务型政府建设。宗旨是：为民、便民与利民。区政府下发《海口市琼山区政府信息公开暂行规定》《海口市琼山区12345政府服务热线监督和考核管理办法》，提高政府工作透明度，保障公民、法人和其他组织依法获取政府信息，维护其自身合法权益，监督行政机关依法履行职责。

第三节　创建文明社区

2003年，琼山区创建文明社区（小区）有攀丹、大园、绿色佳园、金鹿花园4个。2008年，区环卫局开展“环卫服务进社区”活动：在城区14个社区召开座谈会30多场次，与社区干部、市民一道搭建献计献策平台，共同查找问题，共商对策，以确定方向与改进工作；举办环卫法规讲座22场次，发放“致市民的一封信”和各种宣传资料1.1万份；开展卫生死角拉网式巡查，清理卫生死角37处，清除垃圾95吨。2009年，全区开展“理论、科教、文体、卫生、法律‘五进’社区”活动。同年，区治驻地城区完成文明和谐社区创建的有府城镇大园社区、府城社区，国兴街道办攀丹社区、巴伦社区4个，共投入资金20万元。全区文明和谐示范社区是国兴街道辖下的攀丹、米铺、道客3个社区和府城镇辖下的大园、桂林2个社区。2010年，全区社区环境在市、区各个帮建单位扶持下逐步得到改善。社区硬件建设有便民服务中心、计划生育、综合治理、社会保障等办公室，居民活动场所配置健身器材，学习场所建立市民学校。社区的软件建设有各项制度的完善，并做到制度上墙（宣传栏）。同年，全区25次组织海南师范大学、海口经济学院、海南政法职业学院等院校青年志愿者到各社区开展环境综合整治行动和“关爱老人”、“法制宣传”、“预防艾滋病”等主题活动，促进社区精神文明建设。府城镇高登社区在营造文明和谐社区工作中，获全省文明和谐社区评比总分居全市第一。同年1月，省人力资源和社会保障厅在文昌市召开全省公共就业服务体系建设和农村劳动工转移就业工作会议，总结推广琼山区府城镇大园社区创建公共就业服务平台经验。会议期间，全省各市县与会代表参观大园社区公共就业服务体系建设。大园社区创建公共就业服务平台经验是：机构健全，有办公场地、有专职人员、有计算机等工作设备。制订工作制度与办事流程，工作经费保障，有效将就业服务在基层延伸和拓展；台账较为完善，通过组织全面调查摸底工作，采取上门走访、电话联系等方式，获取辖区劳动力基本情况，摸清劳动力的技能、学历及就业意愿等情况，建立辖区劳动力基本信息台账，劳动力各类信息全面详实，定期更新；职能明确，包括社区就业援助、政策咨询、职业指导、职业介绍、组织培训等公共就业服务，开发社区服务公益性岗位，安置就业困难人员就业；信息传递通畅，通过定期联系辖区各用人单位信息，及时进行发布，并组织用人单位进社区，把招聘会开到居民家门口。同年，琼山区农村劳动力转移就业工作获“全国示范区”，府城镇大园社区被授予“首批国家级充分就业示范社区”和“2005 年—2009 年度‘全国群众体育先进单位’”。

第四节　创建文明家庭

2003 年，琼山区三门坡镇龙湾村创建文明家庭，进行村民思想道德教育，取得较大成效，呈现文明和谐景象。全村共筹资金 28 万元，投劳 3500 个，修建村道 800 米，创建“三级联通”沼气池 8 座和建立休闲点 5 处。在改善“文明、健康、阳光”的生态村庄硬件设施等环境条件的同时，倡导并发动村民开展家家户户“改陋习，树新风”活动。全体村民大兴文明守法、勤劳致富之风，全村家庭呈现“日不闭门，夜无盗户”，形成名副其实的“七无”（无聚众赌博、无偷盗、无打架斗殴、无重大刑事案件、无贩毒吸毒、无卖淫嫖娼、无聚众上访闹事）村庄。

2006 年 6 月 30 日，琼山区精神文明建设工作指导委员会组织在全区开展“八星级‘扬荣弃耻’家庭”活动。即以胡锦涛总书记的社会主义荣辱观为主要内容，指导并开展全区社会主义思想道德建设。“八星”指：热爱祖国、服务人民、崇尚科学、辛勤劳动、团结互助、诚实守信、遵纪守法、艰苦奋斗。活动的主要形式是通过群众自我教育、自我激励、自我约束与自我管理进行，使社会主义荣辱观教育进村（社区）入户及人。全区先行“八荣评星入户”试点工作的有府城镇、红旗镇、三门坡镇、大坡镇与国兴街道办事处等单位，总计有 18 个文明生态村和 2 个社区。2009 年，全区各镇（街道）、区妇联与团区委联合开展“文明家庭”、“美德在农家”、“讲文明、讲卫生、讲科学、去陋习、树新风”等系列活动，进行社会公德、职业道德与家庭美德教育，倡导健康、文明、科学的现代生活方式。2010 年，全区推进“平安琼山”创建，全年评选表彰“平安家庭”示范户 20 户。

第五节　文明“五进”工程

2003 年，全区启动文明“五进”工程建设，以精神文明建设进入机关、学校、企业、社区、农村等五大板块，开展理论、科教、文体、卫生、法律、礼仪等六项工作内容的普及宣传教育活动。机关单位文明建设重点为树立廉明公正、勤政务实的政治文明，其宗旨是提高“为民、便民、利民”的服务型政府建设；学校重在营造提高教书育人、培养勤奋好学风尚，尤为对未成年人进行思想道德与爱国主义传统教育；企业提倡争先创优、诚守信用和以质量兴企理念；社区重在环境卫生整治工作，建设舒适的人居环境，创建和谐文明社区；农村注重讲科学，移旧风易陋俗，改旧貌换新颜，依法治村创建“无毒”村庄，培训新型农民，架构小康家园。2004 年，琼山区中小学校开展创建“社会＋学校＋家庭”的育人网络活动，把未成年人的思想道德教育和科学文化教育并行发展，评选好家长 40 多名。琼山二中被评为文明学校，2005 年开展创建“无毒镇、无毒社区”活动。红旗镇创建无毒社区 4 个、无毒单位 22 个、无毒村庄 120 余个，全镇有 70%的村庄制订《村规民约》。大坡镇被评为全省“无毒镇”称号。国兴街道办攀丹社区居委会对辖区出租屋、流动人口进行调查造册，与出租屋方签订责任书，实行谁收益、谁负责。卫生部门在全区检查食品商家 393 家，取缔 21 家，销毁劣质食品 3050 瓶，豆糕 250 公斤，没收生产工具一批；检查 20 所学校集体食堂、43 家学校周边餐饮店和 22 家食品生产加工企业，其中，责令停业整改 23 家、停业整顿 15 家、罚款 5 家 8400 元、取缔 4 家。区审计局开展“我爱审计”演讲活动。规范审计权运用、监督，执行过错责任追究制，把关审计质量，杜绝“以审谋私”。同年被中共海口市委评为先进党支部。

2006 年 8 月，琼山区政府成立质量兴区工作领导小组。制订与实行《海口市琼山区质量兴区工作实施方案》（2006—2010 年）。质量兴区工作以企业为主体，由政府引导、部门协作社会参与，全面铺开。此后，全区逐年开展质量法制宣传和质量知识宣传教育、“3·15”保护消费者权益日、“质量月”、“百城万店无假货”等活动。在政府引导下，至 2010 年，全区 31 家规模以上企业基本建立质量管理体系，10 家以上企业通过质量管理体系认证和产品质量认证。2007 年，全区开展法律进机关、乡村、社区、学校、企业“五进”活动，举办法制讲座 33 场次。健全区、镇、村和村民小组四级人民调解委员会组织网络，调解各类矛盾纠纷 622 宗。开展刑释人员安置帮教活动，无刑释解教人员重新犯罪。全区 8 个镇成立法律顾问管理机构，设法律援助工作站 12 个，办理各类法律援助案件 247 宗，挽回经济损失 76 万元。

2008 年 4 月，琼山区启动“法律进学校”工程，工程启动仪式在琼山第二中学举行。省司法厅、市司法局和区领导出席，镇（街道）、区直单位领导、司法所所长、区属各中小学校师生等计 1200 余人参加。同年，在红旗镇本立村率先建立“农村青少年教育基地”

(12 月，第一批在“农村青少年教育基地”参观、学习与从事农作物种植的有府城中学、琼山第一小学等 160 多名学生)。8 月 12 日至 10 月 14 日，举办局级领导干部培训班，区直党政机关（含人大、审判机关、检察机关），人民团体，镇、街道办事处，事业单位现职局级领导干部共 384 人分 2 期参加培训。以提高局级领导干部思想政治素质和实际工作能力。

2009 年，全区开展理论、科教、文体、卫生、法律“五进”社区活动，全区举办文明礼仪讲座 7 场次，印发文明用语，实行文明用语进机关、学校、企业、社区、农村（五进）、在全区范围广而推之。

2010 年，区文明办与“五大工程”整治办联合组织推进环境综合治理“五进”（进机关、进企业、进学校、进社区、进家庭）工作。在主干道、商业区、居民密集区设置环境综合治理公益广告 76 处，制作各类宣传栏，张贴宣传广告 3500 份，发放宣传资料 13000 份。开展环境综合治理“小手牵大手，文明伴我行”“垃圾不乱扔”“我的社区我爱护”活动。全区以“讲文明、讲卫生”为主题，全年共组织区直机关各单位、学校、企事业单位、沿街门店等干部群众 23000 人次，出动车辆 1480 辆次，对大街小巷和居民小区进行全方位卫生清理，清理卫生死角 480 处，生活垃圾 5440 吨、建筑垃圾 340 吨。

第三章 文明共建活动

第一节 政府投资与指导

一、投资

2003—2006 年，全区 4 年共投入文明生态建设资金 2626 万元（含政府投资、群众自筹资金）。其中，2006 年区政府投资 390.3 万元，三门坡镇政府投资 125 万元（含群众自筹 77 万元），府城镇政府投资 158 万元（含区政府拨款 19 万元、区级机关单位赞助 11 万元、市园林局出资近 3 万元、镇政府 125 万元）。2007 年，全区共投入资金 1584 万元，其中区财政投入 480 万元，区机关单位投入帮建资金 90 多万元，群众自筹 1014 万元，投工投劳 29 万多个，硬化村巷道 428 条，修建文化室 4 间、球场 5 个，绿化面积 1 万多平方米。三门坡镇加乐湖村多渠道筹资 30 多万元，投工投劳 2 万个，整治居住环境，硬化村道，建文化广场等，种植果木 1100 多棵。区水务局、农林局、国税分局、农业中心、林业中心、扶贫办筹集 6.5 万元支持红旗镇丰平村建排球场、休闲广场。2008 年，全区投入创建资金1058万元（其中省、市投入166万元，区财政投入268万元，群众自筹271.2万元，其他投入352.8万元），同年，省林业局赠送花梨、菠萝蜜等树苗5000株给云龙镇上村。区直属各单位投入帮建资金113万元。群众投工投劳19.38万个。2009年，全区投入创建资金995.8万元（其中市投入264万元，区财政投入330万元，外出人员投入40.7万元，群众自筹249.2万元，其他投入111.9万元），群众投工投劳13.3万个。2010年，全区投入创建资金825.1万元（其中市政府拨款102万元，区政府投入330万元，群众自筹296.8万元，社会帮建投入96.3万元），群众投工投劳16.2万个。

二、指导

琼山区精神文明创建指导以“政府主导，群众主体，社会帮建”为原则，采取“四结合、四为主”（即共建与自建相结合，以群众自建为主；环境改造与发展经济相结合，以增加农民收入为主；物质文明与精神文明相结合，以塑造新型农民为主；创建工作与国际旅游岛建设相结合，以发展乡村游为主）作为指导方式开展。

（一）共建与自建相结合，以群众自建为主。

1. 立足“三先三后”（先自建后共建、先规划后建设、先自筹后配套），分步跟进。由区政府或区属各基层政府部门进行组织培训、参观、示范与资金投助等方式，引导、发动群众自己动手，以自建带动共建、以共建推动自建，改造家园。树立典型社区、村、镇示范作用，推广由点面结合到连片开发，打造“百村联创百里生态文明村长廊”区域连片创建蓝图。

2. 长效工作指导实行三举：区级领导成员与区直属机关单位挂点（联系单位）帮扶、涉农资源捆绑使用、效能督查。首举区领导和区直属机关各部门与各自联系点挂钩，实行责任制，包点助建。包括从人力、财力、物力和选点、规划、筹措资金以及项目建设方面给予支持与指导。扩大创建规模，开展军民共建、村校联建、企业参建等活动，由城带乡，城乡共建形成创建精神文明建设大格局。次举涉农资源捆绑使用。由区级发改局、规划建设局、扶贫办、农业局、林业和园林局、爱卫办等涉农部门整合资源，把村村通、扶贫、改水改厕、一池三改、造林、水利等项目资金，实施捆绑利用，投入文明生态村建设。三举效能督查。以创建工作列入年度机关绩效考核、人大代表视察重要内容。由区效能办、文明办组织督查进行效能督查。

3. 突出地方经济特色，图谋发展。指导农民发展一村一品经济产业，打造“香蕉村”“胡椒村”“槟榔村”“瓜菜村”“橡胶村”“发财村”（种植发财树致富）、“养猪村”“红色文化村”“历史文化村”等产业特色村和树立“科技示范户”典型，实践科学发展观，振兴农业。

（二）环境改造与发展经济相结合，以增加农民收入为主。全区以营造人居环境作为切入点，以农民增收为根本。环境改造因地制宜，按照“先规划、后建设”“先村内、后村外”和“先硬化、后绿化”循序渐进。速度与质量兼顾、两者并举。举办创建骨干人员培训班、组织观摩评比，观摩评比产生竞争效果，云龙镇 3 个重点村，先后 3 次互相开展此活动，创建工作成效大。创建指导队跟踪指导。拓展“六型”（规模型、专业型、循环型、加工型、合作型、都市型）农业。

（三）物质文明与精神文明相结合，以塑造新型农民为主。改造美化村容村貌、发展农村经济并举，重在提升村民素质，塑造新时代农民形象。全区先行逐步在农村完善场、馆、室等文化硬件设施，以适应农村开展各种活动需求，尤为文明生态村独立组建村庄文艺队与独自承办表演舞蹈、相声、琼剧等地方特色节目的晚会建立基础。次之，实行软件下乡。包括“文化、科技、卫生、法律、计生”五下乡和实施“3 万农民培训”计划。开展“科技示范户”、“移风易俗过文明公期”等活动。创建“六无”（无偷鸡摸狗、无打架斗殴、无赌博、无吸毒、无违反计划生育、无上访）文明生态村，塑造“五型”（文化、守法、科技、致富、文明）农民。

（四）创建工作与国际旅游岛建设相结合，以发展乡村旅游为主。自 2009 年初始，全区精神文明建设指导工作重点转移与国际旅游岛建设相呼应，尤为发展“乡村游”。以“乡村游”增长经济效益和社会效益。首先是改变政府与民间由投资（输血）创建为开展旅游创收（造血）使农民增加收入，提高农民生活水平，增强文明生态村建设持续力（后劲）；其二为拓宽创建门路，增进社会育人效果。以乡村游，调开城乡互动交融大门，实践零距离“吃农家饭、住农家屋、看农家景、学农家活、享农家乐、结农家情”促进城乡交流，启时代新风，创社会和谐。

乡村旅游以“一廊、三区、四镇”区域连片创建为主题。

一廊指海榆东线为轴，集沿线云龙镇、红旗镇红色爱国主义教育基地、绿色生态循环农业园区、低碳经济产业带等特色资源，创建“百里乡村游长廊”。

三区指利用五公祠、琼台书院、海瑞故居、南渡江饮食、雕（刻）、陶瓷等文化艺术等特色旅游资源，创建府城、龙塘羊山古文化旅游区；利用琼崖红军云龙改编旧址、红旗镇本立村（红色村庄）特有旅游资源创建红色文化旅游区；利用龙湾高尔夫产业、南国山庄为核心，突出万亩热带水果特色资源，创建环三门坡、大坡、旧州、甲子等镇为生态休闲养生旅游区。

四镇指云龙、红旗、三门坡、大坡 4 个镇，打造存同求异各具特色的风情小镇。云龙镇凸显琼崖红军云龙改编旧址、云龙低碳产业园区（品称红色文化、低碳经济）；红旗镇凸显万亩绿色生态循环农业基地、红色村庄本立村（品称红色文化、生态休闲体验）；三门坡镇凸显龙湾高尔夫产业、万亩热带水果（品称生态养生）；大坡镇凸显家庭小庄园（品称田园生态观光体验）。

第二节　党政机关学校与农村共建

一、设立联系点与农村共建

2003年1月，琼山区设立区领导、机关单位与镇、街道联系点。区领导成员19名，布点9个镇（含街道办）。府城镇3名，8个点镇（街道）各2名。区委书记钟万荣负责联系红旗镇，区长林道本负责联系府城，区人大主任吴淑兴负责联系大坡镇。各镇、街道的机关联系单位暂按原来的联系单位不变。2006年，全区文明生态村示范点联系单位有58个。设立联系点，领导工作直面基层，结合实际指导工作，一手抓经济发展，一手抓精神文明建设，形成上下共建格局。至2010年末，经过换届选举，领导换人，联系点工作始终保持连续不断。

二、省、市、区“三联创”与农村共建

省、市、区三级党政机关单位和学校师生共同与农村开展精神文明建设。2006年，琼山区规划建设局、海口市规划局琼山分局派技术员协助村庄建设规划与绿化，区农林局协助文明生态村建设沼气池。同年全区建成沼气池计有357个；区机关单位赞助11万元、市园林局出资近3万元与府城镇共建。2007年5月，海南经济职业技术学院、海南大学艺术学院分别与红旗镇本务村、云龙镇北桥村联手共建文明生态村。海南经济职业技术学院领导亲临指导，从规划、人力、物力和财力上给予支持，利用节假日参加农村公益劳动，沟通农村方供学校建立学生社会实践基地。海南大学艺术学院利用学科专业和人才智力，对北桥村古文化进行保护和挖掘。在共建村建立学生社会实践基地，坚持大学生社会实践活动与生态村建设相结合，大学生思想政治教育、村民生态文明意识教育与当地革命传统教育相结合。同年，区党政机关单位：区委办、发展和改革局、总工会等筹集资金3.5万元投入红旗镇本务村创建；区人大机关组织全体干部参与大坡镇田心村创建，并为其筹集资金1.3万元、提供大理石桌椅8套；区水务局、农林局、国税分局、农业中心、林业中心、扶贫办等机关单位与红旗镇丰平村共建，为丰平村筹集与投入6.5万元建排球场与休闲广场。全年，全区党政机关单位投入共建资金90多万元。市地震局、省档案局、省戒毒所、省安宁医院、道美养猪场等单位与旧州镇农村共建，共计捐助旧州镇农村33万元、水泥60吨。2008年8月，市国土环境资源局在琼山举办“国土环境资源法律知识宣教培训班”，区、镇、村干部约350人参加培训。10月，省委宣传部、省文明办、省林业局在云龙镇上村举办“创建绿色家园、推进生态文明示范省建设”植树活动暨“绿色家园示范村”揭牌仪式。省林业局赠送花梨、黄皮、菠萝蜜等树苗5000株，组织400人参加植树劳动。同年，省、市、区三级侨联单位在红旗镇本务村举行“创建文明和谐侨乡”启动活动。侨界医疗专家、法律专家为当地农民开展义诊、法律咨询等服务活动。省侨联文工团和村民一起进行联欢。海南大学艺术学院参与云龙镇玉仙村、上村规划、指导工作。赠玉

仙村篮球架1付，为上村绘制文化墙100米。2010年，市、区党政机关单位投入联系点创建资金11.36万元。其中，市单位投入7.66万元（市统计局5万元、市地税局0.5万元、市国税局0.66万元、市邮政局0.3万元、市工商联0.2万元、海口晚报社1万元），区单位3.7万元。

第三节　军民共建

2002—2010年，琼山区军民共建文明生态村持续不断。驻军官兵在地方文明创建遇到重点、难点时均主动投入人力、物力，坚持有求必应，军民共同改善城乡硬设施与软环境。

2002年，省委常委、海南军区政委贺贤书到旧州镇太乙村指导文明生态村建设。听取农村规划建设重点介绍，查看村庄教学点、环村道路、水井及未来规划用于建造水塔之用深水井，举行座谈会，分析村庄现状，征询村民对未来村庄发展建设意见，看望村里孤寡老人、五保户。附近驻军海南军区官兵1000多人在太乙村与村民联合开展环境卫生整治工作包括平整路面、清理杂草、拆除乱搭乱建等。2006年，海军某部先后动用工程机械100余台次，与红旗镇美雅村共建。至2006年末，驻军部队共投入兵力6000余人次、机械1000多台次、资金12万多元、水泥20吨与琼山区12个村庄共建。琼山区人民武装部发挥民兵队伍成建制组织投工投劳5000多人次，与20个村庄共建。2007年，驻旧州部队多次出动兵力与旧州镇勋德等村庄共建，整治农村卫生环境，优化村容村貌。2008年，海口警备区先后筹资35万元和30吨水泥投入红旗镇南畴湖村共建。琼山消防大队捐资2.5万元用于大坡镇福坡村修建标准化篮球场。2010年，省军区某团、省军区卫生集训队出席琼山区乡镇环境整治现场会，军、地协力乡镇环境治理。

第四节　警民共建

2003年，海口市琼山区人民法院配合区委区政府进行综合治理工作，在红城湖路省烟草公司征地建设、土地清查、治理南渡江违法采砂等方面成效显著；在甲子、旧州乡镇开展送法下乡活动，与文明生态村联系点共建，支援联系点资金8000元，被评为琼山区2003年依法治区先进单位。海口市公安局琼山分局与琼山区打击“两抢”（抢劫、抢夺）工作领导小组、区政法委（牵头单位）、有关部门配合，统一开展以打击“两抢”为重点的专项行动，为琼山区城乡精神文明建设保驾护航。全年共侦破“两抢”案件293宗，其中抢劫112宗、抢夺181宗（含积案），抓获团伙成员59人，侦破“两抢”团伙作案198宗，缴获赃款（物）计42万元。全年，破获区人大督办等49宗、历年人命案中23宗

(其中5宗为跨10多年人命积案)。

2008年4月15日海南武警“庆祝海南建省办经济特区20周年海南武警文工团走进文明生态村”文艺晚会在红旗镇本立村举行。武警海南部队政委秦友来，省委宣传部副部长张松林，省文明办主任陈修演及市、区有关领导均来到本立村。警民欢聚一堂，共建精神文明。

2010年，市检察院与红旗镇荫生村共建，投入10万元，建设文化广场。

第五节　企业与镇村共建

2008年，海南红塔卷烟有限责任公司捐资8万元与云龙镇玉仙村共建休闲景点和文化室。9月，海南金鹿农机发展股份有限公司、省机械工程学会、琼山区、美兰区科协联合举办“节能减排与我们的生活”科普讲座，约1000人参加学习。海航集团公司捐10万与红旗镇泮边村共建水井及配套供水设施。

第六节　文明综合工程

2004年，府城城区对人力三轮车、二轮板车、机动三轮车（简称“三车”）非法营运进行查处，查扣“三车”1200多辆，同时拆除违章建筑4万多平方米，拆除不规范广告牌678块。整治府城60多条小街小巷脏乱场所，清除垃圾4000多吨。开展“扫黄打非”行动，取缔货运大道非法出版物印刷点和六合市场彩经批发点。加强未成年人思想道德教育，筹资20多万元，维修云龙红军改编旧址等革命传统教育基地，新建未成年人爱国主义、消防安全、国防军事和农业科技4个体验基地。举办未成年人革命传统教育和法制教育报告91场，受教育人数51万人次。

2005年6月，区委区政府联合发布城区“门前三包”（包卫生、包容貌、包监督）。2008年6月，全区设禁毒宣传点22个，发放宣传资料10万份，开展“我为禁毒捐1元”活动。2009年6月23日，市委、市政府为期一年的启动城市环境综合整治“五大工程”(清洁、整洁、规泊、宁静、打违)。琼山区依“五大工程”部署，提出“关于进一步明确环境综合整治‘五大工程’工作责任的意见”，制定“琼山区环境综合整治奖惩办法（试行)”，将全城区路段（54条)、社区（19个)、农贸市场（15个）环境综合整治分解落实责任单位、责任人。

2010年3月，琼山区在旧州镇召开乡镇环境整治现场会，市领导、区三套班子领导，和市有关部门、部队领导等共200多人参加。4月15日，海口市镇容镇貌环境综合整治推动会在琼山区云龙镇政府召开，参加会议有市容委、市环卫局、市园林局、市政局领导和

4个区分管区领导、区整治办主任、区环卫局、区城管局以及23个乡镇负责人。会议部署“五大工程”向镇一级延伸工作，将镇容镇貌纳入市“五大工程”考评范围。实行镇、区、市三级制订制度工作，即日检查周通报（镇），周检查月通报（区），抽检（市）制度。琼山区介绍乡镇综合整治经验与做法。是年，琼山区投入乡镇整治经费600万元，建立长效管理机制，全区乡镇环境考评达硬化、绿化、亮化、净化、文明化、安定化6项目标。

第四章　思想道德教育

第一节 社会主义荣辱观教育

2003年2月26日，中共琼山区委、琼山区人民政府发文在全区开展“以人为本，提高城乡居民的思想道德素质和科学文化素质”工作。区委宣传部于4月份在全区开展为期1个月宣传贯彻《公民道德建设实施纲要》、“八荣八耻”教育活动，出动巡回宣传车在街道、乡镇巡回宣传100多辆次，挂置横额36幅。6—12月，开展4个主题教育实践活动，全区以“在社会做个好公民、在单位做个好建设者、在家庭做个好成员”为主题的道德实践活动。区直机关开展“讲大局、树正气、守纪律”教育整顿活动。企业开展“文明诚信企业”活动，授予20家企业“文明诚信企业”荣誉称号。城乡以创建“文明社区”、“生态文明村”为载体，开展科技、文化、卫生“三下乡”活动，组织300多人次，开展“三下乡”活动25场（次）。

2006年6月，琼山区开展创建“八星级‘扬荣弃耻’家庭”活动，群众通过自我教育、自我激励、自我约束、自我管理，形成“知荣辱、讲正气、树新风、促和谐”文明风尚，提高思想道德素质，培养与造就有理想、有道德、有文化、有纪律公民。八星指：热爱祖国、服务人民、崇尚科学、辛勤劳动、团结互助、诚实守信、遵纪守法与艰苦奋斗。全区各镇、街道采取“以教为主，寓教于评，以评促教，教、评、改相结合”，进行民主评议，考核验收，推进后进家庭转化工作，营造人人讲文明、户户争“荣星”、文明社会氛围，全区评出“八星级家庭”4000户。

2007—2010年，琼山区创建“无毒社区（村）”、“文明法治村”，推动以“社会主义荣辱观”为主要内容的社会主义荣辱观进课堂、进岗位、进社区、进农村、进家庭，全方位铺开公民道德实践活动。创建了和谐社区3个，和谐机关10个，和谐学校18个，和谐家庭800户。开展“以城带乡、城乡共建”精神文明活动。全区涌现一大批“六无”村庄（无偷鸡摸狗、无打架斗殴、无赌博、无吸毒、无违反计划生育、无上访）和“五型”农民（文化农民、守法农民、科技农民、致富农民、文明农民），农村在加强完善文化设施建设、培训文艺队伍的同时，开展“3万农民培训”、“科技示范户”、“移风易俗过文明公期”等活动。城区开展“文化、科技、卫生、法律、计生‘五下乡’”活动。三门坡镇龙鳞、加乐湖等文明生态村，村民组建村庄文艺队，独立举办文艺晚会，采取舞蹈、相声、戏剧等多种表演方式，成为丰富乡村文化主力军。大坡镇田心村爱鸟护鸟，制订《护鸟公约》，成立护鸟队，保护近万只鹭鸟与其他鹤类，成为自觉保护生态环境，远近闻名的“鹭鸟天堂”。云龙镇有3个村先后开展3次互相观摩评比活动，进行精神文明生态村建设的赶、比、超竞赛。“社会主义荣辱观”教育，改变农民形象。新农村建设成就，吸引城里人“吃农家饭、住农家屋、看农家景、学农家活、享农家乐、结农家情”。全区有6个村庄开展乡村旅游经营。

第二节　民众守则教育

2002年，海南省拒食野生保护动物万人签名活动在海口举行。琼山设签名活动会场，干部群众近万人签名，发出拒食野生动物、保护美好家园倡议书。

2003年，琼山区开展建设社会主义政治文明、依法治区活动。区委区政府于年初成立依法治区领导小组，领导小组成员由区委办公室等21个有关单位主要负责人担任。领导小组下设办公室，办公室设在区人大常委会。区直机关各部门、各人民团体、各镇和国兴街道办事处等相应成立相关机构，全区共成立依法治区基层领导小组205个成员825人，其中具体划分为依法治镇（街道办事处）领导小组9个，成员66个；依法治理领导小组36个，成员192人；依法行政领导小组17个，成员115人；依法司法领导小组2个，成员17人；依法治村（社区）领导小组90个，成员372人；依法治校领导小组51个，成员163人。全区31所中小学均配备兼职法制副校长。行政机关建立健全行政执法责任制。完善行政执法监督机制，以保证执法公开、公平、公正。在全区范围内，上至政府，下至最基层单位，推行政务公开、村（社）务公开、厂务公开和校务公开。实行民主决策、民主管理和民主监督。区审计局推行审计执法公示制、审计岗位执法责任制、审计执法监督检查制、审计执法过错追究制和重大审计执法事项决议制等五项制度，防止“以审谋私”。

民众守则教育形式：广播电视、上法制课、法制讲座、办培训班、法律咨询、图片展览、墙报专栏、横幅标语、印发资料、送法“下乡、到厂、进校、入户”等。全区先后6次举办三套班子领导和局级领导干部依法决策、依法管理、依法行政等法律知识专题讲座，区人大常委会举办2次区人大代表法律知识讲座，对其任命“一府两院”工作人员117人进行6次任前法律知识考试。全区铺开民众学法、知法、守法和用法。重点部署“12·4”全国法制宣传日教育活动。全区共出动法制宣传车18辆（次），出墙报25期，悬挂横额 52 条，张贴标语 5600 条，图片展览 19 场（次），赠送法律书册 3000 多本，印发宣传资料 3 万多份，设咨询点 23 个，上法制课 15 场，接受教育人数 5 万多人次。

2004 年 3 月 24 日，区委、区政府召开全区整顿作风纪律活动动员大会。在全区开展整顿机关作风与工作纪律，解决党政机关和党员干部、国家工作人员作风建设中存在的突出问题，构建“为民、务实、清廉”政府形象，提高干部队伍素质。年初，海口市陈成市长在全市整顿机关作风警示教育大会指出作风建设存在五个问题。少数部门、单位的工作人员积极主动地为群众服务的意识谈薄；少数工作人员上班时间游游逛逛、懒懒散散、无所用心；工作时间去办私事、泡茶馆、搓麻将，玩风过盛；少数部门衙门作风严重，效率低下，遇事推诿扯皮现象时有发生，以“事难办”最为突出；不给好处不办事，吃、拿、卡、要、报、占现象在个别人身上还比较严重。同时，提出把解决“门难进、脸难看、事难办”现象作为反腐败工作一项重要任务来抓。全区整顿机关作风建设警示教育活动围绕市长提及机关干部队伍存在“五风”不正问题开展自查自纠，重点进行五查：查思想作风、查工作纪律、查工作质量、查内部管理、查遵纪守法。全区机关作风建设警示教育历经“学习、自查自纠与整改提高”三阶段，时间为 2 个月。6 月 2—8 日，举办《中华人民共和国行政许可法》（2004 年 7 月 1 日开始正式实施）及《中华人民共和国宪法修正案》培训班，全区公务员以及参照公务员管理的部门、事业单位、企业经营管理人员参加培训的有 1232 人，分 9 期培训。其中第 1 期 152 人，第 2 期 154 人，第 3 期 141 人，第 4 期 148 人，第 5 期 157 人，第 6 期 154 人，第 7 期 100 人，第 8 期 99 人，第 9 期 127 人。培训地点分设琼山党校、府城镇大会议室、云龙镇与三门坡镇。

2008 年 6 月 20 日，三门坡镇在农村治安突出问题整治活动中，“宣传工作做深、化解工作做细、防范工作做实，成效很好”，被省委政法委、省综治委授予“全省农村治安突出问题整治行动先进集体”。7 月，琼山区纪委（监察局）开展群众信访举报工作，为琼山发展与稳定，推动党风廉政建设和反腐败做出贡献，被中央纪委办公厅、中央纪委信访室评为全国纪检监察信访举报工作先进单位。8 月 18—19 日，海口市区、镇、村三级干部国土环境资源法律知识宣传教育培训班在琼山区举办。四个区分管领导、各镇委书记、镇长、分管副镇长，各村委会党支部书记、主任等约 350 人参加培训。由国家土地督察广州局副专员邱耿华以及省国土环境资源厅、市国土环境资源局的领导分别主讲土地管理知识、国家土地宏观调控、国土环境资源主要违法行为及其法律责任、当前国土工作面临的形势和需要解决的问题等六个专题课。9 月，琼山区创建巩固“无毒社区”工作，每个创建单位由主要领导负责，建立健全禁毒各类台账，对吸毒人员设置一卡一册一台账。宣传工作，以“6·26”国际禁毒日为主线，以禁毒教育馆为平台进行长期宣传。全区打击毒品犯罪各项全年指标均超额完成。对戒毒人员进行帮教，提供就业平台，为其谋划出路。建立禁毒信息员制度，每个创建巩固单位都从自然村筛选具有责任感且热爱禁毒工作人员充当信息员。完善硬件保障机制，各个创建巩固单位在财力、人力、办公设备等均得到改善。是年，区在龙塘镇举办社区戒毒（康复）试点工作培训班，讲解试点工作流程、社区戒毒（康复）人员建档方法和要求，以及解答新《禁毒法》相关条款。

2009 年，琼山城区实行示范路段管理标准（7 条）规定：店铺经营一律归店经营，不许超出店铺门外经营；店铺门前停放的自行车、电动车、摩托车按城市管理要求停放、摆放整齐；店铺设置的遮阳蓬按市容管理规定统一规范；店铺门前不许乱张贴、乱吊挂；店铺门前不许乱堆放、乱搭建、乱设置及乱摆放各种经营活动用的桌椅板凳等物品；店铺门前的环境卫生保持整洁，不许乱倒污水、垃圾等；店铺门前不许乱摆摊、设点经营。

2010 年 3 月，琼山区城市管理行政执法局投入 18 万元，制作永久性（钢制）市民公约与市民守则招牌 30 块，竖立于城区 16 条主干街道、14 个农贸市场。海口市琼山区市民公约（10 条）：热爱祖国、热爱海口；遵纪守法、克己奉公；保护生态、美化环境；爱岗敬业、高效廉明；见义勇为、助人为乐；诚实守信、公德先行；崇尚科学、学无止境；安居乐业、友好文明；拥军爱民、和谐共荣；奋发创新、争创一流。海口市琼山区市民守则（8 条）：不乱扔垃圾；不随地吐痰；不乱贴乱画；不粗话脏言；不妨碍交通；不乱设摊点；不破坏绿化；不私搭乱建。

第三节　民族精神与传统美德教育

2004 年，琼山区贯彻落实《中共中央国务院关于进一步加强和改进未成年人思想道德建设的若干意见》采取举措如下：全区中小学生开展“民族精神代代传”、“万名少年儿童走进爱国主义教育基地体验教育”等系列教育与体验活动。教育活动包括聘请“五老”（老干部、老战士、老教师、老专家、老模范）进学校，进行爱国主义、革命传统教育辅导报告。在各个重大节庆、纪念日期间，组织未成年人到革命传统教育基地敬献花篮、瞻仰先烈、参观展览（馆）、听讲故事、撰写心得、举行入团（队）宣誓仪式等教育，累计 91 场（次），受教育人数 5 万人次。举办纪念邓小平诞辰 100 周年中小学生诗歌朗诵比赛，建立未成年人爱国主义、消防安全、国防军事、农业科技等 4 个体验教育基地，筹资 20 多万元维修琼崖红军云龙改编旧址；开展“优秀家长”评选活动（全区有 42 名），营造有利于未成年人健康成长的社会环境。

2007 年，三门坡镇下田下村（革命老区村庄）建立未成年人教育基地，该村曾经是琼崖抗日独立队红色少年连于 1941 年 11 月 7 日成立的所在地。群众利用革命历史资源开展捐款活动，全村人均捐款 1400 多元，共计捐款 13 万元打造红色文化村，开展宣传学习红色少年连英雄事迹和优良传统。区民政部门维修、保护革命建筑物，创新城乡医疗救助，解决群众看病难问题，先后投入 58.2 万多元，对琼崖红军云龙改编旧址、白石溪地区革命烈士纪念碑、林文英烈士纪念亭等进行维修改造，以褒扬烈士教育群众；提高城乡医疗救助水平，是年1月—11月共救助347人41.6万元，其中救助城市对象55人17.2万元、农村对象282人24.4万元。11月16日，琼山区在龙塘镇开展“贯彻十七大、科普进万家”科普大集市活动，本次活动由市、区科主办，组织区教科、卫生、计生等7个部门70多名志愿者对群众进行科普。参加科普大集市群众计6000多人，其中接受咨询的2000多人次，发放科普书册1万册。

2008年4月3日上午，区三套班子领导、机关干部职工、离退休老干部、团员、青年、少先队员等300多人在全国百个爱国主义教育基地——李硕勋纪念园，开展“缅怀革命先烈、继承革命传统”爱国主义教育活动。在学校开展思想道德教育工作中，利用各种法定节日、重要人物、事件纪念日及“四入一式”（入学、入队、入团、入党和18岁成人宣誓仪式）时机，开展思想道德教育和革命传统教育，引导未成年人弘扬民族精神，增进爱国情感，提高道德素养。7月31日，海口市乡镇关心下一代工作经验交流会在琼山区红旗镇本立村召开，全市4个区、24个镇的关工委领导共86人与会。9月，琼山区妇联举办“新女性、新形象、新生活”活动。全区各单位妇女干部150多人参加国际职业培训师行业协会高级培训师孙岚就礼仪礼节等内容作专题讲座。

2010年，先后协助省委宣传部开展全省道德模范陈起贤事迹报告会5期，受教育4200多人次（其中在琼山区举办1期，受教育800多人次）。举办文明礼仪培训班9期900多人次。先后在国兴街道、三门坡、红旗、大坡等镇（街）以及文明生态村龙鳞村开展文明礼仪培训，内容包括礼仪修养、家庭美德、社会公德、职业道德、文明用语、文明公约等。

同年，全区先后25次组织海南师范大学、海南经济职业技术学院、海南政法职业学院等院校青年志愿者，在各个社区开展环境综合整治行动和“关爱老人”“法制宣传”“预防艾滋病”等主题活动；组织文明交通志愿者在城区主要街道和重点区域，对乱吐痰、乱扔烟头、乱丢垃圾的“三乱”行为进行纠正劝导，引导市民养成文明言行，共同维护城市公共秩序。据统计，全区投入资金20万元，发放宣传海报4000份，调查问卷1000多份，制作宣传栏23个，宣传横幅30多条，宣传资料2000多份，大型户外广告牌4个，宣传道旗160多块，大型宣传长廊2个，共长66米。

第二十编　人物

第一章　人物传

姜唐佐（生卒年不详） 字君弼，琼山人。宋元符二年（1099）闰九月至次年三月到儋州，从学于苏东坡，勤奋好学，被东坡称赞为“文气雄伟磊落”“有中州人士之风”。东坡离琼时，赠给他两句诗“沧海何曾断地脉，白袍端合破天荒。”并勉之：“异日登科，当为子成此篇”。后来姜唐佐到广州乡试中举。崇宁二年（1103）正月，游河南汝阳遇苏辙，时苏轼已逝世。苏辙完成其兄之诺言，续诗曰：“生长茅间有异芳，风流稷下古诸姜。适从琼管鱼龙窟，秀出羊城翰墨场。沧海何曾断地脉，白袍端合破天荒。锦衣今（一作他）日人争看，始信乐城眼力长”。卒后名列琼州府乡贤祠。

唐舟（生卒年不详） 字汝济，府城东厢（今攀丹村）人。出身书香门第，从小得父亲唐英传授学业，聪敏博学。明永乐元年（1403），乡举第二名，翌年登进士。授新建县（今属江西南昌市）知县，政绩显著，上下大服。不久应求贤诏升江西佥宪，整肃纪纲，改善政见，不计前嫌，容人之过。后因事降为衢州通判，不久无辜充军隆庆卫（治所在今北京市居庸关北口，后移治今河北怀来县）。洪熙元年（1425），任监察御史，抗辩内侍陷害黄本因等数事，除恶扶正，高风亮节。后任浙江按察使，所至多政誉。为人胸怀坦荡，处事光明正大。历官30载，清廉公正，名闻朝野，深得世人仰佩。致仕归里，杜门不出。无疾而终，享年82岁。祀琼州府乡贤。其子，唐亮，永乐十六年（1418）进士，历官泗州判官、詹事府主簿、宁国府同知。

丘浚（1421—1495） 明阁臣、思想家、经济学家。字仲深，号琼山、深庵、琼台，世称琼台先生。因谥号文庄，后人又称丘文庄。府城下田村（今金花村）人。6岁丧父，由祖父和母亲抚养。用心苦学，博览群书，聪慧异常，过目成诵。少年作《五指山》诗。语多警拔，冠绝一时。史称“三教百家之言，无不涉猎”、“举凡天下户口、边举、兵马、盐铁之事，无不究诸心意”。明正统九年（1444）乡试中举之首，以后两次进京会试，中副榜留在国子监读书。景泰五年（1454），会试中二甲第一名进士，授翰林院庶吉士，参与编纂《寰宇通志》。书成后被任为翰林院编修。成化元年（1465）由经筵讲官，受命编纂《明英宗实录》。十三年（1477）授翰林院学士，编修《宋元纲目》。十六年（1480）加封礼部侍郎、国子监祭酒。丘浚为官多年，潜心研究历代政治、经济、文化、教育、司法、军事等，在宋代学人真德秀《大学衍义》的基础上，于成化二十三年（1487），编成《大学衍义补》160卷，受到皇帝的嘉奖，称为“治世之文”，晋升为礼部尚书，主编《明宪宗实录》。时年71岁，3次上书请求致仕未获准，加封太子少保，以礼部尚书兼文渊阁大学士（相当宰相），参与国家军机决策。74 岁时右眼失明，再次上疏请求致仕，仍不获准，加封太子太保兼户部尚书、武英殿大学士。弘治八年（1495）春病逝北京，终年 75 岁。追封左柱国太傅，谥文庄，御赐葬于府城西 8 里水头村五龙池之源。为官 40 余载，清廉刚直，被祀为琼州府乡贤。

唐胄（1471—1539） 明代进士。字平侯，号西洲。琼山府城东厢攀丹村人。明弘治十一年（1498）举人，十五年（1502）登进士，授户部广西司主事。因丧父回家守孝，至弘治十七年（1504）服丧期满，时值宦官刘瑾擅权，不愿返京被免职。正德五年（1510），刘瑾被诛后，朝廷复召用，以母老乞终养为由辞不就任。居家做了 20 年白衣进士，致力于学问文章，搜集地方文史，撰铭作记，刊书辑志，有功于乡邦文献。又创建养优书院，教育后学。正德十五年（1520），为表彰对琼山文化做出贡献的先人赵谦而在府城南街六角井旁重修赵谦墓，刻碑留念。第二年编纂《正德琼台志》20 卷、《琼州三祠录》3 卷。笃嗜白玉蟾诗文，精选成集，名《海琼摘稿》。《明史》载："胄耿介孝友好学，多著述，立朝有执持，为岭南人士之冠"。嘉靖元年（1522）应召赴京，复任为户部河南司主事，不久升本司员外郎。次年任广西提学佥事，引导少数民族子弟入学读书。五年（1526）升任云南金腾副使，改任该省提学，再连擢云南右参政、云南右布政使。十一年（1532）任广西左布政使，后升任都察院右副都御史、山东巡抚等职。其间极力革除弊政、整顿治安，开渠引水、鼓励垦荒，治理水患，政声颇著。十四年（1535）任南京户部右侍郎，后任北京户部左侍郎。十七年（1538）嘉靖皇帝决定将其生父"献皇帝"入祀明堂配上帝，胄冒死抗疏，逆旨下狱，加施刑杖，削籍归田。同年冬获赦复职，但已重病在家，不能奉诏回朝，次年卒。临终前著遗书《十戒》。御赐葬云龙陶公山，王宏诲撰神道碑赠文。隆庆元年（1567），追都察院右都御史。著作尚有《江闽湖岭都台志》《广西通志》《西洲存稿》《传芳集》《余学录》等。被祀为琼州府乡贤。

陈实（1474—?） 字秀卿，琼山顿林人。明弘治十五年（1502）登康海榜进士。时因宦官刘瑾专权，无意为官，还乡服父丧，丧满仍不愿为官。刘瑾假任君命，发诏将其任职资格除名。正德五年（1510）刘瑾事败处死后，起用为南京都察院江西道监察御史，查实内臣赵兰以内旨到合浦采购珍珠为名，行扰民掠货中饱私囊之实，遂上疏朝廷弹劾奸臣、停止采珠，一时传为美谈。不久遭母丧，丧满除服后，任广西道监察御史。正德十六年（1521）奉命巡按应天徽州、宁州。将当地权贵霸占芜湖沙滩芦苇（当地民众以织苇席为业）实情上奏，获许归还民众经营。嘉靖二年（1523）任常州知府，不拘旧礼，把隆重的上任参见仪式，改为简单的交接文件仪式。秉公办事，获上官信任，下属悦服。时常州瘟疫，饥荒死者、外逃者众，陈实开官仓放粮赈民，安定民心，发动民众重建家园。执法严明，有犯法者以数万两银子乞求缓死被拒绝。有仁爱之心，养育从弟两人成人，将部分田粮收入分给乡亲。后卒任上，朝廷破例给以恤典。乡人在府城立进士坊、绣衣坊纪念，被祀为琼州府乡贤，遗著有《虚庵集》。

郑廷鹄（1505—1563） 明代进士。字元侍，号篁溪。先祖于明洪武初谪戍海南卫，落籍琼山府城甘蔗园。15岁受业于塾师海贞范门下，与丘浚曾孙丘郊、丘祁等同窗。海先生见其奇才，料他日必成大器，遂将爱女许之为妻。嘉靖七年（1528）举乡试。十七年（1538）会试名列第三，廷试赐进士出身，授工部都水司主事。不久，以奔父丧辞官。复起补礼部仪制郎，继升吏科给事中，复晋工科左给事。嘉靖二十七年（1548）秋，京师发生地震，廷鹄借朝臣修省之机，以侍从规谏之便，就黄花镇等地宜筑关城增设水垒、贵州三藩等国家大计上疏，得到朝廷赞赏。二十八年（1549）崖州那燕等人聚众起事，又上疏朝廷建议攻抚结合，被采纳施行。二十九年（1550）为“大计”之年，负责考察外官，贬、降、升、调皆主持公正，受到内外称赞。同年春为会试总考官，甚得主试礼部尚书兼文渊阁大学士张治称赞，谓其有“人伦之鉴”。后擢升江西督学副使，讲学于白鹿洞书院。三十二年（1553）秋，将丘浚的《吟稿》《类稿》增补、勘定，编为《琼台会稿》12卷。其间还主持纂修《白鹿洞志》，参与编辑中国兵家经典著述《武学经传》40卷，并为之作序。还增置书院田，兴学礼士，深受赣人拥戴。任职期满，再迁江西布政使司右参政。后以母老上疏乞归。回籍后常踏歌行吟于郊野，著书自娱。三十五年（1556）悉心经营郡城西南20里处的石湖，雕龙筑池，易名“玉龙泉”。晚年清节自励，母卒后志在林泉，无意重返仕途，谢不复出。嘉靖四十二年（1563）秋末撰完《藿脍集》《易礼春秋说》《兰省掖坦集》《学台集》《石湖集》等。

海瑞（1514—1587） 明代政治家，著名清官。字汝贤、国开，号刚峰。回族。明正德八年底生于府城海宅塘村（今朱桔里）。4岁丧父，由母亲谢氏抚教成人。嘉靖二十八年（1549）以《治黎策》考取举人。两次进京会试不第，毅然听从吏部选派，于三十二年（1553）任福建南平县儒学教谕。主张师道尊严。先后作《教约》《规士文》等，以严肃校规，因不给提学御史下跪磕头，被称为“笔架先生”。三十七年（1558）春任浙江淳安知县，在任4年多，“薪俸外丝毫不侵”，制定《兴革条例》36条，裁革冗费、冗役，力矫时弊，肃清吏治。三十九年（1560）三月，将总督胡宪宗之子路过淳安时沿途勒索的千余两银钱全部没收入库。不久又抵制宰相严嵩的干儿子、盐政都御史鄢懋卿路过淳安搜刮民才之举。四十一年（1562）升任嘉兴府通判，受鄢懋卿党羽弹劾，被朝廷取消任命。同年十二月调任江西兴国知县，考察地理民情，制定《兴国八议》，提出改革方案和治理措施，严惩违法活动，政绩显著。四十三年（1564）十月任户部云南司主事，鉴于嘉靖皇帝一心寻求长生不老术，不理朝政，致使纲纪败坏，民不卿生，于翌年十月买了棺木，和妻子诀别，冒死上《治安疏》批评皇帝，言人所不敢言，震惊朝野，激怒嘉靖。次年二月被捕，转刑部死牢。十二月嘉靖皇帝病死，被赦复官。不久改任兵部武库司主事。隆庆元年（1567）正月升为尚宝司丞，四月又升为大理寺右寺丞。旋升任南京通政司右通政。三年（1569）六月转任都察院右佥都御史，总督粮储，提督军务兼巡抚应天十府。任职期间，兴利除弊，整顿吏治，抑制豪强，扶植贫弱，均赋役，平反冤假错案，实行“一条鞭法”，以工代赈，疏浚吴淞江、白茆河，恢复江河两岸熟田40余万亩，救活饥民13万，深受人民爱戴。后遭豪绅巨宦罗织罪名攻击，海瑞驳斥诬蔑不实之词后上《告养病疏》恳乞致仕，翌年四月罢官回琼。家居16年，为乡民做好事，其中帮助官隆图青草村（今谭文镇）民众挖沟开渠、引水灌溉农田一事广为流传。万历十三年（1585）被重新起用，升任南京吏部右待郎。十四年（1586）二月升为南京都察院右都御史，上疏神宗皇帝请求整顿吏治、严肃纪律。万历十五年十月四日（1587.11.12）卒于任上，终年73岁。死时箱内仅存俸银10多两和旧袍数件。噩耗传出，南京百姓奔走相告，痛哭流涕，如丧考妣。朝廷追赠太子太保，谥号忠介。奉旨归葬琼州，同乡许子伟护柩归里。丧船出行时，长江两岸站满了穿丧服的民众，奠拜哭的人百里不绝。海瑞葬于府城北滨涯村。被祀为琼州府乡贤。

著有《元祐党人碑考》《淳安政事稿》《备忘集》《续备忘集》《兴革条例》《兴国八议》和《庆元伪学党籍》等；其书法甚佳，尤以行书苍劲有风骨而受后人称道。一生刚正不阿，廉政恤民，流芳后世，被称为“南包公”“海青天”。后人编有《海刚峰集》《海瑞集》等。

陈天然（生卒年不详） 明代进士。字汝中，府城镇后巷人，后转主东厢桂林坊。嘉靖七年（1528）举人，十四年（1535）进士。历任户部主事、江苏镇江知府。禀性刚正，廉洁奉公。任镇江知府期间，遇上荒旱，即减免虚税，减轻人民负担，还捐俸立学田、赈济贫士。后改任湖南永州知府，因母丧未到任。家居时以饮酒作诗自娱，著有《自新遗稿》。被祀为琼州府乡贤。

许子伟（1555—1613） 明代进士。字用一，号南甸，府城北胜街人。14岁丧父，由庶母任氏守节教养。幼年受丘浚、海瑞影响，博览不倦，常拜读于丘浚“藏书石屋”。15岁时逢海瑞罢官回琼之机，拜其为师，深受教诲。万历十年（1582）中举人。十四年登进士，授官行人司行人。翌年海瑞在南京逝世，奉旨护送海瑞灵柩回琼安葬，并守墓3年。回朝后，擢兵部左给事中、吏部右给事中、户部右给事中等职。在京任职期间，创办琼州会馆，方便琼人来往京师。崇海瑞之气质，敢于疏劾权贵，抗颜谏诤，得罪皇帝，被贬谪到铜仁府（今贵州境内）。后弃官归琼养母，不复出仕。居琼之后，凡乡里衣食或婚丧方面有困难者，都解襄相助。当朝廷大肆向琼州百姓“科派琼珠，役以万斛”时上书要求减轻百姓负担，结果“得减其数”。琼州沿海一带的百姓常遭倭寇、海盗劫掠，他多次上书朝廷，要求派兵驱除，使百姓得以安居。为启迪海南文化，置义学于儋州，开敦仁书院于府城，掌教文昌玉阳书院，建昌明塔于下洋村（今属海口市），以培文风。在文学方面学丘浚，作《五指山和邱文庄公韵》；理学方面师陈白沙（广东新会人），作《赠贺定斋邑侯仁政荣满序》等。万历四十年（1613）病逝，谥忠直。著有《谏垣录》《广易通》《敦仁编》《许忠直集》集。飨请圯昌明塔，以配丘浚和海瑞，被祀琼州府乡贤。

梁师授（生卒年不详） 明代名医。字传心，琼山人。自幼读书，潜心思索，因身体多病自学成医。精通脉法，求医者接踵而至，户外常满。终年 85 岁。

吴典（1748—1797） 清代进士。原名典，字国猷，号学斋，府城草芽巷人。自幼喜欢读书，十几岁参加童子试，名列第一。清乾隆三十年（1765）选为拔贡，再举乡试。三十四年中进士，选翰林院庶吉士，授编修，任总校中秘书，兼任国史馆、三通馆、四库馆编修官和武英殿分校官，参加《国史》《四库全书》的编纂，参与《永乐大典》的补佚。完书后，皇帝赐龙尾砚、白玉如意和文绮等贵重御品。后曾两度当顺天乡试总考官。在北京时倡议募款在员中坊大外郎营建“琼州会馆”，是继许子伟之后海南人在外建造的第二个会馆。做官后不忘恩师培育，每逢省亲，都到朱良村登门拜谢老师周继才。父亲去世后辞官回家，出任海南最高学府琼台书院主讲。致力公益事业，在万寿亭街创办“珠崖义学”；府城原无医院，他用吴氏宗祠一部分公祭费，在北官村外修建“大慈寺”，除设诵经堂外，增设养病室和停柩室；还出资在海口建造白沙东西桥，带头集资修复文明楼（今鼓楼）等。

陈得平（1884—1925） 红旗镇泮边村人。原名昌琪，字瑶林，号耀南。幼年在乡间小学读书，后考入琼州府中学堂，其间接受进步思想影响。清光绪三十四年（1908）加入同盟会，同冯济民、冯熙周等组建“新民社”。1910 年受孙中山派遣，赴南洋宣慰华侨，筹资支持革命，并负责主持同盟会暹罗支部党务工作。1913 年 3 月回国参加广州起义，起义失败后再赴南洋活动，后回国入云南陆军讲武堂学习军事。袁世凯称帝后，坚决支持孙中山的革命主张，被任命为琼崖讨袁军总司令部驻香港联络站负责人，1915 年 10 月任中华革命党广东琼州分部党务科主任。1916 年中华革命党解散后投身军旅，在广东肇庆军中历任连长、营长，后升为广东护国军第二军团长。1922 年 5 月挥师北伐入赣任左翼先锋。10 月任东路讨逆军第二旅旅长，后升为第一路总指挥。1923 年 2 月挥师回粤讨伐陈炯明，辅弼元首竭尽全力，为孙中山得力助手。1925 年秋病逝故里，终年 31 岁。墓碑：“陆军中将任旅长兼总指挥耀南陈公墓”，旁刻其生平事略曰：“在军十余年，身经百战，功平四省，部下营以上无一人陷阵亡者，世称为‘福将’云。”

陈继虞（1890—1925） 字昭尧，谭文镇蛟头村人。琼州近代民主革命先驱。出生于一个华侨后裔家庭，幼年聪颖冠群，《三字经》等能一字不漏地顺背倒背。17 岁以优异成绩考入琼崖中学堂，在校期间接触了民主革命思想。1911 年初加入同盟会，8 月赴港与香港同盟会机关负责人胡汉民联系，汇报琼崖党务和购买军械准备运回琼崖起事。10 月会同邓仲元自港前往惠州发动起义，不足旬日攻克惠州城。11 月广东宣布独立后，回琼预备起义，被琼崖观察使委任为琼崖东路宣慰员，并领兵巡察琼山、定安、乐会、万宁、陵水、崖县等地。1912 年 8 月被选为国民党粤支部琼崖分部部长，年底选为省议员，并结识孙中山，被委任为副官，追随孙中山赴日本联络华侨支援革命。后返回上海、广州研究“孙子兵法”，准备武装救国。1914 年 1 月袁世凯废除临时约法，下令解散国民党和国会，陈继虞奉孙中山之命打击。后复回省民军担任统领，武装讨伐袁世凯，经大小数十战，给袁死党黄志桓部予致命打击。后复回省会供职。1918 年 1 月又奉命返琼讨龙（济光），被任命为琼崖讨龙军第五军第一统领兼广东省讨龙军第二支队司令，激战数月，驱龙出琼。军政府嘉其功劳，奖以五等文虎章加少将衔，并以“沈毅勇敢”四字褒奖。继又扩充民军，受任粤军义勇军第五路司令，率部解放全琼 13 县的大片土地，先后驱走桂系军阀沈鸿英、李根源等人。后被委任为广东警备队第十九统领、三歪坊知事、思春坊知事等职。1921 年 5 月偕夫人邝丽坚赴广州参加孙中山就职中华民国非常大总统典礼，并留在其身边工作。1922 年 6 月陈炯明兵变时，陪同孙中山往沪。1923 年底返回广州，时值国共合作前夜，认识了毛泽东，两人促膝长谈，对毛泽东和中国共产党有了新的认识。后重返琼崖领导民军继续讨伐蔡炳寰、邓本殷部，受任琼崖讨逆军司令，率部征战定安、万宁、文昌、陵水、崖县、感恩、昌化等县，屡立战功。1925 年 6 月 29 日，在陵水县四方山民军兵工厂试验地雷不幸失火受伤，医治无效而牺牲（一说在乐会县中平战斗牺牲），终年 35 岁。墓葬府城五公祠道旁，胡汉民题墓碑曰：“烈士陈昭尧之墓”，背字：“陆军本候少将”。11 月在广州举行追悼会，国共两党要员毛泽东、周恩来、胡汉民、邹鲁、朱培德等参加追悼会。1954 年周恩来总理亲自批准追认为辛亥革命烈士。

陈玉婵（1899—1927） 女，小名妚青，旧州镇美岭村人。出生在一个贫苦农民家庭。幼年丧父，7 岁随母到琼城谋生。因聪明伶俐，10 多岁时被匹谨女校吸收为半工半读学生。1921 年毕业留聘为小学部数学和英语教师。1924 年考入广东省立工科专业学校。1925 年在广州加入中国共产党。1926 年 1 月，经中共广东区委短期集训后返琼，历任琼山县国民党党部执行委员兼妇女部长、琼崖妇女解放协会负责人、琼山县妇女解放协会主任、共青团琼崖地委委员兼妇女部长。能言善辩，学识广博，每当发生妇女受歧视、受虐待的事情，即挺身而出，为妇女做主，深受妇女的信赖，被誉为“女秀才”。在党组织的支持下，在府城东门创办琼崖第一间女子职业学校，亲任该校教师并兼府城“女子一高”小学的一部分课程，借此阵地宣传革命。1926 年下半年被党组织派到比较落后的旧州、仙沟一带农村，宣传发动群众建立农民协会。1927 年国民党发动“四·二二”反革命事变时，在府城城隍庙被反动军警逮捕。5 月 26 日，被敌人用铁索勒死在府城米铺村旁，年仅 28 岁。

胡伯虎（1897—1928） 原名胡正寅，字礼三，龙塘镇玉胡村人。1920 年在琼山中学读书时，受五四运动影响走上革命道路。1923 年 3 月考进孙中山在广州举办的建国学校领袖班就读，在校时加入中国共产党。翌年 12 月，受党组织派遣返琼开展革命活动，以教师的合法身份在龙塘一带设立农民夜校，组织青年阅读进步书籍，秘密组织农民协会，带领农民进行减租、减息斗争。1925 年底某夜带领农村青年 100 多人，埋伏于潭口渡口，火烧敌军浮船。国民革命军过琼后，1926 年 7 月在冯公坊 13 个自然村建立冯公坊农民协会、自卫队，发展党团组织。年底受党组织派遣到谭文一带开展革命活动，并协助争取土匪张梦安部投向革命。1927 年琼崖国民党当局发动“四二二”反革命事变时机智脱险，后被党组织派到琼崖讨逆军第十一路军张梦安部任职。1928 年 2 月讨逆军改编为工农红军，第十一路军改为中路红军第二营，任参谋长。同年 4 月国民党军队重兵“围剿”仁台根据地，为了掩护主力部队突围东迁，率领 80 多名战士在龙桥方向牵制敌人主力，至弹尽粮绝，仍用木棍和石头同敌人血战到底，最后全部壮烈牺牲。

符向一（1902—1928） 原名福山，字向东，大坡镇树德乡冯符村人。出身贫寒，由在南洋经商的叔公接济读完小学。1920 年秋考入广东省立第六师范学校中学班（原琼崖中学），读书期间积极参加爱国反日运动。1924 年毕业后考入上海东华大学，接受马列主义思想。1925 年 4 月加入中国共产党，5 月参加上海工人反帝爱国的五卅运动。后加入琼籍在沪进步学生成立的“琼崖新青年社”，撰写文章宣传共产党的政治主张，是该社活动积极分子之一。1926 年 1 月随国民革命军回琼讨伐军阀邓本殷。2 月 9 日担任共青团琼崖特支书记，3 月 10 日被指派组织共青团琼崖地方委员会。同时担任琼崖农民运动办事处书记，在临高、琼山、澄迈等地建立党组织和开展农运工作。北伐开始后，代表广东农运随军宣传，到湖南、湖北发展农民组织。1927 年 8 月奉命前往鄂南军五路指挥部，重建党组织，领导农军攻占城镇，被委任为中共鄂南特委委员，并参加鄂南秋收暴动。10 月中旬又受命巡视麻城黄安地区，下旬被任命为中共黄麻特委书记。11 月上旬召开两县党团活动分子会议，传达党的“八七”会议精神，加紧训练农民自卫军和义勇军，起草起义宣言，发动和组织群众参加黄麻起义，建立了黄安县人民政府和工农革命军鄂东军。12 月 5 日夜，国民党十二军教导师围攻黄安县城，鄂东军损失惨重。12 月下旬，主持召开黄麻特委、黄安县委和鄂东军紧急会议，确定军队主力撤向外线，保存实力。会后担任新组建的中共湖北省委委员。1928 年 3 月，因叛徒出卖在武汉被捕，受尽各种酷刑后于 3 月 27 日被害。

吴炳泰（？—1931） 琼山人。1924 年考入广东大学（中山大学前身），在校期间参加琼籍学生“旅省同学会”“琼崖革命同志会”，加入中国共产党，担任党（团）支部书记。1926 年在广东区团委工作。1927 年广州“四·一五”事变后，接任中山大学团总支书记。1928 年被派返琼改组共青团特委，并任共青团琼崖特委书记，同年夏赴省汇报工作，后任广东区委委员、东江特委秘书。1930 年 5 月任中国工农红军十一军政委。1931 年秋任苏区反 AB 团委员、东江特委秘书。1930 年 5 月任中国工农红军十一军政委。1931 年秋在苏区反 AB 团的斗争中被错杀，中华人民共和国成立后，中共中央为其平反昭雪。

吴多庆（1907—1932） 三门坡镇桃村人。20 世纪 20 年代初加入陈继虞民军，转战全琼，打富济贫。1926 年 1 月国民革命军过琼后，发动群众组织农会，建立自卫队。1927 年初加入中国共产党。国民党发动琼崖“四二二”反革命事变后加入革命武装队伍。1930 年初任琼崖工农红军独立团第二营营长，不久任琼崖工农红军第二独立师二团团长，率领红军部队开进羊山地区打击敌人，在安仁一带建立革命根据地。11 月，反动民团百余人包围东城村，企图消灭红军和县苏维埃政权，部队在其指挥下粉粹了敌人的进攻。1932

年，在保卫苏区战斗中牺牲。

王国宪（1853—1938） 又名王国栋，字用五，又字圣轩，号尧云，晚年自称更生老人，卒谥文成。原籍琼山谭文青草村，后移居府城达士巷。幼年丧父，家境贫寒，但胸怀大志，读书不倦，17岁考中案首（秀才第一名）。清光绪二十年（1894）甲午科中广东第一名优贡，是当时琼岛名贡。为求深造，赴省广雅书院学成毕业。任乐昌县教谕、广东省议会议员等。归琼后，先为经研书院掌教，继任琼台书院掌教。又与同乡筹捐修葺丁字街“文昌阁”，开设爱生医院，呈请政府备案及拨款补助，并派专人主持，免费为群众诊治病。1917年任琼山县立中学（今琼山中学）校长。民国12年（1923）秋，鉴于求学学子日益增多，乃主持向海外华侨募捐兴建私立琼海中学（今海南中学），担任校董及国文教师。创校第一年，与其他教员一道，不领薪金，义务兼教。国宪学识渊博，尤深攻文史。曾在五公祠创办洞酌亭诗社，主持募捐重修琼台书院及苏、丘、海三公祠；兴建明代丘浚、海瑞、钟芳、许子伟、郑廷鹄五贤祠于府城大路街。自民国初年起，便以搜集刻印明清两代先贤遗著为己任，常驻海南书局，主编、校订、出版《海南丛书》16本。刻印丘浚、海瑞、王弘诲等人年谱，修纂《琼州府志》（全志未成，未刊）、《琼山县志》《儋县志》《王氏合族大谱》《王氏经籍志》《读书日记》《琼台书院志》《琼崖耆宿集》等。又访求宋《白真人集》、明陈是集《南溟诗选》、海忠介《备忘录》、王时宇《苏文忠公海外集》等书校点补刊行世。40余年致力于发掘整理海南古籍，为保存海南历代先贤著述和地方文献，做出重大贡献。84岁自撰墓志铭曰：“王某八十五负寿藏”，卒年即85岁。

王斧（1880—1942） 号斧军、玉父，府城镇中介路人。生于阀阅之家，早年就读于雁峰书院。1901年在香港结交革命志士陈少白、黄世仲等，而认识孙中山，加入兴中会。后在香港创办《民报》《少年报》《人报》，自任主笔，以其犀利的笔锋，揭露清政府的腐败和无能，竭力宣传革命。受孙中山赞赏，奉命赴新加坡当《中兴日报》主笔，亲自撰文同当地保皇派的《南洋总汇报》论战，锋芒直指清政府。清廷惧惊，向新加坡政府交涉缉拿王斧。王斧被迫前往泰国。1905年在泰和胡毅生等人创办华益学校，并任同盟会暹罗分会主盟人兼《华暹日报》主笔，不久，在林文英、肖佛成、陈美堂等数十名反清志士支持下，发起组织“琼岛会所”，积极开展反清民主运动。在华侨中募捐款，支持孙中山赴欧美发展党务，筹划广州起义经费。辛亥革命成功后，受广东都督胡汉民之命任琼崖民政副长，后任民政长。1913年当选为众议院议员，到北京赴任。袁世凯阴谋称帝时，他南下讨袁，在广东南路与龙济光部激战失利后往海外，继续在马来亚、暹罗等地办报刊讨袁。1917年9月被任命为大元帅府参议。1921年返琼任国民党琼崖办事处处长。后为陈炯明驻琼部队所胁迫，重返广州，奉孙中山命筹划琼崖改省事宜。1923年曹琨贿选总统时再次南下护法，组织推翻曹氏活动。北伐胜利后，1930年到南京任国民党中央党史史料编纂委员会编纂，后任监察院监察委员。抗日战争爆发后，奉命往江西视察民众组训及战时政治机构。1938 年入川，常驻重庆，视察各机关工作。平生秉性刚劲，廉洁自持，生活淡泊。唯对收藏古董不遗余力，造诣颇深，有“考古家”之誉。1942 年 5 月 2 日在重庆歌乐山中山医院病逝。著有《斧军说部》、《考古学》等。

黄大猷（1904—1942）　三门坡镇桃村人。出世不久母病故，家贫如洗，一生没上过学。少年便学会犁田，帮父亲宰猪兼作猪苗生意。性格耿直，好打抱不平。20 年代初加入陈继虞民军，打富济贫。1926 年在琼山树德一带从事革命活动，组织农民协会，建立自卫队。1927 年初加入中国共产党。同年 9 月受党组织派遣，参与争取并改编了土匪张梦安部，任连长。1930 年 8 月被任命为琼崖工农红军独立师第一团第一营营长。1931 年率部在琼东县连续拔掉 10 多座敌炮楼，每战必胜，升任第一团代理团长，被琼东一带群众誉为“福将”。1932 年 7 月率领红一团在定安县顶子岭，打退国民党陈汉光部多次进攻，终因寡不敌众，带领 10 多名战士撤到乐会、万宁一带山区，转战六连岭，最后只剩下他一人，突围潜伏于陵水新村一带农村，改名换姓，为渔家做工。1934 年与组织取得联系后，重返六连岭。1936 年 5 月，被任为琼崖红军游击队司令部第七支队队长。1938 年 12 月 5 日，“云龙改编”后任独立队第一中队长。1939 年 2 月 10 日奉命率部 80 余人前往潭口渡口东岸，阻击日军入侵，打响琼崖独立队抗日第一枪。3 月被任命为独立总队第一大队长。率部指挥和参加罗牛桥、罗板铺、罗蓬坡、龙马桥、美德、斗门、大水等多次战斗，均取得重大胜利，升任第一支队副支队长。1942 年 4 月，第一支队向琼山旧州、益来乡开展抗日工作，进驻彰榜村时遭到国民党保安七团袭击，在彰榜坡战斗中，身先士卒，冲锋在前，壮烈牺牲。

林茂松（1913—1942）　原名林绍定，云龙镇西鲁村人。5 岁父母双亡，给财主放牛，16 岁参加革命并加入中国共产党。入伍不久当冯白驹的勤务兵。1932 年琼崖红军反“围剿”失败后，随冯白驹上母瑞山坚持斗争。1933 年 4 月重返琼山苏区，担任新成立的琼文县文南区委组织委员。1936 年夏，与琼崖女杰刘秋菊结为伴侣，夫妻俩被特委派往陵水、崖县开展恢复党组织工作，宣传发动群众投身抗日救亡活动。1938 年春重建中共崖县县委，同年秋奉命调回特委工作，12 月参加“云龙改编”。1939 年，琼崖抗日独立队扩编为总队时被任命为琼崖独立总队第一大队第一中队长，率部赴琼山咸来乡一带开展敌后抗日活动，年底任总队特务大队第一中队长。1940 年 2 月，率部保卫队特委机关进入澄迈县美合建立根据地。“美合事变”后，于 1941 年 1 月底率部护卫特委、总部撤出美合平安抵达琼文抗日根据地。3 月 12 日参加反击顽敌的罗蓬坡战斗。3 月下旬任琼崖总队第二支队第二大队长，统领所部转战于琼文地区，身经青草洪烈坡战斗、青云（白引）战斗、咸来美桐战斗、美德战斗、甲子陆坡战斗等，身先士卒，屡挫敌锋，为琼崖红军“五虎将”之一，被誉为“神枪手”。1942 年 1 月 12 日，国民党保七团第二营进犯咸来、龙发一带。他率部进击，逼敌败退达 7 千米。此时敌后护卫队暗地射击，不幸中弹牺牲。祭葬时由冯白驹亲自撰写碑文，给予高度评价。

潘昌浩（1873—1943） 云龙镇士阁村人。青年时代到马来亚谋生，初当劳工，稍有积存后，便承包英人橡胶园。当时，国际市场的橡胶价格不断上涨，他的事业得到迅速发展，成为马来亚琼籍中的一位知名侨商、社团首领。他几十年坚持爱国爱乡，一贯支持家乡的公益事业，对家乡教育事业非常热心。1937 年赞助 4000 光银，在士阁村兴建潘氏学堂，方便本村和邻村学童入学。翌年，捐助 4000 光银，修建一座总长 700 多米的迈向桥。1939 年捐助 2000 光银，建一座潘氏公庙，缅怀潘氏先祖德。同年，潘氏宗贤宝泉、旭东、玉声、爱周、玉轩等人，提议创办潘氏懋德别墅，用于扶助鳏寡老人，资助贫苦子弟读书，奖励学习成绩优异者，鼓励他们继续深造，报效祖国；同时也方便海内外宗亲往来聚首，联络情谊，沟通侨情。潘昌浩获悉后，积极响应，立即从马来亚汇回 1000 光银，得到宗亲的赞扬，并挂像留念。1943 年在马来亚逝世。

林泉（1904—1943） 原名林绍颜，学名林常青，又名林东源，三门坡镇桃村人。1921 年考入广东省立第六师范学校，参加杨善集、王文明领导的学潮。1923 年毕业回乡，在福兴地区（今三门坡镇）组织共产主义学习小组。1924 年 3 月在琼山县六区组织共青团，并参与乡农会工作。参加中国共产党后于 1927 年受派回福兴地区建立党支部，开展对敌斗争。同年前往新加坡，化名琼青，参加新加坡华工工会，开展革命宣传。1930 年返回广州参加工人运动。1932 年受命回琼山六区、七区工作。1935 年因斗争需要出发到广州时，不幸被国民党逮捕入狱，次年由亲友营救保释出狱。1938 年冬受组织派到陵水县，以陵水中学教师为公开身份，秘密开展活动。1939 年初日本侵略军占领陵城后，撤到离县城 8 千米的雷打坡村，开展抗日救亡活动。同年秋，他以种菠萝、烟草为名进入保亭县，居住在龙则村的学友王昭英家，进行秘密活动，争取黎族上层人士参加抗日。1940 年冬任保亭县抗日民主政府接洽处主任，负责接洽部队等工作。1941 年初，经组织批准，和王昭英结为伴侣。不久，因争取保亭县黎族首领、日伪维持总会会长王昭夷（王昭英的堂兄）参加抗日一事被告发，王昭夷遭敌杀害；雷打坡村党组织秘密联络点遭日军袭击。1942 年春，中共陵保区特别支部在保亭五弓大简村成立，任支部书记，并先后建立 3 个党小组。6 月在保亭龙则村成立陵保区临时革命工作委员会，任主任。此后又深入五区、合口等地进行统一战线活动，争取伪团董郑国兴等人，组织起两支民兵支队，建立火药厂，在保亭县第四、五、六区等地相继建立抗日民主政府。同时还争取保亭县国民党抗日游击大队长王昭信（王昭英胞弟）同共产党合作抗日。1942 年底配合琼崖独立总队参谋长李振亚率队袭击什玲日本侵略军据点。1943 年 4 月任陵崖保乐边区办事处副主任，并建立起一批乡抗民主政府，形成以五区为中心的革命根据地。12 月 17 日晚日本侵略军突然包围边区办事处驻地。他临危不惧，沉着指挥战友突围时中弹牺牲。

何秋海（1905—1944） 原名何启惠，大坡镇礼平村人。1926 年参加革命。1927 年 6—7 月间加入中国共产党。1928 年 4 月国民党军队“围剿”革命，环境恶劣，他以去南洋的名义转移到外地活动，1934 年 5 月回琼，历任琼东区委书记、琼定县琼白夫区委书记、琼定县委委员兼组织部长、琼定县委书记。1939年任琼崖特委中路联络站站长等职。1941年任琼崖独立总队一支队副官处长，下半年任定安县抗日民主政府副县长。1944年2月率县武装驳壳枪班4名战士在居丁击毙该乡长，缴获驳壳枪1支，在混战中被手榴弹炸伤腰部，医治无效逝世。

王白伦（1903—1946） 又名育才，红旗镇下云村人，贫农家庭出身。少年在龙云小学读书，后考取匹谨中学小学部，毕业后回乡务农。1923年春跟随亲戚到泰国当船工。1924年返乡，在大哥育贤的引导下参加当地农会。1926年春在琼崖高级农民军事政治训练所受训，加入中国共产党。后回道崇组织农会自卫军，攻打道崇民团。1927年7月加入琼山革命军连，9月奉调参加琼崖总暴动外围战椰子寨战斗，11月随徐成章东路工农革命军南征天涯海角，任班长、小组长、中队长、指导员等职。1930年在陵崖地区工作，奉琼崖特委指示组建陵崖县委。其间，恢复和发展当地党组织，建立文罗、仲田革命根据地，率部袭击陵水国民党监狱，营救30多位革命志士；利用敌人内部矛盾开展兵运工作，使敌人一个连起义投奔红军，并相继攻克藤桥、陵城，声势浩大，震撼全岛。1931年底在中共琼崖特委第四次扩大会议上，当选为特委委员，负责乐（会）万（宁）地区督导工作。1932年遭国民党军陈汉光旅“围剿”，与特委机关失去联系后，仍坚持斗争，成立乐万临时委员会，并经过近3年努力，恢复了两县工作。1934年春找到特委机关后，调特委协助冯白驹工作。1936年特委决定成立善集县委，由王白伦兼任县委书记。5月在特委第五次扩大会议上，被选为特委常委兼组织部长，并任琼崖红军游击队司令部政委。1937年10月特委书记冯白驹与琼崖国民党当局谈判不幸被捕后，代理特委书记，并以特委名义通报全琼全国，揭露国民党当局假团结真分裂的罪行，迫使国民党当局于12月释放冯白驹。1940年10月奉特委指示，前往文昌县昌洒地区召开各界代表会议，成立全琼第一个县级抗日民主政府。1943年任西区军政委员会主任，以山区为依托和平原分组打游击的战术，粉碎日本侵略军“蚕食”。1944年4月，西南两区合并时兼任西南军政委员会主任，7月兼任琼崖独立总队政治部主任。1945年9月任独立纵队政治部副主任，后兼任西区（儋县、临高、白沙县）临委书记、第四支队政治委员。1946年11月5日在白沙县阜龙乡病逝。

朱克平（1911—1948） 原名朱运泽，龙塘镇洋滨村人。3岁父亡后随改嫁母亲到咸来乡新云村，幼年读私塾，从小养成吃苦的习惯。1926年夏秋间，积极配合农运特派员王学汤，串连发动新云村民众成立农民协会和自卫队，并经王学汤介绍加入中国共产党。1927年7月加入琼崖工农讨逆军第六路军，随短枪队攻打道崇、罗梧、道统、龙发等民团局，声威大振。9月随军参加乐会县椰子寨战斗。1928年12月随琼崖红军撤往母瑞山建立革命根据地。1930年5月随部队回到家乡开展武装斗争，9月任红一团第一营连长。1932年在国民党军“围剿”中，带领少数战士突围，在琼山文昌一带，伺机打击反动分子，恢复党组织。1933年6月被增补为中共琼崖特委委员，跟随冯白驹以琼文为中心恢复、发展全琼党组织和武装斗争。1936年5月任中共琼崖红军游击队司令部司令员兼第一支队长。1937 年 7 月任琼山县委书记。1938 年 12 月 5 日“云龙改编”，任独立队第三中队第一小队长，负责护卫总队和特委领导机关西迁美合。在保卫美合根据地战斗中，因犯军事错误受特委批评。1941 年夏调任定安稽征处主任，1942 年秋起负责特委东定县督导处财粮工作。1943 年初任东定县抗日民主政府财政科长，1947 年 5 月任定安县民主政府财政科长。次年 6 月为改善机关生活到河里炸鱼，因事故身亡。

杨权（1920—1949） 原名杨统舒，大坡镇中税园村人。十五六岁进中税小学高小班，在校勤奋学习，回家帮助父母干活，深受乡村父老称赞。1939 年 2 月，由担任国民党琼山县长杨永仁警卫兵的大哥介绍，到县府担任秘书。1940 年 12 月“美合事变”后，逐步看清国民党假抗日真反共的面目，决定弃暗投明。1942 年 4 月劝服其兄，一起带枪投奔抗日民主政府，不久加入文昌县第一区（南阳）常备中队任第二小队队长。下半年一区和三区常备队合并为文昌县基干队，任二小队队长，转战文昌东海岸。1943 年下半年，被派回琼山县中禄乡任副乡长，其间经受斗争考验，加入中国共产党，积极开展铲除奸细叛徒斗争，处决奸细，巩固抗日根据地。1945 年 9 月任琼山县民主政府猛进队队长，先后率部袭击 10 余处敌据点，巩固琼文革命根据地。1946 年夏猛进队编入琼纵常胜支队，被任命为“闪击”中队队长，不久升为副大队长，年底调任琼纵二支队参谋。次年春奉命率领 2 个中队在琼东县长坡山甫岭伏击敌军车，采取真突围假防守的计谋，造成敌人互相火并，然后连续攻破敌据点 3 个，创造了一夜三胜仗的先例，受到琼纵司令部的表扬。1948 年初升为松江支队副支队长。7 月 31 日随政委张发华率部在琼山县演丰乡北港坡伏击敌军车，在战斗中牺牲。

张博飞（1921—1949） 原名张泰天，甲子镇大昌村人。少年勤奋读书，过目不忘。1937 年在堂兄影响下参加革命，担任中共地下交通员，翌年加入中国共产党。1940 年参加琼崖抗日游击队独立总队，作战英勇，1941 年初升为一支队一大队班长。在罗蓬坡等战斗中表现突出，被选送到军政训练班学习，结业后任一支二大队四中队二小队队长、四支队一大队二中队队长。同年秋，在牛岭战斗中受伤，还坚持率领一个排的兵力打退敌军 2 个连的 3 次进攻。在土桥伏击战中，率部勇敢近战杀敌，夺回被敌抢去的 20 多头耕牛，按时撤离阵地。爱兵如子，每次发放衣服布匹时，他都将自己应得的送给缺少衣服的黎族战士，并教他们学文化、学军事。一次带 5 名战士打游击战，被日本侵略军大部队追击，一名小战士中弹受伤，要求留下掩护小组撤退，张博飞硬是把他背走。1947 年 11 月升为一支队一大队长。1948 年 5 月被任命为一支队参谋长。1949 年 2 日调任琼纵三总一团团长，6 月 5 日在乐东县九所战斗中牺牲。冯白驹命名三总一团一连为“博飞连”。

梁朝栋（1882—1962） 谭文镇岭梅村人。家庭贫寒，自幼勤奋攻读，毕业于广东省高等师范学堂生物科。青年时代受孙中山民主革命思想影响，成为一个民主主义者。1919 年前后在琼山县立中学先后任教员、训育主任、教务主任，积极投身于新文化运动，大力支持进步学生进行反帝、反封建斗争。他思想进步，对冯白驹等青年学生的思想影响颇深刻。琼山县国民党政府对其不满，他被迫到广州，先后在广雅中学、东山中学任教。抗日胜利后，应邀出任琼山县民众教育馆馆长，坚持和平、民主的立场，反对国民党的独裁统治。1950年海南解放后，受人民政府委托，接管了琼山中学，同时以无党派民主人士的身份作为特邀代表，参加琼山县第一届各界人民代表会议。8月1日被聘为海南参事室参事，不久又聘为海南各界人民代表会议代表。1958年任广东省文史研究馆馆员，享受高级知识分子待遇。他一生从事教育工作，贡献殊多，桃李满天下，冯白驹曾多次到琼山中学探望他。1962年7月3日逝世。其家属享受省人民政府颁发的“病故革命工作人员抚恤金”。

林明（1918—1969）　云龙镇桃村人。1939年参加革命，1940年参加中国共产党。历任琼侨回乡服务团团员、琼崖纵队司令部警卫连文化教员、直属队总支委员、四支队政治处组织股长、总支书记、大队政委、纵队二支队第一大队政委、纵队政治部党务科长、支队政治处主任、政委。解放后任海南军区独立二十六团政委、海南区干部部副部长、林业第一师副政委，中南军区司令部战史编研室编辑，郑州军运处政委，海南区党委组织部第一副部长，海南区党委委员。1955年9月授予少校军衔。1969年2月病逝。

冯质夫（1900—1972）　原名冯运煦，是冯白驹的叔父，云龙镇长泰村人。父亲是乡村医生，小时在村中私塾读书，1912年随父亲学习中医，1925年开始充当中医师工作。1938年12月琼崖红军云龙改编时参加革命，在独立队当医官，把自己家庭的中医药材转给部队。1939年1至1950年历任琼崖纵队司令部军医主任、琼纵后勤部副主任。解放后任海南人民药行总经理，筹建海南中医院。1953年海南中医院建立后，任海南人民医院副院长，献出鹿龟酒的药方。其时，被选为广东省第二届政协委员，广东省中草药研究会副主任。他忠于党，忠于人民，为海南的解放，为海南医疗事业的发展做了重要的贡献。1972年2月29日因病医治无效逝世。

冯白驹（1903–1973）　无产阶级革命家，琼崖革命武装和革命根据地创建人之一。辈名冯裕球，学名冯继周，1903年6月7日出生于云龙镇长泰村的一个农民家庭，父亲冯运熙，除种田外，兼做石匠，母亲吴氏是个勤劳善良的农家妇女。

白驹少年在家乡读书，1919年就读琼山中学，积极参加“五四”运动，是学生运动的骨干。1925年考入上海大夏大学预科学习。1926年初停学，返琼从事革命活动，4月担任海口市郊农民协会办事处主任，同年9月加入中国共产党。1927年大革命失败后，6月奉命组建中共琼山县委并任书记，7月兼任琼崖讨逆革命军第六路军党代表，领导琼山军民开辟农村革命根据地，坚持革命武装斗争。9月率部参加全琼武装总暴动，后任特委候补委员。1929年春调任澄迈县委书记。1929年2月和7月，特委机关两次在海口被敌破坏，8月他挺身而出，同王文明发起召开全琼各县代表联席会议，重建临时特委并主持特委工作。翌年初，特委书记王文明病逝后，他接任特委书记，发展农村革命根据地，建立中国工农红军第二独立师和红色娘子军，掀起琼崖土地革命新高潮。1932年7月，琼崖红军第二次反“围剿”失败后，率领一部分党政干部、战士在母瑞山坚持八个月艰苦卓绝的斗争。1933 年 4 月率领幸存 25 人突围回琼山革命老区，恢复和发展基层党组织，重建红军游击队，坚持游击战争。抗日战争爆发后，与琼崖国民党当局谈判达成团结抗日协议，于 1938 年 12 月 5 日，琼崖工农红军游击队在云龙改编为“广东民众抗日自卫团第十四区独立队”，任独立队队长，1939 年 2 月日军侵琼，指挥部队英勇抗敌，扩编部队为独立总队，任总队长。独立自主地开展敌后游击战争，先后建立琼文、美合、白沙等抗日根据地，挫败了国民党顽固派的反共逆流和日伪军的“蚕食”“扫荡”。1941 年 11 月，成立琼崖东北区抗日民主政府，任主席。1944 年秋独立总队扩编为独立纵队，任独立纵队司令员兼政委。抗日胜利后，内战爆发，他指挥革命军民奋战自卫，灵活运用游击战术与敌周旋，粉碎国民党第 46 军的进攻。在此期间，他正确处理“北撤”与“南撤”问题，坚持琼崖斗争，挥师开辟五指山解放区。1947 年 5 月，根据党中央指示，琼崖特委改为琼崖区委，他任区党委书记、琼崖临时民主政府主席；10 月，中共中央军委命令，将琼崖纵队改为中国人民解放军琼崖纵队，他任纵队司令员兼政委。1948 年秋至 1949 年夏，指挥琼崖纵队发动秋、春、夏三大军事攻势，大量消灭敌人有生力量，不断扩大解放区。1950 年春领导海南军民接应配合中国人民解放军第四野战军 40、43 军渡海登陆作战，解放了海南岛。他领导海南人民坚持孤岛奋战，23 年红旗不倒，被周恩来誉为“琼崖人民的一面旗帜”。

中华人民共和国成立后，他担任海南军政委员会副主席、海南区党委第一书记、海南行政公署主任、海南军区司令员兼政委，领导了海南的剿匪和土改运动。1952 年冬调任中共华南分局委员会委员兼统战部长，以后历任广东省人民政府副主席、中共广东省委书记处书记、副省长、中共中央中南分局委员、第一届全国人大代表、国防委员会委员，1955 年荣获中华人民共和国一级八一勋章，一级独立自由勋章、一级解放勋章。1956 年出席中共八大，当选为中央候补委员。1957 年广东省开展“反地方主义”运动，被诬为“地方主义头子”，受到错误处分，被撤销广东省委书记处书记、常委职务，下放三水县。1963 年调任浙江省委委员、副省长。“文化大革命”十年动乱中，他受林彪、江青反革命集团残酷迫害，积忧成病，医治无效，于 1973 年 7 月 19 日在北京含冤逝世，终年 70 岁。1983 年 2 月，中共中央作出决定为之平反昭雪，恢复名誉。

朱庆明（1925—1975） 云龙镇太乙村人。1939 年 4 月加入中国共产党。1940 年 1 月参加革命，历任云龙乡儿童团长、云龙乡党支部书记、树德乡党总支部书记、县三区区委宣传部长兼三团工作团代团长、县一区区委组织部长兼新区工作队队长、琼山县训练主任、琼山县团工作队副队长。解放后，历任海口市工委宣传部部长、华南工委宣传部宣传科科长、共青团海南区委员会书记。1975 年病逝。

王运应（1901—1977） 龙塘镇永巩村人。1929 年秋毕业于上海光华大学理学院，获理学士学位。1929—1950 年曾在广东省的钦、廉、高、雷、琼州等地执教。中华人民共和国成立后先后任海南高级农校校长、琼山中学校长、琼山县文教科长，1954 年被选为广东省人民代表大会代表，1956 年被选为琼山县副县长。于 1997 年 7 月 30 日病逝。

王镇光（1913—1982） 云龙镇儒传村人，1938 年 7 月加入中国共产党，同年 11 月参加革命工作，历任云龙区委会宣传干事，琼山县新马区委书记，中共琼山县委组织干事，琼山县四区区委书记，琼山县委宣传部部长、组织部部长。解放后，历任琼山县委副书记、书记，海口市民政局局长、农村部部长，中央纺织工业部学校办公室主任，国营 701 矿党委书记，广东省海南石油勘探队党委书记，广东省海南公路分局党委书记。1982 年病故。

陈乃石（1907—1983） 原名陈昌球，曾用名陈卓然、陈友梅、陈钦文。大坡镇永昌村人。仅读小学三年级就辍学回家劳动。1922 年随兄前往新加坡读书。1928 年下半年回国，先后在福建厦门大学附中、上海国立暨南大学高中部读书。1930 年加入中国共产主义青年团，任校团支部书记。1932 年初被派往江苏省工作，任共青团江苏省委秘书。同年 7 月派回广东（香港）工作，任共青团两广工委秘书。11 月叛徒出卖被捕，直到 1937 年国共联合抗日时才获释。出狱后即与中共南方工委取得联系，不久前往香港"南委"受训。后回广州转为中共党员，并先后任中共广州市委、广东省委组织部干事。1938 年 6 月奉命回琼传达省委指示，10 月派回海南工作，任中共海口市工委书记。1939 年 2 月日本侵略军占领海口后，撤回琼崖特委驻地，担任琼崖总队部党委干事和第二大队政训员，12 月琼崖抗日游击队独立第一总队成立东路总指挥部，任政治委员。1940 年 9 月总指挥部撤销，改任第一支队政治委员，1941 年 10 月任万宁县委书记，建立起区乡民主政权和一批抗日民众团体。1945 年春被派往东江纵队，通过东纵电台向党中央报告琼崖斗争情况，恢复了琼纵和党中央的电讯联系。1946 年 2 月重返海南工作，翌年担任琼崖游击队独立纵队第三支队（神通支队）政治委员，率部活动于乐会、万宁、陵水、保亭等县，并兼任中共琼崖东区临委书记。同年 5 月在中共琼崖第五次代表大会上当选为区委委员，并被任命为东区地委书记。1948 年调任中共海南区委员会秘书长。海南岛解放后，历任中共海南区委员会秘书长、组织部副部长兼党校校长、组织部部长、财贸部部长、统战部部长、海南行政区公署副主任、区党委常委等职。还先后当选为广东省第二、三、四届政协委员、广东省第三届人民代表大会代表。1983 年 6 月 30 日在海口病逝。

李黎明（1903—1984） 原名李顺平，曾用名王安成、黎民、黎明。红旗镇福坡村人。1922 年人省立第六师范就读，是学生运动的活跃分子。1926 年 10 月加入中国共产党。1927 年 6 月回乡参加建立中共党支部工作，组织武装打击土豪劣绅，任第十区武装后备队指导员，后调任十区委宣传委员。1928 年 10 月因环境恶劣到泰国裕成隆火锯厂当工人。1929 年 3 月在火锯厂恢复党的组织生活，不久当选为支部书记，积极领导工人开展革命斗争。8 月调任暹罗总工会秘书，兼任聚才夜校教员。12 月 11 日夜在纪念广州暴动二周年散发传单时被捕。1930 年 2 月初被释放驱逐出境，持暹罗中共特委秘密介绍信回到香港，同党组织接上关系。5 月应冯白驹要求返回海南搞互济会工作，并参加琼崖特委第四次代表大会，后任琼山县委巡视员。1930年8月任琼山县苏维埃准备委员会委员兼秘书、党团书记。1931年3月任琼山县委委员兼宣传部长，10月调任澄临县委书记。1931年12月—1937年8月，先后任琼山县委、乐万县委书记。抗日战争爆发后，作为琼崖特委代表，于1937年11月间与国民党125师代表进行国共合作抗日谈判。因国民党无诚意谈判无结果，仍返乐万县委工作。1938年7月调到海口大众书店当经理（秘密身份是冯白驹联络员），9月调任儋县县委书记。1938年12月琼崖红军改编后，转入部队负责党委工作。1939年夏部队扩编为独立总队后，任总队政训室主任兼党委书记，同年8月当选琼崖特委委员。1940年1月，受特委指派和林李明赴延安参加党的第七次代表大会，3月抵延安后进马列学院学习2个月，后因病休养一年。1941年8月—1945年4月先后在代表班、中央党校一部学习，参加整风审干运动。其间1945年4月候选为代表资格参加中共七大，后随即南下。10月奉命转往东北，任沈阳工人训练组织科长。1946年1月—1947年2月在辽西行署、辽北省人民政府任干部科长。此后至1949年9月先后任辽北省人民政府民政厅副厅长、省法院院长、沈阳市委委员兼直属机关党委书记。1949年10月南下广州工作，任中共广州市委委员、市文教局局长、广东省革命干部学校副校长。海南解放后奉调回琼工作，历任海南行政公署副主任、海南行政区党委委员、区党委第二副书记兼海南黎族苗族自治区委书记、海南区党委副书记兼秘书长、海南区党委书记处书记。1966年7月调往广东省委视察室任副主任。在海南、广东工作期间，先后当选为第一、二届省委委员，省四届政协常委，省党史征集委员委会委员。离休后享受副省级干部待遇。1984年4月10日在广州病逝。

朱家玖（1904—1984） 云龙镇玉仙村人。1926年12月加入中国共产党。1927年4月任党支部书记、区委委员兼党支部书记。1929年9月往马来亚，曾任马来亚马六甲马按埠工厂工会委员、马共党支部书记。1937年1月回乡后，历任区委书记，琼山县委委员、部长、县工委书记，临高县委书记，海南区党委民运部部长。解放后，历任中共海口市委副书记、市总工会部长、农村处科长，海南行政公署橡胶处副处长、代处长，海南垦殖处科长、副处长、处长，海南黎族苗族自治州委常委，部长，崖县县委书记、海南农垦局副局长等职。1984年11月5日病逝。

吴乾惠（1913—1985） 琼山府城镇人。从小酷爱美术。1930年在广州市美术学校西洋画专业学习，后考入广州私立移风美术学院继续深造。毕业后，曾先后在广州私立岭峤中学及广东省立两阳中学当美术教师。课余致力于水彩画及油画的技法研究。1933年和1937年两次在广州举办个人画展。1941年赴广西怀集县立中学任教，除在桂林参加抗日救亡画展外，还独立为怀集中学筹建图书馆及购置图书举办画展。1944年5月经友人介绍转到李宗仁夫人郭德洁所创办的私立桂林德智中学教书。因时局紧张，随校迁往贵州，不久转入安顺黔江中学任教。其间，曾为贫困学生学习绘画而举办个人画展。1946年后又先后在安顺私立豫章中学及省安顺师范任教。1946年2月赴昆明举办个人画展。此后因时局动荡，经济萧条，过了几年艰难的失业生活。到1951年才被贵州镇宁县民族中学聘为美术教师。从1956年起，先后在贵州省工艺美术公司、省工艺美术服务部、省轻工业厅、省工艺美术馆展出作品。经多年深入钻研，四处拜师，设计不少水平较高的漆器、蜡染及及石砚等工艺美术作品。1960年被任命为工艺美术设计师。其作品参加过全国第一、二、三届工艺美术展览，部分作品还刊登在《美术》《漆器》等杂志上。1960年因病回故乡疗养，重游故地，激动不已，创作了不少反映故土风貌的好作品，多次发表在省内外的报刊上。1975年7月，应轻工部工艺美术公司委托，组织编写《贵州兄弟民族形象服饰资料》一书，1978年底出版发行。他热心钻研中国画、书法、篆刻，特别是岭南画派的技法，热心收收藏古代文物，鉴赏能力强。他擅长画花、鸟、草、虫，所画形神兼备，栩栩如生。其作品曾参加1979年滇、黔、桂、川四省绘画联展和苏州、贵阳中国画联展。1980年篆刻二方被选参加全国第一届书法篆刻展览；同年国画《凌霄花》一幅被中国展览公司选送法国展览，被吸收为中国美术家协会和中国书法家协会会员，并被聘任贵阳市政协文化工作组副组长。1984年1月，篆刻“淮海战役烈士永垂不朽”一方匾，参加中国书协江苏分会书法展览。后被编印专集刊行。吴乾惠退休后，应海南大学之聘，担任海大艺术系顾问。1985年1月在海口市举办个人画展，深受各方好评。同年3月4日病逝。

吴耀南（1898—1988） 原名吴乾祥，三门坡镇下田村人。出身贫苦，4岁丧父，母亲节食俭用供其读私塾，后考入琼崖中学。1925年7月在上海大夏大学读书，后在厦门大学读书，因经济困难而辍学。于1927年7月到马来亚谋生，1928年7月返回海南。为了糊口，曾在澄迈中学、定安中学和琼山中学等校教书；后回家乡大坡小学任教。1939年2月在冯白驹的启迪下参加了琼崖抗日独立队，任总队政训室政工队员。1940年初任琼崖抗日公学教务主任，积极编写各类教材，因材施教，配合校长冯白驹做好工作；奉命在琼山县搞建政试点，成立琼山县抗日联区办事处，任主任。同年7月当选为琼山县抗日民主政府副县长，11月调任琼崖东北区抗日民主政府民政科长，主持施政工作。1943年8月任琼山县抗日民主政府县长，经常冒着生命危险进入敌后开展抗日宣传工作，组织训练干部和县的武装队伍，设立后方医院，工作卓有成效。1944年5月加入中国共产党。此后，先后担任东北区民主政府秘书长、琼崖特别委员会秘书长、琼崖区党委行政部部长等职。解放后历任海南行政公署民政处处长、海南区农民协会副主任、行政公署文教处处长、海南区党委宣传部副部长。1957年主持筹办海南师范专科学校，1958年任该校党委书记兼校长（保留区党委宣传部副部长职务），忠诚党的教育事业，爱护教师，培养一批中学师资。1983年离休后撰写了多篇回忆录。1988年7月27日在海口病逝。

王庆坤（1958—1990） 府城镇云露社区后巷人。1974年初中毕业后，回家务农，挑起家庭生活的重担。他关心集体，主动报名参加修建南桥水渠、美仁坡水库，改造六角井田洋、加固城东防潮堤、深挖红城湖等急、重、险、难的工程任务。1977年加入红城湖基干民兵连，不久担任班长。1987年，为迎接广州军区“军民共建，民兵参建”现场会召开，他克服困难，加班训练，取得了优异成绩。参加生产劳动时，他脏活、重活、累活抢着干，天天完成捕鱼任务，是连里军事骨干和生产骨干。1989 年 1 月，王庆坤主动放弃收入较高的民兵连工作，加入府城镇治安巡逻队。在治安执勤中，忠于职守，在 1 年零 2 个月的时间里和队友共抓获各种违法犯罪分子 178 人。其中他单独抓获的就有 43 人，缴获赃款赃物折款 8 万多元。1990 年 3 月 29 日上午 9 时许，从四川省流窜来琼的作案分子汪某华，在府城菜市场行窃时被群众发现后仓皇逃跑，正在和队友执勤的王庆坤见状从正面猛扑去截住罪犯。汪犯凶相毕露，拔出匕首威胁说："你少管闲事，再上来我就杀了你"。但他毫不畏惧，顺手抄起一条扁担和罪犯搏斗，不幸被罪犯刺中左胸和背部，顿时血流如注。他捂着伤口，强忍剧痛，继续追赶罪犯，直到再也支持不住而倒在地上，因伤势过重而牺牲。

李苏文（1911—1992） 红旗镇滨洋村人。12 岁出家打工，1927 年 5 月参加中国共产主义青年团，1930 年在马来亚加入马共，1932 年 5 月回国加入共产党，1934 年起历任琼山县文和区委组织委员，琼澄县委组织委员，临高县工委组织委员，琼山县委委员兼组织部长。1939 年任琼文经济委员会副主任，1940 年任琼山县联区办事处财经科长，琼山县水务局长，1941 年任琼崖纵队司令部机关党总支书记，1942 年任琼崖纵队第一支队第二大队政委，1943 年任琼山县第四区区长，琼山县猛进大队长兼政训员，1946 年任琼山县武装工作队队长，第一区区长，1948 年任琼山县县长，1950 年 1 月任海口溪东郊区书记。海南解放后任海口市税务局军事代表，7 月任海口市人民法院副院长，10 月任海口市劳动局长，1951 年任海口市工商局长，1952 年任海南农垦局科长、部长，1956 年任海南公路总局段长，海南行政区交通处副处长，海南公路局局长。1978 年 3 月离休，享受地专级待遇，1992 年 7 月 10 日因病逝世。

潘存（1917—1992） 字孝孺，云龙镇卜禄村人。1938 年参加革命工作，同年加入中国共产党。历任琼崖独立总队第二大队交通站主任，琼山一区青抗会主任，苏寻三乡副乡长，云龙乡乡长，琼山县民主政府科长，琼山一区副区长、区委书记，琼山县民主政府科长，琼崖北区行署秘书等职。解放后，历任海口市公安局科长、副局长、局长，海口市八一厂支部书记，海口市工业办公室主任，海口市卫生委员会主任，海口市东区公社党委书记，海口市人委秘书长，海口市轻工业局局长，海口市大庆办、工交办、工交政治部、经委、计委副主任，海口市人大办公室主任等职。1984 年 11 月离休，享受地专级待遇。1992 年 12 月 12 日病逝。

陈英（1908—1994） 红旗镇道崇昌洽村人。1927 年 4 月加入中国共产党。历任驳壳班队员，革命军排长、六路军班长、红军排长、琼山县十二区苏维埃主席，琼崖红军游击队第五支队长兼琼澄县委书记。1943 年起任琼总司令部教官，总部特务连副连长，总部管理科副官，琼纵司令部军械科长、供给科科长、管理科科长、交际科科长。海南解放后任司令部后勤部科长、海南琼东巡防区股长、海南行政区公署粮食处储运科长、松涛水库后勤部粮食科长、白沙县粮食局长。1978年离休，享受地专级待遇，1994年5月1日在府城病逝。

冯位才（1919—1996） 红旗镇道崇边城村人。1936年4月参加中国共产党。1939年10月入伍。历任琼山县第四区道崇乡调圮村支部书记，儋县第三区连长、琼崖纵队第五总队第四团团长。解放后任海南军区干部管理部科长，海口市郊人武部部长，海南黎族苗族自治州人武部党委常委，海南黎族苗族自治州革委会常委，通什军分区副司令员，陆军132师副师长。1979年1月离休，享受正师待遇，1996年6月26日因病去世。

王昆（1904—1997） 原名王禄鹏，大坡镇黄宅墓人。少年在琼山第二区中税小学及第五区中税乡小学读书。1940年11月，开始投身琼崖革命活动。1941年5月加入中国共产党。历任琼崖抗日独立总队战士，第二支队医务所支部组成委员，第一支队、第二支队、第一大队第一中队代理支部书记，第一支队第二大队第四中队任支部书记，纵队第一支队第二大队第四中队指导员，第二支队第一大队第一中队指导员、支部书记，第二支队第三中队指导员，琼纵司令部一连指导员，琼崖纵队政治部第二队队长，琼纵政治部文艺团团长。解放后，在中国人民解放军中南部队艺术学校戏剧系学习10个月，在海南军区政治部文艺团任副团长，海南军区政治部文艺团支部书记，海南军区战士演出队队长，海南军区政治部干部处任助理员，海南琼东县兵役局副政委，四十三军政治部群众工作处副处长，189医院副政委。1964年2月退役到地方工作，历任琼山县文化局局长，琼山县政工组副组长，琼山县委宣传部副部长、部长，琼山县革委会副主任，琼山县人大副主任等，1986年2月离休。享受地专级待遇，于1997年病逝。

王月波（？—1997） 原名王绍安，云龙镇桃村人。1920—1922年曾在该村小学与雅坡村小学读书，后读初级中学。1922年10月由中共琼山县第九区委书记李俊庄介绍参加革命工作，当交通员。1928年10月随同区委书记李俊庄避难往广州湾（今湛江市）当理发工人。1929年4月往马来亚，当过橡胶工人，1929年7月7日在马来亚芙蓉万茂埠吉凌子橡胶园由共产党员张域、王会享介绍加入共产党。1933年8月被英殖民地当局驱逐出境，经香港、澳门返琼。回到琼山后历任琼文县文西区委委员，琼文县文东区委书记，琼文县委委员兼琼文县红军游击中队指导员，文昌县委书记兼县武工队队长，中共琼崖特委组织干事，琼崖东区军政委员会委员兼乐万县委书记，琼崖东区临委委员，琼崖北区地委委员，琼山县县长兼县大队长和剿匪指挥。解放后历任琼山县县长兼县大队政委，海南行署工矿处长，海南行署民政处副科长，定安县第三区公安助理，海南盐管处第一副处长，广东省海南有色金属办事处主任，那大冶金站站长兼那大锡矿矿长，海南钛矿矿长，海南亚热带设备厂厂长，海南建工局副局长，海口海关副关长。1963年4月调广东省工作，任广东北江航道分局局长。1970年任韶关地区革委会小北江工程指挥部副指挥，1974年任广东省韶关航道局副局长。1980年任该局顾问而后离休。离休后享受正厅级待遇。1997年因病逝世。

王若夫（1923—2000） 又名王辉卫，大坡镇美占村人。1923 年 10 月出生，1939 年 2 月参加革命工作，1940 年 5 月加入中国共产党。在琼崖革命武装斗争中，他参加了抗日战争和解放战争。1939 年 2 月至 1941 年 2 月，在琼崖抗日独立总队任战士、班长、排长；1941 年 3 月至 1947 年 2 月，在琼崖纵队任大队政委干事、铁锋队、突击队政治指导员；1947 年 3 月至 1948 年 7 月，在琼崖纵队第三总队任特务大队政委、第三团政治处主任；1948 年 8 月至 1952 年 8 月，在琼崖纵队（后为海南军区）任第三总队政治部党务科长；1952 年 9 月至 1954 年 8 月，在解放军高级炮兵学校学习；1954 年 9 月至 1955 年 2 月，在中南军区炮兵机械厂任政委（正团）；1955 年 2 月至 1957 年 12 月，从部队转业到广州交通局任监察办公室主任、监察处副处长；在海南反“地方主义”运动中，受到错误处分和不公正待遇。1958 年 1 月至 1963 年 2 月，下放到保亭县通什农场任副场长、公社副社长、保亭县文教局局长、中共保亭县委宣传部副部长；1963 年 3 月至 1979 年 12 月，在广东省饶平县任交通局局长、经委副主任、教育局局长：1980 年 1 月至 1983 年 12 月，任中共海南区委员会党史办公室副主任。1983 年 12 月离职休养，享受地专级待遇。2000 年 1 月 9 日在海口逝世。

张恒（1957—2006） 中共党员，云龙镇桃园人，硕士研究生学历。1973 年 10 月参加工作，1973—1982 年历任白沙县青年农场一连连长，副场长、副书记，白沙县元门公社党委书记，白沙县团委书记；1982—1991 年，历任海南行政区团委学校组织部长，海南行政区团委副书记、党组成员，海南省团委副书记；1991—2006 年，历任海南省旅游局副局长、党组成员（期间：1992 年 2 月—1993 年 12 月在天津大学工商管理研究生班学习），海南省人民政府副秘书长、办公厅党组成员，海南省统计局局长、党组书记，于 2006 年病逝。

第二章　人物表

第一节　革命烈士分布简况

为了建立和建设中华人民共和国，琼山优秀儿女前赴后继，浴血奋战，用血肉之躯反抗国民党反动派的统治和投身于抗日战争，谱写了可歌可泣的壮烈革命篇章。在第一次、第二次革命战争时期，有革命烈士 514 名，抗日战争时期 823 名，解放战争时期 211 名，社会主义国内建设时期 30 名。琼山区共有革命烈士 1578 名。

琼山区革命烈士人数统计表

表 20-2-1　　单位：人

单位	烈士人数	其中				备注
		第一、第二次国内革命战争时期	抗日战争时期	解放战争时间	社会主义革命和建设时期	
府城镇	23	7	11	4	1	—
云龙镇	306	105	162	34	5	—
旧州镇	65	6	40	18	1	—
新民乡	25	4	11	7	3	今属甲子镇
红旗镇	414	95	248	61	10	—
三门坡镇	200	94	87	16	3	—
谭文镇	127	101	16	8	2	今属三门坡镇
甲子镇	81	36	34	10	1	—
大坡镇	178	35	109	34	—	—
龙塘镇	81	23	48	6	4	—
东昌农场	65	2	51	12	—	—
长昌媒矿	11	6	5	—	—	—
岭脚热作物	1	—	1	—	—	—
未详	1	—	1	—	—	—
合计	1578	514	823	211	30	—

第二节　革命烈士表

琼山区第一次、第二次国内革命战争时期革命烈士表

表 20–2–2

姓名	性别	牺牲前职务	牺牲时间	籍贯
王　弼	男	省委人员	1927 年被捕杀害	府城北点村
邓瑞伍	男	连长	1931 年战斗牺牲	府城儒传村
李保清	男	战士	1932 年被敌杀害	府城迈仍村
王昌运	男	战士	1932 年战斗牺牲	府城玉墨村
梁惠贞	男	工作人员	1931 年被敌杀害	府城马鞍街 23 号
廖家瑞	男	中队长	1929 年战斗牺牲	府城美元村
吴清操	男	三区委员	1933 年战斗牺牲	府城文森村
林诗信	男	战士	1928 年战斗牺牲	云龙儒林村
林诗龙	男	战士	1933 年战斗牺牲	云龙儒林村
吴乾琼	男	小队长	1931 年战斗牺牲	云龙儒林村
吴乾龙	男	排长	1933 年战斗牺牲	云龙儒林村
林召球	男	交通员	1932年战斗牺牲	云龙儒林村
吴钟攀	男	战士	1930 年战斗牺牲	云龙永创村
林高成	男	战士	1932 年战斗牺牲	云龙永创村
黄正法	男	政工员	1931 年战斗牺牲	云龙永创村
张发儒	男	传令员	1937 年战斗牺牲	云龙北布村
周如教	男	战士	1928 年战斗牺牲	云龙北庄村
郑仁仕	男	战士	1930 年战斗牺牲	云龙角布村
李吴氏	女	通讯员	1933 年战斗牺牲	云龙昌德村
潘姙兴	男	战士	1929 年战斗牺牲	云龙卜禄村
王忠青	男	战士	1930 年被敌杀害	云龙岭脚墟
冼际堂	男	指导员	1931 年战斗牺牲	云龙玉仙村
冼际章	男	战士	1931 年被敌杀害	云龙玉仙村
冼开光	男	战士	1930 年战斗牺牲	云龙玉仙村
冼开连	男	连长	1934 年战斗牺牲	云龙玉仙村
潘国际	男	连长	1934 年被敌杀害	云龙北戏村
符世生	男	班长	1937 年战斗牺牲	云龙龙盘村
潘孝钦	男	连长	1931 年战斗牺牲	云龙土阁村
潘德风	男	战士	1934 年战斗牺牲	云龙土阁村
王圣积	男	班长	1930 年战斗牺牲	云龙土阁村

续表 20–2–2

姓名	性别	牺牲前职务	牺牲时间	籍贯
潘德全	男	班长	1931 年战斗牺牲	云龙士阁村
苏来发	男	传令员	1936 年战斗牺牲	云龙儒云村
陈玉经	男	团书记	1935 年战斗牺牲	云龙北庄村
周会林	男	政工员	1928 年战斗牺牲	云龙坡尹外村
陈成坤	男	通讯员	1927 年战斗牺牲	云龙北庄村
郭贻贵	男	赤卫队员	1927 年战斗牺牲	云龙北官山村
郭明烈	男	战士	1927 年战斗牺牲	云龙北官山村
郑明录	男	战士	1927 年战斗牺牲	云龙北官山村
丁裕雄	男	战士	1930 年被敌杀害	云龙本礼湖村
廖之琼	男	通讯员	1929 年战斗牺牲	云龙云龙村委会
丁裕柳	男	小队长	1928 年战斗牺牲	云龙本礼湖村
丁连英	男	战士	1931 年战斗牺牲	云龙本礼湖村
丁挑英	男	区工作员	1931 年战斗牺牲	云龙本礼湖村
黄奕丝	男	班长	1934 年战斗牺牲	云龙博洽村
潘国勇	男	战士	1934 年战斗牺牲	云龙北戏村
廖之统	男	战士	1934 年战斗牺牲	云龙东田村
吴桂连	男	县委委员	1928 年被敌杀害	云龙多能村
吴兰周	男	县委委员	1927 年战斗牺牲	云龙多能村
郭贻芳	男	一区工作员	1929 年战斗牺牲	云龙北官村
陈其和	男	一区工作员	1932 年被敌杀害	云龙上村
吴乾伍	男	赤卫队员	1927 年被敌杀害	云龙上村
陈宗周	男	战士	1929 年被敌杀害	云龙上村
周进风	男	小队长	1930 年战斗牺牲	云龙上村
吴坤明	男	战士	1934 年战斗牺牲	云龙上村
林学桂	男	战士	1934 年被敌杀害	云龙云阁村
丁贤英	男	地下党员	1930 年战斗牺牲	云龙北坡村
丁运英	男	三区委书记	1930 年战斗牺牲	云龙北坡村
丁高英	男	通讯员	1930 年战斗牺牲	云龙北坡村
王道明	男	战士	1931 年被捕杀害	云龙儒传村
王统福	男	战士	1931 年被捕杀害	云龙儒传村
朱深富	男	战士	1929 年被捕杀害	云龙坡洞村

续表 20–2–2

姓名	性别	牺牲前职务	牺牲时间	籍贯
廖明光	男	文书	1931 年战斗牺牲	云龙儒来村
朱深贵	男	战士	1934 年被敌杀害	云龙坡洞村
廖琼凤	女	护士	1930 年战斗牺牲	云龙东田村
朱学进	男	通讯员	1932 年战斗牺牲	云龙坡洞村
吴乾栋	男	战士	1927 年战斗牺牲	云龙坡上村
吴妚五	男	战士	1930 年战斗牺牲	云龙坡上村
陈继龙	男	排长	1933 年战斗牺牲	云龙上村
李永礼	男	司号员	1928 年战斗牺牲	云龙上村
廖发昌	男	战士	1928 年战斗牺牲	云龙伯候村
吴乾富	男	战士	1928 年战斗牺牲	云龙坡上村
吴乾贵	男	排长	1930 年战斗牺牲	云龙坡上村
吴乾梅	男	营长	1934 年战斗牺牲	云龙坡上村
郭远胜	男	战士	1931 年战斗牺牲	云龙北官山村
郭贻喜	男	班长	1928 年战斗牺牲	云龙北官山村
丁大英	男	战士	1936 年战斗牺牲	云龙北坡村
易极忠	男	连长	1937 年战斗牺牲	云龙道让村
丁才交	男	团书记	1928 年战斗牺牲	云龙道让村
丁庆麟	男	排长	1929 年被敌杀害	云龙道让村
丁法英	男	排长	1931 年战斗牺牲	云龙道让村
丁才森	男	团书记	1928 年被捕杀害	云龙道让村
丁才宜	男	干部	1931 年被捕杀害	云龙道让村
丁庆云	男	班长	1927 年战斗牺牲	云龙道让村
王刘庆	男	战士	1930 年战斗牺牲	云龙儒传村
黄正策	男	战士	1932 年战斗牺牲	云龙永创村
丁来英	男	交通员	1928 年战斗牺牲	云龙道让村
张太蛟	男	战士	1935 年战斗牺牲	云龙桃村
谭子昌	男	排长	1929 年被敌杀害	云龙永群村
周德权	男	通讯员	1935 年被敌杀害	云龙长泰村
冯运珍	男	政府人员	1931 年被敌杀害	云龙长泰村
周圣华	男	战士	1927 年战斗牺牲	云龙长泰村
吴坤仁	男	战士	1929 年被敌杀害	云龙叨创村

续表 20-2-2

姓名	性别	牺牲前职务	牺牲时间	籍贯
彭朝清	男	交通员	1927 年被敌杀害	云龙叨创村
王德乙	男	政府人员	1931 年被敌杀害	云龙叨创村
冯裕成	男	村工作人员	1932 年被敌杀害	云龙长泰村
冯裕深	男	营长	1929 年战斗牺牲	云龙长泰村
冯裕坤	男	战士	1929 年战斗牺牲	云龙长泰村
冯运喜	男	战士	1929 年被敌杀害	云龙长泰村
冯裕其	男	战士	1929 年被敌杀害	云龙长泰村
韦修福	男	战士	1927 年战斗牺牲	云龙哪旭村
丁柏英	男	文书	1928 年战斗牺牲	云龙玉仙村
冼太开	男	军需	1930 年战斗牺牲	云龙玉仙村
周修志	男	战士	1929 年战斗牺牲	云龙玉仙村
丁成熙	男	战士	1932 年被敌杀害	云龙玉仙村
冼子实	男	收发员	1928 年被敌杀害	云龙儒林村
钟太平	男	班长	1930 年战斗牺牲	云龙儒林村
林召勋	男	排长	1936 年被敌杀害	云龙儒林村
林召烈	男	中队长	1933 年战斗牺牲	云龙儒林村
李雪花	女	护士	1929 年战斗牺牲	云龙儒林村
黄雪梅	女	战士	1933 年战斗牺牲	云龙儒林村
林诗兴	男	战士	1935 年战斗牺牲	云龙儒林村
周德安	男	通讯员	1930 年被敌杀害	云龙长泰村
吴清贵	男	战士	1931 年战斗牺牲	旧州凤凰村
王昌连	男	战士	1928 年战斗牺牲	旧州老村
林昌利	男	战士	1931 年战斗牺牲	旧州南渡村
李先圣	男	排长	1928 年战斗牺牲	旧州美敖村
张梦串	男	战士	1928 年被敌杀害	旧州雅诗村
林昌利	男	战士	1931 年战斗牺牲	旧州联星村
陈家进	男	政府文书	1932 年被敌杀害	新民茂山村
林春来	男	农协副主席	1927 年被敌杀害	新民水口村
陈家才	男	区交通员	1934 年被敌杀害	新民茂山村
许化馨	男	乡主席	1930 年被敌杀害	新民水口村
林重英	男	排长	1927 年被敌杀害	红旗群楼村

续表 20–2–2

姓名	性别	牺牲前职务	牺牲时间	籍贯
曾传心	男	区委干部	1930 年战斗牺牲	红旗本立村
李朝华	男	区组织委员	1934 年战斗牺牲	红旗叼庇村
吴文明	男	战士	1928 年被敌杀害	红旗美雅村
秦业进	男	战士	1930 年战斗牺牲	红旗风雅村
冯裕书	男	通讯员	1933 年被敌杀害	红旗莲塘村
周成模	男	战士	1934 年战斗牺牲	红旗谭匹村
陈玉春	男	战士	1929 年战斗牺牲	红旗南林村
李发昌	男	连长	1930 年战斗牺牲	红旗本立村
郑祥庆	男	战士	1932 年战斗牺牲	红旗文多村
林　兰	女	护士	1930 年战斗牺牲	红旗昌洽村
林秀花	女	护士	1928 年战斗牺牲	红旗边城村
目柰姩	女	护士	1933 年战斗牺牲	红旗边城村
陈庆禄	男	战士	1927 年战斗牺牲	红旗边城村
林　香	女	护士	1931 年战斗牺牲	红旗边城村
陈庆信	男	战士	1928 年战斗牺牲	红旗边城村
陈庆星	男	战士	1933 年被敌杀害	红旗边城村
黄树禄	男	战士	1933 年战斗牺牲	红旗调圮村
方保球	男	战士	1931 年战斗牺牲	红旗群壁村
林洪贤	男	农协会员	1926 年被敌杀害	红旗美雅湖村
林书财	男	战士	1927 年战斗牺牲	红旗群楼村
马开文	男	战士	1928 年战斗牺牲	红旗叼桥村
马开船	男	战士	1928 年被敌杀害	红旗叼桥村
吴有达	男	战士	1929 年被敌杀害	红旗那尧村
林书贵	男	战士	1928 年被敌杀害	红旗群楼村
林书来	男	战士	1928 年战斗牺牲	红旗群楼村
曾育才	男	战士	1932 年战斗牺牲	红旗下云村
周昌富	男	战士	1928 年被敌杀害	红旗下云村
吴君道	男	战士	1930 年战斗牺牲	红旗下云村
曾育光	男	战士	1928 年战斗牺牲	红旗下云村
符吉全	男	战士	1928 年被敌杀害	红旗下云村
王育贤	男	连长	1928 年被敌杀害	红旗下云村

续表 20-2-2

姓名	性别	牺牲前职务	牺牲时间	籍贯
王学文	男	战士	1927 年战斗牺牲	红旗昌洽村
吴学孝	男	排长	1928 年被敌杀害	红旗昌洽村
方其积	男	战士	1931 年战斗牺牲	红旗群壁村
吴道坤	男	战士	1929 年被敌杀害	红旗昌洽村
吴道修	男	战士	1928 年被敌杀害	红旗昌洽村
吴道乾	男	战士	1928 年战斗牺牲	红旗昌洽村
陈之传	男	战士	1928 年战斗牺牲	红旗土布山村
黎廷凤	男	战士	1928 年战斗牺牲	红旗昌洽村
曾香亭	女	战士	1929 年被敌杀害	红旗昌洽村
陈泉贵	男	战士	1928 年战斗牺牲	红旗土布山村
吴学儒	男	战士	1928 年战斗牺牲	红旗昌洽村
左树伍	男	排长	1929 年战斗牺牲	红旗昌洽村
方其文	男	战士	1931 年战斗牺牲	红旗群壁村
左树忠	男	连长	1929 年战斗牺牲	红旗昌洽村
左树标	男	战士	1927 年被敌杀害	红旗昌洽村
王可祥	男	战士	1927 年被敌杀害	红旗昌洽村
王弗功	男	战士	1928 年战斗牺牲	红旗昌洽村
王集祥	男	战士	1927 年被敌杀害	红旗昌洽村
王祜祥	男	战士	1928 年战斗牺牲	红旗昌洽村
冯祝仁	男	战士	1927 年战斗牺牲	红旗荫生村
王运高	男	战士	1934 年战斗牺牲	红旗莲塘村
陈德锦	男	通讯员	1934 年战斗牺牲	红旗莲塘村
陈廷福	男	通讯员	1936 年战斗牺牲	红旗莲塘村
陈廷富	男	农会主席	1927 年战斗牺牲	红旗莲塘村
李举春	男	战士	1927 年战斗牺牲	红旗边洋村
周明经	男	战士	1927 年战斗牺牲	红旗边洋村
陈育桂	男	战士	1927 年战斗牺牲	红旗边洋村
林诗平	男	战士	1929 年被敌杀害	红旗美请村
冯裕丰	男	战士	1928 年被敌杀害	红旗荫生村
冯凤江	男	战士	1928 年战斗牺牲	红旗荫生村
王位照	男	赤卫队员	1927 年战斗牺牲	红旗道崇村

续表 20–2–2

姓名	性别	牺牲前职务	牺牲时间	籍贯
符和英	男	赤卫队员	1927 年战斗牺牲	红旗叨庇村
冯尔基	男	战士	1930 年被敌杀害	红旗道崇村
李光昌	男	排长	1929 年战斗牺牲	红旗叨庇村
苏庆侬	男	班长	1929 年被敌杀害	红旗福坡村
吴明金	男	通讯员	1928 年被敌杀害	红旗青云村
何国太	男	连长	1927 年战斗牺牲	红旗青云村
吴应凤	男	班长	1929 年战斗牺牲	红旗美管村
符朝爵	男	一区委员	1930 年被敌杀害	红旗昌尾村
周圣荣	男	一区委员	1933 年被敌杀害	红旗昌尾村
林诗斗	男	战士	1929 年战斗牺牲	红旗北山村
周世春	男	一区委员	1930 年被敌杀害	红旗昌尾村
林诗锦	男	战士	1928 年被敌杀害	红旗北山村
项德坤	男	战士	1929 年被敌杀害	红旗美雅村
吴多胜	男	战士	1929 年战斗牺牲	红旗天禄村
陈成富	男	大队长	1934 年战斗牺牲	红旗福地村
张孟伯	男	战士	1932 年战斗牺牲	红旗白玉村
林书球	男	战士	1930 年战斗牺牲	红旗定东村
王辉成	男	支部书记	1928 年战斗牺牲	红旗本务村
林昌厚	男	区委书记	1928 年战斗牺牲	红旗美雅湖村
林月梅	女	护士	1930 年被敌杀害	红旗美雅湖村
吴有运	男	战士	1929 年被敌杀害	红旗那尧村
林书成	男	战士	1927 年战斗牺牲	红旗群楼村
林礼文	男	战士	1927 年战斗牺牲	红旗群楼村
林礼兼	男	通讯员	1927 年战斗牺牲	红旗群楼村
罗文定	男	战士	1936 年战斗牺牲	红旗那尧村
马琼甫	男	战士	1927 年战斗牺牲	红旗叨桥村
王琼英	女	炊事员	1928 年战斗牺牲	红旗群楼村
林书祥	男	战士	1928 年被敌杀害	红旗群楼村
林书章	男	战士	1928 年战斗牺牲	红旗群楼村
马开雄	男	战士	1929 年战斗牺牲	红旗叨桥村
林礼统	男	战士	1929 年战斗牺牲	红旗群楼村

续表 20-2-2

姓名	性别	牺牲前职务	牺牲时间	籍贯
林绍壮	男	战士	1928 年战斗牺牲	红旗昆上村
吴邦义	男	赤卫队员	1927 年狱中就义	三门坡龙蛟村
吴家进	男	区党组长	1927 年被敌杀害	三门坡龙蛟村
张进文	男	区文书	1927 年狱中就义	三门坡龙蛟村
张熊素	男	战士	1929 年被敌杀害	三门坡龙蛟村
周世焕	男	赤卫队员	1928 年狱中就义	三门坡龙蛟村
李洪方	男	战士	1931 年战斗牺牲	三门坡文德头村
吴乾榜	男	县委委员	1932 年战斗牺牲	三门坡文德头村
周德深	男	战士	1932 年被捕杀害	三门坡下昌村
符建德	男	战士	1931 年战斗牺牲	三门坡文德头村
吴家修	男	连长	1937 年被敌杀害	三门坡文德头村
符大椿	男	战士	1935 年战斗牺牲	三门坡文德头村
许滋谦	男	区长	1932 年战斗牺牲	三门坡下昌湖村
陈文辉	男	区委员	1927 年被敌杀害	三门坡龙凤村
杜财荣	男	赤卫队员	1927 年被敌杀害	三门坡龙凤村
郑敦生	男	战士	1927 年战斗牺牲	三门坡罗霞村
陈文耀	男	战士	1928 年被敌杀害	三门坡龙凤村
许圣玉	男	战士	1928 年战斗牺牲	三门坡龙凤村
符和兴	男	战士	1927 年战斗牺牲	三门坡草洞村
曾邦积	男	战士	1928 年被敌杀害	三门坡新湖村
郑敦生	男	战士	1928 年战斗牺牲	三门坡人
梁安连	男	战士	1928 年被敌杀害	三门坡龙马村
符德冲	男	战士	1928 年被敌杀害	三门坡田边村
黎锡钦	男	战士	1933 年战斗牺牲	三门坡文林湖村
黎福和	男	区委委员	1933 年战斗牺牲	三门坡文林湖村
何开畔	男	战士	1929 年战斗牺牲	三门坡文林湖村
林召芬	男	区文书	1927 年狱中就义	三门坡桃村
林克文	男	农协会员	1926 年战斗牺牲	三门坡桃村
蔡其文	男	农协会员	1926 年战斗牺牲	三门坡桃村
蔡进芳	男	学生会员	1926 年战斗牺牲	三门坡桃村
吴坤茂	男	赤卫队员	1927 年狱中就义	三门坡桃村

续表 20–2–2

姓名	性别	牺牲前职务	牺牲时间	籍贯
蔡其运	男	战士	1927 年狱中就义	三门坡桃村
蔡其昌	男	战士	1929 年战斗牺牲	三门坡桃村
吴多才	男	战士	1930 年战斗牺牲	三门坡桃村
王以福	男	战士	1927 年牺牲	三门坡桃村
洪法礼	男	战士	1928 年狱中就义	三门坡桃村
黄大明	男	农协会员	1927 年狱中就义	三门坡桃村
吴多积	男	战士	1928 年牺牲	三门坡桃村
吴多富	男	战士	1927 年战斗牺牲	三门坡桃村
林召琼	男	战士	1927 年战斗牺牲	三门坡桃村
梁定寿	男	战士	1930 年战斗牺牲	三门坡大稔村
梁安福	男	战士	1927 年战斗牺牲	三门坡大稔村
梁安国	男	赤卫队长	1927 年战斗牺牲	三门坡大稔村
梁安其	男	战士	1927 年战斗牺牲	三门坡大稔村
梁安明	男	宣传员	1927 年被敌杀害	三门坡大稔村
何守芳	男	宣传员	1927 年被敌杀害	三门坡大稔村
梁居权	男	战士	1928 年被敌杀害	三门坡大稔村
周书钦	男	战士	1930 年被敌杀害	三门坡高株村
吴清富	男	战士	1927 年被敌杀害	三门坡高株村
符和益	男	区委书记	1929 年被敌杀害	三门坡高株村
符和致	男	战士	1927 年被敌杀害	三门坡高株村
周炳春	男	战士	1929 年狱中就义	三门坡高株村
周炳茂	男	战士	1929 年狱中就义	三门坡南面村
袁大纲	男	营长	1928 年狱中就义	三门坡美里村
袁学运	男	二区委员	1933 年被敌杀害	三门坡美里村
王龙兴	男	战士	1929 年狱中就义	三门坡大石村
黎学深	男	战士	1927 年战斗牺牲	三门坡龙蛟村
黎家保	男	战士	1927 年战斗牺牲	三门坡龙蛟村
张孟斗	男	二区委员	1927 年被敌杀害	三门坡龙蛟村
潘德诗	男	战士	1927 年战斗牺牲	三门坡龙蛟村
吴乾左	男	赤卫队长	1927 年战斗牺牲	三门坡龙蛟村
陈迫波	女	炊事员	1927 年战斗牺牲	三门坡龙蛟村

续表 20–2–2

姓名	性别	牺牲前职务	牺牲时间	籍贯
符和珍	男	战士	1927 年战斗牺牲	三门坡新湖村
王琼开	男	战士	1927 年被捕杀害	三门坡新湖村
林诗春	男	战士	1927 年战斗牺牲	三门坡排城村
黄守充	男	战士	1933 年战斗牺牲	三门坡连桥村
苏定茂	男	战士	1933 年战斗牺牲	三门坡下争园村
冯世俊	男	战士	1929 年战斗牺牲	三门坡下争园村
云逢光	男	战士	1928 年战斗牺牲	三门坡连桥村
陈如全	男	战士	1928 年被敌杀害	三门坡美城村
黄振琼	男	战士	1929 年被敌杀害	三门坡美城村
周成栋	男	战士	1928 年被敌杀害	三门坡美城村
陈国光	男	区委书记	1928 年被敌杀害	三门坡高阶村
杜世标	男	村党书记	1930 年被敌杀害	三门坡福兴村
张梦师	男	战士	1930 年被敌杀害	三门坡塘头村
竺植存	男	连长	1930 年被敌杀害	三门坡福兴村
竺植迫	男	战士	1928 年被敌杀害	三门坡福兴村
杜昌积	男	战士	1928 年被敌杀害	三门坡福兴村
符家祥	男	战士	1927 年战斗牺牲	三门坡福兴村
符世芬	男	战士	1928 年战斗牺牲	三门坡福兴村
谢符氏	女	战士	1927 年战斗牺牲	三门坡福兴村
符致光	男	战士	1936 年遭敌杀害	三门坡塘头村
竺植镰	男	区委员	1928 年遭敌杀害	三门坡福头村
杜昌六	男	乡总支书记	1930 年遭敌杀害	三门坡福兴村
竺天启	男	村委员	1930 年遭敌杀害	三门坡福兴村
竺达明	男	县特派员	1929 年遭敌杀害	三门坡福兴村
杜向楷	男	战士	1928 年狱中就义	三门坡福兴村
杜昌贵	男	战士	1928 年遭敌杀害	三门坡福兴村
李洪卿	男	游击队员	1936 年被敌杀害	三门坡塘头村
李洪恩	男	游击队员	1937 年被敌杀害	三门坡塘头村
李洪香	男	游击队员	1936 年被敌杀害	三门坡塘头村
张梦吉	男	战士	1927 年战斗牺牲	三门坡田边村
张梦兰	男	战士	1927 年被捕杀害	三门坡田边村

续表 20–2–2

姓名	性别	牺牲前职务	牺牲时间	籍贯
符朝光	男	战士	1928 年被捕杀害	三门坡塘头村
符世芳	男	战士	1928 年战斗牺牲	三门坡东昌村
陈贞云	男	赤卫队员	1927 年被敌杀害	谭文岭梅村
蔡应开	男	战士	1927 年战斗牺牲	谭文文多村
蔡应裕	男	战士	1928 年战斗牺牲	谭文文多村
梁安勇	男	战士	1927 年战斗牺牲	谭文岭梅村
陈继虞	男	民军领导人	1925 年战斗牺牲	谭文蛟头村
王有仁	男	战士	1928 年被敌杀害	谭文排田村
王槐秀	男	战士	1927 年被敌杀害	谭文木枫村
谢　保	男	县委委员	1935 年被敌杀害	谭文石岭村
谢晋坤	男	战士	1927 年战斗牺牲	谭文石岭村
梁安泰	男	战士	1928 年被敌杀害	谭文岭梅村
蔡秀荣	女	战士	1927 年被敌杀害	谭文文多村
杨名孝	男	赤卫队员	1927 年战斗牺牲	谭文竹园村
莫光玉	男	战士	1929 年被敌杀害	谭文岭梅村
梁安全	男	战士	1928 年战斗牺牲	谭文西尔村
蔡雄卿	男	战士	1927 年战斗牺牲	谭文文多村
蔡应进	男	战士	1927 年被敌杀害	谭文文多村
吴德才	男	战士	1928 年战斗牺牲	谭文文多村
蔡用福	男	战士	1927 年被敌杀害	谭文文多村
莫书法	男	战士	1927 年战斗牺牲	谭文谷桥村
梁居庆	男	战士	1927 年战斗牺牲	谭文黄岭村
蒙辉泰	男	赤卫队员	1927 年战斗牺牲	谭文琉球村
梁国泰	男	战士	1927 年战斗牺牲	谭文黄岭村
黄之仁	男	通讯员	1930 年战斗牺牲	谭文中埇村
李桂章	男	战士	1930 年战斗牺牲	谭文昌文坡村
李洪禄	男	战士	1931 年战斗牺牲	谭文昌文坡村
李恩云	男	战士	1937 年被敌杀害	谭文昌文坡村
蔡亦钟	男	战士	1927 年被敌杀害	谭文文多村
蒙辉厚	男	赤卫队员	1927 年战斗牺牲	谭文琉球村
蔡方来	男	战士	1927 年战斗牺牲.	谭文文多村

续表 20-2-2

姓名	性别	牺牲前职务	牺牲时间	籍贯
李桂林	男	战士	1928 年战斗牺牲	谭文昌文坡村
莫诗经	男	战士	1928 年战斗牺牲	谭文大陆仔村
蒙传训	男	战士	1927 年战斗牺牲	谭文琉球村
蒙日长	男	赤卫队员	1927 年战斗牺牲	谭文琉球村
蒙日吾	男	战士	1927 年被敌杀害	谭文琉球村
王绥权	男	农协会员	1926 年被敌杀害	谭文黄岭村
蒙辉京	男	战士	1927 年被敌杀害	谭文琉球村
陈守德	男	赤卫队员	1927 年战斗牺牲	谭文西尔村
郑经勤	男	战士	1928 年战斗牺牲	谭文谭昌村
陈守禄	男	战士	1927 年战斗牺牲	谭文西尔村
蔡应越	男	战士	1927 年被敌杀害	谭文文多村
蔡应璋	男	战士	1927 年被敌杀害	谭文文多村
蔡该巡	男	赤卫队员	1927 年被敌杀害	谭文文多村
蔡运业	男	战士	1927 年被敌杀害	谭文文多村
梁定义	男	赤卫队员	1927 年牺牲	谭文文多村
蔡应山	男	战士	1927 年被敌杀害	谭文文多村
梁居风	男	战士	1928 年被敌杀害	谭文花连园村
陈位育	男	战士	1928 年被敌杀害	谭文仁山村
赵令文	男	班长	1930 年战斗牺牲	谭文礼村
赵子学	男	战士	1930 年战斗牺牲	谭文礼村
符宏义	男	区委委员	1927 年遭敌杀害	谭文鸭塘村
史昌积	男	通讯员	1927 年战斗牺牲	谭文鸭塘村
蔡伟周	男	战士	1927 年遭敌杀害	谭文文多村
蔡文养	男	战士	1927 年战斗牺牲	谭文文多村
蔡用江	男	战士	1927 年战斗牺牲	谭文文多村
陈世甫	男	战士	1935 年遭敌杀害	谭文虎头村
蔡运通	男	战士	1927 年被敌杀害	谭文文多村
蔡运从	男	战士	1927 年被敌杀害	谭文文多村
蔡运好	男	战士	1928 年战斗牺牲	谭文文多村
蔡应宾	男	赤卫队员	1927 年战斗牺牲	谭文文多村
蔡伟茂	男	战士	1927 年被敌杀害	谭文文多村

续表 20–2–2

姓名	性别	牺牲前职务	牺牲时间	籍贯
蔡伟庄	男	战士	1927 年被敌杀害	谭文文多村
梁安连	男	司号员	1927 年被敌杀害	谭文花连园村
纪垂祥	男	班长	1928 年被敌杀害	谭文虎头村
纪垂南	男	战士	1928 年被敌杀害	谭文虎头村
蔡运喜	男	赤卫队员	1927 年被敌杀害	谭文文多村
谢仕端	男	战士	1927 年战斗牺牲	谭文石岭村
谢源茂	男	排长	1929 年战斗牺牲	谭文石岭村
谢仕云	男	战士	1929 年战斗牺牲	谭文石岭村
梁安材	男	战士	1928 年被敌杀害	谭文美宋村
林志清	男	战士	1927 年被敌杀害	谭文昌尾村
陈玉基	男	战士	1928 年被敌杀害	谭文大塘村
谢晋昌	男	战士	1929 年被敌杀害	谭文石岭村
谢晋坤	男	战士	1928 年被敌杀害	谭文石岭村
谢仕运	男	战士	1929 年被敌杀害	谭文石岭村
谢晋学	男	战士	1929 年被敌杀害	谭文石岭村
谢晋秀	男	班长	1929 年战斗牺牲	谭文石岭村
谢仕经	男	战士	1929 年被敌杀害	谭文石岭村
梁安芳	男	战士	1928 年被敌杀害	谭文美宋村
梁安坤	男	战士	1929 年被敌杀害	谭文美宋村
王桂佳	男	战士	1927 年战斗牺牲	谭文黄岭村
蒙辉虞	男	战士	1927 年被敌杀害	谭文琉球村
蒙辉君	男	班长	1927 年被敌杀害	谭文琉球村
符祥礼	男	战士	1927 年战斗牺牲	谭文石山村
符祥吉	男	战士	1927 年战斗牺牲	谭文石山村
梁定师	男	通讯员	1927 年被敌杀害	谭文文曲村
梁定开	男	排长	1927 年被敌杀害	谭文文曲村
王兴诗	男	战士	1928 年战斗牺牲	谭文塘山村
王兴祝	男	战士	1928 年战斗牺牲	谭文塘山村
蔡应川	男	战士	1927 年遭敌杀害	谭文文多村
卢圣华	男	战士	1929 年战斗牺牲	谭文加木根村
蔡伟强	男	战士	1928 年被捕杀害	谭文文多村

续表 20–2–2

姓名	性别	牺牲前职务	牺牲时间	籍贯
蔡光和	男	战士	1932 年战斗牺牲	谭文文多村
蔡运朝	男	战士	1927 年战斗牺牲	谭文文多村
蔡永辉	男	赤卫队员	1927 年遭敌杀害	谭文文多村
史昌幕	男	战士	1927 年战斗牺牲	谭文鸭塘村
史昌裕	男	战士	1929 年战斗牺牲	谭文鸭塘村
陈名国	男	赤卫队员	1927 年战斗牺牲	谭文鸭塘村
蔡运轩	男	战士	1927 年战斗牺牲	谭文文多村
梁赤忠	男	县委委员	1933 年被敌杀害	谭文花连园村
蔡用伦	男	排长	1930 年战斗牺牲	谭文虎头村
文化岱	男	连长	1930 年战斗牺牲	谭文山口村
吴多明	男	农协会员	1925 年战斗牺牲	甲子先觉上村
吴多锦	男	班长	1933 年战斗牺牲	甲子美茶村
吴义文	男	班长	1927 年遭敌杀害	甲子墟
伍金德	男	二区委员	1927 年遭敌杀害	甲子墟
周庆三	男	连长	1930 年遭敌杀害	甲子墟
王德清	男	通讯员	1930 年战斗牺牲	甲子墟
杨建州	男	战士	1932 年年战斗牺牲	甲子蛟龙冲村
黎文英	男	地下党员	1933 年被敌杀害	甲子福山村
冯以光	男	战士	1933 年年战斗牺牲	甲子青云村
冯农本	男	营长	1930 年战斗牺牲	甲子青云村
冯以贵	男	交通员	1931 年战斗牺牲	甲子青云村
游行任	男	战士	1928 年被敌杀害	甲子沙田村
游行艺	男	副连长	1928 年被敌杀害	甲子沙田村
游行俊	男	战士	1928 年被敌杀害	甲子沙田村
林诗光	男	交通员	1927 年战斗牺牲	甲子山了村
符朝桂	男	交通员	1927 年战斗牺牲	甲子山了村
游文斌	男	战士	1928 年被敌杀害	甲子沙田村
林志明	男	通讯员	1930 年战斗牺牲	甲子罗边村
郭元勇	男	连长	1931 年战斗牺牲	甲子坝上村
郭书聪	男	班长	1927 年战斗牺牲	甲子坝上村
何天福	男	战士	1929 年战斗牺牲	甲子文宿村

续表 20–2–2

姓名	性别	牺牲前职务	牺牲时间	籍贯
冯以交	男	交通员	1936 年战斗牺牲	甲子青云村
冯世财	男	战士	1930 年战斗牺牲	甲子青云村
冯锦凤	男	交通员	1935 年战斗牺牲	甲子青云村
冯世江	男	支部副书记	1935 年战斗牺牲	甲子青云村
刘天成	男	战士	1931 年战斗牺牲	甲子排蛟村
冯世在	男	区委干部	1936 年战斗牺牲	甲子青云村
冯安财	男	战士	1929 年战斗牺牲	甲子冯家村
赵屯儒	男	团支书	1928 年战斗牺牲	甲子召马村
郭泽香	男	战士	1937 年战斗牺牲	甲子保冲村
冯应阶	男	战士	1932 年战斗牺牲	甲子青云村
陈善玉	男	战士	1929 年战斗牺牲	甲子下牛坡村
王期泰	男	战士	1933 年战斗牺牲	甲子上昌村
陈丁贵	男	连长	1928 年战斗牺牲	甲子枪头村
曾绍英	男	支部书记	1927 年战斗牺牲	甲子荔枝头村
蔡玉兰	女	战士	1935 被敌杀害	甲子沙田村
龙甫著	男	战士	1936 年战斗牺牲	大坡边水村
符志和	男	班长	1927 年战斗牺牲	大坡崩坎尾村
符祥云	男	战士	1927 年狱中就义	大坡崩坎尾村
符　氏	男	战士	1936 年被捕杀害	大坡边水村
冯裕财	男	战士	1927 年被捕杀害	大坡广洋村
符和联	男	战士	1934 年战斗牺牲	大坡土岭村
谢敦昌	男	通讯员	1936 年战斗牺牲	大坡土岭村
林尤宽	男	排长	1927 年被捕杀害	大坡后湖村
王会全	男	通讯员	1929 年狱中就义	大坡塔昌村
许值江	男	通讯员	1936 年被捕杀害	大坡龙桂村
林有海	男	战士	1931 年被敌杀害	大坡荔枝头村
王茀发	男	交通员	1929 年战斗牺牲	大坡合龙尾村
冯裕锦	男	战士	1927 年被敌杀害	大坡广洋村
王开棋	男	战士	1927 年战斗牺牲	大坡镇
周传丰	男	战士	1928 年战斗牺牲	大坡墨格村
符树俊	男	支部书记	1929 年遭敌杀害	大坡永昌村

续表 20-2-2

姓名	性别	牺牲前职务	牺牲时间	籍贯
王尤运	男	地委干部	1927 年遭敌杀害	大坡美占村
王其志	男	战士	1927 年遭敌杀害	大坡福田村
谢晋成	男	通讯员	1937 年战斗牺牲	大坡昌口村
谢自为	男	战士	1927 年战斗牺牲	大坡昌口村
陈文会	男	交通站主任	1928 年被敌杀害	大坡塔昌村
符在琼	男	黄埔学生	1926 年战斗牺牲	大坡冯官园村
符志儒	男	战士	1928 年被捕杀害	大坡福田村
林诗谦	男	省特派员	1927 年被捕杀害	大坡后湖村
李龙泽	男	战士	1929 年战斗牺牲	大坡坡仔村
陈继业	男	十区委员	1928 年被捕杀害	大坡亭竹村
陈世荣	男	地委干部	1927 年被捕杀害	大坡田心村
陈德成	男	十区书记	1933 年被捕杀害	大坡田心村
王庆清	男	地委干部	1927 年被捕杀害	大坡美占村
沈明卿	男	战士	1937 年战斗牺牲	大坡官塘坑村
沈明文	男	交通员	1929 年战斗牺牲	大坡官塘坑村
颜香财	男	中队长	1937 年战斗牺牲	大坡官塘坑村
龙甫权	男	战士	1936 年战斗牺牲	大坡边水村
黄广位	男	战士	1927 年战斗牺牲	大坡墨格村
蒙传学	男	战士	1937 年被敌杀害	大坡大坡仔村
蒋光仲	男	战士	1934 年狱中就义	龙塘玉里村
蒋克荣	男	战士	1935 年战斗牺牲	龙塘儒贡村
吴广生	男	军医	1934 年被敌杀害	龙塘宣德上村
劳多福	男	班长	1936 年被敌杀害	龙塘玉劳村
陈承仲	男	战士	1935 年战斗牺牲	龙塘道昌村
胡家祥	男	战士	1927 年战斗牺牲	龙塘玉湖村
胡修业	男	战士	1927 年战斗牺牲	龙塘玉湖村
胡德心	男	战士	1927 年战斗牺牲	龙塘玉湖村
胡学海	男	战士	1927 年战斗牺牲	龙塘玉湖村
郑建章	男	班长	1927 年战斗牺牲	龙塘大力村
吴忠浩	男	战士	1929 年被敌杀害	龙塘富礼村
胡修恋	男	班长	1929 年被敌杀害	龙塘玉湖村

续表 20–2–2

姓名	性别	牺牲前职务	牺牲时间	籍贯
胡修根	男	战士	1927 年被敌杀害	龙塘玉湖村
胡正保	男	战士	1927 年被敌杀害	龙塘玉湖村
吴坤洁	男	战士	1936 年战斗牺牲	龙塘美人村
蒋开仕	男	战士	1935 年战斗牺牲	龙塘玉里村
蒋元秀	男	战士	1935 年战斗牺牲	龙塘儒贡村
周开爵	男	战士	1928 年战斗牺牲	龙塘博抚村
胡学圣	男	县委委员	1929 年被敌杀害	龙塘玉湖村
胡伯虎	男	营参谋长	1928 年战斗牺牲	龙塘玉湖村
胡修广	男	战士	1927 年战斗牺牲	龙塘玉湖村
周天佐	男	农协会委员	1926 年被敌杀害	龙塘博抚村
吴风朝	男	通讯员	1926 年被敌杀害	龙塘宣德上村
柯启方	男	战士	1931 年战斗牺牲	东昌场里平村
吴宗枫	男	通讯员	1927 年战斗牺牲	东昌场南农园村
吴清桂	男	农会会员	1926 年战斗牺牲	长昌煤矿罗案村
冯风桂	男	战士	1927 年被敌杀害	长昌煤矿邦昌村
吴清平	男	战士	1927 年被敌杀害	长昌煤矿罗案村
许秀春	女	赤卫队员	1927 年被敌杀害	长昌煤矿罗案村
苏琼武	男	农会会员	1926 年被敌杀害	长昌煤矿福昌村
陈大英	男	赤卫队员	1927 年战斗牺牲	长昌煤矿罗案村
吴裕英	男	班长	1942 年日军杀害	府城玉州村
邓家蔚	男	班长	1940 年日军杀害	府城梧大村
王定汉	男	东北区干部	1943 年战斗牺牲	府城玉墨村
陈世杰	男	小队长	1942 年战斗牺牲	府城公务村
王乃益	男	炊事员	1940 年战斗牺牲	府城玉苍村
陈三烈	男	战士	1944 年战斗牺牲	府城公务村
王少钦	男	支队副队长	1941 年战斗牺牲	府城玉墨村

琼山区抗日战争时期革命烈士表

表 20-2-3

姓名	性别	牺牲前职务	牺牲时间	籍贯
吴㚢福	男	征收员	1943 年日军杀害	府城坡训村
周笃儒	男	大队长	1941 年战斗牺牲	府城王黎村
陈正伦	男	十九路军营长	1939 年上海战斗牺牲	府城迈仍村
秦业荣	男	乡长	1944 年日军杀	府城南渡村
谭子江	男	战士	1943 年被敌杀害	云龙永群村
彭朝皆	男	交通员	1944 年被敌杀害	云龙叼仙山村
谭孙兴	男	征收员	1944 年被敌杀害	云龙永群村
彭崇绍	男	战士	1943 年被敌杀害	云龙叼仙山村
吴秀梅	女	区妇女干事	1943 年被敌杀害	云龙叼创村
冯裕民	男	战士	1944 年被敌杀害	云龙长泰村
钟太源	男	总队副官	1943 年战斗牺牲	云龙叼创村
吴桂兰	女	炊事员	1944 年被敌杀害	云龙永群村
林诗荣	男	战士	1940 年战斗牺牲	云龙永创村
冯㚢蓉	女	区干部	1942 年被敌杀害	云龙儒传村
廖之裕	男	乡助理	1942 年战斗牺牲	云龙坡洞村
廖月香	女	炊事员	1943 年战斗牺牲	云龙东田村
廖月凤	女	炊事员	1943 年战斗牺牲	云龙东田村
王德连	男	战士	1939 年战斗牺牲	云龙坡洞村
林茂松	男	大队长	1941 年战斗牺牲	云龙西尔村
丁㚢二	女	炊事员	1944 年战斗牺牲	云龙西尔村
丁才江	男	中队长	1944 年战斗牺牲	云龙湖圯村
朱深茂	男	小队长	1942 年战斗牺牲	云龙太乙村
符德辉	男	小队长	1944 年战斗牺牲	云龙上村
易公留	男	小队长	1944 年战斗牺牲	云龙北坡村
丁庆安	男	中队长	1942 年战斗牺牲	云龙北坡村
丁福英	男	党总支书	1939 年被敌杀害	云龙北坡村
丁才东	男	中队长	1942 年战斗牺牲	云龙北坡村
丁梁保	男	战士	1944 年战斗牺牲	云龙北坡村
丁绍英	男	战士	1943 年战斗牺牲	云龙北坡村
丁㚢胜	男	战士	1945 年战斗牺牲	云龙北坡村
丁㚢黑	男	战士	1944 年被捕杀害	云龙北坡村

续表 20–2–3

姓名	性别	牺牲前职务	牺牲时间	籍贯
丁裔乙	男	战士	1944 年被捕杀害	云龙北坡村
丁杰英	男	战士	1940 年战斗牺牲	云龙北坡村
王绍光	男	战士	1941 年战斗牺牲	云龙桃村
林诗明	男	战士	1938 年战斗牺牲	云龙儒林村
林月娥	女	炊事员	1943 年战斗牺牲	云龙儒林村
林诗坤	男	班长	1942 年战斗牺牲	云龙儒林村
林召友	男	通讯员	1945 年战斗牺牲	云龙儒林村
林诗荣	男	交通员	1945 年战斗牺牲	云龙儒林村
林召南	男	征收员	1944 年日军杀害	云龙儒林村
林率兰	女	卫生院	1942 年战斗牺牲	云龙儒林村
林诗堂	男	传令兵	1941 年战斗牺牲	云龙儒林村
吴乾太	男	战士	1942 年战斗牺牲	云龙儒林村
林才梅	女	乡妇救主任	1941 年日军杀害	云龙儒林村
黎学柏	男	班长	1939 年战斗牺牲	云龙多加村
郑必弯	男	中队长	1940 年战斗牺牲	云龙坡尹村
黎春英	女	战士	1940 年战斗牺牲	云龙迈风村
周永跃	男	中队长	1945 年战斗牺牲	云龙北庄村
周运玉	男	战士	1944 年战斗牺牲	云龙坡尹村
周运豪	男	战士	1944 年战斗牺牲	云龙坡尹村
潘德昌	男	中队长	1941 年战斗牺牲	云龙卜录村
潘德曾	男	战士	1941 年战斗牺牲	云龙卜录村
周德代	男	战士	1942 年战斗牺牲	云龙云岭村
陈日华	男	交通员	1941 年被敌杀害	云龙卜典村
吴多杰	男	战士	1941 年被敌杀害	云龙坡上村
吴多该	男	战士	1940 年战斗牺牲	云龙坡上村
吴多乾	男	班长	1944 年被敌杀害	云龙坡上村
吴坤宏	男	战士	1943 年战斗牺牲	云龙坡上村
陈宗尧	男	战士	1942 年战斗牺牲	云龙上村
陈宗武	男	班长	1942 年被敌杀害	云龙上村
吴瑞香	女	战士	1944 年战斗牺牲	云龙上村
陈继儒	男	乡儿童团长	1940 年被敌杀害	云龙上村

续表 20–2–3

姓名	性别	牺牲前职务	牺牲时间	籍贯
李妚龙	男	战士	1942 年战斗牺牲	云龙上村
李昌权	男	战士	1942 年战斗牺牲	云龙上村
朱运宾	男	小队长	1942 年战斗牺牲	云龙太乙村
朱学玉	男	联络员	1939 年日军杀害	云龙太乙村
朱深河	男	交通员	1944 年被敌杀害	云龙太乙村
符辉章	男	班长	1942 年被敌杀害	云龙上村
林绍壮	男	班长	1939 年战斗牺牲	云龙昌尾村
郭元茂	男	小队长	1944 年被敌杀害	云龙北宫山村
冯育深	男	战士	1943 年被敌杀害	云龙云星村
冯育才	男	战士	1943 年战斗牺牲	云龙云星村
许达新	男	支队指导员	1943 年战斗牺牲	云龙上湖村
黎传贤	男	庶务长	1939 年战斗牺牲	云龙上村
李公保	男	战士	1944 年战斗牺牲	云龙上村
林诗风	男	中队长	1939 年战斗牺牲	云龙本礼湖村
廖家德	男	战士	1944 年战斗牺牲	云龙伯候村
冯祖兴	男	战士	1943 年日均杀害	云龙伯候村
廖公福	男	战士	1944 年战斗牺牲	云龙伯候村
吴坤兴	男	中队长	1942 年战斗牺牲	云龙坡上村
吴坤和	男	乡青年主任	1943 年战斗牺牲	云龙坡上村
吴坤富	男	战士	1942 年战斗牺牲	云龙坡上村
郭祝琼	女	乡妇救主任	1940 年战斗牺牲	云龙北宫上村
吴多胜	男	战士	1943 年战斗牺牲	云龙坡上村
吴明勋	男	交通员	1943 年被敌杀害	云龙儒林村
林诗海	男	传令兵	1943 年战斗牺牲	云龙儒林村
张桂梅	女	乡妇救主任	1942 年被敌杀害	云龙儒林村
吴钟成	男	战士	1942 年战斗牺牲	云龙永创村
林方生	男	战士	1943 年战斗牺牲	云龙桃村
黄观风	男	战士	1940 年战斗牺牲	云龙永创村
黄正烈	男	战士	1942 年战斗牺牲	云龙永创村
黄正珠	男	战士	1943 年被敌杀害	云龙永创村
黄缵清	男	传令兵	1940 年战斗牺牲	云龙永创村

续表 20–2–3

姓名	性别	牺牲前职务	牺牲时间	籍贯
黄绍忠	男	交通员	1942 年战斗牺牲	云龙桃村
黎传禄	男	班长	1943 年战斗牺牲	云龙上村
陈宗连	男	小队长	1941 年日军杀害	云龙上村
廖之发	男	战士	1945 年战斗牺牲	云龙长雅村
林书敬	男	战士	1942 年战斗牺牲	云龙本礼湖村
林书生	男	战士	1943 年战斗牺牲	云龙本礼湖村
廖至明	男	战士	1943 年战斗牺牲	云龙长雅村
丁才兴	男	战士	1944 年战斗牺牲	云龙本礼湖村
陈起钦	男	排长	1938 年战斗牺牲	云龙坡导村
冯照丰	男	战士	1943 年战斗牺牲	云龙龙进村
周宜连	男	中队长	1942 年战斗牺牲	云龙北历村
林诗纪	男	交通员	1943 年日军杀害	云龙儒林村
蔡志堂	男	乡干部	1939 年被敌杀害	云龙伯候村
黄俊兰	女	护士	1941 年被敌杀害	云龙儒林村
林公托	男	战士	1945 年战斗牺牲	云龙儒林村
林召东	男	战士	1943 年战斗牺牲	云龙儒林村
林才玉	女	乡妇救主任	1941 年日军杀害	云龙儒林村
吴乾朋	男	战士	1942 年被捕杀害	云龙儒林村
林诗起	男	中队长	1940 年被捕杀害	云龙儒林村
林诗成	男	小队长	1945 年被敌杀害	云龙儒林村
陈钟安	男	战士	1945 年战斗牺牲	云龙坡导村
黎喜福	男	乡干部	1945 年日军杀害	云龙叨逢村
潘德美	男	庶务长	1937 年战斗牺牲	云龙角内村
潘国昌	男	战士	1939 年战斗牺牲	云龙北戏村
辜达天	男	交通员	1944 年被敌杀害	云龙迈向村
符必跃	男	交通站主任	1943 年战斗牺牲	云龙龙盘村
冯裕琼	男	战士	1943 年战斗牺牲	云龙北桥村
潘国定	男	战士	1939 年战斗牺牲	云龙北戏村
廖月凤	女	护士	1944 年战斗牺牲	云龙北坡村
吴朱氏	女	战士	1945 年战斗牺牲	云龙美丹村
王邦厚	男	战士	1938 年战斗牺牲	云龙南山村

续表 20-2-3

姓名	性别	牺牲前职务	牺牲时间	籍贯
王国礼	男	战士	1942 年战斗牺牲	云龙南山村
吴荣花	女	炊事员	1944 年战斗牺牲	云龙丰宁村
吴爱连	女	炊事员	1944 年战斗牺牲	云龙云阁村
吴清尧	男	战士	1945 年被捕杀害	云龙坡导村
吴清俊	男	乡长	1943 年战斗牺牲	云龙坡导村
吴妚三	女	战士	1945 年战斗牺牲	云龙博浛村
黎吴氏	女	战士	1944 年战斗牺牲	云龙云阁村
刘朝泰	男	战士	1945 年战斗牺牲	云龙丰宁村
黄正汉	男	小队长	1942 年战斗牺牲	云龙永创村
黄书文	男	战士	1940 年被敌杀害	云龙永创村
黄书武	男	中队长	1942 年战斗牺牲	云龙永创村
黎秀梅	女	战士	1940 年战斗牺牲	云龙卜典村
冯裕业	男	副乡长	1941 年被敌杀害	云龙卜典村
冯月梅	女	乡长	1944 年被敌杀害	云龙宏大村
冯月花	女	炊事员	1941 年被捕杀害	云龙宏大村
陈文华	男	战士	1943 年被捕杀害	云龙伯候村
易妚发	男	战士	1944 年战斗牺牲	云龙岭脚墟
周光载	男	战士	1939 年战斗牺牲	云龙岭脚墟
周家炳	男	战士	1945 年战斗牺牲	云龙北历村
冼开登	男	征收员	1943 年战斗牺牲	云龙玉仙村
王妚来	女	战士	1942 年战斗牺牲	云龙岭脚墟
林　氏	女	护士	1941 年战斗牺牲	云龙薛村
曾传信	男	战士	1941 年战斗牺牲	云龙镇
林妚花	女	公务员	1943 年被敌杀害	云龙叼软村
谭道周	男	乡文书	1944 年被敌杀害	云龙永群村
王正义	男	战士	1938 年被敌杀害	云龙叼创村
谭明章	男	乡农会主任	1944 年被敌杀害	云龙永群村
王明清	男	战士	1944 年行军中牺牲	云龙叼仙山村
韦学成	男	战士	1943 年战斗牺牲	云龙叼旭园村
周德荣	男	战士	1939 年被敌杀害	云龙长泰村
冯裕吾	男	支队军需	1943 年被敌杀害	云龙长泰村

续表 20–2–3

姓名	性别	牺牲前职务	牺牲时间	籍贯
冯裕楷	男	战士	1938 年被敌杀害	云龙长泰村
谭孙分	男	班长	1941 年战斗牺牲	云龙永群村
钟太计	男	战士	1937 年被敌杀害	云龙吖创村
吴坤义	男	交通员	1942 年被敌杀害	云龙吖创村
冯白虎	男	乡长	1943 年被敌杀害	云龙长泰村
易公明	男	战士	1943 年战斗牺牲	云龙吖软村
周德义	男	战士	1944 年被敌杀害	云龙吖仙山村
周德付	男	通讯员	1945 年被敌杀害	云龙长泰村
冯裕光	男	战士	1944 年战斗牺牲	云龙长泰村
冯运明	男	区委干部	1940 年被敌杀害	云龙长泰村
韦妚黑	男	战士	1942 年被敌杀害	云龙吖旭园村
冯尔英	男	副乡长	1943 年被敌杀害	旧州博球村
林书道	男	通讯员	1944 年被敌杀害	旧州道文村
柯洪兴	男	副乡长	1943 年被敌杀害	旧州龙溪村
郭贻荣	男	战士	1938 年战斗牺牲	旧州联星村
周盆光	男	通讯员	1942 年被敌杀害	旧州美楠村
何国金	男	战士	1937 年战斗牺牲	旧州湖仔墟
卢太恩	男	战士	1943 年战斗牺牲	旧州旧州墟
陈开泗	男	战士	1940 年战斗牺牲	旧州太乙村
陈有真	男	副大队长	1941 年战斗牺牲	旧州太乙村
庄仁道	男	战士	1940 年战斗牺牲	旧州埠头村
郭贻道	男	战士	1945 年被敌杀害	旧州光岭村
吴　氏	女	战士	1945 年被敌杀害	旧州湖仔村
林诗享	男	蔗务长	1943 年被敌杀害	旧州定仁村
林诗文	男	蔗务长	1943 年战斗牺牲	旧州定仁村
吴乾生	男	战士	1943 年被敌杀害	旧州湖仔村
吴坤成	男	一支队队长	1943 年被敌杀害	旧州睦吴村
黄广泰	男	战士	1940 年被敌杀害	旧州龙井村
董裕福	男	班长	1942 年战斗牺牲	旧州后追村
甘学芳	男	小队长	1942 年被敌杀害	旧州池连村
陈大刚	男	战士	1945 年战斗牺牲	旧州美元村

续表 20-2-3

姓名	性别	牺牲前职务	牺牲时间	籍贯
吴应昌	男	乡长	1945 年被敌杀害	旧州多福村
李永桂	男	战士	1945 年战斗牺牲	旧州美福村
陈义章	男	战士	1945 年在部队病故	旧州麻园村
林桂芳	男	战士	1945 年战斗牺牲	旧州雅黄村
吴德标	男	战士	1945 年在部队病故	旧州福多村
王裕义	男	排长	1943 年被敌杀害	旧州老村
张秋霞	女	乡妇救会长	1944 年被敌杀害	旧州老村
王裕德	男	战士	1939 年战斗牺牲	旧州老村
王裕仁	男	乡长	1943 年被敌杀害	旧州老村
王裕道	男	战士	1939 年战斗牺牲	旧州老村
王昌虞	男	战士	1938 年战斗牺牲	旧州老村
王昌诵	男	乡长	1943 年被敌杀害	旧州老村
张熊运	男	战士	1939 年战斗牺牲	旧州雅诗村
李大文	男	中队长	1942 年战斗牺牲	旧州美敖村
王明连	男	小队长	1943 年战斗牺牲	旧州美敖村
王元金	男	战士	1943 年战斗牺牲	旧州凤眼村
何开贵	男	战士	1945 年被敌杀害	旧州高云村
王家英	男	通讯员	1943 年被敌杀害	旧州老村
吴清忠	男	战士	1940 年被敌杀害	旧州凤眼村
王昌业	男	战士	1941 年被敌杀害	旧州老村
陈布忠	男	小队长	1941 年战斗牺牲	新民黄竹仔村
沈新乔	男	班长	1942 年战斗牺牲	新民黄竹仔村
沈育强	男	班长	1940 年战斗牺牲	新民儒上村
沈院忠	男	战士	1944 年战斗牺牲	新民儒上村
陈生辉	男	班长	1940 年被敌杀害	新民高龙坡村
沈试烂	男	交通员	1942 年被敌杀害	新民黄竹仔村
吴忠民	男	战士	1942 年被敌杀害	新民黄竹仔村
王元安	男	战士	1942 年战斗牺牲	新民杨梅村
梁定义	男	战士	1942 年战斗牺牲	新民土地坡村
吴桂天	男	战士	1942 年战斗牺牲	新民土地坡村
黄学祥	男	战士	1942 年战斗牺牲	新民土地坡村

续表 20–2–3

姓名	性别	牺牲前职务	牺牲时间	籍贯
陈钟连	男	战士	1942 年战斗牺牲	红旗谭匹村
周运词	男	战士	1944 年战斗牺牲	红旗桃林村
周　熏	男	蔗务长	1940 年被敌杀害	红旗东敖村
吴瑞兰	女	乡妇女主任	1943 年被敌杀害	红旗东敖村
曾传信	男	中队长	1943 年战斗牺牲	红旗本立村
李发茂	男	副中队长	1942 年被敌杀害	红旗本立村
郑基松	男	小队长	1942 年战斗牺牲	红旗多文村
伍　婻	女	炊事员	1942 年被敌杀害	红旗桃林村
周学卫	男	保长	1942 年被敌杀害	红旗桃林村
周福田	男	警卫员	1942 年战斗牺牲	红旗美雅村
李诗兴	男	交通员	1944 年被敌杀害	红旗边洋村
李举民	男	战士	1939 年战斗牺牲	红旗边洋村
李诗玖	男	交通员	1945 年被敌杀害	红旗边洋村
李诗天	男	中队长	1944 年战斗牺牲	红旗边洋村
李诗凤	男	交通站主任	1942 年被敌杀害	红旗边洋村
吴鸿仁	男	小队长	1942 年战斗牺牲	红旗梅坡村
吴桂兴	男	战士	1941 年战斗牺牲	红旗梅坡村
赵经喜	男	交通员	1943 年被敌杀害	红旗谭月坡村
陈继周	男	交通员	1944 年被敌杀害	红旗鲁裕村
王琼兴	男	乡长	1941 年战斗牺牲	红旗鲁裕村
吴清文	男	党总支书	1942 年被敌杀害	红旗对耳村
史邢氏	女	炊事员	1944 年被敌杀害	红旗海岛村
张玉娥	女	护士	1944 年战斗牺牲	红旗美请村
苏庆轩	男	交通员	1939 年被敌杀害	红旗海棠坡村
秦思仁	男	乡长	1943 年被敌杀害	红旗风雅村
吴秀英	女	炊事员	1945 年被敌杀害	红旗风雅村
秦荣胜	男	机械师	1945 年被敌杀害	红旗风雅村
尤俊雄	男	乡青抗主任	1942 年被敌杀害	红旗东傲村
尤俊清	男	班长	1940 年被敌杀害	红旗东傲村
尤大英	男	交通员	1945 年被敌杀害	红旗东傲村
吴清福	男	战士	1943 年被敌杀害	红旗东傲村

续表 20-2-3

姓名	性别	牺牲前职务	牺牲时间	籍贯
尤大禄	男	战士	1940 年被敌杀害	红旗东傲村
黎巨浓	男	战士	1939 年战斗牺牲	红旗东傲村
曾育甫	男	战士	1944 年战斗牺牲	红旗本立村
符华新	男	副中队长	1943 年战斗牺牲	红旗史册村
曾传富	男	班长	1943 年战斗牺牲	红旗本立村
苏庆春	男	支队副官	1945 年被敌杀害	红旗海棠坡村
陈玉吾	男	中队长	1944 年战斗牺牲	红旗南林村
周学炳	男	军械厂文书	1944 年战斗牺牲	红旗桃林村
周劳师	男	班长	1944 年战斗牺牲	红旗桃林村
吴贵武	男	战士	1944 年战斗牺牲	红旗土桥墟
梁居周	男	小队长	1944 年战斗牺牲	红旗桃林村
梁安福	男	战士	1944 年战斗牺牲	红旗桃林村
王秋兰	女	炊事员	1943 年战斗牺牲	红旗风雅村
黎形仁	男	军械厂技术员	1944 年战斗牺牲	红旗昌洽村
陈宗连	男	班长	1942 年战斗牺牲	红旗土布山村
林绍文	男	征收员	1943 年战斗牺牲	红旗昌洽村
林绍全	男	乡干部	1943 年战斗牺牲	红旗昌洽村
吴学诗	男	乡青抗主任	1943 年战斗牺牲	红旗昌洽村
黎家雄	男	战士	1944 年战斗牺牲	红旗昌洽村
黎家其	男	乡农救主任	1942 年战斗牺牲	红旗昌洽村
吴学秀	男	战士	1944 年战斗牺牲	红旗昌洽村
林克英	男	战士	1944 年战斗牺牲	红旗昌洽村
陈继銮	男	指导员	1945 年战斗牺牲	红旗土布山村
吴学晓	男	战士	1944 年战斗牺牲	红旗昌洽村
吴道忠	男	乡干部	1943 年被敌杀害	红旗昌洽村
陈宗州	男	医务员	1945 年战斗牺牲	红旗土布山村
林绍春	男	战士	1944 年战斗牺牲	红旗昌洽村
吴学章	男	征收员	1944 年战斗牺牲	红旗昌洽村
吴道通	男	战士	1944 年战斗牺牲	红旗昌洽村
王发明	男	战士	1944 年被敌杀害	红旗昌洽村
王发进	男	战士	1944 年战斗牺牲	红旗昌洽村

续表 20–2–3

姓名	性别	牺牲前职务	牺牲时间	籍贯
王茀良	男	党支书	1945 年战斗牺牲	红旗昌洽村
王　兴	男	战士	1942 年被敌杀害	红旗昌洽村
王鸿汉	男	乡干部	1943 年战斗牺牲	红旗鲁裕村
林鸿芬	男	战士	1945 年被敌杀害	红旗鲁裕村
石时忠	男	支队副官	1942 年战斗牺牲	红旗鲁裕村
吕烈均	男	战士	1943 年战斗牺牲	红旗鲁裕村
李兹明	男	乡干部	1941 年战斗牺牲	红旗鲁裕村
梁定生	男	战士	1943 年战斗牺牲	红旗鲁裕村
吴泽轩	男	班长	1944 年被敌杀害	红旗鲁裕村
梁居积	男	战士	1942 年战斗牺牲	红旗鲁裕村
王道权	男	中队长	1944 年战斗牺牲	红旗鲁裕村
符玉兰	女	护士	1943 年战斗牺牲	红旗鲁裕村
黄树富	男	乡长	1945 年战斗牺牲	红旗调圮村
黄善明	男	党支书	1944 年战斗牺牲	红旗调圮村
黄树芳	男	乡长	1943 年战斗牺牲	红旗调圮村
黄树廷	男	小队长	1943 年战斗牺牲	红旗调圮村
冯位俊	男	县委部长	1939 年战斗牺牲	红旗调圮村
陈会俊	男	区长	1943 年战斗牺牲	红旗边城村
邓文富	男	战士	1943 年战斗牺牲	红旗边城村
石新花	女	乡妇女主任	1944 年战斗牺牲	红旗边城村
陈会州	男	党支书	1943 年战斗牺牲	红旗边城村
方其开	男	战士	1943 年战斗牺牲	红旗群壁村
吴清楠	男	战士	1942 年战斗牺牲	红旗道崇村
吴妚三	男	炊事员	1943 年战斗牺牲	红旗莲塘村
冯兰花	女	班长	1945 年战斗牺牲	红旗莲塘村
吴妚八	男	战士	1944 年战斗牺牲	红旗莲塘村
陈士深	男	战士	1944 年战斗牺牲	红旗莲塘村
陈献章	男	机械师	1944 年战斗牺牲	红旗莲塘村
陈德忠	男	蔗务长	1944 年被敌杀害	红旗莲塘村
廖容花	女	战士	1944 年战斗牺牲	红旗莲塘村
陈明俊	男	班长	1945 年战斗牺牲	红旗边养村

续表 20-2-3

姓名	性别	牺牲前职务	牺牲时间	籍贯
陈明光	男	保长	1942 年被敌杀害	红旗边养村
李诗全	男	战士	1945 年战斗牺牲	红旗边养村
陈青武	男	小队长	1943 年战斗牺牲	红旗边养村
王太寿	男	庶务长	1945 年战斗牺牲	红旗边养村
陈育富	男	战士	1944 年战斗牺牲	红旗边养村
谢林龙	男	乡公务员	1944 年战斗牺牲	红旗美请村
吴多祥	男	班长	1942 年战斗牺牲	红旗美请村
吴月凤	女	护士	1944 年战斗牺牲	红旗美请村
黄广春	男	大队长	1943 年战斗牺牲	红旗美请村
王凤凰	男	战士	1943 年战斗牺牲	红旗美请村
冯裕禄	男	战士	1943 年战斗牺牲	红旗荫生村
符月花	女	炊事员	1944 年战斗牺牲	红旗福本村
杜月兰	女	护士	1944 年战斗牺牲	红旗木寨村
项元训	男	党总支书	1944 年战斗牺牲	红旗美雅村
周世楷	男	战士	1945 年战斗牺牲	红旗美雅村
戴开彩	男	战士	1943 年战斗牺牲	红旗昆上村
符家禄	男	战士	1942 年战斗牺牲	红旗昆上村
周世儒	男	乡长	1944 年被敌杀害	红旗美雅村
周世明	男	交通员	1944 年被敌杀害	红旗昌尾村
戴光才	男	班长	1942 年被敌杀害	红旗昆上村
戴桂兰	女	炊事员	1944 年战斗牺牲	红旗昆上村
林书兰	男	战士	1944 年战斗牺牲	红旗北山村
周世珍	男	抗公教员	1942 年战斗牺牲	红旗美雅村
林诗电	男	战士	1943 年战斗牺牲	红旗北山村
郑显电	男	指导员	1940 年战斗牺牲	红旗大凑村
陈兰荣	女	护士	1942 年战斗牺牲	红旗泮边村
陈月香	女	护士	1945 年战斗牺牲	红旗海岛南村
符仁道	男	战士	1943 年战斗牺牲	红旗下云村
陈起祥	男	战士	1945 年战斗牺牲	红旗海岛南村
吴清甫	男	党支书	1942 年被敌杀害	红旗苏寻三村
郑显豪	男	区长	1943 年被敌杀害	红旗大凑村

续表 20–2–3

姓名	性别	牺牲前职务	牺牲时间	籍贯
洪月兰	女	护士	1944 年战斗牺牲	红旗咸宜村
吴淑郊	男	联村主任	1944 年战斗牺牲	红旗福云村
吴淑安	男	乡青抗主任	1943 年被敌杀害	红旗福云村
邢贻利	男	战士	1943 年战斗牺牲	红旗海岛南村
吴九兴	男	战士	1943 年战斗牺牲	红旗海岛南村
陈狗兴	男	战士	1945 年战斗牺牲	红旗海岛南村
吴照胜	男	保长	1942 年被敌杀害	红旗龙湖村
陈秀兰	女	护士	1945 年战斗牺牲	红旗白玉村
曾祥光	女	护士	1945 年战斗牺牲	红旗罗意村
陈学道	男	护士	1943 年战斗牺牲	红旗福地村
张孟香	女	护士	1942 年被敌杀害	红旗白玉村
陈长春	男	乡干部	1944 年被敌杀害	红旗本务村
王淑英	女	护士	1944 年战斗牺牲	红旗本务村
周庆元	男	乡青抗主任	1943 年战斗牺牲	红旗本务村
吴乾元	男	战士	1945 年战斗牺牲	红旗本务村
调妃姩	女	炊事员	1944 年战斗牺牲	红旗美容坡村
王　氏	女	炊事员	1944 年被敌杀害	红旗美容坡村
陈昌英	男	炊事员	1943 年被敌杀害	红旗美容坡村
陈如福	男	战士	1945 年战斗牺牲	红旗宅吉仔村
冯尔福	男	战士	1942 年战斗牺牲	红旗荫生村
冯裕和	男	区长	1944 年战斗牺牲	红旗荫生村
冯裕兴	男	乡干部	1945 年战斗牺牲	红旗荫生村
黎传福	男	战士	1942 年战斗牺牲	红旗下云村
何国宽	男	乡长	1942 年战斗牺牲	红旗湖仔村
曾兴统	男	战士	1945 年战斗牺牲	红旗雅汛村
李朝统	男	战士	1942 年战斗牺牲	红旗叼庇村
吴多胜	男	庶务长	1943 年战斗牺牲	红旗龙发村
李仕钦	男	通讯员	1945 年被敌杀害	红旗福坡村
李舜祥	男	中队长	1942 年战斗牺牲	红旗福坡村
陈文成	男	地下人员	1939 年被敌杀害	红旗龙发村
吴敬公	男	战士	1943 年战斗牺牲	红旗美管村

续表 20–2–3

姓名	性别	牺牲前职务	牺牲时间	籍贯
陈时风	男	战士	1945 年被敌杀害	红旗东仁园村
符宏金	男	乡青抗主任	1942 年被敌杀害	红旗青云村
黎福和	男	战士	1939 年战斗牺牲	红旗龙源村
王文道	男	战士	1942 年战斗牺牲	红旗桃林村
徐天裕	男	乡长	1943 年被敌杀害	红旗热作场
李诗明	男	乡干部	1945 年被敌杀害	红旗边洋村
王月金	女	炊事员	1944 年被敌杀害	红旗福本村
吴桂兰	女	乡妇女主任	1945 年被敌杀害	红旗福本村
徐东清	男	战士	1943 年羊山牺牲	红旗彰坊村
吴名高	男	县府干部	1941 年日军杀害	红旗龙源村
吴澄久	男	战士	1943 年战斗牺牲	红旗文裕村
陈钟仕	男	乡农会主席	1940 年被敌杀害	红旗本务村
吴坤海	男	战士	1945 年战斗牺牲	红旗保胆村
林树勋	男	战士	1943 年战斗牺牲	红旗福地村
陈玉兰	女	乡妇女主任	1944 年被敌杀害	红旗本务村
王国明	男	战士	1942 年战斗牺牲	红旗芬兰村
张孟兰	女	炊事员	1944 年被敌杀害	红旗白玉村
黄儒禄	男	保长	1944 年被敌杀害	红旗保胆村
林昌周	男	战士	1945 年战斗牺牲	红旗美雅湖村
吴传棋	男	乡干部	1945 年战斗牺牲	红旗永荫村
黄赞诗	男	庶务长	1942 年战斗牺牲	红旗那佑村
吴正吉	男	乡长	1943 年战斗牺牲	红旗谭盈坡村
吴传其	男	乡委员	1939 年战斗牺牲	红旗永荫村
柯运钱	男	乡干部	1939 年被敌杀害	红旗大保村
梁琼士	男	战士	1945 年被敌杀害	红旗大保村
罗时运	男	班长	1945 年战斗牺牲	红旗那尧村
云茂英	男	战士	1944 年被敌杀害	红旗谭永村
林志龙	男	交通员	1945 年被敌杀害	红旗群楼村
林书仲	男	交通员	1944 年被敌杀害	红旗群楼村
柯宏生	男	战士	1944 年战斗牺牲	红旗大保村
唐清美	男	小队长	1943 年战斗牺牲	红旗文斗村

续表 20–2–3

姓名	性别	牺牲前职务	牺牲时间	籍贯
谢陈氏	女	护士	1942 年战斗牺牲	红旗群楼村
林洪信	男	战士	1940 年战斗牺牲	红旗美雅湖村
周仁光	男	交通员	1943 年被敌杀害	红旗群楼村
林志养	男	战士	1944 年被敌杀害	红旗群楼村
马开和	男	战士	1940 年被敌杀害	红旗叼桥村
柯运刚	男	乡干部	1939 年被敌杀害	红旗大保村
柯运富	男	乡干部	1939 年被敌杀害	红旗大保村
王国进	男	交通员	1944 年战斗牺牲	红旗那尧村
吴传叶	男	小队长	1942 年战斗牺牲	红旗永荫村
吴　记	男	印刷工人	1945 年特务放毒牺牲	红旗永荫村
吴多福	男	交通员	1945 年战斗牺牲	红旗文斗村
林洪富	男	战士	1943 年战斗牺牲	红旗美雅湖村
周永富	男	战士	1941 年战斗牺牲	红旗下云村
吴永胜	男	警卫员	1943 年战斗牺牲	红旗云雁村
吴爱波	女	乡妇女主任	1942 年被敌杀害	红旗云雁村
王育华	男	班长	1940 年被敌杀害	红旗下云村
吴明文	男	军械厂工人	1942 年被敌杀害	红旗下云村
陈世照	男	班长	1941 年战斗牺牲	红旗东岳村
吴儒明	男	党总支书	1942 年被敌杀害	红旗云雁村
陈宗甫	男	党总支书	1941 年被敌杀害	红旗云雁村
吴多文	男	战士	1944 年战斗牺牲	红旗天禄村
符仁理	男	战士	1942 年战斗牺牲	红旗下云村
吴贵孃	女	护士	1942 年战斗牺牲	红旗下云村
黎传坤	男	庶务长	1942 年被敌杀害	红旗下云村
吴明通	男	保长	1942 年被敌杀害	红旗下云村
黎传烈	男	党总支书	1940 年战斗牺牲	红旗下云村
赵经福	男	军械厂技术员	1942 年被敌杀害	红旗三福村
赵世武	男	交通员	1942 年战斗牺牲	红旗三福村
吴明芬	男	战士	1942 年战斗牺牲	红旗下云村
周昌源	男	炊事员	1942 年战斗牺牲	红旗下云村
曾令章	男	乡长	1944 年被敌杀害	红旗东岳村

续表 20–2–3

姓名	性别	牺牲前职务	牺牲时间	籍贯
曾雪飞	女	护士	1943 年被敌杀害	红旗下云村
陈宗清	男	乡青抗主任	1943 年战斗牺牲	红旗云雁村
周妚南	女	炊事员	1943 年被敌杀害	红旗下云村
郑宗义	男	战士	1942 年战斗牺牲	红旗下云村
符月颜	女	乡妇女主任	1943 年战斗牺牲	红旗下云村
郑宗仁	男	保长	1942 年战斗牺牲	红旗下云村
周永胜	男	战士	1942 年战斗牺牲	红旗下云村
洪本兴	男	战士	1944 年战斗牺牲	红旗咸宜村
王清其	男	党总支书	1944 年战斗牺牲	红旗泮边村
陈书云	男	小队长	1943 年战斗牺牲	红旗海岛南村
颜富文	男	交通员	1942 年被敌杀害	红旗道崇村
吴清才	男	小队长	1943 年被敌杀害	红旗道崇村
曾传芳	男	保长	1944 年被敌杀害	红旗本立村
李　恒	男	支队参谋	1942 年被敌杀害	红旗本立村
郑祥昌	男	乡干部	1945 年战斗牺牲	红旗多文村
郑祥利	男	战士	1943 年被敌杀害	红旗多文村
郑国家	男	党总支书	1943 年被敌杀害	红旗多文村
曾纪川	男	战士	1941 年被敌杀害	红旗本立村
曾育蛟	男	炊事员	1942 年战斗牺牲	红旗本立村
吴瑞兰	女	护士	1943 年战斗牺牲	红旗本立村
曾纪瑞	男	战士	1944 年被敌杀害	红旗本立村
张泽汉	男	乡长	1944 年被敌杀害	红旗土桥村
许振新	男	战士	1940 年战斗牺牲	红旗南林村
吴家三	女	庶务长	1943 年被敌杀害	红旗美雅村
许秀玉	女	护士	1945 年被敌杀害	红旗美雅村
苏文道	男	党总支书	1941 年被敌杀害	红旗海棠坡村
苏庆福	男	乡干部	1943 年被敌杀害	红旗海棠坡村
吴妚三	男	炊事员	1944 年战斗牺牲	红旗天禄村
项元梁	男	总队事务长	1943 年被敌杀害	红旗美雅村
秦业美	男	小队长	1943 年战斗牺牲	红旗风雅村
李极后	男	战士	1939 年战斗牺牲	三门坡文林湖村

续表 20–2–3

姓名	性别	牺牲前职务	牺牲时间	籍贯
梁安秀	男	乡农救会长	1942 年被敌杀害	三门坡伏龙村
徐与云	男	保长	1942 年被捕杀害	三门坡东架村
徐道珍	男	战士	1938 年战斗牺牲	三门坡东架村
洪明祥	男	保长	1942 年被敌杀害	三门坡南昌村
张梦恩	男	战士	1943 年被捕杀害	三门坡田边村
符朝忠	男	乡长	1945 年战斗牺牲	三门坡塘头村
王昌凤	男	战士	1943 年战斗牺牲	三门坡文林湖村
符祥瑞	男	中队长	1945 年战斗牺牲	三门坡文德头村
周德才	男	小队长	1940 年战斗牺牲	三门坡下昌村
潘穴逢	男	战士	1940 年战斗牺牲	三门坡下昌村
李极轩	男	小队长	1945 年战斗牺牲	三门坡文德头村
麦帝章	男	战士	1944 年战斗牺牲	三门坡龙凤村
李极贵	男	班长	1942 年战斗牺牲	三门坡龙马村
黄光辉	男	战士	1943 年战斗牺牲	三门坡龙马村
王庭全	男	战士	1943 年负伤牺牲	三门坡文草湖村
陈成福	男	班长	1944 年战斗牺牲	三门坡文草湖村
蔡笃蛟	男	战士	1942 年战斗牺牲	三门坡高山村
吴坤成	男	班长	1943 年战斗牺牲	三门坡高山村
蔡开邦	男	通讯员	1943 年被敌杀害	三门坡高山村
吴多文	男	保长	1943 年被敌杀害	三门坡龙凤村
黄有为	男	战士	1944 年战斗牺牲	三门坡龙凤村
黄善益	男	战士	1944 年战斗牺牲	三门坡龙凤村
李洪拨	男	战士	1942 年战斗牺牲	三门坡文德头村
陈正德	男	战士	1939 年战斗牺牲	三门坡城坦村
梁安连	男	战士	1939 年被敌杀害	三门坡龙马村王
王庭连	男	中队长	1944 年战斗牺牲	三门坡龙茂山村
林绍纠	男	战士	1940 年战斗牺牲	三门坡烟园村
杨爱兰	男	乡妇女主任	1942 年战斗牺牲	三门坡东湖村
陈福斗	男	班长	1941 年战斗牺牲	三门坡龙凤村
邓仁光	男	战士	1942 年战斗牺牲	三门坡东湖村
韩顺丰	男	战士	1942 年战斗牺牲	三门坡大村

续表 20-2-3

姓名	性别	牺牲前职务	牺牲时间	籍贯
陈建佳	男	党支书	1943 年战斗牺牲	三门坡新湖村
林绍益	男	战士	1941 年战斗牺牲	三门坡排城村
王兼恒	男	战士	1942 年被敌杀害	三门坡鞍田村
吴坤谦	男	通讯员	1944 年战斗牺牲	三门坡下田村
吴坤生	男	战士	1944 年战斗牺牲	三门坡下田村
云昌发	男	小队长	1941 年战斗牺牲	三门坡排城村
徐维连	男	战士	1944 年战斗牺牲	三门坡下争园村
吴坤招	男	战士	1944 年战斗牺牲	三门坡下田村
邢福南	男	乡青抗主任	1944 年被敌杀害	三门坡山心村
冯所法	男	战士	1945 年被敌杀害	三门坡下争园村
黄有积	男	战士	1943 年战斗牺牲	三门坡山心村
云昌进	男	战士	1945 年战斗牺牲	三门坡连桥村
云蓬耿	男	战士	1939 年战斗牺牲	三门坡连桥村
黄文椿	男	战士	1942 年战斗牺牲	三门坡大水村
许兰玉	女	战士	1942 年被敌杀害	三门坡大水村
许书法	男	战士	1942 年战斗牺牲	三门坡美城村
林天祥	男	班长	1941 年战斗牺牲	三门坡大水村
陈贵录	男	战士	1942 年战斗牺牲	三门坡大水村
黄娇二	女	护士	1939 年战斗牺牲	三门坡下水村
符致施	男	战士	1941 年战斗牺牲	三门坡塘头村
陈月英	女	护士	1942 年被敌杀害	三门坡福兴村
朱月波	女	护士	1942 年被敌杀害	三门坡福兴村
符桂花	女	护士	1942 年战斗牺牲	三门坡田边村
杜运辛	男	小队长	1939 年战斗牺牲	三门坡福兴村
张桂花	女	战士	1940 年战斗牺牲	三门坡福兴村
吴桂花	女	战士	1940 年战斗牺牲	三门坡福兴村
符致师	男	战士	1941 年被敌杀害	三门坡田边村
杜咸积	男	战士	1944 年战斗牺牲	三门坡福兴村
史克富	男	炊事员	1942 年被敌杀害	三门坡文林湖村
符气炳	男	战士	1941 年战斗牺牲	三门坡坑仔村
杨天龙	男	战士	1944 年战斗牺牲	三门坡文林湖村

续表 20–2–3

姓名	性别	牺牲前职务	牺牲时间	籍贯
陈文拨	男	乡青抗主任	1943 年被敌杀害	三门坡排城村
陈文楫	男	战士	1943 年被敌杀害	三门坡排城村
林诗诚	男	传令兵	1943 年被捕杀害	三门坡文林湖村
陈家诚	男	战士	1943 年被捕杀害	三门坡文林湖村
何家伯	男	战士	1942 年战斗牺牲	三门坡文林湖村
王龙茂	男	战士	1943 年战斗牺牲	三门坡桃村
林召茂	男	战士	1942 年战斗牺牲	三门坡桃村
林召烈	男	乡农救主席	1943 年被捕杀害	三门坡桃村
蔡其育	男	战士	1943 年战斗牺牲	三门坡桃村
林克义	男	征收员	1940 年被捕杀害	三门坡桃村
林召经	男	乡青抗主任	1940 年战斗牺牲	三门坡桃村
林召颜	男	县干部	1939 年战斗牺牲	三门坡桃村
黄大猷	男	副支队长	1942 年战斗牺牲	三门坡桃村
林仕联	男	战士	1945 年战斗牺牲	三门坡桃村
吴多深	男	乡青抗主任	1942 年战斗牺牲	三门坡桃村
梁安丰	男	战士	1942 年战斗牺牲	三门坡桃村
何桂春	女	护士	1944 年战斗牺牲	三门坡桃村
吴多庆	男	营长	1937 年战斗牺牲	三门坡桃村
黄世春	男	班长	1942 年战斗牺牲	三门坡桃村
梁居宽	男	战士	1945 年被捕杀害	三门坡大稔村
曾祠州	男	战士	1943 年战斗牺牲	三门坡大稔村
陈广安	男	战士	1939 年战斗牺牲	三门坡高丛村
符朝忠	男	乡长	1944 年被敌杀害	三门坡福兴村
陈家成	男	战士	1940 年战斗牺牲	三门坡文林湖村
蔡应栋	男	乡长	1942 年被敌杀害	谭文文多村
李洪勺	男	战士	1941 年被敌杀害	谭文昌尾园村
李洪文	男	班长	1938 年被敌杀害	谭文昌文坡村
洪圣道	男	班长	1941 年战斗牺牲	谭文父母村
林仕富	男	战士	1939 年被敌杀害	谭文父母村
吴成忠	男	传令兵	1940 年战斗牺牲	谭文父母村
吴成才	男	中队长	1939 年战斗牺牲	谭文父母村

续表 20-2-3

姓名	性别	牺牲前职务	牺牲时间	籍贯
梁安勇	男	交通员	1943 年被敌杀害	谭文逐园村
林月娥	女	乡妇救主任	1942 年被捕杀害	谭文文多村
蔡文开	男	交通员	1942 年被敌杀害	谭文文多村
李洪标	男	小队长	1940 年被敌杀害	谭文昌尾园村
张克文	女	乡妇救主任	1942 年被敌杀害	谭文沙土坡村
卢明龙	男	班长	1942 年负伤牺牲	谭文石正村
李洪智	男	技师	1942 年被敌杀害	谭文昌文坡村
谢元茂	男	交通员	1942 年战斗牺牲	谭文石岭村
李　民	女	战士	1941 年被敌杀害	谭文父母村
陈家进	男	中队长	1942 年战斗牺牲	甲子大昌村
杨建积	男	班长	1939 年战斗牺牲	甲子大昌村
张梦棠	男	战士	1942 年战斗牺牲	甲子大昌村
黎日光	男	党总支书	1943 年被敌杀害	甲子大昌村
符春菊	女	乡交通员	1940 年被敌杀害	甲子大昌村
庄耿荣	女	战士	1944 年战斗牺牲	甲子甲子墟
冯世训	男	乡交通员	1941 年被敌杀害	甲子青云村
冯尤柏	男	班长	1943 年被敌杀害	甲子冯家村
冯尤荣	男	班长	1945 年被敌杀害	甲子冯家村
陈家文	男	乡交通员	1939 年被敌杀害	甲子大朗村
陈家裕	男	战士	1945 年被敌杀害	甲子大朗村
王清祥	男	区交通员	1938 年被敌杀害	甲子大朗村
莫光清	男	乡交通员	1944 年被敌杀害	甲子溪边村
蔡书文	男	战士	1944 年被敌杀害	甲子井埇村
梁安吉	男	通讯员	1941 年战斗牺牲	甲子下坡村
郭泽深	男	战士	1942 年战斗牺牲	甲子大保冲村
郭泽江	男	战士	1945 年战斗牺牲	甲子大保冲村
王巨凤	女	战士	1944 年战斗牺牲	甲子后排岭村
王巨元	男	乡交通员	1944 年被敌杀害	甲子后排岭村
符修义	男	战士	1942 年战斗牺牲	甲子六坡村
李恩清	男	战士	1945 年被敌杀害	甲子石帅村
王巨良	男	中队长	1944 年战斗牺牲	甲子后排岭村

续表 20–2–3

姓名	性别	牺牲前职务	牺牲时间	籍贯
郭元茂	男	副乡长	1944 年战斗牺牲	甲子坝上村
郭贻炳	男	战士	1942 年战斗牺牲	甲子坝上村
黄　忠	男	中队长	1939 年战斗牺牲	甲子坝上村
王丁贵	男	战士	1945 年战斗牺牲	甲子昌文村
符基传	男	乡交通员	1942 年战斗牺牲	甲子上昌村
王定文	男	战士	1942 年战斗牺牲	甲子大埇村
杨妚留	男	战士	1945 年战斗牺牲	甲子大埇村
吴坤玉	男	乡交通员	1945 年战斗牺牲	甲子大埇村
张新和	男	班长	1942 年被敌杀害	甲子大埇村
张泰安	男	班长	1942 年被敌杀害	甲子大埇村
林士英	男	小队长	1944 年战斗牺牲	甲子美鸭田村
郭泽河	男	战士	1942 年战斗牺牲	甲子大保冲村
柯之安	男	小队长	1942 年战斗牺牲	大坡大湾村
柯之寿	男	战士	1943 年战斗牺牲	大坡大湾村
颜香卿	男	班长	1942 年战斗牺牲	大坡官塘口村
何和川	男	战士	1942 年战斗牺牲	大坡官塘口村
龙田池	男	战士	1942 年战斗牺牲	大坡北昌村
符祥仁	男	战士	1939 年战斗牺牲	大坡崩坎尾村
苏定东	男	大队长	1945 年战斗牺牲	大坡下堆村
陈文益	男	中队长	1939 年被敌杀害	大坡福佳村
陈斯任	男	战士	1943 年战斗牺牲	大坡碰古村
何如川	男	战士	1940 年战斗牺牲	大坡龙滚村
符祥保	男	小队长	1944 年战斗牺牲	大坡大坡仔村
冯裕兰	男	战士	1945 年被敌杀害	大坡苦塘村
梁　氏	女	炊事员	1940 年战斗牺牲	大坡官塘坑村
林统召	男	战士	1941 年战斗牺牲	大坡官塘坑村
杨统昌	男	小队长	1942 年战斗牺牲	大坡昌肚仔村
李举道	男	战士	1944 年战斗牺牲	大坡老卓村
李诗兴	男	班长	1941 年战斗牺牲	大坡老卓村
李福升	男	战士	1943 年战斗牺牲	大坡石壮村
周玉梅	女	乡妇女主任	1942 年战斗牺牲	大坡下堆村

续表 20-2-3

姓名	性别	牺牲前职务	牺牲时间	籍贯
陈运儒	男	中队长	1942 年战斗牺牲	大坡青桥村
李学坤	男	战士	1943 年战斗牺牲	大坡五车尾村
符祥林	男	小队长	1939 年战斗牺牲	大坡大坡墟
谢训录	男	班长	1942 年战斗牺牲	大坡象村
吴清权	男	战士	1942 年战斗牺牲	大坡云头埇村
符祥尧	男	战士	1941 年战斗牺牲	大坡坡仔村
傅佑铭	男	交通员	1941 年被敌杀害	大坡塔昌村
王尤才	男	党总支书	1941 年被敌杀害	大坡美占村
符国尧	男	班长	1942 年战斗牺牲	大坡永昌村
吴乾秀	男	小队长	1941 年战斗牺牲	大坡永昌村
傅烈军	男	中队长	1942 年战斗牺牲	大坡塔昌村
陈周刘	男	小队长	1943 年战斗牺牲	大坡赞统村
符敦民	男	乡委员	1943 年被敌杀害	大坡大垦村
林迫连	女	战士	1939 年战斗牺牲	大坡多谷屯村
黄　兰	女	炊事员	1945 年战斗牺牲	大坡多谷屯村
谢训兴	男	县宣传部长	1944 年被捕杀害	大坡象村
李德英	女	战士	1942 年战斗牺牲	大坡道宋村
潘正文	男	乡干部	1941 年被捕杀害	大坡黄宅墓村
林爱连	女	战士	1941 年战斗牺牲	大坡道宋村
卓郭周	男	小队长	1943 年战斗牺牲	大坡老卓村
卓敦光	男	班长	1944 年战斗牺牲	大坡老卓村
林月兰	女	炊事员	1944 年战斗牺牲	大坡昌肚仔村
何赛花	女	炊事员	1943 年战斗牺牲	大坡大湾村
柯宝德	男	战士	1943 年战斗牺牲	大坡大湾村
李恩谟	男	战士	1942 年战斗牺牲	大坡龙头村
符气光	男	战士	1942 年战斗牺牲	大坡马宛村
欧月荣	女	战士	1939 年战斗牺牲	大坡大湾村
刘炎春	男	班长	1940 年战斗牺牲	大坡大湾村
王会文	男	战士	1943 年战斗牺牲	大坡塔昌村
陈文其	男	乡长	1943 年被敌杀害	大坡塔昌村
王尤三	男	班长	1944 年战斗牺牲	大坡美占村

续表 20–2–3

姓名	性别	牺牲前职务	牺牲时间	籍贯
王月花	男	炊事员	1944 年战斗牺牲	大坡美占村
范会文	男	战士	1942 年战斗牺牲	大坡塔昌村
王道生	男	班长	1942 年战斗牺牲	大坡山上塘村
陈荣昌	男	小队长	1938 年战斗牺牲	大坡文池村
黄德奇	男	乡青抗主任	1944 年战斗牺牲	大坡多谷屯村
林诗著	男	副大队长	1944 年战斗牺牲	大坡土炉埇村
王录恒	男	乡青抗主任	1942 年被敌杀害	大坡黄宅墓村
张梦胜	男	班长	1942 年战斗牺牲	大坡沙村
麦深太	男	战士	1943 年战斗牺牲	大坡山塘仔村
符敦成	男	乡委员	1943 年被敌杀害	大坡老村
傅佑兴	男	大队长	1942 年战斗牺牲	大坡塔昌村
陈荣滨	男	战士	1943 年战斗牺牲	大坡硬骨村
吴乾光	男	中队长	1943 年战斗牺牲	大坡永昌村
王其尧	男	战士	1945 年战斗牺牲	大坡福田村
傅克均	男	班长	1942 年战斗牺牲	大坡塔昌村
李学信	男	战士	1942 年战斗牺牲	大坡五车尾村
张运通	男	乡交通员	1942 年被敌杀害	大坡塔昌村
苏定贵	男	战士	1942 年战斗牺牲	大坡下堆村
苏庆武	男	小队长	1944 年战斗牺牲	大坡下堆村
陈焕光	男	班长	1942 年被敌杀害	大坡福佳村
林月英	女	炊事员	1941 年战斗牺牲	大坡福佳村
陈运星	男	大队长	1943 年被敌杀害	大坡青桥村
冼世江	男	中队长	1942 年战斗牺牲	大坡大坡仔村
林菊花	女	护士	1941 年战斗牺牲	大坡大坡仔村
陈瑞花	女	护士	1941 年战斗牺牲	大坡五车尾村
郑有林	男	战士	1945 年战斗牺牲	大坡土岭村
陈庆陶	男	战士	1939 年负伤牺牲	大坡文池村
符志道	男	乡交通员	1945 年被敌杀害	大坡祝平村
吴有育	男	乡交通员	1938 年被敌杀害	大坡道宋村
柯之春	男	班长	1944 年战斗牺牲	大坡大湾村
柯之吉	男	小队长	1943 年战斗牺牲	大坡大湾村

续表 20-2-3

姓名	性别	牺牲前职务	牺牲时间	籍贯
柯之福	男	乡交通员	1940 年战斗牺牲	大坡大湾村
陈玉英	女	战士	1941 年战斗牺牲	大坡老卓村
何和宝	男	乡长	1945 年战斗牺牲	大坡白石岭村
陈余裕	男	中队长	1942 年战斗牺牲	大坡官塘口村
李征传	男	中队长	1942 年战斗牺牲	大坡山峡村
谢晋文	男	战士	1941 年战斗牺牲	大坡昌口村
王国志	男	乡青抗主任	1942 年战斗牺牲	大坡老村
王玉英	女	战士	1942 年战斗牺牲	大坡老村
梁居文	男	区委员	1944 年战斗牺牲	大坡象塘村
陈育滨	男	乡长	1942 年被敌杀害	大坡赞统村
吴许氏	女	炊事员	1942 年战斗牺牲	大坡山上塘村
王尤林	男	乡青抗主任	1942 年被敌杀害	大坡美占村
王　斗	男	保长	1945 年被捕杀害	大坡美占村
王会榜	男	战士	1943 年战斗牺牲	大坡塔昌村
范会连	女	乡妇救主任	1941 年被敌杀害	大坡美占村
符敦文	男	中队长	1939 年战斗牺牲	大坡大坡仔村
谢会英	女	班长	1941 年战斗牺牲	大坡大坡仔村
吴德章	男	战士	1941 年战斗牺牲	大坡槟榔园村
翁照山	男	区党总支书	1942 年战斗牺牲	大坡黄山埇村
吴淑昌	男	副中队长	1939 年被捕杀害	大坡龙村
陈文养	男	战士	1941 年战斗牺牲	大坡道宋村
黄月娥	女	炊事员	1942 年战斗牺牲	大坡新肚村
龙凤蛟	女	护士	1944 年战斗牺牲	大坡合龙大村
陈文和	男	交通员	1938 年被敌杀害	大坡道宋村
吴有意	男	战士	1943 年战斗牺牲	大坡道宋村
王世吉	男	小队长	1943 年战斗牺牲	大坡合龙大村
柯之书	男	支队医生	1942 年战斗牺牲	大坡大湾村
李征全	男	中队长	1943 年战斗牺牲	大坡中税村
郑治吉	男	战士	1941 年战斗牺牲	龙塘道本村
周中庆	男	征收员	1941 年战斗牺牲	龙塘北扶村
周明其	男	交通员	1943 年被敌杀害	龙塘道本村

续表 20–2–3

姓名	性别	牺牲前职务	牺牲时间	籍贯
吴坤次	男	战士	1938 年被捕杀害	龙塘美人村
冼家治	男	征收员	1943 年战斗牺牲	龙塘玉仙村
朱运元	男	战士	1939 年被敌杀害	龙塘洋滨村
吴应春	男	情报员	1943 年被敌杀害	龙塘宣德上村
吴承福	男	乡青抗主任	1941 年被敌杀害	龙塘宣德下村
吴和更	男	情报员	1941 年被敌杀害	龙塘宣德下村
林清河	男	战士	1943 年被敌杀害	龙塘玉林村
吴日朝	男	战士	1942 年战斗牺牲	龙塘心雅村
朱运丰	男	战士	1940 年被敌杀害	龙塘洋滨村
蒋益信	男	支队文书	1944 年被敌杀害	龙塘玉里村
蒋开义	男	交通员	1945 年被敌杀害	龙塘玉里村
蒋其心	男	交通员	1941 年被敌杀害	龙塘玉里村
吴志元	男	战士	1942 年被敌杀害	龙塘心雅村
周振享	男	战士	1943 年战斗牺牲	龙塘富道村
胡修老	男	战士	1943 年战斗牺牲	龙塘玉璜村
吴多灵	男	乡长	1942 年战斗牺牲	龙塘永罗村
蒋开通	男	征收员	1940 年被敌杀害	龙塘玉里村
蒋玉山	男	征收员	1942 年被敌杀害	龙塘玉里村
蒋益光	男	小队长	1942 年战斗牺牲	龙塘玉里村
蒋光浮	男	常备队员	1942 年被敌杀害	龙塘玉里村
蒋开弯	男	常备队长	1944 年被敌杀害	龙塘玉里村
蒋宏丰	男	通讯员	1942 年被敌杀害	龙塘玉里村
蒋学诗	男	征收员	1942 年被敌杀害	龙塘玉里村
吴应喜	男	班长	1941 年战斗牺牲	龙塘宣德上村
吴应源	男	交通员	1945 年被敌杀害	龙塘宣德上村
冼子兴	男	乡长	1943 年战斗牺牲	龙塘玉仙村
郑晋福	男	区委员	1944 年被敌杀害	龙塘道本村
吴清扬	男	区委员	1942 年被敌杀害	龙塘道本村
周中益	男	战士	1940 年战斗牺牲	龙塘博抚村
周天文	男	战士	1944 年战斗牺牲	龙塘博抚村
林书享	男	战士	1943 年被敌杀害	龙塘潭口村

续表 20-2-3

姓名	性别	牺牲前职务	牺牲时间	籍贯
周进深	男	征收员	1939 年被敌杀害	龙塘永朗村
林爱珠	女	战士	1944 年战斗牺牲	龙塘博抚村
冼开活	男	区干部	1943 年被敌杀害	龙塘永昌村
周运春	男	战士	1945 年战斗牺牲	龙塘富道村
李生干	男	战士	1943 年战斗牺牲	龙塘玉里村
刘召祖	男	战士	1945 年日军杀害	龙塘多贤村
王玉敦	男	交通员	1944 年被敌杀害	龙塘心雅村
廖保贞	男	战士	1941 年战斗牺牲	龙塘龙塘村
吴孝成	男	乡干部	1941 年被敌杀害	龙塘富礼村
苏建孙	男	副班长	1938 年战斗牺牲	龙塘玉成村
胡运珍	男	乡长	1944 年战斗牺牲	龙塘玉湖村
吴那岗	男	战士	1938 年战斗牺牲	龙塘富礼村
胡观波	男	征收员	1942 年被敌杀害	龙塘玉湖村
冼子圣	男	区干部	1941 年被敌杀害	龙塘玉仙村
莫　新	男	乡长	1941 年战斗牺牲	东昌农场三多村
莫垂福	男	情报员	1941 年日军杀害	东昌农场三多村
吴永裕	男	区长	1942 年被敌杀害	东昌农场南农园村
莫书允	男	警卫兵	1943 年战斗牺牲	东昌农场三多村
王明福	男	中队长	1940 年战斗牺牲	东昌农场福田仔村
陈英贵	男	文化教员	1942 年战斗牺牲	东昌农场龙肚村
苏庆忠	男	通讯员	1942 年日军杀害	东昌农场石仔岭村
莫书强	男	班长	1941 年日军杀害	东昌农场三多村
吴宗成	男	乡长	1941 年战斗牺牲	东昌农场南农园村
唐南庆	男	乡青抗委员	1942 年战斗牺牲	东昌农场山青岭
林诗云	男	战士	1942 年战斗牺牲	东昌农场罗本村
吴奷大	女	炊事员	1942 年战斗牺牲	东昌农场南亚村
郭仁权	男	战士	1940 年战斗牺牲	东昌农场里平村
符　氏	女	战士	1943 年战斗牺牲	东昌农场里平村
卢焕畏	男	战士	1943 年战斗牺牲	东昌农场福林村
黄秋菊	女	战士	1941 年战斗牺牲	东昌农场大边村
黄世南	男	战士	1940 年战斗牺牲	东昌农场云龙村

续表 20–2–3

姓名	性别	牺牲前职务	牺牲时间	籍贯
潘光法	男	交通员	1942 年战斗牺牲	东昌农场云龙村
吴家皇	男	战士	1939 年战斗牺牲	东昌农场三多村
莫永爱	男	中队长	1943 年负伤后牺牲	东昌农场南农园村
周妚四	女	战士	1942 年战斗牺牲	东昌农场黑石村
莫书策	男	交通员	1941 年日军杀害	东昌农场三多村
朱运新	男	战士	1945 年日军杀害	东昌农场福佳园村
谢圣仁	男	战士	1944 年战斗牺牲	东昌农场大堆村
张运新	男	战士	1941 年战斗牺牲	东昌农场大边村
方玉花	女	护士	1941 年战斗牺牲	东昌农场大边村
王开才	男	战士	1942 年战斗牺牲	东昌农场南亚村
王开法	男	班长	1943 年被敌杀害	东昌农场南亚村
蔡行裕	男	交通员	1939 年日军杀害	东昌农场南亚村
谢盛丰	男	战士	1941 年战斗牺牲	东昌农场南亚村
陈贵奇	男	班长	1941 年战斗牺牲	东昌农场南亚村
廖居论	男	班长	1942 年战斗牺牲	东昌农场谭养村
王明初	男	小队长	1941 年战斗牺牲	东昌农场福人仔村
赵玉兰	女	战士	1939 年战斗牺牲	东昌农场大堆村
李吉嫂	女	护士	1941 年战斗牺牲	东昌农场大边村
莫垂裕	男	乡助理员	1941 年战斗牺牲	东昌农场三多村
莫垂仕	男	中队长	1941 年日军杀害	东昌农场三多村
王玉娥	女	班长	1941 年日军杀害	东昌农场南农园村
王文清	男	战士	1944 年战斗牺牲	东昌农场湴上村
武代春	男	中队长	1943 年战斗牺牲	东昌农场湴上村
王开茂	男	副小队长	1943 年战斗牺牲	东昌农场大堆村
陈德才	男	战士	1943 年战斗牺牲	东昌农场边田村
简世芹	男	班长	1942 年战斗牺牲	东昌农场古上塘村
林诗仁	男	战士	1942 年战斗牺牲	东昌农场古上塘村
谢于义	男	战士	1942 年战斗牺牲	东昌农场南亚村
蔡行云	男	战士	1939 年战斗牺牲	东昌农场南亚村
秦业积	男	副乡长	1943 年日军杀害	东昌农场南亚村
翁乙秋	女	乡妇救主任	1944 年被敌杀害	东昌农场南亚村

续表 20-2-3

姓名	性别	牺牲前职务	牺牲时间	籍贯
吴清和	男	战士	1942 年战斗牺牲	东昌农场南亚村
黄有胜	男	战士	1942 年战斗牺牲	东昌农场南亚村
符敦成	男	区长	1939 年日军杀害	东昌农场大垦村
唐辉照	男	战士	1943 年战斗牺牲	长昌煤矿马弄坡村
陈家文	男	交通员	1938 年被敌杀害	长昌煤矿荔枝冲村
沈群丰	男	战士	1945 年被敌杀害	长昌煤矿高黄村
林天祥	男	中队长	1945 年战斗牺牲	长昌煤矿高黄村
沈群芳	男	战士	1945 年战斗牺牲	长昌煤矿高黄村
符祥逢	男	青抗会主任	1942 年战斗牺牲	龙马南上山良村

琼山区解放战争时期革命烈士表

表 20-2-4

姓名	性别	牺牲前职务	牺牲时间	籍贯
陈大烈	男	征收员	1947 年被敌杀害	府城公务村
吴以信	男	通讯员	1947 年被敌杀害	府城玉州村
林奀二	男	炊事员	1949 年被敌杀害	府城下坎村
陈之亨	男	班长	1946 年战斗牺牲	云龙上村
廖之章	男	战士	1947 年战斗牺牲	云龙本礼湖村
王爱兰	女	护士	1948 年战斗牺牲	云龙南山村
周发光	男	小队长	1945 年战斗牺牲	云龙坡导村
王国风	男	战士	1947 年战斗牺牲	云龙南山村
王邦聪	男	区长	1948 年战斗牺牲	云龙南山村
冯尔文	男	指导员	1947 年战斗牺牲	云龙北桥村
鲍洪成	男	中队长	1947 年战斗牺牲	云龙北桥村
鲍扬连	男	连长	1948 年战斗牺牲	云龙北桥村
辜武英	男	战士	1946 年战斗牺牲	云龙迈向村
丁荣忠	男	战士	1946 年战斗牺牲	云龙北桥村
丁庆久	男	副排长	1949 年战斗牺牲	云龙北桥村
廖之光	男	战士	1948 年战斗牺牲	云龙坡洞村
周德英	男	战士	1946 年战斗牺牲	云龙长泰村
王大荣	男	交通员	1948 年战斗牺牲	云龙坡洞村
冯裕汉	男	战士	1946 年战斗牺牲	云龙多能村
丁才贵	男	一总政委	1947 年战斗牺牲	云龙西尔村

续表 20–2–4

姓名	性别	牺牲前职务	牺牲时间	籍贯
符辉利	男	班长	1949 年战斗牺牲	云龙上村
吴清其	男	战士	1948 年战斗牺牲	云龙儒云村
林书福	男	战士	1947 年被敌杀害	云龙岭下村
谭孙发	男	班长	1946 年被敌杀害	云龙永群村
谭妚南	女	支队后勤	1947 年被敌杀害	云龙永群村
谭孙深	男	战士	1946 年被敌杀害	云龙永群村
谭明武	男	大队长	1947 年被敌杀害	云龙永群村
郭贻栋	男	乡长	1946 年被敌杀害	云龙北宫山村
潘德祥	男	班长	1947 年战斗牺牲	云龙土阁村
吴丽民	女	乡干部	1949 年战斗牺牲	云龙仙洞村
周会良	男	交通员	1947 年被敌杀害	云龙坡尹村
郑廷发	男	战士	1949 年战斗牺牲	云龙岭脚墟
冼开惠	男	战士	1948 年战斗牺牲	云龙玉仙村
张太连	男	连长	1948 年战斗牺牲	云龙桃村
王昌瑜	男	排长	1949 年战斗牺牲	云龙桃村
黎传秀	男	乡事务长	1948 年被敌杀害	云龙叼逢村
张运丰	男	交通员	1946 年被敌杀害	云龙岭脚墟
谭孙德	男	战士	1947 年战斗牺牲	旧州老村
王妚甫	男	战士	1947 年战斗牺牲	旧州儒云村
王昌伍	男	战士	1947 年战斗牺牲	旧州老村
林志养	男	小队长	1949 年战斗牺牲	旧州养敖村
王绍来	男	战士	1946 年被敌杀害	旧州老村
李　民	女	护士	1946 年被敌杀害	旧州后生仔村
林书文	男	乡长	1948 年被敌杀害	旧州定仁村
陈献宗	男	战士	1947 年被敌杀害	旧州雅黄村
林吉芳	男	班长	1947 年被敌杀害	旧州雅黄村
吴坤南	男	战士	1948 年战斗牺牲	旧州老村
王仕明	男	战士	1949 年被敌杀害	旧州老村
王自民	男	连长	1948 年被敌杀害	旧州老村
谭孙发	男	班长	1949 年被敌杀害	旧州红卫村
丁玉乙	男	战士	1945 年战斗牺牲	旧州红卫村

续表 20-2-4

姓名	性别	牺牲前职务	牺牲时间	籍贯
吴姑来	女	护士	1948 年战斗牺牲	旧州凤目村
吴乾畛	男	战士	1949 年战斗牺牲	旧州老村
周先进	男	战士	1947 年战斗牺牲	旧州老村
王自明	男	乡文书	1949 年被敌杀害	旧州老村
王桂民	女	交通员	1945 年被敌杀害	新民大塘村
李洪校	男	战士	1948 年战斗牺牲	新民杨梅村
曾庆充	男	连长	1949 年战斗牺牲	新民美源村
吴乾书	男	战士	1947 年战斗牺牲	新民美源村
沈新孝	男	副乡长	1947 年被敌杀害	新民黄竹仔村
陈世泽	男	通讯员	1947 年战斗牺牲	新民茂山村
王元信	男	通讯员	1946 年战斗牺牲	新民杨梅村
李发清	男	班长	1946 年负伤后牺牲	红旗本立村
郑祥熙	男	班长	1949 年战斗牺牲	红旗谭匹村
谢自美	男	征收员	1949 年被敌杀害	红旗谭墨村
曾纪兴	男	军械战士	1947 年被敌杀害	红旗本立村
周妚吉	男	战士	1948 年负伤后牺牲	红旗桃林村
秦思贵	男	小队长	1947 年被敌杀害	红旗风雅村
苏庆河	男	县委部长	1947 年被敌杀害	红旗海棠坡村
曾育秀	男	乡长	1947 年被敌杀害	红旗本立村
吴宗吉	男	乡长	1947 年被敌杀害	红旗天录村
吴风明	男	战士	1948 年战斗牺牲	红旗福坡村
李仕积	男	战士	1947 年战斗牺牲	红旗福坡村
黎积保	男	警卫员	1949 年战斗牺牲	红旗西湖村
陈玉琼	女	炊事员	1946 年被敌杀害	红旗美雅村
项留发	男	一总蔗务员	1947 年被敌杀害	红旗美雅村
王符氏	女	炊事员	1945 年战斗牺牲	红旗对耳村
吴淑对	男	乡干部	1948 年狱中就义	红旗对耳村
郑妚尾	女	炊事员	1949 年战斗牺牲	红旗大凑村
洪本信	男	战士	1947 年战斗牺牲	红旗咸宜村
米贵丰	男	排长	1947 年战斗牺牲	红旗咸宜村
史克芳	男	交通站主任	1948 年被敌杀害	红旗苏寻三村

续表 20–2–4

姓名	性别	牺牲前职务	牺牲时间	籍贯
吴多吉	男	班长	1949 年战斗牺牲	红旗对耳村
秦业贵	男	排长	1948 年被敌杀害	红旗风雅村
陈俊清	男	战士	1946 年战斗牺牲	红旗南林村
郑月花	女	交通员	1947 年被敌杀害	红旗文多村
李诗胜	男	区长	1946 年战斗牺牲	红旗边洋村
李诗荣	男	交通站主任	1947 年战斗牺牲	红旗边洋村
梁定元	男	中队长	1946 年战斗牺牲	红旗边洋村
李兹香	男	班长	1948 年战斗牺牲	红旗鲁裕村
陈继章	男	班长	1946 年战斗牺牲	红旗鲁裕村
林吴氏	女	炊事员	1948 年战斗牺牲	红旗鲁裕村
王雪霞	女	护士	1948 年战斗牺牲	红旗鲁裕村
黄秀英	女	护士	1947 年战斗牺牲	红旗调圮村
王义大	男	区长	1949 年被敌杀害	红旗昌洽村
王义文	男	党支书	1948 年被敌杀害	红旗昌洽村
王运新	男	小队长	1946 年战斗牺牲	红旗边洋村
陈育文	男	乡长	1948 年战斗牺牲	红旗边洋村
黄广昌	男	战士	1946 年战斗牺牲	红旗美请村
李仕深	男	小队长	1946 年战斗牺牲	红旗福坡村
李世壮	男	排长	1948 年战斗牺牲	红旗福坡村
吴家凰	男	战士	1945 年被敌杀害	红旗美雅村
丁拔英	男	战士	1948 年战斗牺牲	红旗丰平村
吴家坤	男	支队庶务长	1946 年战斗牺牲	红旗大山村
吴宗吉	男	乡长	1946 年被敌杀害	红旗天禄村
陈秀香	女	护士	1947 年被敌杀害	红旗福文村
陈才兴	男	保长	1947 年被敌杀害	红旗罗芽村
黎学光	男	营政委	1949 年战斗牺牲	红旗宅吉村
李德平	男	党总支书	1949 年被敌杀害	红旗本务村
林芳全	男	战士	1948 年被敌杀害	红旗定东村
吴家元	男	党总支书	1949 年被敌杀害	红旗永荫村
吴道正	男	战士	1946 年被敌杀害	红旗永荫村
郭泽光	男	战士	1949 年战斗牺牲	红旗仁让村

续表 20-2-4

姓名	性别	牺牲前职务	牺牲时间	籍贯
吴传发	男	战士	1946 年被敌杀害	红旗永荫村
吴家茂	男	战士	1948 年战斗牺牲	红旗永荫村
柯宏修	男	乡长	1949 年被敌杀害	红旗大保村
李妚尾	男	战士	1948 年战斗牺牲	红旗云雁村
王育俊	男	电台保管	1946 年被敌杀害	红旗下云村
吴君春	男	战士	1948 年战斗牺牲	红旗下云村
符仁裕	男	战士	1949 年战斗牺牲	红旗下云村
陈桂玉	男	护士长	1946 年战斗牺牲	红旗云雁村
陈宗深	男	乡长	1946 年被敌杀害	红旗云雁村
王伯伦	男	支队政委	1946 年病故	红旗下云村
蔡其东	男	区长	1947 年被敌杀害	三门坡桃村
林诗清	男	战士	1949 年战斗牺牲	三门坡桃村
黄以林	男	战士	1948 年战斗牺牲	三门坡桃村
梁安忠	男	连长	1948 年战斗牺牲	三门坡桃村
符大玉	男	传令兵	1947 年战斗牺牲	三门坡文德头村
许声椿	男	战士	1947 年战斗牺牲	三门坡下昌湖村
袁名书	男	战士	1947 年战斗牺牲	三门坡潭田村
洪天文	男	连长	1948 年战斗牺牲	三门坡福湖村
陈明云	男	战士	1948 年战斗牺牲	三门坡福湖村
杜美德	男	战士	1947 年战斗牺牲	三门坡龙凤村
冯贤顺	男	乡长	1948 年被敌杀害	三门坡大村
李极候	男	战士	1948 年被敌杀害	三门坡文岭湖村
何家富	男	战士	1948 年被敌杀害	三门坡文林湖村
陈明昌	男	排长	1949 年被敌杀害	三门坡排云村
李恩荣	男	区长	1946 年被敌杀害	三门坡文林湖村
林尤运	男	战士	1948 年被敌杀害	三门坡文林湖村
梁居中	男	连长	1947 年战斗牺牲	谭文花莲园村
梁保娥	男	战士	1947 年战斗牺牲	谭文沙土坡村
陈形安	男	班长	1946 年战斗牺牲	谭文花莲园村
陈廷真	男	机械员	1946 年被敌杀害	谭文虎头村
史昌宇	男	班长	1946 年被敌杀害	谭文鸭塘村

续表 20–2–4

姓名	性别	牺牲前职务	牺牲时间	籍贯
梁居祯	男	乡长	1947 年被敌杀害	谭文花莲园村
张圩三	男	中队长	1948 年被敌杀害	谭文莲塘村
张圩胜	男	班长	1946 年战斗牺牲	谭文莲塘村
张博飞	男	团长	1949 年战斗牺牲	甲子大昌村
徐秀南	女	通讯员	1948 年战斗牺牲	甲子大昌村
陈　英	女	通讯员	1949 年战斗牺牲	甲子甲子墟
蔡爱花	女	护士	1948 年被敌杀害	甲子香水村
陈玉琼	男	炊事员	1948 年战斗牺牲	甲子石安村
吴岳华	男	战士	1947 年战斗牺牲	甲子石宝岭村
符玉连	女	通讯员	1949 年战斗牺牲	甲子加东岭村
何天志	男	排长	1947 年战斗牺牲	甲子文宿村
郑家文	男	战士	1946 年战斗牺牲	甲子福昌村
王仕兴	男	副团长	1949 年战斗牺牲	甲子坡毛村
杨　权	男	副支队长	1947 年战斗牺牲	大坡中税园村
张统芳	男	排长	1949 年战斗牺牲	大坡新昌肚村
张修和	男	中队长	1947 年战斗牺牲	大坡祝平村
林克铬	男	战士	1947 年战斗牺牲	大坡鸡菊园村
李举全	男	纵队庶务长	1949 年战斗牺牲	大坡老卓村
颜香书	男	小队长	1946 年战斗牺牲	大坡官塘村
何题礼	男	营长	1949 年战斗牺牲	大坡龙滚塘村
符和春	男	战士	1946 年战斗牺牲	大坡马宛村
龙田茂	男	排长	1948 年敌机炸死	大坡北昌村
张岳高	男	战士	1946 年战斗牺牲	大坡水容村
李学仁	男	战士	1946 年被敌杀害	大坡五车村
梁安钦	男	班长	1948 年战斗牺牲	大坡象塘村
郑有清	男	连长	1948 年战斗牺牲	大坡土岭村
吴多信	男	连长	1948 年战斗牺牲	大坡下坡村
陈文德	男	班长	1946 年战斗牺牲	大坡道宋村
梁振卿	男	战士	1946 年战斗牺牲	大坡道宋村
黄圩琴	女	战士	1949 年战斗牺牲	大坡贵官村
云春梅	女	战士	1949 年战斗牺牲	大坡象塘村

续表 20-2-4

姓名	性别	牺牲前职务	牺牲时间	籍贯
符之深	男	战士	1946 年战斗牺牲	大坡永昌村
黄学进	男	战士	1948 年战斗牺牲	大坡美占村
李何氏	男	通讯员	1948 年战斗牺牲	大坡龙头村
李　杜	男	乡长	1947 年战斗牺牲	大坡龙头村
李恩浩	男	战士	1948 年战斗牺牲	大坡龙头村
李文功	男	班长	1948 年战斗牺牲	大坡龙头村
王茀光	男	通讯员	1948 年战斗牺牲	大坡合扰大村
潘正香	男	乡农会主任	1947 年战斗牺牲	大坡黄宅墓村
杨庆发	男	班长	1948 年被敌杀害	大坡中税园村
卓敦轩	男	连长	1949 年战斗牺牲	大坡老卓村
颜香大	男	小队长	1947 年战斗牺牲	大坡塘口村
卓敦书	男	战士	1949 年战斗牺牲	大坡老卓村
张会兰	女	战士	1946 年被敌杀害	大坡苦塘村
陈益壮	男	副班长	1948 年战斗牺牲	大坡永昌村
王尤虎	男	班长	1947 年被敌杀害	大坡美占村
王酰江	男	战士	1947 年被捕杀害	大坡树德村
周妚五	女	交通员	1947 年被敌杀害	龙塘大力村
周月香	女	交通员	1947 年被敌杀害	龙塘道本村
林书发	男	交通员	1948 年被敌杀害	龙塘北让村
曾庆咸	男	战士	1949 年被敌杀害	龙塘多贡村
周天从	男	战士	1946 年被敌杀害	龙塘博抚村
朱运泽	男	科长	1948 年战斗牺牲	龙塘洋滨村
张泰光	男	战士	1946 年战斗牺牲	东昌农场福人仔村
吴岳海	男	班长	1946 年战斗牺牲	东昌农场平湖村续
林惠芬	女	护士	1947 年战斗牺牲	东昌农场溢上村
谢晋兴	男	战士	1949 年战斗牺牲	东昌农场大堆村
范玉英	女	战士	1946 年战斗牺牲	东昌农场大堆村
许达民	男	战士	1946 年被敌杀害	东昌农场罗本村
谢晋达	男	区委员	1948 年战斗牺牲	东昌农场大堆村
陈文才	男	区委员	1948 年战斗牺牲	东昌农场里平村
黄文达	男	指导员	1948 年战斗牺牲	东昌农场溢上村

续表 20–2–4

姓名	性别	牺牲前职务	牺牲时间	籍贯
黄文吉	男	连长	1948 年战斗牺牲	东昌农场溢上村
许仕风	男	警卫员	1948 年战斗牺牲	东昌农场红砚园村
吴坤贵	男	班长	1947 年战斗牺牲	东昌农场里平村
黄绍武	男	支队助理	1947 年战斗牺牲	岭脚场叨仙山村
周德英	男	战士	1946 年战斗牺牲	岭脚场长泰村

琼山区社会主义革命和社会主义建设时期革命烈士表

表 20–2–5

姓名	性别	牺牲前职务	牺牲时间	籍贯
吴益尧	男	电信干部	1970 年因公牺牲	府城北汉村
刘世新	男	排长	1951 年因公牺牲	云龙北宫闪村
廖明南	男	战士	1950 年战斗牺牲	云龙云龙村
吴清泉	男	排长	1961 年因公牺牲	云龙坡导村
吴妚四	女	护士	1951 年被敌杀害	云龙儒云村
吴腾芳	男	排长	1963 年因公牺牲	云龙博合村
甘大连	男	管理员	1969 年因公牺牲	旧州池连村
王绍贵	男	战士	1950 年战斗牺牲	新民王家岭村
王明绍	男	战士	1950 年战斗牺牲	新民白石村
王明教	男	连长	1950 年战斗牺牲	新民白石村
蔡琼信	男	营长	1950 年战斗牺牲	红旗青龙山村
王育祥	男	电台台长	1950 年被特务暗杀	红旗下云村
周永吉	男	排长	1950 年战斗牺牲	红旗下云村
符洪贵	男	营长	1950 年战斗牺牲	红旗东岳村
陈会仙	男	邮电员	1951 年因公牺牲	红旗边城村
周明伦	男	战士	1952 年朝鲜战争失踪	红旗边养村
林奇发	男	班长	1950 年被敌杀害	红旗边洋村
吴开昌	男	战士	1950 年战斗牺牲	红旗福坡村
吴伯熙	男	科员	1952 年被敌杀害	红旗美管村
戴光留	男	战士	1950 年战斗牺牲	红旗昆上村
卢焕进	男	班长	1952 年因公牺牲	三门坡白水塘村
吴师圣	男	战士	1952 年因公牺牲	三门坡石岭村
黄明荣	男	副班长	1950 年战斗牺牲	三门坡东湖村
蔡泽衍	男	班长	1952 年战斗牺牲	谭文文多村

续表 20-2-5

姓名	性别	牺牲前职务	牺牲时间	籍贯
梁定文	男	工程兵	1953 年因公牺牲	谭文目斋村
吴业忠	男	战士	1951 年朝鲜牺牲	甲子上昌村
王建平	男	通讯员	1951 年战斗牺牲	龙塘儒场村
王连壮	男	战士	1950 年战斗牺牲	龙塘墟
冯仁和	男	区长	1950 年被敌杀害	龙塘儒冯村
杜定芳	男	农民	2002 年因抢救 2 名落水少年牺牲	龙塘镇三联村

第三节　琼山区市级以上先进人物表

2003—2010 年，琼山区在各个阶层工作的 15 位个人获得市级以上先进人物称号。

琼山区市级以上先进人物表

表 20-2-6

序号	姓名	单位	荣誉称号
1	林海涛	琼山区府城镇	2010 年防汛总部、人力资源和社会保障部、解放军总政治部授予全国防汛抗旱先进个人；2010 年海口市人民政府授予先进工作者
2	吴　师	琼山区红旗镇合群村委会	2004 年海南省人民政府授予省劳动模范、2010 年全国劳动模范
3	史兰俊	琼山府城中学	2009 年国家教委、人事部授予全国优秀教师
4	陈起贤	琼山区大坡中学	2003 年教育部授予“全国教育系统关心下一代先进个人”；2009 年海南省委宣传部、文明办、省总工会、共青团海南省委、省妇联评为“海南省助人为乐道德模范”
5	郑中文	海南红塔卷烟有限责任公司	2009 年海南省人民政府授予省劳动模范
6	吴清胜	琼山区第一小学	2009 年海南省人民政府授予先进工作者
7	肖名应	琼山区委办	2006 年海口市人民政府授予先进工作者
8	王彩云	琼山医院	2006 年海口市人民政府授予劳动模范
9	冯所武	云龙镇云岭村委会	2006 年海口市人民政府授予先进工作者
10	郑碧霞	海口新朝阳小学	2006 年海口市人民政府授予先进工作者
11	潘甫胜	云龙镇云岭村委会卜禄村	2010 年海口市人民政府授予劳动模范
12	徐成英	海南红塔卷烟有限责任公司	2010 年海口市人民政府授予劳动模范
13	陈鸿刚	海南万达包装制造有限公司	2010 年海口市人民政府授予劳动模范
14	陈良妹	琼山区环卫局第五清洁队	2010 年海口市人民政府授予劳动模范
15	叶丽敏	琼山第五小学	2010 年海口市人民政府授予先进工作者

第四节　琼山区市级以上见义勇为人物表

2002—2010 年，琼山区涌现市级以上见义勇为荣誉称号人物 14 名。

琼山区市级以上见义勇为人物表

表 20–2–7

序号	姓名	单位	荣誉称号
1	杜定芳	龙塘镇三联村委会	2002 年共青团海南省委追授“海南省舍己救人的青年楷模”、2003 年被海南省人民政府授予革命烈士
2	杜定奎	龙塘镇三联村委会	2002 年共青团海南省委授予“海南省舍己救人的青年楷模”
3	周天成	龙塘镇三联村委会	2002 年中共琼山市委授予“见义勇为优秀共产党员”
4	李元奎	海南省面粉厂	2005 年被评为“海口市见义勇为先进个人”
5	姜宗连	琼山印刷工业公司	2007 年被评为“海口市见义勇为楷模”
6	吴　蔓	琼海市人	2008 年被评为“海口市见义勇为先进个人”
7	陈明旭	琼山治安联防大队	2009 年被评为“海口市见义勇为积极分子”
8	傅友芽	江西省樟树市洲上乡灌溪村人	2010 年被评为“海口市见义勇为先进分子”“海南省见义勇为先进分人”
9	唐兴东	黑龙江省峦山市人	2010 年被评为“海口市见义勇为先进分子”
10	吴淑飞	琼山治安联防大队	2010 年被评为“海口市见义勇为先进分子”
11	陈俊江	海南省定安县人	2010 年被评为“海口市见义勇为先进分子”
12	王江涛	海口市公安局琼山分局飞鹰大队	2010 年被评为“海口市见义勇为先进分子”
13	郑阳聪	海口市公安局琼山分局飞鹰大队	2010 年被评为“海口市见义勇为先进分子”
14	王才基	海口市龙华区龙泉镇人	2010 年被评为“海口市见义勇为先进个人”

第五节 琼山区高级职称人物表

琼山区高级职称人物表

表 20-2-8

序号	姓名	性别	出生年月	籍贯	工作单位	技术职务	评定时间
1	符永万	男	1950.5	海南省海口市	琼山区中医院	副主任中医师	2002.12
2	周　山	男	1965.2	海南省海口市	琼山区中医院	内科副主任中医师	2002.12
3	胡少敏	男	1959.2	海南省海口市	琼山医院	内科主任医师	2007.4
4	陈　钰	男	1964.8	海南省海口市	琼山医院	内科主任医师	2007.4
5	符智深	男	1957.4	海南省海口市	琼山医院	消化内科主任医师	2008.4
6	王少雄	男	1964.10	海南省海口市	琼山医院	外科主任医师	2008.4
7	郭晓峰	男	1957.5	吉林省	琼山医院	外科主任医师	2008.4
8	毛新龙	男	1962.3	湖北省汉川市	琼山医院	主任中医师	2008.6
9	徐志鹏	男	1966.6	广东省广州市	琼山医院	主任药师	2007.4
10	蒙秀英	女	1966.10	海南省海口市	琼山医院	儿科副主任医师	2007.1
11	林明英	女	1967.7	广西壮族自治区	琼山医院	内科副主任医师	2007.6
12	王振贤	男	1970.4	海南省海口市	琼山医院	内科副主任医师	2007.6
13	尹吉标	男	1964.9	安徽省	琼山医院	内科副主任医师	2002.3
14	李　平	男	1965.10	海南省万宁市	琼山医院	内科副主任医师	2005.11
15	吴川海	男	1967.7	海南省海口市	琼山医院	内科副主任医师	2007.6
16	王　波	男	1961.7	广西壮族自治区	琼山医院	内科副主任医师	2000.8
17	杨善武	男	1962.10	海南省琼海市	琼山医院	外科副主任医师	2004.9
18	何　勇	男	1965.5	海南省文昌市	琼山医院	外科副主任医师	2004.9
19	符　光	男	1961.1	海南省文昌市	琼山医院	骨科副主任医师	2005.3
20	邢　忠	男	1963.6	海南省万宁市	琼山医院	骨外科副主任医师	2008.3
21	吴玮杰	男	1968.8	浙江省	琼山医院	骨科副主任医师	2009.8
22	郑一鸣	男	1969.2	海南省海口市	琼山医院	骨科副主任医师	2009.12
23	刘洁玲	女	1966.11	海南省海口市	琼山医院	妇产科副主任医师	2005.3
24	王　娟	女	1968.10	海南省屯昌县	琼山医院	妇产科副主任医师	2009.10
25	王宗坚	男	1961.11	海南省澄迈县	琼山医院	副主任中医师	2005.3
26	钟前波	男	1966.9	海南省海口市	琼山医院	副主任中医师	2006.3
27	许秋玲	女	1965.9	海南省文昌市	琼山医院	副主任中医师	2002.12
28	符尚宏	男	1963.1	海南省临高县	琼山医院	B 超副主任医师	2005.6

续表 20–2–8

序号	姓名	性别	出生年月	籍贯	工作单位	技术职务	评定时间
29	吴莉娟	女	1962.5	海南省海口市	琼山区府城医院	副主任医师	2005.4
30	陈建华	男	1959.6	海南省海口市	琼山区府城医院	副主任技师	2003.12
31	杜秀兰	女	1967.10	四川省射洪县	琼山区府城医院	内科副主任医师	2009.1
32	许振培	男	1969.10	海南省陵水县	琼山区府城医院	急诊科副主任医师	2006.12
33	孙少甫	男	1962.7	海南省三亚市	琼山区府城医院	外科副主任医师	2006.12
34	刘　琪	男	1968.3	湖南省祁东县	琼山区府城医院	外科副主任医师	2008.6
35	陈连芳	女	1969.7	海南省乐东县	琼山区府城医院	妇产科副主任医师	2006.12
36	刘海莉	女	1962.2	河北省	琼山区府城医院	妇科副主任中医师	2005.12
37	黄茂莘	男	1964.11	海南省万宁市	琼山区府城医院	副主任药师	2007.12
38	陈　斌	女	1970.8	海南省白沙县	琼山区府城医院	检验副主任技师	2007.12
39	周　蓉	女	1962.10	四川省眉山市	琼山区府城医院	眼科副主任医师	2007.12
40	孟晓红	女	1967.8	河南省洛阳市	琼山区府城医院	高级政工师	2003.11
41	王茀海	男	1949.10	海南省海口市	琼山区谭文中学	中学高级	2008.11
42	陈继郁	女	1949.11	广西壮族自治区	琼山府城中学	化学高级	2002.12
43	吴才华	女	1966.12	海南省海口市	区教研室	中学高级	2002
44	颜全斌	男	1965.8	海南省海口市	区教研室	中学高级	2005
45	王　博	男	1967.3	海南省海口市	区教研室	中学高级	2003
46	符丽群	女	1960.9	海南省万宁市	区教研室	中学高级	2000
47	林珊珊	女	1968.2	海南省海口市	区教研室	中学高级	2006
48	符永存	男	1966.10	海南省海口市	区教研室	中学高级	2003
49	陈正启	男	1968.9	海南省海口市	琼山二中	中学高级	2003.12
50	黄　庞	男	1963.9	海南省海口市	琼山二中	中学高级	2003.12
51	符传通	男	1968.8	海南省海口市	琼山二中	中学高级	2005.3
52	李自亲	男	1971.9	海南省海口市	琼山二中	中学高级	2006.1
53	符　蝶	女	1972.8	海南省海口市	琼山二中	中学高级	2006.1
54	王智强	男	1962.7	海南省海口市	琼山二中	中学高级	2002.12
55	王建明	男	1954.10	海南省海口市	琼山二中	中学高级	2002.12
56	杜德祥	男	1968.11	海南省海口市	琼山二中	中学高级	2006.1
57	符瑞华	男	1969.11	海南省海口市	琼山二中	中学高级	2006.1
58	吴淑贤	男	1972.10	海南省海口市	琼山二中	中学高级	2005.3

续表 20-2-8

序号	姓名	性别	出生年月	籍贯	工作单位	技术职务	评定时间
59	冼心雷	男	1970.8	海南省海口市	琼山二中	中学高级	2006.1
60	吴海芬	女	1972.8	海南省海口市	琼山二中	中学高级	2006.1
61	周　杰	女	1967.12	海南省海口市	琼山二中	中学高级	2005.3
62	吴清雄	男	1963.12	海南省海口市	琼山二中	中学高级	2006.10
63	张芬玉	女	1970.11	海南省海口市	琼山二中	中学高级	2003.12
64	曾菊香	女	1962.12	海南省海口市	琼山二中	中学高级	2005.3
65	汤雪辉	女	1967.1	海南省海口市	琼山二中	中学高级	2007.9
66	潘辅壮	男	1971.5	海南省海口市	琼山二中	中学高级	2006.1
67	王苐动	男	1963.1	海南省海口市	琼山二中	中学高级	2006.10
68	林天明	男	1958.7	海南省海口市	琼山二中	中学高级	2007.8
69	李　群	男	1968.9	海南省海口市	府城中学	中学高级	2008.10
70	梁其明	男	1966.11	海南省海口市	府城中学	中学高级	2008.10
71	冯尔昌	男	1959.11	海南省海口市	府城中学	中学高级	2008.10
72	王顺颖	男	1963.2	海南省海口市	府城中学	中学高级	2008.10
73	文　霞	女	1968.3	海南省海口市	府城中学	中学高级	2007.8
74	周丽萍	女	1966.3	广西省博白县	府城中学	中学高级	2002.12
75	王永祥	男	1972.12	海南省海口市	府城中学	中学高级	2008.12
76	薛小铭	男	1962.5	海南省海口市	府城中学	中学高级	2005.3
77	王成甫	男	1966.12	海南省海口市	府城中学	中学高级	2005.3
78	秦　颖	男	1961.9	海南省海口市	府城中学	中学高级	2005.3
79	史兰俊	女	1967.10	海南省海口市	府城中学	中学高级	2006.8
80	王永燕	女	1965.4	海南省海口市	府城中学	中学高级	2007.8
81	辜少芳	女	1963.12	海南省海口市	府城中学	中学高级	2007.8
82	黄美词	女	1966.8	海南省琼海市	府城中学	中学高级	2007.8
83	傅厚仪	男	1972.7	海南省海口市	府城中学	中学高级	2007.8
84	郑素娟	女	1965.10	海南省海口市	府城中学	中学高级	2002.12
85	王槐雄	男	1967.12	海南省海口市	府城中学	中学高级	2005.3
86	符永奋	男	1969.9	海南省海口市	府城中学	中学高级	2007.8
87	王春玲	女	1962.3	海南省海口市	府城中学	中学高级	2005.3
88	许琼花	女	1966.8	海南省海口市	府城中学	中学高级	2006.8

续表 20–2–8

序号	姓名	性别	出生年月	籍贯	工作单位	技术职务	评定时间
89	吴　雄	男	1967.10	海南省海口市	府城中学	中学高级	2005.3
90	冯淑贞	女	1963.5	海南省海口市	府城中学	中学高级	2002.12
91	涂素平	女	1965.3	海南省海口市	府城中学	中学高级	2002.12
92	王飞燕	女	1968.1	海南省海口市	府城中学	中学高级	2005.3
93	周秋芸	女	1961.9	海南省海口市	府城中学	中学高级	2006.8
94	符彩英	女	1964.6	海南省海口市	府城中学	中学高级	2008.1
95	张俊秀	女	1967.9	海南省文昌市	府城中学	中学高级	2008.1
96	陈仕开	男	1970.7	海南省海口市	府城中学	中学高级	2006.8
97	林　坦	女	1968.2	海南省海口市	府城中学	中学高级	2007.4
98	何　秋	男	1958.8	广东省	府城中学	中学高级	2002.12
99	覃宇农	女	1968.6	海南省海口市	府城中学	中学高级	2006.8
100	吴崇栋	男	1967.10	海南省海口市	府城中学	中学高级	2003.12
101	王槐卿	男	1963.5	海南省文昌市	府城中学	中学高级	2007.12
102	邓　燕	女	1963.10	海南省文昌市	府城中学	中学高级	2007.8
103	曾　晖	女	1963.7	海南省文昌市	府城中学	中学高级	2006.8
104	詹少仪	女	1968.4	海南省文昌市	府城中学	中学高级	2008.12
105	符育英	男	1961.3	海南省文昌市	府城中学	中学高级	2000.9
106	孙明驰	男	1965.2	海南省海口市	府城中学	中学高级	2002.12
107	蒙绪江	男	1957.10	海南省海口市	府城中学	中学高级	2002.12
108	王　娇	女	1967.9	海南省琼海市	府城中学	中学高级	2005.3
109	郑学敏	女	1955.8	海南省海口市	府城中学	中学高级	2002.12
110	林亚兰	女	1960.8	海南省海口市	府城中学	中学高级	2002.12
111	何周平	女	1965.1	海南省澄迈县	府城中学	中学高级	2006.8
112	陈文浪	男	1967.9	海南省海口市	府城中学	中学高级	2006.8
113	曾维娜	女	1968.8	海南省海口市	府城中学	中学高级	2005.3
114	吴才干	男	1970.9	海南省海口市	龙塘中学	中学高级	2003.12
115	吴挺辉	男	1974.11	海南省海口市	龙塘中学	中学高级	2009.10
116	吴淑淦	男	1963.5	海南省海口市	龙塘中学	中学高级	2003.1
117	冯所荣	男	1954.10	海南省海口市	云龙中学	中学高级	2001.9
118	邢定明	男	1958.10	海南省文昌市	红旗中学	中学高级	2007.6

续表 20-2-8

序号	姓名	性别	出生年月	籍贯	工作单位	技术职务	评定时间
119	谢敦琼	男	1949.10	海南省海口市	红旗中学	中学高级	2002.12
120	吴德清	男	1953.10	海南省海口市	红旗中学	中学高级	2002.12
121	张梦雄	男	1953.12	海南省海口市	红旗中学	中学高级	2002.12
122	王中民	男	1951.10	海南省海口市	旧州中学	中学高级	2003.12
123	陈琼章	男	1971.10	海南省海口市	旧州中学	中学高级	2008.8
124	陈玉诗	男	1960.10	海南省海口市	三门坡中学	中学高级	2009.12
125	李家全	男	1957.10	海南省海口市	谭文中学	中学高级	2009.9
126	叶阳开	男	1949.10	海南省万宁市	谭文中学	中学高级	1994.9
127	王茀海	男	1949.10	海南省海口市	谭文中学	中学高级	2008.12
128	吴多颖	男	1973.8	海南省海口市	大坡中学	中学高级	2009.1
129	游文海	男	1969.10	海南省海口市	大坡中学	中学高级	2009.10
130	张泰期	男	1968.7	海南省海口市	甲子中学	中学高级	2005.9
131	王　玲	女	1967.11	海南省海口市	甲子中学	中学高级	2006.8
132	蒙绪德	男	1965.11	海南省海口市	甲子中学	中学高级	2007.10
133	苏家新	男	1952.10	海南省海口市	琼山四小	中学高级	2002.10
134	沈元江	男	1961.10	海南省海口市	琼山建筑工程公司	高级工程师	2002.12
135	周作义	男	1966.10	海南省海口市	琼山建筑工程公司	高级工程师	2003.12
136	方忠和	男	1955.5	海南省海口市	琼山建筑工程公司	高级工程师	2004.12
137	黄世光	男	1967.9	海南省海口市	琼山建筑工程公司	高级工程师	2004.12
138	柯少霞	女	1976.1	海南省海口市	琼山建筑工程公司	高级工程师	2009.12
139	陈衍涛	男	1965.2	海南省文昌市	区委组织部	高级讲师	2004.1
140	王　雄	男	1970.10	海南省海口市	区政府服务中心	高级项目管理师	2007.12
141	李树香	女	1969.10	海南省保亭县	区农业服务中心	高级农艺师	2005.03
142	唐东林	男	1971.4	海南省海口市	区农业服务中心	高级农艺师	2006.12
143	吴多新	男	1958.5	海南省海口市	区农业服务中心	高级农艺师	2007.12
144	韩东光	男	1964.8	海南省东方市	区政府	高级工程师	2006.1

附 录

重要文件

海南省人民政府
关于同意调整琼山市乡镇行政区划的批复

琼山市人民政府：

你市《关于调整乡镇行政区划的请示》收悉。同意你市将原有的26个乡镇调整撤并为19个镇，调整后的镇为：府城镇、灵山镇、美兰镇、三江镇、云龙镇、红旗镇、旧州镇、大致坡镇、三门坡镇、甲子镇、大坡镇、龙泉镇、新坡镇、石山镇、龙桥镇、永兴镇、遵谭镇、龙塘镇、东山镇。具体调整如下：

一、将东营镇和灵山镇合并，设立灵山镇，镇政府驻原灵山镇。区划调整后，灵山镇行政区域面积为107.41平方千米，人口67149人，辖23个村（居）委会。

二、将演海镇与演丰镇合并，设立美兰镇，镇政府驻原演丰镇。区划调整后，美兰镇行政区域面积为159.46平方千米，人口36502人，辖14个村（居）委会。

三、将咸来镇与大致坡镇合并，设立大致坡镇，镇政府驻原大致坡镇。区划调整后，大致坡镇行政区域面积为114.6平方千米，人口25298人，辖12个村（居）居会。

四、将三门坡镇与谭文镇合并，设立三门坡镇，镇政府驻原三门坡镇。区划调整后，三门坡镇行政区域面积为191.5平方千米，人口42361人，辖11个村（居）委会。

五、将新民乡与甲子镇合并，设立甲子镇，镇政府驻原甲子镇。区划调整后，甲子镇行政区域面积为151.67平方千米，人口33568人，辖14个村委会。

六、将美仁坡乡与十字路镇合并，设立龙泉镇，镇政府驻原十字路镇。区划调整后，龙泉镇行政区域面积为73.71平方千米，人口37446人，辖18个村（居）委会。

七、将美安镇与石山镇合并，设立石山镇，镇政府驻原石山镇。区划调整后，石山镇的行政区域面积为120.74平方千米，人口33554人，辖12个村（居）委会。

八、府城镇、龙桥镇、三江镇、云龙镇、红旗镇、大坡镇、旧州镇、龙塘镇、新坡镇、永兴镇、遵谭镇、东山镇原行政区划不变。

鉴于这次乡镇行政区划调整涉及面广、影响大，你市必须加强领导，精心组织实施，妥善处理好乡镇行政区划调整所涉及的干部大事、集体资产和债权债务等问题，确保平稳过渡。

二〇〇二年七月十五日

海南省人民政府
关于同意调整海口市行政区划的批复

海口市、琼山市人民政府：

海口市《关于琼山市并入海口市重新调整海口市辖区的请示》和琼山市《关于对调整海口市行政区划方案的意见》收悉。经省人民政府研究并报国务院批准，同意撤销琼山市和海口市秀英区、新华区、振东区，以原琼山市和海口市原秀英区、新华区、振东区的行政区域设立海口市秀英区、龙华区、琼山区、美兰区。

一、秀英区辖海口市原秀英区的行政区域和原琼山市的石山镇、永兴镇、东山镇以及遵谭镇以海榆中线公路为界的西侧地区，区人民政府驻秀华路。

二、龙华区辖海口市原新华区的行政区域和原琼山市的龙桥镇、龙泉镇、新坡镇、遵谭镇以海榆中线公路为界的东侧地区以及府城镇的薛村、大样村，区人民政府驻民声东路。

三、琼山区辖原琼山市的府城镇（薛村、大样村除外）、龙塘镇、云龙镇、红旗镇、旧州镇、三门坡镇、甲子镇、大坡镇和海口市原振东区的国兴街道以及蓝天街道的米铺居委会、道客居委会，区人民政府驻建国路。

四、美兰区辖海口市原振东区的行政区域（国兴街道和蓝天街道的米铺居委会、道客居委会除外）和原琼山市的灵山镇、美兰镇、三江镇、大致坡镇，区人民政府驻振兴路。

行政区划调整后，海口市的机构设置要体现“精简、效能”的原则。调整所需经费由海口市自行解决。要抓紧做好人员、财务、债权债务的交接和市辖区行政区域界限勘定等有关工作，确保平稳过渡。

二〇〇二年十一月一日

中共琼山区委
关于同意转让海南新大洲药业有限公司股权意见的批复

琼山区人民政府：

你们《关于转让海南新大洲药业有限公司股权的意见》已收悉。经区委第十届常委会第二十八次会议讨论，现批复如下：

一、原则同意琼山国有资产经营有限公司将其持有的海南新大洲药业有限公司75%股权转让给上海益豪实业有限公司，以偿还原向上海益豪实业有限公司的1972.45万元借款。

二、对琼山国有资产经营有限公司现持有的股权，必须经有关评估机构进行有效评估确认。委托评估的具体工作由新大洲药业有限公司负责。

三、股权转让必须按有关法律法规规定进行，具体事项由新大洲药业有限公司负责。

四、股权转让过程所发生的税费一概由新大洲药业有限公司负责缴纳。

五、新大洲公司在海南继续发展，要与琼山区保持密切关系，其企业登记注册、纳税等应仍在琼山区办理。

此复

2003年12月12日

中共琼山区委
关于同意琼山社会保险费征稽局人员划转
琼山地方税务局的批复

中共琼山区人民政府党组：

经区委常委会第16次会讨论，同意你们报来《关于琼山社会保险费征稽局郭明光等18人划转琼山地方税务局的请示》。

此复

2003年4月7日

琼山区人民政府
关于琼山社会保险费征稽局人员划转
琼山地方税务局的请示

区委：

琼山地税局报来《关于琼山社会保险费征稽局人员划转我局的请示》，为理顺和完善财政税管管理体制，进一步转变职能，简政效能，规范执法，优化人员结构，以适应新时期税收工作的需要，根据省政府通知精神，按照省政府核定琼山地税局社会保险费征稽人员编制数的规定和实际工作需要，经区政府第3次常务会议研究，现就有关事项请示如下：

一、同意将琼山社会保险费征稽局郭明光等18人划转琼山地税局。

二、人员划转过程中，人事劳动保障局、编办，地税局要对划转人员进行严格审核，并报省地税局审批后按有关规定办理划转手续。

海口市琼山区人民政府
关于农税人员划转地方税务局的请示

区委：

根据省政府《关于印发海南省地方税务系统机构改革方案的通知》精神，为理顺和完善财政税务管理体制，优化人员结构，按海南省地方税务局核定琼山地税局农税人员编数的规定和实际工作需要，经区政府第2次常务会议研究，拟同意将琼山财政局系统周克乙等91人划转琼山地方税务局。以上人员划转由地税部门上报省地税局审核。财政、地税部门在人员划转过程中，必须认真做好人员的思想政治工作，做到思想不散、工作不断、秩序不乱，一定要保持工作的持续性。要做好业务征收档案的移交工作。划转人员经省地税局审核后，区编办、人事劳动局办理相关手续。划转人员从2月1日起由地税部门接管。

妥否，请批示。

二〇〇三年一月三十一日

中共海口市琼山区委
关于海南电线电缆厂实施破产有关问题的批复

中共海口市琼山区人民政府党组：

你们报来的《关于海南电线电缆厂实施破产的意见》收悉。经区委第十一届常委会第四十六次（扩大）会议讨论，现将有关事项批复如下：

1、原则同意海南电线电缆厂实施破产。

2、海南电线电缆厂申请破产报告、企业破产方案、职工安置方案必须由职工代表大会审议通过后由大多数职工签名同意。

3、海南仁业投资有限公司要与海南电线电缆厂签订协议，由海南仁业投资有限公司负责处理好电线厂外债和办理解封土地及转让过户变更用地性质等手续，并将899万元安置承诺金打入区国资委帐户。双方完成上述协议后，方可批准破产。

此复

中共海口市琼山区委

2008年3月26日

编纂始末

盛世修志，在琼山建区跨越十年之际，经过七年的艰苦努力，《琼山区志》终于成卷。

2009年5月，根据国务院《地方志工作条例》规定，按照海口市人民政府《关于启动海口市第二轮修志工作暨〈海口市志〉（1997—2010）编纂分工的通知》要求，琼山区人民政府成立《海口市琼山区志》编纂委员会，区政府主要领导担任主任，具体指导《海口市琼山区志》编纂工作。编纂委员会下设编纂办公室（设在区政府办），办公室主任由分管区政府办工作的副区长担任。编纂人员主要由区政府办工作人员组成，通过严密组织，于2009年底拉开了《海口市琼山区志》编纂序幕。

为了重史实，展示琼山灿烂历史和可歌可泣的革命斗争史，我们在第二十编《人物》篇中，对古代琼山籍著名人物全部录入，对近代人物重点选择为国家做出重要贡献的琼山籍杰出人物为主，兼收客籍人士；革命烈士、英模人物、副高职称以上人物，均入人物表。

编纂《海口市琼山区志》是一件浩大的文化系统工程，在编纂过程中得到全区103个承编单位的支持，包括驻琼山单位和垂直单位。2012年10月底，基本完成承编单位的稿件收集工作，同年12月底完成第一稿。2013年3月，根据海口市史志办公室（简称市志办）审阅反馈意见，着手收集资料做好第二稿的缺项断线补充修改工作，经过6个多月的反复修改，对第一稿无用文稿进行剔除，从原稿130多万字压缩至75万多字，使《海口市琼山区志》基本成型。2014年1月，根据市志办130多条阅审意见，在第三稿的修改补充过程中，适当调整了篇目、章节和文字修辞，根据志书的文体进行谋篇布局和资料、史料的核对，于6月底形成第三稿（评议稿），并印刷成册共30本供《海口市琼山区志》编纂委员会成员和市志办阅审。2014年10月16日，海口市琼山区人民政府主持召开《海口市琼山区志》评议会，听取专家、学者、相关部门领导的意见，归纳修改补充意见有468条。根据评议意见，本志主修人陈正敏同志深入琼山区档案馆、相关部门、企业收集资料、史料对第四稿（复审稿）进行反复修改和漏项断线的补充工作。在第四稿编纂期间，得到邢维雄、陈泽、黄培平等专家学者的具体指导，反复修改4次，于2016年3月8日完成了第四稿编纂工作，全书60多万余字。2017年10月20日，海口市琼山区人民政府主持召开《海口市琼山区志》第四稿（复审稿）评议会，听取省、市、区地方志办公室相关领导及相关专家学者意见。根据评议会提出159条评议意见，在第五稿的修改补充中，重点对相关篇幅进行调整，使全书从原来的十六编增加至二十编。2018 年 1 月至 11 月，根据海口市地方史志办公室相关专家和承编单位的意见，对部分编、章、节进行较大调整，对部分内容进行修改补充。2019 年 10 月底通过中共海南省委党史研究室（海南省地方志办公室）终审验收。2020 年 2 月报送方志出版社进行“三审三校”。8 月，琼山区根据方志出版社意见对志稿进行修改完善。9 月正式出版。全书共设 20 编、78 章，约 91.5 万字。值得一提的是，《海口市琼山区志》编纂过程得到省委党史研究室（省地方志办公室）、市地方史志办公室的大力支持和相关专家的帮助指导，区历任领导高度重视，中共海口市琼山区委书记陈昊旻，中共海口市琼山区委副书记、区长王和娇亲自为本书写序，使志书锦上添花。在《海口市琼山区志》问世之际，我们向区政府各级领导和热心支持本届修志的社会各界人士、向全区承编单位及承编人员深表感谢。

《海口市琼山区志》是琼山建区后编纂的第一部新方志，门类齐全、涉及面广。由于经验不足，资料来源有限，加上众手成书，难免存在错漏不足之处，敬请读者不吝赐教，待下轮修志时给予纠正补缺。

海口市琼山区志编纂委员会

二〇二〇年九月